Für Ferruccio und Leandro

ISBN 978-3-8244-4150-1   ISBN 978-3-322-87381-1 (eBook)
DOI 10.1007/ 978-3-322-87381-1

Inhaltsverzeichnis

Index zu den Aufzeichnungen

Um systematischer Lektüre und Interpretation der "Aufzeichnungen des Malte Laurid Brigge" eine bessere Orientierung zu erlauben, haben wir, wie etwa zuvor schon Armand Nivelle (1959), August Stahl (1979) oder Anthony Stephens (1974) eine Durchnumerierung der Aufzeichnungen vorgenommen; sie ist mit der von A. Stephens identisch, die für die Aufzeichnungen 19-37 von der Stahls, die in Klammern angegeben ist, differiert. In unserem Text folgt den Zitaten aus den "Aufzeichnungen des Malte Laurids Brigge" in Klammern zunächst die Aufzeichnungs- und Absatznummer (z.B. 22.4 = 22. Aufzeichnung, 4. Absatz) und dann, durch einen Querstrich abgetrennt, die Seitenzahl in der maßgeblichen Ausgabe: Rainer Maria Rilke, *Sämtliche Werke*, hrsg. vom Rilke-Archiv in Verbindung mit Ruth Sieber-Rilke, besorgt durch Ernst Zinn, Bd.I-VI, Frankfurt a.M. 1956-66, Bd. VI, S.705-946. Um eine Orientierung in anderen Textausgaben zu ermöglichen, haben wir auch die Absätze der einzelnen Aufzeichnungen durchnummeriert; ständig mit neuen Zeilen einsetzende dialogische Szenen gelten dabei jeweils als ein Absatz. Für die italienischsprachigen Leser bildet die Übersetzung von Furio Jesi, Rainer Maria Rilke, *I Quaderni di Malte Laurids Brigge*, Milano (Garzanti) 1974, den maßgebenden Bezugspunkt.

Aufzeichnung   Absatzanfang
u. Absätze

13

EINLEITUNG

"Die Aufzeichnungen des Malte Laurids Brigge" treten dem Leser zunächst als eine flutende Folge von Wahrnehmungen, Eindrücken, Empfindungen und Reflexionen, von Erlebnissen und Erinnerungen, Bildern, Berichten, Zustandsbeschreibungen entgegen, die die Räume der Wirklichkeit wie die der Einbildung, Gegenwart und Vergangenheit, persönliche wie Weltgeschichte durchqueren, so daß er in Gefahr gerät, alle Orientierung zu verlieren. Um sich in der Folge der 71 Aufzeichnungen[1] zurechtzufinden, ist der Leser zunächst geneigt, die 'äußere Geschichte' des aufzeichnenden Ich, eben des Malte Laurids Brigge, zu rekonstruieren. Das läßt sich für die ersten zweiundzwanzig Aufzeichnungen, die einen gewissen entwicklungslogischen Zusammenhang in Zeit und Raum aufweisen, mit einigen Abstrichen durchführen, während den dann folgenden Aufzeichnungen ein solcher Zusammenhang abgeht, denn auch die Gruppe der Kindheitserinnerungen folgt keineswegs chronologischen Gesichtspunkten. Obzwar nun allein der Kopf der ersten Aufzeichnung den vollständigen Charakter einer Tagebucheintragung trägt, indem er Ort und Zeit der Niederschrift angibt, "rue Toullier, 11. September", und nur einmal noch eine Ortsangabe, "Bibliotèque Nationale", am Kopfende der 16. Aufzeichnung folgt, sich anscheinend also der Zeitbezug der Aufzeichnungen zunächst und der räumliche Bezug alsdann zunehmend zu verlieren scheint, läßt sich doch soviel an 'äußerer Geschichte' erkennen, daß ein aus verarmtem dänischen Adel stammender junger, gerade achtundzwanzigjähriger Mann, der alles an Erbschaft verloren hat und fast völlig mittellos den Beruf eines Schriftstellers ausübt, an einem bestimmten Ort, in Paris, im dritten Stock eines in der rue Toullier gelegenen Hauses, zu einer bestimmten Zeit, an einem 11. September der Zeit der Gegenwartsmoderne, wie sich schon an den Automobilen und elektrischen Straßenbahnen ablesen läßt, mit den Aufzeichnungen seiner Beobachtungen, Erlebnisse, Erinnerungen und Reflexionen beginnt. Diese richten sich zunächst vor allem auf seine Pariser Umgebung, in der er einen grundlegenden Verfallsprozeß erblickt, von dem er sich bald aber auch selbst erfaßt weiß, der ihn krank werden und auf sein Ende zugehen läßt. Aufgezeichnet finden sich der Prozeß der Dekadenz der modernen Gesellschaft, die Isolation und die Vernichtung des Subjekts sowie die Versuche des aufzeichnenden 'Ich', sich mit diesem seinem Tod, dem seines Bewußtseins allemal wie in der Tendenz auch dem seines Körpers, auseinanderzusetzen, ihn kraft Arbeit der Einbildung irgendwie zu bewältigen und so zu einer Haltung zu gelangen, die es Welt und Leben neu gewinnen läßt. Ob Maltes Versuche Erfolg haben, schlicht, ob Malte am Ende stirbt oder diese Krisensituation überwindet, läßt sich nicht sagen, denn dazu erfolgen keine eindeutigen Angaben im Text. In der Sekundärliteratur gibt es eine Reihe Vermutungen zu dieser Frage, die aber in ihrer Entgegengesetztheit die Doppeldeutigkeit des Endes, die auch der Autor nur ein weiteres Mal formuliert, wenn er in einem Brief von einer "dunklen Himmelfahrt" Maltes[2] spricht, geradezu bestätigen. Wir möchten meinen, daß das 'reale' Ende Maltes in der Logik der Aufzeichnungen ebenso unsicher wie unwichtig ist, da sich der Abschluß des Romans als in einem mehrfachen Sinne offen erweist.

Scheinen anfangs das 'Ich' der Aufzeichnungen und zunächst auch noch der Ort, Paris, Anhaltspunkte abzugeben, so verliert sich doch nach dem ersten Drittel der Aufzeichnungen der Ort als Orientierungsmoment, während das aufzeichnende Ich sich im Labyrinth seiner Erinnerungen und Einbildungen verliert, mehr an Substanz nicht ist, als eben die Folge der Aufzeichnungen, denen alles außer ihnen Liegende abhanden zu kommen scheint. So wird der Leser allein von der ungeheuren Faszinationskraft der Bilder, ihrer Eindringlichkeit und Prägnanz von Aufzeichnung zu Aufzeichnung getragen, begleitet von dem untergründigen Gefühl der Zusammengehörigkeit, der irgendwie umfassenden Anwesenheit auch der anderen 'Romanteile', die durch nichts anderes als einen doppelten Absatzzwischenraum voneinander getrennt sind und so formal einen fast ununterbrochenen Fluß bilden, während sie inhaltlich sich häufig krass gegeneinander absetzen und eine Eigenständigkeit besitzen sollen, als wären sie einzeln auf einer Reihe loser Blätter aufgezeichnet[3]. Zunächst läßt sich allenfalls nicht viel mehr als eine dunkle, nur gelegentlich von helleren Lichtblicken durchstoßene Grundstimmung ausmachen, denn wo Motive und Themen bekannt erscheinen, schon einmal in einer anderen Aufzeichnung behandelt, beginnt der stärker angereizte Leser vielleicht zurückzublättern, und wenn es ihm gelingt, unter nicht geringem Aufwand an Zeit und Erinnerungsvermögen aus dem nur durch verschiedene Absatzbreiten unterbrochenen Textfluß endlich ein oder zwei motivisch oder thematisch zusammengehörige Stellen herauszufinden, so scheint sich fast immer eine Inkongruenz, eine Verschiebung, ein Bruch, ein fehlender Übergang zu ergeben, der durch Spekulation zu füllen wäre oder weiteres Blättern in immer verzweigteren Zusammenhängen erfordert und zunehmend das Gefühl erzeugt, sich mit der erkennenden Ratio im dichten Gestrüpp von Zusammenhängen zu verlieren, diesen oder jenen Motivpfad zwar eine Zeitlang verfolgen zu können, aber auf jeden Fall nie das Ganze in den Griff zu bekommen. Die Haltung des Lesers ähnelt so der Andacht, mit der Maltes Mutter im Blumen- und Rankengeflecht des Sekretärs ihrer jung verstorbenen Schwester deren Lebensrätsel liest. Wie dort auf einem hellen, so folgt der Leser hier auf einem nur gelegentlich hellen, vorwiegend dunklen oder eigenartig gemischtem Grund, in dessen amorpher Farbe und Tiefe sich alle grundsuchende Ratio verliert, dem verschlungenen Rankenwerk der bedeutungsschwangeren Bilder, ihrer Themen und Motive, deren eines, gesättigt durch Ansicht, dann doch das Bedürfnis zum nächsten als zu seiner Erklärung erweckt:

> "'Ich werde nie darauf kommen', sagte sie manchmal mit ihrem eigentümlich kühnen Lächeln, das von niemandem gesehen sein wollte und seinen Zweck ganz erfüllte, indem es gelächelt ward. 'Aber daß es keinen reizt, das herauszufinden; wenn ich ein Mann wäre, würde ich darüber nachdenken, richtig der Reihe und Ordnung nach und von Anfang an. Denn einen Anfang muß es doch geben, und wenn man ihn zu fassen bekäme, daß wäre immer schon etwas. [...]'" (28.3/788)

Am Ende des 'Romans', wenn man die 'Aufzeichnungen' denn mit vielen Vorbehalten so nennen will, tritt dem Leser dann, unterstützt durch die letzte Aufzeichnung, die in der Neuerzählung der Legende vom verlorenen Sohn versucht, die vorangehenden Aufzeichnungen in gewisser Weise in einen Entwicklungszusammenhang zu bringen, womöglich die Vorstellung der Liebe deutlicher hervor, so daß der gesamte Strom der Aufzeichnungen als durch zwei Strudel, die sich am Ende vermischen und vereinen und in den Grund, jenen amorphen Farbgrund, hinunterführen, organisiert erscheinen könnte: die Stimmung des Sterbens und des Todes, die Melancholie, und das Gefühl der Liebe und des Lebens.

Begründet im nicht unberechtigten Gefühl, daß in den einzelnen Aufzeichnungen oder Aufzeichnungsgruppen das Ganze schon immer irgendwie anwesend ist, haben daher auch eine ganze Reihe wissenschaftlicher Interpreten versucht, von einzelnen Teilen des 'Romans' ausgehend, das Ganze zu erschließen. So wählt etwa Fritz Martini die Aufzeichnung über den Einsamen sowie die anschließende mit der Erzählung vom falschen Zaren aus und betont den Zusammenhang von Rilkes Gesamtwerk und der Gestalt dieser beiden Aufzeichnungen[4]. Für A. Nivelle[5] wie für H.Naumann[6] liefert die Geschichte vom Verlorenen Sohn am Ende die die Entwicklung aufschließende Erklärung, während Ryan etwa jene Aufzeichnungen in den Mittelpunkt stellt, in denen die Erzählthematik behandelt ist[7]. Fülleborn und anschließend an ihn Seifert machen eine antithetische Grundstruktur aus[8]. Auf diese Weise sind eine Reihe wertvoller Erkenntnisse erzielt worden, tragfähige Stege und Brücken in den Fluß der Aufzeichnungen gebaut worden, doch ich möchte meinen, noch keine Brücke hat den Fluß ganz durchqueren können. Kein Zweifel: er will durchschwommen sein. Vielleicht ist es daher angebrachter, unter dieser Voraussetzung keine durchgehend standfesten Strukturen zu erwarten.

Es erscheint somit ratsam, von der vorderhand heuristischen, vom Innern der Aufzeichnungen her noch zu begründenden Annahme auszugehen, daß sich potentiell von einer jeden Aufzeichnung her, dem je in der Authentizität des gelebten Augenblicks gegründeten existenziellen Ganzheitsanspruch der lyrischen Subjektivität, die gleichwohl ein Bewußtsein ihrer Partialität besitzt[9], in engeren und weiteren Kreisen alle anderen Aufzeichnungen erfassen ließen. Der 'Roman' besitzt eine polyzentrische Struktur, da die gleich einem Gedicht je aufs Ganze abzielende Authentizität und Intensität des Erlebnisses, des Bildes, der Reflexion etc. den Aufzeichnungen je einen zentripetalen Charakter verleiht. Unter heuristischem Gesichtspunkt wäre daher nicht von einem irgendwie verborgenen 'Gesamtplan' des 'Romans' auszugehen, sondern von einer experimentellen, offenen, äußerst flexiblen Struktur[10], bei der virtuell alle Aufzeichnungen untereinander verschiedene Konstellationen eingehen können und sich eine prinzipiell unabgeschlossene Bewegung ergibt. Ein Bild dafür möchte in der Figur des kartenlegenden Königs Karl VI. gefunden sein:

"Sie hatten ihm die Gewohnheit beigebracht, stundenlang über Abbildungen zu verweilen, und er war es zufrieden, nur kränkte es ihn, daß man im Blättern niemals mehrere Bilder vor sich behielt und daß sie in den Folianten festsaßen, so daß man sie nicht untereinander bewegen konnte. Da hatte sich jemand eines Spiels Karten erinnert, das völlig in Vergessenheit geraten war, und der König nahm den in Gunst, der es ihm brachte; so sehr waren diese Kartons nach seinem Herzen, die bunt waren und einzeln beweglich und voller Figur. [...] Genau wie er nun zwei Könige nebeneinander aufschlug, so hatte Gott neulich ihn und den Kaiser Wenzel zusammengetan; [...]." (61.8/910f)

Die Zerschlagung des konventionellen, chronologischen Lebenszusammenhanges zu Fragmenten vollzieht sich für Malte im Raum der Erinnerung und der Einbildung, die auf die Physiologie des Körpers als der willenentzogenen Natur im 'Ich' fußen:

"So wie ich es in meiner kindlich gearbeiteten Erinnerung wiederfinde, ist es kein Gebäude; es ist ganz aufgeteilt in mir; da ein Raum, dort ein Raum und hier ein Stück Gang, das diese beiden Räume nicht verbindet, sondern für sich, als Fragment, aufbewahrt ist. In dieser Weise ist alles in mir verstreut, - die Zimmer, die Treppen [...] alles das ist noch in mir und wird nie aufhören, in mir zu sein. Es ist, als wäre das Bild dieses Hauses aus unendlicher Höhe in mich hineingestürzt und auf meinem Grunde zerschlagen." (15.1/729)

Die Zerschlagung des chronologischen, in die Konventionen von Zeit und Raum festgelegten Lebenszusammenhanges zu autonomen Schriftfragmenten stellt sich einerseits als Zerfall, Zersetzung und Dekadenz dar, soll andererseits aber dadurch eben das in Zeit und Raum verfestigte Leben in den Raum der in Schrift vergegenständlichten Einbildung einholen, den Zwang des Hintereinander, der schon König Karl VI. so stört, auflösen und die persönliche wie, darin einbegriffen, die überpersönliche Geschichte zu unendlich verschieden kombinierbaren Fragmenten freisetzen. Intendiert wäre damit, eine Umwertung der Dekadenz ins Werk zu setzen.

Die die Fragmente organisierende Kraft liegt freilich·außerhalb des Subjekts, das in diese Fragmente ja zerschlagen ist: aus den unaufgeklärten Übergängen, die die neuen Bedeutungen ermöglichen, den dunklen Zwischenräumen der Fragmente[11] tritt sie hervor, ist dem Grunde des Ich, dem 'innern Abgrund', dem diese Fragmente, befreit von der individuellen Gebundenheit und zugehörig dem Allgemeinsten der in der willenentzogenen Physiologie des Körpers ausgemachten Natur überantwortet, wie die 14. Aufzeichnung auseinandersetzt, entstiegen. Daher darf von einem lyrischen Ich im Sinne des lyrischen dionysischen Genius beim jungen Nietzsche[12] gesprochen werden. Die Konstitution der Fragmente aber vollzieht sich so in einem mystischen Raum: die Bilder, die immer mehr bedeuten, als sie ausdrücken können und daher zu ihrer Erklärung immer neue Bilder verlangen, verweisen in ihrem 'Überfluß' an Bedeutung auf etwas Unfaßbares, den Grund im Innersten, dem zugleich kosmisch Allumfassenden als ihr organisierendes Zentrum. Technische Mittel zur Hervorbringung des Gefühls, daß alles eigentlich schon immer irgendwie vorhanden sei, sind u.a. die Vor- und Rückbeziehbarkeit der Motive und die in Nebensächlichkeiten versteckte Einführung von Figuren und Motiven, die in dem Moment, wo eine Figur oder ein Motiv zentral wird, im Leser, der nicht über systematische Instrumente der Textanalyse verfügt, den Eindruck hervorrufen, daß sie ja schon da sei: so wird Abelone beispielsweise ganz unauffällig in der 28. Aufzeichnung erwähnt (28.8/790), bevor sie dann in Aufzeichnung 37, in der sie zur Hauptfigur wird, mit der Bemerkung vorgestellt wird, daß sie schon immer da gewesen sei (37.1/824); Gott wird zunächst meist in gängigen Redewendungen verborgen präsent gehalten; das Armutsthema wird in der ersten Aufzeichnung bereits durch das 'asyl de nuit', in der 5. Aufzeichnung durch beiläufige Klassifizierung der 'Frau ohne Gesicht' unter die 'armen Leute' und in der 10.Aufzeichnung durch Maltes Mittellosigkeit angeschlagen, bevor es in Aufzeichnung 16 voll einsetzt, usw. Durch den Verweis aller Bilder und Szenen auf etwas Großes und Umfassendes, das schon immer über sie hinausgeht, wird eine neue und eigene selbstreflexive Sprache geschaffen, deren Worte zunehmend ihre konventionelle Bedeutung verlieren zugunsten neuer Bedeutungen, die sie im neuen Bedeutungsfeld erhalten. "Ich" und "Gott", "Armut", "Elend" und "Liebe", "Erzählen" und "Theater", "Oberfläche" und "Wirklichkeit" usw. erhalten in diesem Zusammenhang eine völlig neue Bedeutung: sie folgen dem Ich auf der Linie der Bewegung hinab zu Vernichtung und Umschlag zum völlig andern als bis die neue Sprachwelt am Ende dasteht wie der Verlorene Sohn nach seiner Rückkehr in die Familie: diese Welt ist dermaßen innerlich abgeschnitten von der Welt der Konvention, daß alle Gebärde, alle Worte mißverstanden werden, wenn sie nach den Kriterien der

Konvention verstanden und nicht nach der neuen Bewegung der durch den Abgrund der Subjektvernichtung führenden Liebes-Arbeit auf Gott zu gedeutet werden.

Die Dynamik des Romans besteht dann darin, daß der sozialen Bewegung der Vernichtung des klassischen Subjekts, wie sie in Maltes Großstadterfahrungen im ersten Drittel des 'Romans' dargestellt ist, eine mystische Bewegung unterlegt wird. Der Tod des Subjekts wird in gewisser Weise zu einer 'mors mystica'. Auf diese Weise wird auf dem extremen Pol der Subjektivität, dem Tod des Subjekts und mit ihm seiner Welt, ein Spannungsfeld der modernen Subjektivität zwischen der Negativität der Gegenwartsgesellschaft und dem in Metaphysik gefaßten Anspruch auf Erfüllung des einzelnen Individuums entworfen, auf dem die Fragmente und Fragmentkonstellationen angesiedelt werden können.

Der extreme Pol der Subjektivität

Wenn Maltes Mutter, die zwar Vernunfterklärungen für das Lebensrätsel ihrer Schwester nachstrebt, in der kühnen Selbstbehauptung ihres Lächelns aber bereits ausdrückt, daß sie die 'Lösung' in der unbewußten weiblichen Natur ihres liebenden Schauens, des Erzählens als des Sehens von Bildern, die zeigen, ohne sich über das Gezeigte auszusprechen, bereits besitzen könnte, meint, es wäre doch immerhin schon etwas, wenn man einen Anfang zu fassen kriegte, so mag die 'männliche', einem solchen Gegenstand gegenüber schon immer den Eindruck der Inadäquatheit erweckende Logik denn versuchen, durch den Anfang der Aufzeichnungen in den Paris-Erlebnissen Maltes einen Anfang zu finden; denn einen Anfang haben ja die Aufzeichnungen, aber kein Ende, da zum Schluß nicht klar ist, ob Malte stirbt oder weiterlebt.

Die ersten zweiundzwanzig Aufzeichnungen, die einen engeren, in gewissem Sinne entwicklungslogischen Zusammenhang aufweisen, können im Bild unserer obigen heuristischen Ausgangsannahme als ein Steg betrachtet werden, der in den Strom der Aufzeichnungen hineinführt, dann aber von der Flut in sich hineingerissen wird, so daß es kein 'Zurück' gibt. In ihnen findet sich prävalent eine Bewegung des Zerfalls und des Niedergangs dargestellt, die in der Vernichtung des Subjekts endet. Indem jedoch der soziale, psychische und tendenziell auch physische Vernichtungsprozeß des 'Ich' auf den Nullpunkt, auf dem als dem extremen Pol der Subjektivität mit dem Subjekt auch seine Welt untergeht, angelangt eine Umkehrung in die alles Sein und damit dieses eigene Elend auch bejahende Liebe erfährt, wird der sozialen und im 'konventionellen' Sinn 'wirklichen' Bewegung eine auf den extremen Pol der Subjektivität gegründete mystische Bedeutung und Dynamik unterlegt, die die Vernichtung des Subjekts als die alchemistisch läuternde[13] Voraussetzung einer Allidentifikation gleich einer kosmischen, säkularisierten 'unio mystica' begreift. Dieser erleuchtete Augenblick verändert die Bedeutung aller vorausgehenden Aufzeichnungen und setzt sie zu neuen Konstellationen hin frei, indem er gegenüber der Entwicklungslogik in Zeit und Raum das sie überwindende Netz der Leitmotive und thematischen Verknüpfungen in den Vordergrund stellt. Von diesem Spannungsfeld der Subjektivität her, das sich von der Negativität der Gesellschaft über deren Verinnerlichung bis zur Umkehrung in die allesbejahende Liebe streckt, soll die Kindheit und am Ende virtuell auch die ganze Weltgeschichte neu geleistet werden.

Der extreme Pol der Subjektivität bezeichnet so ein Spannungsfeld, das auf der einen Seite in der Vernichtung des Subjekts, die sich in einem zunächst paradox anmutenden Prozeß vollzieht, in dem der zunehmenden Zentralität des 'Ich' im Weltbezug bis hin zur vollständigen Subjektivierung der Welt[14] umgekehrt reziprok ein 'Substanzverlust' dieses Ich bis hin zur völligen Auslöschung entspricht, die Negativität der Gesellschaft reflektiert, während im Umschlag in die allesbejahende Liebe auf der anderen Seite dann von einer diffusen Subjektivität ohne Subjekt gesprochen werden muß. Die in den Aufzeichnungen angelegten tieferen Wirklichkeiten und metaphysischen Konjekturen sollen daher jenseits von Subjekt und Objekt gestellt sein, sind aber zugleich nicht absolut, sondern über den extremen Pol der Subjektivität zur Negativität der Gesellschaft vermittelt: Es handelt sich immer um Bewegung auf diesem Spannungsfeld der Subjektivität, nie um reine, statische Metaphysik.

Die Negativität der Gesellschaft als grundlegendes Movens der Bewegung des 'Malte'-Romans ist als durch den historischen Epochenwandel begründeter Prozeß völligen Identitätsverlustes lesbar. Hat Malte zu Beginn der Aufzeichnungen bereits Haus, Hof und Erbe sowie alle familiären Bindungen und damit seine Identität als dänischer Adliger verloren, so ist an diesem individuellen Schicksal der Epochenwandel des Übergangs von der Feudalgesellschaft zur modernen, anonymen, in der Großstadt angesiedelten Massengesellschaft angezeigt. Der Verlust der mit der Feudalgesellschaft gegebenen Identität bezeichnet zugleich einen umfassenden Wandel: in Haus, Hof, Erbe und Familie hat Malte ein vom Landleben geprägtes Naturverhältnis und eine durch Blutsverwandtschaften und -hierarchien geordnete, daher 'sichtbare', d.h. in personalen Verhältnissen identifizierbare Gesellschaft verloren, die umfassend die Lebenshaltungen der Personen bestimmte. Anstelle sichtbarer, territorialer und personaler Bezüge, also Heimat- und Naturbezug sowie personal identifizierbarer gesellschaftlicher Bezüge, sind unsichtbare, anonyme Gesetze getreten, die aufs engste mit der Entwicklung der Technik und des Tausches verknüpft erscheinen. Technische Modernität, als deren Inbegriff das die Weltausstellungen organisierende Paris der Jahrhundertwende gelten darf, stellt sich Malte nicht nur in elektrischen Straßenbahnen und Automobilen dar, die durch nächtlichen Verkehrslärm psychisch und in der Hektik des Verkehrs physisch als tödliche Bedrohung aufscheinen; technische Modernität formiert sich auch im Plan, auf dem die Krankenhäuser verzeichnet stehen, und verheißt in der Geplantheit dieses Stadtbildes die umfassende Verplanung des Individuums von der Geburt bis in den Tod hinein, denn nicht einmal der Tod mehr ist ein eigener. Der umfassenden Verplantheit korrespondiert die Herrschaft unsichtbarer Gesetze im Straßenverkehr, wo ein Herzog sich allgemein und ohne Vorrechte den demokratisch gleichmachenden Vorfahrtsregeln auch gegenüber der letzten 'brocanteuse' noch unterwerfen müßte, und die Vorstellung universaler Tauschbarkeit auch des Individuellsten noch, der Sterbestunde. Eine umfassende Kritik dieser Zustände findet sich in der Geschichte des Nikolaj Kusmitsch in der 49. Aufzeichnung.

Entziehen sich die grundlegenden gesellschaftlichen Kräfte und Verhältnisse der Sichtbarkeit, so verliert auch das Individuum die unmittelbare Einsicht in die Gesellschaftlichkeit seines Seins und kann sich in der Unmittelbarkeit der sinnlichen Wahrnehmung aus seinem gesellschaftlichen Handeln heraus nicht mehr erkennen. Als Indiz zur Verortung des Rückzugs des gesellschaftlichen Handelns und der gesellschaftlichen Kräfte ins Unsichtbare, das seine wesentliche Ursache in den bekanntlich hinter dem Rücken der Menschen sich durchsetzenden Gesetzen des Kapitals besitzt, darf der Rückzug des eigentlichen Lebens ins Innere gelesen werden, wie er an der Großmutter Brigge in Aufzeichnung 36 dargestellt wird. Sie hat bezeichnenderweise mit der bürgerlichen Revolution von 1848 ihr eigentliches Leben an der Seite des Felix Lichnowski, eines feudalen, erzkonservativen Abgeordneten des Frankfurter Parlaments, der beim Septemberaufstand ermordet wurde, verloren und lebt daher auf Gut Ulsgaard als Gattin des Kammerherrn Brigge ein äußeres, hüllenhaftes Leben, das jenes andere, möglich gewesene eigentliche, innen verbirgt. Damit ist auf den historischen Ort verwiesen, an dem das äußerliche Leben zur Maske wird für ein unsichtbares, das freilich von Malte nicht mehr als gesellschaftliches Verhältnis, sondern als Innenleben konzipiert wird.

Ist hier die endgültige Durchsetzung bürgerlich-kapitalistischer Gesellschaftsverhältnisse noch durch den Rückzug des Eigentlichen ins Innere gekennzeichnet, so erfährt Malte sie in Paris als Reduktion auf bloß äußere Maske, hinter der sich nichts mehr verbirgt. Indem die einst sichtbaren identitätsverleihenden Kräfte von der Dominanz anderer, unsichtbarer ersetzt werden, wird ein Verlust der Identität ausgelöst und in der umfassenden gesellschaftlichen Umgestaltung zugleich die zuvor von dorther bestimmte sinnliche Wahrnehmung freigesetzt. In Maltes Kritik des Gegenwartstheaters spiegelt sich die heute von den modernen Massenmedien ins Gigantische gesteigerte Problematik der freigesetzten Sinne, die nur durch Reize an der Oberfläche organisiert und manipuliert werden, daher, in der Logik des 'Malte', ihre Gebundenheit an die Dimension der 'Eigenheit' der Person aber verloren haben.

Mit der Erkenntnis des Verlustes der unmittelbaren Wahrnehmbarkeit, der "Sichtbarkeit" gesellschaftlicher Beziehungen ist die Sichtbarkeit nicht wiederhergestellt, mit der Erkenntnis des Zerfalls des Individuums nicht seine Einheit. "Die Aufzeichnungen des Malte Laurids Brigge" können als Versuch gelesen werden, die die Gegenwartsmoderne kennzeichnenden Kräfte nicht auf einem Ideal der Vergangenheit beharrend zurückzuweisen, sondern sie voll anzunehmen, zu bejahen und durch sie hindurchgehend nach einer neuen Identitätsform und einer Umorganisation der Kräfte der Subjektivität zu suchen. Es werden dabei aber vielleicht weniger fertige Lösungen vorgegeben, als daß das Spannungsfeld der modernen Subjektivität bezeichnet wird, auf dem sich die Suche vollzieht.

Nun hat zwar dieses Feld eine entscheidende Beschränkung darin, daß der gesamte Bereich gesellschaftlichen Handelns ausgeblendet ist. Der Bezug auf die einander entsprechenden Enden des menschlichen Lebens, die Kindheit und das Alter oder doch die Todesnähe, ist entweder in polemischem Bezug zur gesellschaftlichen Konvention entworfen oder zumindest doch, wie bei Großvater Brahe (in Aufz.44), deutlich vom Leben als gesellschaftlichem Handeln abgesetzt als der Versuch, die Linearität der konventionellen Zeit zu durchbrechen und in der unausgesetzten Arbeit der Subjektivität die Enden des Lebens sinngebend zur Kreisform der Ewigkeit zu biegen. Doch möchte man meinen, daß existenzielle Problematiken zunehmend dort an Boden gewinnen, wo einerseits die Rolle des einzelnen Subjekts immer stärker unterstrichen wird und andererseits gesellschaftliches Handeln nicht nur immer weitergehend über den Kopf vermittelt werden muß, gesellschaftliche Utopievorstellungen schwere Rückschläge erlitten haben und alle realistische Utopie auch nach Überwindung der Überlebensfragen der menschlichen Gesellschaft wie Atomkriegsgefahr, ökologische Katastrophe, Nord-Süd-Konflikt u.ä. nur so komplexe Organisationsformen der Gesellschaft sich vorstellen kann, daß eine Rückkehr zu vergangenen Sichtbarkeitsidealen nicht denkbar ist und auf jeden Fall eine ästhetische Organisation von Sinnen und Sinn des Individuums verlangt wird. In diesem Zusammenhang erlangen, ohne hier das Verhältnis zur Problematik gesellschaftlichen Handelns auf dieser Ebene diskutieren zu wollen, zumal gesellschaftlicher und individueller Sinn nie völlig koinzidieren und vielleicht nur in einem ironischen Verhältnis gedacht werden können, existenzielle Problematiken ein noch zu erforschendes Gewicht. Entscheidend dabei ist jedoch, inwieweit existenzielle Fragestellungen sich zu Seinsmetaphysik verselbständigen oder, wie im 'Malte', die Negativität der Gesellschaft im Spannungsfeld der Subjektivität noch spiegeln.

Maltes Niedergang in Paris läßt sich einerseits als sozialer Identitätsverlust beschreiben. Nach dem Verlust seiner Adelsstellung, von Haus, Hof, Erbe und Familie, vermag er aber auch als freier Schriftsteller keine Identität zu behaupten, wie aus der umfassenden Kritik seiner bisherigen Arbeit deutlich wird, und zählt sich am Ende unter die "Fortgeworfenen", die aus der Gesellschaft Ausgeschiedenen, die auch in den Termini von Maltes Beschreibung als formloser Auswurf, als außerhalb der Gesellschaft Befindliche gerade durch ihre Identitätslosigkeit gekennzeichnet sind. Mit der identitätsverleihenden Eingebundenheit in die alte Gesellschaft verliert sich aber auch ebenso die durch sie organisierte sinnliche Wahrnehmung. Von ihr wird das seiner gesellschaftlichen Identität entledigte Individuum daher zunächst auf den Körper als den Ort seiner Existenz verwiesen. Der Bezug zur Umwelt konzentriert sich allein auf ihre Wahrnehmung ebenso wie der Lebensprozeß der Person, des 'Ich' sich vornehmlich auf Wahrnehmung und Gefühl beschränkt, so daß im Grunde im Verhältnis von sinnlichen Fähigkeiten und Gefühl eine Lösungsperspektive der Identitätsproblematik gesucht wird. Indem mit der Freisetzung von Wahrnehmung und Gefühl aus der überkommenen Identität der alten Gesellschaft auch der Nexus zwischen Wahrnehmung und Gefühl gelöst wird, tendiert in der Zersetzung des 'Ich' die Wahrnehmung zum 'reinen Schauen', die Empfindungsfähigkeit zum 'reinen Gefühl', welche beide zunächst vom Körper zusammengehalten, vermittelt und organisiert werden.

Im Bewußtsein, daß Gesellschaftlichkeit, die dann aus dieser Perspektive des losgelösten Gefühls als in der Einheit des ekstatischen Gefühls konzipierte Gemeinsamkeit erscheint, wie sie exemplarisch sich in der Nietzscheschen Konzeption des antiken Theaters der klassischen Tragödie[15] findet, nicht mehr möglich ist, muß alle Gesellschaftlichkeit, die diese Wurzel verloren hat, gegen die in diesem Bereich letztlich religiös begründete Eigentlichkeit als oberflächlich erscheinen, als fremde, von außen kommende

Konvention, die den Keim des Eigenen erstickt. Gegen die existenziell-religiöse Tiefe des Innersten und Eigenen[16] als bedeutungsverleihende Instanz stellt sich die Gesellschaftlichkeit als Konvention und flache Oberfläche dar, eine Maske, hinter der sich nicht die Not der Tiefe zusammenzieht, sondern die nur nichtige Leere verbirgt, ja die vom Eigensten und Innersten entfremdet, das sich in Opposition zu ihr befindet. Maltes Kindheitserfahrungen einer unbekannten Welt und Kraft, eines Unfaßbaren sollen auf dieses Innere als zugleich den Grund von Ich und Welt hinführen. Was sich dem Kind noch als Gespensterwirklichkeit darstellt, wird dem Erwachsenen in Paris zum Gespenst der Vergangenheit, zum an der Mauer des früheren Hauses gesehenen früheren Leben. Indem Malte den gesellschaftlichen Vernichtungsprozeß, als den er den sich im Verlust sichtbarer gesellschaftlicher Identität, in Isolation und Anonymität, umfassende technische Planung und universale Tauschbarkeit artikulierenden historischen Epochenwandel erfährt, als irreversibel begreift und als Individuum in seiner psychischen Dynamik im Prozeß der Auflösung alles Existenten ins Amorphe reproduziert und bewußt annimmt, sucht er in der dieserart im Spannungsfeld von Vernichtung des Subjekts als alchemistische Läuterung und Voraussetzung für den Umschlag in die in Allidentität gegründeten Religiosität nicht nur den Anspruch auf Sinn und Erfüllung des Individuums auf der Höhe der Zeit aufrecht zu erhalten, sondern zugleich in der 'orpheischen Ästhetik' diese Wendung in die Innerlichkeit keineswegs zur Abwendung von der Negativität der Wirklichkeit werden zu lassen, sondern auf Neugewinn von Leben und Vergangenheit zu richten. Die mystische Umkehrung des Nichts des Subjekts ins Alles des Seins findet ihre höchste Spannung in der Beschreibung der allumfassenden Todesfurcht des Ich, das sich einzig durch den Gedanken noch rettet, das diese rechte Furcht Ausdruck einer unfaßbaren Kraft, eines Positiven seien, das wir nicht anders als durch diese Negativität kennen könnten. Die auf diese Weise begründete Hinwendung zur Wirklichkeit hat, gleich Orpheus den Hades, die Erfahrung des Todes, den Untergang des Subjekts im Rücken und spannt die Subjektivität gegen die Konkretheit der Negativität der Wirklichkeit als einzige Kenntnismöglichkeit des unbekannten amorphen Positiven, letztlich Gottes, an. Diese Kehrung der 'orpheischen Ästhetik' gegen die Wirklichkeit stellt den Kern von Maltes Liebeskonzeption dar, so daß die Arbeit an der unendlichen, in der Ausrichtung auf den unfaßbaren Grund von Transparenz zu Transparenz gleitenden Wirklichkeit die unendliche Arbeit der Liebe auf Gott zu bedeutet[17].

Physiologische Hermeneutik und metaphysischer Leib[18]

Verliert das Individuum im historischen Epochenwandel mit der Sichtbarkeit der gesellschaftlichen Wirklichkeit auch seine gesellschaftliche Identität, so wird es durch seine dieser Vergangenheit entbundenen Sinne nicht nur auf seinen Körper als den augenscheinlichen Ort des Ich verwiesen, Körperlichkeit und Sinnlichkeit dürfen nun auch den Anspruch auf Wirklichkeit und Wahrheit erheben. In seiner Zuwendung auf die Wirklichkeit entwickelt Malte daher so etwas wie eine 'physiologische Hermeneutik': sein Körper wird ihm zum Instrument der Interpretation von Welt und geht eben dadurch über die reine Körperlichkeit hinaus, wird zum 'metaphysischen Leib'.

Vom distanziertesten der Sinne, dem am Körper befestigten Augensinn ausgehend, geht die Wahrnehmung der äußeren Welt über den Geruchssinn und den Hörsinn zunehmend zugleich in die Konstitution eines inneren Körpergefühls über, da der Geruch von "Jodoform, pommes frites, Angst" Ekel hervorruft und der Nachtlärm der Großstadt das Gefühl, zerbrochen und zerstückt zu werden. So wird Malte selbst zunehmend vom Prozeß des Zerfalls erfaßt. Im Krankwerden, dem Schwindelgefühl und Bewußtseinsverlust wie der völligen Herrschaft der dem Willen entzogenen Körperkräfte im unaufhaltsamen Laufen und im Tanz des Veitstänzers erfährt Malte, gleichwie in der Kindheit schon im Verlust der Herrschaft über die Hand zunächst und den ganzen Körper alsdann, die Zerstückung und Vernichtung des Subjekts als die seines Körpers. Ihren Höhepunkt erreicht die körperliche Vernichtung des Subjekts im Phänomen des "Großen", dem körperlichen Gefühl, daß sich aus Arm oder Hand ein zweiter Kopf gebildet habe, ein fremdes, aber vom eigenen Blut gespeistes Wesen aus dem eigenen Körper herauswachse, immer größer werde, den 'Ich'-sagenden Kopf überschatte und damit in sein Dunkel, den Tod, verschlingen möchte.

Das in diesem Bild auf die Spitze getriebene somatische Gefühl spiegelt die ihm untrennbar verbundene psychische Spaltung zwischen dem bewußten Ich des Subjekts und einem unbewußten Innern.

Denn nicht nur geht die soziale Identität ins Amorphe der 'Fortgeworfenen' über wie die physische sich vom amorphen Dunkel des Todes überschattet sieht, auch die Bilder der Wahrnehmung gehen in ein Amorphes ein, ein unbekanntes Inneres, das Malte erst jetzt entdeckt. Die äußere Welt, die Bilder des Verfalls, des Niedergangs, des Sterbens drücken sich Malte einerseits durch die Sinne ein, aber andererseits formt sich in der Katastrophenvision der 3.Aufzeichnung ein die äußeren Eindrücke kondensierendes Bild und unterlegt sich dann in der 5. Aufzeichnung, wo Malte die Gesichter der Leute als Masken 'sieht' und die 'Frau ohne Gesicht' erblickt, der äußeren Wirklichkeit selbst, bildet mit ihr eine für das sehende Subjekt untrennbare Einheit. Die wahrgenommene Wirklichkeit, so erkennt das isolierte Subjekt, ist nie die Wirklichkeit selbst, sondern diese ist immer schon durch ein unbekanntes Inneres hindurchgegangen, das etwas wegläßt oder ergänzt und auf das wahrnehmende Subjekt hin abstimmt, ist also immer schon eingebildete Wirklichkeit. Auf diese Weise wird der Begriff einer vom Subjekt unabhängigen, äußeren materiellen Wirklichkeit im Prinzip aufgehoben, da zwischen ihr und der Einbildung für das Subjekt kein wesentlicher Unterschied mehr besteht, alle Wirklichkeit immer schon Einbildung ist und durch die Transformation aller Wirklichkeit zu Einbildung die Voraussetzung zur oben angesprochenen Zerschlagung des linearen Lebenszusammenhanges in den Konventionen von Raum und Zeit geschaffen. Dieser umfassenden Subjektivierung der Welt entspricht aber zugleich auch die Zerstörung des Subjekts, da die Einbildung aus einem inneren, unbekannten und unfaßbaren Dunkel des nunmehr in seinen bewußten und unbewußten Teil gespaltenen Ichs heraus arbeitet; in diesem, in den dem Willen entzogenen Teilen des Körpers, vornehmlich den amorph liquiden wie dem Blut, lokalisierten Unbewußten sind das 'Ich', sein Bewußtsein, seine Vernunfterkenntnis und seinen Willen übersteigende Kräfte, die allgemeinen, amorphen der Natur selbst am Werk. Das durch seinen auf Vernunfterkenntnis sich gründenden und mit freiem Willen ausgestattete klassisch-humanistische Subjekt wird so zwischen der unbekannten inneren und der äußeren Wirklichkeit zerrieben.

Wenn Malte zunächst die äußere Welt distanziert durch den visuellen Sinn als Prozeß des Sterbens wahrnimmt, dann diese Welt durch den olfaktorischen und vor allem den auditiven Sinn nach innen dringt und sich als Körpergefühl, Ekel, Entsetzen und das Gefühl schmerzender Zerstückung artikuliert, die äußere Welt vom Körpergefühl als Bedrohung der Integrität des Ich gelesen wird, und schließlich in ein Inneres eingeht, von dem Malte nichts weiß, so wird ein über den Körper organisierter Prozeß der Verinnerlichung ins Werk gesetzt, der, den äußeren Prozeß des Vergehens reproduzierend, alle Form der äußeren Wirklichkeit im Körpergefühl in schon formlosere Bedrohung und im dunklen Innern in ein unfaßbares, mystisch allgegenwärtiges Amorphes auflöst. Wenn Malte feststellt, daß dieses Innere auch die äußere Wirklichkeit formt, so ändert das nichts an der grundlegenden Bewegungsrichtung des Vergehens, eine Art Implosion aller äußeren Welt in das formlose Innere, das sich dann umgekehrt, als müsse es alle die formlos gewordene Masse und virtuell die ganze Welt in sich aufnehmen, ausdehnt und schließlich das 'Ich' als seine Hülle sprengt. Wie der äußere Eindruck der Bilder sich im Körpergefühl der Bedrohung der leiblichen Integrität ausdrückt, so auch diese zerstörerische Ausdehnungsbewegung: etwas zu Großes treibe in Maltes Blut mit, das Große wachse ihm wie ein zweiter Kopf aus dem Körper, der Körper platze ihm wie die Oberfläche eines zertretenen Käfers, sein Körper gehe über alle aus ihm ausgequollenen Einzelteile, die er wieder hineinschichten müsse, nicht wieder zu; außerhalb seiner selbst wird dann die Auflösungsbewegung des Körpers, der Tod des Subjekts, als Übergang in die amorphen Kräfte der Natur gestaltet, so etwa im Bild des Großvaters Brigge, dessen Körper unter der Wassersucht aufquillt, bevor er dann durch Herumgetragenwerden das ganze Haus füllt und dann darüberhinaus bis zum Atmosphärischen eines naturkatastrophenähnlichen Gewitters anwächst oder etwa der Veitstänzer, in dessen Tanzbewegungen die ihn übersteigende innere Naturkraft den engen Raum des Körpers sprengen will.

In der Bewegung, die alle Außenwelt ins innere Amorphe hineinzieht und dann durch dessen Ausdehnung das Ich zerstört, möchte aber, gegründet auf das Körpergefühl, die Umkehrung des Elends in Liebe schon angelegt sein.

Besteht das Elend im namenlosen Schrecken der Vernichtung und Auflösung von Subjekt und Welt ins allumfassende Amorphe, so enthält diese Ekstase des Todes virtuell bereits die Allidentität. Eben durch die Auflösung ins Ganze, der 'Einheit' mit ihm, wandelt sich der an die körperliche Integrität als Form des 'Ich' gebundene Schrecken in Liebe, da das Körpergefühl als Schrecken der Vernichtung gegenstandslos geworden ist und sich nun allem Sein inne weiß. Daher heißt es denn etwa in Aufzeichnung 56, Bettine habe sich ganz weit ins Sein *hineingelegt*, oder Malte stellt sich in Aufzeichnung 22 seine Liebe als völlige, das Ich ins andere auflösende, die Wärme des Gefühls auf der Innenseite verteilende Hingabe vor:

> *"Es kommt mir vor, als wäre das das Entscheidende: ob einer es über sich bringt, sich zu dem Aussätzigen zu legen und ihn zu erwärmen mit der Herzwärme der Liebesnächte, das kann nicht anders als gut ausgehen" (22.5/ 775)*

In der Ekstase der Vernichtung des Subjekts haftet sein nun heimatlos gewordenes Körpergefühl als diffuse Subjektivität der Liebe der Innenseite der Dinge als seinem größeren Körper an. Die in der Arbeit der alchemistischen Liebe geleistete Welt wird zum metaphysischen Körper der Subjektivität.

Orientiert an dieser Grundfigur des Körpergefühls vollzieht sich letztlich auch die Arbeit der Erinnerung und der Dichtung. Wenn in der Arbeit der Erinnerung das Vergangene auf dem Grunde des Ich zerschellt und dann fragmentiert in den körperlichen Fragmenten des Ich wiedergefunden wird, so ergibt sich dieselbe Einheit von gegenständlichem Bild und dessen subjektlos autonomer, durchs Gefühl physiologisch von innen ertasteter Form und Bewegung wie am Ende des dichterischen Schaffensprozesses, wo alle umfassende Welterfahrung des namengekennzeichneten Subjekts in den dunklen innern Abgrund des Vergessens fallen muß, um namenlos, vom Individuellen befreit, "Blut [zu] werden in uns, Blick und Gebärde" (14.1/ 725), denn Blut, Blick und Gebärde dieses Individuums gehören dann nicht mehr ihm als Subjekt und Individuum an, das äußere sinnlich-körperliche Ich ist Maske, metaphysischer Körper geworden für die allgemeine, diffuse Subjektivität als die der allgemeinen, amorphen Natur: aus ihm spricht, gleich dem dionysischen Dichter des jungen Nietzsche, der Grund der Dinge. Hier liegt auch der Kern des 'apokalyptischen Schreibens', daß Maltes Hand Dinge schreibe, die er nicht meine, denn die Hand, Maltes körperlich-sinnliches Ich ist als Subjekt gestorben und daher reines Instrument geworden für die umfassende, tiefe Subjektivität des Grundes.

Ist in diesem Sinne das Erzählen als Fähigkeit des einbildenden Sehens im Blut verortet, in das, wie in der Figur des idealtypischen Erzählers, des Marquis von Belmare, dargestellt wird, die Natur die Geschichten und Abbildungen eingeschrieben hat, so daß sie im einbildenden Sehen mit der sinnlichen Wirklichkeitsqualität eines Tisches im Zimmer da sind, so berichtet Aufzeichnung 44 aber von den Zweifeln des Großvaters Brahe, ob das Papier das gleiche tiefe Sehen zu leisten vermöchte. Die Antwort auf diese Frage bleibt offen, ja kann eigentlich nur vom Leser der Aufzeichnungen gegeben werden, denn darauf eben geht Malte aus, daß der Körper als Buch sich in den Buchkörper der Aufzeichnungen transformiere. Nicht nur empfindet Malte nach der Zerstörung des Subjekts sich selbst als leeres Blatt, das also von der alchemistischen Liebe in der Arbeit der Einbildung neu beschrieben wird; es möchten die Aufzeichnungen eben auch das Produkt jenes 'apokalyptischen Schreibens' darstellen, in der die Hand schreibt, was dem Meinen, dem Willen des Subjekts entzogen ist, das nun zerstörte Subjekt, wie ja auch in der Dichtungstherorie Maltes, zum reinen Instrument der allgemeinen Subjektivität des Grundes geworden sein. Wenn man den Roman als das alchemistische Experiment liest, das Blei des Leidens im Vergehen des Subjekts umzuwandeln in das Gold der ewigen Arbeit der Liebe, so liegt der Stein der Weisen darin, daß die Subjektivität für diese Arbeit in der Schrift, im Buch einen neuen physischen und zugleich metaphysischen Körper gefunden hat, der ihr auch nach ihrem Tod - einem unbedeutenden Zwischenfall, der völlig ignoriert wird, wie man in Konsonanz mit Großvater Brahe behaupten möchte (15.8/735) - die prinzipiell unabgeschlossene Bewegung dieser Arbeit in anderen Zeit- und Raumdimensionen ermöglicht[19]. Da denn die allgemeine Subjektivität des Grundes

im Buch einen neuen Körper gefunden hat, wird es dann am Ende tatsächlich
unwichtig, wie der Roman 'real' für die physische Person Maltes ausgeht.

Es wäre nun allerdings ein endloses Unterfangen, das vom 'Roman'
gewollte Spiel ins Werk zu setzen und alle Kombinationsmöglichkeiten
durchzuprobieren, wird doch die Zahl der Schachbrettfelder von der der
Aufzeichnungen noch um 7 übertroffen. Unsere Bestimmung besitzt vorderhand
den Sinn, daß die eigene sich dem Anspruch dieses Werkes gegenüber als das
Einzeichnen einer der möglichen Interpretationen und zugleich als Reduktion
versteht, die unter vielen möglichen Durchgängen einen, wenngleich in der
Regel den durch die gegebene Folge der Fragmente vom Text zunächst
suggerierten, favorisiert. Das Konstellationsnetz der Motive und Themen erlaubt
zwar, mehr oder weniger dominante Interpretationslinien einzuzeichnen, doch
keine darf Ausschließlichkeit beanspruchen.

Unsere Lektüre des 'Malte' versucht daher vornehmlich, dem
zentripetalen und multirelationalen Charakter der Aufzeichnungen Rechnung zu
tragen, indem sie gleich einem Kommentar von den einzelnen Aufzeichnungen
ausgeht und deren Potential zumindest partiell für Interpretationslinien
freizusetzen sucht. Sie beansprucht daher noch keineswegs, bereits eine
umfassende Interpretation zu sein, die den ganzen Bedeutungsreichtum des
Werkes auf den Begriff zu bringen vermöchte. Gleich einem Kommentar eher als
Aufbereitung zu einer umfassenderen Interpretation konzipiert, will unsere
Studie daher parallel zum literarischen Text gelesen werden, unterscheidet sich
aber von den Kommentaren etwa Smalls[20] oder dem besonders gründlichen und
hilfreichen Stahls[21] dadurch, daß sie sich nicht auf den Zusammenhang des
Gesamtwerkes von Rilke und seine Biographie wendet, sondern die immanente
Logik der Aufzeichnungen ins Zentrum stellt.

Ist die 'realistische Perspektive' für die innere Logik Maltes
unwichtig, so doch nicht für den Leser. Zum einen erlaubt sie den historisch-
gesellschaftlichen Zusammenhang aus der Perspektive des Werks her zu erfragen
und dessen Dynamik als im Werk selbst wirksam auszumachen[22], zum andern
aber, darauf aufbauend, die Entwicklung Maltes als von der sozialen Entwicklung
bedingte wie von der individuellen Konstitution favorisierte Pathologie zu lesen,
als Gang an der Grenze zum Wahnsinn und in den Wahn hinein, der seinerseits
die Gesellschaft kritisch beleuchtet. Diese letztgenannte Interpretation ist den

Intentionen des Textes keineswegs zuwider, denn so häufig finden sich Hinweise für eine 'realistische Wirklichkeitsperspektive', die in Maltes immanenter Logik nicht nötig wären, und wird der Einbildungscharakter der Erlebnisse herausgestellt, daß auf eine bewußte ironische Absicht geschlossen werden darf, die der übergreifenden Intention der Aufzeichnungen, ein Spannungsfeld der modernen Subjektivität als ein Fragmentenmosaik zu entwerfen, durchaus entspricht. Die Hinweise auf diese 'realistische Wirklichkeitsperspektive' in ironischer Funktion werden wir von Mal zu Mal hervorheben.

KAPITEL I

Dekonstruktion von Welt und Subjekt

Die Aufzeichnungen 1-22

Die ersten zweiundzwanzig Aufzeichnungen besitzen, wie eingangs schon gesagt, einen stärkeren Zusammenhang, nicht nur weil sie fast durchgängig Maltes Pariser Gegenwart zum Schauplatz haben, sondern auch in gewisser Weise eine 'äußere Geschichte' wiedergeben und entwicklungslogische Momente enthalten, während ein solcher Zusammenhalt in den darauffolgenden Aufzeichnungen sich immer stärker verliert. Eine zweite Gruppe, die den rein stofflichen Zusammenhang von Kindheits- und Jugenderinnerungen besitzt, ließe sich aus den Aufzeichnungen 23-44/48 bilden, innerhalb deren sich schon drei thematische Hauptstränge, der der Liebe, der des Todes und der des Erzählens und der künstlerischen Arbeit, abzweigen, bevor mit Aufzeichnung 49 rein leitmotivische und thematische Gruppierungen auszumachen sind, die nun zudem den unmittelbar persönlichen und familiär gebundenen Erfahrungsraum übersteigen. Daß auch diese Gruppierungen nur eine erste Oberflächenschicht darstellen und nur eine sehr relative Geltung besitzen, zeigt sich schon daran, daß die Paris-Aufzeichnungen mit Kindheitserinnerungen durchsetzt sind (Aufz. 8,9 und 15), die zwar mehr (Aufz. 8 u.9) oder weniger (Aufz.15) in die Entwicklungslogik eingebunden sind, sich aber ebenso am Ende der 36. Aufzeichnung (Aufz. 8 u.9) und der 34. (Aufz.15) plazieren ließen, während im Rahmen der Kindheitserinnerungen und auch der letzten Gruppe, abgesehen von häufigem Bezug auf die Schreibgegenwart in subjektivitätsunterstreichenden Formulierungen wie etwa "diese Nacht ist mir [...] wieder eingefallen", "so seh ich es jetzt", "da sitze ich in der kalten Nacht und schreibe und weiß das alles", auch die Pariser Gegenwart (Aufz.38, 39, 59 und 60) oder in der letzten Gruppe auch die Kinder- und Jugendzeit thematisiert wird (Aufz. 56). Je weiter man voranschreitet, desto problematischer und weniger zwingend werden solche Gruppierungen, weil sich allmählich alle anderen Strukturen außerhalb des Themen- und Motivnetzes verlieren, das freilich ebenso dicht, nur vielleicht auf den ersten Blick nicht so evident, von der ersten an alle Aufzeichnungen überzieht. Es ist, als bräche mit den Aufzeichnungen 18-22 das tragende Skelett der konventionellen Entwicklungslogik von innen her zusammen und lasse nun die Tragkraft des umfassenden magisch-magnetischen Netzes der Themen und Motive hervortreten. Nach der Vernichtung des Subjekts und damit dieser seiner konventionellen Welt sowie der Umkehrung dieses Elends in Liebe ergibt sich zunächst die Notwendigkeit einer Neuleistung des vergangenen Lebens im Spannungsfeld von Subjektvernichtung und Umkehrung in Liebe, der Kindheit zunächst und virtuell der gesamten Weltgeschichte alsdann. Die Neuleistung als neue Sicht erstreckt sich aber ebenso auf die ersten Aufzeichnungen, die nun rückschauend aus der Perspektive der Subjektvernichtung und seiner Umkehrung, deren 'orpheische Ästhetik' in den Aufzeichnungen 45-48 noch deutlicher herausgearbeitet wird, in einem völlig neuen Lichte erscheinen. Neben den entwicklungslogischen Momenten werden wir daher teils gleich bei der Besprechung der jeweiligen Aufzeichnung, teils rückschauend auf dieses Motiv- und Themennetz hinweisen.

Die ersten 22 Aufzeichnungen bewegen sich auf einer prävalent absteigenden Linie. In einem als Dekonstruktion verstehbaren Prozeß, der seinen Ursprung in der Entgegensetzung von 'den Leuten' und dem aufzeichnenden Ich Maltes, d.h. in der Abtrennung des Subjekts von der Gesellschaft besitzt, mit der der 'Roman' gleich im ersten Satz programmatisch einsetzt, werden in der Bewegung der Zersetzung der Aufbau der Welt und des Subjektes freigelegt. Tragen Malte seine Sinne zunächst eine andere Welt ein als die von der Konvention behauptete, 'sterben' statt 'leben', so dringt diese Welt in Aufzeichnung 2 über den auditiven Sinn bereits nach innen und verdichtet sich in Aufzeichnung 3 zur Katastrophenvision. Daß auch Malte von diesem zunächst anscheinend von außen nach innen gehenden Prozeß ergriffen wird, erweist sich in Aufzeichnung 4, wo er einen zunehmenden Identitätsverlust entdeckt und ein ihm unbekanntes, fremdes Inneres, das dieser äußeren Großstadtrealität korrespondiert. In dieser Korrespondenzbeziehung von Innen- und Außenwelt entstehen in Aufzeichnung 5 zwei die Identitätsproblematik thematisierende Bilder mit surrealistischen Qualitäten, die Entdeckung des Maskencharakters des Gesichts und die 'Frau ohne Gesicht', die ebenso von außen auf Malte 'eindringen', wie sie von seinem Innern produziert werden. Die atmosphärischen Qualitäten dieser ersten Eindrücke verdichten sich dann zum von der Furcht gezeichneten Bild des Todes in der Moderne, wie er in den Aufzeichnungen 6 und 7 sich dargestellt findet, und dem in den Aufzeichnungen 8 und 9 das Gegenbild des Todes in der Vergangenheit als "eigener Tod" entgegengesetzt wird. In Aufzeichnung 10 wird dann durch Maltes Reflexion über seinen gegenwärtigen Zustand das zunächst sowohl soziale wie psychische Ergriffensein Maltes vom Elend des Zerfallsprozesses ins schreibende Bewußtsein eingeholt, bevor in den Aufzeichnungen 11-13 drei vorderhand unerklärlicherweise helle und hoffnungsfrohe Bilder der Pariser Stadtlandschaft folgen. In Aufzeichnung 14 aber setzt sich Maltes Niedergang sogleich weiter fort, indem er durch die Kritik an seinem bisherigen Schriftstellertum auch seine letzte Identitätsmaske noch verliert, sich als 'Nichts' fühlt und aus diesem Zustand heraus aber die Umrisse einer solipsistischen Möglichkeitswelt entwirft, die ihn zu einem neuen Schreiben zwingt, dessen in Aufzeichnung 18 dann deutlicher herausgezeichnete apokalyptische Züge hier bereits anklingen. Zunächst als Beispiel eines solchen Schreibens, im Grunde erstem Lesen aber unvermittelt und nur tieferer Themen- und Motivanalyse erklärbar, folgt als 15. Aufzeichnung eine eine Gespenstererscheinung wiedergebende, darüberhinaus aber Vergangenheitsbezug und Arbeitsweise der Erinnerung thematisierende Kindheitserinnerung. Durch den in Aufzeichnung 10 schon erwähnten Verlust von Haus, Hof und Erbe sowie dann in Aufzeichnung 14 durch die vernichtende Kritik seines Schriftstellertums aller sozialen Idendität entkleidet, flüchtet sich Malte in Aufzeichnung 16 im Verfolgungswahn vor den von der Gesellschaft "Fortgeworfenen" in die Nationalbibliothek und ins Idyll eines glücklichen Dichters. Am Ende dieser Aufzeichnung muß er dann aber dieses Idyll wie auch in Aufzeichnung 17 das Großstadtidyll, das er in Antiquariatsbesitzern entdeckt, aufgeben und gelangt in den Aufzeichnungen 18 - 21 dann auf den Grund seines Niedergangs, erlebt dreimal seine völlige Vernichtung, in der die Krankheit des Zerfalls ihn nun auch physiologisch erfaßt. Die Aufzeichnung 22 stellt dann die Umkehrung dieser Vernichtung des Subjekts in die allumfassende Bejahung der Liebe dar.

Von der äußeren Wahrnehmung der Großstadt zum inneren Katastrophenbild

Die Aufzeichungen 1 - 3

Auch innerhalb der ersten zweiundzwanzig Aufzeichungen lassen sich mehr oder weniger stark gebundene Gruppierungen unterscheiden. Das schließt darüberhinausreichende Querverbindungen, also Neuformierungen von Zusammengehörigkeiten unter Gesichtspunkten, die von späteren Aufzeichnungen her wichtig werden, nicht aus. Der Sinn solcher Gruppenbildungen besteht darin, der zunächst der Reihenfolge der Aufzeichnungen nachgehenden Lektüre erste und grundlegende Strukturelemente an die Hand zu geben, auf die dann die Schwerpunkte und Querverbindungen je verlagernde komplexere Schichtungen aufbauen können. Hinweise auf spätere Querverbindungen werden teils, wo es sich organisch ergibt, gleich in die Besprechung der jeweiligen Aufzeichnung miteingeflochten, teils von späteren Gesichtspunkten her nachgeholt.

Die ersten drei Aufzeichnungen besitzen insofern einen stärkeren Zusammenhalt, als in ihnen sich die sinnliche Wahrnehmung der Großstadt nach innen zur Katastrophenvision verdichtet. Vom Distanz haltenden Augensinn über den diffusen, das Innere stärker rührenden Geruchssinn geht die Wahrnehmung in einem Crescendo der Bedrohlichkeit zum Hörsinn über, um in der dritten Aufzeichnung dann die Bedrohung wiederum in ein Sehen, nun aber ein inneres, zu wenden. Sinnlichkeit und Bildlichkeit der Eindrücke schaffen einen klaren Unterschied zur 4. Aufzeichnung, die an die Thematik des Innern dann anknüpft, sie aber auf vorwiegend reflexive Weise fortführt.

Aufzeichnung 1

Die erste der 71 Aufzeichnungen weist als einzige den vollständigen Kopf einer Tagebuchaufzeichnung auf, "11. September, rue Toullier", während dann nur in Aufzeichnung 16 noch einmal eine Ortsangabe, "Bibliothéque nationale", am Kopfende angemerkt ist; als Ort der Aufzeichnungen wird, auf Verallgemeinerung der Großstadterfahrungen abzielend, Paris erst in der 6. Aufzeichnung genannt. Damit ist die Ausgangsform der Aufzeichnungen Maltes angegeben, von denen sie sich aber bald entfernen, da sich insbesondere die zeitliche, aber bald auch die räumliche Gebundenheit der Aufzeichnungen verlieren. Dem Verlust der 'materiellen Wirklichkeit' entspricht die von außen nach innen führende Bewegung, die Verdichtung, wie sie in den ersten drei

Aufzeichnungen bereits vorgezeichnet ist, zum Bild einer inneren Welt, letztlich zur 'Bilderwelt' des 'Romans'.

Der erste Satz des 'Romans' exponiert gleich die beiden zentralen Thematiken: den entwicklungsdynamisch entscheidenden Gegensatz zwischen den 'Leuten' und dem aufzeichnenden 'Ich' sowie die hier als Gegensatz formulierte Problematik des Zusammenhangs von 'Leben' und 'Sterben'. Der an der gegensätzlichen Wertung der Großstadtrealität als 'Leben' oder als 'Sterben' Ausdruck findende Gegensatz zwischen 'den Leuten' und dem 'Ich' wird dann - und das ist die dritte diese Aufzeichnung bestimmende Hauptthematik - durch die Wahrnehmung dieses Ich verifiziert. Diesem 'Ich', dessen Subjektivität durch die anaphorische Verwendung des Personalpronomens und dessen Wahrnehmung durch die beinahe epiphorische Verwendung des Partizips 'gesehen' hervorgehoben wird, tragen seine Sinne nichts als die Zeichen des Sterbens ein: Hospitäler, Krankheit, schwankende und umsinkende Menschen. Mögen angesichts der schwangeren Frau noch einen Augenblick Zweifel aufkommen, ob die Hospitäler nicht doch dem neuen Leben dienen statt dem Weg zum Tode, so werden sie durch das Bild des kranken Kindes im zweiten Absatz rasch und durch die Aufzeichnungen 6,7 und 19, in denen das Krankenhausmotiv wieder aufgenommen wird, endgültig zerstreut. Verweisen die Krankenhäuser nach Plan auf die Geplantheit des Lebens von der Geburt bis zum Tod, so wird das Leben ein reines 'Überleben', wie der Abschlußsatz der Aufzeichnung sentenziert, der im Anklang an die Form des Apokoinu die Einmauerung des Lebens zwischen zwei fremde Hauptsachen oder die Sinnlosigkeit im Rotieren um sich selbst noch einmal scheint unterstreichen zu wollen:

"Die Hauptsache war, daß man lebte. Das war die Hauptsache."
(1.2/709)

Nicht auf dem Plan verzeichnet, außerhalb der von der Geburt bis zum Tod geplanten Gesellschaft entdeckt Malte das Nachtasyl, vom dem er, wie das noch unverbindliche Lesen der Preise anzeigt, sich irgendwie angezogen fühlt. Präludium des Motivs der Heimatlosigkeit, der Obdachlosigkeit, wie sie vor allem in den Aufzeichungen 10, 16 und 18 thematisiert wird, und des Themas der 'Fortgeworfenen', das mit der Aufzeichnung 16 voll einsetzt, weist das Motiv des Nachtasyls hier aber zugleich darauf hin, daß hier ein der geplanten Gesellschaft entzogener, möglicher Ort der Eigenheit sein könnte.

Maltes Wahrnehmung der Großstadt ist in der ersten Aufzeichnung vorrangig durch den Augensinn gekennzeichnet, dem distanziertesten und objektivsten unter den Sinnen, wenngleich die schwangere Frau mit ihrem Tasten an der Mauer Zweifel an diesem Sinn ausdrücken könnte, Zweifel an der Objektivität des Augensinns sowohl wie am Plan, und ein der Blindheit im Kreis der 'Fortgeworfenen' präludierendes Motiv darstellt. Darüber hinaus aber wird auch Maltes olfaktorischer Sinn angesprochen, wenn er den Geruch von "Jodoform, pommes frites, Angst" wahrnimmt, den er zweimal erwähnt. Der äußere, abstoßende Geruch von Jodoform, der die Krankheiten in den umliegenden Krankenhäusern erinnert, und der von Pommes Frites, der wahrscheinlich aus den Großküchen dieser Krankenhäuser stammt, verbindet sich mit dem von Angst zu einem widerlichen Gemisch von Krankheit, Essen und Schweiß, das über die Atemwege nach innen geht und die Distanz des Augensinnes schon überwindet. Auch im Geruch der Angst geht die äußere Wahrnehmung schon in die Kennzeichnung eines inneren Zustandes über und bezeichnet damit den in den ersten drei Aufzeichungen schon durchschrittenen physiologischen Weg von der Wahrnehmung der äußeren Welt durch den distanzierten Augensinn über die stärker nach innen eintragenden Sinne des Geruchs und des Gehörs und den indirekt erwähnten des Tastens bis zur Verdichtung der inneren Katastrophenvision. Das Motiv der schlechten, ekligen Luft kehrt übrigens später im Zusammenhang der Katastrophenankündigung etwa in den Aufzeichnungen 18, 19, 21, und 42 wieder und bildet eine Seitenlinie des umgreifenden, an das Krankheits-, Verfalls- und Sterbensmotiv gebundenen Ekelmotivs, das im Bild vom kranken Kind ebenfalls in dieser ersten Aufzeichnung bereits erscheint: "es war dick, grünlich und hatte einen deutlichen Ausschlag auf der Stirn." (1.2/709)

Die Prädominanz der Sinne betont die Körperlichkeit der Erfahrungen des 'Ich' und stellt den Ausgangspunkt der 'physiologischen Hermeneutik' der Welt dar. Die Verwiesenheit auf den Körper zunächst bedeutet im Prozeß der Identitätssuche und Selbstbestimmung des 'Ich', daß alle seine gesellschaftliche Transzendenz bereits aufgegeben ist und allenfalls durch eine Transzendenz des Körpers wiedererlangt werden kann.

Aufzeichnung 2

Sind also in der ersten Aufzeichnung der Sehsinn vor allem, aber auch der Geruchssinn und indirekt Tastsinn und mit der Assoziation des Essens auch der Geschmacksinn angesprochen, so wird die zweite Aufzeichnung vom Hörsinn dominiert. Wo der Augensinn noch auf Distanz hielt, der Geruchssinn aber bereits eine Wendung nach innen zeigte, dringt mit dem Hörsinn die

Außenwelt aggressiv und zerstörend in die Innenwelt ein. Malte hat das Fenster, Metapher zugleich für den Durchlaß zwischen 'draußen' und 'drinnen', externer Welt und Interieur, offen gelassen und ist in aufnehmender Passivität der Übermacht des zerstörerischen Nachtlärms 'physiologisch' ausgeliefert. Dieser Nachtlärm der Großstadt läßt Malte nicht schlafen und erscheint als das alptraumartige Bild eines wirren Chaos, das auch das 'Ich' zermalmt:

> *"Elektrische Bahnen rasen läutend durch meine Stube. Automobile gehen über mich hin. Eine Tür fällt zu. Irgendwo klirrt eine Scheibe herunter, [...]. Die Elektrische rennt ganz erregt heran, darüber fort, fort über alles." (2/710)*

Der Lärm dringt auf das 'Ich' ein, das 'Ich' aber zerstreut sich - auch grammatisch - in die Geräusche. Der nervenaufreibende, das Subjekt zerstörende Lärm[1] des chaotisch rasenden Verkehrs, dessen Beschleunigung auch im asyndetischen Satzbau Ausdruck findet, wird nach durchwachter Nacht von Reminiszenzen des Lebens auf dem Lande, der Natur, Hundebellen und Hahnenschrei, durchsetzt, die Malte Erleichterung bringen und schließlich schlafen lassen; die erste und einzige Konjunktion dieser Aufzeichnung ist hier der rhythmisch-sprachliche Ausweis der Beruhigung. In der Entgegensetzung von überwachem, lärmend zerstückendem Verkehrschaos der Großstadt und Reminiszenzen der Natur scheint zunächst der Gegensatz von Stadt und Land wiederaufzuleben. Das Landleben wird sich jedoch in den folgenden Aufzeichnungen, insbesondere den Aufzeichnungen 10 und 16, unwiderruflich als eine Vergangenheit erweisen, zu der Malte nicht zurück kann, während der Naturbegriff eine weit über diesen Gegensatz hinausführende Entwicklung erfährt; dabei sind vor allem zunächst die Aufzeichnungen 10 und 16 einerseits, 5, 8 und 9 , 11 und 12 sowie die gesamte Körper-, Lebens- und Sterbensthematik zu berücksichtigen.

Aufzeichnung 3

Dem Wechsel der je prädominanten Sinnesorgane in den ersten drei Aufzeichnungen entspricht der Wechsel der Szenerie beim Weg von außen nach innen. Im Tageslicht hält der Augensinn objektivierende Distanz, so daß das Gesehene und der Sehende, Objekt und Subjekt deutlich getrennt bleiben. Im Dunkel der Nacht schwindet alle Distanz, der Lärm dringt auf Malte ein, während die überwachen Nerven Maltes sich in die Geräusche verteilen, in sie zerfallen.

Schläft Malte endlich, so schweigen die Geräusche. Im Schlaf, aus der Stille formt sich aber das traumartige innere Spiegelbild jener Welt: die Katastrophenvision der zu fallen drohenden hohen, dunklen Mauer, hinter der das Feuer lodert. Der Wechsel der Sinne und der Wandel der Szenerie erweckt den Eindruck einer metamorphischen Zusammenziehung von der Außenwelt der kranken Großstadt im Tageslicht zum Zimmer Maltes im Dunkel und von dort in Maltes Innenwelt, wo die äußere Welt zur Katastrophenvision verdichtet aus Dunkel und Stille drohend emporsteigt. Dieser Prozeß läßt sich auf der Ebene der Haltung der Subjektivität in der Subjekt-Objekt-Beziehung beschreiben: der differenzierten, objektivierenden Distanz folgt das chaotisch zerstörend Subjekt und Objekt vereinende Dunkel, während in der dritten Aufzeichnung aus dem in Stille und Dunkel diffusen Ich das eingebildete Bild traumhaft visionärer Wahrheit aufsteigt. Bei der Besprechung des Entstehungsprozesses der Dichtung, wie er in der Aufzeichnung 14 zunächst gezeichnet wird, werden wir auf diese von der Außenwelt in die Innenwelt führende Metamorphose zurückkehren.

Das Problem der Identität und der neuen Wahrnehmung

Die Aufzeichnungen 4 und 5

In der Aufzeichnung 4 legt Malte sich Rechnung darüber ab, wie die Erfahrung der Großstadt auch ihn selbst verändert, so daß ihm seine Identität zum Problem wird. Die Identitätskrise erweist sich als die Konsequenz einer neuen Wahrnehmungsweise, die dann in Aufzeichnung 5 exemplarisch vorgeführt wird.

Aufzeichnung 4

Die in dem programmatischen Satz, "ich lerne sehen", ausgedrückte Veränderung der Wahrnehmung betrifft nicht nur das Äußere, die Beobachtungen in der Großstadt, sondern hat auch Konsequenzen für Maltes Innere, denn die Entdeckung des äußeren Lebens in der Moderne läßt ihn ein unbekanntes Inneres entdecken[2]:

> *"Ich lerne sehen. Ich weiß nicht, woran es liegt, es geht alles tiefer in mich ein und bleibt nicht an der Stelle stehen, wo es sonst immer zu Ende war. Ich habe ein Inneres, von dem ich nicht wußte. Alles geht jetzt dorthin. Ich weiß nicht, was dort geschieht." (4.1/710f)*

Mit diesem Bereich des inneren Abgrundes knüpft Malte zugleich an jenen Bereich des Wachtraumes und des Schlafes oder der Stille in den beiden vorangehenden Aufzeichungen an und führt sie weiter. Auf diese Weise wird die an der Bildlichkeit der ersten drei Aufzeichnungen bereits betrachtete Bewegung von außen nach innen nicht nur reflektiert, sondern implizit auch die Beziehung der inneren Identität an die Umwelt geknüpft. Dem Beginn der ersten Aufzeichnung gleich, wird auch hier das Ich durch seine anapherhafte Satzstellung zum Mittelpunkt erklärt: in dem Maße aber, wie das Ich an Zentralität gewinnt, scheint es paradoxerweise an Substanz zu verlieren, da es eher eine Durchgangsstation der Beziehung zweier unbekannter Welten darstellt und an Subjekthaftigkeit verliert in dem Maße, wie sich ihm sein Innerstes entzieht.

Der äußere Entfremdungsprozeß wandelt sich, wie Malte im zweiten Absatz ausführt, in einen inneren, da Malte sich bereits in drei Wochen so stark verändert weiß, daß alle früheren Bekannten ihn als Fremden betrachteten und er deshalb alle Kommunikation, alles Briefschreiben aufgabe. Der äußere Einfluß, die veränderte, zerstörende Umwelt tritt so allmählich gegenüber der inneren Dynamik zurück, insofern es vornehmlich die Wahrnehmungsweise Maltes und die Erkenntnis seiner inneren Veränderung sind, die ihn die Distanz zu 'den Leuten' zum Rückzug von den Bekannten steigern läßt. Die bestimmende und den Anfang der Bewegung angebende Funktion der Außenwelt wird bald aufgegeben, da ihre prädominante Funktion nun in der Entdeckung der Innenwelt besteht, die nunmehr, die Isolation von den 'Leuten' freilich noch spiegelnd, zum bestimmenden Element wird.

In den gesamten Aufzeichnungen wird in Bezug auf die Schreibgegenwart in Paris nicht ein einziges Mal von Bekannten oder sonstiger verbalen Kommunikation berichtet. Die totale Isolation, das völlige Alleinsein, oder später positiv gewertet, die gleich einem Heiligen gesuchte Einsamkeit[3] wird geradewegs zur bestimmenden sozialen Voraussetzung für Maltes weitere Entwicklung zu dem, was wir den 'extremen Pol der Subjektivität' nennen. Es ist aber hier schon festzuhalten, daß Malte, bisher noch unerklärlicherweise, den Prozeß der Entfremdung, der Isolierung und des Verfalls keineswegs in rein negativen Termini beschreibt, sondern ihn neutral als "Veränderung" einstuft, als Bewegung fort von etwas Bekanntem und damit implizit auf etwas Neues zu.

Dieser Veränderungsprozeß subjektiviert ebenfalls den Zeitverlauf, so daß alle Zeitangabe im Sinne allgemeiner, konventioneller Zeit, wie sie am Anfang der ersten Aufzeichnung steht, eben unzutreffend wird: Malte stellt fest, "daß ich erst drei Wochen hier bin. Drei Wochen anderswo, auf dem Lande zum Beispiel, das konnte sein wie ein Tag, hier sind es Jahre." (4.2/711) Die Zeitbezüge auf die 'materielle Wirklichkeit' hin besitzen dann auch ihren Sinn eher im Bezug auf Maltes Stimmung oder Zustand, wobei jahreszeitliche Bezüge Stimmungen entsprechen, Frühling, Morgen, schönes Herbstwetter etc. entsprechen Hoffnung, einer aufsteigenden Gemütsbewegung, Winter und Kälte im allgemeinen einer negativen, eisig melancholischen Einstellung der Subjektivität, während der Faschingsbezug (Aufzeichnung 18) auf die Vertauschung von Kleidern, Identitäten, Maskenspiel, den Verlust aller Orientierung in diesem Spiel und die umfassende Veränderung im Weltenspiel hinweist (vgl. dazu aber die Rekonstruktion des Zeitverlaufs bei Stahl 1979, S.154). Die Frage des Verhältnisses zur Zeit wird dann vor allem in den Aufzeichnungen 15 und 49 wieder thematisiert, involviert darüber hinaus natürlich den ganzen Problembereich des Vergangenheitsbezugs.

Aufzeichnung 5

Die 5. Aufzeichnung schließt an die vorangehende an, sowohl indem sie, eingeleitet durch die rhetorische Frage: "Habe ich es schon gesagt?" und durch die Wiederholung des Anfangssatzes, "ich lerne sehen", sich explizit als Thematisierung der neuen Wahrnehmungsweise versteht, als auch indem die in Aufzeichnung 4 aufgeworfene Problematik der Identität nun auf die Gesellschaft gewendet wird.

Von sich selbst sagt Malte, daß er mit dem Sehenlernen gerade anfange. Dieses Anfangsmotiv ist engstens an das der Veränderung geknüpft und bildet fürs erste ein zu aller Negativität des Gesehenen und Dargestellten noch nicht einsehbares, sondern bloß behauptetes, allenfalls untergründig gefühltes oder gar gewolltes Gegenteil.

Die beiden vom neuen Sehen produzierten Bilder[4], das der Leute, die ihre Gesichter wie Masken tragen und verbrauchen, und das der Frau ohne Gesicht, besitzen eine andere Qualität als die der ersten und der dritten Aufzeichnung, in denen es ja auch um das Sehen, das äußere und das innere, geht, oder als das der zweiten, die das vom Hörsinn Wahrgenommene zwecks Vermittlung in ein Bild umsetzt. Die Bildlichkeit der ersten drei Aufzeichnungen bewegt sich noch in einem mehr oder weniger konventionell faßbaren Rahmen, insofern sie auf gängige Zustände der Person bezogen wird. In der ersten Aufzeichnung sieht ein Subjekt, Maltes 'Ich', ganz im gängigen Sinne ein

'Objekt', die es umgebende Stadt, während das Bild der dritten Aufzeichnung deutlich die Züge einer inneren Vision, eines Traumbildes fast trägt, und also mittels des Hinweises auf das Schlafen am Ende der zweiten Aufzeichnung in die konventionelle Wirklichkeitskonzeption eingefügt werden könnte: ein außerhalb dieses Traumbildes befindliches Subjekt, das in einem bestimmten Traumzustand diese Vision als Verdichtung vorangehender äußerer Erfahrungen produziert. Und in diesen Rahmen könnte dann auch, wenngleich mit etwas weniger Sicherheit, die zweite Aufzeichnung Erklärung finden, wo der 'realistische Wirklichkeitsbezug', der relativierende Subjektbezug durch das offengelassene Fenster hergestellt wird: das Bild, eine Collage, die das zerstörende Chaos der modernen Großstadt anschaulich wiedergibt, kann als Umsetzung des Gehörten in eine bildliche Vorstellung gelten, produziert durch ein Subjekt, das das Fenster offengelassen hat und daher im Halbschlaf oder Überwachsein unter dem Lärm der Umgebung leidet. Demgegenüber stellt die Wahrnehmung in Aufzeichnung 5 eine neue Qualität dar, insofern die Wahrnehmung der äußeren Welt untrennbar mit der Dimension der inneren Vision verschweißt wird und auf diese Weise eine Art Tiefenschicht der Realität oder Überrealität in die Dimension der Sichtbarkeit gerät: ein surrealistisches Bild[5] entsteht, in dem die Vermittlung zur konventionellen, materiellen oder 'logozentrischen' Wirklichkeit sowie aller unmittelbar relativierende Subjektbezug aufgehoben ist; das Subjekt selbst ist in diese neue Wirklichkeit eingegangen und stellt keine gängigen Relativierungen mehr her. Dem Leser freilich soll die Grenze zwischen Maltes surrealistischem, einbildenden Sehen und der konventionellen Wirklichkeit spürbar bleiben, indem Malte beim Bild der Frau 'sieht', ohne hinzusehen.

Wenn Malte, wie in der 4. Aufzeichnung, die Identitätsbestimmung der Person im Rahmen der Beziehung von Außenwelt und Innenwelt vornimmt, wenn die veränderte Außenwelt eine Veränderung der Innenwelt bewirkt, die Entdeckung eines Unbekannten und damit den Verlust der Identität, so ist von vornherein klar, daß das Gesicht einer Person keinerlei Aufschluß über ihre Identität geben kann, also zur reinen Maske wird. Im gesamten 'Roman' werden dann auch nicht ein einziges Mal die Gesichtszüge einer Person beschrieben. Diese seiner Identitätskrise geschuldete Erkenntnis geht tragikkomisch-ironisch überspitzt in die Wahrnehmung ein, indem Malte die Gesichter der Leute wie auswechselbare Masken, ja Kleidungsstücke, etwa Handschuhen gleich, sieht, die, so treibt er das Spiel fort, sich abnutzen, gereinigt werden müssen, in mehr oder weniger beschränkter Anzahl zur Verfügung stehen, so daß man damit haushalten muß, etc. In der Auswechselbarkeit kommt allerdings nicht so sehr die universelle Austauschbarkeit zum Ausdruck, das wäre eine Überinterpretation, wenngleich dieser Umstand mitanklingen mag, als vielmehr die

Anonymität der Großstadt, da die Gesichter nichts über die Person aussagen. Die zweite Konzeption aber, die mitspielt und von der die der Anonymität tiefer begründet wird, ist die, daß das Gesicht als Maske etwas verdeckt, ein Kleidungsstück oder eine Schale, eine Oberfläche ist. Bei den Leuten nun verdeckt sie - und darin liegt deren Anonymität begründet - den Persönlichkeitsverlust, verdeckt ein Nichts; die 'Unterlage' unter dem Gesicht ist eine Nichtigkeit, stellt das Nichtvorhandensein eines Gesichts, das "Nichtgesicht" dar, so daß das Gesicht eine oberflächliche Oberfläche ist, da es außer dieser Oberfläche nichts gibt - im Gegensatz zu dem, was unter dem Gesicht der 'Frau ohne Gesicht' zum Vorschein kommt.

Der in der oberflächlichen Oberflächlichkeit begründete tragikkomische Ton der Darstellung schlägt im zweiten Teil um in die bildliche Darstellung des Grauens, des Schrecklichen mit grotesk-wahnsinnigen Zügen, das Bild des wahren Tragischen. Malte beschreibt die Szene, wie eine durch ihn plötzlich aufgeschreckte Frau ihren in die Hände gelegten Kopf erhebt und ihr Gesicht wie eine Maske in den Händen zurückbleibt. Grauen ruft bei Malte nicht so sehr die Innenseite des Gesichts, als vielmehr die Ansicht des wunden Kopfes, der gesichtslosen Natur im aufgerissenen Fleisch hervor: sie tritt hier nun statt des Nichtgesichts als unter der Gesichtsmaske liegend hervor.

Genaues Lesen fördert dann freilich eine fast unscheinbare Trennlinie zwischen 'realer' und 'eingebildeter' Wirklichkeit hervor und unterstreicht damit die Subjektivität des Bildes, die für Malte hier schon nicht mehr wahrmehmbar ist. Malte zwingt sich nämlich auf die Hände der Frau zu schauen, damit er das Bild des Grauens, das Gesicht von innen und vor allem den wunden Kopf, von dessen Wirklichkeit er vollends überzeugt ist, nicht ansehen muß. So sieht seine Einbildung mehr als sein Blick und sein 'Sehen', bzw. diese sichtbare Wirklichkeit ist für ihn eine ununterscheidbare Verquickung von beidem.

Die Wahrheit des Erlebnisses soll durch die genaue Angabe des Ortes, an dem es sich zugetragen hat, "an der Ecke rue Notre-Dame-des-Champs" (5.4/712), beglaubigt werden. Die Aufzeichnung trägt keinerlei Zeichen einer Distanz zum Erlebten, vielmehr wird es noch einmal erlebt, insofern dessen emotive Spannung, die Unmittelbarkeit des Erlebten, bereits durch den einführenden Ausruf, "aber die Frau, die Frau", wiederhergestellt wird[6].

So einprägsam das Bild von der Frau ohne Gesicht ist, so chiffrenhaft ist es auch gegenüber der ersten Lektüre. Die aufmerksame

Untersuchung dieses Teils bedarf der Zeichnung eines Bedeutungsfeldes durch Bezug auf andere Aufzeichnungen, um den tieferen Sinn dieser Szene zumindest andeuten und horizonthaft zu verstehen.

Das Motiv des Fallens, das seit der ersten Aufzeichnung als die zentrale Bewegungsrichtung gilt, wird zweimal, in den Verben 'hineinfallen' und 'einfallen', wiederaufgenommen. Der Ausdruck, "sie war ganz in sich hineingefallen", geht weit über Formulierungen wie die von 'eingefallener Gestalt' oder eingefallener Haltung hinaus und bringt sowohl die äußere als auch vor allem die innere Haltung zum Ausdruck, die zur vorangehenden Aufzeichnung zurückweist: das 'Hineinfallen in sich selbst' wie in ein Loch oder einen Brunnen ruft die Assoziation zum 'inneren Abgrund' hervor. Wenn der Ort des Selbst hier in den Händen liegt, so kommt darin die Auffassung einer diffusen, alle Teile des Körpers durchsetzenden und prägenden Subjektivität zum Ausdruck[7]; die Eigenständigkeit der Hand wird, verfolgt man das Hand-Motiv durch den Roman[8], zum Anzeichen der Subjektspaltung und -zerstörung. Der Zusammenhang von Subjektzerstörung und diffuser Subjektivität wird bis zur Subjektivierung der Dinge fortgetrieben, wie sie dann beispielsweise in der sich langweilenden Leere der Straße, die Malte den Schritt unter den Füßen wegzieht und mit ihm klappert, in dieser Aufzeichnung zum Ausdruck kommt. Mag so einerseits im 'Fall' des Subjekts in die Hände auf die Subjektzerstörung verwiesen sein, so könnte andererseits in der plastischen Vorstellung der Szene eine dem Rodinschen Denker ähnliche, in klassisch melancholischer Haltung den Kopf auf die Hände gestützte Figur entstehen. Abgesehen davon, daß es sich um eine weibliche Figur handelt, geht der Blick, das "Gesicht" als 'Sehsinn' - im Malte ist diese Bedeutung des Wortes Gesicht sehr wohl präsent, - nicht nach außen, sondern nach innen, ins Dunkel des Unbekannten. Wird nun 'Gesicht' über die Bedeutung 'Maske' hinaus im genannten Sinn als hier nach innen gerichtetes Sehen interpretiert, so nähert sich das erste Bild des Grauens dem zweiten. Vor allem nämlich graut sich Malte vor dem Anblick des wunden Kopfes.

Durch den Aufruf der Wunde wird nicht nur Krankheitsgefühl und Ekelmotiv aus der ersten Aufzeichnung aufgerufen, vor allem ist es ein Bild der gesichtslosen, amorphen Natur. Diese ist, wie die Aufzeichnungen 8 und 9 zeigen werden, das eigentliche Innere.

"Wenn arme Leute nachdenken, soll man sie nicht stören. Vielleicht fällt es ihnen doch ein." (5.4/712)

Erscheint diese Sentenz auf den ersten Blick etwas uneinsichtig nicht nur, sondern gar abwertend, so beginnt sich doch ihr Sinn zu öffnen, wenn 'nachdenken' und 'einfallen' mit der inneren Tätigkeit des Erinnerns, so wie es in späteren Aufzeichnungen entworfen wird, in Verbindung gebracht wird. Das Verb 'nachdenken' wird drei Aufzeichnungen weiter in einer eigentümlich Weise als gedankliche Bewegung zu einem Ort benutzt: "Wenn ich nach Hause denke [...]." (8.1/715) Bei dieser Formulierung, die dem 'Nach-Hause-Gehen' nachgebildet ist, bleibt das Gegenwartssubjekt nicht von seiner Erinnerung getrennt, sondern begibt sich an den erinnerten Ort. Diese Bewegung aus sich selbst heraus, bzw. in sich selbst hinein, ähnelt dem 'In-sich-Hineinfallen', zumal die gesamte Arbeit der Erinnerung aus dem Dunkel des Vergessens heraus arbeitet, wie in Aufzeichnung 14 ausgeführt und in Aufzeichnung 15 weiter ausgearbeitet wird. 'Einfallen' als 'Fallen' im Rahmen der Erinnerungskonzeption wird nämlich in Aufzeichnung 15 dargestellt: die Erinnerung an das Ganze des Hauses ist auf dem Grund des Ich zerschellt und in Fragmente zersprungen, die dann neu geordnet werden: dem entspricht ein 'Entfallen' in die Dunkelheit des Vergessens und ein 'Einfallen' der Erinnerung: des, was aus dem Dunkel 'einfällt', konstituiert sich neu und autonom, da es die Dunkelheit des Grundes durchschritten hat. Diese Arbeit aber bedarf der Einsamkeit, das Innere darf durch Äußeres nicht gestört werden, und kann insbesondere von 'Armen', die nichts und auch sich selbst nicht mehr besitzen, geleistet werden. Die Thematik der Armut und des Elends, die von ihrer sozialen Dimension in eine psychisch existentielle überführt wird, findet ab Aufzeichnung 16 eine explizite Behandlung. Hier soll nur soviel vorweggenommen werden, daß Armut, Natur, inneres Unbekanntes und Arbeit der Erinnerung den Rahmen bezeichnen, der in selbstreflexiver Dynamik hinter der Figur der 'Frau ohne Gesicht' einen tieferen Sinnhorizont aufscheinen läßt.

Hinter oder über dem sinnlich eindrucksvollen Bild, das selbst schon über die konventionelle Wirklichkeit hinaus ist, zeichnet sich so der endlose Horizont einer ungeheuer weiten, fast unausmeßbaren Bezugswelt ab.

Der entfremdete Tod der Gegenwart und der eigene Tod der Vergangenheit

Die Aufzeichnungen 6 - 9

Den Aufzeichnungen 6 und 7, in denen das Sterben in der Gegenwart der Moderne charakterisiert wird, findet sich antithetisch in den Aufzeichnungen 8 und 9 der die Vergangenheit kennzeichnende 'eigene Tod' entgegengesetzt. Malte beginnt die 6.Aufzeichnung mit der Konstatation seiner

Furcht, die die gesamte Atmosphäre des Beschriebenen von der ersten Zeile an zusammenfaßt, bisher aber nur in dem Grauen vor dem Anblick der 'Frau ohne Gesicht' ausgesprochen wurde. Die mit dem Tod verbundene Furcht, wie sie in den nun folgenden 4 Aufzeichnungen Darstellung findet, erweist sich als letzte Steigerung und Höhepunkt aller an Krankheit, Verfall, Identitätsverlust usw. gebundenen Furcht, ist doch der Tod auch der Endpunkt aller Krankheit, die im Begriff des Sterbens als Bewegung auf den Tod zu gefaßt wird, und zugleich der absolute Verlust aller Identität. Auf diese Weise knüpfen diese Aufzeichungen an die vorangehenden an.

Wenn Malte zu Beginn der Aufzeichnung 10 dann die beiden Einleitungssätze der Aufzeichnung 6, daß er sich fürchte und gegen die Furcht etwas tun müsse, wiederaufnimmt und feststellt, er habe etwas getan gegen die Furcht, indem er geschrieben habe, so werden zum einen die vier Aufzeichnungen 6 - 9 fester zu einer Gruppe zusammengebunden; zum andern aber Furcht, Todesfurcht und Tätigkeit des Schreibens zusammengebracht; dabei kommt dem Schreiben zunächst eine augenscheinlich therapeutische Funktion zu. Wie schon erwähnt, findet Maltes subjektiver Gefühlszustand in diesem Schreiben nicht unmittelbaren Ausdruck. Diese Subjektivität schwindet vielmehr, gleich wie sie diffus in die Dinge übergeht, und wandelt sich ganz ins Bild, ganz in die Kraft der Wahrnehmung bzw. der Darstellung. Sie fühlt sich ganz in den Gegenstand ein, erfühlt seine Form von innen, treibt seine Form, um eine Bewegung aus Rilkes Rodin-Aufsätzen zu paraphrasieren, von innen heraus, während sein Auge es von außen zeichnet[9]. Der Gefühlszustand des Schreibenden steht derart im Gegenstand geformt und verobjektiviert vor ihm. Das Subjekt verwendet sich so ganz, als bis es selbst verschwindet, auf seinen Gegenstand, erforscht ihn von innen, derart, daß Malte dann in den von ihm wahrgenommen Gegenständen sein Inneres entdeckt. Dieser hier skizzierte Zusammenhang des Schreibens muß aber weiter verfolgt werden, insbesondere in den Aufzeichnungen 14, 18, 28, 29, 44, 45-48 und 54. Festgehalten werden soll hier nur, daß es sich bei diesen vier Aufzeichungen ausdrücklich um Produkte eines Schreibens handelt, das Ausdruck und Therapeutikum der Furcht ist, ohne daß sie in den Bildern direkt ausgesprochen wird. Diese Haltung kann auch als Melancholie diagnostiziert werden, die im Innern der Gegenstände wandert, wie Benjamin sagt, und die ganze Welt in ihren traurigen Zustand herabzieht: die Welt zu Bildern der Trauer, des Schreckens, der Furcht, zu Bildern des Todes formt.

Der Tod der Moderne

Die Aufzeichnungen 6 und 7

Zur Charakterisierung des Todes der Moderne nimmt Malte den tragikkomischen Ton wieder auf, den er im ersten Teil der 5. Aufzeichnung bereits für die nichtige Oberflächlichkeit der Gesichter dieser Gesellschaft verwendet hat. Malte spielt mit der Doppelbedeutung des Wortes 'Hotel', wenn er das Hotel-Dieu, von dem auch aus dem Kontext klar wird, daß es sich um ein großes Krankenhaus handelt, mit den Worten einer Werbung für Fremde vorstellt als "angenehm", "ungeheuer besucht" und "ausgezeichnet" (6.1/713). Hotel als Ort der Unterkunft für Fremde ist denn dann auch eine Funktion, die diesem Krankenhaus als Ort des Sterbens zukommt: fremd ist hier der eigene Tod. Auch Malte bemerkt, da er ja in dieser Stadt nicht nur ein Fremder ist, sondern zugleich sich selbst fremd wird, daß er, würde er in dieses Hotel-Dieu geschafft, dort sicherlich sterben würde.

Damit kommt Malte hier, Ausdruck der Furcht wie auch des gesamten Verfallsprozesses der Stadt, der ihn immer stärker ergreift, die Möglichkeit seines eigenen Sterbens in den Sinn. Die Gefahr des Sterbens wird konkreter noch durch den regen und geschäftigen Verkehr, dessen bedrohlicher und zerstörender Aspekt unterstrichen wird und also gerade nicht als Ausdruck des Lebens gilt.

Die zerstörerische Wirkung, die der Verkehr physisch und psychisch, in Bezug auf die Person Maltes etwa, wie schon in der zweiten Aufzeichnung dargestellt, ausübt, wird dann durch das Szenenbild, in dem Malte durch den Verkehr an der Betrachtung der Kathedrale gehindert wird, ausgeweitet auf das Verhältnis zur Vergangenheit schlechthin, da die Kathedrale von Paris, auch ohne Bezug auf Rilkes Rodin-Schriften, denen die gotische Kunst, die in der Kathedrale versammelt ist, dort ihre Vollendung erfährt, als Verweis auf die Vergangenheit verstehbar ist[10]. So stellt denn auch die Figur des Herzogs von Sagan in doppeltem Sinne einen Verweis auf die Vergangenheit dar: einmal historisch als Titel, der, Rilke übrigens durch seine Studien zum dreißigjährigen Krieg wohlbekannt, auch Wallenstein zukam[11]; zum anderen aber auch als Repräsentant einer Gesellschaft, deren Ordnung zerstört ist, da sein Gespann nun vor dem Wagen irgendeiner Frau aus dem Volke wie der "Madame Legrand, brocanteuse aus der rue des Martyrs", anhalten muß. Mag sich am Verkehr zeigen, daß sein Tempo so sehr in Anspruch nimmt, daß der Blick auf die Vergangenheit nicht mehr möglich ist, so an den Regeln des Straßenverkehrs, denen der Vorfahrt und der Gleichheit, daß die Ordnung dieser Vergangenheit, die des Adels, ebenfalls gestorben ist.

Es darf an dieser Stelle schon einmal kurz auf das Verhältnis der Aufzeichungen zum historischen Faktenmaterial verwiesen werden. Sie erlauben in der Regel ein korrektes Verständnis des Textes auch ohne Wissen der angesprochenen historischen Umstände: das Hotel-Dieu ist als Krankenhaus erkennbar auch ohne das Wissen, daß es sich um das größte und älteste Krankenhaus von Paris handelt, ebenso wie der Vergangenheitsbezug durch den Titel 'Herzog von Sagan' auch ohne das lexikalische oder gar biographische Wissen hergestellt werden kann. Der Text ist aber offen auf die Geschichte hin. Die Verarbeitung historischer Fakten durch Rilke hat die Funktion, über das innere, immanente Verständnis des Textes, das allgemein und überzeitlich sein soll, hinaus die Geschichte im Sinne der Aufzeichnung 14 als eine der Wirklichkeitsmöglichkeiten unter vielen erscheinen zu lassen.

Unmerklich geht Malte von der Wahrnehmung der 'Wirklichkeit', dem Verkehr vor der Kathedrale, auf die Welt der Vorstellung und Einbildung über. Die Szene des Herzogs von Sagan, dessen Gespann vor irgendeinem "kleine(n) Sterbende(n)" halten muß, ist "hypothetisch"[12], wie durch Konditional und Konjunktiv ausgedrückt ist. Das Aufsteigen von der Wirklichkeitswelt zur Möglichkeitswelt und -konstruktion, von der aus die 'Wirklichkeit' dann als eine der Möglichkeiten allenfalls erscheint, wird deutlicher noch durchs Bild der Krankenwagen:

> *"Es ist zu bemerken, daß diese verteufelten kleinen Wagen ungemein anregende Milchglasfenster haben, hinter denen man sich die herrlichsten Agonien vorstellen kann; dafür genügt die Phantasie einer Concierge. Hat man noch mehr Einbildungskraft und schlägt sie nach anderen Richtungen hin, so sind die Vermutungen geradezu unbegrenzt." (6/713)*

Der tragikkomische Ton der Aufzeichnung geht hier der ersten Lektüre geradezu in schwarzen Humor über, wird das Milchglasfenster nicht als nur getrübt und umrißhaft wahrnehmende Aussicht auf Sterben und Tod verstanden, wo die Einbildungskraft zur genaueren Zeichnung gefordert ist, der Tod aber herrlich sein kann wie der des Kammerherrn Brigge in Aufzeichnung 8, das heißt, ein 'eigener Tod', wie er einem Herren zukommt, vorstellbar wird. Geht die Einbildungskraft aber noch weiter, geht sie in und durch den Tod hindurch, so eröffnet sich ein Reich unendlicher Möglichkeiten. Die zunächst tragikkomisch anmutende Aussage wird so in ihrem tieferen Sinn erst von späteren Aufzeichnungen her verständlich.

Mit dem letzten Satz, daß Malte "Zeitdroschken" gesehen habe, "die nach der üblichen Taxe fuhren: Zwei Franc für die Sterbestunde" (6/713), , wird der Übergang zur 7. Aufzeichnung geschaffen. Nicht nur fahren diese Droschken die Sterbenden ins Krankenhaus, das nun näher charakterisiert wird. Das Wort "Zeitdroschke" spielt zugleich auch auf das Durchlaufen einer Zeit an, die selbst als Sterbezeit austauschbar geworden ist, wie der Bezug aufs allgemeine Äquivalent des Geldes zeigt. Die allgemeine, austauschbare, entfremdete Zeit, die den Tod der Person, die Vernichtung des Subjekts bedeutet, wird später ausführlich in der großen Parabel von Nikolaj Kusmitsch in der 49. Aufzeichnung behandelt werden.

Der Tauschbarkeit selbst der Sterbezeit entspricht in der 7. Aufzeichnung die Austauschbarkeit und Entindividualisierung, die 'Ent-eignung' und Entfremdung des Todes durch seinen fabrikmäßigen Charakter. Durch den ironisch-satirischen Gebrauch ökonomischen Vokabulars zur Charakterisierung des Sterbens soll die Veränderung der Gesellschaft nicht nur als Übergang von handwerklicher zur fabrikmäßiger Produktion gekennzeichnet werden, sondern vor allem die entindividualisierende Gleichheit dieses Sterbens hervorgehoben werden. Der wie ein Kleidungsstück vorkonfektionierte Tod wird in der Bindung des Todes nicht an ein Ich, sondern an eine Krankheit, d.h. etwas Überindividuelles, wissenschaftlich-logozentrisch Technisches gesehen:

> *"Man stirbt, wie es gerade kommt; man stirbt den Tod, der zu der Krankheit gehört, die man hat (denn seit man alle Krankheiten kennt, weiß man auch, daß die verschiedenen letalen Abschlüsse zu den Krankheiten gehören und nicht zu den Menschen; und der Kranke hat sozusagen nichts zu tun)."* (7.1/714)

Damit ist der Tod ebenso anonym und entfremdet geworden wie im Leben der modernen Gesellschaft das Gesicht. Die Nichtigkeit des Gesichts aber bedeutet, daß dieses Leben schon ein Tod ist. Doch wird über diesen Zusammenhang mit den Aufzeichnungen 4 und 5 hinaus aus der Aufzeichnung 1 nicht nur das Sterbens-, Krankenhaus- und Krankheitsmotiv wiederaufgenommen, sondern zugleich wird der Zusammenhang mit der umfassenden Planung, von der Geburt bis in den Tod hinein, die Kritik von Technik und Wissenschaft deutlicher als Entfremdung des Eigenen der Person im Leben und im Tode, da das Leben ein Tod ist, der Tod aber nicht mehr, wie in den folgenden Aufzeichnungen deutlich wird, das Leben bedeutet.

52

Der eigene Tod in der Vergangenheit

Die Aufzeichungen 8 und 9

Ähnlich dem Tod in der Moderne auf den ersten Blick und doch grundlegend anders stellt sich der Tod in der Vergangenheit dar, der als Gegenbild konzipiert ist. Das Verhältnis zwischen den beiden Todeskonzeptionen gleicht in Ton und Gehalt der Darstellung dem zwischen den nichtigen Gesichtern der Leute und der 'Frau ohne Gesicht'. Die Ähnlichkeiten zwischen nichtigem Gesicht und der 'Frau ohne Gesicht' sowie zwischen modernem Tod und eigenem Tod in der Vergangenheit sind ein Anzeichen dafür, daß die Negativitätserfahrung der Gegenwart in beiden Aufzeichungen den grundlegenden Anstoß gibt, während im Gegenbild, sei es in dem der Gegenwart der 'Frau ohne Gesicht', sei es in dem der Vergangenheit des 'eigenen Todes', durchaus kein idyllischer Fluchtort angegeben wird, Grauen und Schrecken vielmehr anwachsen[13].

Die Konzeption des 'eigenen Todes' findet in Aufzeichnung 8 Darstellung in Maltes Großvater väterlicherseits, dem Kammerherrn Christoph Detlev Brigge. Eingeleitet wird diese Darstellung im ersten Absatz der 8. Aufzeichnung durch allgemeinere Ausführungen über den eigenen Tod in der Vergangenheit, die dann in Aufzeichnung 9 wiederaufgenommen und weitergeführt werden, so daß sie eine Rahmenfunktion erhalten, die die beiden Aufzeichungen so eng zusammenschließt, daß die Ausgabe in der Bibliothek Suhrkamp den die Aufzeichungen trennenden Absatzraum im Unterschied zur maßgebenden Werkausgabe gar fortgelassen hat[14].

In den Unterschieden des modernen Todes und des 'eigenen Todes' ist der oben bereits angezeigte Wechsel der Parameter der gesellschaftlichen Ordnung von einer feudalen Gesellschaft, in der, ausgedrückt vor allem durch den Adel, die gesellschaftlich Ordnung noch in der durch Herkunft vornehmlich bestimmten Stellung sichtbar ist, zu einer von anonymen Regeln bestimmten, durch universalen Tausch und ökonomischen Verhältnissen also charakterisierten Gesellschaft, noch ablesbar. Wird der moderne Tod nämlich nach Armen und Reichen unterschieden, nach sozialen und ökonomischen Kriterien also, so kennzeichnen den 'eigenen Tod' generationale und geschlechtliche Unterschiede:

"Die Kinder hatten einen kleinen [Tod; B.A.K.] in sich und die Erwachsenen einen großen. Die Frauen hatten ihn im Schooß und die Männer in der Brust." (8.1/715; Hervorhebung B.A.K.)

Kennzeichnend aber ist vor allem die Konzeption des eigenen Todes als Frucht: man trägt ihn in sich wie die Frucht den Kern oder die Mutter die Leibesfrucht.

> *"Früher wußte man (oder vielleicht man ahnte es), daß man den Tod in sich hatte, wie die Frucht den Kern." (8.1/715)* - *Und was gab das den Frauen für eine wehmütige Schönheit, wenn sie schwanger waren und standen, und in ihrem großen Leib, auf welchem die schmalen Hände unwillkürlich liegen blieben, waren zwei Früchte: ein Kind und ein Tod." (9.2/721; Hervorhebung B.A.K.)*

Der Tod erhält auf diese Weise eine der konventionellen genau entgegengesetzte Bedeutung: er ist kein Abschluß und Ende, sondern zugleich ein Neuanfang und ein neues Leben. Unter dem Aspekt der Zeitlichkeit steht er zum Vergehen des äußeren Lebens als dessen Innenseite in einem umgekehrt reziproken Verhältnis des Werdens und Wachsens. Zugleich aber wird er über die Zeitlichkeit hinausgehend als 'Zusammenhang des Lebens' zu dessen Inbegriff:

> *"Ja die Kinder sogar die ganz kleinen, hatten nicht irgendeinen Kindertod, sie nahmen sich zusammen und starben das, was sie schon waren, und das, was sie geworden wären." (9.1/721)*

Im Tod tritt mithin die Zusammenziehung von Vergangenheit und Zukunft im hohen Augenblick als punktuelle Konzentration des Lebens auf, als kreisförmiges Zusammenschließen von Anfang und Ende, als Mittelpunkt des Lebens, zu dem auch das ungelebte Leben gehört. Der Tod erhält damit einen ekstatischen Charakter, da in diesem Augenblick Vergangenheit und Zukunft zusammenfallen.

Im Grunde treffen in dieser Vorstellung des Todes zwei Konzeptionen aufeinander: im Tod als ekstatischem Augenblick die einer Überzeitlichkeit und Ewigkeit, die den Gedanken des Seins und der Vollendung in sich trägt; im Tod als Frucht die der Bewegung und Prozessualität, des Vergehens und Werdens oder des Vergehens als Werden. Wir werden diese implizite philosophische Thematik weiterverfolgen.

Beispiel eines 'eigenen Todes' ist Malte sein Großvater väterlicherseits, der auf seinem Landgut Ulsgaard gestorbenen Kammerherr Christoph Detlev Brigge. Drei Züge vor allem charakterisieren diesen Tod: 1. der Tod als ein Fallen, also eine absteigende Bewegung, die der Dekadenz; 2. der Tod als ein Größerwerden und Wachsen, also eine aufsteigende Bewegung in eine Dimension, die sich vorerst als Natur fassen läßt, und 3. das Eigene im Tod als paradoxe Einheit von Identität und Nichtidentität.

Der Tod als Dekadenz ist in den Motiven des Fallens, Zerfallens, der Zerstörung und des Unterganges auf den ersten Blick evident. Im Zerbrechen aller gewohnten und geregelten Lebens- und Tagesordnung läßt sich der sterbende Großvater durch alle Zimmer seines Gutshauses tragen und diese Prozession des Großvaters samt Dienerschaft bricht auch in die Ruhe des Sterbezimmers "seiner hochseligen Mutter" ein. Auf diese Weise habe der Tod "über dieses ängstlich gehütete Zimmer alles Untergangs Fülle herabgerufen" (8.6/717). Nicht nur werden Dinge zerstört, fallen, zerfallen, sondern auch alle Ordnung wird brüchig. Mit dem Vergehen ihres Herrn löst sich auch Disziplin und Ordnung unter der Dienerschaft, und neben der der sozialen Menschenwelt zerbricht auch die der Tierwelt zugemessene Ordnung, wofür etwa der an einem goldbeinigen Tisch seinen Rücken reibende Hühnerhund ein Zeichen ist. Subtiler noch zeigen sich die Brüche der alten Ordnung in der diffusen Verlebendigung und Subjektivierung von Sonnenlicht und Dingen, die bereits in Aufzeichnung 5 beobachtet werden konnte, und die die Kehrseite des Zerfalls des klassischen, mit einem freien Willen ausgestatteten Subjekts darstellt, dessen Zerfallsanzeichen sich in den Händen zeigen, die eigenständig, ohne Wissen der Personen handeln.[15]

Der bezeichnenderweise nicht mehr stehende, sondern, wie alle Kranken und Sterbenden, ins Liegen niedergesunken Großvater verliert zunehmend seine Form, wird zum amorphen "Haufen" (8.8/718), der auch nicht mehr ins Bett paßt, sondern auf dem Boden liegt, und sein weit umher hörbares Schreien, das auf die Umwelt eine zerstörerische Wirkung ausübt, würde unter einer 'realistischen Wirklichkeitsperspektive' als Ausdruck eines übermäßigen, durch Wassersucht verursachten Schmerzes gelten. Aber gerade in Ablehnung solch 'realistischer Wirklichkeitsperspektive', die diesen Tod unter der Krankheit 'Wassersucht', die scharf abgegrenzt gegen den "Tod irgendeines Wassersüchtigen" und en passant erst gegen Ende der Aufzeichnung erwähnt wird, rubrizieren würde, wird das Sterben des Großvaters auf absteigender Linie als Prozeß des Fallens und gleichzeitig auf aufsteigender als Größerwerden und Wachsen beschrieben.

Nicht nur ist das Herumgetragenwerden im ganzen Haus ein Zeichen dafür, daß der Großvater sich ausbreitet, so daß "das lange, alte Herrenhaus [...] zu klein (war) für diesen Tod, es schien, als müßte man Flügel anbauen" (8.3/715), auch der Körper des Kammerherrn wächst, quillt über die Uniform hinaus, paßt in kein Bett mehr als formlos amorpher "Haufen" (8.8/718) und muß auf dem Boden liegen; schließlich wächst seine Stimme und wird immer mächtiger, als bis sie einem Gewitter gleicht, ja die Dimension einer wochenlang andauernden Naturkatastrophe biblischen Ausmaßes annimmt, wie die apokalyptische Beschreibung verrät. Im Verlust der Form in der Ordnung zunächst, im Amorphwerden der Körperform, die aus der Kleidung quillt und dann aus dem Haus gar scheint noch quellen zu wollen alsdann und schließlich im Übergang zur Stimme und zum Gewitter als der Verlust aller Körperlichkeit und Form überhaupt kann das Größerwerden und Wachsen eines Amorphen, schließlich die Auflösung in die amorphe Natur gesehen werden.

In der Grauenhaftigkeit und Formlosigkeit dieser Natur klingt übrigens auch das Bild der 'Frau ohne Gesicht' wieder an: diese Natur hat der zu Tode erschrockene Malte in ihr gesehen. Bestätigt wird das Verhältnis von Gesichtsverlust als Identitätsverlust und Tod durch Maltes Beispiel für das Aussehen des eigenen Todes als innere Frucht in Aufzeichnung 9, wo er sich bei den Frauen, die zwei Früchte in ihrem Leib tragen, ein Kind und einen Tod, fragt:

> "Kam das dichte, beinah nahrhafte Lächeln in ihrem ganz ausgeräumten Gesicht nicht davon her, daß sie manchmal meinten, es wüchsen beide?" (9.2/721)

Hier ergibt sich nun allerdings ein Widerspruch, der zum Paradoxon wird. Wenn sich das Eigene, das Innere, die unverwechselbare Identität gerade im Tode zeigt, wie kann Malte dann behaupten, daß es "nicht die Stimme des Kammerherrn (war)[?] Nicht Christoph Detlev war es, welchem diese Stimme gehörte, es war Christoph Detlevs Tod." (8.9/718) Christoph Detlevs Tod ist ein Verlust aller festen Form, ein Anwachsen zur amorphen Natur, eine Naturkatastrophe und sein Tod war "während dieser Zeit [...] mehr Herr, als Christoph Detlev Brigge es je gewesen war" (8.11/720). Dieser Widerspruch läßt sich begrifflich nur als Paradoxon formulieren, als Einheit von Identität und Nichtidentität. Das, was das Eigenste und Individuellste sein soll, ist zugleich das Allgemeinste: die amorphe Natur, das Ganze der Natur[16].

Das Eigenste und Individuelle, die Identität der Person ist daher keineswegs am Gesicht ablesbar, das als Maske oder Schale etwa verbirgt: bei der anonymen Masse der modernen Großstadt verbirgt sie das Nichtgesicht, bei der 'Frau ohne Gesicht' oder bei den schwangeren Frauen der Vergangenheit den Bezug auf die amorphe Natur im Innern, d.h. den Bezug auf den Tod. Das Leben zeichnet sich implizit als eigenes Leben ab in dem Maße, wie eine Beziehung zur inneren Frucht des Todes, zur amorphen Natur hergestellt wird als seiner Innenseite.

Furcht, Schreiben und Vergangenheitsverlust

Aufzeichnung 10

Daß Malte, wie er die 10. Aufzeichnung einleitend feststellt, durch sein Schreiben etwas gegen die Furcht getan habe, schließt nicht nur die am Anfang der 6. Aufzeichnung geöffnete Klammer um die vier Aufzeichnungen der Todesthematik in Gegenwart und Vergangenheit, sondern weist dem Schreiben zugleich eine therapeutische, tröstende Funktion zu, wie sie etwa auch dem melancholischen Bild zukommt: sein Blick geht nicht direkt aufs Medusenhaupt, sondern in den schützenden Spiegel.

Die Funktion des Schreibens aber ist noch komplexer. In Aufzeichnung 10, der ersten einer Reihe von Aufzeichnungen, die sich mit Schreiben, Erzählen und Lesen, kurz, mit der Wiedergabe von Erlebtem befassen, erscheint das Schreiben als eine Art Ausgleich und Ersatz für verlorene Vergangenheit. Malte fühlt nämlich nach dem Schreiben jene gute Müdigkeit, die ihn einst nach einem Gang über die Felder des Familienstammsitzes Ulsgaard erfaßte, der jetzt in fremden Händen ist. Angezeigt wird hier nicht nur Maltes totaler Verlust aller Bindungen und allen Besitzes als Vervollständigung der in Aufzeichnung 4 begonnenen Darstellung von Maltes Lage, sondern auch die Situation des modernen Schriftstellers, der nichts hat als sein Schreiben. Dadurch ist Maltes ökonomische Lage sowohl wie seine psychische charakterisiert.

Maltes Entfremdungsprozeß und Identitätsverlust, wie er in den ersten Aufzeichnungen eng an die Paris-Erfahrungen gebunden sich darstellte, wird nun weiter in Maltes persönliche Vergangenheit zurückverfolgt. Malte hat alle materielle und geistige Beziehung zu seiner Vergangenheit verloren. Das Landgut seiner Familie, Ulsgaard, das bei der Erinnerung an den Tod seines Großvaters bereits in Aufzeichnung 8 erwähnt worden war, befindet sich im Besitz fremder Leute und als Zeichen der veränderten Verhältnisse stellt er sich vor, daß im Giebelzimmer, für das er eine bestimmte Vorliebe zu haben scheint, wie nicht nur Aufzeichnung 33, sondern auch 16 und 71 anzeigen, nun Mägde schlafen. Aber Malte ist nicht nur "ohne Haus, ohne ererbte Dinge, ohne Hunde", ist heimatlos, wie schon im Motiv vom Nachtasyl in der ersten Aufzeichnung angedeutet wurde, und hat "niemand und nichts", sondern geht auch, wie er in diesem augenblicklichen Zustand fühlt, seiner Erinnerungen und seiner Kindheit verlustig:

"Wäre die Kindheit da, sie ist wie vergraben. Vielleicht muß man alt sein, um an das aller heranreichen zu können." (10.2/721)

Malte will, ungeachtet dessen, daß die Aufzeichnungen 8,9 und 15, die im übrigen ja auch anderwärts im Buch einen Zusammenhang fänden[17], ebenso die ihn in dieser Phase bestimmende Totalität des Vergangenheitsverlustes hervorheben - bezüglich der Aufzeichungen 8 und 9, die ja gegen den Tod der Moderne den der Vergangenheit setzen, der heute nicht mehr möglich scheint, könnte es sich schlicht auch um eine Steigerung handeln -, wie auch in einer der Todeskonzeption nicht sehr entfernten zyklischen Vorstellung Lebensanfang und Lebensende zusammenfügen: dann aber wäre Tod oder Todesnähe die Voraussetzung zur Wiedergewinnung der Kindheit. Damit ist nicht nur ein später in Aufzeichnung 44 den Grafen Brahe kennzeichnendes Motiv vorweggenommen, sondern auch - wenngleich nicht im gängigen zeitlichen Sinne von 'alt'- der weitere Entwicklungsweg von Malte vorgezeichnet: das Subjekt muß einen Tod sterben, die Auflösungserfahrung alles von der Konvention Festgesetzten machen, damit die Kindheit, das von der Konvention noch nicht gefestigte und eingeschlossene Leben, neu geleistet werden kann in der nach rückwärts gerichteten Arbeit alle die der Konvention widersprechenden, 'Eigenes' ausdrückenden Elemente herausgearbeitet werden können.

Lichtblick: Hoffnung, Vollkommenheit und sachliche Arbeit

Die Aufzeichnungen 11-13

Gegen den dunklen Ton und die melancholische Stimmung der ersten zehn wie auch der dann folgenden acht Aufzeichnungen heben sich die Aufzeichungen 11-13 scharf und zunächst völlig unmotiviert ab, indem sie im wahrsten und tiefsten Sinne einen Lichtblick bieten[18]. Der Kontext der mythenschwangeren Dunkelheits- und Lichtmystik als einer Tiefendimension, auf die diese drei Aufzeichnungen schließlich zu beziehen sein werden, kann aber erst von einem späteren Gesichtspunkt her erfaßt werden.

Aufzeichnung 11

Gleich zu Anfang setzt mit dem Motiv des schönen Morgens, der aufgehenden blendenden Sonne und den aufstehenden Blumen im Park eine aufsteigende Bewegung ein. Die Perspektive Maltes bei diesem Naturerlebnis liegt zwischen zwei Fronten: im Osten die blendende, im Licht formlose Gewalt der Sonne und auf der Gegenseite der nun zum Grau gewordene Vorhang des ebenfalls formlosen Dunkels, aus dem die Sonne die Formen zunächst, "grau im Grauen sonnten sich die Statuen in den noch nicht enthüllten Gärten" (11/722), und, zugleich die Bewegung des Aufsteigens in Gang setzend, so daß Licht und aufsteigende Bewegung ihre assoziative Zusammengehörigkeit unterstreichen, die Farben alsdann herausbildet:

> *"Einzelne Blumen sagten: Rot, mit einer erschrockenen Stimme."*
> *(11/722)*

Dieser Schrecken wird auf den ersten Blick als naives Überraschtsein beim Gewecktwerden gelesen, gewinnt aus späterer Perspektive dann aber im Zusammenhang der Thematik von Licht und Schrecken tiefere Bedeutung, während im Hervorstechen der Farbe Rot - es hätte ja auch violett, grün, gelb etc. sein können - ein Vorzeichen des Liebesmotivs gesehen werden darf, zumal sich die Aufzeichnung im Rückblick von der Aufzeichnung 22 in diesen Zusammenhang einschreibt. So könnte Malte in diesem Naturerlebnis sein Erleben zyklisch interpretieren und nach dem Dunkel der melancholischen, dunklen Stimmung der Nacht einen lichtvollen Morgen erwarten. Darauf deutet dann auch das zweite Hoffnungsbild, der die Botschaft von der Möglichkeit der Überwindung der Krankheit durch das Tragen seiner Krücken gleich einem Heroldsstab mitteilende Mann, ein Bild von innen aufsteigender Freude. Sein Gehen ist kein erstes Gehen, sondern, "voll von Erinnerung an früheres Gehen": ein Gehen nach der Krankheit also, dessen Schritt "schüchtern wie der eines Kindes ist ", also ein Neuanfang, eine neue Kindheit im Gehen. Von der späteren Perspektive der Neuleistung der Kindheit nach der Überwindung des Tiefpunkts der Krise her, kann auch dieses Bild als vorausweisendes Motiv entziffert werden, das sich sogar noch dahingehend erweitern läßt, daß der auf Sonne und Bäume zu gerichtete Schritt ein Hingehen auf den Quell des Lichts, das formlos Helle und zugleich unerreichbar Ferne, Gott am Ende, als Hingehen auf die Natur oder zwischen zwei Fronten durch den Gegensatz von Licht und Schatten bedeutet. Dieser Zusammenhang kann aber erst vom Ende des 'Romans' her eingesehen werden, während hier nur auf ihn verwiesen werden soll. Generiert wird beim ersten Lesen ein Vorgefühl zum Umschwung in Aufzeichnung 22, das im unvermittelten Kontrast zu den umgebenden Aufzeichnungen steht. Der Leser behält es im zwiespältigen Vorgefühl, in dem die dunkle Seite überwiegt.

Wie das Gehen ein zweites Gehen nach der Krankheit ist, so ist der Park in der Großstadt, in dem sich Maltes Erlebnis zuträgt, nicht eine ursprüngliche, sondern eine zweite Natur 'nach der Stadt', eine Entwicklung und Seite der Stadt selbst.[19]

Aufzeichnung 12

Was in Aufzeichnung 11 als Teil der Stadt, eben der begrenzte Bezirk des Parks, erscheint, wird in dieser 12 Aufzeichnung nun zu einer Seite oder Ansicht der Stadt, die bei einer bestimmten Beleuchtung erscheint. Nach dem Morgen liegt die Stadt nun in vollem Tageslicht, das Farben und eine Atmosphäre schafft, die aus dieser Stadt, als wäre die Hoffnung und das Versprechen des vorangehenden Erlebnisses erfüllt, ein Bild der Vollendung und Vollkommenheit machen.

"Was so ein kleiner Mond alles vermag." (13/722)

Über den Einleitungssatz dieser Aufzeichnung ist viel herumgerätselt worden. Seine Deutung kann aber durchaus im Innern des 'Romans' vorgenommen werden. Wird dem Mond, dem Gestirn der Nacht mit seinem im Vergleich zur Sonne schwachen Licht und grau in grauen Beleuchtung die Ursächlichkeit für den lichten, farbigen Tag zugeschrieben, der sich bis zum Bild der Vollkommenheit steigert, so wird einerseits, das symbolische Bild des Übergangs von der Nacht zum Tag, vom Dunkel zum Lichte wiederaufgerufen. Die Vollendung im Lichte des Tages wird aus dem Dunkel heraus geboren durch das Nachtgestirn, dessen kleines Licht von Widerschein sich nährt. Soweit ist dieses Bild beim ersten Lesen faßbar; vertieft wird es dann andererseits aber aus der Perspektive der 22. Aufzeichnung. Dort richtet sich der Blick wiederum auf die Stadt, den Fluß und die Ferne, nimmt also die gleiche Perspektive ein wie in Aufzeichnung 12. Das Mondlicht, das besänftigend und tröstend die Stadt bescheint, ist aber interpretierbar als nicht so sehr der Widerschein der Sonne, sondern vielmehr der Lampe der Heiligen, Widerschein des Wachens, Widerschein der Liebe. Unter Bezug auf die Aufzeichnung 22 darf das Bild vom "kleinen Mond", der die zum Bild der Vollendung führende Veränderung verursacht hat, als leitmotivische Vorankündigung des aus dem Dunkel heraus geborenen und wirkenden Lichts der Liebe verstanden werden[20].

In Aufzeichnung 56 wird die Verbindung von Vollkommenheit und Liebe, die ihrerseits dann wieder auf eine kosmische Dimension verweist[21] und spätestens in Aufzeichnung 69 eindeutig dem reinen Strahlen des Lichts assoziiert wird, dann explizit gemacht. Vorausgewiesen sei so schon auf die enge assoziative Verbindung von Liebe, Vollkommenheit, Licht, Kosmos, Ewigkeit und schließlich Gott, die sich am Ende als Tiefenstruktur ergibt, leitmotivisch hier aber teils schon angedeutet ist und sich dem von späterer Perspektive her rückschauenden Lesen erschließt.

Das Bild der Vollendung nun trägt zunächst, ausdrücklich einem Monetschen Bildnis verglichen, einen impressionistischen Charakter. Lichtheit, Leichtigkeit, Farbigkeit, das Skizzenhafte und doch Deutliche, die in die Nähe hineingenommene Sehnsucht in die Ferne und der Weitenbezug der nahen Dinge, das Augenblickliche des flüchtigen Eindrucks und das doch Vollkommene, Ganze, die Freudigkeit - all das sind Komponenten eines vollen Sinneseindrucks, die das erste Lesen wahrnimmt. Eingehenderer Betrachtung erschließt sich jedoch eine noch weiterreichende Dimension: Ihr liest sich dieses lichte Bild in gewisser Weise als Umkehrung der Bildwelten des Dunkels, als Umkehrung des Wegs, rückwärts von Aufzeichnung zu Aufzeichnung 8 und 9. Nicht aus dem Dunkel heraustretend, wie in Aufzeichnung 11, zeichnen sich die Gegenstände in ihren Formen zunächst und ihren Farben alsdann ab, sondern aus dem entgegengesetzt Amorphen aus Licht und Luft scheint "alles" hervorzutreten: "alles" ist "kaum angegeben in der hellen Luft und doch deutlich" (12/722). Darauf klingt dann in der Darstellung des Verhältnisses von nahen Dingen und Ferne eine Umkehrung der Aufzeichnungen 8 und 9 an. Dort ergibt sich einerseits die Bewegung des Nahen, Faßbaren und Geformten auf das Unfaßbare zu, indem die konkrete Person zunehmend ihre Form verliert und auf den dunkel amorphen Hintergrund, der hier die Form einer Naturkatastrophe am Himmel einnimmt, zugeht und in ihn eingeht, andererseits auch die umgekehrte Bewegung, indem dieser amorph dunkle Hintergrund als innerer Abgrund des Todes während des Lebens bereits ständig anwesend ist und diese Anwesenheit im Nahen, im Bild der Person, ihren Zügen und Gebärden, Ausdruck findet:

> "Den [Tod; B.A.K.] hatte man und das gab einem eine eigentümliche Würde und einen stillen Stolz." (8.1/715)

Zeichnen sich die Züge der Persönlichkeit dort also in spannungsvollem Bezug zum dunklen Hintergrund und inneren Abgrund des Todes ab, so befinden sich umgekehrt die Dinge im Bild der Vollkommenheit, das nicht zufällig irgendeine der zahlreichen Stadtgemälde der Impressionisten zum Vergleich heranzieht, sondern eben ein "Gesicht" von Monet, in einem ähnlich spannungsvollen Bezug zum amorph-hellen Hintergrund des Lichtes. Das Nahe, Faßbare, Geformte und Identifizierbare geht auf das licht-amorphe der Ferne zu, "Weite" als positive Wendung des unendlich Amorphen der Finsternis, Form der 'Entgrenzung' oder Bezug aller konkreten Dinge auf diesen amorphen Hintergrund:

> "Das Nächste schon hat Töne der Ferne, ist weggenommen und nur gezeigt, nicht hergereicht; und was Beziehung zur Weite hat: der Fluß, die Brücken, die langen Straßen und die Plätze, die sich verschwenden, das hat diese Weite eingenommen hinter sich, ist auf ihr gemalt wie aus Seide." (12/722)

Was die zeitgenössische akademische Kritik an Manet auszusetzen hatte als fehlende Detailmodellierung, die von den kräftigen Farben übertüncht würde, wird für Malte zum Bezug des Nahen und Identifizierbaren zur Ferne, d.h. tendenziell zur Bewegung der Auflösung des Nahen und Geformten ins Amorphe der Ferne und der Farben, in dem sich das Gefühl, das reine Gefühl, das Unfaßbare und Unsagbare anzeigt. Es zeigt sich jedoch auch die umgekehrte Bewegung, die das Unfaßbare und Unsagbare in die Dinge hineinnimmt: "was Beziehung zur Weite hat: der Fluß, die Brücken, die langen Straßen und die Plätze, die sich verschwenden, das hat diese Weite eingenommen hinter sich, ist auf ihr gemalt wie aus Seide." (12/722) Das Gesicht der Stadt hat diese Weite eingenommen hinter sich wie umgekehrt die Züge der Person den Tod, und wie die konkrete Person vor dem Hintergrund der dunklen Naturkatastrophe erscheint, so die Stadt auf einem glänzenden. In der umgekehrten Entsprechung der Bildwelten des Dunkels und des Lichts ist die Möglichkeit eines umschlagende Bezugs der extremen Pole des amorphen Absoluten, der Melancholie des Todes in die Liebe, bereits angelegt.

Daß das Motiv der Bücher in diesen Kontext eingeflochten ist, darf nicht einfach einem vorausliegenden Vorbild des Dichters zugeschrieben werden oder einer zufälligen Laune. Die Bücher besitzen im Zusammenhang von Liebe, Tod und Schreiben deutlich eine bestimmte Funktion, die aus den Aufzeichnungen 44, 56 und 57 erhellen wird[22].

Wesentlich ist hier nun, daß die Form und das Bild nicht einfach 'realistisch' sind, auch nicht im Sinne einer 'realistischen' Wiedergabe des Sinneseindrucks, sondern sich aus einem komplexen und spannungsvollen Bezugssystem heraus bestimmen. Zwischen dem Nahen, Faßbaren und der Ferne, dem Geformten und dem Amorphen in Licht und Luft ergibt sich ein Gleichgewicht: die formtragenden Dinge sind in ihrer lichtgenährten Farbigkeit bezogen auf die amorphe Atmosphäre des Gefühls, diese aber hat sich hinter die Dinge zusammengenommen. Vollendung aber ergibt sich dort, wo die Dinge einen Bezug zum Licht besitzen, d.h. zur Sphäre der Ferne, dem Himmel, den Lichtstrahlen, der alchemistischen Liebe, schließlich zu Gott.

Aufzeichnung 13

Das auf den ersten Blick ganz naturalistisch und realistisch anmutende Szenenbild der Straßenmusikanten in Aufzeichnung 13 wird auf dem Hintergrund der beiden vorangehenden Aufzeichnungen und ihrer Implikationen lesbar als der komprimierte Ausdruck dieses komplexen Bezugssystems. Der Bezug auf die Ferne und auf das Amorphe des Lichts, implizit auf die Liebe und schließlich gar auf Gott hin, hat sich, wie Aufzeichnung 12 zeigt, ganz hinter die Dinge zusammmengenommen und ist in sie eingegangen: ist in den Farben, gleitet aber auch durch die begrenzte Perspektive des anschauenden Subjekts, gleitet durch den Blick sozusagen ins Innere der Gegenstände und zeichnet ihre Form von innen heraus: das Gefühl des Subjekts, die alchemistische Liebe, verwendet sich ganz auf ihren Gegenstand, löscht das wahrnehmende Subjekt aus und ist nur noch objektiviert in den von innen nachgefühlten Formen und Farben der Gegenstände existent. Wie der Vogel der Kathedrale in Rilkes Rodin-Aufsatz die Weite an den Flügeln trägt[23] und die Brücke in Aufzeichnung 12 die Weite und Ferne in sich aufgenommen hat, so das Bild der Aufzeichnung 13 die alchemistische Liebe des schauenden Subjekts: das ist im Grunde Maltes (und Rilkes) 'Sachlichkeit'.

Die komplexe Alchemie, deren Experimente zu diesem Kunstprodukt führen, ist jedoch zunächst nachzuverfolgen in der Zerstörung des Subjekts, in den Möglichkeitsentwürfen seiner Liebe und seinem künstlerischen Arbeiten, seinem Schreiben alsdann, so daß die hinter diesem Bild stehende Bezugsvielfalt, die hinter diesem anscheinend realistischen Bild als 'sachliche Arbeit' steht, erst vom Ende der Aufzeichnungen her vollkommen sichtbar wird.

Dichterische Arbeit und Möglichkeitswelten

Aufzeichnung 14

Die 14. Aufzeichnung, in der Malte seine dichterische Arbeit thematisiert, setzt sich von den drei vorangehenden scharf ab, da der dunkle Grundton wieder hervortritt und die vorwiegend absteigende Linie der Zerstörung, des Vergehens und Verfalls fortgesetzt wird. Schon indem sich Maltes Reflexion am Anfang, in der Mitte und am Ende auf seine momentane Situation richtet, gliedert sich die Aufzeichnung rhythmisch in zwei große Abschnitte: einen ersten, in dem Malte seine gesamte bisherige dichterische Produktion vernichtend kritisiert und einen zweiten, in dem er Koordinaten einer Möglichkeitswelt entwirft.

Der erste Teil besitzt einerseits einen kritisch-vernichtenden Charakter, indem die absteigende Linie der Aufzeichnungen darin fortgesetzt wird, daß Malte auch seine Identität als Dichter und Dramatiker vernichtet und sich schließlich als ein "Nichts" empfindet, weist andererseits aber programmatische Elemente darin auf, daß er seine 'Verse' am Modell eines idealen dichterischen Schaffensprozesses mißt. So geht es im ersten Teil nicht so sehr um eine an den Spezifika der Gattungen ausgerichtete Kritik, als die Kritik der Versproduktion vielmehr das Modell dichterischen Schaffens artikuliert und die Dramenkritik den Bereich sozialer Beziehungen, hinter dem das Menschenbild des isolierten Einzelnen steht. Dieses bildet dann im zweiten Teil der Aufzeichnung das Zentrum der Möglichkeitswelt. Einerseits wird die zunächst auf den Dichtungsbereich gerichtete Kritik zur universalen ausgeweitet, andererseits aber in eine programmatische Dimension gewandelt, in deren Zentrum beziehungsreich der genaue Gegensatz aller Ich-Vernichtung steht: Das Ich als Weltenzentrum. So schlägt die vernichtende Kritik des Schreibens zu Beginn am Ende um in den Zwang zu einem neuen Schreiben, das freilich einen apokalyptischen Charakter erhält.

Wie aber die vernichtende Kritik des ersten Teils programmatische Elemente enthält, da sie ihre Maßstäbe dem idealen Modell des dichterischen Schaffensprozesses entnimmt, so baut der programmatische Entwurf des zweiten Teils auf die Ausweitung der Dichtungskritik zur universalen aller bisherigen Geschichte und Weltkonzeption auf, indem auch für sie das "Nichts" zur Voraussetzung eines "Alles" wird, das im isolierten Einzelnen sein Zentrum besitzt. Dieser Umschlag kennzeichnet im Grunde auch Maltes Schreiben selbst: seine Selbstkritik führt ihn an einen Nullpunkt, an dem er sich als ein "Nichts" empfindet; dieses "Nichts" hat den Gedanken der Möglichkeitswelt mit dem Einzelnen im Zentrum und dadurch wird Malte zu einem neuen Schreiben gezwungen. Dieses neue Schreiben aber trägt den Zwiespalt des Umschlags noch in sich, es ist ein Anfang und ein Ende zugleich.

Dem zunehmenden Schwinden des 'Ich' hinter das Bild in den Aufzeichnungen 12 und 13, in denen es auch gar nicht mehr genannt wird, steht das dreifache 'Ich' des ersten Satzes und der ersten drei Satzanfänge der 14. Aufzeichnung entgegen wie insgesamt dem aufsteigenden Grundton der Bildkompositionen der negativ absteigende der vernichtenden kritischen Selbstreflexion. So setzt sich im Paradoxon, daß Helligkeit, Hoffnung und Vision der Vollkommenheit hervortritt, wo das Ich im Bild verschwindet, während die Zentralität des Ich erneut mit einer melancholisch-destruktiven Tendenz verbunden ist, doppelt kontrastiert die 14. Aufzeichnung von den drei vorangehenden ab und führt die prädominante absteigende Linie des Zerfalls und der Vernichtung weiter; die drei hellen Impressionen bleiben dem ersten Lesen im Rahmen der Kontinuität der vorwiegend dunklen Wahrnehmung der Großstadt und seiner eigenen Lage unvermittelte und zufällige Erscheinungen, die daher manchen Leser gar verleiten möchten, in ihnen eine vordergründige und falsche Oberfläche jener Großstadt zu erkennen, deren wahres Bild in den dunklen Erfahrungen hervorträte. Lediglich die doppelte Beziehbarkeit des Anfangs- und Sehensmotivs im ersten Satz der 14. Aufzeichnung deutet darauf hin, daß es sich um zwei Perspektiven handeln könnte, die den gleichen Gegenstand ertasten, und erst die Interpretation des Mondmotivs in der 22. Aufzeichnung deckt auf, daß die helle Oberfläche ihren Grund im Dunkel und im Leiden besitzt[24].

Kann das Motiv des Anfangs und des neuen Sehens im ersten Satz zunächst auf die vorangehenden Bilder bezogen werden, so verdunkelt sich dann sofort sein Gehalt, insofern die Kritik der bisherigen schriftstellerischen Arbeit die Verbindung zu der mit der 4. Aufzeichnung einsetzenden Thematik des Identitäts- und Vergangenheitsverlustes herstellt: Maltes Kritik an seiner bisherigen Arbeit ist derart vernichtend, daß er sich an deren Ende als ein "Nichts" empfindet.

Seine Kritik richtet sich, neben der eher beiläufigen Erwähnung einer Studie über Carpaccio, auf zwei nach Gattung geschiedene Bereiche seines dichterischen Schaffens: Versproduktion und Drama. Die Differenzierung nach der Gattung ist aber nur eine erste Oberflächenschicht, geht es Malte doch in keiner Weise um formale Bestimmungen. Er nutzt vielmehr die Eigenart der beiden Dichtungsgattungen, um in der Kritik seiner bisherigen dichterischen Arbeit das Modell eines dichterischen Schaffensprozesses zu entwerfen, der die unauslotbare Tiefe der Welt und des Lebens miteinbezieht und den Umschlag der extremen, lyrischen Subjektivität in höchste Allgemeingeltung begründet, dessen Ansprüchen aber seine bisherige Dichtung nicht standhalten kann, während die Kritik des Dramas, des seinen wie aller gängigen und erfolgreichen, auf die Konzeption sozialer Beziehungen und Kulturkritik zielt. So löscht die radikale Kritik alle Möglichkeit von Identitätserhaltung oder gar -gewinnung durch Bezug auf seine bisherige Arbeit aus, enthält aber, die Rede vom Neuanfang rechtfertigend, starke programmatische Elemente.

Die Voraussetzung für das Gelingen eines gültigen Verses sieht Malte in einem dichterischen Schaffensprozeß, der in der untrennbaren und ununterscheidbaren Einheit von lyrischem Ich und Welt gipfelt, so daß das lyrische Ich seine durch den Namen angezeigte Begrenztheit der Subjektivität verliert und eine Allgemeinheit beanspruchen darf, die die gesamte Welt umfaßt, die lyrische Subjektivität in absolute Objektivität kehrt.

In der ersten Bestimmung des dichterischen Schaffensprozesses nimmt Malte gleich eine grundsätzliche Tendenz seiner Ästhetik vorweg: daß Verse aufs Gefühl nicht, sondern auf Erfahrungen sich gründen sollen, tritt entschieden der Tendenz der Auflösung des Ich ins reine Gefühl entgegen. Nicht nur an der Musik Richard Wagners mit ihrer Tendenz zur 'reinen Musik', sondern auch an der Philosophie des jungen Nietzsche etwa läßt sich deutlich die Dynamik ablesen, die das isolierte gesellschaftliche Subjekt zur selbstauflösenden Identifikation mit der Natur oder dem Kosmos zwingt, wobei der begriffliche Verlust der gesellschaftlichen Kräfte und Beziehungen, in denen das 'Subjekt' seine Selbstbestimmung - im gesellschaftlichen Handeln - vollzieht, als die formlosen und unfaßbaren Kräfte der Natur oder das gesamte Sein des Kosmos[25], mit dem das Subjekt sich verlierend eint, wiederkehrt. Diese Tendenz findet sich auch im Malte, wie sich am Prozeß der Auflösung des Ich und an der Konzeption der Liebe noch zeigen wird.

In diesem Prozeß zerbricht die naive und unmittelbare Einheit und das Gleichgewicht von gesellschaftlichem und persönlich-individuellem Sein, das Ideal des klassisch-humanistischen Bürgers; es endet tendenziell in der Gegenüberstellung vom Extrem der absoluten Geltung gesellschaftlich historischer Perspektive, für die der Einzelne eine zu vernachlässigende Größe darstellt, bzw., mit der der Einzelne sich vollkommen identifizieren muß auf der einen Seite und der Absolutsetzung des Einzelnen, der Herausbildung existenzialistischer Denkweisen, dem Versuch einer Sinnfindung isoliert von der historischen Gesellschaft auf der anderen.

Der Bezug auf die Erfahrungen des 'Ich' nun versucht die konkrete Welt der Dinge, die dann ja auch in der Dichtung wiederkehrt, vor der Auflösung im Formlosen des reinen Gefühls zu retten, und in ihnen die Konturen des 'Ich'. Daß nicht das Gefühl, sondern die Erfahrungen dem Gedicht zugrundeliegen, ist die Voraussetzung für die umfassende Hereinnahme der Dingwelt in den dichterischen Schaffensprozeß. Nun bedeutet zwar, wie sich zeigen wird, der Prozeß des Zerfalls des 'Ich' auch den Zerfall der Welt, die Voraussetzung der Einheit von 'Ich' und Welt in der Erfahrung vermag aber später, wo das Ich sich tendenziell in der Bewegung der permanenten Auflösung ins reine Gefühl darstellt, die Grundlage dafür zu bilden, daß die Auflösungstendenz ins Allerabstrakteste und Formlose sich gegenpolig zugehörig der entgegengesetzten Tendenz zum konkreten Ding unterlegt. Das Gefühl tastet das konkrete und sich immer weiter konkretisierende Ding von innen nach Form und Sinn ab, so daß dem allerkonkretesten und sachlichsten Ding, etwa dem grünen Rock des kleinen Mädchens in Aufzeichnung 13, gerade in seiner sprachlich nicht mehr faßbaren und sprachlich keinen Sinn mehr ausdrückenden Konkretheit die unfaßbar unendlichen Sinnmöglichkeiten des letztlich unfaßbar in Ewigkeiten strebenden Gefühls unterlegt sind. Diese extremen Pole, wo dem Konkretheitsgrad umgekehrt reziprok der formlose Sinngrad des Gefühls entspricht, erlaubt die Entfaltung einer Stufenleiter, die auf verschiedenen Ebenen die poetische Rettung des Subjekts in den Dingen ermöglichen soll. Die Unendlichkeit der Dingfülle in der Welt verbürgt die Unendlichkeit des Gefühlsstrebens: das verspricht die Ewigkeit des Subjekts in der Bewegung seines Vergehens. Die Unendlichkeit der Bewegung verspricht sich Gott als nie erreichbares Ziel.

Als zweiten Schritt in der Bestimmung des künstlerischen Schaffensprozesses beschreibt Malte dann diese Erfahrungen, die das Ganze eines Lebens umfassen sollen. In den archetypisch-existenzialistischen Termini, in die das Ganze solchen Lebens gefaßt wird, zeigt sich bereits deutlich der Verlust der Dimension der Welterfahrung und -erkenntnis durch das tätige Handeln; nicht der interagierende, sondern der isoliert allem gegenüberstehende sehende und fühlende Mensch bestimmt die Dynamik. Der umfassenden äußeren Veränderung, die zu einer kumulativen Vielfalt führt und die im Motiv des Reisens ihren exemplarischen Ausdruck findet - "man muß viele Städte sehen, Menschen und Dinge", "Wege in unbekannten Gegenden, [...] unerwartete Begegnungen und [...] Abschiede, die man lange kommen sah", "verhaltene Stuben und Morgen am Meer", "Reisenächte die hoch dahinrauschten und mit allen Sternen flogen" (14.1/724) - entspricht eine innere Vielfalt durch das Einfühlen, wobei der 'Weite' die Intensität des unscheinbaren Details, dem Großen das Kleine entgegentritt: "man muß fühlen, wie die Vögel fliegen, und die Gebärde wissen, mit welcher die kleinen Blumen sich auftun am Morgen" (14.1/724). Das Gegensatzpaar 'eng' und 'weit', wie es sich im Gedanken "an Tage in stillen, verhaltenen Stuben und an Morgen am Meer, an das Meer überhaupt" zeigt, geht über in das von 'tief' und 'hoch', da der Gedanke ans Meer übergeht in den an "Reisenächte, die hoch dahinrauschten und mit allen Sternen flogen": eine Bewegung also, die nicht nur das Große und Kleine, Innen und Außen der Welt in Länge und Breite, Höhe und Tiefe durchschreitet, sondern virtuell gegen die Unendlichkeit der Sterne geht. Nicht zufällig wird die Begegnung mit anderen Menschen völlig in eine Reihe mit Städten, Dingen und Tieren gestellt, ja das Einfühlen richtet sich eben auf Tiere und Pflanzen, denen so ein eminenterer Platz als den Menschen angewiesen wird. Einfühlen geschieht ja immer auch gegenüber von etwas nur von seiner äußeren Form her Bekanntem und innerlich Unbekanntem, das von seiner Form her einen geeigneten Projektionsraum für die eigenen Gefühle biete: eine Einfühlung, die erst aus der Distanz der reinen Betrachtung erwächst.

Diese im Grunde kontemplativ-isolierte Welthaltung ist durchbrochen durch den Bezug auf die Extreme des menschlichen Lebens im existenziellen Sinne: Kindheit, Liebeserfahrungen, Geburt und Tod. Die Kindheit ist bezeichnend, insofern sie für Malte bereits die auch für die kontemplative Welthaltung strukturgebende Grunderfahrung der Isoliertheit und Vereinzeltheit des Menschen offenbart, die Abtrennung selbst von den Eltern; darüber hinaus zeigt das Stadium der Kindheit, wie sich auch in den späteren Aufzeichnungen darstellt[26], mit seinen Krankheiten und Verwandlungen das Bild einer in dieser Phase der 'Formation' noch nicht in Konvention gefestigten, auch nicht gesicherten Welt. Unterstützt wird dann diese Weltperspektive durch Gefühlserfahrungen, in denen sich mystisch die Fülle des Lebens in Höhe und Fragilität zugleich erweist: Liebeserfahrungen, die je Einzigartigkeit beanspruchen dürfen, und von dieser Zeugung des Lebens zu Geburt und Sterben.

So umfassend und damit der Intention nach schon auf Allgemeingültigkeit zielend sich der dann zur Erinnerung verinnerlichte kontemplative und existenzielle Erfahrungsschatz darstellt, er bleibt doch noch an ein individuelles Ich gebunden. In einer dritten Phase werden die Erfahrungen daher dem Vergessen anheimgegeben, also jenem innern dunklen Abgrund des Unfaßbaren, von dem das Ich nichts weiß, in dem aber der Schlüssel zur Wandlung des namentlichen, also begrenzten und 'subjektiven' Ich zum Allgemeingültigkeit beanspruchenden lyrischen Ich verborgen liegt:

> "[...] man muß große Geduld haben, zu warten, daß sie [die Erinnerungen; B.A.K.] wiederkommen. Denn die Erinnerungen selbst sind es noch nicht. Erst wenn sie Blut werden in uns, Blick und Gebärde, namenlos und nicht mehr zu unterscheiden von uns selbst, erst dann kann es geschehen, daß in einer sehr seltenen Stunde das erste Wort eines Verses aufsteht in ihrer Mitte und aus ihnen ausgeht." (14.1/724f.)

Diese lyrische Subjektivität darf also Allgemeinheit beanspruchen, da das Umfassende und damit Allgemeine der Welterfahrung in ihre unbewußte und innerste Natur, ihr Gefühl, ihr Sehen und ihre Haltung bis zur ununterscheidbaren Einheit und Identität eingegangen ist und die an den Namen gebundene Begrenztheit auslöscht.

Daß die Erinnerungen ungewollt und von selbst aus der Vergessenheit wieder hervorkommen sollen, schreibt ihnen eine Dynamik zu, die in der Dunkelheit des Vergessens, im innern Abgrund des Ich ihren Sitz hat und dem Willen des individuellen Subjektes entzogen ist. So ist der Allgemeinheitsanspruch dieser lyrischen Subjektivität ambivalent und hält sich beiderseits der dünnen Scheidelinie, die eine intentional 'realistische' Konzeption von einer metaphysischen, mythisch-mystischen unterscheidet. Einerseits nämlich beansprucht sie Allgemeinheit, weil sie das Umfassende der Welterfahrung in sich aufgenommen hat, bzw. selbst sich dieser Welterfahrung nach gebildet hat und daher durch die real gegenständliche Welt der Dinge bestimmt ist. Andererseits aber ist in der umwandelnden Funktion des Vergessens der Gedanke an die Verbindung mit einer überindividuellen Sphäre oder Dimension angelegt, die sich in eine Tradition einschreibt, wie sie in der Konzeption des frühen Nietzsche etwa zutage tritt, der der extrem subjektiven Dichtung des Archilochus in der "Geburt der Tragödie" den höchsten Grad an Objektivität zuschreibt:

"[...] so sind [...] die Bilder des Lyrikers nichts als er selbst und gleichsam nur verschiedene Objektivationen von ihm, weshalb er als bewegender Mittelpunkt jener Welt 'ich' sagen darf: nur ist diese Ichheit nicht mehr die des wachen, empirisch-realen Menschen, sondern die einzige überhaupt wahrhaft seiende und ewige, im Grunde der Dinge ruhende Ichheit, durch deren Abbilder der lyrische Genius bis auf jenen Grund der Dinge hindurch sieht. [...] In Wahrheit ist Archilochus, der leidenschaftlich entbrannte liebende und hassende Mensch nur eine Vision des Genius, der bereits nicht mehr Archilochus, sondern Weltgenius ist [...]."[27]

Daß das Innerlichste und Individuellste als der "eigentlich bewegende Punkt" mit dem Allgemeinsten, der Natur und dem Grund der Dinge zusammenfällt, läßt sich schon in Nietzsches Antrittsvorlesung über "Homer und die klassische Philologie " feststellen[28].

Nun ist die Tonart des Dichters Malte-Rilke sicherlich eine andere als die Nietzsches oder die des Archilochus. Auch hat der innere Abgrund des Vergessens in seiner Negativität auf den ersten Blick jedenfalls noch wenig mit der metaphysischen Spekulation eines Weltgenius zu tun, wenngleich der Weg zur Annahme einer grundlegenden überzeitlichen Ureinheit, wie sie am Ende dieser Aufzeichnung dann hervortritt, damit geöffnet ist. Doch geht es im 'Malte' nicht so sehr um metaphysische Spekulation, als dieser Tendenz der Bezug auf die Dinge entgegenstrebt. Eher ließe sich sagen, daß der 'realistischen', Ding und Welt zugewandten Seite die Möglichkeit einer Öffnung aufs Metaphysische hin entgegensteht. Der Dichter schafft in der Spannung dieser entgegengesetzten Seiten.

Worin er dann aber sicher mit Nietzsche übereinstimmt, ist der Allgemeinheitsanspruch der extremen lyrischen Subjektivität, während das Paradox des Übereinfallens des Individuellsten und des Allgemeinsten nicht nur beidemal einen Verlust der gesellschaftlichen Kräfte ins Amorphe der Natur anzeigt, sondern zugleich eine existenzielle Wendung, die Tod und Kunst einander annähert. Nietzsches Gedanke, daß die tragische Dichtung ihren Ursprung dem Leiden und der Vernichtung des individuellen Subjekts im Dionysischen verdanke, das dann durch die apollinische Form des Individuums spreche, ist auch im Malte wirksam. Nicht nur zeigte sich beim Tod des Großvaters Brigge in den Aufzeichnungen 8 und 9, daß das Eigentliche und Innere, das Individuellste sich im Aufgehen im Allgemeinsten darstellt; auch werden ab Aufzeichnung 14 Schreiben und Tod in der opheischen Ästhetik durchgehend als zusammengehörig betrachtet.

Es ist festzuhalten, daß im Malte kein metaphysisches System wie beim jungen Nietzsche entworfen wird, sondern entsprechend der Struktur des ganzen 'Romans' Fixpunkte gezeichnet werden, die der Leser durch seine Linien zu metaphysischer Systematik verbinden mag, die aber so zahlreich und vielseitig erscheinen, daß immer noch andere Verbindungslinien denkbar sind, darunter auch solche, die die Metaphysik auf den Boden der historischen Bedürfnisse zurückholen.

Dient Malte die Kritik seiner Verse dem Entwurf des künstlerischen Schaffensprozesses, so die Kritik des Dramas der Beleuchtung sozialer Beziehungen. Gegen seine wie alle gängige Dramenkonzeption, in der ein Dritter eine Zweierbeziehung stört, also ein von außen kommender Einfluß eine Veränderung verursacht, wendet Malte ein, daß der 'Dritte' völlig überflüssig sei, da aller wahre Konflikt zwischen den Zweien sich abspiele, die "leiden und handeln und sich nicht zu helfen wissen" (14.3/726), also der Konflikt aus dem Innern der beiden Einzelnen erwächst, die daher im Grunde nie ganz zueinander kommen können. In Maltes Konzeption der Liebe wird diese Problematik noch deutlicher werden[29]. Wesentlich ist an dieser Stelle die Ablehnung aller äußeren Handlung und alles äußeren Eingreifens in die isolierende Autonomie als Kulturkritik, was ja schon bei der Konzeption des künstlerischen Schaffensprozesses eine Rolle spielte und im zweiten Teil dieser Aufzeichnung zur Grundlage der Weltkonzeption wird.

Nach dieser vernichtenden Kritik kehrt Malte, deutlich hervorgekehrt durch das auf den Anfang der Aufzeichnung bezugnehmende Motiv des Alters von 28 Jahren, zu seiner momentanen Situation und zum Zustand seines Ich zurück: nicht nur ist "so gut wie nichts geschehen", sondern er selbst empfindet sich als ein "Nichts". Die völlige Vernichtung des Ich ins "Nichts" erweist sich jedoch als Voraussetzung für eine Umkehrung, denn "dieses Nichts fängt an zu denken und denkt, fünf Treppen hoch, an einem grauen Pariser Nachmittag diesen Gedanken [...]" (14.4/726) Eine gewisse Parallele zur Konzeption dichterischen Schaffens ist nun ganz unverkennbar. Wie die Erinnerungen alles Persönliche verlieren sollen, da sie in den Abgrund des Vergessens gelangen, so liegt auch diesem Gedanken nicht ein Subjekt, ein 'Ich' zugrunde, sondern ein "Nichts". Malte ist zum Instrument dieses Gedankens geworden und fühlt sich am Ende daher auch gezwungen, diesen Gedanken niederzuschreiben.

Der von Malte besitzergreifende programmatische Gedanke entwirft in sieben Fragen die Fixpunkte einer Möglichkeitswelt, in deren Koordinatenzentrum der isolierte Einzelne steht. Schon die Anzahl der Fragen hat ihre Bedeutung. Durch sie wird die Radikalität und der Totalitätsanspruch des Neuanfangs dieser Welt unterstrichen, denn diese Zahl meint die Ganzheit der Welt gemäß der Schöpfung der Welt aus dem Nichts des Dunkels in sieben Tagen, deren letzter Gott gewidmet ist wie auch Maltes letzte, die siebte Frage. Sieben aber ist zugleich die vorherrschende Symbolzahl der Apokalypse, so daß sich ein doppelter Verweis ergibt, der dann ja auch Maltes Schreiben bezeichnet: diese Möglichkeitswelt ist ein Ende und ein Anfang zugleich[30].

In den ersten beiden Fragen wird die Möglichkeit einer radikalen und umfassenden Kritik aller bisherigen Geschichte angezeigt, da in den vergangenen Jahrtausenden "nichts Wirkliches und Wichtiges gesehen, erkannt und gesagt" worden sei, man sei "an der Oberfläche des Lebens" geblieben, weil man, so heißt es dann in der dritten Frage, von den Massen gesprochen hätte, "statt von dem Einen [...], um den sie herumstanden, weil er fremd war und starb" (14.4.1 u.3/726f).

Mit 'Sehen, Erkennen, Sagen' und 'Schauen, Nachdenken, Aufzeichnen' der ersten Frage ist jene 'vita contemplativa litteraria' angezeigt, deren Last und Bürde für Jahrtausende Malte nun auf sich nehmen muß. Die Verbindung von 'Wirklichem und Wichtigem' weist leitmotivisch auf ihre Explikation in der 18. Aufzeichnung voraus, in der, wie weiter unten in dieser Aufzeichnung, alle Wirklichkeit subjektiviert und an den isolierten Einzelnen gebunden wird, der an ihr untergeht wie sie ihn ihm, um in einer apokalyptischen Konzeption des Schreibens zu enden. Denn diese Möglichkeitswelt entspricht einem hypothetischen Denken, dem mit dem 'Ich' auch alle traditionelle 'Realität' zerfallen ist, wie vor allem in Aufzeichnung 18 deutlich werden wird. An die Stelle dieser 'falschen', 'oberflächlichen' Realität wird nicht einfach eine neue gestellt; möglich sind dem sich in der 'contemplatio' auflösenden Ich nur noch Hypothesen, Einbildungen, deren Wahrheit an die Erfahrung des Innern gebunden ist.

Der Begriff der Oberfläche in der zweiten Frage zeigt eine doppelte Bedeutung. Einerseits, so lautet die Kritik, hätten Kultur, Religion und Weltweisheit das Leben mit einer Oberfläche aus einem so langweiligen Stoff überzogen, "daß sie aussieht wie die Salonmöbel in den Sommerferien": man benutzt die Möbel nicht, die Benutzer haben sie gar verlassen und so sind sie in ihrer Form verdeckt und kaum noch erkennbar. Was eine "Oberfläche, die doch immerhin etwas gewesen wäre" (14.4.2/727), sei, wird an dieser Stelle nicht erläutert, wird aber thematisch im Zusammenhang des Motivkreises von "Maske" und "Vorwand" zu suchen sein, d.h. des Äquivalents im Sichtbaren für etwas, das im Grunde unsichtbar und unfaßbar bleibt[31]. Der Bezug auf diese Dimension geht durch das Individuum hindurch, den extremen Pol der Subjektivität, wo es sich in seiner oberflächlichen Sichtbarkeit auf den inneren Abgrund, bzw. Tod, Natur, Liebe, Ewigkeit, Gott am Ende hin verliert.

Mißverständnis, gar Falschheit aller Weltgeschichte - bei der die 'real' geschehene schon immer die 'gesprochene' ist - , liegt demgemäß darin begründet, daß man "von ihren Massen gesprochen hat, gerade, als ob man von einem Zusammenlauf vieler Menschen erzählte, statt von dem Einen zu sagen, um den sie herumstanden, weil er fremd war und starb" (14.4.3/727). Nicht um den Einzelnen als das Genie geht es also, vielmehr den völlig unscheinbaren, verlorenen Einzelnen. Leitmotivisch wird das Bild des Zusammenbrechenden, um den die Menschen herumstehen, aus der Aufzeichnung 1 wieder aufgenommen, das noch oft wiederkehrt, insbesondere in Aufzeichnung 18, wo Malte selbst sich in dieser Situation befindet, und Aufzeichnung 21, wo solches dem Veitstänzer widerfährt. Diese Szene läßt sich wiederum auf zwei Ebenen interpretieren. Zum einen dürfen die bloß akkumulativ zusammengelaufenen und summarischen Massen nicht als Mittelpunkt gelten, weil ihr Zusammenlaufen, ihre Aggregation ja gerade durch den Zusammenbruch des Einzelnen verursacht wird. Über den Realismus der bloßen, oberflächlichen Neugierde hinaus läßt sich aber der Satz, "weil er fremd war und starb" - denn was interessiert der Tod eines Fremden, dessen oberflächlich verschwindende Unwichtigkeit ja gerade hervorgehoben werden soll

- eben auch so ausleben, daß die Anordnung der Massen um den Einzelnen herum auch in einem übertragenen und grundsätzlichen Sinne gilt, weil dieser Einzelne eben durch Fremdheit, Isoliertheit und Tod seine Abgrundnähe, den Bezug zum Unfaßbaren und Unsagbaren herstellt.

Welt und Weltverhältnis dieses Einzelnen wird in den beiden folgenden Fragen, der vierten und der fünften, skizziert. Entsprechend dem Vorausgegangenen gilt die Meinung der "anderen, die anderes wüßten" nichts: alle Konvention, alles Wissen aus Übereinkunft wird abgelehnt, denn der Einzelne trägt alle Vergangenheit und Wahrheit in sich: "er sei ja aus allen Früheren entstanden, wüßte es also"[32]. Da "alle in einem" sind, wie man den Titel einer frühe Erzählung Rilkes paraphrasieren könnte[33], dieser Einzelne über den inneren Todesgrund ekstatisch zum Allgemeinsten der Natur vermittelt ist, vermag er daher 'nachzuholen, was sich ereignet hat, ehe er geboren war' (vgl. 14.4.4/727), die falsche Weltgeschichte umzudenken, umzuwerten und umzuschreiben.

Welt zerfällt auf diese Weise natürlich, wie die sechste Frage formuliert, in "unzählige Einzahlen". Dementsprechend löst sich auch aller substanzielle Wirklichkeitsbegriff auf: die Einzelnen könnten eine Vergangenheit, die nie gewesen sei, ganz genau kennen, während alle Wirklichkeiten nichts für sie seien. Dieser Punkt zeichnet dann eine völlige Entzweiung der 'vita activa' von der 'vita contemplativa', so "daß ihr Leben abläuft, mit nichts verknüpft, wie eine Uhr in einem leeren Zimmer" (14.4.5/727). Da gilt dann nur noch die Einbildung, die - literarische - Kontemplation. Diese Situation mit impliziten Verweisen auf ihre historische Entstehung kommt ausführlich in der Geschichte von Nicolaj Kusmitsch in der 49. Aufzeichnung zur Sprache.

Wenn denn somit alle tätig aktiven Beziehungen zwischen Menschen abgeschnitten sind und alle - als Konvention nur erfahrene - Wirklichkeit aufgelöst ist, sind, wie die sechste Hypothese formuliert, keine Mehrzahlen, sondern nur unzählige Einzahlen möglich. Dieser Gedanke wird namentlich auf Mädchen, Frauen, Kinder und Knaben bezogen als, wie sich im gesamten 'Roman' zeigt, von Malte besonders bevorzugte 'Gestalten', insofern es ihnen, im Gegensatz zur Geschlossenheit eines Mannes wie Maltes Vater, nicht nur leichter fällt, sich gegenüber dem 'Anderen', 'Fremden', 'Unbekannten' zu öffnen, sonder auch weil Einbildung, Erzählen, Liebe Malte im Gegensatz zur männlichen, reduktiven Vernunft tendenziell eher als weibliche oder androgyne Qualitäten erscheinen, wie sich etwa den Aufzeichnungen 27 und 28 sowie 39 und 40 entnehmen läßt. Die Vorliebe für die Kindheit als Zeit der Formung, in der die falsche Sicherheit der Konvention noch nicht umfassend vom Menschen Besitz ergriffen hat, seiner zumindest noch partiellen Ungeformtheit also, wo alle phantastische, unsichere Wirklichkeit noch Eingang finden kann, zeigt sich auch an den ersten beiden Fragen und an der letzten, wo im Bezug auf die Schulzeit der Kontrast zwischen der Konventionsvermittlung durch die Schule und der noch naturhaft freien und phantastischen Denkweise der Einbildung besonders evident ist: die ungenutzt vergangenen Jahrtausende werden einer "Schulpause" verglichen, " in der man sein Butterbrot ißt und einen Apfel" (14.4.1/726), die langweilige Oberfläche der Kultur, Religion und Weltweisheit der vergangenen Jahrtausende sehe aus, "wie die Salonmöbel in den Sommerferien" und die Gottesfrage wird im Gleichnis von zwei Schulkindern erörtert. Was nun auf den ersten Blick als krasse Unverhältnismäßigkeit erscheint, hat seinen ästhetischen Sinn darin, daß gerade das normalhin als unbedeutend erachtete Detail Wert dadurch gewinnt, daß an ihm sich Entdeckungen durchführen lassen, zu denen anderwärts der Weg durch die Konvention verstellt ist. Hier fällt beides zusammen, die Vorliebe für die erst in der Formung durch die Konvention begriffenen, also noch nicht allerseits ausgeformten und durch Konvention gefestigten Schulkinder und die fürs unscheinbare Detail. - Das Detail- und Dingverhältnis wird dann in den Aufzeichnungen 50-53 explizit zum Gegenstand der Aufzeichnungen werden.

Sind alle 'realistischen' Wirklichkeiten negiert, so richtet sich die letzte der Fragen auf eine letzte und umfassende metaphysische Wirklichkeit und Einheit: die Frage nach Gott und ob er Gemeinsamkeit verbürge. In einem, schon durch den biblischen Ton als solchem ausgewiesenen Gleichnis, wird auch der Gottesbegriff, sowie er Begriff und Instrument wird, der multizentrisch subjektivistischen Weltanschauung unterworfen, es sei denn, es gebe einen Gott, den man nicht gebrauchen könnte, der sich nicht in ein Instrument, einen Begriff fassen ließe, völlig bedeutungslos und völlig außerhalb, immer schon in unfaßbarer Distanz ist: als das ewig Unfaßbare.

Diese Möglichkeitswelt des isolierten Individuums mit ihren sieben, genesis- wie apokalypsenhaften Bestimmungen, zwingt Malte zu einem Schreiben, das ebenso ein Anfang ist wie ein Ende, weil er sich selbst im Vernichtungsprozeß seiner Identität und seiner Isoliertheit als jenen zentralen Einzelnen erfährt, um den die Massen, die Welt und Weltgeschichte herumstehen und der daher 'schauen, nachdenken, aufzeichnen' muß. Gegenüber der therapeutischen Funktion des Schreibens in den Aufzeichnungen 6 und 10 zeichnet sich hier schon das 'apokalyptische Schreiben' der 18. Aufzeichnung ab.

Physiologische Erinnerung und die Sichtbarkeit des Unsichtbaren

Aufzeichnung 15

Ist die Rückwendung aus der Pariser Aufzeichnungsgegenwart in die Vergangenheit der Kindheit bei den Aufzeichnungen 8 und 9 doppelt in den Verlauf der Gegenwartserlebnisse eingebunden, einmal durch die therapeutische Wirkung des Schreibens und darüberhinaus durch die antithetisch kritische Funktion, die diese Vergangenheit gegenüber der modernen, dekadent entleerten und oberflächlichen Gegenwart hat, so scheint die Einbindung dieser zweiten Kindheitserinnerung vorrangig an das Schreiben und Erinnern gebunden. Chronologisch gehört diese Erinnerung der 'Gespensterepisode' einer mittleren Kindheitsperiode an, wie sie in den Aufzeichnungen 34 und 35 erzählt wird. In Aufzeichnung 34 wird gar explizit auf diese Episode Bezug genommen. Indem diese Kindheitserinnerung ihre Kollokation nach der 14. Aufzeichnung findet, dürfte sie, pars pro totum, anzeigen, daß alle Kindheitserinnerungen in diesem 'Roman' als Ergebnisse dieses neuen Schreibens aufzufassen sind. Darüberhinaus wird in der 15. Aufzeichnung exemplarisch die Arbeitsweise der Erinnerung dargestellt, wie sie in der vorangehenden Aufzeichnung als Teil des dichterischen Schaffensprozeß bestimmt worden war und weist damit auf die innere Dynamik des 'apokalyptischen Schreibens' voraus. Der Inhalt des Dargestellten weiterhin, das Unheimliche als Ausdruck eines Unfaßbaren und der Ausblick auf eine andere Welt jenseits der empirischen, den Sinnen unmittelbar zugänglichen Realität, hier das Jenseits des Todes, antizipiert als Kindheitserinnerung in gewissem Sinne und freilich nur bis zu einem gewissen Grad den Problemrahmen der dann folgenden Pariser Ereignisse. So ist die Welt der Armen etwa Malte ebenso entrückt und Verweis auf eine andere Realität, wie hier die Erscheinungen der Welt des Jenseits, und das Einverständnis von Erik und Großvater, die beide Beziehungen zu jener anderen Welt unterhalten, ähnelt jenem ganz anderen Einverständnis unter den Armen, das Malte ebenfalls nicht versteht. Die Arbeit der Erinnerung schließlich antizipiert und leitet in gewisser Weise die Arbeit des Todes ein, insofern die Erinnerung fragmentiert wird wie das Ich zerstückt und die Fragmente einer anderen Macht unterliegen denn der des Subjekts: dem innern Abgrund und Grund, der Leere und Dunkelheit des Vergessens.

Wenn übrigens diese Kindheitserinnerung einerseits in den Zusammenhang der 34. Aufzeichnung eingeordnet ist, andererseits sich aber hier

- wenngleich im Grunde marginale - Widersprüche zu dieser Aufzeichnung ergeben, insofern in Aufzeichnung 15 behauptet wird, der Schauplatz des Geschehens, das Gutshaus des Großvaters mütterlicherseits, sei in fremde Hände gekommen und Malte habe es nie mehr gesehen, d.h. seine Erinnerung daran nicht hat auffrischen können, während es in Aufzeichnung 34 heißt, Urnekloster sei in des Grafen Christian, eines Bruders der Mutter, Besitz und in Aufzeichnung 35 Malte die Galerie auf Urnekloster nach Eriks Tod, also nach den hier in Aufzeichnung 15 dargestellten Ereignissen beschreibt, so wird dadurch nur angezeigt, wie autonom und in sich abgeschlossen die einzelnen Erinnerungen sind und wie, entsprechend der Fragmentierung des gesamten Lebenszusammenhanges, die 'Faktenwirklichkeit' schon ganz in die innere Dynamik der einbildenden, erinnernden Subjektivität und des jeweiligen Erlebnisses eingegangen ist.

Eben die Fragmentierung des 'realen' Lebenszusammenhanges in der Erinnerung und, dieses Moment aus dem Zusammenhang des dichterischen Schaffensprozesses vertiefend, die Arbeit der Erinnerung überhaupt, wird in Aufzeichnung 15 einleitend thematisiert, bevor dieses Thema dann im ersten Teil übergeleitet und ausgeweitet wird zur Präsentation unterschiedlicher Verhaltensmodelle gegenüber der Vergangenheit, der Zeit und dem Jenseits des Todes überhaupt in den verschiedenen Personen, die sich um den Tisch im Eßsaal von Urnekloster, dem Landgut des Großvaters mütterlicherseits, des Grafen Brahe, versammeln. Hier spielt dann auch die den zweiten Teil der Aufzeichnung ausmachende Episode der Gespenstererscheinung der Christine Brahe, in der das zur Anschaulichkeit gesteigerte Unfaßbare die Personen zwingt, seine Existenz zu akzeptieren und ihm gegenüber eine Haltung zu entwickeln.

Es handelt sich hier um eine Kindheitserinnerung eben der in der 14.Aufzeichnung oft zitierten Schulzeit, "zwölf Jahre oder höchstens dreizehn muß ich damals gewesen sein" (15.1/729), und gehört damit vor allem jenem Kreis von Erfahrungen an, die für den dichterischen Schaffensprozeß grundlegend sind. Das Auszeichnende des Kindesalters liegt darin, daß das Kind noch im Bildungsprozeß begriffen ist, noch nicht in seinem Weltverhältnis von Konventionen, der Weltabsicherung durch die alles erklärende vereinbarte Ratio völlig durchsetzt, verfestigt und gesichert ist, sondern noch unsicher und offen zugleich für Erfahrungen, die dieser Konvention widersprechen und von ihr nicht erfaßt werden können.

Am Raum des Geschehens, dem Haus des großväterlichen Gutes Urnekloster, verdeutlicht Malte zunächst exemplarisch die Arbeitsweise der - kindlichen - Erinnerung. Die Tiefe in Höhe kehrend und so das Umfassende und Unendliche wie das Innen und Außen übersteigende und Raumlose des in die Vergessenheit Gefallenen zum Ausdruck bringend, ist Malte das Gebäude "aus unendlicher Höhe", eben aus des Vergessens Abgrund zugehörigem Gegenteil, "in mich hinabgestürzt und auf meinem Grunde zerschlagen" (15.1/729). Damit ist einerseits ganz eindeutig ein Prozeß des Falls und Zerfalls, der Zerstörung und der Dekadenz bezeichnet, denn nicht nur fällt das Erinnerte sozusagen 'von außen' in das erinnernde Subjekt hinein, ist offensichtlich seiner Willensherrschaft völlig entzogen und einem autonomen, sich allerdings in diesem Subjekt vollziehenden Prozeß unterworfen, sondern in der Fragmentierung verliert auch das Erinnerte selbst seine einst durch 'äußere', 'reale' Gegebenheit bestimmte Autonomie und seine Ganzheit und Form: die Realität des 'wirklichen' Hauses Urnekloster wird, unterstützt durch den, wie oben schon gesagt, der Dynamik dieser Erinnerung angepaßten Umstand, daß das Haus sich jetzt in fremden Händen befinde und Malte es seit dieser erzählten Episode nie wieder gesehen habe, aufgelöst in die Physiologie der erinnerten Realität des erinnernden Subjekts; Erinnertes und Erinnerndes sind, die Subjekt-Objekt-Trennung überschreitend, im Körper des Subjekts zu ununterscheidbarer Einheit verwachsen, "Blut [...], Blick und Gebärde" (14.1/725) geworden in Malte:

> *"So wie ich es in meiner kindlich gearbeiteten Erinnerung wiederfinde, ist es kein Gebäude; es ist ganz aufgeteilt in mir; da ein Raum, dort ein Raum und hier ein Stück Gang, das diese beiden Räume nicht verbindet, sondern für sich, als Fragment aufbewahrt ist. In dieser Weise ist alles in mir verstreut [...]." (15.1/729)*

Der Baukörper hat sich in Maltes Körperbau aufgelöst, wird durch ihn zusammengehalten und rekonstruiert und hat schließlich daher seinerseits Körpereigenschaften angenommen:

> *"[...] - die Zimmer, die Treppen, die sich mit großer Umständlichkeit niederließen, und andere, enge, rundgebaute Stiegen, in deren Dunkel man ging wie das Blut in den Adern [...]." (15.1/729)*

In dieser Einheit ist der Baukörper nur existent, weil er im auch körperlichen Bau des Ich ist, das Ich seinerseits wiederum, insofern es sich in den Fragmenten wiederfindet. Daraus ergibt sich eine 'neue', erinnerte Wirklichkeit, die, gelöst sowohl von 'Objekt und 'Subjekt' und jenseits ihrer, eigene Autonomie erhalten soll.

Zweifelsohne ist diese Form des Vergangenheitsbezugs durch Fall und Zerschlagen als Dekadenz, eben Zerfall und Zerstörung von Vergangenheit gekennzeichnet. Die Arbeit der Erinnerung aber bedarf dieses Zerfalls, geht sie doch nicht von einem Bild des Ganzen aus wie es etwa im 'realistischen' äußern Abbild des Hauses gegeben wäre; sie geht daher auch nicht von den Bruchlinien, den Grenzen der Fragmente aus, um auf diese Art puzzlehaft ein Ganzes zu rekonstruieren, sondern entdeckt, indem auf diese Weise 'Wirklichkeit' der inneren physiologischen Wahrheit der körperlichen Natur angepaßt ist, Ganzheit je vom Zentrum des Fragments her.

Nun fällt in Maltes Exempel, wie schon oben die perfekte Fusion von - erinnertem - Objekt und - erinnerndem - Subjekt anzeigend, auch der Gehalt des Erinnerten und der der Erinnerung insofern zusammen, als es sich beim Erinnerten um einen Raum handelt, der, wie die Personen und Ereignisse zeigen, dem Bezug zur Vergangenheit, also Formen der Erinnerung als Vergegenwärtigung von Vergangenem dient. Die Charakteristik des Ortes darf daher metaphorisch zugleich als die der Erinnerung gelten.

Bezeichnenderweise im Herzen, im Zentrum - wiederum ist die Fusion von Körperbau und Baukörper offensichtlich - ist der Saal, der die Personen perspektivisch zentriert, "ganz erhalten". Ganzheit bedeutet, daß er, bzw. das Geschehen perspektivisch vom dynamischen Zentrum, dem Herzen, her, dem von Kerzenlicht beleuchteten Tisch mit den Familienmitgliedern her, entworfen ist, während Fenster, Höhe, Ecken, eben die Grenzen dieses Raums in der 'erinnerten Realität' in 'unaufgeklärtem' Dunkel verbleiben. Gleiches gilt von der Erinnerung selbst, deren metaphorisches Bild der Saal ist: sie ist ein Fragment mit einem dynamischen Kern umgeben von unaufgeklärtem Dunkel und abgeschnitten von aller anderen Realität, d.h. mit einer eigenen 'Wirklichkeit für sich'. Denn nicht nur scheint der Zeitverlauf verstellt, so daß um sieben Uhr abends zu "Mittag" gegessen wird, vielmehr ist man von aller äußeren Wirklichkeit abgeschnitten:

"[...] man vergaß in einigen Minuten die Tageszeit draußen und alles, was man draußen gesehen hatte." (15.2/730)

Doch nicht nur aller äußere Bezug wird gekappt, sondern auch aller innere. Parallel zum empirischen Ich in Aufzeichnung 14, das erlischt und bloßes Instrument ist für das lyrische Ich der Erinnerung in seiner namenlosen Allgemeinheit, erlischt auch hier das empirische Ich, gibt seinen Willen auf und wird zum reinen Beobachter.

"Dieser hohe, wie ich vermute, gewölbte Raum war stärker als alles; er saugte mit seiner dunkelnden Höhe, mit seinen niemals ganz aufgeklärten Ecken alle Bilder aus einem heraus, ohne einem einen bestimmten Ersatz

dafür zu geben. Man saß da wie aufgelöst; völlig ohne Willen, ohne
Besinnung, ohne Lust, ohne Abwehr. Man war wie eine leere Stelle."
(15.2/730)

Das Nichtigkeitsgefühl des Ich schafft also nicht nur, wie in Aufzeichnung 14, Raum für den Gedanken und charakterisiert das Schreiben, schon das Beobachten, das 'Sehen' und 'Wahrnehmen' in der Trias "schauen, nachdenken, aufzeichnen" (vgl. 14.4.1/726) ist also schon auf diesen Zustand gegründet.

Wenn dieser Zustand "eine Art Seekrankheit" verursacht, so ist damit auf der physiologischen Ebene das Leitmotiv der Ich-Vernichtung aufgerufen, da auch später die Ich-Vernichtungen in den Aufzeichnungen 18, 19, 21, 32 und 49 von Schwindelgefühlen, Unsicherwerden des Bodens, Orientierungsverlust begleitet sind. In dieser Episode hilft Malte der Berührungskontakt zu seinem Vater, die Situation zu überstehen. In Paris hingegen, das ähnliche Unheimlichkeiten aufweist, ist Malte allein, da er alle familiären und freundschaftlichen Bindungen verloren hat.

Unter den Formen des Vergangenheitsbezugs, wie sie an den in diesem Saale versammelten Familienmitgliedern, dem alten Major, Mathilde Brahe, Erik, dem Großvater, Maltes Vater und Malte selbst vorgestellt werden, sticht neben der des Großvaters die Maltes hervor. Stellt sich nämlich beim Major und bei Mathilde Brahe ebenso wie in der später folgenden Gespenstererscheinung die 'andere' Realität in gewissermaßen 'äußerlicher' Form dar, insofern der Major in alchemistischen Experimenten, der sozusagen 'materiellsten' Form des Verhältnisses zur 'andern Wirklichkeit', Leichen vor der Verwesung bewahren will[34], während Mathilde Brahe zu spiritistischen Kreisen Verbindungen unterhält und schließlich die vor 150 Jahren verstorbene Christine Brahe als Gespenst erscheint, so ist die 'andere Realität' Maltes - wie seine 'Möglichkeitswelt' und überhaupt alle seine diesbezüglichen Erfahrungen - innerlich und psychologisch konzipiert.

Auf diese Weise soll diese innerliche Form 'anderer Realität' aber in die früheren Zeiten und Kindern noch erfahrbare und allgemein akzeptierte Tradition der auch äußeren Erfahrbarkeit anderer Realität, der gesellschaftlich akzeptierten Sichtbarkeit des Unsichtbaren, eingebunden und von hierher beglaubigt werden[35]. Gleich wie den anderen die Erscheinung der anderen Realität ein teils zwar Schrecken hervorrufendes, aber doch, unter Ausnahme des Vaters, in gewissem Sinne als Selbstverständlichkeit aufgefaßtes Phänomen darstellt, so 'rekonstruiert' Malte mittels der Gestalt Mathilde Brahes das Bild seiner Mutter. Mathilde Brahe ähnelt Maltes Mutter in keiner Weise, aber das

Fließende und Unbestimmte an ihr gibt, wie später etwa auch in der Verkleidungsepisode in Aufzeichnung 32 das 'phantastische Ungefähr' der Verkleidung, die Gegenständlichkeit oder den 'Vorwand', bzw. die 'Vor-wand' ab, durch die hindurch das wahre Bild als das der Erinnerung projiziert und rekonstruiert wird. Der Gegenstand, hier die Gestalt der Mathilde Brahe, verliert zunehmend seine vordergründig 'objektiven' Kennzeichen 'äußerer Realität' und wird transparent auf eine tiefere Wirklichkeit hin. Diese, jenes Bild, ist in ihr fragmentiert enthalten, wie schon der Baukörper im Körperbau Maltes:

> "Nun erst setzte sich aus hundert und hundert Einzelheiten ein Bild
> der Toten [der Mutter; B.A.K.] in mir zusammen, das mich überall
> begleitet. Später ist mir klar geworden, daß in dem Gesicht des Fräuleins
> Brahe wirklich alle Einzelheiten vorhanden waren, die die Züge meiner
> Mutter bestimmten, - sie waren nur, als ob ein fremdes Gesicht sich
> dazwischengeschoben hätte, auseinandergedrängt, verbogen und nicht mehr in
> Verbindung miteinander." (15.3/732)

Mit dem gleichen Anspruch auf Wirklichkeit, wie das Gesicht der Mathilde Brahe, fragmentiert nur wie das Haus, findet Malte das Bild der Mutter in etwas 'Wirklichem' vergegenständlicht wieder. Dabei ist die Rekonstruktion zu einem Bild als Arbeit der Erinnerung auch hier wiederum nicht so sehr an der durch die vergangene Wirklichkeit gegebenen 'äußeren Realität' orientiert, als vielmehr durch die innere der Erinnerung bestimmt, die so eine tiefere Wirklichkeit produziert:

> "[...] nun erst, seit ich Mathilde Brahe täglich sah, wußte ich
> wieder, wie die Verstorbene [die Mutter; B.A.K.] ausgesehen hatte; ja, ich
> wußte es vielleicht zum ersten Mal" (15.3/732; Hervorhebung B.A.K.)

Der Arbeitsweise dieser Erinnerung als Entdeckung immer tieferer Wirklichkeitsschichten, auf die hin die 'Oberfläche' der 'Wirklichkeit' transparent wird, gleicht auch die neue Weise der Wahrnehmung, wie Malte sie in den folgenden Paris-Aufzeichnungen weiter noch ausbildet; ja die 'produktive', einbildende Wahrnehmung der 'äußeren Wirklichkeit' gehört geradezu in den Kreis dieser Erinnerung, die durch Bezug zur unbekannten und, wie sich am Großvater dann zeigt, zeit- und raumenthobenen Welt des Innern als des Jenseits zugleich immer tiefere Wirklichkeiten entdeckt.

Dabei hält sich der erwachsene Malte der Paris-Ereignisse streng an den Spielraum des psychologisch Möglichen, den als solchen gekennzeichneten Bereich der Einbildung als vertiefte Wirklichkeit, während Kindheit und anderen Zeiten diese tiefere Wirklichkeit noch äußerlich 'real' erfahrbar sein soll, wie hier die Erscheinung des Gespenstes der Christine Brahe und später seine Kindheitserinnerungen und Geschichtsentwürfe zeigen. Maltes späteres Sprechen vom Rückzug alles Geschehens ins Innere (vgl. 26.5/786f) im Gegensatz zur umfassenden Sichtbarkeit in früheren Zeiten ist hierauf zu beziehen.

Die markanteste Figur der Aufzeichnung aber ist der Großvater Brahe, der wie selbstverständlich mit der jenseitigen Welt verkehrt, ja beinahe schon ihr zugehört. Ihm ähnelt sein Neffe Erik, der Malte etwa gleichaltrige Sohn einer Cousine seiner Mutter. Er zeigt, indem er dem Gespenst die Tür öffnet, eine selbstverständliche Vetrautheit mit dieser Welt, die später in Aufzeichnung 34 bestätigt wird. Hierauf dürften Vertraulichkeit und Einverständnis zwischen ihm und dem Großvater gründen, als Malte sie auf eine ihm unbekannte Weise sich verständigen sieht, während sie die Galerie betrachtend, den Raum der diesseitig durch Kunst im Bild geschaffenen Vergegenwärtigung der Jenseitigen durchschreiten. Das unbewegliche Auge Eriks, das "immer in dieselbe Ecke gerichtet blieb, als wäre es verkauft und käme nicht mehr in Betracht" (15.4/732), mag in seiner Anspielung auf die Kinderangst, an den dunklen Mann verkauft zu werden, darauf deuten, daß Erik zur Hälfte bereits jener anderen, eben angsterregenden Welt angehört oder sie zumindest - im wörtlichen Sinne - 'In Betracht' zieht.

Zwischen dieser und der anderen Wirklichkeit gibt es für den Großvater keinen gravierenden Unterschied. Aber auch hier verhält sich die Darstellung im Rahmen der psychologischen Möglichkeiten, d.h. die andere Wirklichkeit wird nicht direkt dargestellt, sondern als etwas beschrieben, das der Großvater wahrnimmt, für den sie die gleiche Wertigkeit besitzt wie die umgebende Realität der Gegenwart. So spricht er nicht nur über Maltes verstorbene Mutter, als frage er nach ihr, sondern spricht auch von einem vor anderthalb Jahrhunderten verstorbenen Mädchen so, daß es Malte vorkommt, "als handle es sich um ein ganz junges Mädchen in Weiß, das jeden Augenblick bei uns eintreten könne" (15.8/735). Verallgemeinert heißt es von ihm:

> "Die Zeitfolgen spielten durchaus keine Rolle für ihn, der Tod war ein kleiner Zwischenfall, den er vollkommen ignorierte, Personen, die er einmal in seine Erinnerung aufgenommen hatte existierten, und daran konnte ihr Absterben nicht das geringste ändern. Mehrere Jahre später, nach dem Tode des alten Herrn, erzählte man sich, wie er auch das Zukünftige mit demselben Eigensinn als gegenwärtig empfand." (15.8/735)

So real und ununterschieden von der diesseitigen für den Großvater die 'andere Wirklichkeit' ist, dem Leser bleibt sie sehr vermittelt. Nicht nur wird sie zur psychischen Realität des Großvaters erklärt; wo es um ein konkretes Beispiel geht, stützt Malte sich auf einen Eindruck bzw. gibt umlaufende Gerüchte wieder, die sich nicht mehr verifizieren lassen. Damit gerät diese 'Wirklichkeit' schlicht in den Raum des psychologisch Möglichen.

Auf einen Eindruck Maltes gründet sich schließlich auch eine Charakteristik dieser in eine überzeitliche Dimension reichenden Persönlichkeit, die sie der Eigenheit des anderen Großvaters, dem Grafen Brigge in seinem Tode annähert. Wie dieser nämlich durch das Paradoxon der Identität als Einheit von Identität und Nichtidentität gekennzeichnet ist[36], daß das Eigenste, Individuellste in der Auflösung ins Allgemeinste der Natur hervortritt, so erscheint Malte auch die Gestalt seines Großvaters Brahe als scharf und deutlich einerseits und andererseits gleichzeitig als aufgelöst und namenlos:

> "Mir schien es überhaupt, als ob an seiner in gewissen Momenten so scharfen und doch immer wieder aufgelösten Persönlichkeit kein bestimmter Name haften könnte."(15.5/733)

Dementsprechend ist sein Gesicht maskenhaft und sein Stimme bezieht sich auf niemanden und ist gleich verteilt und aufgelöst im Raum, losgelöst bereits vom perspektivischen Bezug auf die sprechende Person, diffuse Subjektivität. So ist in beiden Großvätern als "Kern" der Persönlichkeit der Bezug zur Dimension des Todes und einer jenseitigen Wirklichkeit faßbar, ein Bezug, den Malte in der modernen Gegenwart erst noch wird sich erarbeiten müssen, weil sie ihn abgeschafft hat.

Erscheinungsform einer anderen Wirklichkeit ist das Gespenst der Christine Brahe, von dem Malte in der zweiten Hälfte der Aufzeichnung erzählt. Im Mittelpunkt der Episode steht das Verhalten des Vaters, der, "auf Konsequenz und Klarheit angelegt"(15.16/740), erlernen muß, die Existenz des diese Logik überschreitenden Unfaßbaren auszuhalten. Die Leidenschaft der Logik der Rationalität wehrt sich in ihm gegen die Wahrheit einer anderen Wirklichkeit und muß bezwungen werden. Diese Wirklichkeit erweckt Neugier in Malte, aber auch Bestürzung, Schrecken und Angst. Während der Erscheinung ereignet sich in Malte derselbe Vorgang der Ent-Ichung, der den Raum überhaupt auszeichnet und in der Entpersönlichung des Großvaters auch Ausdruck findet. Der Kraft- und Willenlosigkeit Maltes steht die sich aufbäumende Leidenschaft des Vaters gegenüber, die bezwungen werden muß.

Einzig der alte Graf Brahe und Erik zeigen gegenüber der Gespenstererscheinung ein ausgeglichenes Verhältnis, das die Furcht überwunden hat, während der Major verschwindet, bzw. den Kopf verbirgt, 'ohne Gesicht' ist im doppelten Sinn des Wortes, als er durch die Gespenstererscheinung überrascht wird. Mathilde Brahe, die sich ebenfalls verbirgt, ist daher anfangs

nicht auf ihrem Platz, während der Bediente so tut, als wäre sie da. Die leere
Stelle, das Leere ruft bei Malte zunächst Lachen hervor, das, als die Leere ihren
Sinn zeigt, sich in Schrecken wandelt. Das Lachen als unverständige
Vorankündigung des Schrecklichen bildet im übrigen ein Leitmotiv, das in den
folgenden Aufzeichnungen häufig wieder auftauchen wird[37].

Flucht vor der Armut ins Kulturidyll und Aufgabe allen Idylls

Die Aufzeichnungen 16 und 17

Mit der Aufzeichnung 16 setzt explizit das große Thema der Armut
ein. Gegenüber den Armen, den "Fortgeworfenen", wie er sie nennt, nimmt Malte
eine zwiespältige Haltung ein. Flüchtet er nämlich einerseits vor ihnen und fühlt
sich durch sie verfolgt, so empfindet er sich ihnen innerlich doch als zugehörig
und ist von seinem Innern her schließlich gezwungen, den sicher geglaubten
Fluchtort der Kultur, die 'Bibliothèque nationale' und in ihr das Idyll des
glücklichen Dichters auf dem Lande aufzugeben, da er sich der Wahrheit seiner
Großstadtexistenz, der Realität der Moderne zugehörig weiß. In Aufzeichnung 17
macht Malte im Buchantiquariat nach der ländlichen noch eine städtische Idylle
aus, muß aber auch diese Perspektive als seiner Realität nicht entsprechend
aufgeben, so daß er sich dann in Aufzeichnung 18 auf Straßen und Plätzen
befindet, eben an den Orten der Fortgeworfenen, während diese den Ort der
Kultur, den Louvre, eingenommen haben.

Das Thema der Armut nimmt sicherlich von sozialen Konnotationen
seinen Ausgang, wird aber umfassend zu dem des materiellen und geistigen
Elends ausgeweitet, ja endlich in einen Zustand überführt, der den Umschlag des
Elends in die umfassende Bejahung der Liebe ermöglichen soll.

Präsent ist das Armutsthema von Anfang an, nur kann es erst
jetzt, da die 'Fortgeworfenen' und durch sie Maltes eigene
Entwicklungstendenzen in den Blick genommen werden, genauer herausgearbeitet
werden im Sinne des Anlegens jener Verbindungs- oder Assoziationslinien, die
virtuell alle anderen Aufzeichungen zentripetal um die eine, gerade zum
Mittelpunkt erwählte, organisieren.

Diese Neueröffnung einer Perspektive, bzw. die Versetzung oder Verschiebung des Gesichtspunktes von einem neuen organisierenden Zentrum her, hier dem Elend der Fortgeworfenen, bewegt sich bis Aufzeichnung 22 je auf der Linie von Maltes Niedergang, d.h. bis die jeweilige Neuausrichtung der Bedeutungen den Tod, Verlust von Ich und Welt, erreicht, während der Umschlag in die umfassende Bejahung der Liebe die Ausrichtung auf die Fallinie potentiell aufhebt in eine virtuell zeitlich und räumlich allseitige Beziehbarkeit und Simultaneität.

Als erster offensichtlicher Bezug auf das Armutsthema kann nun in der ersten Aufzeichnung die Erwähnung des 'asyle de nuit' identifiziert werden (vgl.1.1/709), für dessen Preise Malte sich nicht ohne Grund interessiert, muß er doch fürchten, selbst zu den 'Fortgeworfenen' hinunterzugleiten. Seine eigene materielle Situation ist durch Verarmung gekennzeichnet, denn er hat Haus und Erbe verloren, wie es in Aufzeichnung 10 heißt, trägt, wie in Aufzeichnung 16 deutlich wird, alltäglich denselben, daher schon etwas schäbigen und abgetragenen Anzug und abgenutzte Schuhe, fühlt sich selbst, wie er am Ende dieser Aufzeichnung ausgedrückt, als Obdachloser, wenngleich er, wie dann Aufzeichnung 18 eröffnet, in einem kleinen Zimmer im fünften Stock (Aufzeichnung 14) zur Miete wohnt, das jedoch mit sehr abgenutzten Möbeln eingerichtet ist; zudem ist er gezwungen, mit dem allerbilligsten Heizmaterial zu heizen und in den billigsten Restaurants essen zu gehen.

Doch bedeutet Armut nicht nur sozialen Abstieg, sondern auch das Elend der Krankheit. In Aufzeichnung 16 nur angedeutet durch das Aussehen der Armen, der Frau "mit ihren Triefaugen, die aussahen, als hätte ihr ein Kranker grünen Schleim in die blutigen Lider gespuckt" (16.1/743f), was dem Krankheitsmotiv in der ersten Aufzeichnung, insbesondere dem grünlichen Kind mit Ausschlag auf der Stirn korrespondiert (vgl. 1.2/709), wo Krankheit auch mit dem Ekelmotiv sich mischt, das hier wie später im Kontext der Armut und Krankheit, des Zerfalls und des Todes ständig wiederkehrt, wird die Krankheitsthematik dann in Aufzeichnung 19 vor allem weitergeführt, ja durch die im Krankenhaus auf Malte wartenden 'Fortgeworfenen' das Armutsthema dort dann ins Krankheitsthema überführt. Die Krankheit ist aber nicht nur als physiologische Deformation oder Zerstörung aufzufassen, sondern auch als psychische.

Der seit der 4. Aufzeichnung thematisierte, für die Großstadtmoderne typische Identitätsverlust, trifft zunehmend auch Malte selbst. Der äußeren Wahrnehmung des Identitätsverlustes, der Gesichtslosigkeit und

Anonymität selbst im Tode entspricht der Verlust der sozialen Beziehungen Maltes, die durch den Verlust von Haus und Erbe bedingte Auflösung der Bindungen von Familie, Familiengeschichte, gehört Maltes Familie doch dem europäischen Adel an, Kindheit und Heimat, sein Identitätsverlust als Schriftsteller schließlich. Malte entkleidet sich zunehmend seiner Identität.

Unter der einleitend unterschiedenen 'realistischen Wirklichkeitspektive' führt die zunehmende Bewußtwerdung des sozialen Abstiegs und Identitätsverlustes in Aufzeichnung 16 zu einem Angstsyndrom, einer Neurose, in der Malte seine Angst in das Pariser Subproletariat, die Vagabunden, Clochards projiziert und die sich bis zum Verfolgungswahn steigert:

> "Es ist möglich, daß es ihnen eines Tages einfällt, bis in meine Wohnung zu kommen, sie wissen bestimmt, wo ich wohne, und sie werden es schon einrichten, daß der Concierge sie nicht aufhält." (16.2/744)

Diese Zwangsneurose nimmt dann in den folgenden Aufzeichnungen organisch-pathologische Formen an, da Malte von Schwindelanfällen, Bewußtseinsverlust und Fieber erfaßt wird. Diese Beschreibungsebene erfaßt nun aber allenfalls den sozialpsychologischen Ausgangspunkt des poetologischen Prozesses der lyrischen Subjektivität; diese gründet in einem pathologischen Zustand des Individuums, der die soziale Krise der Gesellschaft spiegelt.

Die Krankheit der Gesellschaft und des Individuums bildet den Ausgangspunkt für den dann auf metaphorisch-symbolischer Ebene sich konstituierenden poetisch-religiösen Prozeß der lyrischen Subjektivität, der auch die Konzeption der Armut transzendiert. Es handelt sich um einen Prozeß zunehmender Subjektivierung, in dem alles Gleichgewicht von Subjekt-Objekt, Individuum und es umgebender Realität zerbrochen wird und allein, wie in Aufzeichnung 18 deutlich wird, die Perspektive der Subjektivität gilt. Einzig gültige Realität wird die innere, die sich die äußere freilich nicht zu ihrem Vorteil auslegt und nach bequemem Gutdünken zurechtfeilt, sondern deren Zustände als eigene Schrecken des Innern reproduziert und dieses innere Jammertal als die einzig wahre Wirklichkeit völlig durchschreiten will.

Die Zusammengehörigkeit von Identitätsverlust und Armut ist bereits in der 5.Aufzeichnung durch das schreckenerregende Elendsbild der explizit den Armen zugehörigen 'Frau ohne Gesicht' vorausdeutend angezeigt. Im Gegensatz zur Leere unter den Gesichtsmasken der bürgerlichen Leute, die dem Verlust der Eigenheit in Tod und Leben in den Aufzeichnungen 6 und 7 entspricht, stellt sich die ebenfalls identitätslose amorphe Natur der 'Frau ohne

Gesicht' als etwas zwar Schreckliches, aber, bezogen auch auf die amorph schreckliche Natur im Tod des Großvaters Brigge, potentiell Eigenheit Versprechendes dar. Unförmigkeit, wie sie sich in der Beschreibung der Kranken in Aufzeichnung 1 etwa findet, wird zunehmend zu Formlosigkeit und Amorphem, so daß die "Triefaugen, die aussahen, als hätte ihr ein Kranker grünen Schleim in die blutigen Lider gespuckt" (16.1/743f), noch weiter verdichtet werden in Maltes Kondensierung der 'Fortgeworfenen' zum amorphen körperlichen Auswurf:

> *"Feucht vom Speichel des Schicksals kleben sie an 'der Mauer, an einer Plakatsäule, oder sie rinnen langsam die Gasse hinunter mit einer dunklen, schmutzigen Spur hinter sich." (16.1/743)*

Die Armen will Malte ausdrücklich von den Bettlern unterschieden wissen als "Fortgeworfene", will also ihren Ausschluß aus der Gesellschaft unterstreichen und ihre Gesellschaftlosigkeit, ihren "Outsider"-Status, wie ja auch das Obdachlosenasyl in der ersten Aufzeichnung nicht auf dem Stadtplan verzeichnet ist. Dem Charakter als "Abfall" der Gesellschaft, dem Fehlen einer bürgerlichen und damit überhaupt gesellschaftlichen Identität entspricht das Amorphe in der bildlichen Kondensation der 'Fortgeworfenen', die dementsprechend dann nicht in Häusern wohnen, sondern aus Löchern kriechen und einen grauen, alten, kranken, verblichenen Eindruck machen. Es kommt ihnen daher auch keine persönliche Identität zu, sie haben keine Erinnerung, heißt es, und machen keine Unterschiede. Das sozial Amorphe wird dann in den folgenden Aufzeichnungen über das physiologisch Unförmige und Amorphe ins umfassend Amorphe des Todes überführt, aus dem in poetisch-religiöser Dynamik die Neugründung aller Form erfolgt. Die Armen verständigen sich demnach, wie schon in Aufzeichnung 15 Erik und Großvater Brahe, auf eine Malte nicht faßbare Weise, denn noch ist Malte seiner kulturell-bürgerlichen Identität und Realität verhaftet und versteht die Bedeutung der Dinge und Zeichen nicht.

Wenn im Kopf der ersten Aufzeichnung, in Form einer Tagebucheintragung 'Realität' verbürgend, noch Ort und Zeit angegeben waren, so hat sich hier die zeitliche Orientierung schon weitgehend verloren. Erwähnt wird, daß Fasching sei (vgl. 16.1/742), doch wird gerade diese Angabe ihrer chronologischen Bedeutung in dem Maße entledigt, wie diese Maskerade Maltes gespaltenem Bewußtsein entspricht, dem die äußere Realität zunehmend nur insoweit wichtig wird, wie sie der inneren entspricht. Malte hat nicht nur in Aufzeichnung 5 und den ihr folgenden die allgemeine Maskenhaftigkeit des bürgerlichen Lebens und Sterbens entdeckt, sondern nun bei sich selbst auch ein 'Komödienspiel' (vgl.16.1/742), da er in seinem bürgerlich kulturellen Rollenspiel die Wahrheit seiner Zugehörigkeit zu den 'Fortgeworfenen' verbirgt.

Geblieben scheint Malte noch die äußere Realität des Ortes, an die er sich halten kann, die "Bibliothèque nationale", so daß er sie aus der Darstellung herausnimmt und als äußeren Bezug an den Kopf der Aufzeichnung setzt. Im Verlauf der Aufzeichnung muß er sich jedoch eingestehen, daß es sich um einen Fluchtort handelt, dem er innerlich nicht zugehörig ist: ihm ist die Ort- und Heimatlosigkeit der Obdachlosen und 'Fortgeworfenen' eigen, so daß hernach auch alle Ortsangaben der Schreibgegenwart entfallen.

Zu Beginn der Aufzeichnung beschreibt Malte die Nationalbibliothek als den idealen Ort, unter Menschen zu sein. Unabhängig von der Funktion, für ihn einen Ort der Flucht darzustellen, spiegelt sich in ihr sein Menschenbild, das die Lesenden gleich Schlafenden abgeschlossen in sich mit ihren eigenen Träumen, mit der eigenen Innerlichkeit beschäftigt sieht, dergegenüber aller äußere Kontakt ganz oberflächlich, formal, an dieses Innenleben nicht heranreichend erscheint:

> "Sie [die Leute im Lesesaal; B.A.K.] sind in den Büchern. Manchmal bewegen sie sich in den Blättern, wie Menschen, die schlafen und sich umwenden zwischen zwei Träumen. Ach, wie gut ist es doch, unter lesenden Menschen zu sein. Warum sind sie nicht immer so? Du kannst hingehen zu einem und ihn leise anrühren: er fühlt nichts. Und stößt du einen Nachbar beim Aufstehen ein wenig an und entschuldigst dich, so nickt er nach der Seite, auf der er deine Stimme hört, sein Gesicht wendet sich dir zu und sieht dich nicht, und sein Haar ist wie das Haar eines Schlafenden. Wie wohl das tut." (16.1/741)

Hier nimmt Malte nicht nur deutlich die Innenwendung und Abwendung von 'realen' sozialen Beziehungen vorweg, wie sie später auch in seiner Liebeskonzeption deutlich wird, sondern bereitet zugleich auch den Übergang von innerer Traum- und Einbildungswelt zur Buchwelt vor.

Eingefaßt ist die Beschreibung dieser idealen Welt durch das Motiv eines 'wahren' Dichters, dessen Lesen und Aneignung Malte als Auszeichnung vor allen anderen empfindet. Eben aber von dem bewußten und expliziten Bezug auf die anderen nimmt im Kern die Zerstörung ihren Ausgang. Die Auszeichnung, 'einen Dichter zu haben' (vgl.16.1/741f), erweist sich nämlich für Malte als schicksalhafte Kompensation seiner Armut. An die Stelle der Gestaltung sozialer Beziehungen ist für den Einsamen dabei das Schicksal getreten:

> "Aber sieh nur, was für ein Schicksal, ich, vielleicht der armsäligste von diesen Lesenden, ein Ausländer: ich habe einen Dichter. Obwohl ich arm bin. Obwohl mein Anzug, den ich täglich trage, anfängt gewisse Stellen zu

bekommen, obwohl gegen meine Schuhe sich das und jenes einwenden ließe."
(16.1/742)

Je weiter Malte nun über die 'Fortgeworfenen' und seine
Beziehung zu ihnen reflektiert, desto deutlicher und größer wird der Umriß
seiner Angst vor ihnen, die sich in Verfolgungswahn steigert. Wenn Malte dann
am Ende dieser Ausführungen über sein Verhältnis zu den Armen am Ende des
zweiten Absatzes auf die Nationalbibliothek, mit der diese Aufzeichnung einsetzt,
als dem einzigen Ort, an dem er sich vor ihnen sicher und geschützt fühlt,
bogenförmig zurückkommt, dann hat er sich nicht kugelförmig vor diesen
'Fortgeworfenen' abschließen können, sondern sie durch seine Reflexionen in sie
hineingetragen, die Idealität des Ortes auf diese Weise von innen her ausgehöhlt
und als vor dieser Wahrheit unzureichenden, bloßen Fluchtort denunziert, den er
daher am Ende aufgeben muß.

Als der Gehalt dieses Fluchtortes, der Ort der geistigen Flucht,
erscheint wiederum die Figur des Dichters. Die Unterhöhlung des Fluchtortes
durch seine Evidenzierung als Produkt der Angst und Ort der Flucht bedeutet
so zugleich die Aushöhlung von Maltes bürgerlicher Identität, bzw. dem, was
noch davon geblieben ist an diesem letzten Zufluchtsort.

Die Problematik des sozialen Abstiegs ist auch insofern schon von
Malte verinnerlicht, daß die Fortgeworfenen als äußere Projektionsgegenstände
eines Zwiespaltes und Zwiegespräches fungieren, das Malte vollständig in seinem
Innern führt. Auf die Konstatation seiner Armut hin, die er an Anzug und
Schuhen festmacht, antwortet er mit dem Verweis auf seine Reinlichkeit[38]. Damit
weiß sich Malte im Rahmen der bürgerlichen Welt anerkannt, unterstreicht aber
somit nur erneut, da er selbst seine tiefere Wahrheit kennt, deren Äußerlichkeit
und leere Maskerade.

"Man kann also aus ihrer [der Handgelenke; B.A.K.] Reinlichkeit
gewisse Schlüsse ziehen. Man zieht sie auch. In den Geschäften zieht man
sie. Aber es giebt doch ein paar Existenzen, auf dem Boulevard Saint-Michel
zum Beispiel und in der rue Racine, die lassen sich nicht irremachen, die
pfeifen auf die Gelenke. Die sehen mich an und wissen es. Die wissen, daß
ich eigentlich zu ihnen gehöre, daß ich nur ein bißchen Komödie spiele. Es
ist ja Fasching." (16.1/742)

Malte selbst muß sich eingestehen, daß die Konvention bürgerlichen
Verhaltens nicht seiner Identität entspricht, daß ein solches Verhalten rein
äußerliches Schauspiel ist. Zwar spielt er Komödie, ist sich aber dessen bewußt
und liest am Wissen und Verhalten der Fortgeworfenen sein Wissen um die
Wahrheit der Zugehörigkeit zu ihnen ab. Wiederum beginnt Malte nach dieser

mißlungenen Flucht, Vergleiche seiner selbst mit den 'Fortgeworfenen' anzustellen. Dabei unterscheidet er, wie oben schon gesagt, die Fortgeworfenen von den Bettlern und hebt insbesondere das Ausgestoßensein aus der Gesellschaft und in der Konsequenz die Ekel und Abscheu hervorrufende Formlosigkeit hervor. In den Figuren der 'Fortgeworfenen' tritt ihm sein eigenes, ihm aber fremdes und unbekanntes Unterbewußtsein der Zugehörigkeit entgegen, insofern er die Zeichen dieser Welt , "ein Zeichen für Eingeweihte" (16.1/744), nicht versteht, aber "immerfort das Gefühl nicht los wurde, es bestünde tatsächlich eine gewisse Verabredung, zu der dieses Zeichen gehörte, und diese Szene wäre im Grunde etwas, was ich hätte erwarten müssen" (16.1/744).

Nach dieser Eröffnung des untergründigen Gefühls der Zugehörigkeit eröffnet sich erst, wie weit Malte schon von der sich jetzt als Verfolgungswahn artikulierenden Neurose eingenommen ist; denn schon seit zwei Wochen erlebe er solche Begegnungen und fühle sich selbst zu Hause nicht mehr vor den 'Fortgeworfenen' sicher. Die obsessive Präsenz dieser 'Fortgeworfenen' geht so weit, daß Malte sie in seinem Selbstgespräch direkt in der zweiten Person anredet:

> "Aber hier, meine Lieben, hier bin ich sicher vor euch." (16.2/744; Hervorhebung B.A.K.))

Vor dieser Verfolgung fühlt Malte sich in der Nationalbibliothek geschützt, die er, da sie eine durch die Einlaßkarte nachgewiesene kulturelle Identität verspricht, als Haus und Heimat empfindet; dieser Identität eignet Verständlichkeit, während der Zeichenwelt der Fortgeworfenen, die an Dingen statt an Papier sich festmacht, in Korrespondenz zum Amorphen der Gesellschaftslosigkeit Unverständlichkeit zukommt:

> "[...] aber schließlich stehe ich vor einer Glastür, öffne sie, als ob ich zuhause wäre, weise an der nächsten Tür meine Karte vor (ganz genau wie ihr mir eure Dinge zeigt, nur mit dem Unterschiede, daß man mich versteht und begreift, was ich meine -), und dann bin ich zwischen diesen Büchern, bin euch weggenommen, als ob ich gestorben wäre, und sitze und lese einen Dichter." (16.2/745)

Wie Malte sich äußerlich durch die Konvention der bürgerlichen kulturellen Identität geschützt fühlt, so innerlich, als 'Gehalt' der Bibliothek, durch den Dichter. Während der Darstellung dieses 'glücklichen Dichters' werden die Fortgeworfenen auf den folgenden eineinhalb Seiten denn auch nicht erwähnt.

Doch wie die äußerliche Identität der Reinheit dem in die Fortgeworfenen projizierten tieferen Bewußtsein nicht standhält, so wird die äußere, durch die Einlaßkarte beglaubigte kulturelle Identität von innen her zerbrochen, indem Malte nämlich die Distanz, ja teils Gegenbildlichkeit des glücklichen Dichters zu der ihm vom Schicksal zugewiesenen Großstadtrealität bewußt wird. Was er zuerst als durch Schicksal eben zugefallene Auszeichnung empfindet, daß er einen Dichter hat, muß er nun umso deutlicher als ihm vom Schicksal verneint erfahren.

Zunächst hebt Malte den glücklichen Dichter, hinter dem die Kritik Francis Jammes[39] erkannt hat, von Dichtern wie Verlaine ab, die der Großstadt- und Armutsproblematik zugewandt waren. Der 'glückliche Dichter' bezeichnet ein ländliches Idyll, das aber eben mit jenen Charakteristika bezeichnet ist, die Malte nicht besitzt: die stille Stube in einem ererbten Haus auf dem Lande steht im Gegensatz zum zerstörenden Lärm der Großstadt in Maltes Mietzimmer, und das Idyll eines lichten Giebelzimmers mit eigenen, "alten Dingen, den Familienbildern, den Büchern" bezeichnet eben das, was Malte verloren hat, den Verlust der Vergangenheit und der Identität, wie "Blumen und Hunde" den Verlust des Naturverhältnisses anzeigen.

Gerade dieser Gegensatz zur Wahrheit des eigenen Vergangenheits- und Identitätsverlustes zwingt Malte, mit dem geistigen Fluchtort des idyllischen Dichters den Fluchtort der Kultur, sein letztes Haus auch aufzugeben und sich der Wahrheit der Obdachlosigkeit zu stellen:

> *"Aber es ist anders gekommen, Gott wird wissen, warum. Meine alten Möbel faulen in einer Scheune, in die ich sie habe stellen dürfen, und ich selbst, ja, mein Gott, ich habe kein Dach über mir, und es regnet mir in die Augen." (16.4/747)*

In Aufzeichnung 17 sucht Malte dann statt des ländlichen ein großstädtisches Idyll, die "Händler mit Altsachen oder kleine Buchantiquare oder Kupferstichverkäufer" (17.1/747), Sinnbilder stillen und unbesorgten, in Dingen, Bildern oder Büchern versunkenen Lebens auch in der Großstadt. Doch auch dieses Idyll erweist sich als ungenügend gegenüber der Wahrheit der Obdachlosigkeit und so sinkt Malte in Aufzeichnung 18 auf den Grund der Fortgeworfenheit.

Zweiter Lektüre bieten die Aufzeichnungen 16 und 17 dann allerdings auch einige vorausdeutende Motive. Der erste Eindruck biedermeierlicher Enge und Beschränktheit des Idylls wird bereits durch die Gegenbildlichkeit durchbrochen, mit der sich die Motive der ländlichen Natur und des Verlustes von Erbe, Familie und Vergangenheit auf die Modernität von Maltes Großstadtexistenz beziehen. Das Motiv der klaren Luft und der Spiegelung der Weite sowie das der Bücher besitzt einen Bezug zum Bild der Vollendung in Aufzeichnung 12, das des lichten Gartens zur Vollendung in der Liebe in Aufzeichnung 56. Die Liebeskonzeption und die ihr zugehörige der Vollendung schließen aber spannungsreich den Abgrund der Krise mit ein. Auf dieser Grundlage wird dann die Figur des Einsamen in Aufzeichnung 68 möglich, die eine Reihe von Ähnlichkeiten mit dem 'glücklichen Dichter' aufweist, wie ja auch das Versunkensein in die Bücher doppeldeutig ein Gestorbensein einschließt, der in die Augen fallende Regen auch das Sehen durch den transparent werdenden 'Niederschlag', als den Malte sein Schicksal begreift, bedeuten möchte und der Aufruf des im sprichwortartigen Wortgebrauch verborgenen Gottes die Umkehrung des Elends der Obdachlosigkeit in die der am Ende auf Gott ausgerichteten gegenstandslosen Liebe vergegenwärtigen will. Unter dieser Perspektive erweist sich das Bild des glücklichen Dichters ebenfalls als inadäquat, weil es sich nur vom Grunde der Armut her und nicht als Flucht vor ihr begreifen läßt. Daher muß Malte es auf seinem weiteren Weg des Niedergangs zunächst aufgeben.

Der extreme Pol der Subjektivität

Der dreifache Untergang des Subjekts und seine Umkehrung in die allesumfassende Bejahung der Liebe

Die Aufzeichnungen 18-22

Der Niedergang Maltes erreicht in den Aufzeichnungen 18-21 seinen Tiefpunkt, das klassisch-humanistische Subjekt wird vollkommen zerstört. Damit einher geht der völlige Verlust der Wirklichkeit. Dreimal wird Maltes 'Ich' an den Nullpunkt getrieben, dreimal erlebt es eine völlige Vernichtung, auf die dann in Aufzeichnung 22 der Umschlag in die allumfassende Bejahung der Liebe erfolgt. Auf dem extremen Pol der Subjektivität schlägt die totale Subjektivierung der Welt um in den Verlust des Subjekts, den Tod von Ich und Welt. Erst aus diesem Verlust aller Bedeutung, in der apokalyptisch 'kein Wort auf dem anderen bleibt' (vgl.18.7/756), und der Auflösung des Subjekts, erst im Durchschreiten des Todes vermag eine neue umfassende Weltsicht, eine Welt der Möglichkeiten, die an das isolierte Subjekt, den extremen Pol der Subjektivität gebunden ist, zu entstehen; sie versieht die gesamte Welt mit neuer Bedeutung, ja deren Bilder, Metaphern und Symbole besitzen einen Überfluß an

Bedeutungen, die auf ein Unfaßbares verweisen. So wird in die Spannung zwischen Tod des Subjekts und seinem Umschlagen in die allumfassende Bejahung der Liebe zur Arbeit der Umdeutung und Umwertung der Welt als die unabschließbare Sinnfindung des isolierten Subjekts.

Subjektverabsolutierung und Subjektverlust

Aufzeichnung 18

Die komplexe Struktur der 18. Aufzeichnung wird äußerlich durch Maltes Geste der Abwehr skandiert, in der sich die in Aufzeichnung 16 begonnene Fluchtbewegung fortsetzt. Auf den abwehrend selbstberuhigenden Einleitungssatz der Schreibgegenwart, daß nichts geschehen sei, folgt in einer Rückwendung die Darstellung einer Fluchtbewegung in sechs Etappen. Dabei schlägt in diesem ersten Teil die Verabsolutierung der Subjektivität gegenüber der äußeren Realität in Subjektverlust um, d.h. endet in Orientierungsverlust, Atemnot und Bewußtlosigkeit. Dann setzt im zweiten Teil die Schreibgegenwart mit dem Abwehrversuch der Selbstberuhigung durch Leugnung der Bedeutung des Vorgefallenen unter Heranziehung des Verstandes wieder ein. Doch das Geschehen, die zuvor nur flüchtig erwähnte, die letzte Fluchtphase auslösende Begegnung mit einem Sterbenden, holt Malte auch zu Hause wieder ein, da er sie in Reflexion und Aufschreiben erneut erlebt. Erkenntnis der völligen Vernichtung als totale Veränderung reibt Maltes Widerstand zunehmend auf, bis nur noch die reine Klage bleibt. Die Vernichtung und Veränderung, so sieht Malte apokalyptisch voraus, wird auch sein Schreiben völlig verändern, wie denn im Ausdruck reiner Klage, parallel zum psycho-physischen Zusammenbruch im ersten Teil, alles Selbst als Wille und Gedanke geschwunden und Maltes Hand und Ich fühlend reines Instrument geworden ist, in und durch das die in der literarischen Tradition schon vorgeformte Klage sich ergießt, die Baudelaires und, zeitlich weit zurückreichen und sie universalisierend, die biblische Hiobs.

Im Verlust von Subjekt und Welt und in der trostlosen Leere reiner Klage berührt Malte zum ersten Mal nun den 'Grund' der Armut und des Elends, das Unfaßbare und Schreckliche, das Amorphe der Dunkelheit, die Angst, Furcht, Verzweiflung bedeutet, völligen Selbstverlust und -vernichtung, das Nichts aus der Perspektive des Subjekts, wenngleich nicht das absolute Nichts, insofern die Perspektive totaler Veränderung bleibt.

Zwar stellt der erste Teil der Aufzeichnung eine Rückwendung dar, doch gelingt es Malte keineswegs, durch die in der Einleitung beschwörend wiederholte, aber bezeichnenderweise auch gleich angezweifelte Behauptung, daß nichts geschehen sei, und durch die ebenfalls selbstberuhigende Feststellung zu Beginn des zweiten Teils, daß "es vorbei" sei, daß er "es überstanden" habe (18.5/753), erzählerische Distanz zu erreichen. Das erzählende Bewußtsein macht die Entwicklung noch einmal durch, ohne daß die Negierung des Vorgefallenen das verhindern könnte.

Zu Beginn ist Malte gezwungen, wegen Rauch sein Zimmer zu verlassen. Er selbst gerät damit in eine Situation der Obdachlosigkeit, wie er sie am Ende der 16. Aufzeichnung beschrieb. In den Louvre kann er sich nicht flüchten, weil dieser Ort der Kultur nunmehr von den 'Fortgeworfenen' besetzt ist, die sich dort erwärmen. So hat sich die Situation im Vergleich zur Aufzeichnung 16 umgekehrt: die 'Fortgeworfenen' sind an den Ort der Kultur geflüchtet und halten ihn besetzt, während Malte sich nun an ihren Orten, auf den Straßen, Plätzen, unter Brücken herumtreibt. Er ist damit, auf das Hauptmotiv aus dem Baudelaire- und dem Hiob-Zitat am Ende der Aufzeichnung vorausdeutend, noch unter "die Geringsten im Lande" (18.9/757) gefallen, ist "le dernier des hommes" (18.8/757) geworden.

Am Eingeständnis der Obdachlosigkeit orientiert, weitet Malte diese Erfahrung aus und verallgemeinert sie zu fortwährender Heimatlosigkeit und stetem Vagabundentum:

"Ich bin immer unterwegs gewesen. Weiß der Himmel in wie vielen Städten, Stadtteilen, Friedhöfen, Brücken und Durchgängen." (18.2/748)

Die ständige Veränderung der äußeren Welt geht als Bewegung von Ganzheiten, "Städten", zu Fragmenten, "Stadtteilen", über, bildet sozusagen einen Fokalisierungsprozeß, der die Friedhöfe im Zentrum der Städte weiß, faßt diesen Gang des Lebens aber als fortwährende Brücke und Durchgang, worunter auch der Ort des Todes, der Friedhof, eingeordnet wird. Der fortwährenden äußeren Bewegung entspricht dann natürlich auch eine fortwährende innere Entwicklung als stete Veränderung, als Brücke und Durchgang: in diesem Sinne wird es später vom Künstler der Moderne heißen, daß er ganz im Innern sitzt und Übergänge unterscheidet (26.5/784)

Daß solch steter äußerer Veränderung ein innerer Prozeß entspricht, beweisen schon die beiden folgenden Erlebnisse, die Wahrnehmungen des blinden Blumenkohlverkäufers und der Mauer. In ihnen wird die Wahrnehmung der äußeren Realität unter dem Gesichtspunkt ihrer völligen Subjektivierung problematisiert. Maltes Wahrnehmung , sein Sehen vor allem, ist seit der ersten Aufzeichnung bereits thematisiert und so bietet sich von Aufzeichnung 18 aus natürlich die Gelegenheit, erneut eine perspektivische Achse durch die bisherigen und implizit auch zukünftigen Aufzeichnungen zu legen. Maltes sinnliche Wahrnehmung zeigt ihm eine andere Welt als die der Leute, eine Welt des Sterbens. In der dritten Aufzeichnung verdichtet sie sich dann zum inneren Sehen, zur Katastrophenvision. Die Problematik des neuen Sehens als Beziehung der äußeren Welt zur inneren wird dann in Aufzeichnung 4 artikuliert, wo es heißt, er lerne sehen und alles gehe tiefer in ihn ein bis zu einem unbekannten Innern. Die Wahrnehmung der äußeren Welt führt also zur Entdeckung einer korrespondierenden innern Welt. Beispiel dieses neuen Sehens ist dann die Wahrnehmung der Gesichter der Leute und der 'Frau ohne Gesicht', in der Äußeres und Inneres sich ungeschieden durchdringen. Dieses mit dem Inneren korrespondierende Sehen dringt tiefer, wie die Entlarvung der Gesichter der Leute und die Wahrnehmung des Krankenhauses zeigt, ja formt, wie in der Begegnung mit der 'Frau ohne Gesicht', die äußere Welt zu einem Bild mit Symbolqualitäten um. Die zunehmende Miteinbeziehung der Stimmung der Subjektivität in die Wahrnehmung kommt zunächst in der synästhetischen Großstadtwahrnehmung der ersten drei Aufzeichnungen zum Ausdruck, wenngleich der äußerlich distanzierten Wahrnehmung der ersten Aufzeichnung deutlich die aus Angst geborene innere Vision der Brandmauer entgegensteht. In Aufzeichnung 5 haben sich Inneres und Äußeres gegenseitig durchdrungen, so daß sich ein Bild mit surrealistischen Qualitäten formt. Ein noch anderes Verhältnis wird in den Aufzeichnungen 6 und 7 entworfen. Grundlegend ist die Stimmung der Furcht, die die Wahrnehmung bestimmt. Aber gerade im Schreiben, im Zeichnen des Bildes von dem, das Furcht erregt oder durch die Furcht als ihr korrespondierend wahrgenommen wird, wird ein Mittel gegen die Furcht entdeckt. In den Aufzeichnungen 11-13 besitzen die Bilder der Wirklichkeit ebenfalls Symbolqualität, sie rufen jedoch eine andere, hoffnungserweckende, fast heitere Stimmung hervor, bzw. eine solche Stimmung spiegelt sich in ihnen.

Einen besonderen Beitrag zur Differenzierung bietet die Aufzeichnung 15, in der eine erinnerte Wahrnehmung thematisiert wird. Die aus dem Grund des Vergessens, aus dem unbekannten Innern heraus zurückentworfenen Bilder besitzen eine tiefgehendere Qualität. Auf diese Weise wird die wahrgenommene Wirklichkeit, wie das Beispiel der Wahrnehmung Mathilde

Brahes durch Malte zeigt, transparent auf eine tieferliegende sinnlich-bildliche Wahrheit hin.

Verbunden und verschränkt ist die Thematik der Wahrnehmung schließlich auch mit der der Armut. Nicht nur bemerkt Malte an der 'Alten' in Aufzeichnung 16 "Triefaugen, die aussahen, als hätte ihr ein Kranker grünen Schleim in die blutigen Lider gespuckt" (16.1/743f), ist die Wahrnehmung also unklar und problematisch geworden, weil sie von Krankheit betroffen ist, sondern das Ekelhafte und Abstoßende dieser Augen wird in Aufzeichnung 18 deutlich zur Angst Maltes, daß diese Augen ihn "behalten" könnten, ihn verschlingen könnten:

> *"Und dann, wenn ich vor den Bildern hin und her gehe, behalten sie mich im Auge, immer im Auge, immer in diesem ungerührten, zusammengeflossenem Auge." (18.2/748; Hervorhebung B.A.K.)*

Die 'Fortgeworfenen' im Louvre, eine Mehrzahl, wird auf dieses eine Auge zusammengezogen und kondensiert, in dessen Trübheit und Zusammengeflossensein sich der Verlust der gegenständlichen äußeren Welt, ihr 'Verschwimmen', wie beim Undeutlichwerden im Tode, und der Tod der äußeren Welt in der Blindheit bereits anzeigt; blind sind die Elendsgestalten des Blumenkohlverkäufers hier in Aufzeichnung 18, blind später der Zeitungsverkäufer in Aufzeichnung 59 und blind schließlich ist auch die 'Frau ohne Gesicht', denn sie besitzt ja kein 'Ge-sicht' mehr auch in dem anderen Sinne des Wortes, daß ihr dieses 'Instrument des Sehens' in den Händen geblieben ist. Wie man eine Brille auf- und absetzen kann, Linsen vertauschen, verschiedene Perspektiven auf die äußere Wirklichkeit richten kann, so auch das 'Gesicht': die 'Sicht' auf die Welt ist 'mani-pulierbar' - das Gesicht in der Hand[40].

Die Abhängigkeit der Wahrnehmung der äußeren Welt von der inneren, die völlige Unterwerfung der äußeren Realität unter die Subjektivität, die totale Subjektivierung der äußeren Welt ist eben die Thematik der beiden Wahrnehmungen in Aufzeichnung 18, die des blinden Blumenkohlverkäufers und die der Mauer. Hier wird die Wahrnehmung nunmehr selbst thematisiert und problematisiert.

Das Partizip "gesehen" , das im ersten Satz der Episode erscheint und, mit Nachdruck dreimal wiederholt, sie abschließt, setzt in seiner rahmenden Funktion Maltes Sehen in ein spannungsreiches Verhältnis zum Gegenstand oder Gehalt dieses Sehens, seinem extremen Gegensatz, der viermal wiederholten

Blindheit der Elendsfigur. Im Spannungsfeld von Sehen und Blindheit erfolgt Maltes Analyse seiner Wahrnehmungsweise. Indem er nämlich durch die Sukzessivität der Beschreibung, die Frage, "habe ich schon gesagt" (18.2/748), deren Selektivität bemerkt, entdeckt er auch die Selektivität seiner Wahrnehmung, daß er nämlich vieles unterschlägt und nur das wiedergibt, was in Bezug auf seine Person wesentlich ist:

> "[...] kommt es nicht darauf an, was die ganze Sache für mich gewesen ist? Ich habe einen alten Mann gesehen, der blind war und schrie. Das habe ich gesehen. Gesehen." (18.2/748; Hervorhhebung B.A.K.)

Malte selbst gibt die Stichworte für die Umkehrung der zweiten Wahrnehmung gegenüber der ersten. Aus dem Bewußtsein, daß ein verallgemeinerndes "man" diese selektive und reduktive Wahrnehmung des blinden Blumenkohlverkäufers für eine Fälschung halten würde, behauptet er nun:

> "Diesmal ist es Wahrheit, nichts weggelassen, natürlich auch nichts hinzugetan." (18.3/749)

Wird nun beim Blumenkohlverkäufer, einem Daseienden, selektierend etwas weggelassen, so wird, unter dem Gesichtspunkt des verallgemeinernden "man", beim Haus, einem Nicht-Daseienden, etwas hinzugetan. Das Haus, das Malte beschreibt - wobei er auch hier von der Sukzession des Schreibens her, "ich weiß nicht, ob ich schon gesagt habe" (18.3 749), die Wahrnehmung als Bewegung bewußt wird - hat nur noch eine Mauer und diese würde das allgemeine 'man' als "die erste Mauer der vorhandenen Häuser" ansehen, und nicht, wie Malte bewußt umkehrt, als "die letzte der früheren" (18.3/749). So wendet sich Malte von den 'real existierenden' Häusern der Gegenwart ab, um an ihrer Kehrseite als der dinglichen Spur die Essenz des vergangenen Lebens als noch gegenwärtiges hervorgehen zu lassen und zu erkennen. Wird der Blumenkohlverkäufer als ganz innen lebend gesehen und erlaubt die Blindheit keinen Bezug von Innen und Außen, was ja durch das Verhalten der ihn begleitenden Frau unterstrichen wird, werden bewußt alle sozialen Beziehungen fortgelassen, daß er nämlich Blumenkohl verkauft, von einer Frau begleitet wird usw., bleibt also nur ein Rest von einer komplexen Realität, so richtet sich hier der Blick ganz nach innen. In den Fragmenten, den Resten, den Spuren von Tapeten, Wandflächen, der Abflußrinne usw. erblickt Malte das frühere Leben. Vom Gegenständlichen, dinglich-materiellen Fragment ausgehend, entwirft er einfühlend das vergangene Leben in sinnlicher Einbildung bis in die Gerüche hinein verdichtet. Wie sehr nun auch die Wahrnehmungen des blinden Blumenkohlverkäufers und der Mauer als Gegensätze gezeichnet sind, sie stimmen darin überein, daß beidemal ein abstoßendes Schreckbild gezeichnet wird. Bei der Elendsfigur das Bild des Absterbens im Leben, denn der Blinde nimmt die Außenwelt nicht mehr wahr, und selbst das, was er von ihr ,noch durch die Stöße der Frau wahrnimmt, wird in Maltes Bild eliminiert: er befindet sich in einer Welt des Dunkels, die völlig von der Außenwelt abgeschnitten ist. Was einzig aus dieser Welt nach draußen dringt, ist der Schrei, das Zeichen des Schreckens und des Leidens.

Im Bild der Mauer erscheint hingegen im Gestorbenen noch das Leben. Dieses Leben ist ein fortwährendes Sterben und ruft den Ekel, das Kennzeichen des vergehenden Organischen und den Vorläufer des Schreckens hervor. Der Schrecken aber ruft seinerseits die Erkenntnis hervor, daß beim Blinden im Leben der Tod, im toten Haus aber noch das Leben erscheint: so erkennt Malte, daß das Leben nicht ohne den Tod in seinem Innern, der Tod aber nicht ohne das Leben ist. Diese schreckliche Erkenntnis erinnert an das in den Aufzeichnungen 8 und 9 gezeichnete Bild vom Tode: die Menschen tragen ihn wie eine Frucht in sich und er bedeutet ihnen, wie beim schrecklichen Tode des Großvaters Brigge, zugleich das Eigenste und Innerste. Wenn Malte erkennt, daß die Mauer in ihm zu Hause ist, so sieht er den Tod, der noch Leben ist, in sich, wie der Blinde, obwohl er äußerlich lebt, innen im verschlossenen Dunkel den Tod trägt[41].

Bewertet Malte sein erstes Bild explizit als Fälschung, so rechtfertigt er sein Sehen aber dadurch, daß wesentlich sei, was es für ihn gewesen sei. Auch das zweite Bild kann als Wahrheit nur gelten, wenn es nicht auf die allgemeine Realität des "man" der "Leute" bezogen wird, sondern auf die innere Wahrheit. Malte erkennt die Mauer und "das alles hier", weil es "zu Hause (ist) in mir" (18.3/751). Damit wird der Begriff der Wahrheit zur inneren Wahrheit und alle Realität wird vollständig subjektiviert, sie wird zum Zeichen für die innere Welt. Die Realität wird in dinglich-materielle Fragmente zerschlagen, verliert alles Eigengewicht und erhält Bedeutung allein aus der inneren Welt. Die Wahrnehmung folgt damit derselben Dynamik wie die Erinnerung in Aufzeichnung 15. Aller räumlichen und zeitlichen Einbindung enthoben, werden die Realitätsfragmente nach dem Innern des Subjekts ausgerichtet, einem Innern freilich, daß diesem Subjekt selbst fremd und feindlich ist und nicht anders als in diesem Abbild erkannt werden kann. Durch die Verinnerlichung wird die Realität vertieft.

Ist die Welt solipsistisch auf das einzelne Subjekt bezogen, erkennt das Subjekt in ihr nur sich selbst wieder, so verliert es notwendigerweise alle 'objektive', d.h. unabhängig von ihm und außerhalb von ihm liegenden Anhaltspunkte für seine Orientierung, bzw., in den Termini des 'Malte', es verliert alle von der gesellschaftlichen Übereinkunft festgelegte Orientierung, die konventionelle Notion der Welt: und damit die Welt. Es wird daher von einem Schwindel erfaßt, weiß es doch nicht mehr, ob es in der Welt sich bewegt oder die Welt sich um es. So schlägt auf dem extremen Pol der Subjektivität, wo die fragmentierte Welt nur noch in Bezug auf das Subjekt als Weltmittelpunkt existiert (sie daher universal für das Subjekt verfügbar sein und Allmachtsgefühle hervorrufen müßte) die Zentralität des Subjekts um in den völligen Verlust der Welt und seiner selbst, seinen Tod . Eben dieser Prozeß findet sich in Maltes Flucht von der Mauer fort bebildert.

Hier geht es zunächst um das Bild des Solipsismus, seine gehaltliche Gründung am Bild des Sterbenden ist daher durch ein "Ihn", das in einer Cremerie auf Malte gewartet habe, zu viel für ihn gewesen sei und endgültig auf den Weg der Flucht getrieben habe, nur angedeutet und auf der äußeren, chronologischen Realitätsebene lokalisiert, aus dieser ersten Beschreibungsphase aber herausgenommen. Malte läuft fort von der Mauer zunächst und aus der Cremerie alsdann. Seine Bewegung, und damit wird ein seit dem ersten Satz der Aufzeichnung präsentes Motiv wiederaufgenommen, ist der der Leute diametral entgegengesetzt: ihr Verhalten ist Fasching, Komödie, Maskerade, falsche Oberfläche, gegen die Malte implizit Wahrheit prätendieren darf, denn er hat einen Blick in die Tiefe getan. Ihr Verhalten erregt Ekel, da ihnen Lachen wie Eiter aus den Mündern quillt und ihre Gemeinschaft sich Malte als 'Aneinanderreiben' und 'Sich-stehend-Paaren' darstellt. Diese Gemeinschaft schließt Malte aus, sie schließt sich gar gegen seine Bewegung ab, sucht ihn zu hindern. So ist auch in dieser Bewegung noch die soziale Ausgliederung als Ursache von Maltes Ende angedeutet.

Unter dem Gesichtspunkt des dieserart noch einmal sozial begründeten Solipsismus aber kehrt sich die Bewegung um: Malte steht fest und die Leute und Häuser bewegen sich; daher verliert er die Orientierung, wird von Schwindel erfaßt und verliert schließlich das Bewußtsein. Damit ist Malte selbst an jenen Punkt gelangt, den er in Aufzeichnung 14 als den Mittelpunkt der Geschichte und der Welt verortet hatte. Geschichte sei nicht die der Massen, sondern die des Einzelnen, um den sie herumstünden und der fremd sei und sterbe. Insofern dieses Motiv in der ersten und der 21 Aufzeichnung erscheint, darf dieser Komplex auch als der entscheidende, extreme Tiefpunkt der ersten 21 Aufzeichnungen begriffen werden. Mit dem Subjekt stirbt solipsistisch auch die

Welt der Konvention und Sicherheiten - eine Voraussetzung für den Entwurf der Möglichkeitswelten.

Aber selbst die Beschreibung der psychischen wie körperlichen Erfahrung des Zusammenbruchs wiederholt die Aporien des Solipsismus. Ist alles Äußere Ausdruck und Spiegelung nur des Innern, so ist die Wirklichkeit der Außenwelt aufgehoben, da sie nur noch in Bezug auf die Innenwelt, als ihr Ausdruck eben, Existenz besitzt. Erkennt das Subjekt aber in der Außenwelt nur sich selbst wieder, muß es jegliche 'objektive' Orientierungsgrundlage verlieren: es weiß nicht mehr, ob es sich in der Welt bewegt, oder ob nicht vielmehr sich die Welt um es als den ruhenden Weltmittelpunkt dreht; die Folge ist Schwindel, Orientierungs- und Selbstverlust. Entspricht nun die äußere Welt der inneren, muß sich das Innere nach dem Maß der äußern Welt ausdehnen; hier spürt Malte einen "betäubende(n) Schmerz in mir, als ob in meinem Blute etwas zu Großes mittriebe, das die Adern ausdehnte, wohin es kam" (18.4 /752). Die Somatisierung des Solipsismus manifestiert sich schließlich auch noch in der Atemnot, dem Fehlen neuer, frischer, von außen kommender Luft, denn die Luft um ihn ist die eigene:

"Und dabei fühlte ich, daß die Luft längst zu Ende war und ich nur mehr Ausgeatmetes einzog, das meine Lungen stehen ließen." (18.4/752)

Diese Motive des Großen und der verbrauchten Luft kehren auch bei den folgenden Zusammenbrüchen wieder.

Die Wiederaufnahme des Bewußtseins in der Schreibgegenwart sucht die Bedeutung des Zusammenbruchs zu leugnen wie schon zu Beginn der Aufzeichnung. Parallel dazu wird dann auch das Thema der Armut wieder angeschlagen, gar am Motiv des Ofens direkt wiederangeknüpft, da Malte ein wenig kalt ist, weil er sich besseres Brennmaterial nicht leisten kann und bei dem billigen fürchtet, erneut durch den Qualm auf die Straße getrieben zu werden. Damit wird aber nicht nur auf den Kontext der Armut angespielt, sondern zugleich eine realistisch-rationale Antwort für Maltes Aufenthalt an den Orten der Armen nachgeliefert, die sich virtuell gar auf die Visionen des blinden Blumenkohlverkäufers und der Mauer und schließlich auf den Sterbenden in der Cremerie und den Zusammenbruch beziehen könnten, heißt es doch, daß der Dunst dieses Brennmaterials "das Atmen so bang macht und den Kopf so wirr" (18.5/753), der Qualm also eine Halluzinationen hervorrufende Intoxikationswirkung besessen haben könnte. Der Umstand also, daß es sich bei den vorangegangenen Ereignissen um die Folgen einer Malte als solcher nicht bewußt gewordenen Intoxikation gehandelt haben könnte, stellt daher in 'realistischer Wirklichkeitsperspektive' ein ironisches Element dar.

Befindet Malte sich nun auch nicht an den Orten der Fortgeworfenen, so vollzieht er doch auch hier parallel dazu eine assimilierende Bewegung. Ausdruck der Armut sind nämlich auch die aufgebrauchten Möbel seines Zimmers, die ihm die große Anzahl anonymer Mieter vor ihm vergegenwärtigen. Wenn er seinen Kopf nun ohne schützendes Taschentuch in die "schmierige Mulde" seines Lehnstuhls legt und findet, daß sie für ihn nach Maß gemacht sei (18.5/753), so hat er nun ein Stück Widerstand und Widerwillen aufgegeben und fügt sich ein Stück weiter in den schmierig-grauen Zusammenhang der Anonymität dieser Mieter, in diese Welt der Armen ein.

Der Armut schreibt Malte schließlich auch die Begegnung mit dem Sterbenden zu, denn hätte er in einem besseren Restaurant, einem Duval essen können, so hätte er ihn nicht getroffen.

Das Thema der Armut geht auch hier parallel zum ersten Teil der Aufzeichnung wieder in ein Bild des Schreckens über. Malte führt die in der Erzählung der vorangehenden Erlebnisse nur flüchtig berührte Beobachtung eines Sterbenden in einer Cremerie, die ihn nach dem Blumenkohlverkäufer und der Mauer endgültig in Flucht und Selbstverlust treibt, nun weiter aus. Zwar sucht er, "ruhig über das nachzudenken, was ihm begegnet ist" (18.5./754), doch gelingt es ihm keineswegs, Distanz zu diesem Erlebnis zu erlangen, so daß dem physischen Zusammenbruch im ersten Teil die apokalyptische Vision eines Schreibens entspricht, in dem er alles Selbst verloren hat: Voranzeichen solchen Schreibens sind die beiden folgenden Zitate reiner Klage.

Maltes Fähigkeit zur Erkenntnis durch Einfühlung beruht darauf, daß das außen Erkannte seinem Innern entspricht. Wenn Malte das Sterben des Mannes in der Cremerie von innen her einfühlend miterlebt, so muß er sich eingestehen:

> "[...] und doch habe ich jenen Mann nur begreifen können, weil auch in mir etwas vor sich geht, das anfängt, mich von allem zu entfernen und abzutrennen." (18.6/755)

Sich der Welt zu entfremden, sich von allem zu entfernen und abzutrennen aber bedeutet den Tod.

Zeichnet der erste Teil der Aufzeichnung, Maltes Sehen und Flucht, der Solipsismus des isolierten Individuums als Zentrum der Welt und seine Umkehrung in den Verlust von Welt und Ich die Form der Erkenntnisbewegung, so enthüllt sich in Maltes extensiver Beschreibung des dritten Erlebnisses ihr tieferer Gehalt: der Tod. Die drei Bilder, die Maltes Flucht auslösen, beleuchten, ergänzen und vertiefen sich gegenseitig.

Malte beschreibt das Sterben als Fremdwerden, Sich-Entfernen und Abtrennen von der gegenständlichen Wirklichkeit, die sich verdunkelt. Der Blinde, dem Maltes Wahrnehmung auch noch die letzten Außenbeziehungen abtrennt, die ihm zum Schreien im richtigen Moment auffordernden Stöße der Frau und den Sinn der Worte, wird nun lesbar als das Bild des Lebens, das eine dunkle, völlig von der Außenwelt abgeschlossene Innenwelt in sich trägt, den Tod, der das Bild vom Tod als Frucht im Leben eines jeden Menschen erinnert (vgl. Aufz. 8.1 u. 9.1/715 u. 720f). Die Mauer hingegen stellt den Überrest von etwas, 'realistisch' gesehen, Nicht-mehr-Daseiendem, von etwas Totem dar. Dieses Tote aber erweist sich Maltes Wahrnehmung als Leben, so daß das Leben den Tod in sich birgt, der Tod aber Leben. Der Tod des Mannes in der Cremerie stellt sich für Malte daher als Entfernung und Abtrennung von der Welt und zugleich als ein Ende nicht nur, sondern als die Möglichkeit völliger Veränderung dar, eines völlig anderen, unserer Erkenntnis völlig entzogenen Systems der Bezogenheit und Orientierung in kosmischem Maßstab:

> "[...] vielleicht ging ein großes Geschwür auf in seinem Hirn wie eine Sonne, die ihm die Welt verwandelte." (18.5/754)

Krankheit geht in Tod über, Tod aber bedeutet eine totale Veränderung, ein 'Hingang' zu etwas, dessen Unbekanntheit und Neuheit sich lediglich in der "Namenlosigkeit" von Maltes Furcht spiegelt. Eben aber weil die Veränderung durch den Tod hindurch führt, bewahrt sie alle Charakteristika der Todesfurcht und darf nicht als Erleichterung gelten:

> "Wenn meine Furcht nicht so groß wäre, so würde ich mich damit trösten, daß es nicht unmöglich ist, alles anders zu sehen und doch zu leben. Aber ich fürchte mich namenlos vor dieser Veränderung." (18.6/755)

Eine solche Konzeption nähert sich dem Nihilismus an, insofern sie das Subjekt und mit ihm die Welt untergehen läßt, ohne daß es einen Trost gäbe. Indem das Ende nun zwar als totales gedacht werden soll, insofern es keinen Raum für Hoffnung vorsieht, zugleich aber nicht als ein Nichts gilt, sondern als ein Etwas, das völlig unbekannt und anders ist, hebt diese Konzeption sich vom Nihilismus ab und läßt aus dem extremen Pol der Subjektivität, auf dem das Subjekt zum Zentrum der Welt wird und daher seine Vernichtung erfährt, eine in der Tendenz religiöse Dimension hervorgehen. Es wundert daher nicht, daß Malte unter dem Eindruck der Begegnung mit dem Tod das Zentrum seiner Identität, das in seiner Tätigkeit liegt, sein Schreiben nämlich, in eine apokalyptische Perspektive faßt.

Die Apokalypse des Schreibens

Besaß das Schreiben Maltes in den Aufzeichnung 6 - 10 eine offensichtlich therapeutische Funktion gegenüber der Furcht, so deutete sich im Abschlußsatz der 14. Aufzeichnung , daß Malte mit einem Schreiben anfangen müsse, das das Ende sei, ein scheinbarer Gegensatz dazu an. Ein Teil der inneren Logik der 14. Aufzeichnung wird in der 18. entfaltet, wo aus dem extremen Pol der Subjektivität, dem solipsistisch zum Mittelpunkt der Massen, der Geschichte und der Welt überhaupt erklärten Subjekt, das vernichtet wird, die Konsequenz für das Schreiben gezogen wird.

Wenn auch die Institution des Gottesreiches folgen soll, Kennzeichen der Apokaylpse ist es, daß der Blick sich voll Furcht auf die Schrecken der Endzeit richtet, die heilsgeschichtliche Erwartung von der endzeitlichen überschattet wird; die Schrecken der Endzeit müssen erst ganz durchschritten werden, bevor die Seligkeit erlangt werden kann. Eben diese Gewichtung kennzeichnet auch die Wahrsagung Maltes, die den Kern seiner Identität, sein Schreiben betrifft.

Der Bibel entlehnt ist auch der Stil, in dem Malte das Ende der Welt als Zerstörung des Subjekts und seiner Sprachwelt artikuliert. Wird in der Bibel die Zerstörung der Einrichtung des Menschen in der Welt durch seine Bauwerke vorausgesagt, daß nämlich kein Stein auf dem andern bleiben werde[42], so bei Malte die Zerstörung der menschlichen Einrichtung in der Welt durch Worte, durch Sinn, Sicherheit und Identität gebende Interpretation, kurz die menschliche Weltkonstitution durch die durch Konvention gefügte Sprache:

> *"Die Zeit der anderen Auslegung wird anbrechen, und es wird kein Wort auf dem anderen bleiben, und jeder Sinn wird wie Wolken sich auflösen und wie Wasser niedergehen." (18.7/756)*

Den Anfang aber hat dieser Weltuntergang, entsprechend auch dem zuvor entwickelten Solipsismus, im Untergang des Subjekts. Ins Bild seiner Zerstückung gefaßt, dessen Teile seiner Macht und Herrschaft entzogen sind, ist die Vernichtung des Subjekts, die ja in den gesamten Aufzeichnungen mehr oder weniger präsent ist, nun auf das Schreiben ausgerichtet:

> *"Aber es wird ein Tag kommen, da meine Hand weit von mir sein wird, und wenn ich sie schreiben heißen werde, wird sie Worte schreiben, die ich nicht meine." (18.7/856)*

Das der Macht über seine Hand verlustig gegangene Subjekt kann nicht mehr 'hand-eln', ist demnach kein Subjekt mehr, sondern ein Instrument nur, das die Offenbarung empfängt und aufzeichnet; schon in Aufzeichnung 14 hieß es analog dazu, daß die Erinnerungen im Dichter aufsteigen, im Übergang in sein unbewußtes Wesen namenlos werden müssen und von seiner bewußten subjekthaften Individualität geschieden sind. Malte kniet daher beim Schreiben wie Johannes auf Patmos[43], empfindet ein solches Schreiben daher als "geschrieben werden" (18.7/756) und begreift sich selbst als Instrument, das wie Johannes die Vision der Apokalypse, seine Wahrnehmungen wiedergibt, empfindet sich als "Eindruck, der sich verwandeln wird" (18.7/756), in dessen metaphysische Leiblichkeit, seine Blut und Gebärde gewordenen Erfahrungen, sein Innerstes das Wort eingeschrieben ist, das ihm verkündet wird.

So ist die Erwartung eines Heiles nach dem Weltende zwar gegenwärtig, doch nur als abstrakte Konsequenz, bzw. Umwandlung ins amorphe Positive von einer hingegen in ihrem Zerfall äußerst konkret geformten Negativität. Diese Umwandlung hat daher in einem so gegenstandslosen Begriff wie dem "Großen" statt. Maltes Gefühl, vor etwas "Großem" zu stehen, verschiebt tendenziell die Bedeutung von der negativen Größe des Weltuntergangs auf eine unfaßbare Positivität, bzw. bezeichnet eine nur durch das Maß der Negativität erfaßbare Größe, wie er später in Aufzeichnung 47 ausführen wird. Auch darin, daß Malte diese Umwandlung nicht vollziehen kann, wird die Gewichtung der biblischen Apokalypse bestätigt:

> *"Oh, es fehlt nur ein kleines, und ich könnte das alles begreifen und gutheißen. Nur ein Schritt, und mein tiefes Elend würde Seligkeit sein." (18.7/756)*

Eben aber weil er als Subjekt, als Handelnder, zerbrochen ist, kann er selbst, ganz in der Logik der apokalyptischen Umstände, diesen Schritt nicht tun und ist auf Hilfe von außen angewiesen, auf Gnade:

> *"Aber ich kann diesen Schritt nicht tun, ich bin gefallen und kann mich nicht aufheben, weil ich zerbrochen bin. Ich habe ja immer noch geglaubt, es könnte eine Hülfe kommen." (18.7/756)*

Gnadenreich aber und hilfespendend möchte für Malte die Schrift sein, zu deren therapeutischer Funktion er hier zurückkehrt. Literatur erlebt in diesem Kontext - hier noch allein von Maltes Erwartungen her - ihre Investitur in religiöse Funktion. Als "beten" nämlich bezeichnet Malte das Schreiben der beiden Klagen, die diese Aufzeichnung beschließen. Der demütig-selbsthingebende äußeren Haltung in Beten und Knien entspricht die innere dieses Schreibens, die sich insofern schon dem neuen Schreiben annähert, als das, was als Eigenes der schreibenden Hand entfließt, nicht seinen Gedanken noch seinem Formwillen entstammt, sondern der literarischen Tradition. Malte fühlt sich ganz in dieses Vor-Gegebene ein und wird zum Instrument einer Klage, hinter der seine Person verschwindet, da sie von der Moderne Baudelaires universalisierend bis zu den Vorzeiten des Alten Testaments, bis zu Hiob reicht.

Zugleich aber werden in den Klagen zwei unterschiedliche Standpunkte eingenommen. Baudelaire bittet Gott noch um die Gnade einiger schöner Verse, die ihm beweisen sollen, daß er nicht der letzte unter den Menschen sei, gar tiefer noch als die, die er verachte; hier kommt der Schrift noch jene unterscheidende Funktion von den Letzten und 'Fortgeworfenen' zu, die Malte in der Nationalbibliothek als Zufluchtsort vor den 'Fortgeworfenen' sucht. Hier ist Literatur noch Abwehrbewegung gegen den Verfall, während in der Klage Hiobs davon nichts mehr zu spüren ist. Sie ist Ausdruck der "elenden Zeit" dessen, der noch unter "die Geringsten im Lande" gefallen ist:

"Meine Harfe ist eine Klage worden, und meine Pfeife ein Weinen."
(18.9/757)

Ausdruck des Elends allein, ist das Zitat Hiobs jedoch implizit ebenso eine Vorausdeutung wie die eschatologische Erwartung der Apokalypse. Wie die Bibel lehrt, wendet sich nämlich Hiobs Schicksal, als er sich nicht mehr dagegen wehrt und sein Elend bejahend als von Gottes Ratschluß in seiner Unfaßbarkeit gewollt annimmt.

Die Zersetzung des Subjekts

Die Aufzeichnungen 19 und 20

Immer umfassender vom Prozeß des Verfalls ergriffen, gelangt Maltes Weg, nachdem er in der vorangehenden Aufzeichnung den Grund des sozialen Abstiegs und der geistigen Subjektzersetzung im Wirklichkeitsverhältnis

berührt hat, nun vollends in die vom Schwindelgefühl und Bewußtseinsverlust
schon angezeigte Dimension des körperlichen Zerfalls. Die Konzeption des Elends
weitet sich damit über die soziale Dimension hinaus in Form von ·Krankheit, d.h.
Bewegung des Sterbens, auf die der Körperlichkeit aus, in deren Folge sich ein
völliger Wirklichkeitsverlust ergibt. Die ersten fünf Seiten der 19. Aufzeichnung
zeigen, absatzlos gleitend, den nunmehr abwehrlosen Niedergang Maltes unter die
Fortgeworfenen und Kranken, bis er sich an dem ihm vorbestimmten Platz
angekommen glaubt. Die Anpassung und Selbstaufgabe Maltes scheint dermaßen
umfassend zu sein, daß anscheinend selbst Schreien, Weinen und der Anblick
eines Halbtoten ihn nicht bewegen. Doch ist zwischen der willenlosen Haltung
Maltes und dem Gehalt seiner Wahrnehmungen eine äußerst hohe Spannung
angewachsen, die beim Versuch des Halbtoten, noch etwas zu äußern, explodiert
und bei Malte aus dem tiefsten Unterbewußtsein eine seit Kindertagen verdrängte
Urangst herauftreibt, die er "das Große" nennt. Dieses Große nimmt auch
somatisch von ihm Besitz, zweiteilt und zerstört ihn als Subjekt und jagt ihn
völlig aufgelöst aus dem Krankenhaus hinaus orientierungs- und willenlos durch
die Stadt, als bis er sich in der folgenden Aufzeichnung mit fiebrigen
Wahnsinnsängsten, die die 'Realität' völlig verstellen, im Bett findet.

Auch für diese Episode ließe sich eine 'realistische
Wirklichkeitsperspektive' in ironischer Funktion rekonstruieren. Maltes
Verfolgungswahn wird gleich zu Anfang als Einbildung dementiert, da er, im
Krankenhaus nun mitten unter die Fortgeworfenen versetzt, feststellt: "die Leute
saßen still und achteten nicht auf mich". (19.1/759) Wie schon bei der
Beschreibung des Todes von Großvater Brigge die Krankheit gegen das Ende
versteckt als Wassersucht angegeben war (vgl. 8.12/720), so findet sich hier
ebenfalls gegen Ende versteckt der Hinweis, daß es sich bei der Halluzination
des "Großen" wie auch aller vorangehenden Eindrücke um einen durch Fieber
hervorgerufenen psychosomatischen Zustand handeln könnte, der dann in der 20.
Aufzeichnung in fieberhaften Wahnsinnseinbildungen kulminiert. Zwar behauptet
Malte, er habe im Gegensatz zur Erscheinung des Großen in seiner Kindheit kein
Fieber (19.5/764f), doch wird zu Beginn der 21. Aufzeichnung dann doch Fieber
eingestanden (vgl.22.1/768) - ein Zeichen auch für die bewußte Aufrechterhaltung
der ironischen Spannung zwischen der 'realistischen Wirklichkeitsperspektive'
und der Wirklichkeit der Einbildung auf dem extremen Pol der Subjektivität.

Gegeben werden diese Hinweise natürlich auch im Zusammenhang
des generellen ästhetischen Ansatzes, alle Einbildung und Metaphysik im Rahmen
der subjektiven Totalität an dinglich faßbare Wirklichkeit zu binden: wenngleich

versteckt, verspätet und als Nebensächlichkeit, um der Eigenheitslogik Maltes Raum zu geben.

Was Malte gleich in der ersten Aufzeichnung wahrnahm und in der 6. und 7. Aufzeichnung von außen beschrieb, das Krankenhaus als Ort der entfremdeten modernen Krankheit und des Todes, das erlebt er nun selbst von innen. Er ist sozusagen ins Innere der Moderne hinabgeglitten und muß sich innen mit ihr konfrontieren. Die Ignoranz dieser technischen Moderne wird gleich mit dem Eingangssatz denunziert:

> *"Der Arzt hat mich nicht verstanden. Nichts." (19.1/758)*

Kulturkritisch ist diese Krankenhausepisode nicht nur, weil sie das Sanitätswesen als anonyme, bedrückende und arrogante Maschinerie beschreibt, der der Einzelne in seiner Eigenheit - im Verhalten des Arztes demonstrativ - völlig gleichgültig ist. Den Anspruch der Kulturkritik schöpft Malte vor allem, wie schon bei der Darstellung des Todes seines Großvaters, aus der allen modernen Entfremdungsmechanismen in Krankheit und Tod entgegensetzten Eigenheit; dieser ist die Krankheit ein Mittel:

> *"Diese Krankheit hat keine bestimmten Eigenheiten sie nimmt die Eigenheiten dessen an, den sie ergreift." (20.1/766)*

Wie der Text absatzlos über fünf Seiten gleitet, so auch Maltes mittlerweile wehrloser Niedergang. War schon in Aufzeichnung 18 durch die Einpassung des Kopfes in die schmutzige Lehne ein erstes Zeichen der Anpassung gegeben und weiterer Widerstand durch die Konsequenz der apokalyptischen Vision und der reinen Klage gebrochen, so hat Malte nun in Aufzeichnung 19 nicht nur seine Abwehreinstellung, daß nichts geschehen sei, aufgegeben, denn indem er sich an einen Arzt gewandt hat, hat er ja eine Krankheit für sich eingestanden, sondern auch seine Flucht vor den Fortgeworfenen. Die Wirkungen des Verfolgungswahns sind freilich noch nachzuspüren, wenn Malte bei seinem Eintreten ins Krankenhaus, ohne daß er der Dämmerung im Raum wegen schon klar wahrnehmen könnte, die 'Fortgeworfenen' erkennt, deren doppeldeutiges Warten, so darf interpretiert werden, er auf sich selbst bezieht. Doch da Malte sich selbst hierher, also unter sie begeben hat und seine Zugehörigkeit zu den 'Fortgeworfenen' akzeptiert, löst sich, entsprechend der solipsistischen Figur, daß sie das sind, was sie im Augenblick für Malte sind, der an den sozialen Abstieg gebundene Verfolgungswahn auf:

> *"Nun, da es einmal Tatsache war, fand ich es gar nicht so arg. Die Leute saßen still und achteten nicht auf mich." (19.1/759)*

Im Begriff der Tatsache verwischen sich innere und äußere Realität zur Ununterscheidbarkeit, Ursache und Wirkung, ob Malte an sich eine äußere Realität erfährt, die seinen Widerstandswillen zerstört, oder ob Malte seinen Widerstand aufgegeben hat, so daß eine innere Realität in die äußeren Umstände gespiegelt auf ihn eindringt, läßt sich nicht mehr deutlich unterscheiden. Benennbar sind allerdings deutlich die Faktoren, die bei aller äußeren willenlosen Fügsamkeit Maltes in seinem Innern das Gefühl anwachsen läßt, "daß dieser Zustand unbedingt auf etwas Fürchterliches vorbereiten müsse" (19.1/762).

Die Zersetzung des Subjekts beginnt gleich zu Anfang, wo die Maschinerie des Sanitätswesens das viermal behauptete 'Ich' in sich hineinzieht und es durch die Aufprägung seines anonymen Mechanismus auszulöschen beginnt:

> *"Ich bekam einen Zettel: ich sollte um ein Uhr in der Salpetrière sein. Ich war dort. Ich mußte [...]" (19.1/758; Hervorhebung B.A.K.)*

Das Motiv des bedrängend erdrückenden Mechanismus wiederholt sich dann im Eindruck des Gebäudekomplexes als eines Gefängnisses. Im Auf- und Abgehen gleich einem im Käfig eingesperrten Tiere modifiziert und entwickelt sich das Motiv ebenso weiter wie in der herablassenden Unachtsamkeit des Arztes und der rein professionellen Neugier seiner Mitarbeiter und verdichtet sich schließlich in der Szene, in der ihm durch die Wärterinnen ähnlichen Conciergen gefängnisgleich das Öffnen der Tür und des Fensters, ja sogar das spannungslösende Auf- und Abgehen verboten und ihm ein Platz zugewiesen wird: das Subjekt ist unter dieser Bedrängnis auch der letzten minimalen Eigenbewegung beraubt und vollkommen stillgesetzt. Ein weiteres bedrückendes Element dieser Maschinerie, dem Malte sich völlig unterwerfen muß, ist die Zeit. Nicht nur, daß Malte sich nach der ihm bestimmten - und also nicht vereinbarten - Uhrzeit richten muß, gerade die Verspätung des Arztes, seine Mißachtung der Zeit und die bedrängende Ungewißheit, die durch Maltes ständiges Auf-die-Uhr-Schauen und die Unberechenbarkeit des aufrufenden Wärters veranschaulicht wird, lassen das Unfaßbare und Unbegreifbare, das Unbeherrschbare, Entfremdende und Zerstörende dieser Maschinerie deutlich hervortreten[44]. Zur Erfahrung der äußeren Stillsetzung des 'Ich', der Aufhebung der freien Durchlässigkeit von Innen und Außen, tritt die ebenfalls auf der Ebene des Somatischen sich artikulierende Innere durch die schlechte Luft, das Gefühl des zunehmenden Erstickens, d.h. auch hier der Aufhebung des Austausches von Innen und Außen. Schlechte Luft und Schwindelgefühl kündigten zudem ja bereits in der vorausgehenden Aufzeichnung den Zusammenbruch des Subjekts auf der physiologischen Ebene an.

Engstens verflochten mit dem Motivkreis der bedrängend erstickenden Maschinerie wird nun der der Armut und der 'Fortgeworfenen'. Besaßen die 'Fortgeworfenen' ihrerseits bereits Anzeichen von Zerfall und Krankheit, so kommt der Örtlichkeit des Krankenhauses seinerseits nicht nur in der Verschwommenheit des Dämmerlichts, in den dunklen Farben und dem matten Grün der Fenster, das an das grünliche Kind der 1. Aufzeichnung, den grünlichen Schleim der 'Fortgeworfenen' in der 16. und das schimmeliche Grün der Mauer in der 18. erinnert, Affinität zu den 'Fortgeworfenen' zu, darüberhinaus erweisen sich die 'Fortgeworfenen' vor allem als das Innere, der Gehalt dieses Ortes. Malte sieht sich von ihnen erwartet, flüchtet nun aber nicht mehr, sondern hat sich dem Anschein nach wie schon in der vorangehenden Aufzeichnung mit der schmutzigen Kopflehne des Sessels nun auch mit dem Zugehörigsein zu den 'Fortgeworfenen' abgefunden. Einmal diese Lage akzeptiert, scheint die Angstneurose zu schwinden, findet Malte es doch nun gar nicht mehr so arg dazuzugehören und stellt zudem fest, daß die Leute gar nicht auf ihn achten. Ist die Angst vor Verfolgung geschwunden, so bildet sich aber unterschwellig gleich eine andere aus: indem die 'Fortgeworfenen' mit ihren Krankheitserscheinungen abstoßend wirken, wird der Begriff des Elends vom Sozialen aufs Pathologische ausgeweitet und auf dieser Ebene wiederholt sich dann am Ende auch die Fluchtbewegung. Die Bilder der Kranken steigern sich allmählich, bis sie in der bildlichen Darstellung der Zerstückung auf die Essenz des Fortgeworfenseins verweisen: die Vernichtung des Subjekts, seine Zerstückung in Fragmente:

> "Und viele Verbände gab es. Verbände die den ganzen Kopf Schichte um Schichte umzogen, bis nur noch ein einziges Auge da war, das niemandem mehr gehörte. Verbände, die verbargen, und Verbände die zeigten, was darunter war. Verbände, die man geöffnet hatte und in denen nun, wie in einem schmutzigen Bette, eine Hand lag, die keine mehr war; und ein eingebundenes Bein, das aus der Reihe herausstand, groß wie ein ganzer Mensch."
> (19.1/759f)[45]

Die Verschlingung all dieser Motivmomente führt zu einer abstoßenden Spannung, die in krassem Gegensatz zu Maltes Resignation steht. Den Höhepunkt erreicht dieser Kontrast zunächst, als Malte seinen Platz zwischen dem Mädchen mit dem faulenden Mundfleisch und dem Halbtoten als schicksalsgegeben akzeptiert. Maltes Anpassung, seine Selbstaufgabe geht soweit, daß selbst Schreien und Weinen oder der Anblick des Halbtoten ihn nicht scheint bewegen zu können, er sich vielmehr in diese Maschinerie hineinbegeben hat, die, das Motiv der fabrikmäßigen Entfremdung aus Aufzeichnung 7 wiederaufnehmend (vgl. 7.1/713f), fabrikmäßig schnurrenden Maschinen bezeichnenderweise als beruhigend empfindet und schließlich gar, vor zunehmender Indifferenz als Weltverschwommenheit bei der Anpassung nicht einmal mehr unterscheidend, wem welche Aufforderungen gelten, auf die nicht ihm geltende Aufforderung zu lachen hin loslacht.

Zusammen mit der schlechten Luft und dem Schwindelgefühl bildet das Lachen ein in den Aufzeichnungen 18, 19 und 21 den Zusammenbruch einleitendes Motiv. Untergründig wird die oberflächliche Ruhe der resignierenden Anpassung, der ja erklärtermaßen das Gefühl zugrundeliegt, "daß dieser Zustand unbedingt auf etwas fürchterliches vorbereiten müsse" (19.1/762), auch durch die ein unerwartetes Ereignis ankündigende jeweilige Absatzeinleitung durch das Wort "plötzlich" untergraben.

Ein Umschlag vollzieht sich, als der Halbtote "warm und schwammig lallte" (19.5/764). Ist das Mädchen zu Maltes einer Seite das Bild des äußerlich lebenden Fleisches, das von innen her, im Mund, zu faulen, d.h. zu sterben, beginnt, so besitzt diese andere Figur, aus einer bestimmten Perspektive gesehen, umgekehrt äußerlich das Ansehen einer Leiche , innen aber äußert sich das Leben. Nicht so sehr also das Lebende, das stirbt, ruft bei Malte Schrecken hervor, sondern das Sterbende oder Gestorbene, das lebt: das Gespenst in der Jugend, die Mauer, in der er das Leben noch erblickt, der sterbende Mann in der Cremerie, in dessen Kopf ein neues Sonnensystem aufgehen möchte und hier nun dieser äußerlich Tote, aus dessen Innern durch die Stimme noch Leben quillt.

Den Prozeß des darauffolgenden eigenen Zerfalls erfährt Malte dementsprechend als das Wachsen von etwas in seinem Innern, das er "das Große" nennt. So heißt es schon bei seinem Zusammenbruch in der vorangehenden Aufzeichnung, er habe das Gefühl, daß etwas zu Großes in seinem Blut mittreibe (18.4/752), und das apokalyptische Schreiben bezieht er u.a. auf das Gefühl, vor etwas Großem zu stehen (18.7/756). Nicht das Nicht-Sein ist entsetzlich, sondern das überwältigende und unfaßbare Andere, zu dem das Eigene wird. Dieses Große somatisiert sich bei Malte, wird zum Körpergefühl eines Geschwulstes. Der Körper selbst zerfällt wie zuvor der der Kranken, die Malte beobachtete, war dieses Große, das jetzt ein zweiter Kopf erscheint, doch zuvor seine Hand oder sein Arm. Malte hat also ein Geschwulst wie zuvor der Sterbende in der Cremerie in seinem Kopf. Alles Elend, das er zuvor an Anderen sah, erfährt er jetzt an sich. Wenn dieses Geschwulst wie ein zweiter Kopf ihm erscheint, so wird damit nicht nur auf eben den Sterbenden, der einen "anderen Kopf" erfährt, angespielt, sondern auch auf die Spaltung der Identität, ist sein Kopf doch verdoppelt, nur daß dieses andere Leitungsorgan etwas ihm völlig Fremdes ist: das Gefühl von Identität und Nichtidentität zu gleicher Zeit: es gehört zum Körper und ist doch etwas Fremdes. Das Wachsen des Großen, das ihm - ein im wahrsten Sinne allegorisches Zeichen des Todes - dadurch das Augenlicht zu nehmen droht, nimmt das Motiv des Wachsens und Größerwerdens beim Tod des Großvaters Brigge wieder auf. Der wachsende, sich ausbreitende Rand dieses Großen ist der Rand des Todes: vor seinem Leben als völligem Anderssein, als völligem Entzug der Subjektivität, als ihr Tod, flüchtet Malte.

Der Tod des Subjekts besteht nun wiederum im Verlust der Orientierung; wußte Malte aber beim ersten Mal nicht, ob er sich bewegte oder die Welt um ihn, während er auf der Stelle blieb, so daß ihn der Schwindel erfaßte, so wird er jetzt von einem Orientierungsverlust erfaßt. Gleich dem Sterbenden in der Cremerie erkennt er seine Umgebung, die Stadt nicht mehr; sie fängt an sinnlos zu werden, er versteht ihre Bedeutungen nicht mehr, sie wird ihm vollkommen fremd, während sein Körper ihm ebenfalls völlig entfremdet ist. Von einer unbekannten und unbeherrschbaren Kraft angetrieben, muß Malte unaufhörlich gehen und kann nicht damit aufhören: sein Körper ist seinem Willen entzogen, das Subjekt zerstört.

Nicht von ungefähr wird Entsetzen und seine gegenständliche Benennung als "das Große" auf die Kinderzeit zurückgeführt. Wie die Aufzeichnung 20 illustriert, ist damit ein Weltverhältnis angezeigt, das noch nicht durch Konvention geordnet und gesichert ist: eine unvorhersehbare, bedrohliche und phantastische Fieberwelt, die von der Angst diktiert wird. Dieses Weltverhältnis wird durch das Motiv des Bezugs auf den Ort der Schreibgegenwart, "fünf Treppen hoch" (20.2/766), zur Möglichkeitswelt und zum apokalyptischen Schreiben in Aufzeichnung 14 (vgl. 14.4 u. 14.5/726 u. 728) zurückgebunden. Die Ängste beginnen mit der Unvorhersehbarkeit und Bedrohlichkeit der Qualitäten, Proportionen und Dimensionen zufälliger, zusammenhangsloser Dinge in Bezug auf das Ich in seiner Körperlichkeit; sie offenbaren, wie es später in Aufzeichnung 56 heißen wird, "das eigentümlich Unbegrenzte [...], das Unverhältnismäßige, das Nie-recht-Absehbare" (56.1/891), das Maltes Kindheit auszeichnet. Sie steigern sich über das Gefühl des allgemeinen Zerbrochenseins und das des unaufhaltsamen Wachsens aus dem

Innern des Körpers heraus bis zur Angst, er möchte auf grauem Granit liegen, auf Grabsteinmaterial also. Ihre Kulmination aber erlebt die Angst in der Vision der Sozialisierung und Kommunikation der Angst selbst, in der die soziale Isolation der Unsagbarkeit entspricht: die Eigenheit in ihrer Unsagbarkeit wird hier noch als Produkt der sozialen Isolation erkennbar. Die Unbenennbarkeit, das Amorphe der Angst, der unfaßbare Hintergrund kommt am Ende im nicht mehr referentiellen Plural "die Ängste" zum Ausdruck.

Nicht als Konsequenz des Fiebers sollen diese Eigenheiten gewertet werden, sondern das Fieber, die Krankheit ist ein Mittel, die Eigenheiten der Person zutage zu fördern:

> *"Diese Krankheit hat keine bestimmten Eigenheiten, sie nimmt die Eigenheiten dessen an, den sie ergreift. " (20.1/766)*

Gleichzeitig stellen diese beiden Aufzeichnungen ein Verhältnis zu den später folgenden Kindheitsaufzeichnungen her. Die Kindheit wird für Malte unter der Perspektive der Paris-Erfahrungen 'neu geleistet', die Paris-Erfahrungen aber erscheinen ihrerseits als eine verlängerte oder wiederholte Kindheit, eine, die nie aufhört (vgl. 56.3/892): als der Bezug auf eine Art Urzustand der Unsicherheit, der sich in der tiefsten Kindheit zuerst zu erkennnen gibt, sich aber am Grunde der gesamten Existenz befindet. Eine ganze Reihe von Motiven wird in den Kindheitserinnerungen wieder aufgenommen, vor allem die Verselbständigung von Körperteilen oder des gesamten Körpers: das Motiv des verlorenen Auges (19.1 und 15.4), die Verselbständigung der Hand (19.5 und 29 sowie 55), das Motiv des Großen, die Angst vor Nadeln, das Bewußtsein von der Oberflächlichkeit, der dünnen Decke der Konvention usw.

Die dritte Vernichtung des Subjekts: Ausbruch der innersten Natur

Aufzeichnung 21

An einem Veitstänzer erlebt Malte einfühlend die dritte Vernichtung des Subjekts, die ihn, wie im Vorgriff auf die 22. Aufzeichnung gesagt werden darf, zu dem läutert, was in der apokalyptischen Vision der 18. Aufzeichnung ihn mit Furcht erfüllte und was er doch zugleich als etwas "Großes" fühlte und kennzeichnete: zu einem leeren Blatt Papier, einem, das willenlos dem Wind, allen äußeren Kräften ausgesetzt ist, nichts enthält, eben leer ist und dadurch bereit, beschrieben zu werden im Sinne der Offenbarung: "ich werde geschrieben werden" (18.7/756).

Wird Malte dieserart selbst in seinen Wahrnehmungen und Erlebnissen zum Blatt, das vom Schicksal, den amorphen Kräften der Natur beschrieben wird, so ist darin zugleich schon angelegt, was in Aufzeichnung 44 weitere Ausführungen erhält, die Umkehrung nämlich, daß das Blatt, das er in diesen seinen Aufzeichnungen beschreibt, zu Malte wird, zum Körper, in dem er sein zu Fragmenten zerstücktes, aber eben dadurch zum unendlichen Spiel der Subjektivität freigesetztes Leben weiterlebt.

In der 21. Aufzeichnung wird zunächst der gesamte Niederfall noch einmal kurz durchmessen, denn zu Beginn werden die bisherigen Höhepunkte einer hier explizit als "Aufklang" und "Aufsteigen" charakterisierten Linie aufgerufen: in den Farben und Bildern des Parks[46] die Aufzeichungen 11-13 mit ihrer Vision der Vollkommenheit und in der Nationalbibliothek das Dichteridyll. In den Aufruf der Höhepunkte eingeflochten ist jedoch bereits durch das Motiv des fortgeworfenen Papiers besonders deutlich, der Gegensatz, der Tiefpunkt der völligen Auslöschung des Subjekts, so daß sich die folgende Absatzstruktur der Aufzeichnung ergibt: A1, B5, A2, B1, B2, B3, B4, B5. In ihr findet die reziproke Zugehörigkeit von Höhepunkt und Tiefpunkt Ausdruck, wenngleich sich, solange Maltes Flucht- und Abwehrhaltung gegenüber dem Schrecklichen anhält, sich alle solch aufsteigende Bewegung als falsche Oberfläche darstellt, die durch die schreckliche Wirklichkeit der Tiefe dementiert wird. M.a.W.: die farbenglänzende Oberfläche erweist sich als falscher Schein, solange sie als Abwehr und Fluchtort der schrecklichen Wirklichkeit der Tiefe fungiert. Darin aber ist die umgekehrte Bewegung, wie sie in Aufzeichnung 22 dann vollzogen wird, schon angelegt: daß nämlich die liebende Bejahung allen Seins, auch noch des Schrecklichsten und Widerwärtigsten, die Grundlage für die glänzende Vollkommenheit bildet.

Der Abstieg beginnt von der Höhe des Aufklangs, wenn im vierten Absatz von musizierenden Zigeunern die Rede ist, die das Bild der musizierenden Straßenkünstler aus Aufzeichnung 13 wieder aufrufen. Doch handelt es sich um falsche Zigeuner, falsches Rot, wodurch die Falschheit der glänzenden Oberfläche denunziert wird. Durch den Wiederaufruf zweier weiterer Motive, die in den Aufzeichnungen 18 und 19 je den Zusammenbruch begleiteten, schlechter Luft und Lachen, wird eine atmosphärische Verdichtung zur Angst erzeugt. Das

Lachen zeigt nun deutlich seinen Charakter und seine Funktion. Es stellt nicht nur Unverständnis gegenüber dem Schrecklichen dar, wie es sich an Malte zeigt, als er in Aufzeichnung 15 über die ersten Anzeichen des Eintretens des Schrecklichen lacht, oder an den Leuten, die Malte in Aufzeichnung 18 kurz vor seinem Zusammenbruch zum Lachen auffordern, das Lachen fungiert darüberhinaus als Affirmation der herrschenden Welt der Konvention, indem es auf die Ausgrenzung der Angst zielt, auf die Negierung des Schrecklichen, indem es lächerlich macht, der Sinnlosigkeit und des Wahnsinns zeiht. In der "schwankende(n) Bewegung vor der Stirne, die allen geläufig ist" (21.5/769) findet das Schwanken und der Schwindel der Realität und des Ich seinen Ausdruck und seine Abgrenzung. Von hier aus gerät die Aufforderung der Leute in Aufzeichnung 18, mitzulachen, in ein neues Licht als kollektive Ausgrenzung des Schrecklichen, während in Aufzeichnung 19 die Aufforderung der Wissenschaft an den Halbtoten zu lachen noch grotesker wird, soll er sich doch von seiner andern, ihm zugehörigen Hälfte ab- und ausgrenzen.

Was aber nun auch hier in Aufzeichnung 21 als Wahnsinn ausgegrenzt werden soll, ist die Wahrheit, die Öffnung zu einer tieferen Wirklichkeit hin, Schwanken und Schwindel der konventionellen Wirklichkeit und des konventionellen Subjekts: Malte, der nicht mehr weiß, ob er oder die Umwelt sich bewegt, seine Krankheit und Fieberträume, die die Proportionen und Qualitäten der Dinge als unsicher, veränderlich und bedrohlich offenbaren, und schließlich die Spaltung der eigenen physischen Person, der ein zweiter, fremder Kopf entwächst, die im Laufen einer Macht gehorcht, über die der Willen des Subjekts keine Gewalt mehr besitzt. Eben diese Elemente erkennt Malte im Veitstänzer wieder als einer äußeren Darstellung dessen, was er, Malte, selbst in seinem Innern trägt.

Wie Malte selbst einzelne Gliedmaßen zunächst entfremdet, von einer anderen, seinem Willen entzogenen und ihn übertrumpfenden, schließlich den ganzen Körper in Besitz nehmenden Macht bestimmt werden, man denke an den "zweiten Kopf" in Aufzeichnung 19, an die Hand und die Spiegelszene in den späteren Kindheitserinnerungen 29 und 32, an das Laufen schließlich, dem er keinen Einhalt gewähren kann, so beobachtet Malte auch am Veitstänzer den Kampf entgegengesetzter Mächte. Die fremde, dem Willen entgegengesetzte Tanzkraft wächst wie "das Große" von innen heraus und ungerichtet und chaotisch wie Maltes Laufen zielt sie auf räumliche Ausdehnung und Ausbreitung - eine Bewegung im übrigen, die, in modifizierter Form, schon das Sterben des Großvaters Brigge charakterisierte und also Affinität zum Tod besitzt. Der Tod des Subjekts eben, seine am Ende völlige Beherrschung durch die fremde, von

Innen gleich der inneren Frucht herauswachsenden Macht. Eine wesentliche Affinität zum Tod des Großvaters Brigge besteht schließlich noch darin, daß diese auf Wachsen, Ausdehnung, Größerwerden drängende Kraft deutlich als das Allgemeine und Amorphe der Natur erkennbar ist. Naturkraft als Tod und Tod als Naturkraft stellen in Bezug auf das Individuum, seine konventionelle Identität, sicherlich eine Negation dar, bezeichnen darüberhinaus aber eine grundlegende Ambiguität, lassen darin, daß der Tod nicht einfach ein 'Nichts', sondern ein 'Etwas' ist, die Möglichkeit eines 'Weiter' und 'Darüberhinaus' offen.

Die Wirklichkeit des Todes als Zeichen einer völlig anderen, tieferen Wirklichkeit, oder anders, die andere, tiefere Wirklichkeit, die sich zunächst als Tod darstellt, zerstört die Sicherheit der Konvention, die Sicherheit dessen, was Wirklichkeit und was Ich ist, verursacht Schwindel, Umwälzung, Verkehrung und Verwirrung des Verhältnisses von Ich und Wirklichkeit, Subjekt und Objekt, als bis Malte nicht mehr weiß, ob er sich bewegt oder seine Umwelt, als bis die umgebenden Dinge selbständig und fremd werden und zunehmend Sinn und Bedeutung verlieren, jedenfalls die der Konvention. Der Sterbende in der Cremerie, dem "alles Tägliche und Nächste [...] unverständlich" wird (18.5/755), Malte, der die Orientierung verliert, nicht weiß, ob er läuft oder die Umgebung, Malte der Namen und Orte in seinem Laufen nicht mehr erkennt, der Veitstänzer, dessen "Blick [...] über Himmel, Häuser und Wasser hin(schwankte), ohne zu fassen" (21.8/774): es sind nur verschiedene Formen des als Verlust des Selbst und damit der Wirklichkeit gefaßten Todes. Alle Abtrennung und Verselbständigung von Körperteilen, alle Anzeichen einer Verlebendigung und Subjektivierung von Dingen und alles Fremdwerden darf somit als Anzeichen dieses Prozesses gelesen werden.

Der völligen Subjektivierung der Welt entspricht das Diffuswerden der Subjektivität, die sich vom Subjekt gelöst hat und in die Dinge objektiviert eingegangen ist. Auf diese Weise aber wird auch die Einfühlung konzipierbar. Die Gefühle und Seelenkräfte reichen in die allem zugrundeliegende Dimension des Amorphen hinein, sind das eigentlich universelle, alles durchdringende Tauschelement, so daß Malte "sein bißchen Kraft [...] wie Geld" zusammenlegen (21.6/773) und den Veitstänzer bitten kann, davon zu nehmen. In dieser Dimension sind die Grenzen zwischen Innen und Außen tendenziell aufgehoben, so daß der Zusammenbruch, der 'Tod' des Veitstänzers auch Malte betrifft. Die Tanzkraft der Natur schlägt auch in Malte alles Subjektsein und alle Identität nieder, löscht es aus und hinterläßt ihn wie ein leeres weißes Blatt.

Die aus dem Innersten des Veitstänzers hervorbrechende, das Individuum, das bürgerliche Subjekt und seine Identität vernichtende Naturkraft des Tanzes erinnert in ihrer Nähe zum Tod an Nietzsches Konzeption des Dionysischen[47]. Die ekstatische Vernichtung des "principium individuationis" bedeutet die Befreiung der titanischen, schrecklichen Urgewalten am Grunde des olympischen Scheins der Kultur, bedeutet den Tod. Wenn nun auf diese Weise der Prozeß der dionysischen Negativität aufgerufen ist, möchte gleich der Einwand lauten, daß das Dionysische einen Doppelcharakter trägt, neben tiefstem Schrecken und Schmerz zugleich den höchsten Jubel bedeutet, die Auflösung des Individuums in die höhere Gemeinsamkeit, die am Ende auf kosmische Allidentifikation hinausläuft. Im Hintergrund dürfte aber eben diese Konzeption, mit der sich Rilke eingehend auseinandergesetzt hat, Pate gestanden haben, wenn in der 22. Aufzeichnung der Umschlag dieses nichtigen Zustands in die allesumfassende Bejahung der Liebe entworfen wird.

Der Umschlag in die allesumfassende Bejahung der Liebe

Aufzeichnung 22

In der 22. Aufzeichnung erfährt der Niedergang Maltes, der zum extremen Pol der Subjektivität geführt hat, auf dem das Subjekt dreifach vernichtet wurde, seinen Umschlag in die allesumfassende Bejahung der Liebe. Der Umschlag erfolgt dadurch, daß Malte nicht mehr vor dem Schrecklichen flüchtet; zwar kann in Aufzeichnung 21 kaum noch von Flucht gesprochen werden, da Malte hier dem Quell seiner Angst nachgeht, aber er nimmt doch noch entschieden eine Abwehrhaltung ein, will den Ausbruch des Schrecklichen mit allen ihm verfügbaren Mitteln verhindern. Diese Haltung erfährt in Aufzeichnung 22 eine grundlegende Änderung, die abstoßende Bewegung des 'Fort' wird zur annähernden Bewegung des 'Hin-Zu' und die Negativität des Nichts soll in die Positivität des Alles umschlagen. In der umfassenden Annahme alles Seienden, gegenüber der totalen Vernichtung die umfassende liebende Annahme, soll - und das ist die Probe auf das Umfassende der liebenden Bejahung - selbst das Schrecklichste und Widerwärtigste noch anerkannt werden, Geltung haben, gleiche Geltung unter allem Seienden[48].

Ausgelöst wird die Umkehrung durch das Erlebnis der Erleuchtung mit dem die Aufzeichnung beginnt. Am Nullpunkt angelangt, erblickt Malte das Licht der Liebe in der Schutzheiligen der Stadt, der im Pantheon dargestellten heiligen Genoveva, die durch ihr nächtliches Wachen durch Lampe und Mond den Lichtschein der Liebe über die Stadt ergießt. Wichtiger als die Konfrontation mit der realen Darstellung der hl. Genoveva im Pantheon ist die im Roman dargestellte Bewegung des Blicks im 'Roman'.

> *"[...] weil ich die Heilige gesehen habe im Pantheon, die einsame, heilige Frau und das Dach und die Tür und drin die Lampe mit dem bescheidnen Lichtkreis und drüben die schlafende Stadt und den Fluß und die Ferne im Mondschein." (22.1/774)*

Der Blick gleitet von der Hauptfigur, ihre innere Haltung darstellend, über das Dach, Metapher des Schutzes und der Geborgenheit, durch die Tür, Metapher des Durchgangs und der Öffnung, nach innen, so daß die Lampe nun die Seele der Figur spiegelt, das fließende Licht der Liebe, wie man den Titel der später genannten Mechthild von Magdeburg paraphrasieren möchte[49]. Von diesem 'Drinnen' richtet sich der Blick dann auf das 'Drüben', das auf diese Weise von der Haltung des 'Drinnen' umfaßt und bestimmt wird. Er erfaßt zunächst Stadt und Fluß und schwingt sich am Ende vereinend auf zum Mondlicht der Ferne, verleiht ihm die alles durchflutende Bedeutung der Liebe. Malte erfährt die Begegnung mit dem Bild, womit er einerseits immer noch in der 'realistischen Wirklichkeitsperspektive' verbleibt, als mystischen Augenblick der Erleuchtung, der unerwartet und plötzlich eintritt und sein gesamtes Sein erfaßt, so daß er, im Gegensatz zum abwehrenden Lachen, sich, wie er gleich dreimal wiederholt, im Weinen dieser Seligkeit öffnet. Diese 'Wirklichkeit' ist mithin eine 'verobjektivierte Innerlichkeit', die dem Subjekt als etwas Selbständiges entgegentritt. Indem es sich selbst gegenüber dieser Welt aufgibt, nimmt es sich allseitig an. Symbolisch ist schon das einsame Licht in der Finsternis, das durch die Liebe der Heiligen entzündet wird. Es wächst mitten aus dem Dunkel und ergießt sich auf die Stadt, die Malte als Ort des Niedergangs und des Todes kennengelernt hat. Indem nun, wie, geleitet vor allem durch das Motiv des Mondes, geschlossen werden darf, dieses Licht sich auf jenes Stadtbild von 'Stadt, Fluß, Ferne' ergießt, das in Aufzeichnung 12 im hellen Licht des Tages zum Bild der Vollkommenheit transparent wurde, aber im Verhältnis zur umgebenden Dunkelheit des Niedergangs als falsche Oberfläche erschien, erhält diese Vision der Vollkommenheit eine neue Begründung und Umwertung: das widerscheinende Nachtgestirn, der "kleine Mond", der all diese Vollkommenheit vermochte (vgl. 12/722) erweist sich nun als Widerschein des Liebeslichtes aus der Lampe der Heiligen, der glänzende Schein der Vollkommenheit des Tages hat seinen Ursprung im Licht der Liebe, das mitten aus der Finsternis der Nacht entquillt: mystischer Vollzug der Geburt des Lichtes aus der Finsternis und Umkehrung des Schreckens in die allesbejahende Liebe[50].

Der Umschlag des Schrecklichen in Liebe bedeutet nun aber keinesfalls eine Abschaffung und Aufhebung der schrecklichen Wirklichkeit. Unter Bezugnahme auf Baudelaires Gedicht "Une Charogne"[51] und Flauberts "Saint-Julien-l'Hospitalier"[52] verdeutlicht Malte, daß die umfassende Bejahung allen Seins ihren Beweis in der liebenden Zuwendung zu den widerwärtigsten und abstoßendsten Seiten noch erfährt. Die liebende Vereinigung mit den abstoßensten Seiten des Seins noch stellt die mystische Einheit mit dem Ganzen, mit allem Seienden dar. Der Umschlag des Elends ist folglich nicht einfach seine Aufhebung und Abschaffung, sondern führt durch seine umfassende Annahme in der Liebe hindurch. Eher ließe sich daher von einer Spannungsstruktur mit zwei extremen Polen des Elends und der Seligkeit sprechen, die von der Erfahrung des Elends aus je neu entworfen werden muß.

Jener in Aufzeichnung 18 Malte noch fehlender Schritt (vgl.18.7/756), der sein "tiefes Elend" in "Seligkeit" wandelte, besteht darin, alles Seiende - und gleichberechtigt unter allem Seiende das tiefste Elend - anzunehmen, zu bejahen, zu lieben. Dieser Schritt zur Annahme des Elends in Liebe muß je neu vollzogen werden, damit die Spannung des ekstatischen Umschlags entsteht; damit aber ist eben nichts fortgenommen oder abgeschafft vom Elend, der Weg der Seligkeit führt mitten durch es hindurch. Diese Erkenntnis verlangt eine Neuleistung der Vergangenheit, eine Erforschung und Annahme ihrer schrecklichen und unheimlichen Seiten; sie bedeutet aber auch eine virtuelle Umkehrung und Umwertung aller Erfahrungen in Paris. Dem Prozeß sozialer, psychischer und physiologischer Vernichtung wird die Bedeutung mystisch-alchemistischer Reinigung unterlegt, der totalen Isolation, die am Ende den Tod bedeutet, die der mystischen Einsamkeit, wie der Heilige sie auf seinen Irrwegen erlebt[53], in gewisser Weise ein 'mors mystica'. Daher wird denn auch erklärbar, weshalb Malte die Erfahrungen seines Nieder- und Untergangs in Paris von Anbeginn an nie einfach nur negativ bewertet wissen will, sondern immer schon als Veränderung auf etwas Neues hin begreift. So heißt es dann nochmals in dieser Aufzeichnung:

> "Eine vollkommen andere Auffassung aller Dinge hat sich unter diesen Einflüssen in mir herausgebildet, es sind gewisse Unterschiede da, die mich von den Menschen mehr als alles Bisherige abtrennen. Eine veränderte Welt. Ein neues Leben voll neuer Bedeutungen. Ich habe es augenblicklich etwas schwer, weil alles zu neu ist. Ich bin ein Anfänger in meinen eigenen Verhältnissen." (22.2/775)

Wie die Seligkeit nicht als Abschaffung des Elends konzipiert ist, sondern auf seiner Basis als ekstatisch entworfener Gegenpol, so ist auch das neue Wirklichkeitsverhältnis keine Rückkehr zur bekannten Realität. Ist der Vollzugsort des Elends der extreme Pol der Subjektivität, so erhebt sich auf dieser Basis der neue Weltentwurf. Der Rückzug auf die isolierte Insel der extremen Subjektivität erbrachte nicht nur den zentripetalen Bezug der Welt aufs Individuum, sondern auch den Umschlag der völligen Vernichtung dieses Individuums und mit ihm den dieser – konventionellen, bekannten – Welt.

Wenn nun aus dieser Negativität, diesem Nichts ein Alles projiziert wird oder ein Umschlag ins "Alles" des Seienden erfolgt, so wird nicht das 'alte Subjekt' und die 'alte Welt' des Bekannten und der Konvention wiederhergestellt, sondern im Spannungsbogen von Nichts und Alles eine darüber hinausgehende Dimension konstituiert. Entspricht das 'Nichts' dem extremen Pol der Subjektivität, die alle Welt in ihre Tiefe mithineinreißt, so löst sich diese zentripetale Struktur in das Alles diffus-exzentrischer Subjektivität, in der, um es im Paradox auszudrücken, alles objektiv Seiende subjektiv ohne Subjekt ist. Das Objektive als Subjektivität ohne Subjekt, welches vernichtet ist, im Grunde die Überwindung des Subjekt-Objekt-Verhältnisses und -Antagonismus' zugunsten eines Verhältnisses, in dem das Subjekt selbst sich ganz aufgegeben hat - das ist sein Elend zugleich - und sich ganz an das außer ihm Gegebene angepaßt hat:

"Es wundert mich manchmal, wie bereit ich alles Erwartete aufgebe für das Wirkliche, selbst wenn es arg ist." (22.6/775f)

Wenn hier noch 'Ich' gesagt wird, so ist dieses 'Ich' immer schon zu seinem Elend bereit, den Kadaver zu lieben und den Aussätzigen, offen zu sein für das Ganze des Seienden, d.h. sich selbst aufzugeben, um im Innern der Dinge zu wandeln: in einer ekstatischen Offenheit sind so die fremden Dinge schon immer als das Innerste einbegriffen, das Innerste ist an die Dinge gegeben und nur von dorther faßbar.

Auch die Beziehungen von Innen und Außen haben einen entsprechenden Wandel erlebt. Die diffuse Subjektivität, die dem Äußeren der Dinge von Innen Form gibt, diese Wirklichkeit als Außenwelt ist die Innenwelt des vernichteten Subjekts, das in dieser Vernichtung dieses Innen als Innen vernichtet und nach außen befreit hat. Das Ich, dieses lyrische Ich, so darf in Anlehnung an Nietzsches Konzeption des dionysischen Archilochus gesagt werden, meint nicht mehr das individuelle, beschränkte Ich der Person, wo es Ich sagt, sondern bringt den Grund der Dinge zum Ausdruck.

Zentral ist das Umfassende der psychischen Realität. Sie nimmt die außer ihr liegende Wirklichkeit vollends in ihren Kreis hinein. Sie ist "offen" in einer Weise, die für sie den Unterschied zwischen Innen und Außen hinfällig macht.

Diese Orpheus-Handlung vollzieht sich auf dem extremen Pol der Subjektivität. Auf ihm erfährt das klassische Subjekt und seine Welt ihren Untergang, die Rückkehr aus dem Jenseits des Hades aber findet nicht mehr die alte Welt vor: diese Wirklichkeit ist neu, unerschlossen, vielförmig. Die Welt ist nun dem extremen Pol der Subjektivität zugehörig, der sie als Ganzes, eben auch mit ihren schrecklichsten Seiten, in sich hineingenommen hat.

Wer nun in den Hades eingegangen ist, kann nicht mehr zurück, denn auch die Rückkehr zur Welt ist die zu einer neuen Wirklichkeit. So stehen sich in dieser einen Welt zwei inkommensurable und inkompatible Welten gegenüber, deren eine die andere je mitzuumfassen beanspruchen muß. Das Verhältnis dieser beiden Welten ist nur als ein ironisches denkbar. Auf der einen Seite jene Weltsicht, die wir als realistische und gesellschaftliche Wirklichkeitsperspektive bezeichnet haben, auf der anderen die des extremen Pols der Subjektivität. Wir beharren auf diesem Ausdruck, weil alle Seinsdimension, die sich durch ihn hindurch erschließt, an ihn gebunden bleibt:

"Mein Gott, wenn sich etwas davon teilen ließe. Aber wäre es dann, wäre es dann? Nein, es ist nur um den Preis des Alleinseins." (22.7/776)

Die Verabsolutierung der Individualexistenz stellt die Bedingung dar für die Erfassung der Tiefendimension der Welt. Nicht zufällig, wenngleich unauffällig in der Redensart versteckt, wird hier Gott aufgerufen: Religiosität ist in der modernen Gesellschaft zum Privaten geworden, die Metaphysik eine Frage der Subjektivität - und der Kunst.

Als ein Widerspruch erscheint es auf den ersten Blick, wenn einerseits, wie Malte am Ende der Aufzeichnung behauptet, die Umkehrung des Elends in Liebe nur um den Preis des Alleinseins sei, dessentwegen Malte in Aufzeichnung 4 ja auch explizit das Briefschreiben als Eingeständnis völliger Inkommunikabilität aufgegeben hatte, andererseits nun aber die gesamte Aufzeichnung als Briefentwurf ausgewiesen ist. Wenn explizit in dieser Aufzeichnung und in der Du-Anrede in den folgenden vieren zumindest eine Kommunikationsabsicht spürbar ist, so wäre dieser Haltungswandel zunächst auf die Umkehr des Schreckens in die bejahende Haltung der Liebe zurückzuführen. Dabei handelt es sich freilich auch hier nicht um 'Kommunikation' im konventionell-realistischen Sinne, sondern um eine, die durch die Spezifik der Menschen- und Liebeskonzeption, die ihr Ideal in der Parallelisierung der Herzstrahlen Alleinseiender erblickt[54], gekennzeichnet ist und ihr Modell im bereitet auch das "Ich-werde-geschrieben-Werden" vor, denn Maltes Schreiben wird nun von einer anderen Kraft, einer höheren Kraft als die des individuellen Willens, seines "Meinens" geführt:

> "[...] ich glaube, ich muß es tun, weil ich die Heilige gesehen habe [...]" (22.1/774)

Darin liegt, wie schon gesagt, die Umkehrung angelegt: der Weg durch den extremen Pol der Subjektivität hindurch in die Tiefe, gegen den Grund der Dinge, der Körper dieser Subjektivität ist die Schrift: Maltes Körper wird zum Buchkörper, in dem seine Subjektivität weiterlebt.

Exkurs

Elemente zur Interpretation von Maltes Untergang in Paris als 'mors mystica'[56]

Es wäre sicherlich verfrüht, von Malte als einem 'Mystiker' zu sprechen, zumal eine umfassende und systematische Auseinandersetzung mit dieser Thematik hier nicht vorgenommen werden kann. Es lassen sich jedoch einige eindeutig mystische Elemente ausmachen, die teils auch alchemistischen Charakter besitzen mögen. Da das Verhältnis von Mystik und Alchemie ziemlich ungeklärt ist[57], werden wir diesen Problemrahmen ausklammern und dadurch offen halten, daß wir Affinitäten der 'Aufzeichnungen' zur Alchemie getrennt in einem zweiten, der Aufzeichnung 44 folgenden Exkurs ansprechen werden.

Auf den ersten Blick scheint Maltes Untergang in Paris mit der 'mors mystica' als dem sich aus Liebe zu Christus oder Gott vollziehenden Tod, einem ekstatischen Minnetod, der nicht nur ein sich bei schlaf- oder todähnlichem äußeren Körperzustand vollziehendes inneres 'unio'-Erlebnis bezeichnet, darüber hinaus aber gelegentlich auch zu einem 'wirklichen Tod' geführt hat, wenig zu tun zu haben. Zwar beschreibt der anderweitig und in anderem Zusammenhang von Malte zitierte, ihm also immerhin bekannte Kanzler von Notre-Dame, Jean Charlier de Gerson, den "Prototyp der 'mors mystica'[58] als einen Prozeß des Übergroßwerdens und Herauswachsens des Inneren, so daß die äußere Hülle des Leibes gesprengt wird[59], doch handelt es sich bei dem Phänomen des "Großen" bei Malte zunächst um die gefürchtete und geflüchtete Dimension der Finsternis, bei jener 'mors mystica' hingegen um das überquellende Leben der Liebe zu Gott. Beim ekstatischen Minnetod stellt der 'Tod' eine Begleiterscheinung der Liebe zu Gott dar, die Vereinigung mit ihm das mystische Ereignis, während bei Malte der Tod selbst als Tod des Subjekts zum mystischen Ereignis wird. Es fällt freilich auf, daß Malte in Exponentinnen der 'mors mystica' als des Minnetodes, wie beispielsweise Theresa von Avila[60], die Vollendung seiner Konzeption der Liebe erblickt.

Der Eindruck substanzieller Verschiedenheit verschwindet zusehends, erkennt man im Untergang Maltes einen Prozeß des 'Entwerdens' von jener Radikalität, wie ihn etwa Meister Eckhart gedacht hat. Daß der Begriff der Armut in dem des Elends von der Dimension des Sozialen auf die des körperlichen und geistigen Krankheits- und Leidenszustandes ausgeweitet wird, entspricht biblisch-religiöser Tradition, für die auch der durch sein Leid von Gott geprüfte Hiob einsteht, der von Malte in Aufzeichnung 18 in identifikatorischer Absicht zitiert wird. Darüber hinaus meint dann der 'radikalisierte' Begriff der Armut, daß der Mensch nicht nur alle Dinge dieser Welt lassen, sondern auch seiner selbst und seines Eigenwillens, ja schließlich Gottes ledig werden soll - denn führte er auch nur Gottes Willen aus, dann hätte er noch einen Willen - , damit er in den Zustand vor seiner Erschaffung und damit in Gott zurückkehre. Dieser Eckhartschen Konzeption der "Abgeschiedenheit" und des "Entwerdens" entspricht Maltes Untergang in Paris, denn über soziale Verarmung und körperliche Krankheit hinaus wird seine Isolation zur mystischen "Abgeschiedenheit", zum "Alleinsein", das der Preis auch für die Umkehrung in die Liebe ist, und er verliert vollends seine Identität und auch seinen Eigenwillen, im Bewußtsein sowohl wie im Überwältigtwerden von den inneren, dem Willen entzogenen Mächten des Körpers, die im "Großen" sichtbar werden. Zwar gleicht Maltes äußerer Zustand nicht dem "status immobile" eines Leichnams, aber im Phänomen des 'Großen' ist es doch die Nacht und Finsternis des Todes, wie sie ja auch in den Figuren der Blinden in den Aufzeichnungen 18 und 59 auftritt, die sich anschickt, ihn völlig in sich hineinzunehmen.

Das 'Entwerden' zum Nichts schafft die Voraussetzung, damit in der Liebe das Licht Gottes einfließe in die Seele. Damit stellt sich das 'Entwerden', der Tod des Subjekts, ja auch in der Eckhartschen Mystik zunächst einmal durchaus nicht als ein Werk der direkt auf Gott zielenden Liebe dar, auch wenn sie sich dann insgesamt in diesen Zusammenhang einordnen mag. Auch bei Malte wird das 'Entwerden' in Paris ja zur vorbereitenden Läuterung für das im Zustand des 'Nichts' auf ihn - zwar von der Heiligen und nicht direkt von Gott

- als Gnade überfließende und einfließende Licht der Liebe, das dann aus dieser Perspektive alles vorangehende Elend umwertet.

Maltes Umkehrung des 'Entwerden ins Nichts' in die alles Sein umfassende Bejahung der Liebe vollzieht jene Umkehrung von Tod und Leben, die für die 'mors mystica' typisch ist. Hat Malte bezeichnenderweise gleich im ersten Satz seiner Aufzeichnungen festgehalten, daß das sogenannte 'Leben' sich ihm eigentlich als ein 'Sterben' darstellt, so wird ihm dann in Aufzeichnung 22 der Tod zum eigentlichen und wahren Leben der Liebe, werden Tod und Leben in der Tendenz identisch, denn das mystische 'Nicht-mehr-Sein' gilt als der Gewinn des wahren Lebens. Wie in aller Todesmystik, die den Tod auf diese Weise im Leben vorwegnimmt, wird der 'wirkliche', konventionell-realistische Tod völlig unbedeutend und von den 'Aufzeichnungen' das 'realistisch-konventionelle' Ende Maltes folglich nicht mehr in Betracht genommen.

Die Formulierung des Stundenbuchs von Rilke, daß die 'Armut ein großer Glanz von innen' sei[61], ist eindeutig mystischer Herkunft. In ihr findet sich so etwa wie der Eckhartsche Gedanke des "Seelenfünkleins", der durch die völlige Armut, das völlig 'Entwerden' möglich gewordene Gottesgeburt in der Seele der Menschen wieder. Im 'Malte' mag im Gedanken an die neue Sonne, die dem Sterbenden in Aufzeichnung 18 aufgehen möchte, oder in der Lichtsymbolik der Liebe und in den Vollkommenheitsvisionen der Aufzeichnungen 12 und 56 etwas von dieser Vorstellung geblieben sein, Gott aber befindet sich, mit den Worten aus der Geschichte vom Verlorenen Sohn, in einem "äußersten Abstand" (71.12/943). Wenn nun aber die Seele im 'Entwerden' einen Prozeß der Läuterung durchgemacht hat, so trägt die Konzeption der alles bejahenden Liebe, die daraus erwächst, doch gewisse Zeichen einer 'unio mystica' in sich. Nicht nur möchte Malte sich zu dem Aussätzigen legen und ihn mit seiner Herzwärme erwärmen, in gewisser Weise also eine liebende Vereinigung vollziehen; diese 'unio' meint die liebende Bejahung allen Seins und gerade in der abstrakten Absolutheit dieser liebenden Bejahung, in der das Ich in seiner Liebe ganz auf- und hingegeben ist, wird jene Kategorie des absoluten, allesumfassenden Seins angesprochen, die letztlich Gott selbst oder doch kaum mehr von ihm zu unterscheiden ist. Die Kategorie des überzeitlichen und überräumlichen Seins kommt denn auch nicht nur den 'großen Liebenden' zu, die mit Gott in engster Beziehung stehen (vgl. Aufz. 56, 57, 39, 70), sondern ist Maltes Menschenkonzeption inhärent, wie sie am Ende der 14. Aufzeichnung entwickelt wird und die konsequenterweise mit der Gottesfrage abschließt: im 'Grunde' des Ich ist alle Weltgeschichte, die gewesene wie die nicht gewesene, vorhanden. Hier wird die unfaßbare Tiefe der Seele mit dem absoluten Sein, das alles Werden, alles Gewordene wie alles Ungewordene in sich enthält, identisch gedacht. Der mystische Umschlag vom Nichts ins Alles, vom Abgrund der Finsternis in den 'Lichtabgrund', wie er etwa in den parallelen Herzstrahlen der Aufzeichnung 70 angedeutet ist, kann nicht anders, als in diesem abstrakten Absoluten auch immer schon die Gottesidee mitzumeinen. Dieser umschlagenden Dynamik ist jedoch erlebnispsychologisch eigen , daß sie das absolute Positivum auf dem absoluten Negativum fußen läßt. Mit der Gottesidee oder -begegnung verhält es sich daher wie mit der 'goldenen Kugel' der Antike (Aufz. 68.4/929) oder mit der Entdeckung der Liebe zu Gott beim Verlorenen Sohn: als Malte seine Erfahrungen "in einer Zeit der Verzweiflung auf Gott bezog", erweist sich das als ein solcher Gewaltakt, "daß er sich bildete und zersprang, fast in demselben Moment" (33.2/810); ebenso wird im Ideal der Antike "des Lebens himmlische Hälfte an die halbrunde Schale des Daseins gepaßt, wie zwei volle Hemisphären zu einer heilen goldenen Kugel" (68.4/929), doch in dem Moment wo dies geschieht, steigt diese Goldkugel in den Weltraum hinauf, wandelt sich im unerreichbar fernen Gestirn zum Gleichnis; dieselbe Bewegung stellt sich beim Verlorenen Sohn so dar, daß er in der "Sturmflut des Herzens" der Liebe zu Gott das "Gold seines Glücks", "den Stein der Weisen" gefunden hat, dieses Gold aber wieder in das klumpige Blei der Geduld zurückverwandeln muß', die Arbeit zu Gott ganz leisten muß als bleiig schwere Elendsarbeit, da er sein eigenes Leben von Anfang an, seine Kindheit, Furcht, Angst, Armut neu leisten muß. Von hierher wird die die 'unio' allenfalls noch denkbar als das sozusagen überall anwesende Ausgesparte, nicht Sag- und Faßbare, der Augenblick, der immer schon wieder vergangen oder in unendlichen Abstand vor einem ist.

Darin, daß die 'unio' mit Gott nicht einfach als Positivum gesetzt wird, sondern als etwas, das immer schon gewesen ist oder auf das in ganz unabsehbarer Ferne hin völlig neu anzufangen ist, oder, am klarsten in der 'orpheischen Ästhetik'(vgl. Aufz.47-48), als eine unfaßbare Positivität, in typisch mystischer Denkweise als unsere eigenste innerste Kraft zugleich, die wir nicht anders kennen könnten, denn in der Negativität des Elends, liegt die Zuwendung zu diesem Elend, liegen mithin die 'Aufzeichnungen' selbst begründet. Das Schreiben aber, die Dichtertätigkeit erhält so einen mystisch-religiösen Sinn.

Wenn bei Eckhart das Entwerden des Ich den Sinn hat, einen Zustand des 'Nichts' herzustellen, in dem Gott sich in die Seele 'einbilden' kann, so möchte eben das - in einer besonderen, künstlerischen Variante - auch bei Maltes 'Einbildung' der Fall sein. 'Einbildung' meint nun zwar bei Eckhart die Einbildung Gottes in die Seele, während Maltes 'Einbildung' sich auf eine ihn mit sinnlicher Gewißheit umgebende Welt bezieht. Wenn Malte jedoch etwa in Aufzeichnung 14 die Möglichkeit kontempliert, die er später dann an historische Figuren vom falschen Zaren bis zu Karl dem Kühnen und Karl VI. exerziert, daß die Seele nicht nur die persönliche, sondern die gesamte Weltgeschichte, ja auch alle Wirklichkeit, die nie gewesen ist, beinhalten könnte, so läßt er sie tendenziell mit dem absoluten Sein, das alle Möglichkeiten in sich enthält, eins werden. Die in der gegenständlichen Form sich darstellende Einbildung Maltes wäre dann aber nichts anderes, als der in notwendig je fragmentarischer Form und damit in einem prinzipiell nie abschließbaren Prozeß, in dem ein Bild aufgrund seiner Unvollkommenheit das nächste erfordert, unternommene Versuch, das absolute Sein des Innern, der Seele, also die 'unio' der Seele mit Gott zu leisten[62]. Auf das gleiche zielt die in den Aufzeichnungen 45-48 weiter entwickelte 'orpheische Ästhetik' ab, die in ihrer Psychologie dann in Aufzeichnung 59 in der Erkenntnis Gottes im einzelnen auseinandergesetzt wird. In jedem Fall ist die Zerstörung von Ich und Eigenwillen die Voraussetzung, damit die in die 'Dinge', die gegenständliche Wirklichkeit sich einbildende Subjektivität ohne Subjekt in der Negativität des dargestellten Elends die unfaßbare positive Kraft des Eigensten und Innersten erahne[63]. Dieses Vertiefen der 'Wirklichkeit' als Schaffen einer 'eingebildeten', allegorischen Wirklichkeit, die Kunst also, würde sich mithin als eine Art 'Abbild' der göttlichen 'Einbildung' in die Seele darstellen: der unabschließbare Prozeß der Arbeit der Liebe auf Gott zu, der als das Eigenste und Innerste zugleich immer schon in einem unerreichbaren Abstand sich befindet. So kann von einer 'unio' mit Gott im Sinne eines positiv gesetzten oder erfahrenen Erlebnisses nicht die Rede sein, denn auch alle Erfahrung von Vollkommenheit, wie sie etwa in den Aufzeichnungen 12 und 56 sich findet, ist als Bild immer nur Verweis, immer nur Ziel, das je ganz von vorn wieder anfangen läßt. So wäre man denn eher geneigt, von der 'unio' als einem fortdauernden Prozeß auf ein nie erreichbares, aber gleichwohl anwesendes Ziel hin zu sprechen.

Subjektivität ohne Subjekt wird beispielsweise in Aufzeichnung 14 entworfen, wo es heißt, die Erfahrungen des Subjekts müßten dem 'Grund' des Vergessens anheimgegeben werden, damit sie aus dessen Finsternis vom Subjektiven gereinigt und geläutert wieder hervorkämen, um aus der 'Stille' heraus, die in der mystischen Tradition den Tod meint, zum Bild und zum Vers zu werden. Das dichterische Werk hat nicht nur das 'Subjekt' abgetan, es in der Finsternis des Vergessens sterben lassen; des Gedichteten bestimmte Geformtheit in ihrer Positivität steht in Spannung zur Negativität des Amorphen; die im Gedichteten dargestellte, bestimmte Negativität aber ist der einzige Weg, die in der Finsternis des amorphen Grundes verborgene Kraft zu erahnen.

KAPITEL II.1

Emblemfiguren

Die Aufzeichnungen 22-26

Mit dem ersten knappen Drittel der Aufzeichnungen ist zugleich ihre Grundfigur gegeben: Maltes Nieder- und Untergang und sein Umschlag in die allesbejahende Liebe, mors mystica und ihre liebende 'unio' mit allem Seienden. Sie durchstößte die konventionsgegebene Wirklichkeit, Zeit, Raum, Subjekt, und erfaßt entwerfend in der ekstatischen Spannung von Negation von Subjekt und Welt und allumfassender Bejahung der Liebe weitere, tiefere Wirklichkeiten. In der Endlichkeit der Grundfigur ist die Unendlichkeit der Figuren des Lebens enthalten. Zeit und Raum verlieren fast vollständig ihre Bedeutung. Wenn in den folgenden 49 Aufzeichnungen einige Male noch auf Paris Bezug genommen wird, so in der doppelten Funktion, einerseits den Ausgangspunkt aller vertikalen Bewegung in der Horizontale des konventionellen Raums festzuhalten, denn der extreme Pol der Subjektivität entfernt sich nicht von der 'Wirklichkeit', sondern geht durch sie hindurch und bleibt in ständiger Beziehung zu ihr, beinhaltet den Einbegriff aller Wirklichkeit, also auch dieses Pariser Lebens; andererseits um die 'realistische Wirklichkeitsperspektive' in ironischer Funktion beizubehalten. Man möchte daher nach Aufzeichnung 22 von Vertiefungen, bzw. Bewegung auf der Vertikalen statt von Entwicklungen im traditionellen Sinn der Horizontalen von Raum und Zeit sprechen. Bis zu Aufzeichnung 22 kann von einer gewissen 'chrono-logischen' Folge gesprochen werden, die sich dann aber zugunsten einer überzeitlichen Dimension verliert. Schon in Aufzeichnung 23 gleitet die Erfahrung des Schrecklichen übergangslos in die Zeit der Kindheit über, die sich, nimmt man zur Chronologie die Aufzeichnungen 29 und vor allem 30 zu Hilfe, als allerfrüheste Kindheit erweist, so daß die Enden des Lebens, Todesnähe in Paris und Entsetzen frühester Kindheit zur Einheit zusammengebogen werden. Eher möchte man daher davon sprechen, daß eine jede Perspektive, Figur, Ding von einer eigenen, innern Zeitlichkeit sei, die ihm in einer "Zeitwabe", den ihm eigenen sinnlichen Raum schafft, aus ihm eine Insel im unendlichen Meer, einen Stern am Himmelszelt macht, der, je nach Beobachtungsstern des Betrachters, sich in andere Konstellationen einreiht. Die ersten 22 Aufzeichnungen bilden den Aufschwung in diese kosmische Dimension der Subjektivität als Unendlichkeit oder Ewigkeit der Vertikalen in und aus der Endlichkeit des Horizontalen heraus. Es bleiben noch Bezugspunkte zur Horizontalen, aber über und unter ihr zeigen sich neue

Wirklichkeiten; ja dieselben 'horizontalen' Erlebnisse der ersten 22 Aufzeichnungen werden auf eine tiefere Wirklichkeit hin umgewertet; wie diese Dimension auch immer so zu verstehen ist, daß sie sich in der Tendenz der Horizontalen unterlegt. So heben denn schon die leitmotivischen Verweise, angefangen vom Krankenhaus über das 'asyl de nuit' bis zum 'kleinen Mond' die Zeitlichkeit, die Logik des Chronos auf.

Nun sind nach diesen sogenannten Paris-Aufzeichnungen nicht zu Unrecht größere Gruppierungen ausgemacht worden; vor allem sind unter stofflich-thematischem Gesichtspunkt die sogenannten 'Kindheitserinnerungen' auszumachen, die ein zweites Drittel umfassen, während die dann folgenden Aufzeichnungen einen noch wesentlich lockeren Zusammenhang besitzen. In ihnen wird der Umkreis der persönlichen oder an die Familie gebundenen Erfahrungen überschritten, so daß sich nur rein thematische und motivliche Zusammenhänge ergeben. In Maltes 'Einbildung' historischer Gestalten ergibt sich auf diese Weise ein Rückschreiten in die Vergangenheit, eine Neuleistung der Vergangenheit, die sich von der persönlichen der Kindheit ausweitet zu der der Weltgeschichte und bis zu deren Anfang gegen die Geschichts- und Zeitlosigkeit des Mythos hin, bis zur Bibel, zu der Welt der Antike und Sappho. In diesem Rückschreiten wird das horizontale Denken nicht nur durch den in die Zeitlosigkeit reichenden Mythos überwunden, sondern vor allem auch darin, daß, wie Malte gelegentlich seiner Kindheit schon feststellt, die Neuleistung der Vergangenheit sie tendenziell zur Zukunft macht, ihr Fehlen Zukunft verneint:

> *"Bestand ich aber darauf, daß meine Kindheit vorüber sei, so war in demselben Augenblick auch alles Kommende fort, und mir blieb nur genau so viel, wie ein Bleisoldat unter sich hat, um stehen zu können." (56.3/893)*

Doch ist das Verhältnis zur Vergangenheit nur eine der zentralen Thematiken, die sich zu Konstellationen formen.

Die Aufzeichnungen 23-26 antizipieren im Wegfallen traditioneller, chronologischer und stofflicher Zusammenhänge bereits das letzte Drittel der Aufzeichnungen. Die in ihnen dargestellten Figuren, die rücküberlappend auch die Heilige der Aufzeichnung 22 miteinbegreifen, "Idealgestalten", wie Seifert sie nennt[1], bezeichnen symbolisch geschlossen zentrale Themenkreise, so daß sie vielfach erst von späteren Aufzeichnungen her tiefer erfaßt werden können. Es sind von innen her ausgearbeitete Skulpturen, die emblematisch bestimmte Konstellationen bezeichnen: das Bild der Mutter, das als Eröffnungsfigur der Kindheitserinnerungen verstanden werden darf; das Bild Beethovens, das in die kosmische Dimension der großen Liebenden gehört, die sich von Abelone her zu Bettina und Sappho entwickelt und auch die Funktion der Kunst miteinbezieht; die änigmatischste aller Figuren, der Vogelfütterer, der dem Umkreis der Paris-

und Gegenwarts-, Elends- und Liebes-, Himmel- und Gott-Thematik vorsteht;
Ibsen, der dem Zusammenhang des Theaters, der Oberfläche und Tiefe, der
Darstellungsproblematik angehört, und schließlich auch die Heilige im Pantheon,
die die Grundfigur der 'mors mystica' anzeigt und, als Figur insbesondere in
den Aufzeichnungen 50-53 wiederaufgenommen, die alchemistische Wandlung des
Selbst- und Weltverlustes als extreme Subjektivierung der Welt in die
Objektivität der Metapher, der Kunst. Diese Aufzeichnungen möchten daher
besser - noch einmal - im Kontext er ihnen nächstverwandten gelesen werden:
die Mutterfigur einleitend zu den Kindheitsaufzeichnungen; die Figur Beethovens
im Kontext vor allem der Aufzeichnungen 56 und 57; die Figur des Vogelfütterers
nach den Aufzeichnungen 59 und 60 und die Aufzeichnung über Ibsen im
Kontext der Aufzeichnungen 62-65.

Das Grauen und seine Umkehrung durch die Mutter

Aufzeichnung 23

Der alptraumartigen Erfahrung der nächtlichen Konfigurationen des Schreckens im ersten Teil dieser Aufzeichnung – wodurch im übrigen der vollständige Fortbestand des Entsetzlichen auch nach der Umkehrung in Liebe bestätigt wird – steht im zweiten seine Umkehrung und Bezwingung durch die Liebe der Mutter gegenüber. Auf diese Weise wird, parallel zu der Feststellung in Aufzeichnung 20, daß die wiedergekommene Kindheit nichts von ihrer Schwere verloren habe, eine unmittelbare Beziehung zu dieser Phase der sich formenden Weltbeziehung hergestellt. Über die Aufzeichnung 20 hinausgehend ist nun aber auch der Gegenpol des Entsetzlichen in der Emblemgestalt der Mutter präsent.

Die Entwicklung der alptraumhaften Grauenserfahrung greift nicht nur explizit Motive aus Maltes Pariser Erfahrungskreis auf und universalisiert sie, so ist mit "den Tollhäusern, den Operationssälen, (unter) den Brückenbogen im Nachherbst" (23.1/776) Maltes eigener Erfahrungsraum der Wahnsinnsgrenze, des Krankenhauses und des Fortgeworfenseins angesprochen, der durch den Bezug auf Richtplätze und Folterstuben geschichtlich ausgeweitet ist, wie auch die Motive der Luft und des wachsenden Großen wiederaufgenommen werden, sondern sie endet ebenfalls mit der völligen Vernichtung des Ich-sagenden Subjekts, das sich wie ein Käfer zerdrückt fühlt, dem Atem und Herz, Seele und Gefühl herausgepreßt werden. Im Zentrum der Darstellung des Schreckens stehen aber diesmal nicht so sehr seine figürlich-gegenständlichen Konfigurationen wie der blinde Blumenkohlverkäufer, die Mauer, der Sterbende, das Krankenhaus mit den Fortgeworfenen und dem Halbtoten oder der Veitstänzer, sondern die somatische Organisation der Angst, ihre Artikulation im Körpergefühl. Atem und Herz, Seele und Gefühl werden durch die übermächtige Gewalt der Finsternis, des 'Großen' aus ihrem Sitz im Ich-sagenden Subjekte, ihrem Gefäße, dem Körper, mit dem sie konventionell ununterscheidbar eine Einheit bilden, herausgepreßt. Das 'bißchen Härte' der äußeren Schale ist verschwindend gering gegen die Übermacht des Großen. Wesentlich aber ist, daß der Körperbezug den Organisationskern der Angst bildet. Das Entsetzliche befindet sich auch hier zunächst außerhalb des Ich, aber schon ungegenständlich und zur umgebenden Atmosphäre verdichtet, zur Luft als dem unsichtbar ungegenständlichen Träger allen Grauens, dem gasförmig metaphysischen Element, das amorph alles Grauen in sich schließt. Die Ungegenständlichkeit, das Amorphe des Gefühls ist aus seiner inneren Ungegenständlichkeit in die äußere projiziert, und umgibt den Körper fest als eine von ihm emanierte, oder besser 'eigengemachte' Atmosphäre im negativen Sinn; das Verhältnis des Körpers zur Atmosphäre ließe sich ins Negative gekehrt dem einer Rodinschen Skulptur zur Luft und zum Licht vergleichen[2]. Eben die Abstraktheit des Gefühls, des Schreckens, findet dann in der Formgebung im Inneren als spitze, geometrische Formen zwischen den Organen Ausdruck.

Durch den Körperbezug erhält die Luft so eine metaphysische Dimension, die ebenso der Dunkelheit und der Nacht zukommt als ungegenständlich amorphe, zeit- und raumlose Seinsform des Schreckens, das auf den biblischen Urzustand der Ungeschiedenheit alles Seins in der Finsternis verweist.

Wenn nun in der Finsternis das Licht einer Kerze entzündet wird, so wird der Akt der Scheidung der Dinge und des Subjekts, ihre Schöpfung neu vollzogen. Auf die Herausbildung des Subjekts in seiner Begrenztheit, die auch im Symbol der entzündeten Kerze Ausdruck findet[3], verweist das Ertasten des Gesichts und das Blicken auf die Hände, als suchten die Sinne sich gegenseitig in ihrer autonomen Subjektexistenz zu bestätigen. Dieses Zusammennehmen in sich, die Formfindung des Selbst und der Dinge bedeutet jedoch nichts als eine Steigerung des Schreckens: die Abgrenzung des Herzens, des Selbst und der Dinge läßt den Schrecken nur noch umso größer und deutlicher hervortreten, denn die perspektivische Sicht der Dinge aus dem Lichtquell des Subjekts - durch dessen Licht erhält eben alles seine, des Subjekts Abgrenzung - läßt den "Rand des Grauens" entstehen, macht über das diffuse Grauen im Ununterscheidbaren hinaus hier der Form in ihrer durch die Schatten angezeigten Beziehung auf die Finsternis die ständige Bedrohung des in der Form sich kundtuenden Selbstbewußtsein, des Erdrückens und Vereinnahmens, der Vernichtung sichtbar. Eben diese Erfahrung der Entselbstung, Vereinnahmung und Vernichtung des Ich gleich nach seiner Formung - indem es entsteht, ist es auch bedroht - macht Malte, als die fremde Macht über die seinem Willen entzogenen Organe von ihm kapillar Besitz ergreift: wiederum auf die amorphe Natur ist so verwiesen als die Kraft, die das Ich aus sich selbst, seinem körperlich-dinglichen Gefäß heraustreibt.

Der hier in der Entwicklung des Körpergefühls artikulierte Prozeß der Negativität vom ungeschiedenen schrecklichen Urchaos über Subjekt- und Dingbildung zur Zerstörung des Subjekts und mit ihm der Welt weist eine Bewegung der Steigerung auf, die für Maltes Denken nicht unwichtig ist: im Prozeß der Negativität ist die Vernichtung des Subjekts, der Hybris seines Maßes essentiell.

Eben die gegenstandslose, diffuse, amorphe Angst in der Ununterscheidbarkeit der Nacht und der Geräuschlosigkeit ihrer Stille kennzeichnet auch die Kindheit, in die die Darstellung der Angst unvermittelt übergeht. Die Mutter nun ist nicht einfach nur die - wohl jede Kindheit kennzeichnende - Angst aufhebende Person, an ihr wird von Malte vielmehr eine ähnliche Bewegung ausgemacht, wie er selbst sie in der 22. Aufzeichnung vollzog. Die Mutter nimmt das Schreckliche an, ja geht in es ein, bildet eine 'unio' mit ihm und wandelt es dadurch: sie hat "den Mut, diese Stille zu sein" und ihr Lächeln ist daher "durchsichtig auf hellem Grund": der dunkle undurchsichtige 'Grund' der Nacht ist hell, transparent, ein 'Licht-Grund'[4] geworden, weil sie "eins und unterm Geheimnis [ist] mit jedem Halblaut, abgeredet mit ihm und einverstanden" (23.2/778). Hier schon zielt Malte darauf, bekannten Formen der Liebe, hier der Mutterliebe zum Kind, seine Konzeption der Umkehr des Elends als Schrecken auf dem extremen Pol der Subjektivität in die alles Sein umfassende Liebe zu unterlegen; daher rührt das Umfassende und Durchdringende in diesem Abhalten des Ungeheuren, das es von dem bloßen Verbergen gleich einem 'Vorhang, den es aufschlagen kann', unterscheidet, da es auf einer Umwandlung beruht; daher rührt auch die kosmische Dimension der Bewegung dieser Liebe, durch die eine Beziehung sowohl zur folgenden Beethoven-Aufzeichnung wie auch zu den Gestalten der 'großen Liebenden' in Aufzeichnung 59 und 57 vor allem hergestellt wird.

Aus dieser Konzeption der Liebe resultieren auch zwei verschiedene Formen des Lichtes: jenes des in der Kerze symbolisierten, man möchte sagen, aufklärerischen Subjekts, das Begrenzung und Maß der Dinge nach seiner Begrenzung und seinem Maß illuminierend verteilt, sich in Kontrast zur Nachtseite der Dinge stellt und dadurch aber den Schrecken nur vergrößert, und das Licht der Liebe, das auf der umfassenden Annahme allen Seins gründet, sich nicht von der Finsternis abgrenzt, sondern sie als ihr Eigenstes und Innerstes umwandelnd in sich aufnimmt. Dieser Kontext wird in der Lichtsymbolik späterer Aufzeichnungen weiter ausgearbeitet. Die zentrale Funktion dieser Aufzeichnung besteht aber darin, die Angst der Paris-Erfahrungen unvermittelt an die der Kindheit zu binden, auf diese Weise zu den Kindheitserinnerungen von Paris her eröffnend überzuleiten und diese selbst unter das Zeichen der 'mors mystica', der Pole von Furcht und Liebe zu stellen.

Die kosmische Dimension der Umkehrung des Niederfalls in Aufstieg durch die Kunst: Beethoven

Aufzeichnung 24

Insofern der Totalität der Vernichtung von Subjekt und Welt in der Umkehrung die totalisierende Bejahung allen Seins entspricht, ist dieser Bewegung von vornherein eine kosmische Dimension eigen; deshalb vermutet Malte beispielsweise beim Sterbenden in der Cremerie, daß das Durchschreiten des Todes im Aufgehen eines großen Geschwürs in seinem Gehirn sein könnte "wie eine Sonne, die ihm die Welt verwandelte" (18.5/754), deshalb kommen in Sterben und Tod übermenschliche, amorphe Kräfte der Natur zum Vorschein und in der vorangehenden Aufzeichnung 23 wird das unabgegrenzte Grauen durch die ebenso unendliche Liebe der Mutter in kosmischem, allumfassendem Maßstab umgewandelt. Weil auf dem extremen Pol der Subjektivität das Ganze einer Welt untergeht, muß auch die Umwandlung der Liebe das Ganze erfassen. Daß darin freilich zugleich die kosmische Reproduktion der sozialen Isolation begründet liegt, so daß bei den großen Liebenden etwa vom Umschlagen der Qual "in eine herbe, eisige Herrlichkeit" (39.5/833), bei Bettine von dieser Liebe, die autonom 'Anruf und Lockruf in sich trägt', als Ausbreiten im Ganzen, einer Dimension des Seins und des Elementaren der Natur gesprochen wird, die jeden Tag im Einklang mit Gott eine neue Welt fordere (vgl. Aufz. 57), mag an dieser Stelle nur angedeutet sein.

In diesen Kontext der Aufzeichnungen 57 und 58 zeichnet sich, programmatisch auf den Zusammenhang von großer Liebe und Kunst vorausweisend, auch die Aufzeichnung 24 ein, die schon durch die Taubheit des großen Musikers, den Malte hier, Universalität und Zeitlosigkeit beanspruchend, namenlos[5] anspricht, als Beethoven-Aufzeichnung identifiziert werden kann.

Der Zusammenhang zur Liebe ergibt sich, wenngleich auch dieses Wort in der ganzen Aufzeichnung nicht benutzt wird, aus der kosmisch seinsgründenden Funktion seines künstlerischen Werks in der Umkehrung der "Niederfälle", wodurch es auf der primären Bestimmung der Liebeskonzeption Maltes insistiert.

Der Rahmen der Kulturkritik am Anfang und am Ende der Aufzeichnung stellt bereits eine erste Verortung dieser Kunst dar. Die Kritik der Konvention als institutionalisierter, geschlossener Musiksaalkultur am Ende der Aufzeichnung, die, in der erotischen Bildlichkeit auf den Zusammenhang der Liebe anspielend, unfruchtbar sei für den zwischen sie fallenden Samen dieser

Kunst, erfordert als dieser Gesellschaft entgegengesetzten Ort die Wüste, den offenen Ort menschenloser Einsamkeit, die Welt nach Innen richtet, wie bei Heiligen, damit an der inneren Welt der Aufstieg zu Gott sich vollziehe. So wird der Entfremdungsfunktion der Gesellschaft als dieser Kunst gegenüber erzwungene gesellschaftliche Isolation die mystische Einsamkeit der Wüste unterlegt[6]. Der Oberflächlichkeit des Musiksaalpublikums entspricht die täuschende Oberfläche der Maske, die im Eingangsbild der Aufzeichnung neben Beethoven hängt:

> *"Das Gesicht der jungen Ertränkten, das man in der Morgue abnahm, weil es schön war, weil es lächelte, weil es so täuschend lächelte, als wüßte es." (24.1/778f)*

In der Kritik an Schönheit und Lächeln, der rein oberflächlich an ein verflachtes klassisches Harmonieideal angelehnten Maske, wird, das Bild vom Gesicht als Maske aus der 5. Aufzeichnung und damit die Identitätsproblematik wieder aufnehmend, diese Oberfläche als eine falsche denunziert. An beiden Totenmasken wird die Oberfläche des Gesichts als Ausdruck des Todesbezugs lesbar: in Schönheit und Lächeln ein Wissen vom Tode vortäuschend die junge Ertränkte, ein 'Nichtgesicht':

> *"Und darunter sein wissendes Gesicht. Diesen harten Knoten aus fest zusammengezogenen Sinnen. Diese unerbittliche Selbstverdichtung fortwährend ausdampfen wollender Musik." (24.1/779)*

Diese 'wahre' Oberfläche ist Ausdruck des Wissens um den Tod, ja im Sinne der 'orpheischen Ästhetik', wie sie in den Aufzeichnungen 45-48 ausgeführt wird, seines Durchschreitens und der Rückkehr aus ihm in die Sinne, fest und hart die Oberfläche bildend. Das Wissen um den Tod ist das um "unsere Niederschläge", wie Malte sie nennt, das Wissen um den Prozeß des Zerfalls und der Dekadenz, wie er ihn in den voraufgehenden Aufzeichnungen dargestellt hat, während dann die Umkehrung dieser Niederschläge in die weltumfassenden Wolken des Himmels in Beethovens Kunst die Leistung der Liebe darstellt.

Heißt es anderwärts, daß Malte mißtrauisch sei der Musik gegenüber, weil sie ihn forthebe und dann vor allem ganz tief ins Unfertige hinein absetze (vgl.37.2/824), also in das noch nicht zur Bestimmtheit der Sichtbarkeit oder des Wortes ausgebildete Gefühl tief im Innern, so gilt hier die Welt ohne diesen Klang, in dem freilich Klarheit ist, Bestimmtheit und Dauer, als unfertig: nicht eine Musik vor der Erschaffung der Welt, sondern nach ihrem Niederfall als ihr Aufstieg und ihre Vollendung. So bildet sich hinter der Maske des Gesichts als der Oberfläche der Sinne nach innen hin das Atmosphärische der Musik als Klarheit und Dauer des Gefühls, das die Welt der anderen Sinne wie Wolken umgibt, ihren Niederfall umkehrend in Aufstieg, und über ihnen dann die Himmel bildet, den Weg zu Gott[7]. Eben diese Bestimmung als das Innerste des Gefühls, das von der irdenen Wirklichkeit in ekstatisch-forthebender Audition auf zu den Himmeln und, wie die Mittlerfigur des Engels anzeigt, die später auch die Qualität der Stimme der Liebe bei Abelone ausmacht (vgl. 37.2/824), zu Gott führt, ist in dem Bild Beethovens in der Wüste, der Thebais, dem Ort der Einsiedler und Heiligen gemeint: nicht aus der Gegenwartsgesellschaft, sondern über den Tod, die Gräber, die in ihrer Monumentalität die Weltgeschichte meinen und zugleich Abbild der monumentalischen Kraft des in den Wüsten nach außen tretenden Innern[8] sind, erhebt sich diese Musik, daß sie dann, nachdem sie die menschliche Welt vervollkommnet hat, eine kosmische Dimension des Elementaren und Seinshaften erhält, die Menschenwelt mit dem All vereint:

> *"Und dann hättest du ausgeströmt, Strömender; an das All zurückgebend, was nur das All erträgt."* (24.4/799)

Die Umkehrung und Vervollkommnung des schließlich ja ins Grab führenden menschlichen Niedergangs wird hier, im Bild des Strömens, die ewige Bewegung gegen alle Statik der Ewigkeit behauptend, zur Allbegegnung und Allidentifikation, kosmisch, elementar, seinshaft, wie sie in Aufzeichnung 56 für die großen Liebenden gilt, die, wie der Anruf des Herrn im letzten Absatz verdeutlicht, in die Sphäre des Göttlichen führt. Diese Musik, diese Dimension, die, wie Abelones Stimme, durch jene Vollkommenheit der Androgynität, die das Wort "Jungfräulicher" meint, gekennzeichnet, der Liebe, die "Lockruf und Erwiderung in sich (hat)" (57.3/898) gleich ist, bildet die Kraft der Befruchtung der Schaffenden.

So beschreibt Beethovens Musik Maltes Figur der Liebe, indem die sinnliche Oberfläche der Wirklichkeit einer in Musik gefaßten Atmosphäre des Gefühls korrespondiert, das in der Bewegung von Niedergang und Aufstieg an die Sphäre des Kosmischen, des Seins, des Göttlichen gelangt, jenen unfaßbaren inneren Grund, aus dem der Künstler, der die anfangs genannte Oberfläche wahrnehmend gestaltet, seine Kreativität erhält.

Die gegen den Himmel gerichtete Armutsgestalt:

Der Vogelfütterer

Aufzeichnung 25

Die Umkehrung des Elends erfordert auch eine Umwertung der Fortgeworfenen, wie sie in Aufzeichnung 59 in der Figur des blinden Zeitungsverkäufers, der zum Gottesbeweis wird, und hier in Aufzeichnung 25 in der Gestalt des Vogelfütterers erfolgt. Die enge Zusammengehörigkeit dieser Aufzeichnungen findet sich auch in den Kontrastfiguren einer 'oberflächlichen', nicht existenziell-religiös vertieften Armut reflektiert: den "verblichenen Mädchen" der 60. Aufzeichnung, die gleich den Jungfrauen mit der kalten Lampe im Bibelgleichnis die durch ihre Armut gegebenen Möglichkeiten nicht zu nutzen wissen, entsprechen im zweiten Absatz der 25. Aufzeichnung die Frauen, die die Vögel mit von ihrem Speichel durchtränktem Brot füttern, damit etwas von ihrem Geschmack zum Himmel fliege, sie mit ihrem Geschmack den Himmel – jedenfalls ein ganz klein wenig – prägten.

Die Frauen verbleiben in einer sehr beschränkten Logik hiesig irdischer Dimension und vermögen sich selbst nicht völlig hin- und aufzugeben, weswegen ihnen auch leicht zu folgen wäre, wie Malte sagt, während die Gestalt des Vogelfütterers schon immer einer anderen Dimension angehört und darin, daß sie, gleich einer Spielfigur von der Macht des spielenden Kindes, von einer höheren Macht 'hingestellt und weggenommen' ist, eher einer offenbarenden Heiligenerscheinung gleicht[9].

Schon darin, daß Malte sich nun nicht mehr von den Fortgeworfenen verfolgt fühlt und vor ihnen flieht, sondern nun seinerseits ihnen folgt, ist eine Umkehrung des Verhältnisses angezeigt. Wenn Mut dazu gehört, ihnen zu folgen, so deshalb, weil ihre Erkenntnis sich unvergeßlich eingeprägt und in der Konsequenz den Mut bedeutet, sich zu verändern, 'so wie sie zu sein', wie es in Aufzeichnung 60 heißt (vgl. 60.1/903). Wenn der Mut allein aber nicht reicht, weil die Fortgeworfenen einer anderen Dimension angehören, so wird auf die symbolisch-allegorische Qualität, die Ebene 'subtiler Wirklichkeit'[10] dieser Figuren in der Vermittlung von irdischem und himmlischem Dasein gezielt, eine besondere hermeneutische Anstrengung der Subjektivität verlangt.

An der Elendsgestalt des Vogelfütterers wird nicht wie an der des blinden Zeitungsverkäufers in Aufzeichnung 59 die vermittelnde Leistung der Subjektivität deutlich, jener Prozeß, in dem die 'Wirklichkeit' völlig in den extremen Pol der Subjektivität eingeht und in ihm untergeht, um dann nach der umkehrenden Vernichtung des Subjekts, von totaler Subjektivität in totale Objektivität umschlagend, als allegorisch vertiefte Wirklichkeit dazustehen. Bei der Vogelfütterergestalt wird diese allegorische Dimension nicht über die Subjektivität Maltes vermittelt abgeleitet, sie besitzt sie von Anfang an, so daß das vom Subjekt gelöste Gefühl von Anbeginn an die Form dieser Gestalt von innen her ertastet. Zum Bild der 'schlichten Wirklichkeit' dieser unscheinbaren Männer von kleiner, in jeder Beziehung bescheidener Gestalt" (25.1/781), die im Park die Vögel füttern und um die sich in gehörigem Abstand, um die Vögel nicht zu verscheuchen, Leute ansammeln, schafft die Umkehrung tiefsten Elends in umfassende Bejahung der Liebe jene Spannung, die die allegorische Bedeutungsfülle der Figur generiert.

Die innere Spannung der Subjektivität aus dem tiefsten Elend gegen das Himmlische, diese Extreme des inneren Weltraums, lassen Maltes 'Sehen' einerseits gegen das chtonisch Niedere sich wenden in der Frage, wo die Gestalten nachts hineinkröchen. Was als Frage formuliert ist, ist im Grunde aber schon vom unbestimmten Wissen um den Raum ihrer Existenz bestimmt, eine Erdspalte etwa oder ein Loch, in das sie gleich niedrigstem Getier "hineinkriechen". Wenn die Frage nach dem Raum nachdrücklich mit der nach ihrem Schlafen verbunden wird, so reicht die Verortung in den Raum der Finsternis, jene die in der Blindheit der Parallelgestalt des Zeitungsverkäufers etwa bildliche Darstellung findet und auch noch von Aufzeichnung 23 her als alptraumschwangere Nacht nachklingt[11], in der die Vernichtung, das 'Entwerden' im mystischen Sinne sich vollzieht.

Von der chtonischen Dimension streckt Malte diese Figur dann im Bild des Vögel fütternden Mannes gegen das umgekehrte Extrem des Himmlischen, indem sein einbildendes 'Sehen' sich über die angelockten Tiere des Himmels zur Möglichkeit steigert, daß ein Engel kommen und von der angebotenen Armutsnahrung nehmen möchte.

Wie die Bewegung der Umkehrung des Elends in die umfassend bejahende Seligkeit der Liebe sich Malte in die 'Wirklichkeitsfigur' des Vogelfütterers als Spannung vom Chtonischen zum Himmlischen einschreibt, so formt sich ihm das konstitutive Element der gesellschaftlichen Isolation in der Distanz, die die Menschenansammlung, wie die 'realistische Wirklichkeitsperspektive' interpretieren würde, hält, um die Vögel nicht zu verscheuchen, um in das 'Sehen' einer eigenen, autonomen Sphäre um die Gestalt gleich einem abtrennenden Glassturz etwa über einer Uhr[12] als den sichtbaren Ausdruck der Einsamkeit, die Bedingung mystischer Entrückung, der "Abgeschiedenheit" und der "Stille", in der das 'Ding' entsteht und sein Dasein hat[13]. Die Negativität der Gesellschaft aber spiegelt sich dann entfernt noch darin, daß die trotz aller Distanz in der Menschenansammlung noch sichtbare Gesellschaft als Bewahrheitung der Niederkunft des Himmlischen verhinderndes Moment erscheint. Malte geht also in seiner Gestaltung, getreu seiner in Übereinstimmung mit der Mutter in Aufzeichnung 31 entwickelten These, daß das Wunderbare nicht im Phantastischen, sondern in den "natürlichen Dingen" (31.2/799) zu suchen sei, in keinem Moment über eine 'realistische Wirklichkeit' der Außenwelt hinaus, sondern 'vertieft' diese 'Wirklichkeit', indem er in seiner 'physiologischen Hermeneutik' die Spannung des extremen Pols der Subjektivität in sie projiziert. In einer umgreifend einholenden, zentripetalen Bewegung wird die Figur auf die chtonische wie die himmlische Dimension hin geöffnet. Selferts Verweis, daß die Vogelfütterergestalt nach der Dingkonzeption im Sinne der Rodin-Schriften Rilkes[14] gezeichnet sei als "die Umdeutung des Häßlichen durch die Gestaltung zur einem 'Ding', 'das man schön nennen muß um seiner Vollendung willen'"[15], ist daher wesentlich zu erweitern. Der Vogelfütterer ist dem "Homme au nez cassé" Rodins sicherlich darin vergleichbar, daß das Häßliche ästhetische Dignität erhält, der Maßstab der Vollendung folglich nicht in einem von außen herangetragenen Schönheitsideal zu suchen ist, sondern von innen aus der Stimmigkeit des 'Dings' selbst erwächst. Wie der Vogel die Weite in seine Flügel aufgenommen hat[16] und die Rodinsche Skulptur das sie bescheinende Licht in ihre Oberfläche[17], so die Vogelfütterergestalt in einer tendenziellen 'unio' das Chtonische und das Himmlische. Ja die ausgreifend einholende Bewegung[18] wird in der Kraft des Anlockens[19], die über die Vögel hinaus auch die Engel verführen möchte, wiederholt[20]. Wie in Aufzeichnung 59 das Eigentliche als das Unfaßbare, die Erkenntnis der Existenz Gottes, der schon in den Aufzeichnungen 27 und 28 beschriebenen 'Technik des Aussparens' nach in der Widerspruchsspannung inneren Elends und äußerer Farbigkeit und Atmosphäre ausgespart bleibt, der potentielle Leser diesen Schritt in seiner unvermittelbaren Plötzlichkeit selbst vollziehen soll, so drängen auch hier die Kräfte des Elends und der Seligkeit der bejahenden Liebe in Form des Chtonischen und des Himmlischen in der umgreifend einholenden Bewegung der Figur aufeinander zu, ohne daß jedoch die Vollendung schon eingelöst würde: das Bild in seiner Spannung soll wiederum auf das - auch bildlich - nicht Faßbare verweisen und die Voraussetzung zu einem es generierendem 'Sehen' schaffen.

Dieselbe einholend umgreifende Bewegung ist gemeint, wo diese Figur einer in einen Garten verpflanzten Gallionsfigur als einer verregneten und verwaschenen Puppe verglichen wird. Wie die Puppe dem Kind als 'Ding' par excellence dazu dient, die ganze Welt einzubilden[21], also durch und in die Puppe hineinzunehmen, so hat diese Puppe als Schiffsfigur alle Stürme und Bewegungen des Lebens durchgemacht und in sich, den nun bewegungslosen Zustand, wie der mystische "status immobile", der Tod, der das himmlische Leben anlockt, eingenommen; alle Bewegung ist innen geworden bei äußerer Bewegungslosigkeit, gleich einem 'Ding'; alle Erfahrungen des Lebens, die, wie Aufzeichnung 14 von der Dichtung, der wahren Kunst sagt, ins Vergessen schwinden müssen, damit aus ihm dann der Vers entsteige, gehen in ihm auf den Tod zu. Eben die Bewegung des Schwindens, des Vergehens kennzeichnet so diese Schiffsfigur und findet auch Ausdruck im Bild vom ausgehenden Leuchter, der verlöschenden Kerze als dem sterbenden Subjekt: gerade aber im Ausgehen, das auch im Verzichten auf Nahrung und eigene, subjektausdrückende Bewegung noch einmal in die Figur hineingelesen sein mag - ist die Figur, die Puppe, das 'Ding' doch äußerlich bewegungslos, in einem 'status immobile', wie bei der 'mors mystica', und alles Leben innen[22] - , im Schwinden als Einbringen all dieser Erfahrungen in die Finsternis vollzieht sich die Umkehrung ins Licht, ins Himmlische. Je stärker Malte an der Figur das Chtonische, Isolation, Verzicht, Hingabe, Schwinden, Auflösung einsieht, desto mehr erstarkt in ihm die umkehrende Bewegung, die in der Sicherheit des Gefühls von der Möglichkeit der Erscheinung himmlischen Wesens als Transubstanzialisierung des Elends gipfelt[23]. Die Konzeption des 'Dings' erhält eine deutlich durch den extremen Pol der Subjektivität vermittelte metaphysische Dimension.

Das unzeitgemäße Theater: Ibsen

Aufzeichnung 26

Diese Aufzeichnung über das Theater Ibsens würde sich eigentlich besser jenen dem Theater gewidmeten Aufzeichnungen 62, 63, und vor allem 64 und 65 anschließen[24]; sie hat nun an dieser Stelle, wo sie sich in den 'Aufzeichnungen' befindet, wohl die Funktion, die in den Paris-Aufzeichnungen behandelte Thematik in den Kontext der Problematik adäquater künstlerischer Darstellung zu setzen, damit dieses Problem, das dann mit der Thematik des Erzählens in den folgenden Kindheitserinnerungen ebenfalls behandelt wird, bewußt bleibe. Hierbei handelt es sich nicht so sehr um die Kritik des Gegenwartstheaters als vielmehr den Mißerfolg des Versuchs, in dieser modernen Gesellschaft, in der "das Leben, unser Leben [...] in uns hineingeglitten war, [...] sich nach innen zurückgezogen hatte, so tief, daß es kaum noch Vermutungen darüber gab" (26.5/784f), für das "Unfaßbare" die 'Äquivalente im Sichtbaren', im Theater zu suchen.

Die einleitende Warnung vor dem Ruhm als ein alle direkten Angriffe übersteigendes Mittel, den Werdenden zu zerstreuen, demgegenüber die

Gefahr ihn eher noch zusammenhalte, gleicht der des von den Menschen und Dingen verfolgten modernen Heiligen in den Aufzeichnungen 50-53. So dient denn auch auch dem werdenden Künstler seine Abgeschlossenheit von der Gesellschaft dazu, von Gott gerufen werden zu können "in der Nacht", im Elend der Armut – er soll seine Lampe bereit halten wie die Jungfrauen der Bibel, Aufz. 60 – , und gleich dem Heiligen sind es die Worte, die Einbildungen, die ihn wie Raubtiere in der Wüste, der eigenen inneren Wüste, anfallen. Im Raubtier ist hier wie in der Aufzeichnung 65 über die Schauspielerin eine starke, lebensgefährliche Kraft bezeichnet, der, im Dschungel der inneren Einbildungen und der Trostlosigkeit der inneren Wüste eins mit dieser Natur und geschmeidig zugehörig zu ihr, der Künstler sich aussetzt, die aber vom unverständigen Publikum nur in Käfigen bewundert wird, damit es nicht gezwungen würde, sein Leben zu ändern (vgl.65.3/924).

Erst als Malte selbst jenseits des Ruhms von diesen Raubtieren angefallen worden sei, die Irrungen seiner Einsamkeit als moderner Heiliger in Paris erlebt hat, vermag er Ibsen zu verstehen. So erweisen sich seine Paris-Erlebnisse aber als der Vorraum zu wahrem Künstlertum:

> *"Was lag dir daran, ob eine Frau bleibt oder fortgeht und ob einen der Schwindel ergreift und einen der Wahnsinn und ob Tote lebendig sind und Lebendige scheintot: was lag dir daran? Dies alles war so natürlich für dich; da gingst du durch, wie man durch einen Vorraum geht, und hieltest dich nicht auf." (22.5/783f)*

Diesem "Vorraum" folgt das Innerste der Alchemie der Gefühle:

> *"Aber dort weiltest du und warst gebückt, wo unser Geschehen kocht und sich niederschlägt und die Farbe verändert, innen. Innerer als dort, wo je einer war; eine Tür war dir aufgesprungen, und nun warst du bei den Kolben im Feuerschein. Dort, wohin du nie einen mitnahmst, Mißtrauischer, dort saßest du und unterschiedest Übergänge. [...] das kaum Meßbare: ein Gefühl, das um einen halben Grad stieg, den Ausschlagswinkel eines von fast nichts beschwerten Willens, den du abließest von ganz nah, die leichte Trübung in einem Tropfen Sehnsucht und dieses Nichts von Farbenwechsel in einem Atom von Zutrauen [...]" (26.5/784)*

Hat sich das Leben, das einst, wie aus den Aufzeichnungen 61-64 gefolgert werden darf, als Religion, Theater und soziale Gemeinsamkeit eine Einheit bildeten, sichtbar war, in dieses Innerste als Ort der wahren Handlung, in dem der moderne Heilige lebt, zurückgezogen, so bildet "dieses fast raumlose, von den Jahrhunderten zu Tropfen zusammengepreßte Leben" (26.5/784) ein wie in der Szenenwand (vgl. 64.4/922) flüssiges Konzentrat, den Gegenstand der Künste.

Wenn Ibsen für dieses 'Unfaßbare' 'sichtbare Äquivalente' auf der Bühne gesucht habe und dabei am Ende die Bühne dermaßen mit Gegenständen habe überladen müssen, daß sein Werk darin fehlgeschlagen sei: "deine wahnsinnige Kraft entsprang aus dem elastischen Stab, und dein Werk war wie nicht" (26.6/785), so bleibt die Frage offen, ob eine andere Kunst, die nicht gleich "die beispiellose Gewalttat" (26.6/785) eines solchen Werkes unternähme, einer solchen Gegenwart angemessener wäre: daß solch konzentriertes Leben "von den anderen Künsten gefunden und allmählich versichtbart werde für einzelne, die sich nach und nach zusammenfinden zur Einsicht und die endlich verlangen, gemeinsam die erlauchten Gerüchte bestätigt zu sehen im Gleichnis der vor ihnen aufgeschlagenen Szene" (26.5/784).

Maltes Erzählen oder auch Dichten möchte der Alchemie des Innern mehr entgegenkommen, das Theater aber die Krönung sein für eine unabsehbare Zukunft, die Utopie einer nach der vorbereitenden Arbeit dieser Künste sich wieder regenden Gemeinsamkeit.

KAPITEL II.2

Die Kindheitserinnerungen

Die Aufzeichnungen 27-48

Vom Schrecklichen bis zum Wunderbaren, von der 'ersten Liebe' bis zum Tod der Familie erstreckt sich der Spannungsbogen der Kindheitserinnerungen Maltes, in denen als drittes zentrales Thema auch ihr Erzählen selbst noch behandelt wird. Es finden sich in den Aufzeichnungen hinreichend Hinweise, die chronologische Folge der Kindheitserinnerungen, zu denen noch die Aufzeichnungen 8, 9, 15, 20, 23, 56 und in gewisser Weise auch 71 hinzuzuzählen sind, in etwa zu rekonstruieren; doch zeigt gerade diese Rekonstruktion, daß andere denn chronologische Kriterien die Abfolge bestimmen.

1. Aufz.20, 23 und 30:	frühe Fieber der Kindheit.	
2. Aufz.31 und 29 :	vom Fieberschrecken zur Sphäre des Wunderbaren im Identitätsspiel mit Sophie; das Hand-Erlebnis.	
3. Aufz.27, 28, 41, 42:	Ingeborg-Erzählung, Spitzenbetrachtung, Besuch bei Schulins.	
4. Aufz.32 u.43:	Spiegelepisode und Geburtstag.	
5. Aufz. 33:	Tod der Mutter.	
6. Aufz. 36:	Tod der Großmutter Brigge.	
7. Aufz. 8:	Tod des Großvaters Brigge.	
8. Aufz. 37:	Einsatz des Abelone-Themas.	
9. Aufz. 15:	Erscheinung der Christine.	
10.Aufz. 34:	Galerie-Episode.	
11.Aufz. 35:	Eriks Tod.	
12.Aufz. 44:	Abelones Kindheitserlebnis vom Erzählenkönnen des Großvaters Brahe.	
13. Aufz.37:	Entwicklung des Liebesverhältnisses zu Abelone.	
14. Aufz.56:	Abelones Lehre des Lesens.	
15. Aufz. 45 u. 46:	Tod des Vaters.[25]	

So ist, wie schon aus diesem Schema erkennbar, der 'äußere' Zusammenhang der unter dem rein stofflichen Gesichtspunkt der Kindheit Maltes subsummierten Aufzeichnungen, die der Gruppe der sogenannten Paris-Aufzeichnungen folgen, weit weniger eng. Die formale Einfügung der

Kindheitserinnerungen der Aufzeichnungen 8,9 und 15 in die Paris-Aufzeichnungen zeigt bereits an, daß in ihnen keine andersartigen Thematiken behandelt werden. Die Todesthematik der Aufzeichnungen 8 und 9 ist zwar als Kontrast zur Gegenwartsmoderne eingebunden, drückt aber eben jenes Verhältnis zum Tode aus, das Malte für die Gegenwart zurückzuerobern trachtet. Bei den Aufzeichnungen 20 und 23 tritt deutlicher eine Überleitungsfunktion hervor. Die Zuwendung zur Kindheit ist in diesen beiden Überleitungskapiteln, deren Thematik in Aufzeichnung 30 wiederaufgenommen wird, schon darin begründet, daß die bedrohende Unsicherheit der Wirklichkeit im konventionsauflösenden Umkreis des Todes dieselbe ist wie die der noch nicht durch Konvention gesicherten und erstarrten Kindheit. Lebensanfang und Lebensende oder, wie es in Aufzeichnung 10 vermutend und in Aufzeichnung 44 mit größerer Sicherheit heißt, Kindheit und Alter entsprechen sich. Die Umkehrbarkeit der Lebensenden kommt ebenfalls in der Frucht-Symbolik des Todes zum Ausdruck: ist der Tod eine Frucht, die ausgetragen wird, ein Leben und ein Anfang, so ist von der Geburt an seinerseits im Leben der Tod. Von der Gespenstererscheinung der Aufzeichnung 15 wie den gespenstischen Ereignissen der Aufzeichnungen 28, 29, 32, 34 und 42 gilt hingegen, daß sie in kindlicher, bzw. seinerzeit gesellschaftlich anerkannter Form jenes 'Sehen' des Unsichtbaren ausdrücken, das Maltes 'Sehen' in Paris dann auszeichnet und in den Aufzeichnungen 45-48 zur 'orpheischen Ästhetik' entwickelt wird.

An den überleitenden, vor und nach der mystischen Umkehrung angesiedelten Aufzeichnungen 20 und 23 wird die erste Grundlinie deutlich: das Gefühl der Angst, des Schreckens und Grauens, das sich über unheimliche Begebenheiten, Gespensterfurcht und Todesfälle über die Kindheitserlebnisse hin bis zur Jugend erstreckt, wo es, zeitlich über diesen Rahmen dann hinausgehend, beim Tod des Vaters ansetzend in der Todesfurcht der Aufzeichnung 47 kulminiert. Unter der Thematik des Todes gabelt sich hier eine eigene kleine, von der Folge her auch zusammenhängende Aufzeichnungsgruppe (45-48) ab, in der zunächst der engere Rahmen der Kindheit aus Erwachsenendasein hin und dann der des unmittelbar persönlichen Erfahrungsraums auf den vermittelten und tendenziell den der Kunst hin überschritten wird.

Ausgehend von der in die Muttergestalt gefaßten programmatischen Umkehrung des Schreckens in die Liebe ergibt sich jedoch eine zweite Grundlinie, so daß sich ein Feld des Unsichtbaren und Unfaßbaren ergibt, in dessen Spannungsbereich neben dem Grauen und Schrecklichen auch das Phantastische und Wunderbare Platz finden. Die Nichtigkeit aller Chronologie für die Kindheitsereignisse unterstreichend, fallen die 27. und die 42. Aufzeichnung in dieselbe Zeit, als die Mutter "in den letzten Jahren" eigentlich "niemanden mehr sehen wollte", ebenso wie dem Grauenerregenden der Aufzeichnung 28 das durch das Sekretär-Motiv verbunden das Wunderbare der Aufzeichnung 41 in rahmender Funktion korrespondiert.

Von hierher gabelt sich dann, explizit durch die Muttergestalt vermittelt, in Aufzeichnung 37 die Thematik der Liebe ab, die ebenfalls über die Kindheit Maltes wie seinen persönlichen Erfahrungsraum hinausreicht. Sicherlich nicht zufällig sind die beiden Kindheitserlebnisse, die das Unsichtbare als Phantastisches und Wunderbares erinnern, nach den thematisch auf die Liebe ausgerichteten Aufzeichnungen 37-40 plaziert.

Durchzogen ist das zwischen Tod und Liebe von der 'Wirklichkeit' zur 'Hinterweltlichkeit' gespannte Feld schließlich noch von einer dritten Thematik, der des Erzählens, bzw. allgemeiner, der der Darstellung des in diesem Feld Erfahrenen überhaupt. Das meint zunächst die Thematisierung des Erzählens, wie sie in Aufzeichnung 27, 28 und 44 explizit vorgenommen wird, darüber hinaus aber den Status der 'Wirklichkeiten' überhaupt, wie sie in Aufzeichnung 29 in der Problematik des Worte-Findens und in den Aufzeichnungen 32 und 34 im Motiv des Spiegels angesprochen ist, und schließlich die Darstellungsform im Bild, zu der die Spiegelthematik überleitet, d.h. das Bild 'Eriks', den nun 'Toten', und die Bilder der Liebe auf dem Wandteppich. Der Umschlag der Wirklichkeit- Kunst - Problematik sowie der Rolle der Einbildungskraft ins Produktive, die in den Aufzeichnungen 41, 42 und 44 angesprochen wird, geht, verschlungen mit der Liebes- bzw. der Todesthematik in Aufzeichnung 44 in eine an die Alchemie angelehnte Form des Erzählens über und gipfelt dann am Ende in der Gegenüberstellung von Tod und Dichter in Aufzeichnung 48.

Der Rahmen der Kindheit wird so graduell auf den verschiedenen Ebenen, Alter, Schrecken, Tod, Liebe überschritten und formiert sich immer stärker um die dritte Thematik der Kunst.

Das Sehen des Unheimlich-Unsichtbaren im aussparenden Erzählen

Die Aufzeichnungen 27 und 28

Programmatisch werden die Kindheitserinnerungen durch die Thematisierung des Erzählens als des 'Sehens' einer unsichtbaren Wirklichkeit eingeleitet, wie dann in Aufzeichnung 44 in gewisser Weise auch abgeschlossen. In einer bogenförmig einfassenden Struktur wird dieses 'aussparende Erzählen' zu Beginn der ersten der beiden vorliegenden, komplex verschränkten Aufzeichnungen theoretisiert und am Ende der zweiten durch die 'Erzählung von Ingeborg' eingelöst, die Malte in den Worten der Mutter wiedergibt. Der Gegenstand der Erzählung entspricht dabei der Methode des Erzählens, so daß der Unterschied zwischen Wirklichkeit und narrativ-fiktionalem Erlebnis tendenziell dahinschwindet. In der Erzählung heißt es, daß im Familienkreis der Mutter Maltes, die mit ihrem Gemahl bei Brahes zu Besuch ist, die verstorbene Schwester der Mutter, Ingeborg, kurz nach ihrer Beisetzung zu der Tageszeit, als sie für gewöhnlich die Post brachte, von dem Haushund 'gesehen' wird, der an ihr, der Unsichtbaren, hochspringt und in seinen Sprüngen ihre Figur zeichnet. Durch dieses aussparende Zeichnen der Kontur der unsichtbaren Person in den Sprüngen des Hundes, der ja von der Anwesenheit Ingeborgs überzeugt ist, wird auch für die anderen anwesenden Familienmitglieder der Raum für die Einbildungskraft geschaffen, die auch sie, wie die Mutter mehrfach wiederholt, Ingeborg "sehen" läßt. Dieses "Sehen" bedeutet also ein Ergänzen und Erweitern, eine Steigerung des Sichtbaren auf das Unsichtbare, aber gleichwohl Anwesende hin, das 'Sehen' des Unsichtbaren.

Auf ebendiesen Vorgang, das Sehen derselben unsichtbaren Wirklichkeit Ingeborgs, zielt das wahre Erzählen, das Malte vom direkt referentiellen Erzählen, wie Ingeborg ausgesehen hätte, ihrer Blondheit u.ä., deutlich abhebt. Wie die Sprünge des Hundes den Kontur, den Raum für die Projektion der Einbildungskraft zeichnen, so sollen beim aussparenden Erzählen "die Umgebungen, die Örtlichkeiten, die Gegenstände, bis an eine bestimmte Stelle heran, wo das alles aufhörte, sanft und gleichsam vorsichtig aufhörte mit dem leichten, niemals nachgezogenen Kontur, der sie einschloß" (27.1/786), genannt und beschrieben werden. Das Erzählen bietet mithin nicht seinen eigentlichen Gegenstand, sondern nur dessen Umgebung, bietet den Raum, das Gefäß, in den der Leser wie der Zuhörer Malte sein eigenes 'Sehen' projizieren soll.

Die Unschärfe des Konturs bezeichnet die Unschärfe des Übergangs von der sichtbaren zur unsichtbaren Wirklichkeit, von dem, was die Sinne wahrnehmen, und dem, was sie weglassen oder hinzufügen. Der

Unterschied von innen und außen, von Wirklichkeit und Einbildung wird dabei fließend und tendenziell hinfällig, weil allein durch Konvention festgesetzt. Die Erscheinung der Ingeborg stellt, wie der Diener auf den Gesichtern der Anwesenden abliest, einen Vorgang kollektiver Einbildung dar, deren Sehen das Sehen des Hundes spiegelt, und ist daher, unabhängig von allem Entsetzen, in diesem Kreise ebenso als Wirklichkeit akzeptiert wie die Gespenstererscheinung der Christine in den Aufzeichnungen 15 und 34; zur Unterstreichung der konventionellen Akzeptierung hebt Malte hervor, daß sein Vater, der sich zur Annahme der Gespensterwirklichkeit in Aufzeichnung 15 erst durchringen muß, sich sogar als erster verständnisvoll um den Hund kümmert, während er in den folgenden Aufzeichnungen als im Gegensatz zu Malte und seiner Mutter jeder Einbildung abhold dargestellt wird.

Parallel zur konventionell akzeptierten Erfahrung des Nichtsichtbaren in der Ingeborg-Episode am Ende der zweiten der beiden Aufzeichnungen steht am Ende der ersten die Erzählung vom Nadelwahn der Mutter. Motivisch knüpft diese Einbildung an Maltes Kindheitsängste und das in ihnen zum Ausdruck kommende Wirklichkeitsverhältnis als Figur der Angst in den Paris-Aufzeichnungen an, an die 20. Aufzeichnung, wo er Angst hat, daß ein kleiner Wollfaden seiner Decke "hart sei, hart und scharf wie eine stählerne Nadel" (20.3/767), und die 23., in der das ungestaltete Entsetzen in der Luft sich in spitze Gegenstände im Innern zwischen den Organen transformiert (vgl.23.1/776). Dient so die Erzählung vom Nadelwahn der Mutter einerseits dazu, Maltes Sensibilität und Sehfertigkeiten dem mütterlichen Erbe zuzuschreiben - ein auch unter der 'realistischen Wirklichkeitsperspektive' nicht zu vernachlässigender Gesichtspunkt - sowie eine Verbindung zum Wirklichkeitsverhältnis der Paris-Erlebnisse herzustellen, so wird andererseits eben dieses Wirklichkeitsverhältnis als durch Konvention reguliert durchschaubar. Der konventionell anerkannten Einbildung der Ingeborg Szene außer der Endstellung in den jeweiligen Aufzeichnungen noch dadurch parallelisiert, daß die zentrale "Szene mit dem Hunde" vorausdeutend erwähnt und auch der Ausruf: "Ich habe es gesehen", wiederholt wird, ist das Sehen der Nadeln dann konventionell nicht mehr anerkannt, muß die Mutter es doch verbergen. Über sie lautet das gesellschaftliche Urteil, "daß sie erst seit dem schrecklichen Tode ihrer Schwester so geworden sei, der Gräfin Öllegaard Skeel, die verbrannte, da sie sich vor einem Balle am Leuchterspiegel die Blumen im Haar anders stecken wollte" (28.6/789f). Diese Erklärung gibt die gesellschaftliche Konvention wieder und bietet auch einen Anhaltspunkt für die 'realistische Wirklichkeitsperspektive', wird aber von Maltes Logik überschritten.

Wie Malte in den Aufzeichnungen 6-10 durch sein Schreiben etwas gegen seine durch sein 'neues Sehen' hervorgerufene Furcht tut, so scheint auch die Einbildung der Mutter als Figur der Angst eher ein Konstituens ihrer Erzählfähigkeit zu sein, ist auch ihr Erzählen ein Mittel gegen die Furcht:

> *"Wenn sie aber von Ingeborg erzählte, dann konnte ihr nichts geschehen; dann schonte sie sich nicht; [...]." (28.1/787)*

Entscheidend scheint nicht der Gegensatz von Wirklichkeit und Einbildung zu sein, sondern ob zu den Gefahren der von der Wirklichkeit ausgehenden und sie erweiternden Einbildung, die alle äußere Wirklichkeit in sich aufgenommen hat, ein Gegengewicht entwickelt werden kann; denn das Entsetzen ist der Mutter bei der Erzählung von Ingeborg und beim Denken an sie keineswegs geschwunden, wie die dreifache Erwähnung der Kälteempfindung belegt[26].

Wie das Entsetzen der Mutter in der Unheimlichkeit des Gegenstands der Erzählung seine Entsprechung findet, so die Sicherheit des Erzählens im Naturell Ingeborgs. Dem Gegensatz des Entsetzens als immer wieder erlebter Gehalt der Erzählung zur Sicherheit, die das Erzählen gewährt, entspricht das Wissen ums nahe bevorstehende Sterbenmüssen der Ingeborg, das sie kraft ihres durch Frohsinn geprägten Naturells naiv-natürlich bejahen kann. Auf diese Weise wird auch die Konstellation von Furcht und Erzählen einerseits und Vernichtungsprozeß und seine Bejahung in der Liebe andererseits vorbereitet, wenngleich natürlich wichtige Fragen noch offen bleiben, wie die der Apokalypse des Schreibens, die mit ihrer 'therapeutischen Funktion' kollidiert, und Maltes im Gegensatz zu Ingeborg keineswegs durch Frohsinn gekennzeichnetes Naturell, seine wesentlich komplexer begründete Bejahung des Sterbens.

Die Konstellation von Ingeborgs Lachen, Schönheit und Frohsinn auf der einen Seite und ihrem Sterbenmüssen auf der andern, die ihre Synthese in der Bejahung des Sterbens findet, stellt die Mutter vor ein unlösbares Rätsel:

> *"'Ich werde ja nie darauf kommen, Malte', sagte sie manchmal mit ihrem eigentümlich kühnen Lächeln, das von niemanden gesehen sein wollte und seinen Zweck ganz erfüllte, indem es gelächelt ward. 'Aber daß es keinen reizt, das herauszufinden; wenn ich ein Mann wäre, ja gerade wenn ich ein Mann wäre, würde ich darüber nachdenken, richtig der Reihe und Ordnung nach und von Anfang an." (28.3/788)*

Der männlichen Logik der Reihe und Ordnung, jener der Konvention, steht mithin die Weiblichkeit der Mutter entgegen, die angesichts der Unlösbarkeit des Rätsels keineswegs verzweifelt, sondern sich in der

Eigenständigkeit des Lächelns von der männlichen Logik in kühner Selbstbehauptung ablöst. Soweit sie nachdenkt und reflektiert, bleibt sie der männlich konventionellen Logik verhaftet und untertan, wie sie ja auch an Ingeborgs Schreibtisch nach einer geheimen, plötzlich hervorspringenden Erklärung sucht. Jenseits der männlichen Logik gibt sie hingegen unausgesprochen eine Antwort in ihrem weiblichen Verhalten, ihrem eigenständigen selbstbehauptenden Lächeln, das nicht dem täuschenden Lächeln der Ertränkten in der 24. Aufzeichnung ähnelt, sondern eben das wissende Lächeln der Mutter in der 23. Aufzeichnung darstellt. Kein männliches Wissen ist es, mit dem sie auf das Rätsel des Lebens und Sterbens, das sich stellt, soll das Leben nicht leer, in Zerstreuung vorübergehen, antwortet, sondern ein anderes, weibliches: die Anstrengung des Wünschens, des Sehnens, das auf Erfüllung nicht aus ist, sondern gerade über des Lebens Länge hinauszielt. Hierin zeichnet sich, wie in Aufzeichnung 23 auch hier durch die Andeutung kosmischer Dimension, "Sternschnuppe", bekräftigt, die später entwickelte Bewegungsfigur der intransitiven Liebe bereits ab, ohne benannt zu sein, und wird mit dem Sehen und Erzählen in engste Beziehung gebracht.

Auf der Suche nach einer Antwort wiederholt sich im Verhalten der Mutter an Ingeborgs Sekretär der Widerspruch von männlicher und weiblicher Logik. Erwartet sie nämlich bei ihrer Suche nach einer Erklärung an Ingeborgs Sekretär einerseits eine plötzlich mit einem Schubfach hervorspringende Erklärung, so transformiert sich ihre Suche andererseits in ein Sehen, eine fast sakrale Handlung erlösenden Leidens. Der Sekretär, sein Inneres, wird zum Instrument des Sehens, zum Raum der Einbildungskraft, dessen Farben und Figuren die Ingeborg-Konstellation von Frohsinn und Sterbensleid wiedergeben:

> "'Es ist so viel Sonne drin', sagte sie, und wirklich, das Innere war merkwürdig hell, von altem, gelbem Lack, auf dem Blumen gemalt waren immer eine rote und eine blaue. Und wo drei nebeneinanderstanden, gab es eine violette zwischen ihnen, die die beiden anderen trennte. Diese Farben und das Grün des schmalen, waagerechten Rankenwerks waren ebenso verdunkelt in sich, wie der Grund strahlend war, ohne eigentlich klar zu sein. Das ergab ein seltsam gedämpftes Verhältnis von Tönen, die in innerlichen gegenseitigen Beziehungen standen, ohne sich über sie auszusprechen." (28.4/788f)

Dieses Sehen bewahrt das gesuchte Geheimnis, ohne sich über es auszusprechen, indem es es in einer anderen Dimension reproduziert und zugleich erweitert. Durch das Sehen wird das Unfaßbare des Geheimnisses von Leben und Sterben zum strahlend hellen Grund, wobei die Konfigurationen der Farben, der Blumen und des Rankenwerks der entwerfenden Einbildungs- und Assoziationskraft weitesten Raum geben. Die Lichtmetaphorik des strahlend hellen

Grundes, auf dem sich die Vielfalt der Blumen mit ihren Farben und das grüne Rankenwerk des verschlungenen Lebens winden, verweist auf die Umkehrung der Finsternis, des dunklen 'Grundes' des Lebens, durch die Liebe in Licht, ein neues Sonnensystem, wie es sich Malte im platzenden Geschwür des Sterbenden in der Pariser Cremerie (Aufzeichnung 18) bereits ankündigte und er auch in der Figur der Mutter, wie sie in Aufzeichnung 23 dargestellt ist, erfahren hat. Sie ordnet sich in den assoziativen Motivkomplex von Licht, Sonne, Lampe ein, der sich in den Aufzeichnungen 11-13 zu den impressionistischen Farben und der strahlenden Weite hin bis zum Bild der Vollkommenheit weiterentwickelt, der dann das Bild der Vollkommenheit im Zusammenhang der Liebe in der Gartenszene der Aufzeichnung 56 entspricht.

Die weibliche Antwort auf das Lebens- und Todesgeheimnis ist seine Transfiguration in Sehen und dann, am Ende der Aufzeichnung, in Erzählen als Formen des Wünschens und Sehnens, das immer weiter und über das Leben hinausreicht, weil es das Geheimnis zeigt, ohne sich darüber auszusprechen, es aussparend zeichnet, es in fortwährender Verweisspannung zeigt und zugleich verbirgt. Erzählen ist ein 'Durchscheinen', ein 'Transparent-Werden' wie das 'Gesicht' der Mutter hinter den verschlossenen Händen. Evoziert wird eine Art Verklärung, in der die Person, das Subjekt, die Geschichte, die Umstände zum verklärten Gegenstand werden, in dem der "Grund", der ausgespart ist, 'durchscheint'.

Verdeutlicht wird zugleich ein Teil der ästhetischen Konzeption. Erzählen bedeutet die Reproduktion der Umgebung des 'leeren Raumes' zum 'Sehen des Unsichtbaren', auf das es eigentlich abzielt: Kunst als Ort der Realisierung der Subjektivität, die in ihrer Projektion in die Dinge ihr Innerstes und Unfaßbares aufscheinen läßt. Darauf geht auch die Betrachtung der Spitzen in Aufzeichnung 41 hinaus, die in der gemeinsamen Einbildung von Mutter und Sohn als positives Pendant zu den eher vom Grundton der Angst und des Entsetzens gekennzeichneten Aufzeichnungen 27 und 28 gelten darf, zumal auch durch die Erwähnung von Ingeborgs Sekretär, in dem die Spitzen bezeichnenderweise aufbewahrt werden, eine explizite Beziehung hergestellt wird. Die Spitzen sind ebenso durch 'aussparendes Zeichnen' gekennzeichnet: die Löcher zwischen den Negativzeichnungen des zarten und kostbaren Fadengewebes bilden den Raum der Einbildungskraft, die sich diesmal freilich nicht gegen die Schrecken des Grabes, sondern durch ihn hindurch und ihn einbeziehend zu den Himmeln der Seligkeit wendet. Stellte schon Maltes Sehen in Paris, etwa das der Mauer in Aufzeichnung 18, das des Sterbenden in der Cremerie, dem das Geschwür im Kopf wie eine neue Sonne aufgeht, oder auch das des Veitstänzers eine Erweiterung des Sehens auf das Unsichtbare hin dar, so hat sich hier freilich der 'Grund' geändert. Verweisen die Formen der Paris-Erlebnisse vornehmlich auf einen amorph-dunklen Grund, wie er auch in der Figur der Blindheit exemplarisch gezeichnet ist, so wird das Rankenwerk, wie später beim Weiß der Schneelandschaft oder der Bettdecke, auf einen hellen Grund hin transparent, tendenziell einen 'Lichtabgrund' gleich in der Gestalt der Mutter ihrem durchsichtigen Lächeln auf hellem Grund, da sie im Rücken nur noch den Flug ihrer Liebe hat. In der Figur der großen Liebenden wird das Motiv des hellen und des dunklen Grundes dann, der Intention der gesamten Aufzeichnungen gemäß, tendenziell zur Koinzidenz gebracht, wie Tod ja Leben und Liebe und die große Liebe auch immer schon den Tod bedeutet.

Das Sehen durch aussparendes Gestalten und das 'Sehen der Oberfläche' stellen keine verschiedenen Sehweisen dar, sondern akzentuieren nur denselben Prozeß des 'Sehens des Unsichtbaren' auf verschiedene Weise. Während das 'Prinzip der Oberfläche' die Gestalthaftigkeit der Oberfläche, also den Verweis aufs Unsichtbare durch die Gestalt der sichtbaren Wirklichkeit, ihrer Einzelheiten und Details betont, durch die der unsichtbare Grund 'durchscheint' wie das 'Gesicht' der Mutter durch die verschlossenen Hände (27.2/786)[27], stellt das 'aussparende Gestalten' stärker den Verweischarakter der sichtbaren Wirklichkeit heraus[28].

Nicht zufällig dürften diese beiden Aufzeichnungen über das aussparende Erzählen der Ibsen gewidmeten 26. folgen. Ibsens Anstrengung, das Unsichtbare mit Gewalt ins Sichtbare, auf die Bühne zu zerren, mißlingt, während dem umgekehrten Prozeß des Erzählens, der das Sichtbare aufs Unsichtbare hin öffnet, indem er es als Umriß begreift, vorerst höhere Gelingenschancen eingeräumt werden dürfen. Nicht unwichtig ist in dieser Frage, daß das Theater einen Raum einer Gemeinsamkeit darstellt, die in der Gegenwart nicht mehr möglich ist[29], während das Erzählen, wo es dann in Schrift übergeht, eine individuelle Rezeptionsform darstellt, also der allgemeinen Entwicklung eher entspricht; bezeichnenderweise liest Malte Ibsen ja auch und sieht ihn nicht im Theater.

Kommt es wesentlich auf das 'Sehen' an als das Erfassen des unsichtbaren und ungestalteten Grundes, so wird unwichtig, ob dieses 'Sehen', etwa das der Ingeborg, sich in der Wirklichkeit des Familienkreises oder im Erzählen ereignet, wird unwichtig, wodurch es erzeugt wird, ob ein Ding der Natur oder ein Kunstding, ein Wirklichkeitserlebnis oder ein fiktives, erzähltes Erlebnis. Gehen Kunstdinge wie Erzähltes, Spitzen, Bilder, Skulpturen deutlich und direkt auf das 'Sehen' einer tieferen, unsichtbaren Wirklichkeit aus, so ließe sich von den 'Naturdingen' und den täglichen Erlebnissen allenfalls sagen, daß ein 'künstliches Sehen' sie ebenfalls zu Kunstdingen macht. Auf jeden Fall schwindet die Bedeutung allen Unterschiedes zwischen 'Natur' und 'Kunst', 'Wirklichkeit' und 'Einbildung'. Besitzen aber 'Wirklichkeit' und Kunst dieselbe Wirklichkeitsvalenz, so ist damit eine der wesentlichen Voraussetzungen für die Alchemie der 44. Aufzeichnung gegeben, die die Thematik des Erzählens ausweitet, um bei der Übertragung des Sehens vom Blut aufs Papier das Buch zum 'ewigen Körper' der Subjektivität zu machen.

Die Spaltung des Subjekts: das Hand-Erlebnis

Die Aufzeichnung 29

Mit den beiden vorangehenden Aufzeichnungen ist die 29. auf dreifache Weise verbunden. Malte selbst knüpft, was den Stoff, die Erfahrung des Entsetzlichen und des Grauens, betrifft, an die Erzählung der Mutter an, fühlt er sich doch durch sie ermutigt, sein eigenes Hand-Erlebnis zu erzählen. Eine zweite Verbindung besteht darin, daß auch in dieser Aufzeichnung die Problematisierung des Erzählens selbst, das Problem an den Gegenstand bindend, den Rahmen bildet. Die dritte Verkoppelung der beiden Aufzeichnungen schließlich erfolgt durch einen augenscheinlichen Widerspruch: dem Prinzip der Aussparung, wie es an der 'Negativ-Figur' der Ingeborg demonstriert worden ist, scheint die Sichtbarkeit der Hand zu widersprechen.

Der kleine Malte malt auf dem Tisch, als ihm ein Farbstift unter den Tisch fällt. Bei der Suche nach dem verlorenen Gegenstand in der Dunkelheit unter dem Tisch erscheint ihm seine eigene, suchende Hand wie ein Wassertier, dem dann aus der Wand eine andere Hand entgegenkommt. Von tiefstem Schrecken erfaßt, vermag Malte sich nur unter Aufgebot seines letzten Willensrestes an die lichte Oberfläche zu retten, ohne dann dem Kindermädchen sagen zu können, was geschehen sei.

Die lichtbeschienene Dimension oberhalb der Tischfläche ist deutlich der dunklen unterhalb entgegengesetzt, in der andere Gesetze gelten. Maltes Erlebnis stellt so eine 'Grenzüberschreitung' dar, eine Erfahrung außerhalb der 'verabredeten Grenzen', wie es in der 32. Aufzeichnung dann heißt. Das Zeichnen Maltes darf einerseits, was die Offiziere und den Ritter betrifft, sicherlich als Einübung in gesellschaftliche Konvention und

Identitätsentwurf verstanden werden[30], ist andererseits aber in der Merkwürdigkeit des Pferdes und der Begeisterung für die "Farben auf dem weißen Papier" von der noch nicht durch Konvention bestimmten Weite kindlicher Phantasie gekennzeichnet, wie sie etwa in den Aufzeichnungen 41 und 42 Darstellung findet; so entsprechen sich das Weiße, die gegenstandslose Helligkeit, des Papiers und das Weiße der Schneelandschaft in Aufzeichnung 42.

In der Einfachheit des alles einhüllenden Rauchs auf Maltes Bild mag dann ein Hinweis auf kindlich einfache Darstellung des Amorphen gesehen werden, die zum Prinzip des 'Sehens des Unsichtbaren' durch die detailliert ausgebildete gegenständliche Wirklichkeit hindurch in scharfem Kontrast steht. Malte selbst weist über diesen Rahmen seiner frühen kindlichen Anfänge hinaus, wenn er in Kontrast zu seiner Mutter, die von seinen negativen auflösenden Erfahrungen, dem Hand- und dem Spiegelerlebnis wie dem Gehalt der Fieber ja nichts weiß, das Zeichnen von Inseln mit Bestimmtheit in eine spätere Entwicklungsphase verlegt. Die Erwähnung der Inseln im Meer darf als Vorgriff auch auf die Insel der Aufzeichnung 38 verstanden werden, als Vorbildung der Insel der Wandteppiche in seinem Innern, jedenfalls was den Gehalt betrifft: die im Wasser gespiegelte - Vorgriff auch aufs Spiegelmotiv in den Aufzeichnungen 32, 34 und 38 - Insel weist das Feste und Gestaltete der Insel, ihre anscheinende Idylle als umgeben und hervorgebracht vom fluiden, ungestalteten Element des Wassers aus, auch des Meeres, nach dem Malte sich auch im Zusammenhang der 22 Aufzeichnung sehnte, mit seiner unendlichen Weite und seinen unauslotbaren Abgründen, Ort des Untergangs und erstes vitales Element. Inseln, so läßt sich mithin interpretieren, können erst nach einem Untergang - der in dieser Hand-Episode sich andeutet und dann in der Spiegelepisode etwa erfolgt - gemalt werden.

Die erst teilweise gefestigte Einheit und Identität des Ich offenbart sich nicht nur in der Darstellung, sondern auch im Körpergefühl, als Malte den Stuhl hinabklettert, um seinen Farbstift wieder unter dem Tisch hervorzuholen:

> *"Ungeschickt wie ich war, kostete es mich allerhand Veranstaltungen, hinunterzukommen; meine Beine schienen mir viel zu lang, ich konnte sie nicht unter mir hervorziehen; die zu lange eingehaltene kniende Stellung hatte meine Glieder dumpf gemacht; ich wußte nicht, was zu mir und was zum Sessel gehörte." (29.3/794)*

Die Hinweise zur Erklärung aus der 'realistischen Wirklichkeitsperspektive' ist mit dem Ungefestigtsein des Ich verquickt. Das Ungefestigtsein des Ich, verstärkt noch dadurch, daß sein Geist noch ganz mit der Maltätigkeit in der Helligkeit auf dem Tisch beschäftigt ist, erlaubt dann seine Spaltung im Dunkel unter dem Tisch.

Der Übergang von der Lampenhelligkeit oberhalb zur Dunkelheit unterhalb des Tisches ist der Struktur des Bildes der entzündeten Kerze in der 23. Aufzeichnung ähnlich, die nur einen Teil der Wirklichkeit bescheint, während die anderen Seiten ins Dunkel hinabreichen. Der Übergang ins Dunkel unter dem Tisch erweist sich als das Überschreiten der Grenze des Grauens: Malte tut einen Blick in die verborgene Seite der Wirklichkeit.

Wiederum von einer wirklichkeitsnah beschriebenen Situation ausgehend - die noch von der Helligkeit geblendeten Augen müssen sich an das Dunkel unter dem Tisch gewöhnen - geht das Ereignis graduell ins Phantastisch-Grauenhafte über. Den sich langsam an die Dunkelheit gewöhnenden Augen Maltes, Sitz seines bewußten Ich, erscheint seine suchende Hand als etwas Selbständiges, wie ein Wassertier, ein von autonom-eigener Kraft, einer anderen als der seinen, subjektiven, Bewegtes, das im flüssig ungestalteten Element lebt. Von dieser Spaltung des Subjekts, das im Körpergefühl, in der Entfremdung eines Körperteils, ähnlich wie beim Wachsen des Großen als ein zweiter Kopf in der Aufzeichnung 19, die Teilung der Subjektivität konstatiert, ist es nur noch ein kleiner Schritt zur dann auch physisch abgetrennten, diffusen Subjektivität, die in der spiegelbildlich aus der Wand kommenden Hand Gestalt annimmt. Die Gestalt der Hand ist anders, die Bewegung aber die gleiche, die Kraft, die beide Hände lenkt, dieselbe und Maltes suchend Bewegung dadurch als von seinem Willen als Subjekt ausgehende Bewegung in Frage gestellt: Die Bewegung der Subjektivität kann auch umgekehrt verlaufen, von der unsichtbaren Wirklichkeit hinter der Mauer in seinen Körper. Auf jeden Fall sind nun aber die Bewegungen der Subjektivität in seinem Innern mit denen des Unsichtbaren Äußeren, das sich hinter jeder, auch anders gestalteten Wirklichkeit verbirgt, in eine unlösbare Verbindung gebracht. Hierin besteht zugleich die Voraussetzung zur Einfühlung in Personen und Dinge. Der Schrecken besteht im Grunde darin, daß die Einheit des mit Willen und Verstand begabten Subjekts in seiner körperlichen Integrität als Sitz der Subjektivität zerstört wird. Nicht nur gibt es Körperteile, die dem Willen entzogen sind - es sind, wie Malte schon in Aufzeichnung 23 feststellte, die "gleichmütigeren Organe: im Kapillaren", durch die das Unfaßbare, das somit zugleich als Naturkraft gekennzeichnet wird, eindringt - oder sich dem Willen entziehen, wie die Hand, der gesamten Wirklichkeit ist in ihrer dunkel ungestalteten Seite Subjektivität, eine unfaßbare Kraft eigen, die im Grunde alles lenkt, die diese sichtbare und gewohnte, aber auch eine andere Wirklichkeit hervorbringen kann, so daß das 'klassische Subjekt' als oberflächliche und fragile Illusion kenntlich gemacht wird. Das

Subjekt - und darin liegt zugleich sein gesellschaftskritischer Sinn - wird in Hand und Kopf getrennt, seiner Handlungsfähigkeit beraubt und dadurch schließlich auch 'in seinem Kopf' als Subjekt zerstört.

Die Zerstörung der Einheit des Subjekts, der Identität, wird auch dadurch unterstrichen, daß der nach seiner mit letztem Willensaufgebot gelungenen Flucht aus dieser Situation noch ganz 'außer sich' befindliche Malte vom Kindermädchen bei seinem Namen, mit der Bezeichnung seiner Subjekteinheit[31], gerufen wird, um ihn wieder 'zu sich', in seine Identität hinein zu bringen.

Damit ist zugleich auch schon eine Antwort auf den anscheinenden Widerspruch gegeben, der eingangs erwähnt wurde. Die Sichtbarkeit des Unsichtbaren zielt auf die Bestätigung des Unsichtbaren[32]. Die Hand wie die Gestalten der Gespenster verweisen selbst wiederum auf Kräfte, diffuse Subjektivität, einen unsichtbaren 'Grund', der - in der Dunkelheit oder jenseits der Mauer - verborgen und unsichtbar bleibt. Es liegt nur allzu nahe, in dieser Teilung der Sphären auch die Spaltung der Person in einen oberen, hellen Bereich des Bewußtseins, und einen unteren, dunklen des Unterbewußtseins, in dem andere, von Willen und Bewußtsein des 'klassischen Subjekts' unabhängige Kräfte herrschen, zu erkennen. Über alle Individualpsychologie hinaus kommt dieser unbewußten Subjektivität freilich ein sich schließlich auf die ganze Weltgeschichte, Natur und tendenziell Gott erstreckender totalisierender Anspruch zu.

Wenn Malte das Erzählen, oder besser Nicht-Erzählen dieser Geschichte mit der vorangehenden Aufzeichnung der Ingeborg-Erzählung der Mutter und der Galerie-Szene der 34. Aufzeichnung in Verbindung bringt, so hat das nicht nur stoffliche Gründe, das 'Sehen des Unsichtbaren' oder 'Erfahrung der anderen Wirklichkeit', sondern auch 'theoretische': das Problem des Erzählens und der Erzählbarkeit des Erlebten, bzw. des Gesehenen. Will Malte nur seiner Mutter und Erik diese Geschichte erzählen, so wird damit implizit ein kongenialer, das 'Sehen' vermögender Zuhörer gefordert. Darüberhinaus aber scheinen die Gründe, warum Malte weder seiner Mutter noch Erik diese Geschichte dann doch nicht erzählt, als vorgeschoben gegenüber dem am Ende gegebenen Zusammenhang. Erik gegenüber ergibt sich Malte nicht nur nicht die rechte Gelegenheit zum Erzählen aufgrund der Verschlossenheit Eriks; der hier wie in Aufzeichnung 35 gegebene, reziproke Verweis: "Ich hätte dir manches erzählen mögen" (35.1/818), dient vielmehr dazu, die Erzählproblematik mit der des Spiegels und der Bilder in Verbindung zu bringen.

Erzählen bedeutet, so wird am Anfang durch die Ausführungen Maltes darüber, warum er der Mutter die Geschichte nicht erzählt, und am Ende der Episode nochmals explizit im Sinne der Aufzeichnungen 27 und 28 bestätigt, als ein 'Sehen' konzipiert, das das Erlebnis wiedererleben läßt:

> *"Und plötzlich ergriff mich die Angst, sie könnten doch, über mein Alter hinaus, auf einmal da sein, diese Worte, und es schien mir fürchterlicher als alles, sie dann sagen zu müssen. Das Wirkliche da unten noch einmal durchzumachen, anders, abgewandelt, von Anfang an; zu hören, wie ich es zugebe, dazu hatte ich keine Kraft mehr."* (29.4/796)

Zugeben, als wirklich Seiendes akzeptieren, wie der Vater die Existenz der Gespenster in Aufzeichnung 15, würde Malte durch das Erzählen die Existenz dieser anderen Wirklichkeit ebenso wie die Oberflächlichkeit, den Scheincharakter seines Subjektseins. Dieser käme zudem nicht nur im Gegenstand des Erzählens zum Ausdruck, sondern, analog zum apokalyptischen Schreiben, im Erzählen selbst, denn Malte hörte sich selbst zu, die Worte gingen von selbst aus seinem Innern hervor, würden ihm diktiert.

Erzählen vollzieht sich damit, gelingt ihm wahrhaft die Evokation des Sehens, jene paradoxe Figur der Identität und Nichtidentität, die schon am Tod des Großvaters Brigge beobachtet wurde, schließt es doch den Untergang des Subjekts ein: dieses Erzählen vollzieht sich unter der Perspektive des Todes. Eben daher behauptet Malte am Ende der Aufzeichnung das 'Eigene' dieses Erlebnisses, das ein 'eigenes Leben' im Grunde als zugleich einen 'eigenen Tod' vorausdeutet:

> *"Ich sehe mich in meinem kleinen Gitterbett liegen und nicht schlafen und irgendwie ungenau voraussehen, daß so das Leben sein würde: voll lauter besonderer Dinge, die nur für Einen gemeint sind und die sich nicht sagen lassen."* (29.5/796)

Damit wird die vom Tod her konzipierte mystische Einsamkeit, daß all' diese Welt des Besonderen und am Ende des Untergangs und der ihn umkehrenden, allumfassenden Liebe nur um den Preis des Alleinseins da ist, wie es in Aufzeichnung 22 heißt, als auch für das Erzählen konstitutiv begriffen und kollidiert mit dem Charakter des Kommunikativen und Gemeinsamen. Im 'Schreiben' als Erzählen wiederholt sich die Figur der die Kommunikation auf sich selbst zurückbiegenden Einsamkeit, die allenfalls, wie sich in den letzten Aufzeichnungen zeigt, durch ein Herz mit parallelen Strahlen - den kongenialen Leser - erfaßt werden kann:

> *"So ist es, wunderlich genug, das erstemal, daß ich (und schließlich auch nur mir selber) eine Begebenheit erzähle, die nun weit zurückliegt in meiner Kindheit."* (29.1/792)

Vom Grauen zum Wunderbaren: die Ambiguität der Kindheit als Entwicklung der mütterlich-weiblichen Einbildungskraft gegen die väterlich-männliche Ordnung

Die Aufzeichnungen 30 und 31

Führt die 30. Aufzeichnung den Leitfaden der Grauenserfahrungen der Kindheit verallgemeinernd fort, so stellt die 31. dem die Erfahrung des Wunderbaren entgegen. Beide Aufzeichnungen sind aber auch dadurch miteinander verknüpft, daß jeweils in den Figuren der Eltern deutlich geschlechtsspezifisch entgegengesetzte Haltungen gegenüber der Wirklichkeit der Einbildungskraft und des Unterbewußtseins exemplifiziert werden, wie sich schon in Aufzeichnung 28 ankündigte: die weiblich einfühlend empfindsame, für die gegenüber der Einbildungskraft offene der Mutter und die der Ordnung und Konvention verpflichtete des Vaters. - Die geschlechtsspezifische Zuordnung von Einbildungskraft und Liebe ist hier wie in den Figuren der großen Liebenden (vgl. Aufz. 39 und 40) nur angedeutet und stellt keinen stringent durchgeführten Gedanken dar; ebenso ließen sich nämlich männliche Gegenfiguren wie etwa der Großvater Brahe, der Marquis von Belmare, Beethoven, der ältere Mann der Aufzeichnung 68, der verlorene Sohn u.a. finden.

Der erste Absatz der 30. Aufzeichnung führt nicht nur das Thema der Schreckenserfahrungen der Kindheit fort und verallgemeinert es; wenn es einführend heißt, daß die fiebrigen Kinderkrankheiten "darauf ausgingen, zu beweisen, daß dies nicht das erste eigene Erlebnis war "(30.1/797), so wird das, was Malte in den Aufzeichnungen 20 und 23 als die Vernichtung des Subjekts erfährt, als sein Ende und seinen Tod, hier vor alles "erste Erlebnis" noch gestellt und, das oben genannte und in der 8. und 9. Aufzeichnung explizierte Paradoxon der Einheit der Identität und Nichtidentität wiederaufnehmend, als Anfang und Quell der Eigenheit ausgemacht.

Deutlicher als je zuvor wird das, was in den Fieberträumen an den Tag kommt, als die Wirklichkeit eines 'Unterbewußtseins' herausgestellt, das in diesem Krankheitszustand das wieder heraufbringt, was in der 4.Aufzeichnung als ein Eingehen und Fallen des Gesehenen in die Tiefe des Inneren gekennzeichnet wurde, in die Sphäre des Vergessens:

"Das Fieber wühlte in mir und holte von ganz unten Erfahrungen, Bilder, Tatsachen heraus, von denen ich nicht gewußt hatte; ich lag da, überhäuft mit mir, und wartete auf den Augenblick, da mir befohlen würde, dies alles wieder in mich hineinzuschichten, ordentlich, der Reihe nach." (30.1/797)

Im inneren Unten, von dem das Ich nichts weiß, im dunklen Abgrund seines Innern ist die Spaltung des Subjekts existenziell begründet. Das ungeordnete, ungestaltete Chaos der Wirklichkeit, das aufgelöste Subjekt, wie der sterbende Großvater Brigge ein "Haufen", stellt den amorphen "Grund" dar, der in der Bewegung der 'mors mystica'das konventionelle, klassisch-humanistische, am Maß seines Körpers festgestellte Subjekt zersprengt, weil es größer und umfassender ist, so daß sich hier wie im Tode eine über dieses Maß hinausgehende Bewegung des Wachsens und der Ausdehnung ergibt:

> *"Ich begann [in mich hineinzuschichten], aber es wuchs mir unter den Händen, es sträubte sich, es war viel zu viel. Dann packte mich die Wut und ich warf alles in Haufen in mich hinein und preßte es zusammen; aber ich ging nicht wieder darüber zu. Und da schrie ich, halb offen wie ich war, schrie ich und schrie." (30.1/797)*

Wenn danach noch aus der Aufzeichnung 23 die Szene des Aufwachens aus dem Alptraum des Unterbewußtseins mit der schattenwerfenden Kerze zitiert wird, so ergibt sich ein Assoziationsbereich des Dunklen, der, als untergründig verzweigtes Netz alle Zeit- und Raumunterschiede überwindend, in den Zentralmetaphern des grauenerregenden, immerwährend anwesenden Unterbewußten zusammenschließt: ein Chaos von Wirklichkeitsfragmenten, die einen gestaltlosen Haufen bilden, Ich-Spaltung hervorrufen und als Wunde wie umfassende Dunkelheit, Blindheit empfunden werden; diese unfaßbaren Kräfte dringen, wie schon bei Großvater Brigges Tod, im Schreien nach draußen, werden Luft, Atmosphäre, Natur.

Dieses äußerst bewegliche Netz ist allen Erfahrungen unterlegt. So lassen sich die Aufzeichnungen auch als Protokoll der Arbeit eines Unterbewußtseins lesen, als "Raumgewinn", um einen Terminus aus den Orpheus-Sonetten zu gebrauchen[33], auf das Unterbewußte als der gegenstandslosen Bewegung der Subjektivität hin, die eine viel weitere Wirklichkeit darstellt. Da in diesem Bereich die Frage von Innen und Außen hinfällig wird, das Äußere dem gegenstandslosen Innern korrespondiert, dieses Innere die äußeren Phänomene aber als Erscheinungen einer viel tieferen, ungestalt-fluiden Wirklichkeit sichtbar macht, bleibt die Feststellung, daß es sich um eine Bewußtseinstotalität handelt, außerhalb der inneren Logik, die die gesamte äußere Wirklichkeit nur als immer auch schon innere annimmt.

Dem Versuch Maltes in Aufzeichnung 23, dem unfaßbar ungestalteten Entsetzen durch das Entzünden der Kerze, der erleuchtenden

Aufklärung des Subjekts ein Ende zu machen, entspricht hier die entzündete Kerze, die aber ebenfalls hier wie in Aufzeichnung 23 Schatten wirft und den Bezug aller Dinge zur dunklen Welt umso deutlicher noch hervortreten läßt. Evidenter ist in dieser Aufzeichnung aber noch die Bestimmtheit des Subjekts als Maß der äußern Konvention. Der explizit von außen kommende Befehl, Ordnung in dem Chaos der Tatsachen, Bilder und Erfahrungen zu schaffen, d.h. sie in das Maß des körperlichen Ich zu zwängen, erweist sich als vom Vater gegeben; zugleich wird der äußerliche Zwangscharakter klar:

> *"Es war ein freundlicher, gedämpfter Befehl, aber ein Befehl war es immerhin. Und er [der Vater; B.A.K.] wurde ungeduldig, wenn ich nicht antwortete."* (30.1/797)

Die Rolle des Vaters als Vertreter der männlichen Ordnung einer aufklärerischen Ratio, ausgedrückt durch den Befehl "zu sagen, was es denn gäbe", d.h. in Worte zu fassen und damit zu rationalisieren, in den Termini der 28. Aufzeichnung, "darüber nachzudenken, richtig der Reihe und Ordnung nach und von Anfang an" (28.3/788) wie ein Mann, wird auch im zweiten Absatz dieser Aufzeichnung deutlich an seiner Stellung bei Hofe, seiner Uniform und vor allem durch das Unverständnis und die Distanz gegenüber der Erlebniswelt Maltes. Maltes Schreiens wegen vom Hofball zurückgerufen, stellt er lediglich fest, daß 'es nichts Ernstliches sei', wertet das Vorkommnis als "Unsinn" und kehrt, die Mutter mit sich nehmend, zum Fest zurück. Anders die Mutter, die, gar nicht mehr auf ihre große Garderobe achtend, in Mitgefühl ihren Sohn umarmt und tröstet, als bis der Vater sie trennt. Als Zeichen ihres Mitgefühls und ihrer liebenden Disponibilität aber hinterläßt sie Malte ihre Tanzkarte und, man denkt hier natürlich an Dumas' "Kameliendame", weiße Kamelien.

Wie der Vater der Besonderheit der Fieberwelt und der ihr angemessenen Tröstung durch die Mutter - man erinnere sich hier auch der Aufzeichnung 23 - seine Ordnung entgegenstellt und oktroyiert und Mutter und Sohn trennt, so muß auch die jener Welt positiv entsprechende des Wunderbaren vor der Gesellschaft und insbesondere vor dem Vater verborgen gehalten werden. Dieser Charakter des Vaters als Vertreter von Ordnung und Ratio kennzeichnet fast alle Aufzeichnungen, in denen er erwähnt wird. In Aufzeichnung 15 vermag der Vater sich nur unter äußerster Anstrengung mit der Existenz des Unsichtbaren und Unfaßbaren, dem Gespenst der Christine Brahe abzufinden; der mütterliche Familienzweig der Brahes zeigt hier wie in Aufzeichnung 28, 34 und 35 noch eine historisch zurückliegende, der Gemeinsamkeit der Einbildungskraft noch nähere Gesellschaft, der die Sichtbarkeit des Unsichtbaren noch selbstverständlich war, wie vor allem die älteste der Figuren, Großvater Brahe darstellt, während der Vater Maltes demgegenüber die moderne Konvention der rationalistischen Aufklärung repräsentiert, der alles in Worte faßbar ist und für die es, außer in diesen Worten, keine Wirklichkeit gibt. Daher erklärt sich seine Ablehnung der Phantasie und des Wunderbaren hier in Aufzeichnung 31 wie in der 'Erscheinung' des Hauses der Schulins in Aufzeichnung 42. In diesen Zusammenhang ordnet sich seine Religiosität ein (Aufz.34), die als "Jägermeister bei Gott" die Sphäre des Religiösen sich um keinen Deut anders als die gesellschaftliche Ordnung und Rolle bei Hofe zu deuten weiß, und schließlich auch sein Tod, dessen Bedeutung als absolutes Ende er durch einen 'Herzstich' gesichert und bestätigt haben will (vgl. Aufz. 45). Der männlichen Ordnung der Konvention gehören auch die Geburtstage (Aufz. 32 und 44) an, wie das Eindeutige der Dinge sowie das Entfremdende und Oktroyierte selbst der Gefühle zeigt:

> *"Wurde aber einem eine Freude bereitet, so war es eine Freude, und er hatte sich danach zu benehmen." (32.1/801)*

Der Vater wird zwar nicht direkt bei der Beschreibung der Geburtstage zitiert, doch gleich im Anschluß an deren Darstellung als Inbegriff der Vereinnahmung durch die gesellschaftliche Konvention, der Malte sich entzieht, ist er es, der ihn in diese Welt zurückholen will und nach ihm suchen läßt (vgl. 32.2/802).

Solch oktroyierter Ordnung steht die innere Dynamik der Ereignisse entgegen, denen aufgrund der Affinität zum Wesen der Mutter ein weiblicher Charakter zuerkannt werden kann. Wo eine 'realistische Wirklichkeitsperspektive' vom Erbteil der Mutter zu sprechen geneigt wäre, weist Maltes 'Logik' eine je im individuellen begründete Entwicklungsdynamik aus, die Affinitäten hervortreten läßt, so daß sich unter bestimmten Bedingungen Gemeinsamkeit ergeben kann. Bezeichnenderweise liegt Gemeinsamkeit nicht bei den Schreckenserfahrungen vor, diese sind unteilbar. Gemeinsamkeit scheint aber dann der Umkehrung des Schreckens in Liebe inhärent zu sein oder, partial, Folge dieser Liebe zu sein, insofern die Liebe nicht in der 'Gemeinsamkeit' mit anderen besteht, sondern in der bejahenden Annahme des Leidens, des Schrecklichen und Entsetzlichen. Auf jeden Fall aber steht diese Dynamik der oktroyierten männlich-rationalen Ordnung des Vaters diametral entgegen.

Von ihr setzt sich vor allem zunächst der Genesungsprozeß vom Fieber ab, der im ersten Absatz der 31. Aufzeichnung beschrieben wird und als Übergang und Zwischenschritt zur Erfahrung des Wunderbaren gelten darf. Nicht die Gewalt einer männlichen Ordnung, die es wieder in Schatten umschlägt,

158

sondern der allmähliche Aufbau eines umfassenden Körpergefühls im weißen, leeren Raum kennzeichnet das Genesen:

> *"Der Geschmack von Apfelmus hielt lange vor, und das war schon alles mögliche, wenn man ihn irgendwie auslegte, unwillkürlich, und die reinliche Säure an Stelle von Gedanken in sich herumgehen ließ." (31.1/799)*

Nach dem gewaltsamen Umsturz der Konvention, dem Erlebnis des ursprünglichen Chaos aller "Erfahrungen, Bilder, Tatsachen", folgt ein in den Termini der langen Zeit und der leeren weißen Bettdecke gezeichneter Zustand selbstloser Lethargie. Es handelt sich um eine Art Schwebezustand, der der Selbstvergessenheit des "leeren Blattes" am Ende der 21. Aufzeichnung oder auch der weißen Schneelandschaft in Aufzeichnung 42 ähnelt. In ihm hat das Chaos als Leiden gewissermaßen ein Ende, aber noch ist nichts an seine Stelle getreten, vielmehr hat es einen erst noch zu füllenden oder zu schreibenden, völlig ungeformten leeren Raum gelassen, in dem eine neue Welt aufgebaut, in den in dieser physiologischen Hermeneutik eine neue Welt projiziert werden kann.

Die Welt des Wunderbaren nun, die Malte mit seiner Mutter anstelle der konventionellen Ordnung in den 'leeren weißen Raum' entwirft, wird ausdrücklich unterschieden von der Welt des Phantastischen, wie sie in den Märchen herrscht und eben durch die Abgetrenntheit von der Welt des konventionell Wirklichen dieselbe bestätigt. Daher verstellen sich Mutter und Malte gegenüber den anderen, vor allem gegenüber dem Vater, und fingieren, Märchen lesend, konventionskonformes Verhalten.

> *"Denn wir waren einig darüber, daß wir Märchen nicht liebten. Wir hatten einen anderen Begriff vom Wunderbaren. Wir fanden, wenn alles mit natürlichen Dingen zuginge, so wäre das immer am wunderbarsten." (31.2/799)*

Das Wunderbare im Begriff Maltes und seiner Mutter befindet sich nicht außerhalb und entgegengesetzt zu allem Wirklichen, sondern mitten in den 'natürlichen Dingen', als ihre Tiefenschicht unsichtbar um sie, in ihnen oder hinter ihnen, als, so darf von den Aufzeichnungen 27 und 28 her ergänzt werden, ihr strahlender 'Grund', als eine Seligkeit, wie sie sich in den Spitzen der 41. Aufzeichnung findet oder als Spiel mit der Identität, wie Malte es in den letzten beiden Absätzen dieser Aufzeichnung beschreibt. Die eindeutige Identität, auch die sexuelle, ist mithin weiter nichts als gesellschaftliche Konvention, eine vordergründige Festlegung eines abgetrennten Teils gegenüber einer ursprünglichen Ganzheit. Die der Mutter zu dankende weibliche Weltkonzeption grenzt sich nicht ab, wie die männlich eindeutige der Konvention, sondern weiß um die Vieldeutigkeit der Welt und ist offen für andere Möglichkeiten der Wirklichkeit. Sie fixiert nicht ein für allemal die Identität, sondern läßt das Ich, indem es sich in ein anderes einfühlt, sich selbst als das Andere gegenübertreten. Das Ich ist daher nie fest und eindeutig, sondern nur in den Spannungen seiner Vieldeutigkeit faßbar. Es beschreibt, auf diese Weise sich in seine anderen Möglichkeiten durch seine Einbildungskraft einfühlend, einen Raum, der positiv auf das über das konventionelle Ich von innen hinauswachsende Große Bezug nimmt.

Wenn das Wunderbare nicht im Phantastischen, sondern im Wirklichen zu suchen ist, so wird dadurch auch ein Hinweis auf eine mögliche andere Interpretation der 'realistischen Wirklichkeitsperspektive' in ironischer Funktion gegeben: Die Geschichte und die Einbildungen Maltes sind als Vertiefungen einer Wirklichkeit zu verstehen, die durchaus nicht phantastisch ist, sondern ebenso auf der Wirklichkeitsebene der Konvention erfaßt werden kann.

Malte hat sich früher gelegentlich, einen Wunsch der Mutter erratend[34], als Mädchen namens Sophie verkleidet und, seine Stimme dementsprechend verstellend, tendenziell auch die leibliche Identität gewechselt. Das Wunderbare besteht hier also im Spiel mit der Identität, der der frühen Kindheit noch offenen Möglichkeit, daß es hinter der gegebenen, dem Malte praeexistenten Wunsch der Mutter, die mit dem Wünschenwollen ja die durchs einfache, konventionelle Leben gegebene Zeit und Wirklichkeit überschreiten will[35], entsprechend, noch andere gibt. Nicht zufällig dürfte dieses Identitätsspiel als Erinnerung einer Erinnerung eingeführt sein. Auf diese Weise wird die Problematik des Erzählens tangiert, da das eigentliche Ereignis, wie später in Aufzeichnung 44 vom Erzählen, als hinter vielen Schalen der Vergangenheit verborgen und gleichzeitig als gleichwohl deutlich und gegenwärtig dargestellt werden soll, gleichsam wiederum die 'Umgebung' bietet, die transparent wird auf eine weitere Schale hin und der Einbildung den Raum zum 'Sehen' schafft. Gleichzeitig wird eine Verbindung mit der folgenden Spiegelthematik hergestellt. Der verborgene und in Bezug auf den Sohn praeexistente Wunsch der Mutter spiegelt sich im Verhalten Maltes, der seinerseits, als die Mutter von diesem Spiegel forttreten will und behauptet, Sophie sei gestorben, das Fortwähren dieser Wirklichkeit behauptet, auch wenn sie nicht sichtbar und beweisbar sei. So gilt Malte dieses Spiegelbild als fortwährende, zeitunabhängige, in der Erzählung nur zum Sehen gebrachte untergründige Möglichkeit seiner Identität. Dieser unsichtbaren, im kindlichen Spiel der Einbildungskraft ans Licht kommenden praeexistenten Welt vieler Identitäten aber eignet Androgynität, d.h. ursprüngliche Ganzheit und Vollkommenheit[36].

Die monströse Wirklichkeit des Spiegels

Aufzeichnung 32

Den Höhepunkt der kindlichen Schreckenserfahrungen Maltes, die sich vom erzählten Entsetzen der 27. und 28. Aufzeichnung über das Hand-Erlebnis und die Fieberträume steigern, bevor sie vorübergehend in die Gestalt des Wunderbaren sich kehren, bildet dann die Spiegelepisode der 32. Aufzeichnung. Beim Verkleidungsspiel vor einem Spiegel verliert Malte die Gewalt über das Spiegelbild, das als monströse Wirklichkeit nun umgekehrt ihn beherrscht und in den Selbstverlust der Bewußtlosigkeit treibt, in jenes Ende der Subjektvernichtung, das auch die Paris-Erlebnisse der Aufzeichnungen 18-21 kennzeichnete. Eingeleitet wird die mit acht Seiten relativ lange Aufzeichnung, die sich in sieben der acht Absätze durch eine detaillierte Beschreibung der Vorgänge, das erregende Spiel der Identitäten zunächst und seine Umkehrung in das Beherrschtwerden durch die Wirklichkeit des Spiegelbildes alsdann, auszeichnet, durch Maltes Distanzierung und Absetzung von der gesellschaftlichen Konvention, "diese(n) verabredeten Grenzen", in die "denn auch alles hinein(ging)" (32.1/801). Dieses "gemeinsame Leben" ist von der Welt der Fieber, in die Malte in gewisser Weise auch das Erlebnis des Wunderbaren miteinbezieht, dermaßen entfernt, daß Malte sich in seiner Schreibgegenwart darüber wundert, zu ihr zurückgekehrt zu sein. Unterstrichen wird damit nicht nur die Distanz und Inkommensurabilität der beiden Welten, sondern auch die starke Anziehungskraft und die totalisierende Tendenz, die nicht nur der Sicherheit bildenden Konvention, sondern auch der 'Welt der Fieber', der Eigenlogik des extremen Pols der Subjektivität eignet. Die Kritik der vorangehenden Aufzeichnungen fortführend, ist die Welt der Konvention, des durch Übereinkunft 'Bekannten' und 'Verständlichen', neben der Begrenztheit, Eindeutigkeit und Sicherheit vor allem auch durch ihren entfremdenden, aufgesetzten sozialen Zwangscharakter gekennzeichnet:

> *"Wurde einem aber eine Freude bereitet, so war es eine Freude, und er hatte sich danach zu benehmen." (32.1/801)*

Höhepunkt der sozialen Entfremdung ist Malte hier wie auch in den Aufzeichnungen 43 und 71 die jährlich wiederkehrende Feier des Beginns der Existenz in Eigenheit, der Geburtstag[37]. Dieser Tag, der die gemeinsame Welt des Sozialen zentripetal auf das gefeierte Ich beziehen soll, wird als Höhepunkt der sozialen Entfremdung und Entleerung erlebt, als sei das Leben nicht für das Selbst, sondern für die Andern bestimmt. Von dieser namentlich durch den Vater nach ihm ausgreifenden Welt setzt Malte sich, das Motiv der Isolation aus den Paris-Erlebnissen, aber auch den Schreckenserlebnissen der Kindheit, vom Handerlebnis (Aufz. 29) bis zu den Alpträumen (Aufz. 23 u. 30) wiederaufnehmend, in die Abgelegenheit des Giebelzimmers, ins Alleinsein als Bedingung zur Überschreitung der Konventionsgrenze ab[38].

Endet nun das Spiegelerlebnis wie die Paris-Erlebnisse der Aufzeichnungen 18-21 mit dem Selbstverlust, der Vernichtung des Subjekts, so gestaltet sich die dorthin führende Bewegung doch anders. Stellt sich die Entwicklung in Paris nämlich als eine absteigende Linie dar, die allenfalls gelegentlich von einer aufsteigenden durchkreuzt wird und erst am Ende eine Umkehrung erfährt, so präsentieren sich die Kindheitserlebnisse zunächst eher in Form einer Hyperbel. Aus den Erfahrungen des Unheimlichen und Entsetzlichen, das als Quell der Eigenheit noch vor alles erste eigene Erlebnis gelegt wird, erhebt sich in der 31. Aufzeichnung die Bewegung in die Höhe des Wunderbaren, das im Identitätsspiel die praeexistente geschlechtliche Ambiguität in der Oszillationsfigur androgyner Vollendung einholt und als untergründige Wirklichkeit fortbestehen läßt. Diese Dimension des Wunderbaren wird im nun historischen Identitätsspiel vor dem Spiegel fortgeführt, dessen Idealität freilich auf einem prekären Gleichgewicht der zwischen dem Selbst und seiner über es hinausgreifenden tieferen Wahrheit der in das "Nicht-Seiende" des Spiegels gespannten Kräfte der Subjektivität beruht. Sich des Kräftegleichgewichts, des Seiltanzes nicht bewußt und also unwissend, daß die Sphäre der völlig freien Phantasie wie die des Entsetzlichen die nämliche in der 'Nicht-Wirklichkeit' des Spiegels aufscheinende Dimension der Einbildung bilden, stürzt Malte, als er im Vergessen des Willens, etwas Bestimmtes vorzustellen, sich selbst als Subjekt vergißt, von der Höhe der Hyperbel ins Entsetzliche, den Selbstverlust, die Subjektvernichtung zurück, da sich das 'Nicht-Seiende für den Profanen'[39], um einen Ausdruck Rilkes aus einem andern Spiegel-Kontext zu gebrauchen, für den auf seinen Willen, sein Subjektsein verzichtenden 'Sehenden', als das wirkliche und gründende Seiende erweist[40].

Die weißen Wände des abgelegenen Giebelzimmers bezeichnen wie die leere Bettdecke der vorangehenden Aufzeichnung jenen Schwebezustand der Disponibilität noch ungeformter Subjektivität, das unbeschriebene Blatt der Einbildung[41], das als Voraussetzung des Spiels gelten kann. Die hochgelegenen Fenster des Raums erlauben Malte keinen Ausblick nach außen, wenden das ins Alleinsein geschlossene Spiel in seinen Innenraum.

Das so den Innenraum Maltes schaffende Giebelzimmer, in dem sich die Szene abspielt, fand bereits in der 10. Aufzeichnung Erwähnung als bezeichnender Teil jener Einheit von Haus, Erbe und Kindheit, der als früheren Gesellschaftsformen, namentlich dem Adel, eigenen Vergangenheitsbezug dem in Paris lebenden Malte verlorengegangen ist. Nachdem nun aber durch

Subjektvernichtung und deren Umkehrung die Möglichkeit zur - schreibend-erzählenden - Neuleistung der Kindheit geschaffen ist, entwickelt sich diese Pariser Schreibgegenwart, die durch das "Jetzt" des Überdenkens in der ersten Zeile der Aufzeichnung aufgerufen ist, vorwärts durch diese Rückwärtsbewegung.

Die in des Erbhauses Wänden als seines größeren Körpers geborgene Vergangenheit öffnet Malte in den Wandschränken, die die Kleider einer Vergangenheit enthalten, die beileibe nicht so sicher und eindeutig, so 'idyllisch' ideal ist, wie die Formulierung der 10. Aufzeichnung auf den ersten Blick vermuten läßt, sondern vielmehr jenen Spannungsbogen in sich trägt, der im Tod des Großvaters Brigge aufschien (Aufz. 8 u. 9). Auf Vorfahren wie ihn denn eher als auf die rationalistisch moderne Konventionswelt des Vaters sind die "Kammerherrenfräcke" zu beziehen, die Malte in den Wandschränken findet, wie denn auch "die Trachten des Denbrog- und des Elefantenordens", die sich beim Vater auf ein Band reduziert haben (vgl. Aufz. 30.2/798), eher eine Affinität zum geschlechtlichen Identitätsspiel der vorangehenden Aufzeichnung besitzen, da man sie "erst für Frauenkleider hielt" (32.2/803), während in der Steifheit der Roben die Vergangenheit der wie Marionetten angebotenen Identitäten unterstrichen wird, welche sich in den Uniform-Identitäten gar dem Tod zuneigt. In diese Kleider, die als "Rollen" der Vergangenheit Malte in seinem Verkleidungsspiel ein bestimmtes Verhalten bis ins Innere, bis zu den Einfällen vorschreiben, sind so zugleich die Identitäts- und Todesproblematik eingewirkt, während in der Marionettenmetaphorik als Frage nach dem Körper und dem ihn leitenden Kopf untergründig bereits die Spiegelproblematik aufscheint.

Das Identitätenspiel, das Malte nun in Fortsetzung jener Geschlechtsverkleidung in der vorangehenden Aufzeichnung mit diesen Kostümen aus der Familien- und Gesellschaftsgeschichte vor dem Spiegel unternimmt, stellt eine einfühlend anverwandelnde Aneignung der in Haus und Erbe dinglich geborgenen Vergangenheit dar. Das Spiel mit den 'historischen Identitäten' unterscheidet sich von der das Subjekt-Objekt-Verhältnis bestehen lassenden Betrachtung durch den zumindest partiellen oder zeitweiligen Subjektivitätstrafer, den das Spiel erfordert. In der Spaltung des Ich in das Ich und sein Anderes im Spiegel geht es über sich hinaus und öffnet sich im gespiegelten Ich als dem Andern der Wirklichkeit seines Unterbewußtseins, seiner näheren und weiteren Vergangenheit, seinen Möglichkeiten wie seinen Gefahren als einer 'Nicht-Wirklichkeit' unter dem Gesichtspunkt der Konvention und des klassischen Subjekts.

Nachdem Malte mit dem Betreten des Giebelzimmers als Raum der Innerlichkeit den Raum der äußeren Identität, den des 'gemeinsamen Lebens' und der Konvention hinter sich gelassen hat, trägt das Spiel vor dem Spiegel über das Ich, das konventionelle Subjekt hinaus in den Raum seiner 'Nicht-Wirklichkeit für den Profanen'. Gleich wie die Mutter Maltes Mädchenverkleidung spiegelte und Malte seinerseits den Wunsch der Mutter, eignet Malte auch dem Spiegel Subjektivität zu: er 'ist schläfrig', 'will nicht nachkommen', 'muß dann aber doch', oder er ist 'sofort von der Verkleidung überzeugt'. Diesem Subjektivitätstransfer entspricht die partielle oder zeitweilige Disponibilität zur Selbstaufgabe, die Malte als Sophie gegenüber sich als Malte schon erprobt hat und die am Ende der Erweiterung des Bewußtseins, daß nämlich Sophie noch nicht gestorben sei, im Zeichen tendenziell androgyner Vollendung aufgehoben ist. In Aufzeichnung 32 nun handelt es sich um eine 'historische' Bewußtseinerweiterung, eine Vertiefung des Bewußtseins um das profan 'Nicht-Seiende' der Vergangenheit, eine 'Nicht-Wirklichkeit' als 'Nicht-Gegenwart', die für Malte im Spiegel als Raum der Nicht-Wirklichkeit zur Wirklichkeit wird auf der Basis eines prekären Gleichgewichtsspiels: im Spiegelbild projiziert Malte das Selbst in das Andere und 'Nicht-Seiende', eine Bewegung, die er selbst als ein ekstatisches Aus-sich-Hinausgehen kennzeichnet, als 'Sich-Selbst-Hochwerfen', dem in der Bewegung des Verlangens das Hineinziehen der Subjektivität in den "hinreißenden" Spiegelraum entspricht, um dann wieder in sich selbst zurückzukehren. In dem 'Das-Andere-Sein' der Nichtwirklichkeit verselbständigt sich die dem Spiegel schon vorab zugebilligte Subjektivität und wird zur diffusen Subjektivität der Nicht-Wirklichkeit, wird "etwas sehr Überraschendes, Fremdes, ganz anders, als man es sich gedacht hatte, etwas Plötzliches, Selbständiges, das man rasch überblickte, um sich im nächsten Augenblick doch zu erkennen, nicht ohne eine gewisse Ironie, die um ein Haar das ganze Vergnügen zerstören konnte" (32.3/803f). Das Andere stellt dabei, genau betrachtet, eine Legierung aus zwei unterschiedlichen Elementen dar. Zum einen handelt es sich natürlich um das Andere der historischen Kleider mit allen ihren Implikationen, zum andern aber um die Verwandlung des Selbst durch das Spiegelbild. Die Disponibilität oder Öffnung Maltes zu partieller oder zeitweiliger Sujektivitätsaufgabe stellt sich in der dem Spiegel geliehenen Subjektivität dar, die seiner Struktur entspricht: ein "schmale(r) Pfeilerspiegel, der aus einzelnen ungleich grünen Glasstücken zusammengesetzt war" (32.3/803)[42]. Wie die Wellenbewegung des Narziß' Bild zu trüben tendiert und darin den Abgrund verrät, den es verbirgt, so ist auch dieses gespiegelte Selbst als das Andere, ähnlich der Arbeit der Erinnerung in Aufzeichnung 15 - und tendenziell Maltes Erzählen überhaupt - fragmentiert, in einem zwischen und hinter den Glasfragmenten unfaßbaren Grund zerschlagen und, aus ihm wieder hervorgekommen, wieder zusammengesetzt worden. Daher formt sich das Spiegelbild für Malte "aus dem Trüben heraus", einer ungestalteten Tiefe des Spiegels, die im Spiegelraum vor Malte in seiner Zukunft liegt, daher aber auch, auf Malte zurückgespiegelt, als ungestalte Vergangenheit in seinem Rücken[43]. Was vor ihm im Identitätsmodell im Spiegel Form annimmt, stellt eine

Kondensierung, eine der möglichen Formen jener ungestalteten zeitlosen Tiefe dar, die vor ihm im Spiegel als Zukunft und hinter seinem Rücken als Vergangenheit sich befindet.

Malte glaubt, durch ein Gleichgewicht in Bewegung und Einbildungskraft dem Ärger der Ironie vorzubeugen, sich im selben Augenblick doch zu erkennen, während er doch in Wirklichkeit einen Seiltanz vollführt, dessen Gefahren er noch nicht erkannt hat. Dieses Gleichgewicht aber darf als 'gelungenes Modell' einer Aneignung von Vergangenheit und 'Bewußtseinserweiterung' gelten[44], wo es in partieller Selbstaufgabe des Subjekts ein Spannungsfeld zwischen dem Ich und dem Andern als der Negation des Subjekts sowie zugleich zwischen der Bestimmtheit, die von den Trachten ausgeht und Malte gar seine Einfälle vorschreibt, und der Unbestimmtheit, die im Spiegel durch das Trübe gekennzeichnet ist.

In diesem Gleichgewicht, das zugleich auch den Kostümen selbst eigen ist (vgl. oben, S. (?)) gelingt es Malte, das über sich selbst hinausgeworfene Ich immer wieder aufzufangen und in dieser Bewegung gar zu stärken:

"Diese Vorstellungen gingen indessen nie so weit, daß ich mich mir selber entfremdet fühlte; im Gegenteil, je vielfältiger ich mich abwandelte, desto überzeugter wurde ich von mir." (32.4/804)

In der Janushäuptigkeit der 'Wirklichkeit der Einbildung' auf dem extremen Pol der Subjektivität, die nicht nur hierin der höchsten Lust und dem tiefsten Entsetzen des Dionysischen in Nietzsches "Geburt der Tragödie" entspricht wie das Apollinische dem es im Zaume haltenden Selbst[45], fällt nun aber die Hyperbel, die aus der Schreckenstiefe zur Höhe des Wunderbaren aufgestiegen war, in diese Tiefe zurück und offenbart damit zugleich den dunklen Grund, aus dem das Wunderbare sich erhebt.

Das Gleichgewicht, das Malte sowohl wie den Kostümen selbst eignet, die einerseits das Unsichere der Identitäten, das Marionettenhafte und die Tendenz zum Tode in sich tragen, andererseits aber zugleich die Bestimmtheit einer historischen Rolle, wird durch die Entdeckung von 'vagem Maskenzeug eines phantastischen Ungefähr' aus dem Lot gebracht. Wie bei der Erfahrung des Wunderbaren nicht das Märchen, sondern das Wirkliche den Ausgangspunkt bildet, so lehnt Malte auch hier die Karnevalskostüme als "von [...] dürftiger Unwirklichkeit" ab (32.4/804f). Ihnen gegenüber kommt, unterstrichen durch die sofortige Überzeugtheit des Spiegels, der das Innerste selbst in ihnen erkennt, den gegen das Formlose sich verlierenden Stoffen eine höhere Wirklichkeit noch als den historischen Trachten zu:

> *"In ihnen erst sah ich wirklich freie und unendlich bewegliche Möglichkeiten: eine Sklavin zu sein, die verkauft wird oder Jeanne d'Arc zu sein oder ein alter König oder ein Zauberer; [...]." (32.4/805)*

Vom tiefsten passiven Unterdrücktsein zur Heroin der Befreiung, vom Anonymsten bis zur historisch bestimmten Figur, von der Weiblichkeit zur Männlichkeit, von irdischer Macht bis zu überirdischer Gewalt spannt sich Maltes Feld unendlich freier Möglichkeiten. Wird damit dem Gegenstand der Einbildungskraft all jene wirklichkeitseigene Bestimmtheit noch genommen, die den historischen Kostümen noch eignete, so entspricht dem auf der Seite von Maltes Subjektbewußtsein die Aufgabe des Willens, sich etwas Bestimmtes vorzustellen. Damit ist das prekäre ästhetisch-existenzielle Gleichgewicht, daß dem Unbestimmten, der unfaßbaren Tiefe des Trüben umgekehrt reziprok ein Bestimmtes entspreche - eine Konzeption, die später in Aufzeichnung 48 in der orpheischen Ästhetik wiederkehrt, wo der Unbestimmtheit des Todes umgekehrt reziprok die Ablehnung des 'Ungefähren' und das Wollen der präzisen und bestimmten Wirklichkeit bis ins Detail korrespondiert - zerstört. Malte wirft sich hinauf und kehrt aus dem ekstatischen Außer-sich-Sein nicht mehr zurück, kann dem Zauberlehrling gleich die gerufenen Kräfte der 'Nicht-Wirklichkeit' des Spiegels, über die er die Macht verloren hat, nicht mehr loswerden. Darin erweist sich die 'Nicht-Wirklichkeit' des Spiegels als die wahre, gründende Wirklichkeit des Unterbewußtseins. In den unendlich freien Möglichkeiten der Einbildungskraft hat Malte mit allem Wirklichkeitsbezug auch schon sich selbst aufgegeben: die "unendlichen Möglichkeiten" sind im Grunde bereits das um Weltgeschichte und Kosmos erweiterte Chaos aller "Erfahrungen, Bilder und Tatsachen", das ihn in seinen Fieberträumen heimsuchte und sich gegen die Formlosigkeit des reinen Gefühls verliert. Der Wunsch, unbestimmt 'alles' zu sein, kommt dem Wunsch des Nichts gleich, jedenfalls was das wünschende Subjekt betrifft. Er hat das durch die Bestimmtheit der Wirklichkeit vermittelte Gleichgewicht verloren, das ihm erlaubte, die Schätze der Vergangenheit als die seinen aus sich zu heben, und fällt nun selbst in die unendliche Schatzkammer als einer zugleich "monströse(n) Wirklichkeit" (32.6/808).

Sowie Malte, motiviert durch einen mißlichen äußeren Vorfall, das Einbildungsspiel aufgeben, die 'Nicht-Wirklichkeit' als solche denunzieren will und vor den Spiegel tritt, um sich seiner Verkleidung besser entledigen zu können, erkennt er im Spiegel die "monströse Wirklichkeit" und wird nun zum Gefangenen seiner eigenen Einbildung, der Wirklichkeit seines Unterbewußtseins als der gründenden Kraft.

Auf dem Höhepunkt seines Spiels muß er erkennen, daß die Dimension der wahren Einbildung, in die er spielerisch eindrang, sich nicht mit der gleichen Leichtigkeit abstreifen läßt, weil sie, indem sie ihm seine Tiefenregionen jenseits der Zeiten öffnete, zugleich bereits die Struktur des klassischen Subjekts grundlegend verletzt und zerstört: die Erkenntnis seiner tieferen Wirklichkeit, die bis in den amorphen Grund unendlicher Möglichkeiten hineinreicht, ist irreversibel, so daß das, was das Subjekt wunderbar erweiterte, zugleich das Schreckliche ist, das es zerstört. Die Einbildungskraft, die das Bestimmte projizierte und eine partielle 'Illusion' des Diesseits des Subjekts aufrechterhielt, erweist sich als der wahre Spiegel, der, als der Wille zur gestaltenden Einbildung erlischt, zerfällt, so daß Malte im Spiegel 'ungespiegelt' das monströse Gorgonenhaupt der tieferen Wirklichkeit erblickt. Die Erkenntnis des 'Grundes' ohne seine Spiegelung in der Bestimmtheit der Einbildung der 'Wirklichkeit' läßt ihn monströs werden und wird dann ins Bild des von dieser tiefen Wirklichkeit beherrschten Malte gefaßt, der in Bewußtlosigkeit untergeht und schließlich daliegt "wie ein Stück" (32.8/809), ähnlich also wie der sterbende Großvater Brigge, der in Aufzeichnung 8 zum "Haufen" wird.

Wie sich schon im Hand-Erlebnis der 29. Aufzeichnung ankündigte, daß die bewegende Kraft nicht nur vom 'Subjekt' kommen könnte, sondern vielmehr von einem unsichtbaren Jenseits der Wand, das nicht nur die andere Hand beherrschte, sondern auch die seine, und mithin nicht nur seine Hand hervorbringen könnte, sondern auch jede beliebige andere, so erfährt Malte hier nun an seiner ganzen Person diese Umkehrung: daß die bewegende Kraft nicht nur von dieser Subjekt-Seite ausgehen könnte, sondern auch von der anderen und daß diese andere Wirklichkeit in ihren unendlichen Möglichkeiten die vielen historischen Identitäten hat hervorbringen können wie seine eigene, daß also sein Subjektsein nichts ist als eine Vorstellung der Wirklichkeit unter unendlichen. Daher sieht Malte auch gerade in diesem Moment, und nicht schon beim Spiel mit den Kostümen, die Existenznotwendigkeit von Masken ein (vgl. 32.4/805): es gibt keine autonom für sich bestehende Existenz, das 'Subjekt' ist Oberfläche und Illusion, gegründet auf die Vielfalt der Identitäten, den unendlichen Reichtum der Möglichkeiten, das Amorphe des Alles - und das Nichtigsein des Subjekts. So ist in der Erkenntnis der Maske als der vielfältig gestaltbaren Oberfläche der Tod des 'klassischen Subjekts' eingeschlossen und damit jener Schrecken, der Malte schon in Aufzeichnung 5 angesichts der 'Frau ohne Gesicht' erfaßte; durch die Wiederholung des Motivs vom 'gesichttragenden Hund' wird die Parallele zu dieser Aufzeichnung deutlich hervorgehoben[46].

Vorangezeigt wird die Katastrophe Maltes durch eine Reihe bereits aus den Paris-Erlebnissen bekannter Leitmotive, die ihrerseits für eine zeitüberhobene Verflechtung der Ereignisse sprechen. Beginnend mit dem grünen

Glas des fragmentierenden Spiegels, das neben dem Grün der Hautfarbe des kranken Kindes in Aufzeichnung 1 und dem widerlichen Grün des ausgeworfenen Schleims der Fortgeworfenen in Aufzeichnung 16 vor allem dem Grün der Fenster des Krankenhauses in der 19. Aufzeichnung korrespondiert, und dem desorientierend unverständigen Lachen (vgl. Aufz.15, 18, 19, 21), trägt Maltes Hybris, sein Gebaren als Zauberlehrling mit seinen "große(n), beschwörende(n) Bewegungen", die er als das einzig Richtige empfindet, der amorphen Kräfte Herr zu werden (vgl.32.5/806), Unordnung unter die Dingwelt. Wie das Sterben des Großvaters Brigge in Aufzeichnung 8 von Unordnung und Zerstörung unter der Welt der Dinge begleitet wird, so zeigt sich in der von Malte gestifteten Unordnung die Katastrophe an. Seine beschwörenden Bewegungen lassen ihn ein Tischchen umstoßen, so daß Porzellan und ein Fläschchen mit einer ältlich schlecht riechenden Essenz zersplittert und eine Dose ihren Deckel verliert, wie Malte dann seinen 'Kopf'[47].

Neben dem Grün des Spiegels und dem Lachen werden so das physiognomisch Widerliche, in dem der Fleck der verschütteten Flüssigkeit den Figuren der Fortgeworfenen als ablaufender Speichel, der Mauer etc. entspricht, die erdrückende Atmosphäre der schlechten Luft (Aufz.18, 19, 21) und das Gefühl des Gefangen- und Eingeschlossenseins, das in die Fluchtbewegung des Laufens sich kehrt (vgl. Aufz. 18, 19, 21) zu untergründig den Zusammenbruch des Subjekts auf sinnlich-körperlicher Ebene vorbereitenden und ihn begleitenden Elementen.

In der fächerhaften Vielfalt ihrer Bedeutungen sind diese Zeichen aber zugleich eng an die Indizien der 'realistischen Wirklichkeitsperspektive' gebunden, die, ausgehend von der hohen Erregung des im Alleinsein aller sozialen Regulierung seiner Phantasie entzogenen kindlichen Subjekts, für die Erklärung des Geschehens die Plötzlichkeit der Störung des hohen Erregungszustandes, den Zustand der Konfusion, der im Verkleidungsspiel bereits angelegt ist, durch die durchs Umstoßen des Tischchens und die Zerstörung der Gegenstände hervorgerufene Unordnung negativ gekehrt und gesteigert und der in der Unfähigkeit, sich von der Verkleidung zu befreien, ins Extrem gesteigert wird, sowie die bedrückende oder gar rauschartig benehmende Wirkung der verspritzten Essenz heranziehen würde.

Die Privatheit des religiösen Raums

Aufzeichnung 33

Sind die vorangehenden Aufzeichnungen 27-32 motivisch und thematisch relativ eng miteinander verwoben, so scheint sich die 33. Aufzeichnung scharf davon abzusetzen, indem sie mit einem deutlichen Zeitsprung wie auch einer auf den ersten Blick anderen Thematik beginnt. Bei näherem Zusehen ergeben sich dann aber thematische und motivische Verbindungen, die die Distanz schrumpfen lassen. Dazu trägt zunächst nicht nur das Wiederauftreten der Vater- und vor allem der Mutterfigur bei, sondern insbesondere auch die Thematik der Konvention. Dann aber wird im Gegensatz zu ihr die Religiosität in Maltes Familie beschrieben und auf diese Weise, gewissermaßen ex contrario zur Konvention, aussparend die Problematik der vorangegangenen Aufzeichnungen als die der Seele, des Raums der Religiosität und der Gottesfrage thematisiert. Das wird dann auch im letzten Teil der Aufzeichnung an der Darstellung des Todes der Mutter besonders deutlich, deren Sterben als 'Unfaßbares' und Entsetzliches doppelt ausgespart erscheint: nicht nur ist das Innere, Unfaßbare in der äußeren Darstellung der Oberfläche des Sterbens ausgespart, wie sich etwa die Aufzeichnungen 8 und 9 vom Tod des Großvaters Brigge lesen; in äußerstem Respekt vor der 'Privatheit' dieser Sphäre, ja schamhaft fast ist diese 'wahre Oberfläche' ihrerseits verdeckt durch die äußere der Konvention. In der Unfaßbarkeit der innersten Erfahrungen, die im Tod ihr Zentrum besitzen, im extremen Pol der Subjektivität, ist Eigenheit und Privatheit der Religiosität begründet.

Der Zeitsprung zu Beginn der Aufzeichnung, die 'unberechenbar schnell vergehende Zeit', wird schon dadurch relativiert, daß er in Bezug steht zur nicht aufhörenden Länge der Nachmittage, wie sie zu Beginn der 31. Aufzeichnung beschrieben werden. Ob schnell oder langsam, unberechenbar ist die Zeit auf jeden Fall, da sie der Eigenheit der Ereignisse entspricht und ihrer Unberechenbarkeit. Dieser raffenden und dehnenden Auflösungstendenz der chronologischen gleichen Zeit entspricht die der Sukzession in der Fragmentierung der erzählenden Erinnerung, so daß dem in dieser Aufzeichnung erzählten Tod der Mutter nachfolgende Ereignisse der Kindheit schon vorher, etwa in den Aufzeichnungen 8 und 15 erzählt werden, ihm vorausliegende hingegen nachher, etwa in den Aufzeichnungen 41 und 42. Ersetzt wird die 'Chrono-Logik' durch ein dichtes, zeitüberwindendes thematisches und motivisches Netz. Der erzählende Zeitbezug zu Beginn der Aufzeichnung stellt daher im Grunde ebenso eine Oberflächenschicht dar wie die anscheinende thematische und motivische Abgeschnittenheit dieser Aufzeichnung.

Als kritisch-ironische Darstellung der Konvention kann die Erzählung von den Besuchen des Predigers Dr. Jespersen im ersten und dritten Absatz gelten, dessen von der Gesellschaft allenthalben geteilte Auffassung von der 'Seele als öffentlicher Institution' die in Maltes Familie vorherrschende Auffassung vom Religiösen entgegensteht, die Malte kurz im zweiten Absatz skizziert. Muß Dr. Jespersen sich bei seinen Besuchen "darauf beschränken, eine Art von Privatmann zu sein" (33.1/809), so kommt darin, wie später etwa in den Aufzeichnungen 39 und 64 breiter ausgeführt wird, zum Ausdruck, daß der Raum der Seele, der Religiosität, etwas Privates, nur im Alleinsein Erfahrbares geworden ist. Diese These verdeutlicht zugleich die die gesamten Aufzeichnungen kennzeichnende Auffassung, daß alle wichtigen Angelegenheiten sich ins Innere zurückgezogen hätten.

Die Haltung des Vaters steht der des Dr. Jespersen insofern gegenüber, daß Reserviertheit und Respekt, seine "Höflichkeit" die öffentliche Verhandlung des Innersten nicht zulassen; ja die Rationalität, die sich im Bereich der Gefühle bei ihm in Formalität übersetzt, läßt dieses Innerste im Grunde als etwas 'Ernstzunehmendes' gar nicht zu. Von der von der "sehr fromme(n) Nachbarschaft" gesellschaftlich anerkannten Konvention setzt sich die formale Haltung des Vaters durchaus ab, wenngleich seine Religiosität als "Jägermeister bei Gott" und "korrekt und von tadelloser Höflichkeit" die Kehrung der öffentlichen Rolle ins Innere, gewissermaßen die umgekehrte Bewegung zum Dr. Jespersen darstellt, so daß ihm der Raum der Seele keine neuen Räume öffnet, sondern den der Gesellschaft, der adlig-höfischen Konvention reproduziert; dem entspricht seine Todeskonzeption, wie sie in der 'Herzstichszene' der 45. Aufzeichnung zum Ausdruck kommt.

Die Religiosität der Mutter hätte, so nimmt Malte an, da sich durch die nüchtern protestantische Umgebung eine Ausmalung des Themas erübrigt, "eine Religion mit deutlichen und ausführlichen Gebräuchen" (33.2/810) entsprochen. Das hierin sich andeutende Thema des Schauspielerhaften, der Maske und der Oberfläche wird von Malte aber nicht weiter auf ihr Inneres bezogen, zumal ja, wie Malte schon in der 14. Aufzeichnung ausgeführt hat, das Drama der zwischenmenschlichen Beziehungen in der Unmöglichkeit besteht, das Innerste und Eigenste des Anderen zu kennen. Die Mutter lehnt daher die Präsenz der 'öffentlichen Institution Jespersen' gerade für den Vollzug des Innersten und Eigensten, des Sterbens ab.

Auch Malte verletzt diesen Bereich nicht, wenn er, das Sterben eigentlich aussparend, in doppeldeutiger Beschreibung von der 'Wirklichkeitsebene', die ein entstellendes Leiden vermuten läßt, zur Bewegung der Innenwendung der Oberfläche, voran des 'Gesichts', des Antlitzes wie des Blickes, führt und es eigentlich als Rückkehr nach innen begreift. Über diese 'Oberfläche' wird aber sogleich die 'Oberflächlichkeit' der Konvention gebreitet, indem Malte die äußere Herrschaft der Ärzte im Haus beschreibt, jenen entfremdenden Mechanismus, den er schon den Aufzeichnungen 6 und 7 einer scharfen Kritik unterworfen hatte.

Im Zusammenhang der Kritik der Religion als öffentliche Institution, als Konvention, und der Insistenz auf der Privatheit der Sphäre des Religiösen findet sich auch die zentrale Bedeutung dieser Aufzeichnung, die die in den voraufgehenden Aufzeichnungen 27-32 gemachten Kindheitserfahrungen in den Raum der Seele und des Religiösen einschreibt. Die Eigenheit formt sich gerade in diesem Raum, der von der gesellschaftlichen Konvention ebenso entfernt ist wie von der Religiosität der Eltern, die ihn im Gegensatz zu der Dr. Jespersens aber nicht angreift, sondern ihm die Ruhe und Abgeschiedenheit der eigenen Entwicklung läßt:

> *"Ziemlich in Ruhe gelassen, machte ich frühzeitig eine Reihe von Entwickelungen durch, die ich erst viel später in einer Zeit der Verzweiflung auf Gott bezog, und zwar mit solcher Heftigkeit, daß er sich bildete und zersprang, fast in demselben Augenblick." (33.2/810)*

Die Kindheitserlebnisse bereiten also als Raum des Religiösen die Bildung Gottes vor, die so in der Typik mystischen Denkens in einer Art gegenseitiger Abhängigkeit dem extremen Pol der Subjektivität zugeschrieben wird, ohne aber an das Eigentliche, den Gottesbegriff heranzureichen. Auch wenn die Bildung des Gottesbegriffes der Verzweiflungsphase der Todesangst in Aufzeichnung 47 zugeschrieben wird, wo die 'wirkliche Furcht' als Ausdruck einer positiven Kraft begriffen wird, die nicht anders denn in der Negativität dieser Furcht zu fassen ist, bleibt der Gottesbegriff doppelt ausgespart. Einmal, indem er hier vorausdeutend genannt wird und in Aufzeichnung 47 eben nicht, so daß sich die Aufzeichnungen eigentlich immer vor der Bildung oder nach dem Zerspringen vor der neuen 'Arbeit an Gott' befinden, und zum andern, indem auch in Aufzeichnung 47 von der 'positiven Kraft' nur in Termini der Negativität gesprochen werden kann[48]. Als weiterweisend darf die Bewegung verstanden werden, die als 'plötzliches Bilden und Zerspringen fast in demselben Moment', der des Goldballs der Antike in Aufzeichnung 68 ähnelt, zumal ja gerade im Zusammenhang der in die Liebesthematik eingelassenen Problematik der Antike und des Theaters die Gottesfrage erneut angesprochen wird, sowie die die Geschichte des Verlorenen Sohns kennzeichnende Bewegung, der, "Gottes

äußersten Abstand"´ (71.12/943) begreifend, gezwungen ist, den von ihm endlich
gefundenen Stein der Weisen wieder zurückzuverwandeln "in das klumpige Blei
der Geduld" (71.12/944), bevor er am Ende die Arbeit an Gott erneut aufnehmen
kann. Ist damit die Konstellation angegeben, in der sich das Gottesproblem stellt,
kann an dieser Stelle genügen, den Raum der Einbildungskraft, den extremen Pol
der Subjektivität, als den der Religiosität identifiziert zu haben, die sich so auf
einen Gottesbegriff fortwährend hinstreckt, ohne ihn zu erreichen.

Am Ende der Aufzeichnung wird der Graf Christian Brahe als der
einzige Bruder der Mutter eingeführt. Diese Figur dient nicht nur dazu, formal
den Übergang zur folgenden Aufzeichnung zu schaffen. Als Figur Gegenstand
des Erzählens und der Einbildungskraft, wird durch ihn die Fortführung und
Ausweitung dieser an die Mutterfigur gebundenen Problematik artikuliert, die
gleichzeitig eine grundlegende Veränderung erfährt: mit dem Tod der Mutter ist
auch die Oberfläche der gemeinsamen Einbildung zu Ende. Malte meint zwar
manchmal, bei seinem Neuanfang mit Gott "Maman nötig zu haben, obwohl es ja
natürlich richtiger war, ihn allein durchzumachen" (33.2/810). Unter dem Aspekt
der Erzähl- und Einbildungsthematik mag die Figur des Christian Brahe dann
auch Überleitungsfunktion zu der ihr ähnlichen des Marquis von Belmare in
Aufzeichnung 44 besitzen.

Bild und Spiegel

Die Aufzeichnungen 34 und 35

Der um die Figur des Bruders der Mutter, den Grafen Christian
Brahe, sich entwickelnde einseitige Einleitungsteil, stellt nicht nur den Übergang
von der 33. Aufzeichnung zu der vorliegenden sowie mannigfache motivliche und
thematische Beziehungen zu anderen Aufzeichnungen her, sondern steht auch,
durch die Namenswahl herausgestrichen, in kontrastiver wie letztlich
parallelisierender Funktion zum Hauptteil, der Galerie-Episode, insofern der
'seienden' Wirklichkeit Christians das 'Nicht-Seiende' für den Profanen, die
'Unwirklichkeit' der Christine und ihrer Welt der Vergangenheit gegenübersteht.
Über letztere sucht Malte Genaueres zu erfahren, indem er ihr Bild in der
Galerie zu Urnekloster, dem mütterlichen Elternhause, sucht, es nicht findet und
stattdessen auf seine Vetter Erik stößt, der mysteriöser- oder kongenialerweise
schon um Maltes Anliegen weiß. Ihr Bild sei fort, aber auch im Spiegel, den er

Ihr stattdessen gebracht habe, sei ihr Bild nicht drin, denn, so klärt Erik den erstaunten Malte, der daraufhin das Fürchten lernt, auf:

"Man ist entweder drin, [...] dann ist man nicht hier; oder wenn man hier ist, kann man nicht drin sein." (34.7/817)

So knüpft die Galerie-Episode thematisch an die Spiegel-Episode der Aufzeichnung 32 an. Sie dient dazu, einerseits das Verhältnis von Spiegelbild und 'Wirklichkeit' genauer zu beleuchten und andererseits, das Vergangenheitsverhältnis, das Malte in den Kostümen vor dem Spiegel experimentierte, auf die Ebene der Kunsterfahrung zu transponieren. So ist die weitere, in gewisser Weise immer noch änigmatische Beleuchtung der Spiegelproblematik eingerahmt von Maltes Begegnung mit den Bildern der Galerie, auf der einen Seite den Porträts vor der Begegnung mit Erik in der Galerie, die en passant zugleich Maltes Stellung als in den Rahmen des dänischen und europäischen Adels gehörig andeuten, und auf der anderen das Bild des nun schon verstorbenen Erik in der nachfolgenden Aufzeichnung 35.

Eingeführt bereits in der 33. Aufzeichnung anläßlich des Todes der Mutter, kann die Figur des Grafen Christian als eine jener vom märchenhaft Phantastischen sich absetzenden Ansätze der Einbildungskraft in der 'Wirklichkeit' gelten, wie Malte sie auch in den Aufzeichnungen 31 und 41, dem Identitätsspiel und der Spitzenbetrachtung in Gesellschaft der Mutter beschrieben hat. Christian darf also, wie später in weitaus höherem Maße die Schwester der Mutter, Abelone, als eine jener Figuren angesehen werden, an denen sich aus dem Familienkreis heraus das mütterliche Erbe weiterentwickelt. Der kurze Eindruck, den Malte von Christian anläßlich des Todes der Mutter erhält, stellt freilich den einzigen Anhaltspunkt für Malte dar, eben nicht viel mehr als die augenscheinliche Wirklichkeit seiner 'realen' Existenz. Von hier aus geht Maltes Wissen über die als bekannt vorausgesetzte Information, er habe "eine Zeitlang in türkischen Diensten gestanden", die die sachliche Mitte zwischen der durch den ihn begleitenden Diener beglaubigten Fremdheit und der durch die Erwähnung des Morgenlandes angeregten Phantasie hält, über zum Gerüchtehaften der Formulierung "wie es immer hieß" und schließlich zur 'eigenmächtigen Einbildung'. Hervorgehoben werden soll nämlich die Figur des Grafen als Gegenstand der 'eigenmächtigen Einbildungskraft', der sie entspricht:

"[...] denn das Leben meines Onkels, von dem nur Gerüchte in die Öffentlichkeit und selbst in die Familie drangen, war geradezu grenzenlos auslegbar." (34.1 /812)

Neben Mathilde Brahe, "die mit Vorliebe von ihm sprach" und bei der Malte sicher ist, "daß sie die einzelnen Episoden ziemlich eigenmächtig ausgestaltete" (34.1/812), hebt Malte die wochenlange Beschäftigung seiner eigenen Einbildungskraft mit dem Onkel Christian hervor, die ihn nicht nur vergeblich das Unerwartete erwarten läßt, das plötzliche Eintreffen des Onkels, sondern zugleich in ihm das Gefühl wachsen läßt, "als wären wir einander eine Beziehung schuldig, und ich hätte gern etwas Wirkliches von ihm gewußt" (34.2/813). Diese Einbildung legt es also keineswegs darauf an, sich von der 'Wirklichkeit' zu entfernen, sie ergänzt vielmehr das nur fragmenthaft Bekannte, nimmt es auslegend in sich auf und vervollständigt es zu einem Ganzen, das für alle neue, unerwartete Wirklichkeit offen ist.

Dient das 'Wirkliche' in der ästhetisch-existenziellen Haltung der Spiegelepisode in Aufzeichnung 32 dazu, der Grenzenlosigkeit der Phantasie, der Unbestimmtheit der Einbildung in seiner Bestimmtheit ein Gegengewicht zu bieten, so verlangt es Malte auch hier, angesichts der 'grenzenlosen Auslegbarkeit' der Figur des Onkels Christian nach etwas Wirklichem, nach "Lebensumständen" als einem Gegengewicht. Was nun bei der räumlich-geographisch abwesenden, 'gleich-zeitigen' Figur Christians die "Lebensumstände" an bestimmter Wirklichkeit, an 'Da-Sein' einbringen sollen, das leisten für die zeitlich abwesende, 'nicht-da-seiende', weil vorzeitige Welt der Vergangenheit die Bilder. Ja die Figur Christians erreicht für Malte, weil sie dann 'nie kam', eigentlich kein 'Da-Sein', während die 'nicht-mehr-seiende' Welt der Vergangenheit in der Betrachtung durch Malte, wie seine fortwährend wiederholte Formulierung "da war/waren" insistent bestätigt, zu 'Da-Sein' gelangen.

Wie bei der 'Wirklichkeit' Christians handelt es sich aber auch bei der 'Nicht-Wirklichkeit' Christinens und der historischen Porträts um Ergänzung durch Einbildung. Die zeitliche Abwesenheit unterscheidet sich nicht wesentlich von der räumlichen, das von den Bildern hervorgerufene einbildende 'Sehen' nicht wesentlich von dem von wirklich lebenden Personen hervorgerufenen.

Maltes Betrachten der Bilder erweist sich als die ermüdende und anstrengende Arbeit dessen, der den Bildern gegenüber eine Schuldigkeit fühlt, als wären sie schon im Raum seiner Einbildung, wie zuvor Graf Christian. So erkennt Malte denn nicht nur die vom väterlichen Stammsitz her bekannten Bilder, sondern "begreift" auch die anderen, unbekannten, namentlich - Maltes Formulierung meint von Anfang an nicht mehr die Bilder, sondern die in ihnen porträtierten Personen - die Kinder und vor allem "diese kleinen Mädchen". Nur zu deutlich ist das 'Wissen von den Mädchen', das sich ja etwa auch beim 'glücklichen Dichter' der 16. Aufzeichnung oder beim Sappho-Übersetzer der 68. Aufzeichnung findet und in die Bestimmung der besonderen Rolle der Frauen im Zusammenhang der Liebesthematik übergeht, auf das Wissen des Identitätsspiels der 31. Aufzeichnung, der tiefen Unsicherheit der Identität wie androgynen Ganzheit gegründet. In diesem tieferen, unbekannten und dunklen Abgrund des Innern ist ja auch, wie die historischen Kostüme in den Wänden des Erbhauses, das Wissen um die Vergangenheit geborgen, der geschichtlich bekannten, wie Malte sie hier an den Bildern aufzeigt, wie der 'Vergangenheiten, die nie gewesen seien', um die Abschlußthesen der 14. Aufzeichnung zu paraphrasieren. Die 'Tiefe', die Malte beim Betreten der Galerie anweht, ist daher zugleich die Tiefe und Nacht der Vergangenheit in seinem Innern, die Malte in den Bildern ans Licht holt, indem er, ähnlich wie bei den 'historischen Kostümen', zwischen die amorphe Unbestimmtheit der Dunkelheit und die Bestimmtheit des Gemäldes sein einfühlendes Erkennen spannt:

> "Ich fühlte auf der rechten Seite die Fenster mit der Nacht, und links mußten die Bilder sein." (34.4/813)

Gleich der Dynamik der Spiegelepisode, wo Malte sich naiv-ahnungslos in Sicherheit wiegt, während sich die Voranzeichen einer dramatischen Wende teils durch den rückblickenden Erzähler, teils durch Motivverdichtung ankündigt, mehren, so zeigt Malte auch hier keinerlei Furcht, während die untergründige Anzeige der Gefahr, beinahe in Umkehrung der Rollen zur Aufzeichnung 23, dem Licht aufgetragen ist, "das sich zu fürchten schien" (34.3/813). Wie Maltes Beschäftigung mit der Vergangenheit, sein Eintauchen in die Vergangenheit durch ihr Heraufziehen in die Gegenwart, oder besser wohl, das Eintauchen in die Sphäre der Einbildung als der Überzeitlichkeit in der Spiegelepisode durch das Umstoßen des Tisches jäh unterbrochen wird, so stößt Malte hier auf Erik. Der Unerwartete ist hier der, der eigentlich zu erwarten gewesen wäre, denn schon in Aufzeichnung 15, auf die im übrigen explizit Bezug genommen wird[49], ist die Galerie als Ort des Großvaters und Eriks ausgezeichnet, die beide ein anderes, zeitüberhobenes Verhältnis zur Vergangenheit pflegen, das eine besondere, nichtverbale Form der Verständigung mit sich bringt:

> "[...]; auch konnte man sie zuweilen in den langen Nachmittagen am Ende der tiefen Galerie auftauchen sehen und beobachten, wie sie, Hand in Hand, die dunklen alten Bildnisse entlang gingen, ohne zu sprechen, offenbar auf eine andere Weise sich verständigend." (15.5/733)

Im Auftauchen aus der Tiefe der Galerie darf - in aussparender Zeichnung - das Auftauchen aus der Tiefe der Zeit, der amorphen Namenlosigkeit, wo die Züge des Großvaters sich verlieren und in die Eriks starres Auge gerichtet ist, angenommen werden, jene selbe Bewegung, die Malte zwischen das Amorphe der Nacht und die Bestimmtheit der Bilder spannt.

Es überrascht daher eher den ahnungslos-naiv in dieser unheimlichen Sphäre der Vergangenheit sich bewegenden Malte als den Leser, Erik hier vorzufinden, der, hier heimisch, sich rein fühlend in der Finsternis der Nacht zurechtfindet, und ebenso - als wäre die Einspannung des Gefühls in diese Sphäre das Gemeinsame - bereits weiß, das Malte sucht, während Malte auf der einen Seite zwar die Nacht und Tiefe der Galerie ohne Furcht verspürt, auf der andern aber, eine Mittelstellung zum Ausdruck bringend, sich des Lichts bedient. Den Anfang, den Malte auf diese Weise getan hat, scheint Erik fortführen zu wollen, indem er durch das Ausblasen des Lichts Malte tiefer in diese Dunkelheit hineinzieht und auch das Gemeinsame durch annähernde Bewegungen und Vertraulichkeit voranzutreiben sucht, dem dann freilich zu spät seitens Malte das Gefühl kongenialer Verbundenheit und der Versuch folgt, diese Freundschaft im Zeichen der Erfahrung der 'anderen Wirklichkeit' - Malte will Erik die Hand-Episode erzählen - zu beginnen.

Verhindert wird das Zustandekommen der Freundschaft nicht so sehr durch Erik, als vielmehr recht eigentlich durch die Furcht Maltes, der, um eine Formulierung der 47. Aufzeichnung zu paraphrasieren, noch nicht gelernt hat, sich mit der rechten Furcht zu fürchten. Maltes Furcht schafft Distanz zu Erik: als Malte auf Erik stößt, überwiegt die Bewertung 'schlimm'; als Erik ihm das Licht ausbläst, wird ihm die Kehle trocken vor Angst und Eriks Gesichtszüge und Verhalten empfindet Malte - ähnlich wie bei den Fortgeworfenen - als etwas Gnomenhaftes und Widerlich-Abstoßendes. Entscheidend aber ist Eriks Offenbarung über den Spiegel, die Malte zu gewaltsamer Reaktion gegenüber Erik veranlaßt und das beginnende Verhältnis zerstört.

> *"'Du bist 'dumm', gab er böse zurück und flüsterte nicht mehr. Seine Stimme war umgeschlagen, als begänne er nun ein neues, noch ungebrauchtes Stück." (34.7/817)*

Nachdem Malte sich also hier wie im Identitätsspiel mit den historischen Kostümen ahnungslos-naiv in den Bereich der dunklen Tiefe der Vergangenheit begeben hat, wird er von seiner eigenen Angst eingeholt, der er zuvor nicht Rechnung zu tragen wußte. Die Betrachtung der Bilder beruht, wie das 'Begreifen' der unbekannten Porträts verdeutlicht, auf derselben Bewegung wie das Identitätsspiel der historischen Kostüme, ist aber - vielleicht weil Malte größer ist und schon einiges gelernt haben möchte - weniger erregend, weswegen er am Ende auch nicht in Bewußtlosigkeit, sondern nur in den partiellen Selbstverlust der Orientierungslosigkeit verfällt und von Erik in der Dunkelheit geführt werden muß.

Die Parallelisierung von historischem Identitätsspiel vor dem Spiegel und Betrachtung der historischen Porträts wird von Erik beglaubigt, dessen, wie er Malte, eingewoben in das Crescendo der Furcht, erzählt, gemeinsam mit dem Gespenst der Christine Brahe unternommene Suche nach ihrem Bild erfolglos gewesen ist und der daher versucht hat, sie ihr Bild ersatzweise durch einen Spiegel sehen zu lassen. Bild und Spiegel entsprechen mithin einander in ihren Funktionen, ja die Leistung des Spiegels als Bildersatz möchte gegen die des Bildes gar noch zurückstehen, so daß das Bild besser und vollkommener das vermöchte, was der Spiegel der Spiegelszene leistete, die 'Nicht-Wirklichkeit' des Selbst für den Profanen im 'Andern' als der tieferen Wirklichkeit.

Findet sich nicht Christinens Bild im Spiegel, so erklärt sich, warum sich auch ihr Bild nicht fand. Die Malte erschreckende Lehre vom Spiegel bestätigt den Abschluß seines Spiegelerlebnisses in Aufzeichnung 32, in der die Wirklichkeit im Spiegel, das 'Nicht-Seiende' für den Profanen, die diesseitige Wirklichkeit, die einzig seiende für den Profanen, auslöschte und damit die Existenz zweier sich gegenseitig negierender und mithin ausschließender Wirklichkeiten bestätigt:

> "'Man ist entweder drin', [...] 'dann ist man nicht hier; oder wenn man hier ist, kann man nicht drin sein.'" (34.7/817)

So klar und einsichtig diese Erklärung lautet, so rätselhaft wird sie in dem Kontext, in dem sie gegeben wird. Maltes spontane Zustimmung "ohne nachzudenken", verbirgt ein tieferes, komplizierteres und widerspruchsvolles Verhältnis. Die klare Trennung zwischen den beiden Wirklichkeiten des "Hier" und des "Drinnen", des 'Seienden' und des 'Nicht-Seienden', des 'Sichtbaren' und des 'Unsichtbaren', des 'Formbestimmten' und des 'Formlosen', des 'Lebens' und des 'Todes' läßt zunächst nämlich gerade die grenzüberschreitenden Phänomene, Maltes 'Sehen des Unsichtbaren', damit aber die Natur des Gespenstes, des Großvaters und Eriks selbst außer acht. Dieser Widerspruch kann durch Zuhilfenahme des Paradoxons beleuchtet werden, das Lorna Martens unter methodischem Bezug auf Freuds Hypthese vom "Fort-da-Spiel"[50] in Rilkes Orpheus-Sonett II,3 und bei Hofmannsthal und Kafka ausgemacht hat, daß nämlich diesen Autoren die Grenzüberschreitung zu dem Bereich des Dunklen, Unterbewußten, Tiefen im Grunde des Menschlichen zugleich als Bestätigung der Unüberwindbarkeit dieser Grenze fungiere. Wir haben dieses Paradoxon als mystische Spannung zwischen den beiden 'Wirklichkeiten' beschrieben, die es erlaubt, in ekstatischem Spiel das, was die fixierende Sprache als Paradoxon begreift, in die Form der Bewegung zu fassen. Maltes Anstrengung zielt darauf, so könnte man verallgemeinernd sagen, die festen Kategorien der Konvention in eine Bewegung, einen dynamischen Gedanken zu wandeln. In der Bestimmtheit des Wirklichen, der Bilder, des Erzählten usw. soll an der um immer präzisere Bestimmtheit sich bemühende Insuffizienz die Unbestimmtheit des Unsichtbaren, der Vergangenheit und letztlich des Grundes als das ausgesparte Anwesende, die andere Wirklichkeit aufscheinen.

Eine weitere Bestimmung des Bildes erfolgt in Aufzeichnung 35. Sind die auf den Bildern Dargestellten "drin" in der anderen Wirklichkeit des Spiegels, so wird diese Wirklichkeit, die Malte als Selbstverlust und Tod des Subjekts erfuhr, als solche bestätigt, denn die Verfertigung von Eriks Porträt fällt in die Zeit seines Todes. Damit wird die andere Wirklichkeit und die Kunst, die die andere Wirklichkeit aufscheinen läßt, noch einmal entschieden unter das Zeichen des Todes gestellt.

Der Künstler als Person gilt, entsprechend auch dem, was Rilke in seiner Rodin-Monographie entwickelt, nichts, denn Malte kann sich weder auf das Aussehen noch auf den Namen des Malers besinnen. Dementsprechend gilt die Subjektivität des Künstlers nichts. Als hätte der Künstler und der Spiegel die Rollen vertauscht, kommt dem Künstler die teilnahmslos sachliche Wiedergabe, die in den emphatischen Begriff der Arbeit gefaßt wird, zu, während der Spiegel, die teilnahmslose Sache, das 'Ding', reagiert und verändert. In der Sachlichkeit des Künstlers, der alles Subjektive, sein Wissen, Denken und Gefühl ausschaltet, wird das künstlerisch produktive Moment, das der Spiegel, die Sache, leistet, dem Abgrund des Vergessens, wie die Aufzeichnung 14 es nennt, der Arbeit des Unbewußten als des Allumfassenden überlassen, so daß dann für den, der sehen kann, im Bild die Vergangenheit, das konventionell-zeitlich Nicht-mehr-Seiende aufscheint, ja im Bild sich jene Zusammenziehung von Vergangenheit und Zukunft des Lebens vollzieht, die es der ekstatischen Überzeitlichkeit des Todes gleichstellt.

Das ungelebte Leben der Großmutter Margarete Brigge

Die Aufzeichnung 36

In dieser Aufzeichnung scheint Malte den Kreis der engeren, für ihn wichtigen und aufschlußreichen Familienangehörigen vervollständigen zu wollen, zu denen nur noch in der folgenden Aufzeichnung Abelone hinzutritt, da die Hauptpersonen der 41. bis 46. Aufzeichnung, Mutter, Vater und Großvater Brahe schon eingeführt sind. Über die von Aufzeichnung 35 her überleitende Erwähnung Eriks und Mathilde Brahes gelangt Malte zur Nennung der Großmutter Brahe, um von dort, da er sie nicht gekannt habe, auf die Großmutter Brigge zu sprechen zu kommen. Deren Leben und Sterben wird von Malte in dieser Aufzeichnung hauptsächlich charakterisiert und ermöglicht gleichzeitig, eine grobe Chronologie der Kindheitserlebnisse zu erstellen, wie wir sie einleitend zu den Kindheitserinnerungen rekonstruiert haben[51].

Wichtiger als die Chronologie des Sterbens ist das in den letzten fünf der acht Absätze dieser Aufzeichnung, im Grunde aber schon, das Schreckensthema fortsetzend, mit dem Tod der Mutter in Aufzeichnung 33 und den Porträts der Toten in der Galerie auf Urnekloster, namentlich mit dem Tod Eriks dann, einsetzende Crescendo des Sterbens, das seinen Höhepunkt im Aufruf des in Aufzeichnung 8 und 9 beschriebenen exemplarisch eigenen Todes des Großvaters Brigge findet und so einen auffälligen thematischen Kontrapunkt zum Liebesthema der folgenden Aufzeichnungen bildet, wobei zugleich das stark chronologisch-erzählerische Moment dieser Aufzeichnung insbesondere dem bildlich-metaphorischen Erzählen der 38. Aufzeichnung opponiert.

So auffällig der Kontrast zwischen der 36. Aufzeichnung mit dem Tod als Tiefpunkt und der 37. Aufzeichnung mit der Liebe als Höhepunkt des Lebens erscheint, er wiederholt und verkehrt sich in der Figur der Großmutter wie denen der großen Liebenden, in denen das Leben Aspekte des Todes, der Tod aber Aspekte des liebenden Lebens annimmt.

Die Unterscheidung zwischen äußerer, sichtbarer, verdeckender wie, bei genauerer Betrachtung für den Sehenden, offenbarender Oberfläche und unsichtbarem Innern erweist sich auch für die Beschreibung der Großmutter als eine ergiebige Methode. An dem sprichwörtlichen Streit zwischen Schwiegermutter und -tochter ansetzend, wird der Großmutter Haltung, "die Dienstleute mit jeder Kleinigkeit weiter zu Mama hinein(zuschicken)", als die bekannte Haltung des Rückzugs auf der Oberfläche dargestellt, der ihr herrisch-autonomes Entscheiden in wichtigen Angelegenheiten verdeckt. Darin verbirgt sich aber nach Maltes Auffassung zugleich ein Moment generationaler Dekadenz, denn im Gegensatz zur Großmutter hat Maltes Mutter die Fähigkeit zum Überblick über ein großes Ganzes verloren und hält das einzelne Bruchteil jeweils schon für das Ganze:

"Alles, wovon man ihr sprach, schien ihr immer das Ganze zu sein, und sie vergaß darüber das andere, das auch noch da war." (36.1/819)

Unschwer läßt sich hinter dieser Charakteristik der Mutter auch die des ihr affinen Sohnes Malte erkennen, dessen Lebens- und Kindheitsepisoden nicht mehr das an das klassische Subjekt gebundene Projekt eines großen Ganzen erkennen lassen, sondern dem die einzelnen Erlebnisse je das Ganze sind, - freilich insofern sie in ihrer Intensität und Fragmenthaftigkeit auf das Ganze als das Unfaßbare und zugleich fortwährend Anwesende verweisen. Wir haben einleitend schon diese hier selbstkritisch fast und vom Bemühen um eine überschauende Chronologie begleitete Problematik besprochen. Unter der Oberfläche des 'Romans' verbirgt sich die Fragmentierung des Lebens.

Diese durch den Bezug von Einleitung und Abschluß der Aufzeichnungen sich anbietenden Überlegungen besitzen freilich marginalen Charakter gegenüber der Durchführung des Hauptthemas der Aufzeichnung: dem Verhältnis von 'Oberfläche des sichtbaren, äußeren Lebens' und unsichtbarem, innerem Leben. Das Leben der "hochgewachsenen, unzugänglichen Greisin", die herrisch ihr Leben ohne Rücksicht auf die andern lebt, weder Kinder noch Tiere in ihrer Nähe mag und keinerlei Liebe gegenüber "sonst etwas" zeigt, deutet Malte als das von "viele(n), spröde(n), ein wenig metallisch glänzende(n) Schalen" (36.2/820), die sich über dem versäumten glänzenden großen Leben angesetzt hätten, das sie durch den frühen gewaltsamen Tod ihres Verlobten Felix Lichnowski nicht habe leben können. Dieses Leben, das in seinem Sich-Zurückziehen auf das Land in äußere Härte und Herrschsucht, die sie zum eigentlichen Herrn von Urnekloster macht, sowie in ostentative Negation des Sterbens in der Abwehr der Krankheit geradezu unter dem Zeichen des Todes zu stehen scheint, könnte aber auch als das der großen Liebenden gedeutet werden, wie sie in Aufzeichnung 39 beschrieben werden:

> *"Greisinnen, die verhärtet waren mit einem Kern von Köstlichkeit in sich, den sie verbargen. Formlose, stark gewordene Frauen, die, stark geworden aus Erschöpfung, sich ihren Männern ähnlich werden ließen und doch innen ganz anders waren, dort, wo ihre Liebe gearbeitet hatte, im Dunkel."*
> *(39.5/833)*

Das Verhältnis von köstlichem Kern der Liebe als des möglichen oder möglich gewesen, des ungelebten Lebens im amorphen Dunkel des Innern und den ihn verbergenden metallisch harten Schalen des äußeren Lebens bietet Malte dann das hermeneutische Modell zur Exegese ihres Lebens. Auf diese Weise wird die äußere undurchdringliche Härte der Oberfläche transparent hin auf das unsichtbare innere Leben:

> *"Bisweilen freilich verriet sie sich doch durch eine naive Ungeduld, nicht genügend beachtet zu sein; zu meiner Zeit konnte sie sich dann bei Tisch plötzlich verschlucken auf irgendeine deutliche und komplizierte Art, die ihr die Teilnahme aller sicherte und sie, für einen Augenblick wenigstens, so sensationell und spannend erscheinen ließ, wie sie es im Großen hätte sein mögen." (36.2/820f)*

Der Akzent des "Großen" liegt natürlich zunächst und vor allem auf der Entgegensetzung des kleinen, eingezogenen Landlebens auf Ulsgaard zu dem großen Leben, das ihr ein landesweit beachteter politischer Repräsentant etwa in Frankfurt hätte geben können. Dazu aber tritt die Bedeutung des 'Großen' als das das sichtbare, äußere Leben des 'Subjekts' weit übersteigendes Innere, das ungelebte Leben mit seinen sich bis ins Unendliche ausweitenden Möglichkeiten. Gegenüber der Zeitlichkeit der immer neuen Schalen der Oberfläche bleibt dieser Kern als das eigentlich Produktive gleich, prätendiert tendenziell Ewigkeit.

Daß dieses innere Leben aber nicht nur die Köstlichkeit der Liebe, sondern auch den Tod bedeute, Sterben und Lieben also fast ununterscheidbar dort beheimatet seien, erhellt aus der zweiten der von Malte angeführten Eigenheiten der Großmutter, ihrer Ablehnung der Krankheit und des vorzeitigen Todes ihrer Schwiegertochter, der Mutter Maltes. Ihr eigener Tod stellt sich daher, wie im übrigen der der Mutter in Aufzeichnung 33, als ein Rückzug nach innen dar, in jene Dimension also, die den Tod wie die ungelebte Köstlichkeit der Liebe bedeutet, die Dimension der Eigentlichkeit. Wie der Tod die Liebe enthält, so enthält, wie sich in den folgenden Aufzeichnungen zur Liebesthematik erweisen wird, die Liebe den Tod. Der anfänglich festgestellte scharfe Kontrast zwischen dem Crescendo des Todes in dieser und der Liebesthematik in den folgenden Aufzeichnungen erweist sich auf diese Weise als weitgehend gemindert.

Der der Außenwendung in herrische Härte und Rücksichtslosigkeit entsprechenden Innenwendung im Tode bei der Großmutter Margarete Brigge korrespondiert beim Großvater Brigge die umgekehrte Bewegung der Zurückgezogenheit und Unterwerfung unter die Herrschaft seiner Frau im Leben und ein großes, sich nach außen wendendes Sterben. Die durch ihre Anordnung in der Mitte der Aufzeichnung über die Großmutter auch formal eine Verklammerung bezeichnende Rotweinanekdote, in der Großvater Brigge einen peinlichen Vorwurf der Großmutter gegenüber Gästen, Rotweinflecken auf die Tischdecke gemacht zu haben, dadurch wieder ausgleicht, daß er beim Einfüllen des Rotweines sein eigenes Glas schlicht so lange überlaufen läßt, bis die ganze Gesellschaft lacht, mag als vorausdeutendes Zeichen auf seinen Tod gelesen werden, nicht so sehr, indem er sich hier als Herr im Hause darstellt, sondern in der Bewegung des Überquellens.

Das Wachsen der Liebe

Die Aufzeichnung 37

Nur in einem sehr engen, biographisch chronologischen Sinn läßt sich von der mit dieser Aufzeichnung wiedereinsetzenden Thematik der Liebe sagen, daß sie über den Umkreis der Kindheit hinauswachse, denn nicht nur wird in Aufzeichnung 56 ausgeführt, daß Maltes Kindheit nie aufhöre, ebenso wie sein Erwachsensein, was die Schwere der Probleme anbetreffe, immer schon angefangen habe, sondern auch die früheste, durch die Mutter gekennzeichnete Liebe besitzt die nämliche kosmische Dimension wie die in der Todesnähe in Paris sich offenbarende. Die Darstellung der 'ersten Liebe' des heranwachsenden Jugendlichen zu Abelone in dieser Aufzeichnung stellt sich so, wie schon die 'Mutterliebe', als Versuch dar, geläufige Formen der Liebe aus ihrer konventionellen Situierung heraus in eine überzeitliche Liebeskonzeption zu transponieren.

Die Angabe, daß Malte Abelone ein Jahr nach dem Tod der Mutter, also im Alter von etwa 11 Jahren, bemerkt habe, läßt vermuten, daß die von hier ausgehende stufenweise Entwicklung der Liebe einen jahrelangen Prozeß bezeichnet, da Malte zur Zeit des 'Höhepunkts' im Sommer nach dem ersten Jahr auf der Adelsakademie zu Sorö nicht weniger als 14-15 Jahre alt gewesen sein dürfte[52]. Aller 'realistische' Hintergrund der Liebe Maltes zu Abelone, vom Alter bis zu den konkreten Ausdrucksformen, bleiben aber gewollt undeutlich gegen die Stufen der Entwicklung dieser Liebe und ihren unverändert gegenwärtigen weltverwandelnden Kern.

Die erste Entwicklungsphase der Liebe besteht darin, daß Malte Abelone durch die Frage nach dem Sinn ihres Daseins heraushebt aus der fraglosen Selbstverständlichkeit der konventionellen Daseinsform, die durch das Sprechen von 'abnutzen' und 'anwenden' als technisch-ökonomische Zweckbestimmtheit ausgezeichnet ist. Auch mag in Maltes Negierung der ersten Antwort auf diese Frage, daß sie sich im Hause ihrer verheirateten Schwester - der Stammsitz ihrer Familie ist ja Urnekloster - zerstreuen solle, nicht nur der Hinweis auf ein großes trauriges oder enttäuschendes Ereignis geschlossen werden, sondern vor allem, da jeglicher weiterführende Hinweis auf ein solches Ereignis fehlt, will man nicht Maltes Hinweis auf "den Einen", den sie liebte in dieser Perspektive lesen, als Vorausdeutung auf die aller Zerstreuung und Auflösung entgegengesetzte Bewegung der Sammlung und Verdichtung[53], die mit der Herauslösung aus der Konvention einsetzt.

Eine zweite Phase darf in der Entdeckung der Musik "in" Abelone ausgemacht werden, die den Raum der Liebe als Vollendung in unablässiger Aufwärtsbewegung schafft. Mißtrauisch sei Malte von Kindheit an gegen die Musik nicht wegen ihres ekstatischen Charakters, "nicht weil sie mich stärker als alles forthob aus mir, sondern weil ich gemerkt hatte, daß sie mich nicht wieder dort ablegte, wo sie mich gefunden hatte, sondern tiefer, ins Unfertige hinein" (37.2/824). In der Bewegung ähnlich dem ekstatischen Identitätsspiel vor dem Spiegel, in dem Malte sich hochwirft und dann nicht mehr auffangen kann und in den Abgrund seines Innern fällt, so hebt auch die Musik ihn auf und setzt ihn ins Unfertige, Unbestimmte des Innern ab - nur daß dieses unbestimmte Innere, das Unfertige vieler Möglichkeiten (die das Fehlen konkreter Denotationen der Musik im Vergleich mit der Bestimmtheit anderer Künste ausdrückt) nicht so dunkel und negativ gezeichnet ist. Statt einer fallenden Abwärtsbewegung ist die Musik, wie schon in der Beethoven-Aufzeichnung (24), durch die gegenläufige, die aufsteigende Bewegung gekennzeichnet, bei Abelone ein Aufsteigen ohne Ende, "höher und höher, bis man meinte, dies müßte ungefähr schon der Himmel sein seit einer Weile" (37.2/824f). Der Konzeption des Himmels als des in der aufsteigenden Bewegung geschaffenen Raums entspricht das Engelhafte, das Malte Abelonens Stimme attribuiert.

Nicht nur die Aufwärtsbewegung findet in des Engels Mittlerfigur von der Erde hinauf zum Himmel Bestätigung, sondern auch die Konzeption der Vollendung, da Abelones in der Stimme aufsteigendes Innere durch eine "strahlende himmlische Männlichkeit" jenen Zug androgyner Vollendung erhält, den Malte schon im "Wunderbaren" des Identitätsspiels mit der Sophiefigur experimentiert hat[54]. In Malte und Abelone stehen sich so im Grunde nicht Mann und Frau als einander zu einer Ganzheit sich einende 'Hälften' gegenüber, sondern zwei Figuren, die die geschlechtliche Identität der anderen je untergründig schon in sich tragen, allen Konflikt und alle Ganzheit je schon in sich bergen, derart, daß die Liebe zur anderen auch schon immer im eigenen Innern ist. Dieses Verhältnis ist auch in Maltes Beschreibung von Abelones Schauen gefaßt, das die Richtung gegen das Andere gleichzeitig zu sich zurückwendet, so daß dieses Schauen im Andern sich selbst erkennt, in sich selbst aber das Andere.

Zeichnet Malte in der denotativen Unbestimmtheit der Musik in Abelone diese aufwärtssteigende Bewegung des Gefühls vor, so besteht die dritte Stufe der Entwicklung oder Verdichtung dieser Liebe im Einholen der Vergangenheit. Wie Malte durch die Gegenwart der Mathilde Brahe in Aufzeichnung 15 das wahre Bild seiner Mutter entdeckt, so wird ihm nun umgekehrt Abelones Darstellung der Vergangenheit seiner Mutter transparent hin auf ihre Gegenwart:

> "'[...] und dann heiratete sie auf einmal', sagte Abelone, immer noch erstaunt nach so vielen Jahren. [...]/ Ich aber interessierte mich dafür, weshalb Abelone nicht geheiratet hatte." (37.3-4/825)

Der entscheidende weitere Schritt der Formfindung dieser Liebe spannt in antithetischer Bewegung vom Widerlichen und Argen her die Erkenntnis der Schönheit Abelones. Damit ist 'unter der Hand' die Bewegung jener extremen Spannung von Elend und Liebe eingeführt, die die 22. Aufzeichnung kennzeichnet, hier jedoch nicht weiter ausgeführt wird. Malte kommt nämlich von zu Hause fort auf die Adelsakademie nach Sorö, wo er in "eine(r) widerliche(n) und arge(n) Zeit" die Schönheit Abelones erkennt und beginnt, ihr Liebesbriefe zu schreiben, in denen er meint, von Ulsgaard zu sprechen. Darin deutet sich nicht nur die 'aussparende Darstellung' dieser Liebe als etwas nicht Darstellbares, Unfaßbares an, sondern zugleich ihr weltverwandelnder Charakter, der sie die Welt als das äußere Bild eines im Innern Unfaßbaren nimmt. Nicht nur finden sich Abelone und Malte daher kongenial in der schon aus der Paris-Aufzeichnung bekannten wie später in Aufzeichnung 56 wieder den Raum gebenden domestizierten Natur des Parks oder des Gartens, die nunmehr im außerzeitlichen Raum etablierte Liebe wirkt unverändert bis in die Gegenwart, wie auch der Wechsel vom erzählenden Präteritum zur Gegenwart des Dialogs mit Abelone anzeigt:

> "Ach, ob das Klima sich gar nicht verändert hat? Ob es nicht milder geworden ist um Ulsgaard herum von all unserer Wärme? Ob einzelne Rosen nicht länger blühen im Park, bis in den Dezember hinein?" (37.8/826)

Wird aber die Liebe in der Wahrnehmung der Umwelt sichtbar, so ist die Schönheit Abelonens ihr höchster Ausdruck: "Schöne, schöne Abelone." Schönheit ist daher nicht nur nach einer langen literarischen Tradition aus Schmerz, Leid und Trauer geboren, wie ihre Entdeckung durch die 'arge' und 'widerliche' Zeit nahelegt, sondern Schönheit ist - und damit wird alle an klassischen Humanismus noch irgendwie orientierte ästhetische Konzeption verabschiedet - der sichtbare Ausdruck der Liebe: schön ist, was die Liebe erfaßt, was ihr zum sichtbaren Ausdruck dient.

Findet Liebe sich aber in der geschauten Schönheit Abelonens, so sind Schauen und Liebe unlösbar miteinander verbunden:

> "Ich wills nie vergessen, wie das war, wenn du mich anschautest. Wie du dein Schauen trugst, gleichsam wie etwas nicht Befestigtes es aufhaltend auf zurückgeneigtem Gesicht." (37.7/826)

So kann denn Malte diese Liebe nicht erzählen, weil "mit dem
Sagen nur Unrecht geschieht", sondern sucht das dem Schauen entsprechende
Bild, das Bild, das das nicht befestigte Schauen zurückneigt und zugleich jene
überzeitliche Form des Schauens darstellt, das in Maltes Worten im Wechsel vom
erzählenden Präteritum zur Gegenwart des Dialogs mit Abelone angezeigt wird.

Die Bilder der Liebe

Aufzeichnung 38

Wird die Liebe in ihrer Überzeitlichkeit und Gegenwärtigkeit im
nicht am 'Subjekt' befestigten, sondern nur von ihm getragenen und in der
Wendung auf das Andere zugleich zu ihm zurückgekehrten Schauen sichtbar, so
erweisen sich die 'Bilder der Liebe', eine Serie von sechs Wandteppichen als
diesem Sehen kongenial. Diese Bilder sind der Spiegel, in dem Malte der durch
den überzeitlichen Kern der Liebe in der Einbildung Gegenwärtigkeit verbürgten
Abelone, zu der auf diese Weise ein im Dialog sich ausdrückendes kommunikatives
Verhältnis entsteht, ihre Liebe zeigt, denn in ihnen ist ihr Schauen
verobjektiviert, hat die schon vom Subjekt getrennte Subjektivität des Sehens
den – auch mit einer anderen Zeitlichkeit versehenen – adäquaten dinglichen
Körper gefunden. Die schon Großvater Brahe und Erik angesichts der Bilder in
der Galerie kennzeichnende nichtverbale Verständigung erlaubt nun Malte und
Abelone im 'Sehen der Oberfläche', im Sehen von Bildern, die 'zeigen, ohne sich
darüber auszusprechen' (vgl. 28.4/788f), 'preisen ohne preiszugeben' (vgl.
39.1/830), das Sehen der Gegenwart seienden zeitlosen Vergangenheit, das
Aufscheinen des unsichtbaren Grundes der Liebe nun.

Maltes Einbildung der gemeinsamen Betrachtung der Wandteppiche
wird zum Bild der Liebe im sehenden Erzählen seiner nicht mehr an ihn 'an ihm
befestigten' Schrift. Es geht also dem Interpreten nicht so sehr darum, sich
nach Paris ins Musée de Cluny zu begeben, um die Wandteppiche der 'Dame à la
Licorne' zu interpretieren, sondern die Bilder der Einbildung Maltes, in die sie
eingegangen sind. Die Bilder der Teppiche im Museum interessieren allenfalls um
festzustellen, was Maltes Einbildung nicht in ihr Bild eingebildet hat, um also
vom Maß der Uminterpretation her ein zusätzliches Instrument zur Erfassung des
von Maltes Erzählen gemalten Bildes zu erhalten. Die Unumgänglichkeit dieser
Unterscheidung erhellt schon daraus, daß nicht nur die Reihenfolge der Bilder
vertauscht ist, die Reihenfolge bei Malte also durchaus eine Bedeutung besitzt,
sondern auch die von der Kunstkritik allgemein als die Darstellung der fünf

Sinne identifizierten Bilder von Malte als die Darstellung der Liebe begriffen werden.

Bei so weitgehender Uminterpretation Maltes ist der Phantasie und Willkür des Interpreten natürlich - im übrigen ganz im Sinne des Buches, soweit alle Details beachtet und nicht vergewaltigt werden - Tür und Tor geöffnet, und der von der Kunstkritik beglaubigte Gehalt der Bilder wiegt, wo er nicht in offensichtlichem Gegensatz zu Maltes Interpretation steht, gerade ebensoviel wie jede andere, dem gebildeten Laien plausible Auslegung[55]. Keinen höheren methodischen Wert besitzt der Versuch, für Maltes kunsthistorisches Wissen das Rilkes in Anspruch zu nehmen: das sagt etwas über Rilke aus, in Bezug auf die Aufzeichnungen Maltes aber kann es nur als Indiz gelten. Der einzige Ausweg einer um philologische Adäquatheit bemühten Interpretation besteht darin, den einem durchschnittlich gebildeten, gegebenenfalls lexikalisch versorgten Laien erkennbaren Gehalt auf den auch durch andere Aufzeichnungen gegebenen Rahmen zu beziehen[56]. Ob diese Interpretation dem von der Kunstkritik vereinbarten Gehalt der Wandteppiche entspricht, ist für diese Interpretation völlig uninteressant, da ihr Gegenstand ein anderer ist: das von Malte erzählte Bild der in der Einbildung mit Abelone betrachteten Bilder. M.a.W.: die Wandteppiche befinden sich in derselben Wirklichkeitsdimension des extremen Pols der Subjektivität wie etwa der Blumenkohlverkäufer oder die Mauer in Aufzeichnung 18, die ja auch nicht 'an der Realität' überprüft werden.

Malte beginnt seine Betrachtung, bevor er sich den sechs Bildern einzeln zuwendet, mit einem Gesamtüberblick. Auf den ersten Blick herrschen Ruhe und abwechslungslose Ähnlichkeit vor, die aber als Hinweis darauf verstanden werden dürfen, daß das Wichtige und Eigentliche sich nicht gleich dem ersten Blick zu erkennen gibt, sondern im Verborgenen, in der genauen Betrachtung des Details zu suchen ist. Die Ruhe gleicht zudem der Stille, die die Vision gebiert.

Zunächst nimmt Malte die gleichbleibende Hauptstruktur der Insel in Betracht:

"Da ist immer diese ovale blaue Insel, schwebend im zurückhaltend roten Grund, der blumig ist und von kleinen, mit sich beschäftigten Tieren bewohnt." (38.1/826f)

Die Insel ist nicht nur der bildliche Ausdruck der Abgeschlossenheit, der Abgetrenntheit von der übrigen Welt, der Einsamkeit, sondern zugleich ein festes, Fuß und Sicherheit, vielleicht Rettung gebendes

Gebilde inmitten der Unsicherheit des Amorphen, des haltlosen Wassers und der Luft. Es fällt aber auf, daß Grund und Insel ihre Farben vertauscht haben: Blau, die Farbe des Wassers und der Luft, die Farbe der amorphen und unendlichen Tiefe des Ozeans wie des Himmels, des Immateriellen und der Transparenz, der Entmaterialisierung, der Einbildung und des Traums kommt hier nicht dem Grund zu, sondern der Insel; der Grund hingegen ist in der Farbe des irdenen Lebens gewirkt, in dem auch Blumen und Tiere sich daher finden. So ist es nicht nur, um einen Gedanken der folgenden Aufzeichnung aufzunehmen, als sei das Sichere etwas Luftiges und Unsichtbares geworden, die Sicherheit aber im Unsicheren zu suchen (vgl. 39.1/830), sondern auch als sei diese Insel nicht aus dem Immateriellen des Himmlisch-Göttlichen hervorgewachsen, sondern aus den Urwassern des irdischen Lebens: dem Irdenen, dem Blut, der Liebe. Nicht von ungefähr heißt es in der folgenden Aufzeichnung, daß man früher diese Bilder im Blut gehabt habe, als 'Grundfarbe der Intensität des herrschenden Verlangens', um einen Ausdruck der Aufzeichnung 43 abzuwandeln (43.1 842) - ein Thema, das in Aufzeichnung 44 vertieft wird. So darf die Insel, das Gegenständlich-Bestimmte und Formvolle inmitten des Formlosen als Vision der inneren Kräfte, des Blutes, der amorphen Kraft des unfaßbaren Grundes gelten, dessen Rot das Blut wie das Verlangen und das Geheimnis der Liebe meint. So hätte denn das nun, was das Innerste und formlos Unfaßbare, der Grund ist, die Farbe der Wirklichkeit des Irdenen, während das in ihm Schwebende, als aus ihm zur Form verdichtet, die luftige Immaterialität der metaphysischen Traumvision erhielte. Das Blut, der Grund bringt die Welt als Vision hervor[57]. Das Aufsteigen der Insel auf dem letzten Bild mag dann als Hinweis auf jene alle Niederschläge umkehrende aufsteigende, himmelschaffende Bewegung gelten, die auch die Musik, die Beethovens wie Abelonens Stimme, kennzeichnet.

Wenn Malte - entgegen kunstgelehrter Deutung[58] - darauf insistiert, daß die Insel immer dieselbe Gestalt trage, so will er die Folge der Teppiche als Geschichte ein und derselben Person verstanden wissen, die durch die Dienerin und die wappentragenden Tiere als adlig hoher Herkunft ausgewiesen ist. Sind die Teppiche, die Malte als Darstellung der Liebe liest, offensichtlich mittelalterlicher Herkunft, wie Banner und Symbolik auch anzeigen, so darf angenommen werden, daß zugleich die mittelalterliche Konzeption der höfischen Liebe, die Minne präsent ist; daß Malte die Minne als ein Vorbild für seine Liebekonzeption durchaus im Bewußtsein ist, erhellt später aus der Geschichte vom Verlorenen Sohn, der gleich den Troubadours nichts mehr fürchtet, als erhört zu werden (71.8/941), also auf unendliche Spannung der Liebe, nicht auf ihre Erfüllung aus ist.

Die Hervorhebung, daß "die wappentragenden Tiere (immer) da (sind), groß, mit auf der Insel, mit in der Handlung" (38.1/827), stellt eine

Leseanweisung dar, ihnen einen hohen Aussagegehalt zuzumessen. Versinnbildlicht das Einhorn im Rahmen der mittelalterlich-christlichen Mariensymbolik ein Sinnbild der Reinheit und Keuschheit und mithin ein weibliches Prinzip - wenngleich sich unter Beachtung der Phallussymbolik des Horns, die nicht unbeachtet bleiben dürfte, sich die Bedeutung ins Androgyne verschiebt - , so mag dem Löwen, dem König der Tiere in seiner Macht und Souveränität, ein männliches Prinzip zugeschrieben werden; er könnte den männlichen Teil der Liebe, den abwesenden Ritter des Minnedienstes ebenso spiegeln wie die die Insel nach außen schützende und abschließende Macht darstellen, die Malte an ihm auf dem letzten der Teppiche hervorhebt und die mit dem verbreiteten Symbol des Löwen als Wächter an der Tür übereinstimmt, der die Souveränität und Unverletzbarkeit des Ortes gewährleistet[59]. Das Banner aber, das sie tragen und dessen Prinzip sie vertreten insistiert auf dem Verhältnis von Grund und Insel als dem der Dame selbst, indem es dessen farbliche Symbolik wiederholt im roten Feld mit einer Binde in Blau, die drei Monde trägt. Nicht von liegenden Sichelmonden, wie sie auf den Originalteppichen im Musée de Cluny zu sehen sind, spricht Malte, und hebt damit den Mond schlechthin als Symbol hervor, womit möglicherweise nicht nur auf ihn als das Prinzip der Weiblichkeit, "die Urmutter oder Jungfraumutter"[60], hingewiesen werden soll, sondern auch ein Bezug zum Mond der Heiligen über der Stadt und zum 'kleinen Mond', der in Aufzeichnung 12 das Tagbild der Vollkommenheit schafft, hergestellt wird, zumal Malte die aufsteigende Bewegung des Gestirns unterstreicht, so daß ihm als Bild der Weiblichkeit und Liebe, die - auch in der Zahl Drei angedeutete - Vollendung gebiert[61]. Darin, daß ihre Weiblichkeit und Liebe gestirnhaft-kosmische Vollendung gebären möchte - eine Deutungsrichtung für die Liebe, die durch die Aufzeichnungen 56 und 57 später bekräftigt wird -, mag Abelone auf Maltes Geheiß den Sinn des ganzen Zyklus sehen.

Der Falke, den die Dame auf dem ersten Bild füttert, darf, zumal ihn Malte entgegen anderer Deutung gleich als solchen und nicht als Papagei[62] oder einfach schlechthin als Vogel identifiziert, im Sinne des bekannten Motivs aus dem Minnesang, etwa des Kürenberger, als Sinnbild des Ritters und Geliebten interpretiert werden, dem diese Frau sich minniglich zuwendet[63]. Dieser Vogel nimmt die Aufmerksamkeit der Dame völlig ein, so daß auch ihr ganzer Anhang, 'ihre Welt', sich darauf ausrichten muß. Das Rosengitter grenzt die Insel noch einmal ausdrücklich als Garten der Liebe ein. Die Wappentiere zeigen ihrerseits nicht nur den edlen Stolz dieser Liebe zwischen der Dame und ihrem Falken, dem umhegt Geminnten an, sondern in dem in den Mänteln wehenden, fast forttragenden Wind und in ihrem hochmütigen Steigen zugleich eine Veränderung; eine aufsteigende Bewegung, die den Falken forttragen möchte, die aber durch die Kennzeichnung als Hochmut, als daher notwendig werdender 'hoher' oder gar 'zu hoher Mut', zugleich die Vorahnung eines möglichen Falls aufkommen läßt.

Ist der Falke der Geliebte, so fällt es nicht schwer, in der Blumenkrone, die die Dame auf dem folgenden Bild windet, den Brautkranz zu erkennen. Der Hinweis auf die nachdenkliche Wahl der Blumenfarben mag nochmals Nachdruck auf das Gewicht legen, das generell den Farben als Bedeutungsträgern - also auch den Farben von Insel und Grund - beigemessen wird. Daß es "diesmal", in diesem besonderen Fall nicht Rosen sind, der gewöhnliche und konventionelle Ausdruck der Liebe, für den sich das einfach nachahmende Tier, der Affe interessiert, in dem gar das Symbol der Buhlerei, der irdischen Liebe ergebenen Tiers gesehen werden könnte[64], sondern vielmehr Nelken, in deren Blatt und Frucht die christliche Tradition die Passion, das Leiden Christi aus Liebe zu Gott und den Menschen, oder die böhmische Sage die den Tränen Marias entspossenen Blumen erkennt[65], mag von Malte bereits als Hinweis darauf gelesen werden, daß dieser Liebe eine andere, besondere und leidvolle Entwicklung bestimmt ist. So nimmt denn auch das Wappentier der Macht und Männlichkeit, der Löwe, nicht mehr teil, während das Einhorn, das Symbol der jungfräulichen Reinheit "begreift", als wäre das Männliche nicht mehr da oder auch nicht mehr notwendig und das Weibliche müsse, vor allem auch wenn man die androgynen Qualitäten des Einhorns in Betracht zieht, diese Liebe leidvoll allein zur Vollendung tragen.

Die Stille aber, die das erste grundlegende Kennzeichen aller dieser Bilder darstellt, deutet Malte im dritten Wandteppich, wie schon J.Ryan festgestellt hat, als "immanente Musik, die nun sichtbar wird, als die Jungfrau ihre tragbare Orgel zu spielen beginnt"[66]. Das Strahlende und Aufsteigende, das die Musik Beethovens und die Stimme Abelonens kennzeichnete, findet sich vielleicht in der Schönheit und in der Haartracht wieder, ist aber durch den langsamen, schweren und stillen Gang, der hohes Leid und Trauer ausdrücken mag, gegengewichtet. Das männlich kriegerische Element ist in die Dame, deren Haar wie ein Helmbusch scheint, eingegangen, so daß auch hier, wie schon in der Musik Abelones, ein androgynes Element aufscheint, das den Löwen die 'Töne verstimmt', "ungern, Geheul verbeißend", erfassen und ertragen läßt, während das Einhorn die Schönheit der musizierenden Dame spiegelt, zumal es von den Tönen "wie in Wellen bewegt ist" gleich dem Spiegelbild des Narziß. So zeigt denn dieses Fabeltier, dieses Tier der Einbildungskraft, "das Nicht-Seiende für den Profanen"[67], als des Spiegels Wirklichkeit den tieferen, in den Wassern der Musik wellenförmig erzitternden 'Grund' der Dame an.

Auf dem vierten Bild weitet sich die Insel, als sollte sie einen weiteren Bewohner aufnehmen, den Geliebten. Im Zelt ist, von beiden Tieren geöffnet, der Liebe Wohnstatt errichtet, aus der die Dame dem entgegenschreitet, für den dies alles bereitet ist. Der Perlen kostbarste, die sie dem Erwarteten anbietet, ist sie selbst, gleich der Perlenkette "ein schweres, herrliches Kleinod, das immer verschlossen war" und das nun der Liebe Macht gleich dem Innern der Wohnstatt und der Schatzkiste geöffnet hat. Dieser Höhepunkt der Erwartung der Rückkehr des Falken, die, liest man nur die jeweilige Hauptbedeutung der Bilder ohne die Zweitbedeutungen, die auf den letzten beiden Bildern eingelöst werden, durch Brautkranz und Aufgebot der Musik vorbereitet ist, öffnet nun auch den verschlossensten aller Schätze, die Jungfrau selbst, dem, auf den sich, wie das Spruchband am Zelt erklärt, all ihr Liebesverlangen richtet, dem, den sie mit der Öffnung aller ihrer Schätze, selbst des verborgensten, 'herbeiruft'. Dieses Anbieten gleicht dem 'Herbeirufen', das Malte den großen Liebenden in Aufzeichnung 39 zuschreibt:

"Und aus ihnen sind, unter dem Druck endloser Nöte, die gewaltigen Liebenden hervorgegangen, die, während sie ihn riefen, den Mann überstanden; die über ihn hinauswuchsen, wenn er nicht wiederkam [...]." (39.5/833)

Auf dem fünften Bild entdeckt Malte, daß etwas geschehen sei, da die Höhe der Erwartung in Trauer umgeschlagen ist. Sie selbst hält ihr Banner, ihr Ideal und Emblem hoch, das nicht mehr vom Löwen, dem männlichen Prinzip getragen wird; oder das Ereignis, das so viel Befangenheit umher verbreitet, hat sie so sehr geschwächt, daß sie sich einzig an ihrem Ideal noch festhalten kann. Das Ereignis, das das für seine Fruchtbarkeit, aber ja auch sprichwörtlich für seine Vermehrungstätigkeit bekannte Kaninchen springen läßt[68], mag darin angedeutet sein, daß die Dame, die ihrer Liebe sich selbst, ihr verborgendstes Kleinod, ihre Jungfräulichkeit angeboten hat, das Horn des Einhorns, das Phallussymbol umfaßt: als hätte sie ihre Jungfernschaft nicht nur, sondern mit ihr auch zugleich das Ziel ihrer Sehnsucht, den Geliebten, oder narzißtischer, als hätte sie durch die Erfüllung ihre Sehnsucht verloren, das, was die Schönheit in ihrer Jungfernschaft machte; damit wäre dieses Bild ähnlich wie später auch das Elend des verlorenen Sohns interpretiert:

"Was waren alle Finsternisse seither gegen die dichte Traurigkeit jener Umarmungen, in denen sich alles verlor." (71.9/942)

Dies mag das Geheimnis der Geschichte und der vergehenden Zeit sein, das sich unter den 'welken Stellen' des 'grünschwarzen, verschwiegenen Samtkleides' der Trauer verbirgt.

Aus diesem zeitlichen Gang der Dinge jedoch erwächst im letzten Bild wie bei den großen Liebenden in Aufzeichnung 39, die den Mann herbeirufen, überstehen und über ihn hinauswachsen, die Erhöhung ins Überzeitliche, das in dem den Niederschlag der Trauer umkehrenden Aufsteigen der Insel Ausdruck findet. Hier wandelt, wie rückblickend von der folgenden Aufzeichnung her gesagt werden darf, die Dame sich zur großen Liebenden in der 'eisigen Herrlichkeit' der autonomen, durch Einsamkeit gekennzeichneten Liebe, in die das Elend der Trauer in Liebe gekehrt ist. Bei dem Fest, das Malte hier erblickt, ist alle Erwartung überwunden, denn niemand ist geladen; es braucht keinen Geliebten, der von außen käme; das nun ins Androgyne integrierte Männliche des Löwen wehrt alles von außen Kommende ab. "Es ist alles da. Alles für immer", sieht Malte ein. So trägt denn die Frau etwas Schweres, den Verlust der Jungfernschaft, der als völlige Hingabe der Liebe aber zugleich die Monstranz ist, die das Kostbarste zeigt, es, die Seiten verkehrend, im Spiegel entwirft. Auf diese Weise entsteht im Raum der Überzeitlichkeit das Paradox der Jungfrau, der das Phallussymbol im Einhorn aus dem Schoße 'sich aufbäumt'. Dieses Paradox ist durch das Einhorn selbst bezeichnet, das im Spiegel seiner und der Jungfrau tiefere Wirklichkeit entdeckt: Symbol der Reinheit und der Keuschheit, ist es gerade durch das Phallussymbol ausgezeichnet. Die androgyne Vollkommenheit als die zwischen die extremen Pole gespanntes Feld, als je umkehrende Bewegung zwischen den Polen der Erfüllung durch sexuelle Vereinigung und der jungfräulichen Reinheit sehnender Erwartung führt die Liebe ewig über sich hinaus[69]. Eben diese paradoxe Vollkommenheit, "coniunctio oppositorum", kommt dem Bild der Jungfrau mit dem Einhorn im Schoße auch in der Symbolik der Alchemie zu. Beim hermaphroditischen Mercurius, der unendlich wandelbaren 'materia prima', "(stellt) die Jungfrau (...) dessen weibliche, passive Seite dar, das Einhorn aber die wilde, ungebändigte, männliche, penetrierende Kraft des 'spiritus mercurialis'"[70].

Judith Ryan hat die blaue Insel zu Recht als Metapher der Kunst gedeutet[71]. Einsichtig wird diese Deutung jedoch erst, wenn der Zusammenhang von Kunst und Liebe im Malte aufgeklärt wird, die Einbildung, das 'Sehen', die Kunst als Ausdruck der Arbeit der Liebe erkennbar wird.

Die Liebe im Gegensatz von Vergangenheit und Gegenwart, Frau und Mann

Die Aufzeichnungen 39 und 40

In diesen beiden Aufzeichnungen versucht Malte, das schon in den Paris-Aufzeichnungen angesprochene Thema der Veränderung mit dem durch die Wandteppiche artikullerten Themenkomplex von Bild und Liebe in Bezug zu bringen, um auf diese Weise über die Kritik der Gegenwart hinaus zu einer Umprägung dieser Veränderung im Zeichen der Liebe zu gelangen. Dabei kommen jedoch Widersprüche und Aporien zutage, die den Spannungsbereich zwischen der Gesellschaftlichkeit der grundlegenden Probleme und dem extremen Pol der Subjektivität, auf dem Malte Lösungsstrategien entwirft, kennzeichnen.

Die einzelnen Elemente, die Malte locker zum Bogen von der Negativität der Veränderung zum Projekt ihrer Umprägung als 'Anfangen mit der Liebe' fügt, bleiben unvermittelt und widersprüchlich, sofern sie gegenständlich bezogen, d.h. zu einer Konzeption von Vergangenheit und Gegenwart, zu einem Geschichtsbild zusammengefügt werden sollen. Der Leitfaden, der Maltes Diskurs zusammenhält, besteht daher nicht im Gegenstand der Kritik, sondern im Modell der Subjektivität, das im Zusammenhang von Kunst, Liebe, Frömmigkeit, Innerlichkeit vorgeschlagen wird und dem gegenbildliche Vergangenheit oder Gegenwartskritik je nur als Ausdrucks- und Artikulationsform dienen.

Nach der imaginären gemeinsamen Betrachtung mit Abelone werden Malte die Wandteppiche zum Maß einer idealen Vergangenheit, das er kritisch gegen seine Gegenwart richtet.

Mittels der Metapher von der 'Entleerung der Häuser' parallelisiert Malte die Prozesse, die im ersten Absatz im Fortkommen der Familie von ihrem Familienstammsitz und alsdann im Fortkommen der sich nun im Museum befindlichen Wandteppiche aus dem Schloß von Boussac ins Museum bezeichnet sind sowie schließlich in den drei folgenden durch jene Mädchen dargestellt sind, die von zu Hause, aus ihren Familien in die Stadt fortgehen und vor den Teppichbildern im Museum zeichnen. Sich in diese Mädchen kongenial einfühlend, wie er selbst ja auch Erbe und Familie verloren hat, sucht er nicht nur die Oberflächlichkeit und das Fluchtverhalten dieser Mädchen zu kennzeichnen, sondern zugleich dem irreversiblen Zerfall der Familie, bzw. der Gemeinsamkeit überhaupt auf den Grund zu kommen, um dann über die Kritik der Ungleichgewichtigkeit der Geschlechter und die damit zusammenhängenden

Figuren der großen Liebenden der Vergangenheit die Arbeit an der Liebe als adäquate Form der Veränderung vorzuschlagen.

In der Metapher von der 'Entleerung der Häuser' findet sich der soziale Niedergang des Adels, der Zerfall einer gesellschaftlichen Ordnung mit dem Verlust innerer Fähigkeiten, zunächst der Korrespondenz von Bild und Blut, verwoben:

> *"Niemand aus dem Geschlecht der Delle Viste geht neben einem her und hat das im Blut." (39.1/830)*

Das Haus gilt Malte als Gefäß, in das er die kongeniale Einheit von Bild und Betrachter projiziert, den Kunstbezug als Essenz einer Gesellschaftsform. Das vorrangig über das 'Blut' vermittelte Vergangenheits- und Weltverhältnis des Adels wird Malte zur Metapher für das Vergangenheits- und Weltverhältnis einer mystischen Kunstkonzeption. So kann denn nicht in direkter, wörtlicher Aussage von Frauen und Liebe - im weiteren natürlich von allem Wichtigen, dem Leben, dem Tod, der Geschichte, den Personen usw. - gesprochen werden, sondern nur in Bildern, die "preisen und nichts preisgeben" (39.1/830), die jene Oberfläche besitzen, die auf das unfaßbare Innere, die "unendliche Unsäglichkeit" des Innersten Eigensten verweist: den mystischen 'Grund'.

Gegenüber einer solchen Welt, deren umfassende Ordnung auf Kunstbezug, auf dieser Korrespondenz, auf diesem im Innern gegründeten Sehen fußt, wird die - negative - Oberflächlichkeit und Partialität der Gegenwart nur allzu evident: zufällig unter Zufälligen und nicht aus innerer, im 'Geladensein' eingeholten Notwendigkeit und Ordnung gelangt man vor diese Bilder im Museum, an denen die meisten folgerichtig ignorant vorbeigehen oder deren Sinn rein fachlich reduktiv Interessierten sich nicht aufschließt.

Dieses Korrespondenzmodell der Kunst kennzeichnet im folgenden auch die Kritik des Verhältnisses der von zu Hause fortgegangenen Mädchen zu diesen Bildern. Sie ahnen, daß ihr Innerstes, der Bereich der Frömmigkeit angesprochen ist, doch verschließen sie sich vor ihnen, "(tun) bei allem Zeichnen doch nichts (...), als das unabänderliche Leben in sich unterdrücken, das in diesen gewebten Bildern strahlend vor ihnen aufgeschlagen ist in seiner unendlichen Unsäglichkeit" (39.4/832).

Diesen Bildern als denen des Lebens in seiner "unendlichen Unsäglichkeit", das in ihnen 'gepriesen, aber nicht preisgegeben' ist, entsprechen dann im letzten Absatz dieser Aufzeichnung die "gewaltigen Liebenden" von Gaspara Stampa und der Portugiesin Marianna Alcaforado bis zur großen Zahl der Unbekannten auf doppelte Weise. Zum einen im Gehalt der 'großen Liebe' als Form der Autonomie, der 'objektlosen' oder 'intransitiven' Liebe, die, aus Elend und Trauer gewachsen, im vorletzten und letzten Bild vor allem deutlich, natürlich auch auf den andern dargestellt ist; zum andern aber auch in der Form, sowohl in der Kunstform der Briefe, der "Bücher mit anklagenden oder klagenden Gedichten, oder Bildern", also der Kunst als sichtbarem Ausdruck eines Unsichtbaren, dem Geheimnis der Liebe, des 'Grundes', wie auch in der Lebensform jener vielen Unbekannten, die keinen bleibenden sichtbaren Ausdruck hinterlassen haben, "als hätten sie im voraus die Worte vernichtet, mit denen man sie fassen könnte" (39.5/833). So wird der Unterschied zwischen Kunst und Leben wie der zwischen Dingen und Kunstdingen im wesentlichen hinfällig im Angesicht der Form, der Sichtbarkeit, die sie angesichts eines Unsichtbaren darstellen[72]: die Greisinnen, die wie die Großmutter Brigge in Aufzeichnung 36 außen eine verhärtete Form männlich herrischen Verhaltens tragen, welche aber im Innern, "wo ihre Liebe gearbeitet hat", einen "Kern von Köstlichkeit birgt"; oder die Gebärenden, die im Tod nach der achten Geburt noch wie Jungfrauen sind, oder schließlich die, die, obwohl sie neben ihren Männern, "Tobenden und Trinkern", leben, den Schein des Umgangs mit Seligen um sich verbreiten, weil sie innerlich weit entfernt sind von ihnen.

Wenn Malte dann in Aufzeichnung 40 dazu auffordert, ganz von vorne mit der Arbeit der Liebe zu beginnen, um der Veränderung deren Siegel aufzuprägen, so nimmt er nicht nur die Kritik der Liebeskonzeption als leichter Genuß und Zerstreuung und der Ungleichgewichtigkeit der Liebe zwischen Mann und Frau, die die ganze Last der Liebe allein hätte tragen müssen, wieder auf, sondern setzt implizit auch am Vorbild der großen Liebenden an, um es über das Motiv der Spitze, mit der die Liebe verglichen wird und das im Zentrum der kreisförmig aufgebauten Aufzeichnung 40 steht, nicht nur mit der Kindheit, die dann in Aufzeichnung 41 ausgeführt wird, zurückzuvermitteln, sondern überhaupt mit dem künstlerischen Schaffen und der Arbeit der Einbildung.

Ist damit die tragende Linie der Aufzeichnungen 39 und 40 bezeichnet, so gilt es nun, die Anwendung ihres kritischen Potentials genauer zu kennzeichnen. Verquickt finden sich eine Reihe disparater Elemente. In die Metapher von der 'Entleerung der Häuser' wird, wie oben schon ausgeführt, der soziale Niedergang des Adels, der Zerfall einer gesellschaftlichen Ordnung verwoben mit dem Verlust des sie im Kern tragenden Kunstbezugs, der Korrespondenz von Bild und Blut. Der Notwendigkeit dieses Bezugs steht dessen

Zufälligkeit bei den Museumsbesuchern entgegen, die den tieferen Gehalt der Bilder nicht zu erfassen vermögen.

Die Mädchen nun, die vor diesen Bildern zeichnen und dabei sich selbst ihr Innerstes verdecken, sind nicht über das Korrespondenzmodell der Kunst mit dem vorangehenden verbunden, sondern auch über die Metapher der entleerten Häuser, denn sie haben ihr Haus, ihre Familie verlassen. Malte versucht nun dem gesellschaftlich-sozialen Aspekt des Zerfalls nachzugehen, indem er sich in diese Mädchen einfühlt. Das Verlassen der Familie hat seine Ursache im Verlust der Gemeinsamkeit:

> *"Wenn man hätte fromm sein können, herzhaft fromm im gleichen Tempo mit den andern. Aber das nahm sich so unsinnig aus, das gemeinsam zu versuchen. Der Weg ist irgendwie enger geworden: Familien können nicht mehr zu Gott." (39.3/831)*

Wenn nun diese Mädchen auch diese Reflexion durch Zeichnen verbergen, so deshalb, weil auch durch sie die Dimension der Frömmigkeit, das Innerste bezeichnet ist. Damit ist, neben der Metapher von der 'Entleerung der Häuser' eine zweite Verbindung zum Korrespondenzmodell gezogen, und doch handelt es sich, was die kritische Wendung betrifft, um etwas anderes.

Ein Weltverhältnis der Frömmigkeit, das demütig hingebende, alle Lebenspraxis durchtränkende, gläubig durch das Herz bejahende Begreifen der Welt und eines höheren Prinzips als des Menschen, Gottes, demgegenüber man Abhängigkeit eingesteht, kennzeichnet durchaus auch die Haltung des Innersten vor den Bildern und rechtfertigte in diesem Sinn den Gebrauch des Terminus von der Kunstfrömmigkeit, ist aber di per se immer schon vom isolierten Individuum her und daher prinzipiell antagonistisch zur Gemeinsamkeit konzipiert. Die Kritik am Verlust der Gemeinsamkeit greift daher nicht, weil Malte über keinen adäquaten Begriff der Gemeinsamkeit verfügt. Auch etwa Pierre d'Aubusson oder einer aus dem Geschlecht Delle Viste, die die Bilder 'im Blut haben', stellen in der Beziehung von Bild und Innerstem einen individuellen, eben nicht 'mit-teilbaren' Bezug dar, keineswegs Gemeinsamkeit. Malte will im Zerfall der Familie den Zerfall einer Gesellschaft charakterisieren, erfaßt auch im Zerfall der Gemeinsamkeit, in der völligen Isolation des Einzelnen einen zentralen Aspekt davon, den er aber zum Ideal des Kunstbezugs verwandelt immer schon in die Vergangenheit projiziert. Im Gegenstand der Vergangenheit können Kunstbezug und Gemeinsamkeit nicht miteinander vermittelt werden; dieser Widerspruch wird durch die Dominanz der Disposition der Subjektivität überspielt.

Einen Hinweis darauf, wie im 'Malte' Gemeinsamkeit womöglich gedacht wird, gibt die Formulierung: "herzhaft fromm im gleichen Tempo mit den andern" (39.3/831). Gemeinsamkeit als Synchronisation der Herzen, des Innersten wird dann, da sie die Gesellschaftlichkeit des Menschen nicht zu erfassen vermag, im mystischen Modell des antiken Theaters als Vereinigung in gemeinsamer Ekstase zu einem Wesen, dem Gotte, gedacht. Daher kehrt in Aufzeichnung 64 im Zusammenhang des antiken Theaters zu Orange die Rede zurück zu Gemeinsamkeit und Gott. Die Konzeption des jungen Nietzsche von der "Geburt der Tragödie" liegt diesem Denken zugrunde, wird dann aber als gesellschaftliches Reformmodell schließlich abgelehnt, indem die Zeit eines solchen Theaters als unwiderruflich vergangen erscheint.

Der dritte Punkt der Kritik Maltes setzt wiederum bei den vor den Bildern zeichnenden Mädchen an, die, da sie die Erkenntnis ihres Innersten, des "unabänderlichen Lebens" in den Bildern durch Zeichnen unterdrücken, in Gefahr laufen, sich selbst zu verlieren, sich selbst nach dem Bild der Männer zu konzipieren und die Liebe als einen Genuß. Maltes Kritik ist doppelt: nicht nur werde der Unterschied zwischen Männern und Frauen zugunsten der Männer verwischt, zugleich mit der Eigenheit der Frauen gehe die Konzeption der wirklichen Liebe, die nicht einfach Genuß sei, verloren, denn bisher hätten die Frauen "Jahrhunderte lang die ganze Liebe geleistet, sie haben immer den vollen Dialog gespielt, beide Teile. Denn der Mann hat nur nachgesprochen und schlecht." (39.5/832)

Auch dieser Kritikpunkt ist mit den beiden andern nicht vermittelt. Weder wird erklärt , warum gerade Männer die Bilder der Liebe als ihr Innerstes im Blut haben, wird doch Pierre d'Aubusson genannt und ist mit dem Geschlecht Delle Viste auf Claude Le Viste angespielt, für den die Teppiche ein Verlobungsgeschenk gewesen sein sollen[73], noch ist die Konzeption einer auf Frömmigkeit, dem Innersten beruhenden Gemeinsamkeit in der Vergangenheit denkbar, wenn die Frauen jahrhundertelang die einzigen Träger der Liebe gewesen sein sollen.

Der Versuch der Vermittlung dieser Konzeption mit dem der Gemeinsamkeit durch die Vorstellung des Dialogs führt zum gleichen begrifflichen Dilemma zurück, das schon die 'Gemeinsamkeit' kennzeichnet: erreicht die Liebe in den "gewaltigen Liebenden" ihren höchsten Gipfel gerade darin, daß sie intransitiv und autonom wird, so ist Dialog, Mitteilbarkeit in Worten und Gemeinsamkeit ja gerade ausgeschlossen. Oder anders: das Ideal reproduziert gerade das, was an der Gegenwart kritisiert wird, die Isolation des Einzelenen.

Die Stärke des 'Malte' liegt folglich nicht in der direkt ausgesagten Gesellschaftskritik noch in den Idealen, die in ihm vorgeführt werden, sondern in dem durch diese Widersprüche bezeichneten Spannungsfeld der Subjektivität, das er entfaltet.

Eine besondere Untersuchung wäre hingegen dem Bild der Frau in den 'Aufzeichnungen' zu widmen. In ihm laufen verschiedene Momente zusammen: das Bild der Mutter, der Geliebten, die Konzeption der innersten Einzigkeit und Unteilbarkeit des Individuums, eine gewisse Vorliebe für der Weiblichkeit schlechthin zugeschriebene Verhaltensweisen von der Passivität, dem 'Sich-Finden-Lassen', Nicht-Gewaltsamkeit, der Aufnahme. Grundlegend aber dürfte wohl für Malte die Frau als die andere Identität sein, wie sie im Identitätsspiel mit der Sophie-Figur erzählt wird: die Frau als das innere Andere, die unbewußte, untergründige Ambiguität der Identität des Ich als sein eigenstes Geheimnis.

Die Arbeit der Einbildung als die Arbeit der Liebe

Die Aufzeichnungen 41 und 42

Sind Gemeinsamkeit und Dialog im Grunde von der Liebeskonzeption Maltes, so wie sie sich in den "gewaltigen Liebenden" und seiner Interpretation der "Dame à la Licorne" darstellt, ausgeschlossen, mag, wie die Aufzeichnung 40 in der Mitte ihrer kreisförmigen Anlage andeutet, in den 'Spitzen' angezeigt sein, wie die Arbeit der Liebe zu intendieren ist: als Kunst. Die Spitzenbetrachtung, die Malte in Aufzeichnung 41 erzählt, ist nicht nur, wie es auf den ersten Blick erscheint, eine Kindheitserfahrung, die an die gemeinsam mit der Mutter gemachte Erfahrung des Wunderbaren anschließt, sondern zeigt, auch im Sinne der in Aufzeichnung 56 ausgesprochenen Erkenntnis, daß die Kindheit nie zuende, das Erwachsensein aber immer schon angefangen habe, über die Kindheit hinaus den Weg der Kunst in die Seligkeit.

Durch den Einleitungssatz der Aufzeichnung 41, "nun weiß ich auch, wie es war", wird in entgegenkommender Bewegung zum verweisenden Vergleich der Liebe mit der Spitze in Aufzeichnung 40 angedeutet, daß diese Kindheitserinnerung infolge der Liebesthematik auftaucht und mit ihr im Innersten zusammenhängt. Daß die Mutter Maltes die Spitzen gerade in Ingeborgs Sekretär aufbewahrt, entwirft nun, nach dem Wiederaufleben der Liebesthematik in den vorangehenden Aufzeichnungen, vielfältige Beziehungen zurück zu den

Einleitungsaufzeichnungen der Kindheitserinnerungen (Aufz.27 und 28), als sollte infolge der Liebe in Umkehrung und als Gegengewicht der dunkel unheimlichen Seiten der Einbildungskraft das 'Sehen' des Wunderbaren unterstrichen werden. Im Grunde aber ist, wie auch schon in unserer Interpretation der Aufzeichnungen 27 und 28 angedeutet, das eine schon immer im andern enthalten, sind das Schreckliche und das Wunderbare, Elend und Liebe, Leben und Tod untrennbar miteinander verbunden.

In Ingeborgs Sekretär suchte die Mutter, wie es in Aufzeichnung 28 hieß, die Antwort auf das Rätsel der Ingeborg, wie ein freudig lebensfrohes Naturell wie Ingeborg das Sterbenmüssen bejahen könne, wie Leben und Tod zusammenhingen. Von männlicher Logik gleich einem plötzlich aufspringenden Schubfach Erklärung erwartend, gab die Mutter, da diese Erklärung nie kam, in ihrem autonomen Lächeln, ihrem fast sakralen Lesen in den Ornamenten des Sekretärs und im Erzählen selbst eine weibliche Antwort. Dem aussparenden Erzählen entsprechen die Spitzen darin, daß sie die 'Umgebung' darstellen, das Zentrum des Dargestellten aber aussparen und so der Einbildung Raum geben. Auch ähneln sich die Ornamente der Spitzen und die des Sekretärs, so daß dem sakralen Tun der Mutter vor dem Sekretär der gleiche Gehalt wie den Spitzen zukommen dürfte und umgekehrt die Spitzen nun nach der Erfahrung der Liebe eine Antwort auf das Rätsel von Leben und Tod zu geben vermögen als Weg der Kunst zur Seligkeit. Darin, daß es sich um einen Sekretär und nicht irgendein anderes Möbelstück handelt, das die Ornamente und Spitzen birgt, mag der Hinweis gelesen werden, daß nicht nur das Erzählen, wie in den Aufzeichnungen 27 und 28, sondern auch das Schreiben und in gewissem Sinne Maltes eigene Aufzeichnungen womöglich in dieser Konzeption der Kunst miteinbegriffen sind.

Das Verhältnis zu den Spitzen ist nicht das zu einem Ding, das man besitzt, sondern das zu einem, das man geschenkt bekommt. Wie Maltes Erinnerungen erst in die Dunkelheit des Vergessens geraten müssen, bevor sie als allgemeine, abgelöst von der Beschränktheit des Besitzes durch das Ich allein wiederkehren, um zum Vers zu werden, so ist das Verhalten gegenüber den Spitzen wie zu etwas Kostbarem, als sollte die Mutter "eben alles geschenkt bekommen" (41.2/834). Die Betrachtung der Spitzen ähnelt einer phantastischen inneren Reise zu den Gipfeln der Kunstseligkeit, die vom freudig erregten Entblößen des Gegenstandes bis zum Höhepunkt, völlig in den Spitzen seiend, innerer Wärme und Seligkeit sowie dem nachseufzenden Abschluß der ekstatischen Bewegung der Liebe nicht unähnlich sein mag. Das Äußere hingegen ist nicht ohne eine gewisse Affinität zu einer Gedichtsammlung oder den Aufzeichnungen selbst: im plötzlichen Aufhören einen fragmentarischen Charakter aufweisend, der aber doch auf eine Ganzheit verweist, ist eine jede in anderer

Machart, verschieden geklöppelt und weist in verschiedene Dimensionen der Subjektivität.

Mag das deutlich immerzu Wiederholte, das Malte zunächst an den "Kanten italienischer Arbeit" anmerkt, an Rhythmus, Reim und Strophen, die auf Wiederholungen aufgebaute musikalische Grundstruktur eines Gedichtes etwa erinnern und nur ganz entfernt vielleicht an ein Netz von Motiven wie im 'Malte', so verdichtet sich der Blick mit der "venezianischen Nadelspitze" zu imaginären Räumen, die die Subjektivität nach innen einschließen gleich Malte auf dem extremen Pol der Subjektivität: gleich ob es sich um einen - durch äußere Umstände - erzwungenen Aufenthaltsort, etwas Schreckliches, ein 'Gefängnis' handelt oder einen, der einen freiwilligen Rückzug aus der weltlichen Wirklichkeit und Öffnung hin zu metaphysischer Wirklichkeit bedeutet, etwas Wunderbares, ein Kloster. Das zunächst äußere Betrachten ist dabei in die Identifikation mit dem Raum der Spitzen übergegangen: "als ob *wir* Klöster wären oder Gefängnisse" (41.3/835; Hervorhebung B.A.K.), bevor dann im nächsten Schritt des ekstatischen Weges das 'Wir' in den selbstüberhobenen Raum des 'Man' eingeht. Eingeschlossen in sich selbst wird es innen zunächst wieder frei und der Blick liegt auf den weiten inneren Gärten des Selbst, "die immer künstlicher wurden", sich in ihrer Eingebildetheit immer weiter von der äußeren Wirklichkeit entfernen. Die Verdichtung , das Wachsen, Größerwerden des Lebens bis zur Pflanzenwelt einer warmen und wollüstig-schwülen Treibhauskultur, ihr Nacheinander- und Ineinandergreifen der Glieder führt ekstatisch an einen Punkt, der nun umgekehrt positiv dem grauenhaften Phänomen des Großen, das ja auch ein Wachsen, Größerwerden bedeutet, nicht unähnlich ist, denn die dichte und laue Treibhausluft ruft Schwindel und Trübung hervor, der Müdigkeit und Verwirrtheit, dem Orientierungsverlust nicht unähnlich, folgen, als sollte die Ekstase der Liebe dem Tod ähneln, das Schreckliche des Todes aber Züge der Liebesekstase annehmen.

Dieser ekstatische Selbstverlust hat in eine neue Welt getragen, die noch niemand betreten hat, schneeweiß gleich dem unbeschriebenen leeren Blatt, als das Malte sich im dritten Zusammenbruch, dem endgültigen Subjektverlust am Ende der Aufzeichnung 21 nach der Begegnung mit dem Veitstänzer fühlt. Die jungfräulich unberührte Welt des winterlichen Schnees, in dem die 'Niederschläge', vor Kälte fest geworden, diese Welt gebildet haben, ist durch das Grab als Welt jenseits des Todes ausgewiesen, wie Malte und Mutter beide wissen, aber in der Erfahrung der Liebe voreinander verbergen. Aus der unlösbaren Einheit von Tod und Liebe aber wächst die Kunst, denn wo die von außen andringende Kälte auf die starke Wärme von innen trifft, da bilden sich "Eisblumen an den Augen" (41.3/835).

Dem Blick bildet sich so eine zweite Natur aus Liebe und Tod, die der Kunst, die der "eisige(n) Herrlichkeit" (39.5/833) der großen Liebenden entspricht.

Aus dieser Liebe und Tod einbegreifenden Ekstase der Kunst kehren Malte und seine Mutter mit nachsehend befriedigtem Seufzen, das sich im Wiederaufrollen auch ausdrückt, zurück, um den Stellenwert dieser Erfahrung an den Verfertigern dieser Spitzen zu klären. Wenn Malte zunächst unwillkürlich an 'kleine Tiere' denkt, so wird gleich an die kleinen Tiere in den irden-blutfarbigen Urwassern der Wandteppiche erinnert, die die blaue Insel der Einbildung hervorbringen. Die Herstellung der Muster des Lebens wird von Malte spontan dem unbewußten Wirken der Natur zugeschrieben, einer Natur, in die der Mensch nicht eingreift. Wenn Malte dann weiß, daß es natürlich Frauen seien, die die Spitzen machen, so wird ihnen das tiefe Geheimnis des Lebens zugeschrieben. Zugleich soll hier wiederum, wie schon in Aufzeichnung 28, wo die männliche Logik versagte, die Mutter stattdessen aber in des Sekretärs Ornamenten las und erzählte, die weibliche Natur solch tiefer Lebensbilder unterstrichen werden.

Diese Kunst als die Arbeit der Liebe führt, wie Malte nach seiner Erfahrung vermutet und die Mutter bestätigt, in den Himmel:

> "In den Himmel? Ich glaube, sie sind ganz und gar drin. Wenn man das
> so sieht: das kann gut eine ewige Seligkeit sein. Man weiß ja so wenig
> darüber." (41.7/836)

Daß die Tod und Liebe einbegreifende Kunst in die ewige Seligkeit führen könnte, darin aber besteht auch Maltes Hoffnung.

Die 42. Aufzeichnung knüpft in gewisser Weise an die vorangehende an, auch wenn nicht der Höhepunkt der Kunstseligkeit, sondern der Gegenpol der Angst erreicht wird. Einerseits geht es bei der Erzählung der Kindheitserinnerung vom Familienbesuch auf dem Nachbarschloß der Schulins darum, in den gemeinsam mit der Mutter 'gesehenen' Raum, in die gleiche weiße Winterlandschaft, die wie in Aufzeichnung 41 als ein leeres, unbeschriebenes Blatt der Einbildung anzusehen ist, wie das Wunderbare so auch das Gespensterhafte und Unheimliche einzuzeichnen. Gleichzeitig wird der Unterschied von Kunst und Wirklichkeit nivelliert, denn wie in Aufzeichnung 41 die 'Kunstwirklichkeit' der Einbildung den Raum bietet, so in Aufzeichnung 42 die 'Wirklichkeit' selbst. Wesentlich wird auf diese Weise der Raum, den die

Stärke der Einbildungskraft aufzuschlagen vermag, der gegenüber das, was als Wirklichkeit genannt wird, rein als eine Frage der gesellschaftlichen Konvention erscheint, wenngleich auch in dieser Aufzeichnung wiederum eine gewisse ironische Komponente, die 'realistische Wirklichkeitsperspektive', nicht fehlt. Die Thematik von Einbildung und von Konvention nur geregelter Wirklichkeit wie auch die Thematik des Gespensterhaften und Unheimlichen und schließlich die Zeitangabe, daß Maltes Mutter "eigentlich schon nirgends mehr hin(ging)" (42.2/836; vgl.27.2/786), schließen diese Aufzeichnung zugleich kreisförmig zu den ersten Kindheitserinnerungen der Serie, den Aufzeichnungen 27 und 28, aber auch der Dimension des Gespensterhaften und Unheimlichen, der Angst insgesamt zurück.

Die in 17 Abschnitte unterteilte Aufzeichnung 42 gehört zu den längsten des Buches und zu den wenigen, die in einer durchgehend traditionellen Erzählhaltung geschrieben sind. Diese Ebene schlicht erzählend wiedergegebener Wirklichkeit wird freilich durch eine Reihe von Themen und Motiven überschritten. Malte erzählt von einem Familienbesuch auf dem Nachbarschloß der Schulins, dessen Hauptgebäude abgebrannt sei. Von der Fahrt durch die Winterlandschaft in eine Art Zustand der amorphen Leere und Vergessenheit getaucht, wird die gesamte Familie zur spontanen Einbildung verführt, das Schloß existiere noch, und erst von den Zurufen und dem Licht der Schulins aus dem Nachbarhaus von der noch stehengebliebenen Freitreppe der Restruine zurückgerufen. Für Malte und seine Mutter bleibt das Schloß in der Wirklichkeit der Einbildung, so daß Malte handgreiflich daran gehindert werden muß, dorthin zu gehen. Es bleibt in seiner und der Mutter Einbildung Wirklichkeit, bis es am Ende durch die gesellschaftlich anerkannte Einbildung der Schulins, es rieche nach Brand, vergeht. Hier erst habe Malte zum ersten Mal Gespensterfurcht verspürt.

Die Charakterisierung der Schulins im ersten Absatz und den ersten Zeilen des zweiten, daß sie, wie gleich zweimal nacheinander wiederholt wird, sich einschränkten, ihnen das Gästehaben im Blut liege und sie daher nicht begreifen könnten, daß Maltes Mutter "eigentlich schon nirgends mehr hin(ging)" (42.2/836), bereitet bereits die Hauptthematik vor, denn im Gästehaben, der Wärme der Gesellschaftlichkeit, die dann auch die Personen und die überhitzten Räume ausstrahlen, ist jene Gemeinsamkeit ausgedrückt, die als Zwang der Konvention bestimmte, was Wirklichkeit ist, bzw. die Wirklichkeit auf das einschränkt, was als Konvention Gültigkeit besitzt. Der zunehmende Rückzug der Mutter in die Einsamkeit nach innen gegen den Tod, in die Wirklichkeit der

Einbildung, der auch darin Ausdruck findet, daß sie nirgends mehr hingeht, bleibt solcher Gesellschaftlichkeit unbegreifbar.

Die Schlittenfahrt, die nach einer von verweigernd irrationalem Verhalten der Mutter gekennzeichneten Abfahrt statthat, nimmt aus der vorangehenden Aufzeichnung das Bild der unberührten Winterlandschaft als Raum der Einbildung auf, dem Grabeskälte eignet. Alle bekannte Form verliert sich, "als würde auch noch das Letzte ausradiert" (42.3/837), wird amorph im Weiß des Schnees und der Dämmerung des Nebels, wird, in expliziter Anspielung auf das Bild von Maltes Zustand nach der Begegnung mit dem Veitstänzer in Paris, zu einem leeren "weiße(n) Blatt (42.3/837; vgl. 21.9/774), das nun von der Einbildung beschrieben werden kann.

Wie der winterweiße Schnee der Aufzeichnung 41 das Zeichen des Todes birgt, ein Grab, so diese Landschaft die Schloßruine. In der Wirklichkeit der Einbildung aber ist das vergangene Leben noch da, und wie Malte in der 18. Aufzeichnung in Paris die Mauerruine in der Einbildung zum vergangenen Leben ergänzt, so hier – freilich ohne alle jene widerlichen und abstoßenden Züge des Pariser Bildes – zunächst die ganze Familie das Schloß. Der Kutscher hält vor der noch verbliebenen Freitreppe, die die gesamte Familie einschließlich des Einbildungen und Gespensterhaftes ablehnenden Vaters (vgl. Aufz. 15. u. 30/31) in der aus der Leere der Winterlandschaft erwachsenen kollektiven Halluzination betritt, das Schloß befinde sich noch dort. Als nun mit der Lampe der "warm und lachend" aus einem nun zur Wohnung der Familie dienenden Nebenhaus tretenden Wjera Schulin das aufklärerische Licht der Konvention auf diese von den Umständen her in 'realistischer Wirklichkeitsperspektive' auch als kollektiver Irrtum begreifbaren Einbildung leuchtet, wird die unterschiedliche Reaktion der Personen signifikativ. Begleitet von den schon aus den Paris-Aufzeichnungen (Aufz. 18, 19, 21), aber auch den Kindheitserinnerungen (Aufz. 32) her bekannten, die Erscheinungen des Unheimlichen und schrecklichen begleitenden Motiven der dunstigen Luft und des ignorant-abwehrenden Lachens Wjera Schulins und des Vaters, negiert der Vater die Einbildung als lächerlich-gespensterhafte Unwirklichkeit, während sie für die Mutter eine Wirklichkeit darstellt:

> "'Aber es war doch eben ein Haus da', sagte Maman und konnte sich gar nicht so rasch an Wjera Schulin gewöhnen, die warm und lachend herausgelaufen war." (42.5/838)

Der äußere Zwangscharakter dieser durch warme und ignorant angstverdrängend lachende Gemeinsamkeit gestifteten Konvention wird schon in den Imperativen des Müssens und in den Passivformen, in denen Malte seine

Begegnung mit den Schulins beschreibt, faßbar, dann aber durch die handgreifliche Verhinderung von Maltes Versuch, aus dieser Gesellschaft auszubrechen und hinaus zum eingebildeten Schloß zu gelangen, deutlich demonstriert. In dieser Gegenüberstellung von eingebildeter Wirklichkeit und konventioneller Wirklichkeit kommt Wjera Schulins Hinweis auf die Gefahr der in der Dunkelheit kaum sehbaren Löcher und offenen Fischteiche die Funktion eines ironischen Gegengewichts zu Maltes Haltung zu, das die bereits in der Beschreibung der Schlittenfahrt und dem Irrtum auf der Freitreppe angelegte 'realistische Wirklichkeitsperspektive' weiterführt. Dieses Gegengewicht wird seinerseits freilich nicht nur von der Begründung, wenn Malte in die Fischteiche falle, werde er ein Fisch, deren Lächerlichkeit dem Märchen und kindgerechter Konvention gegenüber sehr kritischen Malte offensichtlich ist, in Frage gestellt, sondern vor allem durch die - in 'realistischer Wirklichkeitsperspektive' nach dem Abbrennen des Schlosses psychologisch freilich durchaus plausible - Einbildung der Gräfin Schulin, es rieche nach Brand, die dadurch noch lächerlicher wird, daß Wjera Schulin erklärt, sie müßten alle still sein, weil sie mit den Ohren rieche. Da nun alle Anwesenden dieser Einbildung Folge leisten, still sind und mitriechen, soll diese kollektive Einbildung im Gegensatz zu der Maltes und seiner Mutter als gesellschaftlich-konventionell anerkannt gekennzeichnet werden.

Gerade dieser Umstand jedoch, "daß alle die deutlichen großen Menschen, die eben noch gesprochen und gelacht hatten, gebückt herumgingen und sich mit etwas Unsichtbarem beschäftigten" (42.15/841), die konventionelle Anerkennung der Existenz des Unsichtbaren, beraubt die Einbildung Maltes der einfältig angstlosen Unschuld, ja weist der Konvention, der gesellschaftlich vereinbart anerkannten Einbildung, die Schuld an der Einpflanzung dieser Angst zu.

Entfremdung durch Konvention: der Geburtstag

Aufzeichnung 43

Zwischen die die Serie der Kindheitserinnerungen kreisförmig zurückschließende und somit gewissermaßen abschließende Aufzeichnung 42 und die über die Thematik des Erzählens diesen Umkreis engerer persönlicher Erfahrung gleichsam überschreitende Aufzeichnung 44 ist eine weitere Kindheitserfahrung eingefügt, die durchaus nicht dort steht, weil sie anderwärts keine organische Einbindung gefunden hätte, wird sie teils doch bereits zu

Beginn der Spiegelepisode (Aufz.32) erzählt, sondern weil sie in der dieserart erhaltenen Verbindungsfunktion einen zentralen gemeinsamen Nenner der Kindheitserlebnisse wie der Intention des Erzählens zum Ausdruck bringt: die Kritik der Konvention. Der durch sie ausgeübten Entfremdung sucht Malte sich zu entziehen, da nur die Flucht vor ihr, für ihn die Wahl der Einsamkeit und Isolation, wie die Spiegelepisode zeigt, die in der Welt der Einbildung verborgene Eigenheit verbürgen kann. Wie in der Aufzeichnung 32 die Flucht vor der Konvention die Welt der Einbildung in ihrer Negativität einleitet, so steht sie hier, inmitten der Aufzeichnungen 41, 42 und 44, im Rahmen der Positivität der Einbildung.

Der Geburtstag, eigentlich die Feier dessen, der in der Erinnerung an die Geburt - darin dem Tode gleich - an die Einzigkeit und Unersetzbarkeit der Eigenheit dieser Perspektive, an ihren universalen Weltbezug "nach allem greift und rein alles bekommt [...], die Dinge, die man gerade festhält, mit unbeirrbarer Einbildungskraft zu der grundfarbigen Intensität des gerade herrschenden Verlangens steigert" (43.1/842), wird in Maltes Kindheitserfahrung zum genauen Gegenteil, der Überwältigung und Unterdrückung der Eigenheit des Ich durch die Zwänge der gesellschaftlichen Konvention. Angezeigt ist diese Umkehrung des Geburtstags zur Uneigenheit bereits in der Spiegelepisode der Aufzeichnung 32, wo sie der in Einsamkeit gemachten Konventionsüberschreitung durch die Spiegelerfahrung entgegensteht als eine der grundlegenden Erfahrungen, die, wie in Aufzeichnung 14 erwähnt, den Dichter bestimmen, und schließlich auch in der in Aufzeichnung 71 neu erzählten Legende vom Verlorenen Sohn zum auslösenden Moment des Geschehens wird, da ihm gerade das Entfremdende der Geburtstagserfahrung zum auslösenden Moment des Fortgehens von Zuhause wird.

Die Umkehrung der universalen Ich-Bezogenheit des Tages der Geburt zum Geburtstag, an dem dieses Ich sich selbst vergessen muß in Erfüllung der an es von den Anderen, der Gesellschaft herangetragenen Erwartungen, vollzieht sich in einem verborgenen, von den andern unbemerkten Augenblick:

> "Das ist der Augenblick, wo etwas wie eine Operation an einem geschieht. Ein kurzer, wahnsinnig schmerzhafter Eingriff. Aber die Hand, die ihn tut, ist geübt und fest. Es ist gleich vorbei. Und kaum ist es überstanden, so denkt man nicht mehr an sich; es gilt, den Geburtstag zu retten, die anderen zu beobachten, ihren Fehlern zuvorzukommen, sie in ihrer Einbildung zu bestärken, daß sie alles trefflich bewältigen."
> (43.2/843)

Die Skala dieser Augenblicke geht von anscheinend nebensächlichen Nachlässigkeiten und Ungeschicklichkeiten bis zur Erkenntnis unüberwindbarer Entfremdung, die Unmöglichkeit der Erkenntnis des Anderen, die Unmöglichkeit der Gemeinsamkeit, wo "sich einer" - in Aufzeichnung 14 sind es die Eltern (vgl.14.1/724) - "Mühe gegeben hatte, und brachte, wichtig und gutmütig, eine Freude, und man sah es schon von weitem, daß es eine Freude für einen ganz anderen war, einen vollkommen fremde Freude; man wußte nicht einmal jemanden, dem sie gepaßt hätte: so fremd war sie." (43.3/844)

Die Unterwerfung und Besetzung durch die Konvention vollzieht sich nicht nur negativ durch Verbote und Befehle, sondern vor allem dort, wo es sich um ein Entgegenkommen, um 'Liebe' im konventionellen Sinn handelt. Dem sucht Malte eine Konzeption der Liebe gegenüberzustellen, die mit Einsehen, Durchschauen, Transparenz bezeichnet ist.

Physiologisches Erzählen und Alchemie der Schrift

Aufzeichnung 44

Die Fähigkeit zum 'wirklichen' Erzählen kennzeichnet Malte eine längst vergangene Zeit, die seinem engeren persönlichen Erfahrungsbereich entzogen ist, so daß die Vermitteltheit dieses Wissens nicht nur die Gewähr für Vollständigkeit und Wahrheit beeinträchtigt, sondern vor allem jenen 'Umkreis' schafft, aus dem das Ausgesparte sichtbar werden soll.

Von Abelone erfährt Malte, daß Graf Brahe, ihr Vater, das Erzählen noch gekonnt haben soll, als er ihr "als ganz junge(m) Mädchen" und in Anwesenheit des Dieners Sten seine Memoiren diktierte, während Graf Brahe seinerseits in diesen Kindheitserinnerungen vom Marquis von Belmare als Ideal des Erzählens spricht.

Der Akzent der Aufzeichnung steht nun aber nicht allein auf diesem Ideal, das als physiologisches oder leiblich organisiertes Erzählen, ein in der Körperlichkeit gegründetes und eine "subtile Wirklichkeit"[74] sinnlich-körperlicher Gewißheit schaffendes Erzählen charakterisiert werden kann, sondern ebenso auf des Großvaters Versuch, seine Memoiren zu schreiben und mithin dieses Erzählen einem andern, einem papiernen Körper zu übertragen. Ambivalent und unentschieden bleibt, ob dieser Versuch gelingt, scheint doch die Diskrepanz zwischen seiner Erinnerung und dem von ihm von Anfang an mit Mißtrauen betrachteten Versuch, Subjektivität dem Buchkörper zu übertragen, so stark, daß er das Schreiben aufgibt.

Ist nun als die Kernwahrheit des Marquis ein alchemistisches Wissen, die "Stellen über das Goldmachen und über die Steine und über die Farben" (44.12/848), ausgemacht, so kann aber nicht endgültig entschieden werden, ob der Versuch des Großvaters, mit seinen Zähnen die Diamantknöpfe des Marquis zu zerbeißen, ihn also in der alchemistischen Kunst noch zu übertreffen, d.h. letztlich, vom Körper als Buch zum Buch als Körper zu gelangen, gelingt, oder ob er sich an dieser Alchemie 'die Zähne ausbeißt'. Darüberhinaus möchten wir im folgenden Exkurs dann der Frage nachgehen, inwieweit sein Neffe Malte diesen Versuch fortsetzt, da er sich in allen wichtigen Bereichen, Tod, Liebe, künstlerische Darstellung, auch alchemistischer Terminologie befleißigt.

Daß Malte sein Wissen über das 'wirkliche Erzählen' durch Abelone erfährt, so wie er von ihr in Aufzeichnung 56 das Lesen lernt, deutet den Zusammenhang mit der Thematik der Liebe an. Zwar kann Abelone nicht erzählen, aber verrät in Aufzeichnung 56 durch ihre Fähigkeit zum Lesen eine rezeptive Kongenialität gegenüber den sich in ihren Schriften manifestierenden großen Liebenden.

Eben ihrer im frühmorgendlichen Schreiben sich ausdrückenden Kongenialität wegen, die ausdrücklich nicht mit Gemeinsamkeit verwechselt werden soll, wird Abelone von ihrem Vater, Grafen Brahe, zum Aufschreiben seiner Memoiren gerufen, bei dem in dem - gleich dem Grafen unzugänglichen - Kabinett als gleichsam äußere Gestalten seiner Innerlichkeit neben ihr nur noch der den Mystiker Swedenborg lesende und Beziehungen zu Geistern pflegende Diener Sten zugegen ist. In Sten wie in Abelone findet sich der Charakter dieses Erzählens zumindest partiell gespiegelt. Das Kongenialität zum Grafen ausdrückende frühmorgendliche Schreiben Abelones, das sie, entsprechend der Kindheit, die der Graf diktieren will, "als ganz junges Mädchen" pflegte (44.2/844), ist zunächst Ausdruck des Rückzugs von der Gesellschaft in Einsamkeit und eine eigene Zeit gleichwie "der Graf Brahe [...] ganz abseits von seinen Töchtern (lebte). Er hielt es für Einbildung, wenn jemand behauptete, das Leben mit andern zu teilen" (44.3/845)[75]. Das sich, ähnlich wie bei Malte, aber auch bei den großen Liebenden, zu Tagebüchern und Briefen formende Schreiben Abelones ist die Folge von als Eigenheit erfahrener Bewegung in Nacht, Schlaf und erstem Licht am Morgen. Diese in Gegensatz zur Gesellschaft stehende "eigen(e) weit(e) Bewegtheit" Abelones manifestiert sich zunächst im doppelten, her- und hin-bewegten Spannungsbogen, den ihr Gefühl beschreibt, als sie die Nacht durchs Fenster herein auf sich bezieht und sich wie eine Gefangene fühlt, der die Sterne die Freiheit bedeuten: eine aus dem amorphen Dunkel der Nacht *her* zum Licht in der unendlichen Weite und Ferne des Kosmos *hin* aufsteigende Bewegung. Gemahnt diese Bewegung an die ewige Bahn der Liebe, stellt ihr Vorgefühl dar, so ist die des Durchscheinens, der Transparenz im Mädchenschlaf vorgezeichnet.

"Der Ausdruck In-den-Schlaf-fallen paßt nicht für dieses Mädchenjahr. Schlaf war etwas, was mit einem stieg, und von Zeit zu Zeit hatte man die Augen offen und lag auf einer neuen Oberfläche, die noch lang nicht die oberste war." (44.2/844)

Der Schlaf gilt hier also nicht als nach unten weisende, fallende Bewegung in bewußtseinsverhüllende Dunkelheit, sondern umgekehrt als ein Aufsteigen zu immer neuen Oberflächen, die, mit in traumartiger Vision geöffneten Augen wahrgenommen, wie Wolkenschichten durchlässig zu werden scheinen auf die nächste hin. Die jeweiligen Oberflächen sind dabei dem rein beobachtenden Auge wie immer neue Schalen je Ausdruck der steigenden Bewegung, so daß das Ich doppelt, steigende Bewegung und Beobachter zugleich ist. Wenn dann schließlich Dunkelheit und Licht vor Tag als drittes Kennzeichen dieser "eigenen weiten Bewegtheit" gelten, so ist diese Dunkelheit nicht die des zugrundegehenden Tages, in der das Tageslicht erlischt und in die sich alles auflöst, sondern die, die den neuen Tag gebiert; eine "neu(e) Dunkelheit mit der alles wieder anfing, die man für sich hatte" (44.2/845). Die beiden Kerzen, die scheinen, bezeichnen daher nicht, wie etwa in der 23. Aufzeichnung, den Rand des Grauens, sondern sind das von den Rosen der Tüllschirme gemilderte und zugleich diese Rosen von innen her aufleuchten lassende Licht, in das sich der schreibend schaffende Blick verliert; sie gehen nicht in die Dunkelheit aus, sondern in das umfassendere Sonnenlicht des Tages.

Diese "eigen(e) weit(e) Bewegtheit" von der Nacht zu den Sternen, aus der Dunkelheit gegen das die Symbolblumen der Liebe von innen her aufscheinen lassende Licht, die zu immer neuen Oberflächen aufsteigende Bewegung, die, gleich den großen Liebenden, in Briefen und Tagebüchern Niederschlag findet, stellt das Vorfeld oder einen frühen Entwicklungsabschnitt der Liebe dar, der den Erfordernissen des Erzählens der Memoiren der Kinderzeit des Grafen Brahe als rezeptive Fähigkeit entspricht; denn dieses Eigenste, das sich auf dem zwischen die allgemeinsten Pole des Dunkels und des Lichtes gespannten Feld als durch Rosenliebe auf das sternenweit entfernte Licht zugehende ewige und also in dieser Liebe den Tod miteinbegreifende Bewegung erweist[76], korrespondiert einer Konzeption der Kindheit, an die das Alter heranreicht, wie Malte schon in Aufzeichnung 10 vermutete, und die den Anfang und das Ende des Lebens, Kindheit und Alter, Geburt und Tod, zum Kreis zusammenbiegt, der gegen Gesellschaft und Konvention, gegen die militärischen und politischen Memoiren, die man vom Grafen erwartete, auf diesem extremen Pol der Subjektivität die Welt der Einbildung behauptet und die Eigenheit der Subjektivität gegen die Namenlosigkeit, ihre Form und Bestimmtheit als Maske und Oberfläche gegen das Amorphe und Unsichtbare, den 'Grund' streckt. Erzählen bedeutet die alchemistische Kunst, aus dem Amorphen, Unfaßbaren, dem Grund heraus den Entwurf einer ihm korrespondierenden Welt der Einbildung, eine 'subtile Wirklichkeit' auch physischer Existenz zu 'sehen' und zwar so, daß auch andere sie, diese eingebildete Welt, und durch sie ihn, den 'Grund', das Unsichtbare 'sehen'.

Bezeichnend für das 'Sehen' der verborgenen, 'subtilen Wirklichkeit' ist in diesem Sinne ebenfalls die zweite beim Diktieren des Grafen außer Abelone anwesende Figur, der Diener Sten. "Lichtblind und ernst wie ein Nachtvogel", ist sein Blick der Nachtseite des Lebens und dem Innern zugekehrt. Sein Bezug zur unsichtbaren Welt der Geister und sein die sichtbare Wirklichkeit auf das dahinterliegende Unsichtbare durchdringendes Sehen findet ihr theoretisches Gerüst im Mystiker Emanuel Swedenborg und gibt damit den Hinweis auf ein Denkmodell, das nicht nur in der Korrespondenz von irdischem Leib und himmlischen Leib, die auch den anderwärts von Malte im Zusammenhang der Religiositätsthematik zitierten Lavater beeinflußt hat[77], Beziehungen zu Maltes durch seine sinnlich körperlichen Erfahrungen vermittelte Wahrnehmung der andern Welt anzeigt, sondern auch in der Erwartung der "zweiten Ankunft Christi nicht in der Person, sondern im Wort"[78] Affinität zu Maltes apokalyptischem Schreiben und der unten erläuterten alchemistischen Wandlung des Körpers als Buch in das Buch als Körper aufweist.

Organisiert wird das 'wirkliche Erzählen' nämlich durch den Körper: ein 'physiologisches' oder 'leibliches Erzählen'. Daß es vor allem um die Organisation des Erzählens durch die Leiblichkeit geht, erhellt schon daraus, daß nicht etwa beispielhaft ein Teil der Kindheitserinnerungen des Grafen eingeflochten wird, um zu zeigen, wie dieses Erzählen gestaltet war, sondern daß der Graf, bezeichnenderweise in einem wegen seines schnellen Sprechens nicht aufgezeichneten, daher nicht authentisch erzählten, sondern von Abelone, die nicht erzählen kann, berichteten Erinnerung, auf die Figur des Marquis von Belmare verweist. Angedeutet ist die Körperlichkeit des Erzählens schon in den erregten Bewegungen des Grafen beim Diktieren, findet dann aber vor allem in der Figur des Marquis von Belmare Ausdruck, dessen Fähigkeit zu 'sehen' eine Wirklichkeit schafft, ein Da-Sein sinnlich körperlicher Gewißheit gleich den umgebenden Dingen:

"Für diese Augen [des Grafen von Belmare; B.A.K.] hätte nichts da sein müssen, die hattens in sich. Du hast von Venedig gehört? Gut. Ich sage dir,

die hätten Venedig hier hereingesehen in dieses Zimmer, daß es da gewesen wäre wie der Tisch." (44.11/848)

Die Wirklichkeit der Einbildung betrifft nicht nur den visuellen Sinn, sondern die gesamte Körperlichkeit, sind doch auch etwa Hände, ähnlich wie am Ende der Aufzeichnung auch bei Abelone, die das Erzählenkönnen des Grafen Brahe durch das Fühlen und Schauen ihrer leeren Hände bestätigt, die Träger dieser Einbildung sinnlicher olfaktorischer Gewißheit:

"Ich saß in der Ecke einmal und hörte, wie er meinem Vater von Persien erzählte, manchmal mein ich noch, die Hände riechen mir davon." (44.11/848)

Ihren Grund aber hat diese eingebildete Wirklichkeit sinnlich-körperlicher Gewißheit im Innern des Körpers, im flüssig amorphen Blut. Wie schon in der Aufzeichnung 39 die durch das Blut bestimmten Beziehungen des Adels zur Vergangenheit und zur Welt, eine vergangene Gesellschaftsform also als Paradigma für die Kunstbeziehung fungierte, in der die aus dem Geschlecht Delle Viste die Bilder der Wandteppiche im Blut haben, so hat hier der Marquis die Bilder der Einbildung, sein Erzählen, in seinem Blut und nur das besitzt für ihn Wirklichkeit, was er in sich hat:

" '[...] Aber es gab natürlich genug, die ihm übelnahmen, daß er an die Vergangenheit nur glaubte, wenn sie in ihm war. Das konnten sie nicht begreifen, daß der Kram nur Sinn hat, wenn man damit geboren wird.'/'Die Bücher sind leer', schrie der Graf mit einer wütenden Gebärde nach den Wänden hin, 'das Blut, darauf kommt es an, da muß man drin lesen können. Er hatte wunderliche Geschichten drin und merkwürdige Abbildungen, dieser Belmare; er konnte aufschlagen, wo er wollte, da war immer was beschrieben; keine Seite in seinem Blut war überschlagen worden. [...]'" (44.11-12/848)

Ist der Körper zumal in seinen dem Willen entzogenen Teilen das Buch, in dem die Wahrheit geschrieben steht, so ist sie auf diese Weise wiederum mit dem Allgemeinsten, der Natur vermittelt und verliert dadurch gerade das im konventionellen Sinn als individuell Ausgezeichnete. Dementsprechend hält Graf Brahe, indem er Abelone den konventionell 'wirklichen' Namen "Saint Germain" ausstreichen und durch die 'eingebildete Identität' des "Marquis von Belmare" ersetzen läßt, die Einbildung für die höhere Wirklichkeit, tendiert der Marquis doch, indem ihm keine konventionelle, substantielle Identität zukommt, gleich dem zur zeitlosen Sphäre der Einbildung übergehenden Grafen Brahe, wie er in Aufzeichnung 15 charakterisiert worden war, eben darin zur Namenlosigkeit, d.h. zu einer Dimension des Universalen, die Identität im konventionellen Sinne negiert. Diese Tendenz zum identitäts- und formlosen Unsichtbaren, seine virtuelle 'Namenlosigkeit' wird auch durch sein späteres Verborgensein hinter der Wirklichkeit eines Ortes als einer anderen Oberfläche bestätigt:

"'Man müßte ihn sehen', fuhr Graf Brahe versessen fort. 'Es gab eine Zeit, wo er durchaus sichtbar war, obwohl in manchen Städten die Briefe,

die er empfing, an niemanden gerichtet waren: es stand nur der Ort darauf,
sonst nichts. Aber ich hab ihn gesehen.'/'Er war nicht schön. [...] Ich
konnte damals natürlich nicht beurteilen, ob er geistreich war und das und
dies, worauf Wert gelegt wird -: aber er war.'" (44.18/850)

Sichtbarkeit meint also nicht so sehr die Identität einer bestimmten äußeren Gestalt, da diese, wie der Name eben, wechseln und schließlich gar ein Ort sein kann, als vielmehr diese Oberfläche oder Oberflächen in ihrer Bestimmtheit als Ausdruck eines tiefen Seins, wie es später den großen Liebenden zukommt. Die Sichtbarkeit des Marquis ist in der Unsichtbarkeit seines Seins gegründet, im mystischen 'Grund' gleich seinen Einbildungen im Blut. Das Denkmodell vom unfaßbaren mystischen 'Grund', der sich in Bildern kundtut, die ihn ausdrücken, indem sie auf ihn verweisen , ist hier im 'Malte' an den Leib gebunden und auf ihn übertragen.

Von dieser Art der Oberfläche ist alle lügenhafte Oberflächlichkeit, wie sie die gesellschaftliche Konvention auszeichnet, zu unterscheiden etwa gleich der Maske Beethovens von der der Ertränkten in Aufzeichnung 24. Ähnlich dem Verlorenen Sohn in der Aufzeichnung 71, der sich in das soziale Leben, seine Familie, die Konvention als Maske wieder eingliedert, weil er mißverstanden dahinter sich ganz seinem Eigenen, der Arbeit der Liebe auf Gott zu widmen kann, gleicht sich der Marquis der Konvention als einer falschen Oberfläche an, indem er in den von ihm für 'die Leute' geschaffenen Anlagen wie Tierpark und Palmenhaus "ganz für seine Gäste da" ist, um gleich einem Orientalen durch diese falsche Oberflächlichkeit von seiner Wahrheit abzulenken und sie so zu schützen.

Als Kernwahrheit des Marquis und seines Erzählens wird ein alchemistisches Wissen angenommen:

"Und wenn er sich einschloß von Zeit zu Zeit und allein drin
blätterte, dann kam er zu Stellen über das Goldmachen und über die Steine
und über die Farben. Warum soll das nicht darin gestanden haben? es steht
sicher irgendwo." (44.12/848)

Ebenso deutlich wie das alchemistische Wissen des Marquis als Kern seiner Wahrheit, zu der er in sich abgeschlossen, also in der Kondition der Einsamkeit, immer wieder zurückkehrt, ist das Interesse des Grafen Brahe, demgegenüber der Marquis die Sympathie des Kongenialen verrät, an dieser Alchemie offenbar, indem er sie ihm nicht nur mit Nachdruck 'zuschreibt', sondern sie 'fortschreibend' gar noch zu übertreffen sucht, wie im kindlichen Versuch, den Diamanten des Marquis, den alchemistischen Stein par excellence[79] zu zerbeißen zum Ausdruck kommt:

"'Er mochte Kinder nicht leiden, dieser vortreffliche Belmare, aber
mich nahm er auf sein Knie, so klein ich war, und mir kam die Idee, in
seine Diamantknöpfe zu beißen. Das freute ihn. Er lachte und hob mir den
Kopf, bis wir einander in die Augen sahen: 'Du hast ausgezeichnete Zähne',
sagte er, 'Zähne, die etwa unternehmen ...'. Ich aber merkte mir seine
Augen." (44.11/847f)

So mag, soll in der Alchemie der Diamant als Eckstein zugunsten
des Goldsteins gelassen werden[80], gegenüber dem Erzählen als in der
Leiblichkeit, dem Körper als Buch, alchemistisch gegründeten 'Sehen' das
Unternehmen des Grafen Brahe, seinem Erzählen im Buchpapier einen Körper zu
geben, einerseits als der Versuch gelten, den Marquis in seiner Alchemie noch zu
übertreffen und zum Goldstein zu gelangen. Der Graf selbst hegt freilich kein
großes Vertrauen gegenüber dem Papier. Ihm gilt, gleich der Alchemie, die, da
die Seele sich auf den ganzen Körper erstreckt, den leiblich nicht entstellten
Artifex in seiner körperlichen Ganzheit fordert und miteinbezieht, das Blut als
der vornehmliche Sitz der Seele.

Im Übergang vom körpergebundenen Erzählen zum papiernen
spiegelt sich zugleich der epochale Übergang von einer durch sinnlich-
körperlich wahrnehmbare persönliche Verhältnisse gekennzeichnete Gesellschaft
und der Moderne, die in der Isolation der Personen die gesellschaftlichen
Verhältnisse nicht mehr wahrnehmen kann und die Kommunikation dem Papier
anvertraut, Gemeinsamkeit also nicht mehr auf das 'gleiche Tempo des Gefühls'[81]
gründet, sondern auf die individuelle Rezeption der Schrift.

Der Ausdruck des Mißtrauens gegen das Papier findet sich darin,
daß der Kammerdiener Sten der Leichtigkeit des Papiers wegen die Blätter
festhalten, sie, "gleichsam auf seinen Händen" sitzend, gewissermaßen durch
seinen Leib beschweren muß, wenn sie bei der körperlichen Bewegung, die das
Erzählen beim Grafen hervorruft, davonzufliegen drohen. Darüberhinaus weisen
Schreiben und Erinnerung Ungleicheit im Tempo auf. Eingestellt aber wird das
Schreiben erst, nachdem Graf Brahe sich vorgenommen hat, über eine Heilige zu
erzählen; dabei bleibt unentschieden, ob der Entschluß, das Schreiben endgültig
einzustellen, durch Thema und Figur des Heiligen bestimmt ist, zumal die Motive
der Alchemie in diesem Zusammenhang in Aufzeichnung 52 wiederkehren, oder
durch die erneute Konfrontation mit dem Körper als Buch, der ihm beweist, daß
"die Bücher leer (sind)" und 'es auf das Blut ankommt':

"Er nahm Abelonens Hände und schlug sie auf wie ein Buch./ 'Sie [die
Heilige Julie Reventlow; B.A.K.] hatte die Stigmata', sagte er, 'hier und
hier.' und er tippte mit seinem kalten Finger hart und kurz in ihre beiden
Handflächen." (44.18/851)

Ist des Grafen Brahe Fähigkeit zu erzählen dadurch beglaubigt, daß Abelone durch das nicht aufgeschriebene Erzählen des Grafen den Marquis zu sehen vermochte - wenngleich in der realistischen Wirklichkeitsperspektive vermutet werden darf, daß es sich um die Verinnerlichung eines zwanghaft herbeigeführten Geständnisses handeln könnte[82] - und noch zu Maltes Zeit die durch den Grafen bezeichneten Stigmatastellen zu fühlen meint und "es nicht lassen (konnte) und (...) beinah neugierig in ihre leeren Hände (schaute)" (44.19/851), so kommt seinen geschriebenen Memoiren anscheinend ein geringer Wert zu. Anders möchte es sich aber mit den Aufzeichnungen seines Enkels Malte verhalten.

Exkurs

Die Aufzeichnungen in der Perspektive eines alchemistischen 'opus'

Es soll hier nicht unterstellt werden, daß Malte ein Artifex und in seinen Aufzeichnungen ein alchemistisches 'opus' verborgen sei. Eine Reihe von Elementen lassen aber die Behauptung einer großen Affinität zur Alchemie zu, die darin begründet liegt, daß diese geheime Wissenschaft Denkmodelle und -verfahren zur Verfügung stellt, die den Bedürfnissen und Erfordernissen der Malte-Figur und ihrer Welt entgegenkommen: eine Alchemie der Gefühle und Empfindungen, des Innersten und Unbewußten, das in der äußeren Wirklichkeit, einer 'subtilen Wirklichkeit', physisch und physiologisch erfahrbar und sichtbar wird. Die historische Alchemie selbst läßt sich, wie in ihrer Natur selbst schon begründet ist, sehr schwer zu einer Einheit zusammenfassen. Carl Gustav Jung hat wesentliche Elemente herausgearbeitet[83], auf die wir uns bei unserer Gegenüberstellung vornehmlich beziehen. Nicht nur, weil sich die Alchemie selbst nicht in ein System fassen läßt, sondern auch, weil in den Aufzeichnungen des Malte Laurids Brigge keinesfalls systematisch auf sie Bezug genommen wird, es vielmehr, wie häufig im 'Roman', bei andeutenden Verweisen und Motiven verbleibt, soll der Anspruch einer systematischen Gegenüberstellung, der viel umfangreicherer methodischer Instrumente bedürfte, hier nicht erhoben werden.

Wenn es in der Aufzeichnung über Ibsen heißt, er habe sich in sein Innerstes zurückgezogen und sitze dort "bei den Kolben im Feuerschein"

(26.5/784), und also das geheime Laboratorium des Alchemisten ins Innere der Person verlegt wird, so wird damit die Psychoanalyse vor allem Carl Gustav Jungs antizipiert, die das äußere, chemisch-materielle, gegenständlich-dingliche Geschehen beim alchemistischen 'Opus' im Wesentlichen als ein Projektionserlebnis faßt und also im Innern, im Unbewußten des Alchemisten verortet. Die Unbekanntheit der äußeren Materie des Alchemisten ist, wie das Unbekannte der neuen Großstadtumwelt der Moderne bei Malte, zugleich auch immer schon Projektion eines Innern. Die äußere Wirklichkeit bietet ein grenzenloses Analogiematerial für die innere. Zwar verortet auch Malte gleich der Psychoanalyse das Unbekannte in seinem Innern, doch überschreitet er in seiner Subjektivität zugleich bewußt deren Reduktion aufs Innere des einzelnen Subjekts, indem er gleich der Alchemie in der Tendenz nicht zwischen innen und außen, Materiellem und Geistigem, Wirklichem und Eingebildetem scheidet, sondern wie die geheime Kunst in seiner Kunst des Schreibens ein "Zwischenreich subtiler Wirklichkeit"[84] schafft, indem sich Materielles und Geistiges, Körperliches und Seelisches, Physisches und Mystisches ungeschieden durchdringen und auf symbolische Weise miteinander vermittelt werden. Zwar wird man bei Malte nur sehr bedingt davon sprechen können, daß er, wie das alchemistische 'opus', mit seinem Werk auf die Erlösung des Göttlichen in der Materie abziele und sich als 'salvator macrocosmi' verstehe[85], insofern er in seiner Arbeit der Liebe auf die Umwertung des Elends abzielt, auf die umfassende Bejahung allen Seins und also auf ein Transparentwerden der Göttlichkeit in der Negativität der diesseitigen Wirklichkeit; vor allem aber geht auch die Wandlung von Elend in Seligkeit wie die von Blei in Gold durch einen Prozeß der Läuterung auf die Erringung der Ewigkeit aus. Ja, es möchte noch weiter gegangen und in der Dynamik des alchemistischen 'opus' eine Parallele zu der im Werk Maltes erkannt werden; denn wie die Alchemie unter 'realistisch-naturwissenschaftlichem' Gesichtspunkt nicht zum angestrebten Ergebnis geführt hat - Gold ist in diesem Sinne nie produziert worden[86] - und daher der Grund dafür, daß jenseits allen vordergründigen Bluffs ernsthafte Alchemisten mit ihrem Werk fortgefahren sind, darin zu suchen ist, daß im materiellen Gegenstand für sie die Idee physisch, 'extra corporis', existent war, es sich also um ein psychisches Erleben des eigenen Innern, des Unbewußten[87] und mithin einen im Prinzip unabgeschlossenen Prozeß handelt, so gelangt auch Malte in seiner Veränderung je an einen Neuanfang und seine gesamte Arbeit der Liebe auf Gott zu stellt sich in der orpheischen Ästhetik, wie sie vor allem in den Aufzeichnungen 45-48 deutlich wird, als ein prinzipiell unabgeschlossener Prozeß dar, dem die Arbeit an der Unendlichkeit der gegenständlichen Welt die Unendlichkeit der Bewegung auf Gott zu verbürgt. Was den Alchemisten historisch 'noch' eine Einheit ist, "tà physikà kaì tà mysticá", das Physische und das Mystische, bzw. Geistige und Philosophische, wie Jung Pseudo-Demokritos zitiert[88], soll in der symbolisch-allegorischen Form, in der es sich als "Zwischenreich einer subtilen

Wirklichkeit"[89] darstellt, für Malte freilich etwas wieder zusammenbringen, was die gesellschaftliche Entwicklung getrennt hat: die Lebenstotalität des einzelnen Subjekts, die auch die 'physische' Welt miteinbezieht und an der Totalität des Seins Teilhabe verschafft.

Bilder und Symbole, die auf die Alchemie hinweisen, finden sich offen und verborgen in allen wesentlichen Themenkreisen der Aufzeichnungen Maltes: im Zusammenhang von 'Sehen', Darstellen, Erzählen, wie die Aufzeichnungen 27 (über Ibsen) und 44 (die Figuren des Grafen Brahe und besonders deutlich die des Marquis von Belmare) zunächst vor allem belegen; im Umkreis der Elends- und Heiligenfiguren in den Aufzeichnungen 61 (Karl VI.), 59 (blinder Zeitungsverkäufer) und 52 (Heiliger); und auch im Umkreis der Liebe, vor allem beim Verlorenen Sohn die Arbeit der Liebe auf Gott zu (Aufzeichnung 71), aber auch bei der Liebe zu Abelone, betrachtet man die alchemistische Symbolik der Wandteppiche (Aufzeichnung 38) oder das technisch-chemische Sprechen von "Kalorien des Gefühls" und "Herzstrahlen" (Aufzeichnung 70). All diese Hinweise sollen nicht dazu verführen, hinter den Aufzeichnungen ein alchemistisches System zu suchen und die einzelnen Aufzeichnungen als Phasen eines im engeren Sinne alchemistischen Prozesses zu interpretieren, sondern allenfalls in den verstreuten alchemistischen Versatzstücken einen Hinweis auf die Alchemie als denkerisches Paradigma im o.g. Sinne zu verstehen. Insbesondere aber kann die alles prägende Erfahrung Maltes in Paris in den Termini der Phasen des alchemistischen 'opus', 'nigredo', 'albedo' und 'rubedo', gefaßt und in diesem Zusammenhang die Leistung der 'imaginatio' im Rahmen der unendlichen Arbeit auf Gott zu verstanden werden. So darf denn in diesem Sinne von einer 'alchemistischen Liebe' in den Aufzeichnungen Maltes gesprochen werden, die in der endlosen Arbeit der Einbildung letztlich besteht: gleich dem "amor perfectissimus" des Alchemisten zu seinem Werk, der das Ziel, Gold, Ewigkeit, Gott, in den unabgeschlossenen Prozeß des Werkes transmutiert, realisiert Malte die Arbeit der Liebe auf Gott hin, indem er im geschriebenen 'opus' ein "subtiles Zwischenreich" vergegenständlicher, 'dinglicher' und im Prinzip unendlich sich fortsetzender Einbildung schafft.

In ihrer Dunkelheit und Unbekanntheit, ihrer unendlichen Wandelbarkeit und ihrer Ubiquität gleicht die "materia prima"[90] dem Unbewußten, dem innern finstern Abgrund, auf den prinzipiell die gesamte Wirklichkeit als ihr analogischer Ausdruck bezogen werden kann.

In der Korrespondenz von Physischem und Psychischem wie von "opus" und Artifex entspricht dem Beginn des Werkes eine "Finsternis des Geistes". Die 'nigredo'-Phase des alchemistischen Werkes ist durch Auflösung, 'putrefactio', Urchaos, Finsternis gekennzeichnet, die der Alchemist auch in seiner psychischen Lage als Trauer, Elend, Finsternis empfindet[91]. Indem der Philosoph die Gegensätze zueinanderbringt, wie z.B. der Inzest eine solche Vereinigung symbolisiert, folgt der Tod, die "Übermannung durch archaische Mächte" als Strafe der inzestuösen "coniunctio oppositorum" : "der Körper und seine Organrepräsentanten erlangen die Übermacht über das Bewußtsein"[92]. Die "materia prima" verschlingt sozusagen ihren Sohn, den Geist, die Ratio, und der Philosoph macht eine "Höllenfahrt" durch[93], durchschreitet in seiner Zersetzung den Hades[94]. Solcher Finsternis und Höllenfahrt des 'nigredo' gleich Maltes Zusammenbruch in Paris, wo ihm im Phänomen des 'Großen' seine eigene, innere Finsternis vor die Augen tritt und ihn einhüllt. Wesentlich an dem Zersetzungsprozeß Maltes in Paris ist ja, daß in der Zersetzung aller Welt der Konvention, wodurch er auf sich selbst zurückgeworfen ist, eben die unbeherrschbaren Kräfte des Körpers und seiner Organe, das 'Größere' der Natur aus seinem Innersten über sein Bewußtsein die Übermacht erlangt.

Schwarz, dem 'nigredo' als auflösender Purifikation, folgt die 'albedo', das reine, unbeschriebene, jungfräuliche Weiß, 'candidus', Farbe des Übergangs, das dann zu Rot oder Rotgold, der Vereinigung der Gegensätze, gesteigert wird. Ebenso fühlt sich Malte im dritten Zusammenbruch, da er im Veitstänzer endgültig den menschlichen Körper im Grunde durch die Urkräfte der unbewußten Natur beherrscht sieht, sich als leeres, unbeschriebenes Blatt, ein Weiß, das dann vom Erlebnis der Erleuchtung, der umfassenden bejahenden Liebe beschrieben wird, deren Symbolfarbe ja eben rot, bzw. golden oder lichtstrahlend ist, denkt man an den Kontext der Lichtsymbolik, in dem sie Darstellung findet.

In diesen Kontext schreibt sich auch das ein, was Malte "Einbildung" nennt, die "imaginatio" der Alchemisten, nach Jung "einer der wichtigsten, wenn nicht der wichtigste Schlüssel zum Verständnis des 'opus'"[95] des Alchemisten, denn "die Beziehung zur Seele machte das eigentliche des Magisteriums aus"[96]. Wenn Malte im Phänomen des "Großen" erfährt, daß diese innere Macht, die Seele, Bewußtsein und Leib des Subjekts übersteigt, so entspricht das der alchemistischen Vorstellung, daß die Seele im Körper, eine "anima corporalis", sei[97], sich, wie in den 'Aufzeichnungen' explizit etwa beim Marquis von Belmare oder Karl dem Kühnen, im Blut befinde, zugleich aber über den Körper hinausgehe, ja "den größeren Teil ihrer Funktion (operatio) außerhalb des Körpers (habe)"[98]. Ähnlich geht für Malte, wie vor allem aus der Aufzeichnung 14, aber auch aus vielen anderen ersichtlich wird, der unbekannte innere Bereich weit über das Individuum hinaus und umfaßt virtuell die ganze Welt und Weltgeschichte, die Möglichkeitswelten der Einbildungswirklichkeit. Stellt nun für die Alchemie in einer der Mystik entstammenden Denkweise[99] die Seele eine Entsprechung zu Gott dar oder heißt es gar "die Seele stehe an Stelle Gottes (sui locum tenens seu vice Rex est)"[100], dann ist ihre Arbeit der Imagination der göttlichen Imagination ähnlich. Die Einschränkung, die sich in einem der Texte finde, "was die Seele imaginiere, geschehe nur im Geiste; aber was Gott imaginiere, geschehe in Wirklichkeit"[101], braucht nur ein Weniges, um, "'Deo concedente' (wenn Gott es zuläßt), was eine stehende Formel der Alchemie ist", dazu zu kommen, daß die "'anima' in Vertretung Gottes schöpferisch und 'extra naturam' imaginiert"[102], also eine neue Wirklichkeit schafft: eben jenes "Zwischenreich subtiler Wirklichkeit, das einzig durch das Symbol zureichend ausgedrückt werden kann"[103]. Ja das Schaffen und 'operari' in der "subtilen Wirklichkeit" möchte als die eigentliche Leistung der Alchemie gelten. Sie schafft eine symbolische Welt, ihr gelingt eine 'tiefere Erkenntnis', und doch erreicht sie nie den Kern: jede Erkenntnis ist immer die vorletzte[104]. Dem entspricht, daß die Alchemie unter naturwissenschaftlich-chemischem Gesichtspunkt nie an ihr Ziel gelangt ist und in diesem Sinne Gold produziert hat[105]. Wenn nun aber dennoch jenseits allen vordergründigen Bluffs ernsthafte Alchemisten mit ihren Experimenten fortgefahren haben, so möchte der Sinn darin gelegen haben, daß das Experimentieren selbst neue Erkenntnisse oder Erlebnisse brachte, keine chemischen, sondern als eine Art Selbsterfahrung des eigenen Innern, des Unbewußten. Der Alchemist "erlebte seine Projektion als Eigenschaft des Stoffes. Was er in Wirklichkeit erlebte, war sein Unbewußtes."[106] Den Höhepunkt des alchemistischen Prozesses fände sich mithin nach der Trauer und dem Elend des Anfangs in der völligen Hingabe des "amor perfectissimus" des Alchemisten gegenüber seinem Werk. Wenn demnach das Ziel im Grunde sich in das Vollziehen des Werkes selbst wandelt, so wird damit die Alchemie zu einem im Prinzip unabschließbaren Prozeß.

Im Grunde verhält es sich bei Malte ähnlich. Sein 'Sehen', seine 'Einbildung' vertieft die Wirklichkeit zu einer 'subtilen Wirklichkeit' symbolistisch-surrealistischer Qualität, zugleich der Wirklichkeit seines Schreibens. Die 'objektlose Liebe', die ewige Arbeit der Liebe auf Gott zu, besteht eigentlich darin, in der Anstrengung der 'imaginatio' das Elend, die Negativität der unendlichen Wirklichkeit immer neu zu leisten, zu vertiefen, in der orpheischen Ästhetik transparent zu machen, damit aus ihr heraus die umfassende Bejahung allen Seins als die Seligkeit der Liebe entstehe.

Der Übergang von 'nigredo' zu 'albedo', vom Schwarz der Finsternis, des Elends, der Zersetzung, des Todes, zum Weiß als einem Zustand, der in der Neuerzählung der Legende vom Verlorenen Sohn als Zustand des universalen Seins der Person beschrieben ist in den Worten: "Das war die Zeit, die damit begann, daß er sich *allgemein* und anonym fühlte wie ein zögernd Genesender. Er liebte nicht, es sei denn, daß er es liebte zu sein" (71.11/942), da er sich in völlig offener, rezeptiver Passivität fühlt wie ein leeres, weißes

Blatt, das neu beschrieben werden soll, findet sich als Ausgangssituation für die Einbildungswirklichkeit jenseits der Konvention, die freilich dann ins Schreckliche wie ins Wunderbare ausschlagen kann, häufiger in den Aufzeichnungen: nicht nur fühlt Malte sich nach dem Zusammenbruch in Paris wie ein leeres Blatt, sondern nach den Fieberalpträumen in Aufzeichnung 30, die ja explizit mit den Paris Erlebnissen verbunden sind (vgl. Aufz. 19, 20 und 23) hat das weiße Bettlaken in Aufzeichnung 31 dieselbe Funktion, da sich aus diesem purifizierten Zustand dann, wie in Aufzeichnung 22 die Erleuchtung der Liebe, hier das Wunderbare der androgynen Tiefenwahrheit erhebt. So erwächst als Androgynie aus dem nämlichen finsteren und unauslotbaren Abgrund der Identitätslosigkeit das Wunderbare, das die Gegensätze in sich vereinigt und das auch in der Figur Abelones wie schließlich der 'objektlosen Liebe', die "Lockruf und Antwort in sich (hat)" (57.3/898) gegenwärtig ist[107].'Hermaphroditus' eben ist aber auch der im Naturzusammenhang gedachte ambivalente Mercurius, ebenso wie dem 'extra naturam' konzipierten Christus in alchemistischer Sicht Androgynie als erlöste Einheit der Gegensätze zukommt. In den Bereich des Wunderbaren gehört weiterhin die Schneelandschaft, in deren Symbolik sich in der Aufzeichnung 41 Liebe und Tod innigst vereinen und aus der in Aufzeichnung 42 gespenstisch das vergangene Schloß der Schulins Gegenwart wird. Weiß aber ist schließlich auch das Papier, auf dem Graf Brahe seine Aufzeichnungen niederlegt, und jenes, das von Maltes Hand nach seinen Erlebnissen beschrieben wird: so werden die Erlebnisse in der Niederschrift der Aufzeichnungen "noch einmal durchgemach(t), anders, abgewandelt, von Anfang an" (vgl. 29.5/796), werden Grauen und Schrecken erneut erlebt; sie sollen zugleich aber ein neues 'Sehen' ermöglichen, transparent werden auf die tiefere Wirklichkeit, letztlich die alles bejahende und umfassende Liebe hin, auf Gott zu.

Mag in den Bildern mit dem Motiv des Weißen ein dem im 'albedo' verbildlichten ähnlicher Zustand angezeigt sein, so trägt auch die Steigerung dieses Zustands zum 'rubedo', d.h. bei Malte zu seiner Konzeption der Liebe, zwar nicht die Züge des Goldes, wohl aber jener psychischen Konstellation, die Jung auch für die Alchemisten hypotisiert. Keine besondere Bedeutung beigemessen und abgesehen werden kann wohl von der Andeutung des Inzest-Motivs in der Beziehung Malte-Abelone; zwar ist Abelone nicht nur einfach die Schwester von Maltes Mutter, sondern substituiert sich ihr geradezu, so daß das Verhältnis Maltes zu Abelone als Ersatz dessen zu seiner Mutter gelten könnte, aber die Bedeutung dieser Verbindung hier als Weiterführung und Steigerung der Liebe liegt völlig anders als bei den Inzestmotiven der Alchemie, die Zersetzung, Auflösung, Tod, die 'nigredo'-Phase zur Folge haben. Anders hingegen Löwe und Einhorn auf den Wandteppichen als den Bildern der Liebe. Beide Tiere sind eindeutig Symbole des Mercurius, wie der Mond ein Zeichen des 'albedo', des Silber- oder Mondzustandes ist. Von hierher ließe sich eine motivische Verbindung der Aufzeichnungen 38, 22 und 12 zeichnen, die alle durch das Motiv des Mondlichtes, alchemistisch also des 'albedo'-Zustandes eingeleitet werden, der dann zur höchsten Liebe, bzw. in Aufzeichnung 12 zur Vision der Vollkommenheit gesteigert wird. Besonders bedeutsam auf den Wandteppichen ist zudem gerade das Bild der Jungfrau, die in ihrem Schoß das Einhorn gefangen hat, denn darin eben wird das Ziel des alchemistischen 'opus', die Einheit der Gegensätze symbolisiert[108]. Eine Einheit der Gegensätze bedeutet auch die Liebeskonzeption Maltes, die Vollkommenheit der Androgynie, die Einheit von Tod und Leben, Elend und Seligkeit. Um den Charakter der Arbeit an der Liebe auf Gott hin zu verdeutlichen, greift Malte in der Umschreibung der Legende vom Verlorenen Sohn gerade auf Termini des alchemistischen 'opus' zurück und beschreibt in der Umkehrung der Entwicklungsrichtung im Grunde jene psychische Spannung, die später Jung für die Alchemisten hypothesiert hat:

> "Ich seh mehr als ihn [den Verlorenen Sohn nach dem Durchleben des tiefsten Elends; B.A.K.], ich sehe sein Dasein, das damals die lange Liebe zu Gott begann, die stille, ziellose Arbeit. [...] Es war nichts auszudenken, was demütiger sein könnte als diese Anfängerschaft. Er hatte den Stein der Weisen gefunden, und nun zwang man ihn, das rasch gemachte Gold seines Glücks unaufhörlich zu verwandeln in das klumpige Blei der Geduld. Er, der sich dem Raum angepaßt hatte, zog wie ein Wurm krumme Gänge ohne Ausgang und Richtung." (71.12/943)

Besteht der Umschlag des Elends in Seligkeit darin, daß, wie in der Essenz in der orpheischen Ästhetik zum Ausdruck kommt, die Negativität der 'Wirklichkeit' in der 'Wirklichkeit in uns' den Gedanken an eine positive Kraft, die zugleich auch in unserem Innersten ist, Gott im 'Grunde', erzeugt, daß aber diese Positivität nicht anders denn in der Negativität erfaßt werden kann, so bedeutet diese Konstellation der gegenseitigen Bedingtheit und des Gleichgewichts von Elend und Liebe, "coniunctio" oder gar "coincidentia oppositorum", daß die Arbeit an Gott die Arbeit an der Konkretheit des Elends ist, die Neuleistung aller Geschichte, der persönlichen sowohl wie der Weltgeschichte, damit in deren konkret faßbarer Negativität das Unfaßbare unserer eigensten positiven Kraft erkannt und erfahren werde. Von hierher wird dann auch das Bild des Heiligen verständlich, der durch die die veränderte Menschenwelt widerspiegelnden Dinge einer Verführung ausgesetzt ist, "die dann ins Unermessene weiter wächst und alle Wesen und Gott selber hineinreißt gegen den Einen, der vielleicht übersteht: den Heiligen" (51.4/878). Wie der "Wurm krumme Gänge ohne Ausgang und Richtung" gräbt, so unternimmt der moderne Heilige Irrfahrten durch die Welt der sinnlichen Einbildung, ergießt sich in die Dinge der Welt und das Amorphe:

> "Und schon schlagen sich seine Sinne nieder aus der hellen Lösung seiner Seele. Schon entblättert sein Gebet und steht ihm aus dem Mund wie ein eingegangener Strauch. Sein Herz ist umgefallen und ausgeflossen ins Trübe hinein" (52.2/879).

Der Heilige kann den Weg zu Gott nur gewinnen, wenn er - 'widerständig'[109] - dem Elend völlig anheimgegeben ist und selbst Gott nicht mehr 'besitzt'. Dieser Logik nach ist die Unendlichkeit der Wirklichkeit in ihrer Negativität, ist das Elend in seiner Dauer die Gewähr für die Ewigkeit, wie auch aus der Aufzeichnung über Karl VI. hervorgeht, "denn die Herrlichkeit ist nur ein Augenblick, und wir haben nie etwas Längeres gesehen als das Elend. Der König aber soll dauern. [...] Für die anderen beteten sie in den Kirchen um langes Leben, von ihm [der Elendsfigur, Karl VI.; B.A.K.] aber verlangte der Kanzler Jean Charlier Gerson, daß er ewig sei [...]." (61.1-2/ 905f) Von hierher wird dann bei Karl VI., das alchemistische Vokabular deutlich auf das Innenleben des Gefühls bezogen, die Präponderanz des Elends als Voraussetzung wahrer Konsolation verständlich, das dem Gehalt des äußeren Anblicks der Seligkeit, des Daseins wie im Paradiese, und des Königs innerem Blick auf die Mercuriusfigur des Hirsches[110] entspricht:

> "Das Buch [der Cristine Pisan; B.A.K.] schlug sich ihm immer an den einfachsten Stellen auf: wo von dem Herzen die Rede war, das dreizehn Jahre lang wie ein Kolben auf dem Schmerzfeuer nur dazu gedient hatte, das Wasser der Bitternis für die Augen zu destillieren; er begriff, daß die wahre Konsolation erst begann, wenn das Glück vergangen genug und für immer vorüber war. Nichts war ihm näher als dieser Trost." (61.7/910)

Wie die Seele des Heiligen sich in die Wirrnis der Dinge verliert, so der dieser Gefühlskonstellation entsprechende Blick des Königs in die Weiten dieser Welt. Deren Sinnlosigkeit aber hat nur Sinn, wenn das Elend in Liebe gewandelt wird, das Leiden, wie in der Passion Christi, höchste, bis zu Selbstaufgabe und Tod reichende Liebe bedeutet, weshalb das Interesse des Königs sich dem religiösen Bereich des Passionsspiels als der symbolischen Vermittlung dieser Dimensionen zuwendet; denn allenfalls diese religiöse Dimension, in die das Leiden in dieser künstlerisch-symbolischen Darstellung gesetzt wird, vermag ihrerseits der 'Wirklichkeit', der 'profanen Passion' einen umfassenden Sinn zu verheißen: wie die Passionsbrüder auch in der Alltagswelt in ihren Schauspielergewändern herumgehen dürfen, so soll das profane Leben selbst zur Darstellung, zur gelebten Symbolik vertieft werden. Das Schauspiel ist aber, wie die Aufzeichnungen über Ibsen (Aufz. 26) und über das antike Theater (Aufz. 64) darlegen, ein für die gegenwärtige Epoche inadäquates Ausdrucksmittel. Wie Malte als moderner Heiliger den Irrwegen der Einbildung anheimgegeben zwar nicht aus dem Elend des irdischen Labyrinths hinaus gelangt, aber zur Bildung der Metapher[111], so soll die Darstellung des Elends in den Aufzeichnungen selbst die Furcht nicht abschaffen, sondern etwas gegen die Furcht tun, indem sie die erlebte Furcht noch einmal als 'rechte Furcht' im Sinne der Aufzeichnung 47 erleben läßt, als 'rechte Erfahrung des Elends', das eben in dieser beschreibenden, erfassenden Zuwendung gewandelt und auf die unfaßbare Positivität an ihrem Grunde, die nicht anders denn in der Negativität zu fassen ist, transparent werden soll. Die Aufzeichnungen selbst könnten demnach in Maltes Nachfolge des Grafen Brahe[112] als das alchemistische 'opus' der Läuterung gelten, da sie als dem Buchkörper, dem größeren und längerdauernden 'sozialen Leib', anvertraute Schriftfragmente den unabschließbaren Prozeß des Transparentwerdens des dargestellten Elends auf eine unfaßbare positive Kraft in ihrem Zentrum hin, dem 'goldenen Balle'[113] der Antike oder, was Malte letztlich dasselbe ist, auf Gott hin leisten sollen.

Vom Tod des Vaters zum ästhetisch-existenziellen Gleichgewicht von Kunst und Tod

Die Aufzeichnungen 45-48

In den Aufzeichnungen 45-48 wird nicht nur mit dem Tod des Vaters die Chronologie des Sterbens von Aufzeichnung 38 her wieder aufgenommen, sondern zugleich wird die Grundlinie der Kindheitserlebnisse Maltes, die Erfahrung des Schrecklichen und Unheimlichen, zur Todesangst geläutert und gesteigert als der 'Grundfarbe' einer existentiellen Ästhetik, die das Amorphe und Unfaßbare des Todes im Dichter und im Heiligen durch sachliche Genauigkeit und Bestimmtheit gegenüber der 'Wirklichkeit' gegengewichtet, denn der Dinge wie der Bilder schreckensgenährte Konkretion vermag den Gedanken an eine Umkehrung in ein nicht anders als in der Konkretheit der Negativität faßbares Positives, die amorphe Rettung zu erzeugen. So aber würde die künstlerische und heiligende Arbeit am Konkreten zugleich in umgekehrter Richtung als Arbeit der Liebe faßbar. Die Bewegung, die vom Tod zur unfaßbaren Positivität der Liebe führt und umgekehrt von der unfaßbaren Positivität der Liebe den Tod miteinfaßt, die Kehrung des negativ Amorphen ins positiv Amorphe, des Dunkels ins Licht geht immer und unbedingt durch die ganze Wirklichkeit in ihrer konkreten Bestimmtheit hindurch als Arbeit der Einbildung und Kunst. So öffnet sich mit dem Ende des Geschlechtes im Tode des Vaters für Malte zugleich ein neues Leben der Kunst. Hier nun beginnt er, wie dann deutlich auch mit der Kusmitsch-Geschichte der folgenden Aufzeichnung, den persönlichen Erfahrungskreis zu überschreiten.

Der Tod des Vaters als ein Ende und ein Anfang

Die Aufzeichnungen 45 und 46

In der 45. Aufzeichnung erfährt Malte den Tod seines Vaters nicht nur als das Ende seines Geschlechtes und einer Gesellschaft, sondern begreift zugleich durch den an seinem Vater von zwei Ärzten vollzogenen Herzstich als dem eigentlichen Tod den Gegensatz dieser Todeskonzeption, die von der durch die Ärzte karikierten leeren gesellschaftlichen Konvention wohl zu unterscheiden ist, als eines gewollt endgültigen und zweifellosen Endes zu seiner eigenen, die den Tod als Umkehrung zu einem Anfang entwirft. Dementsprechend kehrt Malte in Aufzeichnung 46 zu seiner Kindheit zurück und wird sich der Aufgabe der Neuleistung bewußt, will er sie nicht verlieren. Entspricht so die Konzeption des Todes der des Lebens, entdeckt Malte bei der Vernichtung der Hinterlassenschaft seines Vaters an Briefen und Papieren in den Photographien der Geliebten seines Vaters dessen Konzeption der Liebe und des Lebens, die der in der Beschreibung der Sterbestunde Christians IV anklingenden Todeskonzeption entspricht, die der Vater als das 'Entgelt' oder Innerstes eines solchen Lebens im Verborgenen seiner Brieftasche mit sich herumgetragen hat.

Zunächst endet mit der Aufzeichnung 45 auch die Familiengeschichte Maltes und wird der Kreis seiner Kindheitserinnerungen überschritten, denn für den nun bereits im Ausland lebenden und also schon erwachsenen Malte, der kurz nach dem Tod des Vaters eintrifft und nur noch den Herzstich am aufgebahrten Vater miterlebt, bedeutet der Tod des Vaters zugleich der Tod des Geschlechts, des 'gemeinsamen Herzens':

> *"Nun war das Herz durchbohrt, unser Herz, das Herz unseres Geschlechts. Nun war es vorbei. Das war also das Helmzerbrechen: 'Heute Brigge und nimmermehr', sagte etwas in mir." (45.12/855)*

Bezeichnet wird damit freilich nur der Endpunkt des lange zuvor bereits einsetzenden Niedergangs der Familie, da es zu Beginn der Aufzeichnung heißt, daß Ulsgaard, der Familienstammsitz, sich schon vor des Vaters Tod nicht mehr im Besitz der Familie befunden hat und der Vater in der Etagenwohnung einer Großstadt, wie sich aus der Angabe der Straßen in der folgenden Aufzeichnung erschließen läßt, vermutlich Kopenhagens, gestorben ist.

Dieser soziale Niedergang weist auf Maltes Leben in Paris als seine extreme Konsequenz. Hier beim Tod des Vaters zeichnet sich im Wandel der Familiengeschichte der Epochenwandel des Übergangs vom Landleben und der, jedenfalls im Sinne Maltes, durch Blut geordneten, überschaubaren sozialen Beziehungen der Adelsgesellschaft zur Anonymität, Fremdheit und Isolation der modernen Großstadtgesellschaft ab, von der durch die Familie vornehmlich verbürgten Gemeinsamkeit zur isolierten Individualexistenz, vom Adel zum freien Schriftstellerdasein. Die Einordnung in den allgemeinen Niedergang des Adels geht aber über den sozialen Abstieg hinaus. Wie Malte ebenfalls in Aufzeichnung 39 in der Metapher von der Entleerung der Häuser die Übersiedlung der Mädchen wie der Wandteppiche in die Großstadt und ins Museum auf die Unmöglichkeit zur Gemeinsamkeit zurückführt, so zeigt sich schon an den in Aufzeichnung 33 charakterisierten Religiositätsformen in Maltes Familie, darüberhinaus aber allgemein im Verhältnis Maltes zu seinem Vater, daß auch in Maltes Familie Gemeinsamkeit seit langem nicht mehr möglich ist; lediglich die Mutter weist eine gewisse Konsonanz zu Malte auf. Es verwundert daher nicht, wenn Malte bei der Betrachtung seines aufgebahrten Vaters zumute ist, als hätte er ihn schon öfter tot gesehen (45.2/852), so daß der Tod des Vaters im Grunde lediglich eine Bestätigung des schon viel früheren Verlustes der Gemeinsamkeit, der Endpunkt des Niedergangs nur ist.

Die Distanz zwischen Vater und Sohn wird als endgültiges Zerreißen der Gemeinsamkeit im Herzstich besiegelt, an dem die entgegengesetzten Konzeptionen des Todes und damit auch des Lebens offenbar werden.

Von der Todeskonzeption des Vaters ist in der Herzstichszene die in den Ärzten karikierte Konvention der Großstadtmoderne ebenso scharf zu unterscheiden wie die Auffassung der Religiosität des Dr. Jespersen von der des Vaters in Aufzeichnung 33. Die Zeichnung der beiden Ärzte ruft deutlich die Charakterisierung des modernen Krankenhauswesens und die ihr entsprechende Todeskonzeption in den Aufzeichnungen 6 und 7 in Erinnerung, wo der enteignete Tod den Krankheiten und nicht der Person zugeschrieben wird. Das Verhalten Maltes den Ärzten gegenüber, sein dreimaliges formales Verneigen[114], zeigt an, daß er, gleich später dem nach Hause zurückgekehrten Verlorenen Sohn, sich äußerlich ganz an die Konvention angleicht, um sich innerlich umso ungestörter von ihr entfernen zu können.

Der Vater ist von der Lächerlichkeit der Ärzte nicht nur durch Schönheit unterschieden wie von deren Förmlichkeit durch Höflichkeit, sondern sein Herzstichtod ist ein bewußtes Ende-Setzen und Augenschließen vor etwas, was der fabrikmäßig-unpersönlichen Sachlichkeit nicht im entferntesten sichtbar ist. Auch in den äußeren Zügen, in der Harmonie des "schönen(n) gleichmäßige(n) Gesicht(s)", findet seine humanistische diesseitige rationalistische Konzeption Ausdruck, die die andere Wirklichkeit gesehen hat, aber ablehnt, wie Aufzeichnung 15 und 30 zeigen, und daher in seiner Jägermeisteruniform im Tode wie in der Religiosität, die von Malte als "Jägermeister bei Gott" charakterisiert wird (33.2/810), dieses Lebens nur anerkennt. Dementsprechend bemerkt Malte von den Händen, daß sie, da sie nicht gefaltet gewesen seien, sinnlos ausgesehen hätten. Im Sinne der physiologischen Hermeneutik der Welt erwähnt Malte dann nicht nur, daß in im schönen Gesicht die Augen geschlossen worden seien, sondern nimmt diesen Ausdruck zur Beschreibung der Herzstichwunde wieder auf: der gesamte Körper soll nicht mehr Auge des Herzens sein, dieses Auge soll auf jede mögliche andere Welt hin verschlossen bleiben. Mit seinem letzten Willen zum Herzstich verweigert er dem Tod die Möglichkeit, daß er ein Scheintod sei, soll heißen hier ein Schein, hinter dem Unbekanntes sich verbirgt. Im dieser zuvor schon in den Aufzeichnungen 30, 31, 32, 43, 15, 41, 42 und 33 in der Verweigerung aller Dinge, die sich von der Ration nicht fassen lassen, vorgeformten, bewußten Abwehr dessen, was über die Oberfläche des 'höf-lichen' Lebens hinausführt, mag der Tod des Vaters als eigener, ihm adäquater Tod gelten, der ihn von der oberflächlichen Sachlichkeit der Ärzte unterscheidet.

Maltes dazu in Gegensatz stehende Auffassung findet nun nicht einfach in einer schlichten Verweigerung des Herzstichs Ausdruck, sondern im Beiwohnen: indem er in diesem Tod zugleich seinen eigenen als den seines Geschlechts erlebt, vollzieht sich der Neuanfang derart, daß sein Herz schon neu angefangen hat, als er sich seiner erinnert:

> *"An mein Herz dachte ich nicht. Uns als es mir später einfiel, wußte ich zum erstenmal ganz gewiß, daß es hierfür [für den Herzstich; B.A.K.] nicht in Betracht kam. Es war ein einzelnes Herz. Es war schon dabei, von Anfang anzufangen." (45.13/855)*

Maltes Herz, die Arbeit seines Gefühls, ist anderwärts, außerhalb seines Bewußtseins beim Vollzug dieses Sterbens; es hat sich ganz in die Funktion des Betrachtens zurückgezogen, bildet die das Betrachten von innen steuernde Kraft. Erweckt so Maltes Erleben des Todes seines Geschlechtes in der Herzstichszene zunächst den Anschein des dementsprechenden Zerfalls der Wirklichkeit, bzw. der Wahrnehmung, die Dissoziation von Zeit und Raum, so wird dann dieser Zerfall als der der konventionellen Einbildung denunziert, die die Einzelheiten übergeht. In der Dekomposition der viel zu schnell synthetisierenden Einbildung setzt Malte Wirklichkeit neu frei. Darin, in dieser Art des 'Todeserlebnisses' besteht bereits der Neuanfang:

> *"Nein, nein, vorstellen kann man sich nichts auf der Welt, nicht das Geringste. Es ist alles aus so viel einzigen Einzelheiten zusammengesetzt, die sich nicht absehen lassen. Im Einbilden geht man über sie weg und merkt nicht , daß sie fehlen, schnell wie man ist. Die Wirklichkeiten aber sind langsam und unbeschreiblich ausführlich." (45.9/854)*

Der Tod in seiner die konventionelle Wahrnehmung dissoziierenden Funktion wendet die wahrnehmende Subjektivität also nicht von der Wirklichkeit fort in die Einbildung hin, sondern neu auf die Wirklichkeit zu in ihrer Unendlichkeit und Unabsehbarkeit.

Diese Auffassung scheint auf den ersten Blick im Gegensatz zu stehen zu der in den übrigen Aufzeichnungen hervortretenden Eminenz der Einbildung. Es geht hier aber - in einer häufig die Aufzeichnungen Maltes kennzeichnenden Einseitigkeit, der Perspektive der 'einzigen Einzelheit' - zunächst um das Aufbrechen der konventionellen Wahrnehmung als Einbildung, dann aber auch um das Verhältnis von Einbildung und Wirklichkeit überhaupt. Ist die Wahrnehmung immer schon ein 'Dazutun' oder 'Weglassen' in Bezug auf die Wirklichkeit, ist Wirklichkeit also nur als schon immer in die Einbildung eingeholte wahrnehmbar, so bedeutet die Ausrichtung auf die Wirklichkeit, die Aufgabe von Erwartungen und das Offensein für die Wirklichkeit ein korrigierendes Gegengewicht, das bei der Negativität des Gegenstandes, Tod, Widerliches etc., einen Prozeß der Zerstörung aller vorgefertigten Erwartung, aller schnellen Einbildung bewirkt. Dabei dissoziiert sich auch die Person selbst. Maltes Sehen trennt sich von seinem Herzen und wird zum 'reinen Beobachter', so daß Malte in der Szene ist und sie gleichzeitig beobachtet "wie auf einem Bilde" (45.10/854). Der Neutralität des Beobachtens entspricht, daß Subjektivität, 'das Herz' nun dem Beobachten, bzw. dem Beobachteten zukommt, den Dingen zukommt: das 'Klopfen ist schadenfroh', die 'Zeit ist fort oder stürzt nach', wie dann in der folgenden Aufzeichnung 'die Baulichkeiten wissen und drohen', 'die Stadt sich zusammennimmt', 'die Mietswohnungen beleidigt aussehen' etc. Tod bewirkt so bei Malte eine Veränderung der Perspektive, eine Auflösung des traditionellen Subjekt-Objekt-Verhältnisses, bei der 'herzlos' sachliche Wahrnehmung auf die Zerstörung der Sicherheiten der Wahrnehmung und Einbildung ausgerichtet ist, so daß in fortwährender bildlicher, 'Herz' ins Aussehen der Dinge wandelnder Konkretion eine unabsehbare Wirklichkeit entsteht, von der immer nur Vorläufiges, eine Oberfläche oder Schale wahrgenommen werden kann. Die sich so durch die Zerstörung der verfestigten Einbildungsformen unabsehbar weiter in 'einzige Einzelheiten' sich dissoziierende und damit öffnende Wirklichkeit der Wahrnehmung wird zum prinzipiell unabgeschlossenen Prozeß, der sich gerade aus dem Unfaßbaren des Todes nährt, die Einbildung nicht abschließt, sondern öffnet zu einem immer neuen Anfang.

Dieser Prozeß wird in der folgenden Aufzeichnung 46 exemplifiziert, in der Maltes an der Herzstichszene sich öffnendes Bewußtsein, daß der Tod für ihn nicht nur ein Ende, sondern auch ein Anfang sei, vom Ende her die Neuleistung des Anfangs, der Kindheit als Aufgabe gewahr wird. In der

Klärung der zunächst unbestimmten Einbildung, noch etwas ordnen zu müssen, wird die anfängliche Wahrnehmung der Heimatstadt als angenehm, weil sie eine Stadt für Erwachsene geworden sei, die das Bedrohende der Kindheit verloren habe, ebenso zerstört wie seine Sicherheit, als Fremder, der wieder abreisen könnte, sich der aus den Baulichkeiten ihm erneut entgegentretenden Kindheit entziehen zu können.

> "Es gab da gewisse Eckfenster oder Torbogen oder Laternen, die viel von einem wußten und damit drohten. Ich sah ihnen ins Gesicht und ließ sie fühlen, daß ich im Hotel 'Phönix' wohnte und jeden Augenblick wieder reisen könnte. Aber mein Gewissen war nicht ruhig dabei. Der Verdacht stieg in mir auf, daß noch keiner dieser Einflüsse und Zusammenhänge wirklich bewältigt worden war. Man hatte sie eines Tages heimlich verlassen, unfertig wie sie waren. Auch die Kindheit würde also gewissermaßen noch zu leisten sein, wenn man sie nicht für immer verloren geben wollte. Und während ich begriff, wie ich sie verlor, empfand ich zugleich, daß ich nie etwas anderes haben würde, mich darauf zu berufen." (46.1/856)

Damit zeichnet Malte nicht nur auf sozialem Gebiet die Ausgangssituation am Anfang der Aufzeichnungen in Paris, daß er nämlich nichts und niemanden mehr hat, weder Haus und Erbe noch, wie in Aufzeichnung 10 behauptet, seine Kindheitserinnerungen; zugleich werden nun die Wahrnehmungen in Paris, das 'neue Sehen' als eine orpheische Ästhetik lesbar. Die Zerstörung der Konventionellen Wahrnehmung, die Dissoziation der Sinne und schließlich der gesamten psychophysischen Körperlichkeit wird als Erfahrung des Sterbens lesbar, das einen neuen Anfang bedeutet, denn es führt zur Erleuchtung der Liebe und zur Kindheit zurück, läßt Malte dann in seinen Erinnerungen die Kindheit neu leisten im Schrecken wie in der Liebe.

Daß auf diese Weise eine bestimmte Konzeption des Todes dem Leben schon immer unterliege, mithin das Leben mit dem Tod wie eine Frucht in seinem Innern wachse, wie die Metapher der Aufzeichnungen 8 und 9 behauptete, erhellt dann aus dem Verhältnis von Liebes- und Todeskonzeption des Vaters, die Malte in der papiernen Hinterlassenschaft seines Vaters entdeckt, als er sie, entsprechend dem Willen des Vaters zu einem endgültigen Ende, verbrennt. Die Reife, Großartigkeit und deutliche Schönheit der Frauen auf den aus den Briefen wegen ihrer Schwere zufällig herausfallenden Photographien bezeichnet, zumal Malte sich der vergleichend auf den Vater und sich selbst gerichteten Blicke dieser Frauen erinnert, eine in sinnlicher Diesseitigkeit sich erfüllende Liebe. Der Unterschied zu Malte wird nicht nur im äußeren Erscheinungsbild deutlich, das Malte in den Blicken der Frauen als mit seines Vaters Schönheit nicht vergleichbar weiß, sondern vor allem darin, daß Malte sich unter den Photographien vergebens die Ingeborgs erwartet. Das Ingeborg-Motiv führt nicht nur einfach in die Kindheit Maltes zurück, sondern bezeichnet eine, im aussparenden Erzählen der Ingeborg-Geschichte in Aufzeichnung 27 und 28 angezeigte andere Weise zu 'sehen'. Wie das photographische Bild der **Diesseitigkeit** des Vaters entspricht, so das des aussparenden Erzählens und der durchscheinend transparenten Oberfläche der Einbildungswirklichkeit Maltes.

Die die Aufzeichnung abschließende Beschreibung der Sterbestunde Christians des Vierten, von dem in der Galerieszene der Aufzeichnung 34 ebenfalls ein sinnlich-sexuell reiches Leben angedeutet worden war (vgl.34.5/814), darf als innerer Kern der in diesseitiger Sinnlichkeit sich erfüllenden Liebe des Vaters oder als das ihr auf der Seite der Furcht und des Schreckens entsprechende Äquivalent gelten. Als Abschriit "von seiner besten Hand" angeeignet[115], ist in dieser Erzählung antizipierend zeitüberhoben im Tod des Königs der Tod des auch im Innersten als Jägermeister, wie er hier wieder genannt wird, in seiner Höflichkeit ganz auf den Hof ausgerichteten Vaters schon "ganz innen" in des Vaters Brieftasche fortwährend als einlösendes Äquivalent dieses Lebens da gewesen. Das zweisilbige Wort, das Malte in Aufzeichnung 45 die Herzstichwunde meint aussprechen zu sehen, darf daher als das vom König in seiner Todesstunde ausgesprochene "Döden", der Tod, identifiziert werden. Wie die Religiosität des Vaters als Jägermeister bei Hofe nicht über dieses sichtbare Leben hinausgeht, ihm der Raum der Seele keine neuen Räume öffnet, sondern den der Gesellschaft, der adlig-höfischen Konvention reproduziert, so auch der Tod nicht. Dem aus allem Leiden der Todesfurcht rein das Ende nur aussprechenden Wort "Döden" steht die extreme Spannkraft der Dichter und Heiligen entgegen, die, wie in Aufzeichnung 48 verdeutlicht wird, aus dem Tod die Kraft zur Erfassung und Ordnung der gesamten Wirklichkeit bis ins letzte Detail schöpfen.

Orpheische Ästhetik

Die Aufzeichnungen 47 und 48

Malte hingegen setzt der Reduktion des Todes auf ein endgültiges Ende eine aus der Entwicklung der Todesangst schöpfende Anspannung der Subjektivität entgegen, die die Negativität dieses Gefühls umzukehren sucht, indem sie es als Manifestation einer unfaßbaren, nur in dieser Negativität ahnbaren Kraft begreift, so daß die Wahrnehmung der negativen Bestimmtheit, die Erkenntnis der Wirklichkeit in ihrer Bestimmtheit unter der 'grundfarbenen Intensität' der Angst zugleich die Erforschung dieser positiven Unfaßbarkeit bedeutet. Die Anstrengung der Dichter und Heiligen um die Wirklichkeit nährt sich daher aus der Anspannung der Negativität des Todes auf eine jenseitige, unfaßbare Positivität hin; wenn diese Spannung sich auf die Wirklichkeit richtet, ist die Rede von einer orpheischen Ästhetik dadurch gerechtfertigt, daß die Wahrnehmung der Wirklichkeit die Erfahrung des Todes in der Spannung von Angst und Umkehrung schon immer voraussetzt und perpetuiert: des Orpheus Blick, der den Hades in seinem Rücken hat. Das Leben erscheint so unter der Perspektive des Todes, der Tod aber wird in die Arbeit an der unabsehbaren Wirklichkeit des Lebens gewandelt.

Veranlaßt durch die Erinnerung an die in der Christians IV. sich ausdrückenden Todesfurcht seines Vaters, resümiert Malte seine eigenen Erfahrungen dieses teils mit teils ohne ersichtlichen Grund und mithin unabhängig von den äußeren Umständen bestehenden, ihn erfassenden Gefühls als eine bis in die Schreibgegenwart hineinreichende Steigerung.

Mit dem Motiv der inmitten der Großstadtmenge umsinkenden Person und mit der Darstellung einer Sterbeszene in der elektrischen Straßenbahn in Neapel die Erfahrungen in der modernen Großstadt, die Paris-Erlebnisse der Schreibgegenwart von der ersten Aufzeichnung an und darüber hinaus eine vorausliegende 'Reisezeit' einholend, steigert Malte in einer ausgreifenden Bewegung den Gedanken der Furcht, indem er einerseits vom hohen Ton menschlichen Sterbens ausgeht und über den Tod seines Hundes in einer anscheinend abwärtsschreitenden Bewegung, was Wert und Wichtigkeit des Gegenstandes anbetrifft, zum Tod der Fliegen in herbstlichen Nachtfrösten gelangt, andererseits eben dadurch diesen hohen Ton des Sterbens auf die ganze Natur bis zu ihren niedrigsten Lebewesen ausweitet und, überbrückt zusätzlich durch das Motiv der Stube, in der die Fliegen sterben, auf diese Weise als das Kapillar-Diffuse in der Abwehr der Zimmer gegen ihn konkretisiert, das sich als die selbstentfremdende Eingeschlossenheit in sich selber, die völlige Einsamkeit durch den Blick aus dem Fenster, der ihm anzeigt, daß "auch draußen nichts als meine Einsamkeit war" (47.4/861), um seine letzte Hoffnung betrogen zu Welteinsamkeit als höchster Todesangst aufsteigt. Der aus dieser höchsten Angst erwachsende rettend umkehrende Gedanke, um dessen Gnade sich Malte, gleich Baudelaire in dem in der 18. Aufzeichnung zitierten Poem en Prose, höchste Not und zugleich diese Innerste als Kernbereich der Religiosität anzeigend, bittend betend an Gott wendet, interpretiert die rechte, von aller Feigheit zu unterscheidende, "wirkliche Furcht" als Ausdruck einer unfaßbaren Kraft.

"Aber seitdem habe ich mich fürchten gelernt mit der wirklichen
Furcht, die nur zunimmt, wenn die Kraft zunimmt, die sie erzeugt. Wir haben
keine Vorstellung von dieser Kraft, außer in unserer Furcht." (47.5/861f)

      Die Positivität dieser Kraft als das Innerste und Eigenste
begreifend, denkt Malte nach dem biblischen Modell des Paradiesverlustes die
Entstehung von Himmel und Tod durch das Fortrücken dieses Kostbarsten
verursacht, das wir nun nicht mehr als Eigenes erkennten, und bindet damit alle
Metaphysik konsequent an den extremen Pol der Subjektivität:

"Und dennoch, seit einer Weile glaube ich, daß es unsere Kraft ist,
alle unsere Kraft, die noch zu stark ist für uns. Es ist wahr, wir kennen
sie nicht, aber ist es nicht gerade unser Eigenstes, wovon wir am wenigsten
wissen. Manchmal denke ich mir, wie der Himmel entstanden ist und der Tod:
dadurch, daß wir unser Kostbarstes von uns fortgerückt haben, weil noch so
viel anderes zu tun war vorher und weil es bei uns Beschäftigten nicht in
Sicherheit war. Nun sind die Zeiten darüber vergangen, und wir haben uns an
Geringeres gewöhnt. Wir erkennen unser Eigentum nicht mehr und entsetzen
uns vor seiner äußersten Großheit. Kann das nicht sein?" (45.5/862)

      Wird im Motiv des Sterbens in der Großstadt und der tödlichen
Einsamkeit, der Furcht und der wachsenden Großheit die Grundlinie der
Pariserfahrungen eingeholt, so impliziert der umkehrende Gedanke die
Anerkennung und Bejahung allen Seins, auch noch der abstoßendsten und
furchterregensten Wirklichkeit, denn nur durch die in ihr erlebte Furcht kann
die unfaßbare positive Kraft vorgestellt werden, die hier freilich nicht mit der
Liebeskonzeption verbunden ist, von daher aber gerade die Grundkomponente
der in Aufzeichnung 22 proklamierten Liebe umso deutlicher herausstellt. Ebenso
deutlich aber wird hier wie dort die Umkehrung völlig im Bereich der
Subjektivität verankert und als reine Möglichkeit herausgestrichen. Alles 'Sehen'
einer anderen Wirklichkeit und alle metaphysische Tendenz wird so an die
Dimension der Anstrengung der Subjektivität zurückgebunden. Auf diese Weise
aber eröffnet sich, im Gegensatz zu der den Tod als ein endgültiges Ende
auffassenden Konzeption des Vaters, das extreme Spannungsfeld einer
Subjektivität, das sich der Wirklichkeit in ihrer Negativität erneut zuwendet. Die
Parabel, die von der Erfahrung der konkreten Wirklichkeit hin ins Gefühl der
Todesangst zunehmend abstrahiert und in der Abstraktheit der bloßen "Großheit"
die Umkehrung vollzieht, kehrt von hierher zur Wirklichkeit zurück, beschreibt
so Gang und Rückkehr aus dem Tod, um, wie Orpheus den durchschrittenen
Hades im Rücken, in der Arbeit an der Negativität der Wirklichkeit in ihrer
Bestimmtheit und Konkretheit die unfaßbare Positivität zu ermessen. Die
Unendlichkeit und Unabsehbarkeit der Wirklichkeit verbürgt dabei die
Unendlichkeit der Positivität. Wird an diesem Spannungsbereich des extremen Pols
der Subjektivität die Dimension der Religiosität verortet, so mag das endlose
Bemühen um die Wirklichkeit als der Weg auf das unfaßbar Positive, auf Gott zu
gelten. Damit ist auch das Spannungsfeld bezeichnet, in dem sich Maltes

Wirklichkeitswahrnehmung beim Tod des Vaters wie in Paris und der Kindheit konstituiert. Wird die einbildende Wahrnehmung der Konvention im Angesicht des Todes zerbrochen, so ist die neue Wahrnehmung der Wirklichkeit dadurch bestimmt, daß in der Todesangst das das Subjekt zerbrechende und übersteigende, tendenziell 'reine Gefühl' in seiner Unfaßbarkeit und Ungegenständlichkeit nicht anders als in der immer unzureichenden Gegenständlichkeit unzureichend gefaßt werden kann und daher immer neue Gegenständlichkeiten, immer neue Bilder fordert. In der Arbeit der genauen und detaillierten Wahrnehmung der Wirklichkeit leistet der orpheische Dichter, dessen persönliches Subjektsein aufgelöst ist, den Bezug zur Dimension des reinen Gefühls oder des 'Grundes', den er als Melancholie, Todesangst oder in der Umkehrung weitergehend als Liebe erfährt. Er tastet mit diesem Gefühl die Form der Dinge sozusagen von innen ab, da sich nur an ihnen das Unfaßbare unendlich annähernd vorstellen läßt. Diese gegenständliche Ausrichtung auf die Wirklichkeit als metaphysische Sachlichkeit im Angesicht des Todes kennzeichnet bereits Maltes Beschreibung seiner Erfahrungen der Todesangst in Aufzeichnung 47 und stellt den Zusammenhang dar, in den sich die Aufzeichnung 48 einschreibt. Motivisch als mögliche Abschrift der Sterbestunde eines Dichters, Felix Avers, und eines Heiligen, Jean de Dieu, der in der Abschrift der Sterbestunde Christians IV. Ausdruck findenden Todeskonzeption des Vaters in Aufzeichnung 46 entgegengesetzt, kehren beide Figuren aus der "verschlossenen Spannung" der Agonie noch einmal in die Wirklichkeit als der 'offenen Spannung' zurück. Für die Sterbestunde des Dichter Felix Avers, in der er einer ungebildeten Nonne die Aussprache des Wortes "Korridor" berichtigt, bevor er stirbt, gibt Malte selbst drei Deutungsmöglichkeiten:

> "Er war ein Dichter und haßte das Ungefähre; oder vielleicht war es ihm nur um die Wahrheit zu tun; oder es störte ihn, als letzten Eindruck mitzunehmen, daß die Welt so nachlässig weiterginge. Das wird nicht mehr zu entscheiden sein." (48/863)

Diese drei Interpretationen sind freilich einander nicht so entgegengesetzt, wie die Formulierung suggeriert, sondern bezeichnen unterschiedliche Seiten desselben Komplexes und dürfen daher eher als komplementär gelten. Der folgende explizite Hinweis: "Nur soll man nicht glauben, daß es Pedanterie war. Sonst träfe der gleich Vorwurf den heiligen Jean de Dieu" (48/863), deutet schon an, daß der Bezug zur Sphäre der Religiosität hinter dieser sachlich beschriebenen Szene aufscheinen soll. Die Sphäre des Amorphen und Unfaßbaren der anderen Wirklichkeit bedarf, wie schon Maltes Erfahrung der Spiegelszene in der 32. Aufzeichnung zeigte, des Bestimmten und Konkreten in der Wirklichkeit, etwa der historischen Kostüme oder des bestimmten Willens der Einbildungskraft, als Gegengewicht. Wenn nun dieses Verhältnis durch Maltes Hypothese über die Todesangst erweitert und vertieft ist, weil nur die das Ich zersetzende diffuse Angst, die die konkrete Form der gegenständlichen eingebildeten Wirklichkeit ertastet, etwas über die unfaßbare positive Kraft auszusagen vermag, so ist diese Erfassung der Wirklichkeit in Klarheit und Präzision, wie sie in der Korrektur des Wortes 'Korridor' zum Ausdruck kommen soll, nicht einfach eine schlicht sachliche Bezeichnung, sondern eine metaphysische Sachlichkeit, weil diese Präzision sich aus der Spannung zum amorphen Jenseits, der Todesangst und ihrer Umkehrung, nährt. Der Vorwurf der Nachlässigkeit bezeichnet daher ebenfalls nicht einfach ein schlechtes, ungebildetes, sich um richtiges Aussprechen nicht bemühendes Verhalten, sondern betrifft das Verhältnis dieser als Nonne sich Religiosität beimessenden Frau zur Sphäre des Religiösen, zu sich selbst und letztlich zu Gott, wenn die Identität des sich als konventionelles Subjekt aufgelösten Ich sich in der Bewegung gegen das Unfaßbare und Amorphe und von hierher als Spannung gegen die Wirklichkeit bestimmt. In diesem Kontext aber bestimmt sich auch das Bemühen um Wahrheit, das dem Dichter als auch insbesondere dem Heiligen eignet. Wenn es Jean de Dieu,'Johannes von Gott', den das Lexikon als den Gründer des Krankenpflegerordens der 'Barmherzigen Brüder' ausweist[116], um die Wahrheit zu tun gewesen sei, als er aus seiner Agonie zur 'Wirklichkeit' zurückkehrend, den eben im Garten Erhängten gerade noch rechtzeitig abschneidet, so meint das nicht nur, daß die äußere Wirklichkeit der inneren, der auf die Pflege und nicht auf die Tötung von Menschen ausgerichteten Wahrheit entsprechen soll, ja daß die innere Wahrheit die äußere Wirklichkeit einrichten soll, sondern darüber hinaus, daß die Pflege der Kranken auch eine Pflege der Krankheit als innere Wahrheit bedeuten möchte, die nicht durch Tötung erledigt werden kann, denn die Erfahrung der Krankheit als der Weg durch Todesangst zum Tod eröffnet, wie Malte weiß, die Erfahrung der negativen Wirklichkeit der Einbildung als einzige Rettung, stellt sie doch die einzige Möglichkeit der Vorstellung der unfaßbaren positiven Kraft dar.

KAPITEL III.1

Nachdem Maltes Erinnerungen seine persönliche Vergangenheit von der frühesten Kindheit bis zum Tod des Vaters durchschritten haben und in den Erfahrungen der Todesfurcht bis an die Pariser Schreibgegenwart heranreichen, ist im letzten Drittel nun keinerlei chronologisch oder stofflich gefügter Zusammenhang zwischen den Aufzeichnungen mehr auszumachen. Schon mit der Betrachtung der Wandteppiche im Zusammenhang der Liebesthematik, mit dem Bezug auf den Dichter Felix Avers und den Heiligen Jean de Dieu im Zusammenhang der Todesthematik und mit der Figur des Marquis von Belmare im Zusammenhang der Erzählthematik ist die Überschreitung des persönlichen und familiären Rahmens angezeigt. Der Bezug auf die Person des Ich-Erzählers Malte bleibt zwar durchgehend präsent, stellt die dargestellte Welt doch zugleich auch immer schon sein Inneres dar, doch greift der Stoff nun zunächst auf 'unbekannte' Nachbarn und dann auf die Weltgeschichte aus. In den Aufzeichnungen 49-53 wird vornehmlich das Wirklichkeitsverhältnis und die Funktion von Einbildung und Kunst thematisiert. In den Aufzeichnungen über den falschen Zaren und Karl den Kühnen (54 und 55) steht dann die Identitätsthematik und die Rolle der Einbildung im Vordergrund, während mit der Aufzeichnung 56 die Liebesthematik neu einsetzt und in den Aufzeichnungen 57 und 58 zu den großen Liebenden gesteigert wird. Dem steht in den Aufzeichnungen 59 und 60 krass das Armutsthema gegenüber, das in die religöse Dimension der Gotteserkenntnis überführt wird, bevor dann in den Aufzeichnungen 61-62 in der 'Einbildung' an der historischen Figur Karls VI. Armuts- und Liebesthematik vermittelt und und den Kontext der künstlerischen Darstellung überführt werden. Die Thematik des Theaters herrscht dann in den Aufzeichnungen 63-65 vor, bevor mit einem relativ starken Bruch in den Aufzeichnungen 66-70 die Liebesthematik wiedereinsetzt und bis zu den Figuren der großen Liebenden gesteigert wird. In diesem Zusammenhang der Liebe, den wir daher in ein Unterkapitel zusammengefaßt haben, wird die Elends- und Armutsthematik überführt und daher zugleich von Malte Möglichkeiten einer Heimkehr in seine Heimat entworfen. Die Neuerzählung des Gleichnisses vom Verlorenen Sohn hat am Ende dann die Funktion, nicht nur in gewisser Weise diese Entwicklung unter Maltes einem chronologischen Gesichtspunkt zu resümieren, sondern auch in der Überführung aller Problematik in den Entwicklungszusammenhang der intransitiven Liebe als der Liebe zu Gott die Rückkehr Maltes in die Gesellschaft als eine hinter der Oberfläche der Konvention verborgene Eigentlichkeit zu projektieren.

Die Versuchungen des Künstlers in seiner Einsamkeit

Die Aufzeichnungen 49-53

Wirklichkeit, auf die sich die Erfahrung der Todesangst der Aufzeichnungen 45-48 ausrichtet, und Einbildung, die in Aufzeichnung 44 ihre Apotheose erfährt, werden in den Aufzeichnungen 49-53 problematisiert. Die Geschichte von Nikolaj Kusmitsch, die Malte in der 49 Aufzeichnung erzählt, stellt eine Kritik der bürgerlich rationalistischen, konventionellen, ökonomischen und naturwissenschaftlich-technischen Wirklichkeit dar, ihre zerstörende Wirkung auf das Individuum und dessen Rettung durch die Kunst. Durch die Rahmenerzählung von den Malte durch Geräusche zu quälenden Vermutungen und Einbildungen treibenden Nachbarn, in die diese Geschichte eingelassen ist als eine Tatsache, die Maltes quälenden Vermutungen über die Geräusche aus dem Nebenzimmer ein Ende gesetzt und sie beruhigt habe, scheint die Aufzeichnung 49 den folgenden zunächst entgegengesetzt, da in ihnen, wie Malte hervorhebt, die Tatsachen nun gerade Beunruhigung stifteten. Diese Gegenüberstellung gilt jedoch nur auf einer ersten Oberflächenebene, da sich tieferer Nachforschung Komplementäres und wichtige Parallelen zur Kusmitsch-Geschichte ergeben. Was in Aufzeichnung 49 zunächst als Rahmenerzählung fungiert, das Verhältnis von Vermutungen und Tatsachen, von Wirklichkeit und Einbildung, wird in den folgenden Aufzeichnungen als des Einsamen Irrwege durch die Versuchungen der Einbildungswelt voll entwickelt und ähnlich den Versuchungen der Heiligen auf dem Weg zu Gott begriffen. In den hierdurch aufgeschlagenen Problemkomplex ist die anfangs relativ eigenständig erscheinende Kusmitsch-Geschichte dann integriert, insofern ihre Thematik, die zerstörende Wirkung der konventionellen wissenschaftlich-technischen Wirklichkeit auf der Ebene der Wirklichkeit sinnlicher Einbildung des Individuums und dessen Rettung durch die Kunst in den folgenden Aufzeichnungen fortgeführt wird.

Die Geschichte des Nikolaj Kusmitsch: Kritik der bürgerlich-aufklärerischen Wirklichkeit

Aufzeichnung 49

Zunächst soll der Hauptteil der Aufzeichnung 49, die Geschichte von Nikolaj Kusmitsch, die eigentlich erste den Rahmen des persönlich-familiären Erfahrungsbereichs überschreitende, relativ autonome Erzählung in der Folge der Aufzeichnungen, interpretiert werden bevor dann über die Rahmenerzählung der Zusammenhang zu den folgenden Aufzeichnungen hergestellt wird.

Die Geschichte ist schnell wiedergegeben. Nikolaj Kusmitsch, ein kleiner russischer Angestellter, berechnet eines Tages die ihm noch verbleibende Lebenszeit, die er mit etwa 50 Jahren veranschlagt, nach Minuten und Sekunden. Euphorisch der ungeheueren Höhe der Summe wegen, macht er sie sich selbst nach dem Motto, daß Zeit Geld sei, zum Geschenk, indem er sich, sich zweiteilend, gleichzeitig als reichen, mit Pelzmantel bekleideten Spender vorstellt. Als er nach ein paar Wochen entdeckt, daß er betrogen worden ist, weil er ungeheuer viel Zeit ausgibt und es ihm trotz aller Bemühungen nicht gelingt, Zeit zu sparen, schlagen alle seine Versuche fehl, diesem Dilemma zu entkommen. Sein Versuch, zurückzuwechseln, gelingt ihm nicht, weil er sich den schenkenden, reichen Kusmitsch nicht mehr vorstellen kann; aber auch als er darauf verfällt, Ordnung in diesen Betrug bringen zu wollen, indem er sich zunächst die Existenz einer öffentlichen Ordnung dieser Beziehung, eine Zeitbank, vorstellt, und dann da er sie nicht findet, mittels Rationalität Ordnung zu schaffen sucht, indem er den Wechsel von Zeit und Geld zur Verwechslung erklärt, da Abstraktionen wie Zahlen ja etwas Erfundenes und nicht wirklich in Natur Daseiendes darstellten, gelingt es ihm nicht, seiner Lage zu entfliehen. Denn jetzt, da er sich zudem bezüglich seines nunmehrigen Wissens über die Zeit, die allgemein sei und alle Leute angehe, von der sie aber nichts wüßten, den anderen überlegen und seinem Dilemma entronnen glaubt, wird er sinnlich vom 'Zug der Zeit' angegriffen: er spürt "die wirkliche Zeit [...], die vorüberzog" (49.10/869), wie einen Windzug. Die sinnliche Wahrnehmung des abstrakt wissenschaftlich und konventionell Wirklichen erweitert sich dann aber auf seine ganze Haltung der 'Welt' gegenüber, als ihm in der Erinnerung an sein Wissen von der Erddrehung und der schiefen Erdachse die Erde zu schwanken beginnt und er sich, befallen von Übelkeit und seekrankheitsähnlichem Schwindel, zu Bett legen muß. Erträglich wird nun sein Zustand dadurch, daß er sich unter besonderer Betonung der Endreime Gedichte vorsagt, wenngleich ihm das noch nicht erlaubt, wieder aufzustehen.

Entscheidend für die Geschichte des Kusmitsch ist, daß das konventionell allgemeine Bewußtsein von der Wirklichkeit, ihren grundlegenden Konstituenten von Zeit und Raum, ihn das 'natürliche' oder 'naive' individuelle Gleichgewicht verlieren läßt und einen Maltes Subjektuntergang in Paris oder vor dem Spiegel nicht unähnlichen Schwindel hervorruft, eine Krankheit des Orientierungsverlustes, die durch die Dichtung, wenngleich sie ihm den voraufliegenden aufrechten Subjektzustand nicht wieder herstellt, zur Erträglichkeit herabgemildert wird.

Hervorgerufen wird der Gleichgewichtsverlust, indem 'natürlich' individuelles Erleben in abstrakt-gesellschaftliche Kategorien eingebracht wird und dann im Gegenzug diese abstrakt-gesellschaftlichen Kategorien der Konvention das sinnlich-körperliche Erleben des Individuums bestimmen. Damit vollzieht sich jene Trennung von Physischem und Metaphysischem, Materiellem und Geistigem, Sozialem und Individuellem, die im Weltbild der Alchemie etwa noch eine Einheit bilden. Die Sentenz, "Zeit ist Geld", mit der Kusmitsch seine individuelle Lebenszeit in die Termini des allgemeinen gesellschaftlichen Tauschäquivalents einbringt, darf als landläufig sprichwörtlicher Ausdruck der Unterwerfung individueller Lebens- und Arbeitszeit unter die gesellschaftlich-ökonomische Verwertungsberechnung der in den Pelzmantel eingehüllten Bourgeoisie gelten. Zwar wird die Verwechslung und Inkommensurabilität von Sinnlichkeit und Körperlichkeit des individuellen Erlebens und Abstraktheit und Allgemeinheit der ökonomischen und technisch-wissenschaftlichen Erkenntnis erkannt, doch kann, wer den Biß in den Apfel vom Baum der Erkenntnis getan, den Schritt zurück ins Paradies nicht mehr tun. Der Sündenfall der technisch-wissenschaftlichen und ökonomischen Entwicklung ist irreversibel. Dadurch, daß Kusmitsch von seiner sinnlich individuellen Erlebniszeit abstrahiert und sich der Erkenntnis der allgemeinen Zeit der ökonomischen Verwertungsberechnung unterwirft, wird er um sich selbst betrogen, verliert sein Ich den Subjektcharakter, die Eigen-Ständigkeit im wörtlichen Sinne, zumal sich diese Unterwerfung mit der naturwissenschaftlichen Erkenntnis von der Drehung der Welt um die schiefe Erdachse auf die räumliche Orientierung erweitert: abstrakt-allgemeine Erkenntnis bestimmt die Ebene sinnlich-individueller Wahrnehmung. Wo nun Kusmitsch bezüglich der Zeit die Verwechslung und Inkommensurabilität von individueller Erlebniszeit und abstrakt-allgemeiner Zeit entdeckt, da auf der Ebene des Sinnlich-Wahrnehmbaren abstrakte Größen, die in Zahlen ausgedrückt werden, nicht wahrnehmbar sind, gelangt die Geschichte im Umschwung zur sinnlichen Wahrnehmung des Gesellschaftlich-Abstrakten im 'Windzug der Zeit' zur Allegorie der Moderne. Die anfängliche Euphorie des Menschen, der sich Reichtum verschafft, indem er die individuelle Erlebniszeit der allgemeinen abstrakten Zeit bürgerlich-gesellschaftlicher Nutzung unterwirft, technisch-wissenschaftliche Fortschritte macht, Welt und Kosmos entdeckt, erweist sich als irreversibler Selbstbetrug, weil das gesellschaftliche Abstrakt-Allgemeine sich in der Sinnlichkeit der individuellen Erlebniszeit unwiderruflich einnistet und das Ich zerstört.

Wenn aus diesem Niedergang die Dichtung einen Ausweg, kein Stehen erlaubendes Gleichgewicht, aber doch ein klagloses Überleben bietet, mag die beruhigende Wirkung der Geschichte auf Malte daher erklärt werden, daß dieser Weg auch für ihn, der in den Paris-Erlebnissen Ähnliches erfahren hat, Geltung besitzen könnte. Entspricht der Unterwerfung der eignen, individuellen Erlebniszeit unter die gesellschaftlich-allgemeine in der Großstadterfahrung Maltes der Gesichtsverlust des Massenmenschen und die Enteignung vom Tode, der als letaler Abschluß den rubrizierten Krankheiten der naturwissenschaftlichen Medizin unterworfen wird, und führt die Erkenntnis dieses Betrugs um das Eigene nicht zurück zum vorhergehenden, unwiderruflich verlorenen Zustand, zum 'natürlich-naiven' Gleichgewicht einer früheren feudalen Welt von Haus, Hof und Erbe bei Malte, sondern zu einer neuen Wahrnehmung der Wirklichkeit, einer die Konvention zum Extrem für das Subjekt treibenden bei Kusmitsch, einer oppositiven, 'eigenen' bei Malte, die am Ende den Verlust des Gleichgewichts, den Schwindel und das Fallen des Subjekts hervorruft, so liegt die Hoffnung auf Rettung in der Kunst. Die neue Wahrnehmung wirkt zunächst zersetzend bei Kusmitsch wie bei Malte, weil sie eine der 'historisch einfachen', bzw. 'normalen' Wahrnehmung nicht sichtbare, zerstörende und schreckliche, fragmentarische Wirklichkeit in der Produktivität der körperlich-sinnlichen Erscheinung sichtbar macht. Die konventionell 'normale' oder 'gesunde' Einbildung wird dadurch Lügen gestraft, daß das, was sie für die Wirklichkeit hält, sich als oberflächliche, leere und zudem zerstörerische Einbildung erweist, das aber, was sie als 'krankhafte' Einbildung, als Wahnsinn etwa, ablehnt, sich als die tiefere Wirklichkeit herausstellt. Wirklichkeit und Einbildung aber sind so tendenziell nicht mehr unterscheidbar, weil die Einbildung schon immer, wie Malte bereits in Aufzeichnung 18 feststellte, etwas wegnimmt oder hinzutut, Wirklichkeit also nur durch die Einbildung wahrnehmbar ist. Sind Wirklichkeit und Einbildung aber prinzipiell nicht unterscheidbar, so hebt, wie Malte in den folgenden Aufzeichnungen darstellt, der Weg durch den Irrgarten der Vorstellung, die Versuchungen der Einbildung an. Nicht im Wirklichkeitsbezug der Einbildung liegt dann das Kriterium der Wahrheit, sondern im Bezug der eingebildeten, der 'subtilen' alchemistischen Wirklichkeit auf den 'Grund'. Das mag in der Kusmitsch-Geschichte der Nachdruck meinen, der an ihrem Anfang und ihrem Ende auf die musikalische Gestalt der Gedichte gelegt wird, dem Hersagen der Gedichte in kindlicher Weise "mit gleichmäßiger Betonung der Endreime" (49.11/870), denn aus der musikalischen Stimmung als dem mystisch oder, wie Nietzsche es nennt, dem dionysischen Grund entwächst der Wortgehalt des Gedichts, das meint deutlich im folgenden die bildliche Bestimmtheit der Metapher, in der die Spannung zum amorphen Grund zum Ausdruck kommt. Zugleich wird damit die individuelle Erlebniszeit in der überzeitlichen Dimension[1] der Kunst wiedergefunden, wenngleich das 'Er-Leben' gegenüber dem ursprünglichen Zustand in seiner körperlich-physischen Wahrhaftigkeit sehr beschränkt und eher als ein 'Über-Leben' erscheint.

Die Irrwege der Einbildung: des Heiligen und des Einsamen Arbeit auf Gott zu

Die Aufzeichnungen 50-53

Das in der 49. Aufzeichnung als Rahmenerzählung fungierende Verhältnis Maltes zu seinen Nachbarn, das Hersagen der Gedichte, das Malte zu Vermutungen anreizt, die erst durch die von einem Dritten als Tatsache vermittelte Geschichte des Kusmitsch beruhigt werden, wird zum zentralen Thema der folgenden Aufzeichnungen. Auch in Aufzeichnung 50 wird Malte durch ein von einem Zimmernachbarn, einem Medizinstudenten, verursachtes Geräusch, das er als das Fallen eines Dosendeckels interpretiert, zu Vermutungen aufgereizt, die diesmal aber durch die wiederum von einem Dritten vermittelte erklärende Tatsache, daß das Herunterfallen des Augenlides des Studenten dieses Geräusch verursache, nicht beruhigt, sondern weiter aufgereizt werden, so daß Malte sich in seiner Einbildung zunächst dem Studenten, dann, wie er sich zurechtlegt, dessen Mutter, und schließlich, als der Student fort ist, der Dose im Nachbarzimmer als einem Ding zuwendet, das im Verlust des Deckels beim Niederfallen ein Bild vom Zerfall der menschlichen Gesellschaft abgibt. Dieser anscheinend von Willkür und Beliebigkeit geführte Irrweg der Einbildung stellt, wie Aufzeichnung 52 verdeutlicht, die der Kritik des technisch-wissenschaftlichen Weltbildes der Konvention entsprechende moderne Version des Heiligen dar, der auf den Bildern eines Bosch oder Breughel etwa von den Wahnbildern seiner Phantasie versucht wird. Der Unterschied zwischen dem früheren und modernen dem Heiligen liege allenfalls darin, daß jener hätte gleich mit Gott anfangen wollen[2], während heute den das gleiche treffe, der mit der langen Arbeit auf Gott zu erst anfange. Ist in der Figur des Heiligen das innere Bild dessen gezeichnet, der die Arbeit auf Gott zu unternimmt, so im Einsamen der Aufzeichnung 53 das äußere. Indem aber der innere Weg des Heiligen und seine äußere soziale Stellung der Isolation und kritischen Entgegensetzung zur Gesellschaft einander entsprechen, wird das grundlegende Spannungsfeld deutlich, auf dem sich die Bewegung der Subjektivität Maltes vollzieht: die gesellschaftliche Negativität wird von Malte zu einer mystischen Bewegung verinnerlicht; in dieser mystischen Bewegung aber ist ihrerseits die Negativität der Gesellschaft noch faßbar.

Der innere Weg des modernen Heiligen, dessen Abgeschiedenheit nicht die Einsiedelei in der Wüste ist, sondern die Isolation in einem Großstadtzimmer, ist durch die Irrwege der einbildenden Wahrnehmung bezeichnet; er wird nicht von wilden Tieren, sondern von Stimmen und Geräuschen aus dem Nebenzimmern angegriffen, die denn auch eher seine eigenen, inneren wilden Tiere sind, da sie sich, gleich den Versuchungen des früheren Heiligen, vor allem als Produkte seiner Einbildung darstellen. Wenn die Wahrnehmung diesmal nicht vom Sehen, sondern vom wesentlich unbestimmteren Hören ausgeht, so soll dadurch die ergänzende Arbeit der Einbildung noch evidenter werden, der die innere Fortarbeit der Sinne zu einer je vorläufigen Ganzheit ergänzt, was ihr als völlig unbestimmtes Wirklichkeitspartikelchen von außen eingetragen wird. Was Malte bereits beim Sehen des Blinden und der Mauer in Aufzeichnung 18 festgestellt hatte, daß die einbildende Wahrnehmung immer etwas fortläßt oder hinzutut, daß die Wahrnehmung sozusagen immer bis an eine nähere oder entferntere Mauer reicht, hinter der die Wirklichkeit, die die Wirklichkeit diesseits der Konventionsgrenze ergänzt und erklärt, im Unsichtbaren weitergeht, ja von woher sie eigentlich, wie das Hand- und das Spiegelerlebnis und später das des 'Großen' bestätigen, bestimmt werden könnte, wird hier nun in seiner Dynamik im einzelnen entwickelt. Die in der Einbildung vertiefte und erweiterte Wirklichkeit ist, wie das Motiv der fallenden Dose und später der Dose im Spiegel zeigt, die schon in Aufzeichnung 32 erfahrene innere Wirklichkeit des Spiegels.

Wenn Malte meint, die Geschichte seiner Nachbarn sei eher die Geschichte der Krankheitserscheinungen, die sie in ihm hervorriefen, so weist er selbst auf die 'realistische Wirklichkeitsperspektive' hin, die den in seinem Zimmer Eingeschlossenen als geisteskrank einstufen würde, da er ein relativ unbestimmtes Geräusch, eine partielle mündliche Information und Schritte auf dem Flur in seiner Einbildung so weit entwickelt, daß er sich in höchster Erregung und innerlicher Verausgabung an die Wand stellt, um dem Nachbarn seine Kraft zu übertragen und dann in derselben Logik sich die Schritte auf dem Flur zur Beruhigung als das Kommen der Mutter auslegt.

Der innere Weg der Einbildung hingegen ist, durchaus im Einklang mit der orpheischen Ästhetik, zunächst intensiv auf die Wahrnehmung der äußeren Wirklichkeit, die Stimmen und Geräusche, hin angestrengt, die jedoch immer nur partial, unvollständig und ohne 'Sinn' eingetragen wird, so daß an ihr die "Würmer der Vermutungen" arbeiten. Die Hinzufügung weiterer Wirklichkeitspartikel, "Tatsachen", die von außen kommen, unterscheidet sich nicht grundlegend von der inneren Ergänzung der Einbildung, denn beruhigend können sowohl die äußeren 'Tatsachen', wie Malte für die Kusmitsch-Geschichte feststellt, als auch die Einbildung wirken, wie das Ausmachen einer inneren Organisiertheit des als fallender Deckel interpretierten Geräusches oder die Interpretation der Schritte auf dem Flur als die Schritte der Mutter zeigen, während äußere 'Tatsachen' wie auch die Einbildung ebenso eine beunruhigende Wirkung ausüben können, wie die von außen kommende Erklärung, das als fallender Dosendeckel interpretierte Geräusch sei vom Zufallen des Augenlides des nebenan wohnenden Studenten verursacht, und etwa die auch in Aufzeichnung 51 weitergehende Arbeit der Einbildung an der Dose zeigt; auch die Kusmitsch-Geschichte als 'Tatsache' stellt ja, wie unsere Interpretation gezeigt hat, nur unter bestimmten Gesichtspunkten eine Beruhigung dar. Schließlich sind ja beide als 'Tatsachen' deklarierten Informationen nichts weiter als die von einem Dritten je vermittelte, in eine Logik zur Geschichte zusammengestellte Wirklichkeit: schon immer ist zwischen die 'Wirklichkeit' und den Wahrnehmenden ein Drittes, ein verarbeitendes Moment, das im mitteilenden Dritten persönliche Gestalt erhält, dazwischen geschoben. So stellen denn die 'Tatsachen', wie Malte resümiert, nichts weiter als 'nachträgliche Einsichten und vorläufige Abschlüsse' dar (vgl. 50.1/871), die sich nicht grundlegend von der Einbildung unterscheiden lassen, sowohl von der Wirkung als auch vom Umstand her, daß sich die 'Wirklichkeit' nicht anders denn in der Einbildung gibt, für den individuellen Wahrnehmenden immer schon Einbildung ist. Wird daher hier wie schon in Aufzeichnung 44 der Unterschied zwischen Einbildung und Wirklichkeit als Wertungskriterium verwischt, zumal die Einbildung eine Wirklichkeit ist für das einbildende Subjekt und die Wirklichkeit immer schon auch Einbildung, so kommt alles auf die innere Haltung an, mit der das von außen Kommende eingebildet wird, ob es ab- und einschließend beruhigend wirken soll oder in einer offenen Haltung beunruhigend als permanente Spannung gegen die Wirklichkeit, als der Wille zum Durchdringen aller Mauern, jene 'physiologische Offenheit', die schon in der zweiten Aufzeichnung im Auflassen des Fensters, das den zerstörenden Lärm ins Innere dringen läßt, versinnbildlicht ist oder in der Wunde, im offnen Körper und ähnlichen Bildern. Maltes Hinwendung zur Wirklichkeit im Sinne der, wie der Vergleich zum Heiligen zu sagen erlaubt, orpheischen Ästhetik, bedeutet den Willen eines grenzenlosen Offenseins für die Wirklichkeit der Einbildung, die in Ablehnung der sichernd-beruhigenden, reduktiven und schließlich selbstentfremdenden Einbildungswirklichkeit der eingemauerten Konvention in den Irrwegen der Vorstellungskraft bis zum Selbst- und Gottesverlust[3] alle Seinsmöglichkeiten ausschreiten will, ja einzig diese Negativität die Vorstellung einer positiven Kraft erlaubt. Diese Positivität ist am Ende nicht am Gegenstand der einbildenden Wahrnehmung faßbar, sondern nur in der Kraft der Einbildung selbst, die sich zum Bild, zur Metapher verdichtet. Daher ist in der zur Kunst verdichteten Einbildung nicht die Positivität, Gott etwa, gegeben, sondern immer nur der Weg auf ihn zu.

Maltes Einbildung geht in Aufzeichnung 50 von einem fallenden Geräusch, das er sich als fallenden Dosendeckel interpretiert, aus, wird aber im Rhythmus von Aufreizung und Beruhigung zum Zimmernachbarn zunächst, dann zu dessen Mutter und schließlich in Aufzeichnung 51 wieder zurück zur Blechbüchse gelenkt, die am Ende die ganze, völlig 'subjektive', von Beliebigkeit, Willkür und Zufall gekennzeichnete Bewegung in sich eingenommen hat und zum 'Ding' als Metapher verobjektiviert da ist.

Im Gegensatz zu den verzehrenden Vermutungen über das vom Gedichte hersagenden Nachbarn verursachte Geräusch, die erst durch die Geschichte des Kusmitsch vorläufig beruhigt werden, scheint Malte zunächst imstande zu sein, mit dem Geräusch, das er sich als das Fallen des Deckels einer Blechbüchse auslegt, in gewisser Weise fertig zu werden, indem er eine gewisse innere Gesetzmäßigkeit in die Geräuschfolge von Deckelfallen, -ausrollen und ein dazwischenliegendes Stampfen hineininterpretiert. Bewußt um Interpretation handelt es sich auf jeden Fall von Anfang an, denn Malte bezeichnet den Dosendeckel ausdrücklich als Annahme. In der intensiven Verwendung der Subjektivität auf die äußere Wirklichkeit des Geräusches geht die bloß äußerliche Beschreibung ins Innere des Gegenstands der Wahrnehmung über, wo Malte nicht nur "innerliche Organisation" und "Gesetzmäßigkeit" feststellt, sondern zur Charakterisierung des Geräusches Bestimmungen der sinnlichen Empfindung und des Gemützustandes, "heftig", "milde" und "melancholisch", heranzieht und das Stampfen gar finalisiert, indem er ihm eine Aufgabe zuschreibt. Um eine beruhigende Wirkung zu erzielen, wird das Partiale, Unabgeklärte, Unabgeschlossene und Offene des Geräusches, das auf ihn eindringt und ihn aufreizt, in der analytischen Zersetzung der Einbildung des Wahrnehmenden durch Projektion seiner Subjektivität zu einer Ganzheit, der Entdeckung einer inneren Organisation, einer Finalität und eines Sinnes, abgeschlossen.

Besteht im Geräusch der Kern der Störung, die Malte sein Schreiben, in dem er die Eigenheit seines Lebens sieht, unterbrechen und sich einem Äußeren zuwenden läßt, so wird die über die Wahrnehmung hinausgehende Spannung, daß er schon immer durch sein Gefühl im voraus wisse, wann das Geräusch eintrete, durch die durch einen Dritten zufällig vermittelte Tatsache, daß das Geräusch durch das Hinunterfallen des Augenlides des Medizinstudenten verursacht werde, auf die Person dieses Nachbarn gelenkt. Die Zufälligkeit und

Willkür der Bewegung durch das Fehlen einer Verbindung zwischen Geräusch und Herunterfallen des Augenlides, richtet so die Einfühlung Maltes aus der dinglichen Abgeschlossenheit des Geräusches heraus auf die Person, zu der sich auf diese Weise eine Beziehung, eine Gemeinsamkeit herstellt – "ich vergaß, daß es zwischen uns keine Gemeinsamkeit gab" (50.2/871) – die, typisch auch für die schon in Aufzeichnung 14 angesprochene Konzeption der sozialen Beziehungen, die die als Einbruch in die Abgeschlossenheit der Person empfundene Störung nicht einfach gegen den andern umkehren will, sondern alle seelischen Kräfte auf ihn verwendet, ohne ihn zu berühren; denn Malte bleibt auf seiner Seite der Wand, die die Wände und das Nicht-zueinander-Können zwischen den Menschen bezeichnet ebenso wie die bloße Oberflächlichkeit, die Malte, gleich ob Wand oder Gesicht, durch seine seelische Anstrengung überwinden will, als er dem Studenten von seiner Kraft anbietet, das Augenlid oben zu behalten.

Setzt Maltes Erschrecken beim Hören des Geräusches vom fallenden Dosendeckel ein, so wird diese im Zusammenzucken körperliche Ausgangserfahrung durch das eigenmächtige Herunterfallen des Augenlides, "diese kleine, unmögliche Ermüdung, die so lächerlich war, wie wenn ein Fenstervorhang nicht oben bleiben will" (50.4/873), gesteigert, zumal er vor dem Geräusch durch sein Gefühl gewarnt ist, und es 'ihn fast gespenstisch berührt', denn in ihr nimmt er, ebenso wie zuvor in der Aufzeichnung 21 beim Veitstänzer, nur en miniature, die Eigenmächtigkeit von Kräften im Körper wahr, die größer und stärker sind als der Wille und den Willen als die Behauptung des Subjekts bezwingen.

Wenn Malte dann Schritte auf dem Flur und Stimmen im Nebenzimmer als die rettende Ankunft der Mutter interpretiert, soll nicht nur das völlig Hypothetische dieser Situation unterstrichen werden und der Umstand, daß Malte vielmehr seine innerste Angst und sein innerstes Verlangen in diese Geräusche projiziert, sondern im Zitat der Erfahrungskurve der ersten Pariser Aufzeichnungen, körperliche Wahrnehmung von Kräften, die das Subjekt zerstören, und umkehrende Rettung durch die Liebe, soll der völlig hypothetische Charakter der gesamten Paris-Erfahrungen, von denen es schon in Aufzeichnung 22 hieß, daß sie nur um den Preis des Alleinseins seien, unterstrichen und in den Zusammenhang der Irrwege des modernen Heiligen eingeholt werden, der sein Ängste und sein Verlangen vom Schrecken bis zur Liebe in die Wirklichkeit um ihn projiziert.

Stellt Malte in der folgenden Aufzeichnung 51 fest, daß die
Teilnahme am Nachbarn nicht sehr tief gewesen sein müsse, da er ihn schon fast
wieder vergessen habe, und es eigentlich dessen Zimmer, oder vielmehr, wie er,
sich dann gleich nochmals korrigierend, das Verlangen seiner Einbildung
abtastet, die blecherne Büchse sei, die ihn reize, so kehrt er in Kreisform zum
dinglichen Ausgangspunkt der Wahrnehmung zurück. Willkür und Beliebigkeit,
der diese eingebildete Welt der Möglichkeiten anscheinend ausgesetzt ist, werden
nun bis zum äußersten gesteigert.

Um den hypothetischen Charakter[4] dieser Vorstellungen noch
deutlicher herauszustellen, gelangt Malte gar dazu, sich eine Überprüfung seiner
Vorstellungen vorzustellen, ins Nebenzimmer einzutreten, um zu sehen, ob es so
sei, wie er es sich vorstelle, und sich einzugestehen, daß die Vorstellung
höchstwahrscheinlich von der 'Wirklichkeit' differiere:

> "Man kann sich mit Leichtigkeit ein beliebiges Zimmer vorstellen, und
> oft stimmt es dann ungefähr. Nur das Zimmer, das man neben sich hat, ist
> immer ganz anders, als man es sich denkt." (51.1/876)

Wenn er dann im Übergang des Interesses zur Dose nochmals den
hypothetischen Charakter hervorhebt: "Ich habe angenommen, daß es sich um
einen Büchsendeckel handelt, obwohl ich mich natürlich irren kann" (51.2/876),
und zugleich das eigene Innere betont, das sich daran darstellt: "Es entspricht
nun einmal meiner Anlage, die Sache auf einen Büchsendeckel zu schieben"
(51.2/876), so wird nun das Wirklichkeitskriterium anscheinend wieder eingeführt
und fast selbstironisch spielerisch auf die Spitze getrieben, wo er denn 'real'
nicht ins Nebenzimmer geht, sondern eben in seiner Vorstellung 'nur' und neben
die auf einem Kaminrand imaginierte Dose die Imagination der imaginierten Dose
in einem Spiegel stellt, nach der als einer Imagination nur ein Affe, der
Imagination und Wirklichkeit nicht auseinanderhalten kann, greifen würde, oder
sogar zwei Affen, da ja auch der Affe im Spiegel verdoppelt wäre.

So sicher hier nun angesichts der Irrungen dieses
Spiegelkabinetts eine Vorstellung dieser Möglichkeitswelt, die der Willkür , der
Beliebigkeit und dem Zufall ausgesetzt ist, der Bezug auf die Wirklichkeit
erscheint, wendet sich Malte doch eigensinnig dieser vorgestellten Dose zu, als
wäre 'die Wirklichkeit der Dose im Zimmer nebenan' der Irrweg oder zumindest
angesichts der eingebildeten Dose völlig unwichtig geworden, da es sich, wie
auch der Motivbezug von Dose und Spiegel zur Spiegelepisode nahelegt, um eine
völlig verschiedene Wirklichkeit handelt, eine reine Möglichkeitswelt der
Einbildung. So haben sich aus der anfänglichen, völlig selbstlosen Zuwendung
auf die Wirklichkeit des Geräusches, die den Unterschied zwischen Wirklichkeit

und Einbildung verwischte, zwei Wirklichkeiten, die des Zimmers nebenan und die der Einbildung herausgebildet.

Findet in der Einbildung der Subjektivismus seinen Höhepunkt, so wendet sie sich dann aber doch in die Objektivität der Metapher und erweist sich als die tiefere Wirklichkeit. Auf dem Höhepunkt des Subjektivismus verwendet Malte seine Subjektivität völlig auf die Dose und ertastet mit seinem Gefühl ihre Form:

> *"Einigen wir uns darüber: der Deckel einer Büchse, einer gesunden Büchse, deren Rand nicht anders gebogen ist, als sein eigener, so ein Deckel müßte kein anderes Verlangen kennen, als sich auf seiner Büchse zu befinden; dies müßte das Äußerste sein, was er sich fortstellen vermag ; eine nicht zu übertreffende Befriedigung, die Erfüllung aller seiner Wünsche. Es ist ja auch etwas geradezu Ideales, geduldig und sanft eingedreht auf der kleinen Gegenwulst gleichmäßig aufzuruhen und die eingreifende Kante in sich zu fühlen , elastisch und gerade so scharf, wie man selber am Rande ist, wenn man einzeln daliegt. Ach, aber wie wenige Deckel giebt es, die das noch zu schätzen wissen. Hier zeigt es sich so recht, wie verwirrend der Umgang mit den Menschen auf die Dinge gewirkt hat. Die Menschen nämlich, wenn es angeht, sie ganz vorübergehend mit solchen Deckeln zu vergleichen, sitzen höchst ungern und schlecht auf ihren Beschäftigungen." (51.3/876; Hervorhebungen B.A.K.)*

Nachdem Malte so im Laufe seiner Vorstellungen zur Dose zurückgekehrt ist, die er nun bewußt als vorgestellt und von der Subjektivität ertastet zeichnet, vermittelt sich im Umschwung der imaginierten Dose in die Metapher neuere und tiefere, über die 'einfache Wirklichkeit', derer er hier daher gar nicht mehr bedarf, hinausgehende Erkenntnis über die Welt: in sie holt er in der oben konstatierten Kreisbewegung Welt ein[5], an der Dose als Modell vollzieht sich die sinnliche Abstraktion und Verallgemeinerung seiner Erfahrungen. In der Dose stehen Maltes 'soziale' Erfahrungen wie endlich auch seine eigenen inneren Kräfte des Unbewußten, die sich in diesen Erfahrungen spiegeln, sinnlich verobjektiviert und verallgemeinert da. An der Dose als Bild der Ganzheit und Beschränktheit gewinnt er einen kritischen Maßstab für die Menschen, die "höchst ungern und schlecht auf ihren Beschäftigungen (sitzen)" wie der Deckel auf der Dose und "im Grunde nur daran (denken), sobald es sich irgend tun läßt, hinunterzuspringen, zu rollen und zu blechern" (51.3/877).

Die Dose wird so zum Mittel und Zeichen, ein neues, nicht konventionell, sondern durch den Irrgang der Einbildung individuell gewonnenes Instrument zum Lesen der Welt. Maltes vorangehende Erfahrungen verdichten sich und gehen objektiviert und verallgemeinert in das 'Ding' ein.

Der entscheidende Unterschied zum Kind - für die Erklärung seines Dingverhältnisses wendet sich Rilke explizit der Erfahrung der Kindheit am Beispiel der Puppe zu[6] – besteht bei dem Transfer der Subjektivität ins Ding darin, daß das Kind sich narzißtisch als das Zentrum des Universums begreift, während Malte – jedenfalls der Intention dieser Ästhetik nach – den Dingen nicht seine Erfahrungen und Gefühle, das – in diesem Sinne – 'Menschliche' aufdrängen will, sondern nach der Zerstörung des Subjekts die *subjektungebundene Subjektivität* sich ganz auf die 'Wirklichkeit' des Gegenstandes der Einbildung verwenden, sie in seinem Innern arbeiten läßt. Gleichwie die Arbeit der Erinnerung die Erfahrungen in das Unbewußte, in die Tiefe des Vergessens eintaucht, aus der sie von der Individualität des Subjekts befreit wieder aus eigenem Antrieb und verallgemeinert als das hervorkommen, aus dem die Verse gemacht sind (vgl. Aufz.14.1/723ff), geht nicht der Willen des Subjekts den Gegenstand seiner Wahrnehmung beherrschend an, wie er ihm auch nicht die Interpretation der Konvention aufzwingt, sondern läßt in der anscheinenden Willkür, Beliebigkeit und Zufälligkeit seiner Subjektivität die Kräfte des Verborgenen und Unbewußten, vom Schrecken, der Melancholie bis zur Liebe, arbeiten. Die sinnliche Abstraktion von der Wirklichkeit, die Malte vollzieht, stellt das Gegenteil zur wissenschaftlich-allgemeinen Abstraktion dar, die des Kusmitsch Subjektsein ins Schwindeln bringt und als Schwindel entlarvt. Die sinnliche Abstraktion hat das Individuum in seiner Körperlichkeit und Subjektivität zum Zentrum, während die wissenschaftlich-allgemeine eben diese ausschließt und von außen, dem Individuum fremd und seine Eigenheit zerstörend, sich in dessen Sinnen einnistet. Subjekt-Zerstörung vollzieht sich nun zwar auch im Fall von Maltes sinnlicher Abstraktion, doch ist diese Negativität als im Innersten von Schrecken und Liebe gezeichnete Bilderfolge der Einbildungswirklichkeit auf das Unfaßbare, den Grund bezogen, weshalb sie dann ja auch als die einem Heiligen vergleichbare Dynamik gelten darf.

Von der Objektivierung und Verallgemeinerung der Erfahrungen im Ding ist es dann nur noch ein kleiner Schritt, die Subjektivität, die dem erlebenden Ich in Gestalt des Dings verobjektiviert gegenübertritt, vom Ich abzulösen und dem Ding ein Eigenleben zuzuschreiben und zu verallgemeinern, die Dinge nicht nur als Träger eigener, sondern auch fremder, unbekannter Subjektivität zu begreifen, die einem hier verselbständigt und objektiviert gegenübertritt, so daß die Menschenwelt hier sich selbst gegenübersteht als 'Dingwelt', die mit einer anderen Zeitlichkeit und 'tieferen Wirklichkeit' ausgestattet ist, in der Physisches und Metaphysisches, Materie und Geist erneut zu einer 'subtilen Wirklichkeit' geeint sind. Indem Malte im Irrweg der Wirklichkeitseinbildung sich ganz auf den Gegenstand verwendet und selbstlos sein Unbekanntes, sein Unterbewußtsein abschreitet, gelangt er durch diese ihm unbekannte Kraft zur Verdichtung im künstlerischen Bild, zur Umkehrung der extremen Subjektivität in die Objektivität der Metapher. Der Weg des Heiligen, die Negativität der Bilder, geht hier in den des Künstlers über, der die Metapher oder aber auch das Bild vom Heiligen schafft, das in der Aufzeichnung 52 zitiert wird; der Selbstverlust des Heiligen, dessen "Sinne (sich nieder)schlagen aus der hellen Lösung seiner Seele" und dessen "Herz (...) umgefallen (ist) und ausgeflossen ins Trübe hinein" (52.2/879), wird zur - alchemistischen - Kunst.

So darf denn als Denkmodell der Verselbständigung und Verobjektivierung der Subjektivität zur Dingwelt bis zu einem gewissen Grad die Welt der Kunstdinge und Gedichte gelten, die sich von der individuellen Subjektivität, die sie geschaffen hat, durch den Prozeß des Schaffens aus dem Unbewußten, wie hier dementsprechend aus innerstem Schrecken und Liebe sowie innerer Anlage, losgelöst hat und mit Eigenleben versehen ihrem Schöpfer entgegentritt. Wie in den Dingen der Kunst eine historische Subjektivität verobjektiviert ihr Eigenleben weiterführt, so auch für Malte in den Dingen eine historisch-soziale einerseits, wenn er die Ausschweifung der Dinge als Nachahmung der Ausschweifung der Leute erklärt oder gar, daß die Leute die Dinge gegen den Einsamen aufgereizt hätten, andererseits aber das Unbewußte und Innerste seiner eigenen Person.

Die verkehrte, den Heiligen verführende Dingwelt auf alten Bildern, die Malte nun versteht, weil ihm ähnliches widerfährt, ist damit das verobjektivierte und verdinglichte Bild der Gesellschaft sowohl wie des eigenen Innersten, des Unbewußten, ja das Abbild der Gesellschaft wird im Dinge zum Abbild des Innersten, die Gesellschaft durch das Ding verinnerlicht, das Ding zur absoluten Metapher. Dabei mag, wie verkehrt auch immer, aufscheinen, daß der 'innerste Grund' doch wiederum die historische Gesellschaftlichkeit sein könnte.

Durch den Prozeß der Verinnerlichung rechtfertig sich auch der Gebrauch der Instrumente der geheimen Wissenschaft des Innersten, der Alchemie, Kessel, Kolben, Trichter, in denen die Arbeit der innersten Gefühle auf die Über- und Außerzeitlichkeit, den Stein der Weisen hin, angezeigt ist. Sie fügen die Apotheose der Einbildung in Aufzeichnung 44 in diese Auseinandersetzung des Heiligen mit der Dingwelt ein, den Heiligen aber motivisch in den Zusammenhang der Einbildung, des alchemistischen Erzählens und Schreibens, zumal ja die Aufzeichnungen 51 und 52 explizit in die Schreibgegenwart hineinreichen, und in den der Problematik künstlerischer Darstellung, wie er in der Aufzeichnung 26 über Ibsen gezeichnet ist, die in der folgenden Aufzeichnung auch im Motiv der Einsamkeit und des Ruhms in diesem Kontext wieder aufgerufen wird.

Der Heilige und der Einsame bezeichnen die innere und die äußere Perspektive desselben Zusammenhangs. In der Problematik der Einsamkeit, die die zentrale Dynamik des Malte bezeichnet, überdecken sich ihre Konzeptionen: die äußere der gesellschaftlichen Isolation und die der mystischen Abgeschiedenheit des Heiligen in seiner Selbst- und Gottsuche.

Im Bild vom Heiligen in mystischer Einsamkeit wiederholt sich die Dynamik der Dose: wie Malte zum Bild der Vollkommenheit der Dose über die Negativität seiner Erfahrung gelangt, so ist das Bild des einsamen Heiligen, "der so recht rund auf sich beruhen wollte Tag und Nacht" (51.4/878), der Negativität der gesellschaftlichen Wirklichkeit der Großstadt und seiner Einbildungen, seinem unbekannten Innern, gewonnen. Gerade indem er sich die Negativität der Wirklichkeit ein-bildet, sich ein inneres Bild von ihr schreibend schafft, gelingt es ihm so, durch die Kunst in ihrer bildlichen Bestimmtheit, eine Bilderfolge zu schaffen, die auf ein unbekanntes Inneres verweist, das Große, die Seele, die Arbeit auf Gott zu, die nur in der Negativität faßbare positive Kraft. Der Entwurf und die Auseinandersetzung mit den Möglichkeitswelten der Einbildung wird so auf Gott hin perspektiviert. Schreibt sich damit die Arbeit an Gott, Religiosität in diese Dimension der Spekulation ein, so hat sie, wie auch schon das Beispiel des Dr. Jerspersen in der 34. Aufzeichnung zeigte, jegliche sozial organisierte Normativität und alle Berechtigung zur Institutionalität verloren und wird auf die Ebene des extremen Pols der Subjektivität transponiert: Religion, Mythos, ist privat geworden, ihre Existenzform und ihre Verallgemeinerung aber ist die Kunst.

Der Einsame

Aufzeichnung 53

An der Figur des Einsamen[7] werden zwei Konzeptionen der Einsamkeit sichtbar, die mystischer Selbst- und Gottsuche und die gesellschaftlicher Isolation. In den Kindheits- und Paris-Aufzeichnungen überlagern sie sich und sind untrennbar miteinander verbunden, sei es, daß die Verweigerung der selbstentfremdenden Konvention, wie sie an den Geburtstagen etwa oder in der Person des Dr. Jespersen vorgeführt wird, einen Raum eigener Erfahrungen in 'völlig verschiedenen und gar nicht absehbaren Verhältnissen' (vgl. 32.1/802), des Schrecklichen wie des Wunderbaren eröffnet, sei es, daß sich in der Steigerung dieser Erfahrungen zur Todesangst eine Wahrnehmung orpheischer Ästhetik entwickelt, die den Blick auf den dann auch Malte erfassenden Sterbensprozeß der Gesellschaft eröffnet, der ihn alle ererbten Verhältnisse und Bindungen, alle soziale Sicherheit und alle Identität verlieren läßt, dessen Tod des Subjekts aber zugleich die Voraussetzung eines neuen Anfangs in mystischer Erleuchtung der Liebe allumfassender Bejahung wird. Meint die Figur des Einsamen in Aufzeichnung 53 zunächst den, der in Abgeschiedenheit von der Welt gleich den heiligen Einsiedlern "so recht rund auf sich beruhen wollte" (51.4/878), wie der Deckel auf der Dose als Bild der Vollkommenheit, und also im Alleinsein als der Wahr-Nehmung seiner selbst Gott sucht, so ist die gesellschaftliche Isolation, die anderwärts durch Ablehnung der Konvention und Verschiedenheit der Wahrnehmung begründet ist, hier in die Verfolgung durch die Gesellschaft gesteigert. Wenn nun auch die Beschreibung dieser Verfolgung durch die Gesellschaft in einer Weise erfolgt, die in infantilen Ängsten wie dem Wegessen des Essens oder im Bild des gejagten Tiers archetypische Elemente mit - auf die Figur des heiligen anspielend - biblischem Ton mischt und daher auf ein allgemeines, überzeitliches Bild des Einsamen zielt, so sollen dann aber doch, im Motiv der Nachbarn bogenförmig die Aufzeichnungen 49-53 beschließend, die Irrwege der Einbildung des modernen Heiligen der vorangehenden Aufzeichnungen als in dieser gegenwärtigen, aus den Fugen geratenen Gesellschaft gegründet offenbar werden:

> *"Sie sind seine Nachbaren gewesen, die ihn aufbrauchten, und die Stimmen im Nebenzimmer, die ihn versuchten. Sie haben die Dinge aufgereizt gegen ihn, daß sie lärmten und ihn übertönten." (53.1/880)*

Deutlich wird die Überlagerung, daß Malte nämlich der gesellschaftlichen Isolation die mystische Einsamkeit unterlegt, wo die gesellschaftliche Verfolgung, das 'Ausscheiden' und 'Fortwerfen' als 'sein Wille' uminterpretiert wird:

> *"Sie ahnten, daß sie ihm mit alledem seinen Willen taten; daß sie ihn in seinem Alleinsein bestärkten und ihm halfen, sich abzuscheiden von ihnen für immer." (53.2/880)*

Damit ist die grundlegende Dynamik des Malte Laurids Brigge angezeigt. Liegen die Irrwege der Einbildung in der Negativität des gesellschaftlichen Prozesses begründet, so scheint im Versuch, diese Negativität in einem mystischen Zusammenhang als Weg auf Gott hin zu interpretieren, nicht so sehr der Vorschlag zur Lösung dieser Probleme auf, als vielmehr die Pole eines Spannungsfeldes, in dem sich die prinzipiell unabgeschlossene Bewegung der modernen Subjektivität vollzieht: Entspricht der Negativität der gesellschaftlichen Wirklichkeit in Umkehrung die Positivität einer unfaßbaren Kraft, so wird in der Arbeit der Verinnerlichung der konkreten Negativität das Ziel überindividueller Aufhebung, das diese Gesellschaft verloren hat, aufbewahrt, ohne gesellschaftliche Utopie zu werden noch Flucht aus der Gesellschaft, insofern Malte sich ja bewußt der Pariser Großstadtgesellschaft aussetzt und auf jegliche Idylle verzichtet. Im authentischen individuellen Leiden wird die gesellschaftliche Negativität sichtbar und ihr der Anspruch auf Eigenheit und sinnvolle Geschlossenheit des Lebens entgegengesetzt. Wie aber nun das gesellschaftliche Elend im Individuellen seine Umkehrung in die Konzeption der Liebe und der Arbeit auf Gott zu erfährt, so trägt diese Konzeption immer noch die Züge der Negativität an sich.

Folgt den Versuchungen des einsamen modernen Heiligen als deren höchste Form die Korruption durch den integrierenden Ruhm, der dazu dient, das Ich von sich selbst in die Zerstreuung abzulenken, so ist damit motivisch ein Zusammenhang zur Aufzeichnung 26 hergestellt, in der die Erfahrung des Heiligen gleich den in Aufzeichnung 14 beschriebenen umfassenden Erfahrungen des Dichters, bevor er mit dem eigentlichen Dichten beginnen kann, als ein "Vorraum" (26.6/784) zur eigentlichen, der künstlerischen Gestaltungsproblematik gilt, die, die großartige 'Fehlleistung' Ibsens aufrufend, in der folgenden Aufzeichnung in der erneut angesprochenen Erzählproblematik thematisiert wird.

Die Wirklichkeit der Einbildung in der Geschichte

Die Aufzeichnungen 54 und 55

So krass sich die beiden Aufzeichnungen 54 und 55 auf den ersten Blick von den vorangehenden absetzen, weil sie in der Erinnerung an ein in der Kindheit gelesenes Buch zwei historische Gestalten vorstellen, Grischa Otrepjow, den falschen Zaren, und Karl den Kühnen, so ergibt sich doch näherer Betrachtung, daß der Blick auf die Irrwege des Heiligen in den vorangehenden Aufzeichnungen wie überhaupt Maltes Erfahrungen als der 'Vorraum' der künstlerischen Arbeit gekennzeichnet werden sollten und hier nun die Subjektivität der Erfahrungen Maltes, das Labyrinth der Einbildung des Heiligen, zum Instrument der Neuleistung der Geschichte im erzählten Bild werden soll.

Das Thema der Einbildung wird dabei auf doppelte Weise weiterentwickelt: zum einen indem der Nexus von Einbildung und Kunst im

Zusammenhang der Thematik des Erzählens weitergeführt wird, und zum anderen an den Gegenständen der erzählenden Einbildung selbst, dem falschen Zaren und Karl dem Kühnen: die Einbildung der Geschichte, bzw. Einbildung in die Geschichte und die Einbildung· in der Geschichte.

Die Wirklichkeit, auf die die Einbildung sich richtet, überschreitet in den historischen Figuren des falschen Zaren und Karls des Kühnen endgültig den Umkreis individueller, unmittelbarer Erfahrung. Sind die von den Sinnen eingetragenen Wirklichkeiten nachträgliche Einsichten und galten in diesem Sinne, um das schon immer subjektiv Synthetisierende zu verdeutlichen, die Geschichte des Kusmitsch und des Medizinstudenten, die durch einen Dritten erzählt wurden, als 'Tatsachen', so darf als eine solche 'Tatsache', die die Einbildung aufreizt, auch das durch die Geschichtsbücher vermittelte Wissen gelten: die in den Geschichtsbüchern erzählten Geschichten stellen ebenso 'nachträgliche' Einsichten dar und sind daher prinzipiell aller Neuleistung offen; gegeben wird immer eine Oberflächenschicht, in die die einfühlende Neugestaltung sich vom 'Grund' her 'einzubilden' hat.

Deutlicher als in den Aufzeichnungen zuvor noch wird die Umkehrung der Vagheit, Unvollständigkeit, Zufälligkeit und Partialität dessen, was als dünner Faden der historischen 'Wirklichkeit' in die Einbildung eingeht, sowie der Umschlag der Beliebigkeit und Willkür, der extremen Subjektivität, der dieses 'Material' unterliegt, in die Objektivität des künstlerischen, erzählten Bildes herausgestellt. In ihm soll die Geschichte unter dem Eindruck der Pariserfahrungen zur vorausweisenden Metapher rückgestaltet werden. Wie nämlich die Kindheit neu geleistet werden muß, so auch die Geschichte. Bezeichnenderweise wird die Neuleistung der Vergangenheit daher über eine Kindheitserinnerung, das grüne Buch, in dem die Geschichten gestanden haben sollen, vermittelt, und die Methode der Rekonstruktion ist auch darin gleich, daß das Vergangene unter der Perspektive der Gegenwartserfahrung neu entworfen wird. Nur handelt es sich um Modifikation und Weiterentwicklung der Identitätsproblematik, da in den beiden historischen Figuren zwei auf den ersten Blick differente Identitätsmodelle entworfen werden, die sich am Ende aber als komplementär erweisen.

Das Hypothetische an dem "kleinen grünen Buch", das die beiden Geschichten enthält und einleitend in seiner Rahmenfunktion dargestellt wird, und damit das Moment der Subjektivität und Einbildung wird von Anfang an hervorgehoben, denn selbst den Besitz des Buches vermag Malte nicht mit Sicherheit zu behaupten, so wie er es als Einbildung bezeichnet, daß Mathilde

Brahe ihm dieses Buch gegeben habe, und auch die Zeit der Lektüre eine Vermutung darstellt. Der Unsicherheit und dem Hypothetischen der materiellen Umstände des Buches entspricht es, wenn die ganze Aufzeichnung überhaupt auf seiner zufälligen Erinnerung in der vorangehenden Nacht beruht und damit allen bewußten Zusammenhang abstreitend eben der Finsternis des Schlafs, dem Abgrund des Vergessens entstiegen sein will. Doch wird die Verbindung zu den vorangehenden Aufzeichnungen und die konstruktive Tätigkeit des Unbewußten in der Nacht sofort deutlich, wo Malte sich dann ausführlich mit dem Äußeren des Buches, vom Einband bis zum Leseband, beschäftigt und damit nicht nur einfach als Ereignis der Kindheit ortet, sondern es als 'Ding' im eminenten Sinn der vorangehenden Aufzeichnung erfaßt. Als 'Ding' ist das Buch Projektionsraum von Subjektivität und als solcher ein unendlich sinnbeladener Gegenstand, dessen Sinn sich den Sinnen in seiner Gestalt anzeigt, ohne sich auszusprechen:

> *"Es war durch und durch voller Bezug, auch äußerlich betrachtet. Das Grün seines Einbands bedeutete etwas, und man sah sofort ein, daß es innen so sein mußte, wie es war. Als ob das verabredet worden wäre, kam zuerst dieses glatte, weiß in weiß gewässerte Vorsatzblatt und dann die Titelseite, die man für geheimnisvoll hielt. Es hätten wohl Bilder drin sein können, so sah es aus; aber es waren keine, und man mußte, fast wider Willen zugeben, daß auch das in der Ordnung sei." (54.1/881)*

Die vollkommene Konsonanz Maltes mit dem 'Ding', "als ob das verabredet worden wäre", hat ihren Grund einerseits in der grenzenlosen Offenheit Maltes ihm gegenüber, dessentwegen er gar seine Erwartung und seinen Willen bricht, andererseits, dem entsprechend, in der unendlichen Sinnhaftigkeit des Gegenstandes, dessen Formen Sinn, aber keine ausgesprochene Denotation besitzen und daher in der Unendlichkeit der Bedeutungen auch die endlichen und festumschriebenen der Subjektivität Maltes aufnehmen können. Im Motiv der leeren weißen Seite wird das unfaßbar Amorphe, das alles enthält, der Verlust des konventionellen Subjekts und der Projektionsraum der Subjektivität, aus den Aufzeichnungen 21, 31, 41 und 41 aufgerufen, im Titel, der bezeichnenderweise nicht genannt wird, sondern als geheimnisvoll schwarzes Ornament auf weißem Grund gilt, die auf dem Weiß und seine schwarzen Zwischenräume aufbauenden Phantasien des Wunderbaren in den Spitzen der Aufzeichnung 41. Wenn Malte in rein willkürlicher Projektion zwei Hypothesen aufstellt, warum das Leseband gerade zwischen zwei bestimmten Seiten liege, daß es nämlich der Buchbinder ganz zufällig da hineingebogen habe und es nie benutzt worden sei oder, das Leseband dramatisch durch eine durch nichts begründet Annahme zu schicksalhafter Größe steigernd, daß nämlich hier jemand mit dem Lesen aufgehört habe und vom Schicksal fortgerufen worden sei, und nicht im geringsten nach Anhaltspunkten für seine Hypothesen sucht, ob etwa das Bändchen zwei Geschichten trennt, Zeichen von Benutzung zeigt etc., so wird ein potentiell unendlicher Bedeutungshorizont eröffnet, der in der Beliebigkeit und Willkür dieser Möglichkeiten auf die Irrwege des Heiligen verweist. Von hierher erhält auch die in einer Redensart versteckte Anrufung Gottes Sinn, denn das Irren der Einbildung, die die dinglichen Formen, soweit sie gegeben sind, ertastet, weiterbildet und ergänzt durch die Projektion der eigenen Subjektivität in das Ding, bedeutet den Weg auf Gott zu gehen. Die Form der Wirklichkeit des 'Dings' wird durch die völlige Verwendung der Subjektivität auf sie ertastet, so daß die Subjektivität an ihr sich selbst, das fremde Eigene, das unbekannte Selbst entdeckt. Daher hat Malte "eine Scheu vor den beiden Seiten, wie vor einem Spiegel" (54.1/881), dessen Wirkung er schon in der Kindheitserinnerung der Aufzeichnungen 32 und 34 als fremde Wirklichkeit des eigenen, unbekannten Innern exploriert hat.

Aus diesem 'Ding', dem Buch, mit seinen unendlichen Bedeutungen, seinen ungezählten Geschichten, denn "besonders am Nachmittag", der schon in Aufzeichnung 31 besonders einbildungsträchtigen Zeit, "dann war immer noch eine da, die man noch nicht kannte" (51.1/822), greift Maltes Erinnerung, nach so langer Zeit wohl eher zufällig, zwei heraus.

Die Arbeit der Erinnerung bei Malte demontiert zudem ihrerseits das, was konventionell Wirklichkeit genannt wird. In Aufzeichnung 15, auf die mit der Figur der Mathilde Brahe ausdrücklich motivisch verwiesen wird, wird die Arbeit der Erinnerung, die Arbeit an der Vergangenheit, als Zerstückung und Fragmentierung des Erinnerten im 'Grund' des Ich und seine Rekonstruktion aus diesem 'Grund' um einen organisatorischen Kern dargestellt sowie an der Figur der Mathilde Brahe selbst ihre Arbeit als Transparenz auf eine tiefere Wirklichkeit hin. Beide Charakteristika dieser Erinnerung sind auch in dieser Neuleistung der Geschichte bei Grischa Otrepjow und Karl dem Kühnen auszumachen. Transparent werden die Figuren auf Maltes eigene Geschichte hin, während ihnen der Anspruch auf Wahrheit nicht durch den Bezug auf die historische Wirklichkeit zukommt, sonderen in der Kraft, mit der die Bildlichkeit der Figuren auf das Unfaßbare des 'Grundes' verweist. Dieses Unsichtbare soll 'gesehen' werden.

Explizit werden die durch Grischa Otrepjow und Karl den Kühnen verkörperten Identitätsmodelle, die sich schon dadurch als zusammengehörig erweisen, daß sie der Erinnerung desselben Buches angehören, voneinander abgesetzt. Diese Absetzung erweist sich teils als Entgegensetzung. Stellt nämlich Grischa Otrepjow eine Figur der völligen Verwandlung dar, die nichts Festes und Sicheres besitzt, eine Figur, die potentiell 'alles' ist, so Karl der Kühne die

Figur dessen, " der sein Leben lang Einer war, der Gleiche, hart und nicht zu ändern wie ein Granit" (55.1/884). Bei einer weiteren Untersuchung aber stellt sich eher zunächst eine Verschiedenheit der Figuren heraus, insofern das Identitätsmodell des Grischa Otrepjow auf der mystischen Magie der Extreme des 'Alles-Sein' durch 'Nichts-Sein' beruht, während das Karls des Kühnen sich als Kampf zweier Gegensätze, des Äußeren, des Ichs, mit dem Innern, dem Blut, gezeichnet ist. Wenn aber der Willen des Bluts, das Einfälle hat und schon beim Marquis von Belmare als der Sitz der Einbildung, jene amorphe Dimension innerhalb des Körpers gilt, die das Unfaßbare, Unbewußte, die unbekannten Kräfte des Innern, die Seele letztlich, enthält, so ist durch es das konventionelle Subjekt negiert und Karl der Kühne und Grischa Otrepjow stellen nur Variationen ein und desselben Grundverhältnisses dar.

Beide Identitätsmodelle sind durch die Pariser Gegenwartsproblematik perspektiviert, das Grischa Otrepjows explizit durch die derer, "die von zu Hause fortgegangen sind", mithin die Problematik der Heimatlosigkeit, der Entfremdung, der Veränderung und des Identitätsverlustes, während bei Karl dem Kühnen die Thematik des Gegensatzes von Innen und Außen, der Zerstückung des Ich und im Nach-außen-Treten des Bluts das Phänomen des 'Großen', die psychophysiologische Dimension der Identität thematisiert ist. Natürlich hängen diese Probleme für die Person Maltes engstens zusammen, werden aber an den Figuren als unterschiedliche Ansätze getrennt durchdacht.

Die Darstellung des Otrepjow beginnt mit dem Bild seines Todes, das dann kreisförmig am Ende wiederaufgenommen und in der Ausdeutung noch einmal gesteigert wird, so daß der Augenblick des Todes zugleich den Höhepunkt des Lebens bedeutet.

Wenn die Darstellung hier wie in der folgenden Aufzeichnung und anderwärts auch in einer Haltung erfolgt, als ob die Geschichte des falschen Zaren, der, wie sich aus dieser Darstellung entnehmen läßt, von der Mutter des Zaren zunächst ebenso wie von einer gewissen Marina Mniczek[8] anerkannt, dann aber schließlich verleugnet wird und in einem Aufstand unter Anführung eines gewissen Schuiskij[9] ermordet wird, allgemein bekannt sei, es sich nur um ihre Interpretation im einzelnen handle, so soll dadurch der Eindruck verstärkt werden, daß sie im 'Grunde und Innersten' bekannt sei, so daß, ganz im Sinne der 14. Aufzeichnung, nur einige stoffliche Hinweise zureichten, um sie zu erfassen[10]:

> *"Ist es möglich, daß man glaubte, nachholen zu müssen, was sich ereignet hat, ehe man geboren war? Ist es möglich, daß man jeden einzelnen erinnern müßte, er sei ja aus allen Früheren entstanden, wüßte es also und sollte sich nichts einreden lassen von den anderen, die anderes wüßten?" (14.4.4/727)*

Die Darstellung der Geschichte des Grischa Otrepjow ist in fünf Abschnitte unterteilt, deren letzter nicht nur vom Inhalt der Geschichte her, sondern auch von einer erzähltechnischen Problematik her motiviert ist. Im ersten Absatz werden zwei Bilder nebeneinandergestellt, zwei "merk-würdige" Stellen der Geschichte, denen der Leser auf den ersten Blick eine Malte genau entgegengesetzte Wertung geben würde. Das erste Bild des unter die Menge geworfenen, zerstückten falschen Zaren würde als der Tiefpunkt der Geschichte des Otrepjow gelten, das zweite, die Anerkennung des falschen Zaren durch die Zarin-Mutter als sein Höhepunkt. Diese Sichtweise wird aber von Malte sofort in Frage gestellt:

> *"Ob aber seine Unsicherheit nicht gerade damit begann, daß sie ihn anerkannte? Ich bin nicht abgeneigt zu glauben, die Kraft seiner Verwandlung hätte darin beruht, niemandes Sohn mehr zu sein." (54.3 /882)*

Diese Perspektive wird als eigener Absatz deutlich hervorgehoben, wenngleich durch Klammer und die Anmerkung, "im Manuskript an den Rand geschrieben", als fiktiv spätere Erkenntnis vom Verlauf der Geschichte abgesetzt, wenn es heißt:

> *"(Das ist schließlich die Kraft aller jungen Leute, die fortgegangen sind.)" (54.4/882)*

So wird eine Verbindung zur Gegenwart nicht nur der Aufzeichnung 39 hergestellt, in der die Mädchen dargestellt werden, die wie die Wandteppiche von zu Haus fort in die Großstadt gekommen sind, sondern auch auf die Geschichte des Verlorenen Sohnes im Vorgriff auf Aufzeichnung 71 und insbesondere auf die Figur Maltes selbst am Anfang des Romans in Paris, denn auch er hat ja Haus, Erbe und Familie verloren, hat nichts und niemanden mehr, ist niemandes Sohn. Was aber bei Malte als eine Schwächung erscheint, so daß er krank wird und eine dreimalige Vernichtung erlebt, wird hier nun von Malte als Kraft und als Verwandlung, als Metamorphose, die wesentlich von innen her kommt, interpretiert. Daß die Reduktion auf ein Nichts als Kraft verstanden wird und die Veränderung zur Verwandlung geworden ist, zeigt den Weg an, den Malte von der dreimaligen Vernichtung des Subjekts zur umfassenden Bejahung des Seins und von der Todesangst zur Hypothese einer unfaßbaren Kraft gegangen ist.

Entscheidend ist die Bejahung des Negationsprozesses, damit dieser in die umfassende Annahme des Ganzen umschlagen kann. Da Otrepjow ein Nichts geworden ist, kann er Alles sein. In dieser 'Magie der Extreme'[11], einer mystischen Dynamik, besteht die Wahrheit seines Innern, seine Identität, die tiefere Wirklichkeit, die der Zersetzung anheimgegeben wird, wo sie sich nach außen wendet und die Identität des falschen Zaren von der Zarin-Mutter oder Marina Mniczek, von der banalen, konventionellen Wirklichkeit der Übereinstimmung, gestützt werden soll.

Versetzt sind die Ausführungen des dritten Absatzes zugleich mit dem Ideal einer Beziehung. Die Anerkennung durch die Zarin-Mutter und Maria Miczek setzt Otrepjow zum Betrüger herab, weil er nicht auf seine innere Identität sich stützt, die Wirklichkeit der Einbildung, sondern etwas Äußeres, ihm Fremdes. Vom Innern her kann er alles sein, vom Äußern her wird er zu einem Einzelnen reduziert. Die äußere Bestimmung einer Person, die von einer Vorstellung von ihm, von Erwartungen, von etwas Bestimmtem ausgeht, erweist sich als Reduktion. Die ideale Beziehung besteht zum Volke, "das sich ihn erwünschte, ohne sich einen vorzustellen" und auf diese Weise "ihn nur noch freier und unbegrenzter in seinen Möglichkeiten (machte)" (54.5/882f). Die hier in romantischer Tradition noch vom Volk verkörperte ideale Beziehung, die der Maltes dem Medizinstudenten gegenüber ergänzend wirkt, versteht das Zugehen auf den andern, das Sehnen, Anziehen als das Schaffen und Öffnen eines Projektionsraumes, der freiere und unbegrenztere Möglichkeiten einräumt, als Einschränkung nicht, sondern als größere Freiheit für des anderen Möglichkeiten. Darüberhinaus mag denn auch im Bezug auf das Volk in einer fernen Vergangenheit die leise Erinnerung an eine soziale Dimension der Selbstverwirklichung anklingen.

Nicht zufällig eignet der Dynamik der Identität Otrepjows die gleiche Eigenart wie der Maltes und wie der des "eigenen Todes". Der in Aufzeichnung 8 am Beispiel des Großvaters Brigge beschriebene "eigene Tod", die höchste Eigenheit und Identität, besteht in dem Paradox der Einheit von Identität und Nichtidentität, der Ausweitung zum 'Alles', zur Auflösung in das Alles der Natur im Prozeß des Nichts-Werdens, ebenso wie ja auch Malte durch seine 'mors mystica' zur liebenden Bejahung allen Seins gelangt. Das gleiche gilt für Grischa Otrepjow, der eben dadurch, daß er ein Nichts, niemandes Sohn ist, alles ist. Wenn somit seine Identität eine des Todes ist, verwundert es nicht, wenn er im Augenblick des Todes, des erneuten Nichts, da die Zarin-Mutter ihn verleugnet, wiederum seiner Identität gemäß alles ist: Maltes Entwurf geht dahin, "daß zwischen Stimme und Pistolenschuß, unendlich zusammengedrängt, noch einmal Wille und Macht in ihm war, *alles* zu sein" (54.7/884; Hervorhebung B.A.K.). "Glänzend konsequent" ist es für Malte daher, "daß sie sein Nachtkleid durchbohrten und in ihm herumstachen, ob sie auf das Harte einer Person stoßen würden", denn das Harte, seine Identität, ist gerade seine Nicht-Identität[12]. Indem die Menge, ihn zerstechend, seiner Falschheit zeiht, ihn vom Zaren-Sein wieder ins Nichts-Sein befördert, trifft sie in diesem Fließend-Unfaßbaren, in diesem Weich-Amorphen gerade das 'Harte'. Und da er dann also wieder ein Nichts ist, ist es ebenso "glänzend konsequent", daß er im Tode wieder alles ist und doch noch die Zaren-Maske drei Tage lang trägt. So ist in Otrepjows Identität das Leben ein Tod, der Tod aber der Höhepunkt des Lebens.

Malte selbst macht auf den Bezug zur Gegenwart und implizit auf sich selbst aufmerksam. Deutlicher aber noch wird die Perspektive, daß die Geschichte eigentlich von seinem Innern her diktiert wird, die Geschichte, das Buch, das 'Ding' zum Projektionsraum seines Innern wird, dadurch, daß er explizit "nicht dafür einstehen (kann), wie weit das alles in jener Geschichte berücksichtigt war. Dies scheint mir, wäre zu erzählen gewesen." (54.5/883) Die Beziehung zur Geschichte ähnelt der Otrepjows zum Volk: die Geschichte 'wünscht sich einen', ohne fest zu bestimmen; sie bietet einen Projektionsraum für Maltes Ich.

Malte erkennt seine Verwandtschaft mit Grischa Otrepjow, dessen "Fülle seiner Erfindung", in die er sich als Nichts zum Alles verliert, der Dichtungstätigkeit Maltes korrespondiert, dessen Schreiben ein 'Ende' ist. Malte spürt diese Verwandtschaft als das Wesentliche, erkennt die Dynamik, gibt aber vor, noch nicht mit der Rolle des Erzählers fertig zu werden, befindet sich sozusagen noch auf halbem Wege. Und wenn dann von hierher dem Grün des Einbandes, von Malte zweimal, davon einmal explizit als bedeutungsträchtig, erwähnt, eine Bedeutung zugeschrieben werden kann, so nicht nur die der Hoffnung, wie sie im Bezug der Figur des Otrepjow auf die eigene Lage angedeutet ist, sondern auch die alchemistische Bedeutung des Übergangs auf halbem Wege, denn schon weiß Malte zu bestimmen, was der Erzähler zu leisten hat, ohne zu beanspruchen, selbst schon Erzähler zu sein.

"Bisher geht die Sache von selbst, aber nun, bitte, einen Erzähler, einen Erzähler: denn von den paar Zeilen, die noch bleiben, muß Gewalt ausgehen über jeden Widerspruch hinaus. Ob es gesagt wird oder nicht, man muß darauf schwören, daß zwischen Stimme und Pistolenschuß, unendlich zusammengedrängt, noch einmal Wille und Macht in ihm war, alles zu sein. Sonst versteht man nicht [...]" (54.7/884)

Die Fähigkeit des Erzählens mißt sich mit anderen Worten daran, inwieweit im Angesicht des Todes und als sein Angesicht das mystisch magische Verhältnis von Nichts und Alles 'sichtbar' werden, der Tod als das Zentrum, der mystische Grund der tieferen Wirklichkeit im 'Sehen' hervortritt.

Zu Beginn der Darstellung Karls des Kühnen in Aufzeichnung 55 nimmt Malte wiederum auf den Rahmen des kleinen grünen Buchs Bezug, nicht nur um ihr damit den gleichen Charakter in der erinnernden Einbildung der Subjektivität ausgedünnter Wirklichkeit zu verleihen, sondern auch um den Gegensatz dieser Figur zu jener des falschen Zaren, der, dessen Tod sein Leben als Nichts und Alles bestimmte, herauszustellen:

"Wenn ichs nun bedenke, so scheint es mir seltsam, daß in demselben Buche der Ausgang dessen erzählt wurde, der sein ganzes Leben lang Einer war, der Gleiche, hart und nicht zu ändern wie ein Granit und immer schwerer auf allen, die ihn ertrugen." (54.7/884)

Wie bei der Geschichte von Grischa Otrepjow unterscheidet Malte eine Gegenwartsperspektive und eine der Kindheit, welchletztere er für die Geschichte des falschen Zaren nicht erinnert: "Gott weiß, ob es mir damals Eindruck machte" (54.3/882), während er sie bei Karl dem Kühnen als Erzählung vom Dreikönigstag, der ihm damals vor allem Eindruck gemacht habe (vgl. 55.4/886), im zweiten Teil der Aufzeichnung wiedergibt. Ist der erste Teil der Aufzeichnung durch die Darstellung der Figur des Herzogs von Burgund aus der Perspektive der Pariser Schreibgegenwart bestimmt, so scheinen im zweiten Teil nunmehr die Schwierigkeit des Erzählens überwunden; das mag aber auch daran liegen, daß der Gegenstand sich leichter darstellen läßt, geht es beim falschen Zaren doch um die Darstellung, bzw. Evokation einer mystischen Magie der Extreme, während diese Dimension nun bei Karl dem Kühnen in seine Physiologie gefaßt ist.

Die Charakterisierung Karls des Kühnen als eines Mannes, "der sein ganzes Leben lang Einer war, der Gleiche, hart und nicht zu ändern wie Granit" (55.1/884), stellt nur eine erste Oberflächenschicht der Figur dar, denn diese Einheit beruht auf einem äußerst prekären Gleichgewicht von Innen und Außen, von äußerem Subjektbewußtsein, das in ständigem Kampf mit seinem Innern, seinem Blut steht.

Zur Erkenntnis seiner Identität bedarf es daher, wie Malte gleich zu Anfang herausstellt, keines Porträtbildes, wie ja auch am Ende der Geschichte vom Dreikönigstag dementsprechend der tote König nicht am Gesicht, sondern an den Händen wiedererkannt wird. Die Hände aber als der physiologische Ort seiner Taten, sind, so fährt Malte am Anfang fort, der Ausdruck seines Blutes:

> *"In diese Hände konnte das Blut hineinschießen, wie es einem zu Kopf steigt, und geballt waren sie wirklich wie die Köpfe von Tollen, tobend von Einfällen." (55.1/885)*

Dieses Blut, der andere, unbewußte Teil seiner Subjektivität, der ihm ganz fremd und feindlich gegenübersteht, ist mit eigenem Willen ausgestattet gleich einem anderen, zweiten Subjekt, es schläft, kann gehen, ist behende, kann eifersüchtig sein wie eine Liebende und steht mit dem äußeren, Ich-sagenden Subjekt in ständigem Kampfe, wenngleich das äußere Subjekt nichts ist ohne das Unbewußte des Blutes:

> *"In seinen sinnlosen letzten Jahren verfiel es [das Blut; B.A.K.] manchmal in diesen schweren, tierischen Schlaf. Dann zeigte sich, wie sehr er in seiner Gewalt war. Denn wenn es schlief, war er nichts. Dann durfte keiner von seiner Umgebung herein; er begriff nicht, was sie redeten. Den fremden Gesandten konnte er sich nicht zeigen, öd wie er war." (55.2/885)*

Alles äußere Gepränge und alle äußeren Taten werden auf diesen inneren Zwiespalt bezogen, entweder daß sie dem ich-sagenden Subjekt zur Beruhigung des Blutes dienen oder als Taten Ausdruck dieses Blutes, das in die Hände schießt, sind. Auch der historische Anfang vom Ende Karls des Kühnen, die in den "Hörner(n) von Uri" angezeigte Niederlage gegen die Schweizer Eidgenossen, wird in diesem Zusammenhang ausgelegt:

> *"Seither wußte sein Blut, daß es in einem Verlorenen war: und wollte heraus." (55.3/886)*

Der Tod ist daher dann durch das Nach-außen-Treten des Blutes, des Innern, seine Zerstörung des ich-sagenden Subjekts charakterisiert.

Nur allzu evident trägt auch dieses, als der Schreibgegenwart entsprechend gekennzeichnete Bild die Züge von Maltes Pariser Erlebnissen wie auch die seiner Kindheit. Dem Zwiespalt von Maltes Person in ich-sagendes Subjekt und sein unbekanntes Innere ist der Zwiespalt Karls des Kühnen in sein äußeres Ich und sein Blut nachmodelliert, zumal im Tod das Blut aus Karl herausstrebt wie das 'Große' aus Malte oder zuvor in Aufzeichnung 8 und 9 der Tod aus Großvater Brigge, gleich dem Bild vom Tod als einer Frucht, die man in sich trägt und nährt und die dann herauswächst. Wenn das Blut Karl in die Hände schießt "und (sie) geballt waren (...) wie die Köpfe von Tollen" (55.1/885), so ist damit das Bild des 'Großen' aus Aufzeichnung 19 wieder aufgerufen, wo Maltes Sinne ihm Wahnbilder, körperlich-physiologische Einbildungswirklichkeit einbringen, in denen etwas aus ihm "heraus(wuchs), wie ein Geschwulst, wie ein zweiter Kopf", das einmal "meine Hand gewesen war oder mein Arm" (19.5/765). Kommt dem Blut Karls als seinem Innern die eigentliche Subjektivität zu, da das äußere Ich, das Subjekt, nichts ist ohne es, eine Puppe, wie gegen Ende festgestellt wird (vgl.55.11/890), so manifestiert sich eben darin der Erkenntnisfortschritt, den Malte vollzogen hat. Gilt ihm nämlich "das Große" zunächst einzig als Tod, indem das, was, "als es noch lebte", seine Hand oder sein Arm war, ihm nun als "großes totes Tier" erscheint, so bedeutet zwar auch bei Karl noch das Blut den Tod des Subjekts, indem es in seinem Tod und als sein Tod nach außen tritt, stellt aber zugleich den eigentlichen Sitz der Subjektivität dar, den Ort der Einfälle und Taten und damit den Kern seines Lebens, so wie beim Marquis von Belmare den Ort der Einbildung. Dementsprechend nimmt Malte in der folgenden Geschichte vom Dreikönigstag an, daß Karl nach seinem Tod, als sein Blut nach außen getreten ist, in der Einbildung der Leute wirklicher noch gewesen sei als je in seinem Leben. Darin besteht der Erkenntnisfortschritt Maltes, daß bei Karl nicht das äußere Ich-sagende Subjekt, sondern das innere, fremde, feindliche, amorph Unfaßbare den Kern seines Lebens bedeutet und zugleich seinen Tod, ja daß er im Tod wirklicher noch ist als im Leben, sein eigentliches Leben hervortritt. Darin eben stimmt im Grunde die Figur Karls des Kühnen mit der Grischa Otrepjows überein, daß im Tod als der Negation des äußeren, Ich-sagenden Subjekts die tiefere Wirklichkeit der Einbildung freigesetzt wird, die bei Karl die des Blutes ist, der die Einbildung der Leute korrespondiert, bei Grischa die des Alles und darunter auch die des Zaren.

Beide Figuren zeichnen so einen Teil von Maltes Erfahrungen, Grischa Otrepjow die, daß das 'Nichts' werden, der Untergang des Subjekts in der modernen Großstadt, die Möglichkeit des Alles in der tieferen Wirklichkeit der Einbildung der Subjektivität im somit apokalyptischen Schreiben enthält, Karl komplementär dazu die physiologische Dimension dieser Erfahrung, zumal ihm die Einfälle seines Blutes, das Unbewußte in der Ausschaltung des bewußten Subjekts, direkt in die Hände fährt, so wie Malte in der Apokalypse des Schreibens seine Hand Worte schreiben erfährt, die er nicht meint[13]. Die Konstellation ist aber auch offen für eine Interpretation, die in Karl die frühere, unwiderruflich vergangene Adelswelt angezeigt sieht, während Grischa, wie Malte ja ausdrücklich bestätigt, im von zu Hause Fortgegangenen den modernen Schriftsteller Malte vorzeichnet, der ebenfalls von zu Hause weggegangen, alle Blutsbindungen und soziale Stellung verloren hat und in der Großstadt ein 'Nichts' geworden ist, damit seine schreibende Einbildung 'Alles' sei.

Diese schreibende Einbildung, das Erzählen, das seine Wahrheit im 'Sehen' des Unsichtbaren, in der Verweiskraft des Bildes auf das Unfaßbare des 'Grundes' offenbart, macht in der Erzählung vom Dreikönigstag ihre Probe aufs Exempel. Die sechs Absätze der etwa vierseitigen Erzählung lassen sich in drei Abschnitte unterteilen, einen ersten, drei Absätze umfassenden, der die Suche nach dem Herzog, einen zweiten in zwei Absätzen, der das Auffinden, und einen letzten, der das Bild des aufgebahrten Herzogs beschreibt. Die Darstellung der Suche im ersten und dritten Absatz dient zunächst dazu, die Zentralität der Figur Karls durch ihre Abwesenheit zu zeichnen, damit sie, im Sinn der aussparenden Gestaltung der Aufzeichnungen 27 und 28, in der Zeichnung der Umgebung ausgespart 'gesehen' werden könne. Die Intensität der Suche wird durch den Übergang von zumeist szenisch äußerlich und sachlich beschriebenen Details, daß der lothringische Fürst, der Herr der Stadt, "ganz früh seine Umgebung geweckt und nach dem Herzog gefragt", "Bote um Bote ausgesandt" und sogar selbst von Zeit zu Zeit am Fenster erschienen sei, zum syntaktisch nachgestellten äußeren Bild seines inneren Zustands, "unruhig und besorgt" zunächst und schließlich zur Perspektivierung seiner inneren Aufmerksamkeit als fast ausschließlich auf das Wiedererkennen des Herzogs ausgerichtet von äußerlicher zu innerlicher Spannung gesteigert. Die darauf folgende Skizzierung der Verwirrung macht seine Zentralität mittels seiner Abwesenheit noch deutlicher.

Eingeflochten sind historische Fakten, wie die Nennung des "jungen lothringischen Fürsten, der tags vorher, gleich nach der merkwürdig hastigen Schlacht in seiner elenden Stadt Nancy eingeritten war" (55.6/886), die Figuren des Grafen von Campobasso, Gian Battista Colonna, des Leibarztes des Herzogs, Lupi, und die seines Narren, "Louis-Onze zubenannt", jedoch dient die Geschichte nur als Projektionsraum für die Einbildung Maltes, der, wie bei den Bildern des Blinden und der Mauer in Aufzeichnung 18, nach seinem eigenen inneren Bedarf hinzutut oder wegläßt, wie schon der Umstand zeigt, daß bei der besorgten und beunruhigten Suche durchaus nicht Freund, wie der geschichtsunkundige Leser spontan zunächst anzunehmen geneigt ist, und Feind des Herzogs, als den der Kommentar den lothringischen Fürsten oder den Grafen von Campobasso ausweist[14], unterschieden wird. Daß der Erzähler durchaus von diesen Unterschieden weiß, erhellt einzig aus dem Satz, daß der Page, der seinen Herrn habe stürzen sehen, selbst nichts davon erzählt habe, mithin in keiner Weise hat Verrat begehen wollen, und der Graf von Campobasso für ihn gesprochen habe. Die eingeflochtenen Geschichtsfragmente haben, abgesehen davon, daß sie zumeist funktional in die Eigendynamik der Erzählung eingebunden sind — der Fürst etwa unterstreicht durch die Eminenz seiner Person das Gewicht und die Zentralität des Gesuchten, das Elend der Stadt

Nancy steht im Zusammenhang mit der Einbildung, der Arzt Lupi verdeutlicht eine falsche Identitätskonzeption, der Narr eine wahrere – , die Aufgabe, die 'Wirklichkeit' der Geschichte als Projektionsraum des Erzählers zu bestätigen, der nicht gegen ihre Fakten arbeitet, denn Wirklichkeitsevidenzen dürften, entsprechend der programmatischen Ausrichtung auf die Wirklichkeit, den von ihm entworfenen Möglichkeiten nicht widersprechen, wohl aber in seiner Auffassung als Fragmente nach den Kriterien einer tieferen und umfassenderen Wirklichkeit der Einbildung neu gewichtet werden; und bei der Herausstellung der Zentralität der Figur Karls des Kühnen macht Feind oder Freund keinen Unterschied.

Was Malte durch die Szene der Suche nach dem Herzog methodisch-erzähltechnisch angeht, das läßt er durch den Gehalt der Geschichte bestätigen, wenn er zwischen die Suche im ersten und dritten Absatz die Wirklichkeit der Einbildung des Herzogs bei den Leuten schiebt und damit, wie beim falschen Zaren, die Kollektivität des Volkes als Sphäre der Einbildung, der tieferen Wirklichkeit in der Vergangenheit – denn die moderne Gesellschaft ist durch die 'Masse' gekennzeichnet – anzeigt:

> *"Die Kunde, daß er verschwunden sei, hatte Zeit herumzukommen an dem langen Winterabend, und wohin sie kam, da erzeugte sie in allen eine jähe, übertriebene Sicherheit, daß er lebte. Nie vielleicht war der Herzog so wirklich in jeder Einbildung, wie in dieser Nacht." (55.6/887)*

Wenn damit dem 'Nicht-Da-Sein' des Herzogs sein tieferes, wirklicheres 'Sein' in der Einbildung, "die Idee, daß er sei", entgegengestellt wird, so wird dafür an dieser Stelle eine sozialpsychologisch-ästhetische Erklärung gegeben, daß nämlich diese Einbildung der Schwere des Elends wegen für das Volk notwendig sei:

> *"Alle diese Menschen, ohne es recht zu wissen, bestanden jetzt auf ihm. Das Schicksal, das er über sie gebracht hatte, war nur erträglich durch seine Gestalt." (55.7/887)*

Daß die Gestalt des Herzogs das Elend erträglich mache, läßt im ersten Moment an positive Identifikation seiner Gefolgschaft oder an die negative als Feind und Ursache allen Übels denken, verweist aber darüberhinaus auf die komplexe Funktion des Sehens und des Bildes bei der Verarbeitung des Leidens.

Besteht der Kern der Vorstellung vom Herzog in Schwere des verursachten Leidens und daher seiner Härte und Kälte – hieß es doch auch einleitend, daß er hart und nicht zu ändern sei wie ein Granit –, so wird die Kälte und die Winterlandschaft zur sinnlichen Ausdruck der Härte seines Seins:

"Es fror diese Nacht, und es war, als fröre auch die Idee, daß er sei;
so hart wurde sie. Und Jahre und Jahre vergingen, ehe sie sich auflöste."
(55.7/887)

So halten denn im folgenden die recht häufig wiederkehrenden Hinweise auf Kälte und Wetter auf sinnliche und unbewußte Weise den Gedanken an die Einbildung vom Sein des Herzogs wach. Über den Rahmen dieser Erzählung auf den der Aufzeichnungen insgesamt hinausgehend, wird das Motiv der Schneelandschaft in den Aufzeichnungen 41 und 42 als das des leeren Blattes, des amorphen, alchemistischen Weiß des Todes des Subjekts, das von der einbildenden Phantasie neu beschrieben wird, erinnert.

Im zweiten Teil der Suche wird dann auch schon die Figur des Narren, "Louis-Onze zubenannt", eingeführt (55.8/888), die am Ende der Erzählung zentral wird, während der Suche hier aber schon das Ergebnis vorwegnimmt. Der Narr in seinem Wahnsinn als Spiegel der Wirklichkeit - auch Malte in seinem Krankheitswahn spiegelt ja die Pariser Großstadtwirklichkeit der Moderne - erfühlt mit seinen tierisch instinktiven Kräften, da er wie ein Hund läuft und alle Leichen bittet, der Herzog zu sein, daß des Herzogs wahres Sein in eine andere Dimension übergegangen ist, daher jede Leiche potentiell der Herzog sein könnte, auch wenn er die Eigensinnigkeit selbst der Toten noch beklagt, ihr Äußeres nicht dem inneren Zustand, das 'Nichts-Sein' dem 'Alles-Sein-Können' anzugleichen. So bleiben 'Wirklichkeit' und Einbildungswirklichkeit, wo sich bei Grischa Otrepjow die Zufälligkeit der Koinzidenz von Innerem und Äußerem für Malte als Ausgangspunkt der Neuleistung der Geschichte ergibt, in dieser Erzählung, eine 'realistische' Perspektive bewahrend, die die Möglichkeiten gegeneinander arbeiten läßt, durch eine feine, fast unbemerkbare Linie getrennt.

Bereits im letzten Absatz der Suche wird die Figur eines alten Weibes erwähnt, das im Mitlaufen seine Nichtzugehörigkeit zum Hofe, seine mögliche Zugehörigkeit zum Volke und im Malmen, Kopfschütteln und Winseln eine gewisse Verwandtschaft zu den Fortgeworfenen zum Ausdruck bringt; sein vermutliches Beten darf als Hinweis gelesen werden, das ganze Vorgehen als Teil des irdischen Irrwegs zu Gott zu verstehen. Wenn nun dieses alte, zufällig mitgelaufene Weib aus dem Volke den Herzog augenblicklich an seiner Hand wiedererkennt, lange bevor der Arzt an anderen körperlichen Merkmalen auf konventionelle Weise die Identität des Herzogs feststellt, so wird damit die Macht und tiefere Wirklichkeit der Einbildung bestätigt. Für die tiefere Wahrheit der Einbildung ist der Umstand, daß der Hofstaat, die Leute, die den Herzog jahrelang in engstem Kontakt gesehen haben, ihn zunächst gar nicht und nach dem Hinweis des Weibes auch erst viel später erkennen, während im Weib das Volk, dem der Kern seines Wesens, die Schwere und Härte, mit der er seine vom

Blut erfundenen und von der Hand ausgeführten Taten in der Einbildung lebendige und tiefere Wirklichkeit ist, ihn an der Hand sofort erkennt, nur ein erster Hinweis, der durch die Figur des Narren vertieft wird. Denn nicht nur erweist sich das konventionelle Kennzeichen der Identität, das Gesicht, als unbrauchbar, da eine Hälfte, im Eise angefroren, beim Herausziehen sich abschält, die andere von Tieren zerfressen ist und zudem das Gesicht von einer tiefen, entstellenden Wunde durchzogen wird, so daß aus ihm jene Wunde nur blickt, die Malte zu Anfang in der 5. Aufzeichnung bei der Frau ohne Gesicht bereits in Schrecken versetzte; während ein jeder Oberflächenteil des Körpers, hier die Hand, so hieße die verallgemeinerte ästhetische These auch nach Rilkes Rodin-Schriften[15], das innere Wesen zum Ausdruck bringen könnte. Die Suche anderer konventioneller Kennzeichen, wie Abszesse oder Narben, braucht nicht nur viel Zeit, sondern beschäftigt sich vielmehr mit etwas, was gar nicht mehr da ist. Der Narr, der Spiegel des Herzogs und der Wirklichkeit, zeigt, indem er auf des Herzogs totem Pferd sitzt, das Suchen des Nagels in des Herzogs linkem Fuß durchs Zappeln seines Fußes spiegelt und ausdrücklich erklärt, man soll an seinem Gesicht des Herzogs Tugenden ersehen, in der instinktiv-tierischen Spontaneität seiner Einbildung im leeren Mantel, daß die Hülle ihren Gehalt verloren hat, darin aber, daß ihm das Blut aus der Nase tritt, also im Heraustreten des Blutes als der innersten und wahren Subjektivität des Herzogs, der Ursache der äußeren Schwere und Kälte seiner Taten, aus der Hülle seiner äußeren Subjekthaftigkeit die Wahrheit der zur Kälte der Winterlandschaft gewordenen Einbildung. Die Figur des Narren wird so explizit transparent auf das essentiell dem Herzog Widerfahrene hin, daß sein Blut nämlich aus ihm herausgetreten ist, wie die Kälte der Winterlandschaft, die Natur, in die er sich aufgelöst hat wie Großvater Brigge in Aufzeichnung 8, daß er sich, wie man anlautend an das folgende Kapitel sagen könnte, ins Ganze der Natur ausgebreitet hat, den Kern seines Wesens offenbart und bewahrt als der sinnlichen Fühlbarkeit der tieferen Wirklichkeit seines Seins. Die Einbildung vom wirklichen Sein des Herzogs hat also, entsprechend dem allgemeinen Zugriff Maltes, neben der sozialpsychologischen Begründung eine zweite, im Individuum begründete, dessen Innerstes, das Blut, nach außen in die Natur getreten ist. Ist das wahre Sein des Herzogs in das Allgemeine der Natur und der Einbildung der Kollektivität eingegangen, die auch noch materiell, wie eine 'realistische' Perspektive des Elends zu untermauern vermöchte, jahrelang unter den Folgen seiner Taten das Fortwähren seines Seins gespürt haben mag, so unterstreicht der letzte Absatz im Leichnam des toten Herzogs die Funktion einer rein äußerlichen, beliebigen Hülle, im Bild der Aufbahrung den äußeren Zerfall. Betrachtet aus der Perspektive des nicht nur von der allgemeinen Einbildung von der tieferen Wirklichkeit des Lebens des Herzogs erfaßten, sondern bis zu dessen Spiegel hin konkretisierten Narren, wird der Blick auf den aufgebahrten Herzog zu dem aus der Perspektive seines tiefen Seins, seiner allgemeinen Seele.

Im Eingangsbild dieses Abschnitts wird die Grundkonzeption dieses Todes noch einmal wiederholt:

> *"Das Weiß des Kamisols und das Karmesin` vom Mantel sonderen sich schroff und unfreundlich voneinander ab zwischen dem Schwarz von Baldachin und Lager."* (55.11/890)

Die Hervorhebung der Wichtigkeit der Farben am Ende als "merkwürdig unzusammenhängend im Schneelicht", dem Licht, das das tiefere Sein des Herzogs in der Einbildung und der Natur reflektiert, erfordert eine besondere Aufmerksamkeit. Eingefaßt in das dunkle Schwarz sondert sich so im Zeichen des Todes das ab, was durch die Alliteration von Kamisol und Karmesin engstens zusammengehört, das Weiß des Fleisches sowie der Schneelandschaft und das Rot des Blutes, so daß das, was außen war, innen wird, und das was innen war, im Rot des Mantels umhüllend nach außen tritt und auf das Schwarz des Todes, der Nacht und der amorph unendlichen Möglichkeiten zu liegen kommt.

Die Stiefel vor dem Bett verweisen im Rot noch einmal auf die Taten des Blutes, das sich, schmerzhaft drückend, im Gold der Sporen verewigen will, während rein äußerlich die Krone, die mit "Irgendwelchen", gleich welchen, Steinen bedeutungslos besetzt ist, auf die rein äußerliche Bedeutung des bezeichnenderweise gesichtslosen Kopfes verweist.

Im gesamten Szenenbild der Aufbahrung wird so das Äußerliche, Marionettenhafte und Theatralische unterstrichen, der Charakter der Hülle deutlich, die all dies für das innere Amorphe, das Blut, den 'Grund' des Herzogs bedeutet hat. In der Zeichnung der Negativität dieser Hülle, der Abwesenheit des Blutes, des 'Grundes', wird aber gerade das Essentielle im Blick wiederum ausgespart gezeichnet, auf daß es eingebildet und gesehen werde.

Otrepjow, der, indem er nichts ist, alles ist, nimmt darin die Vernichtung des Subjekts und das Alles-Sein der Möglichkeitswelten des Schriftstellers Malte vorweg; Karl der Kühne, entwirft eine Identität, die sich auf das prekäre Gleichgewicht von äußerem Ich, Subjektsein, und seinem Blut, seiner wahren Eigenheit der Einbildung, das seine Taten lenkt, stützt und das auch aus ihm heraus will, wie das Große aus Malte. Als es dann heraußen ist, ist er in der Einbildung der Leute wirklicher, als er je im Leben gewesen ist, während sein Körper als Puppe zurückbleibt. Ebenso hieß es etwa schon in der Aufzeichnung 15, daß die Arbeit der einbildenden Erinnerung Maltes das wahre Bild des Mutter zutage förderte. Das wahre Bild des Lebens liegt also im Tode, in dem durch die Arbeit der Einbildung herausgearbeiten Bild, das seinen 'Grund' im Jenseits hat. Wenn wahres Leben daher Grischa Otrepjow wie Karl dem Kühnen nur in der tieferen, 'selbstlosen' Wirklichkeit der Einbildung unter dem Zeichen des Todes zukommt, so möchte es Malte in den Zeichen seiner Schrift in der Einbildung seines Leservolkes nach seinem Tode zukommen.

Bücher, Leben und Liebe

Die Aufzeichnungen 56, 57 und 58

In Aufzeichnung 56 wird der gesamte Lebenszusammenhang Maltes umrissen und neu perspektiviert. Bei der Kindheit und der Eigenheit ihrer Erfahrungen, der an Händen, Spiegel, Spitzen, Schloß erlebten Wirklichkeit der Einbildung ansetzend, erscheint das Lesen von Büchern, die nicht gelebte, sondern geschrieben eingebildete Wirklichkeit, als eine zweite Phase, die ihrerseits vom Leben abgelöst erscheint, das ihm in Gestalt der Abelone als Liebe entgegentritt. Diese Liebe hingegen führt ihn in den folgenden Aufzeichnungen 57 und 58 in die kosmische und tiefste Dimension des Seins, die sich freilich wiederum in Büchern, Schriften oder überhaupt in Werken der Kunst eröffnet – wie denn auch Beethoven mit seinem Werk , der in Aufzeichnung 24 Darstellung fand, in diesen Zusammenhang gehört – , so daß im Zeichen des Todes und der Liebe das Verhältnis von Leben und Buch versöhnt erscheint.

Einer Unterteilung in Lebensabschnitte widerspricht Malte zwar nun, wo ihm angesichts 'lebensgroßer Erfahrungen' in Sorö auf der Adelsakademie 'die Augen aufgegangen seien für die unendliche Realität seines Kindseins':

> *"Ich wußte, daß es nicht aufhören würde, so wenig wie das andere erst begann. Ich sagte mir, daß es natürlich jedem freistand, Abschnitte zu machen, aber sie waren erfunden. [...] Sooft ich es versuchte, gab mir das Leben zu verstehen, daß es nichts von ihnen wußte. Bestand ich aber darauf, daß meine Kindheit vorüber sei, so war in demselben Augenblick auch alles Kommende fort, und mir blieb nur genau so viel, wie ein Bleisoldat unter sich hat, um stehen zu können." (56.3/892f)*

Die Unterteilung in Phasen betrifft also nicht das Essentielle. Es ist eine nur äußere Unterteilung auf der Oberfläche, eine äußere spiralförmige Bewegung um einen Kern, der in der Kindheit schon vorhanden ist, so daß alle Entwicklungsphasen als auf diesen Kern, den 'Grund', bezogen, alle anderen schon immer virtuell mitenthalten, wie der Kern die Frucht und die Frucht den Kern. Wenn Malte anderwärts Kindheit und Alter, Anfangs- und Endphase des Lebens zusammengebracht hat, so wird auch darin eine kreis- oder spiralförmige Bewegung des Lebens erkennbar: die Kreisförmigkeit der Zeit oder ihre punktuelle Konzentration im Angesicht des Todes, die Malte schon in Aufzeichnung 8 und 9 entwarf. So sollen hier die Erfahrungen der Kindheit, des Lesens und der Liebe zu Abelone in die Konzeption der großen Liebe eingehen, die umgekehrt in diesen Erfahrungen schon immer irgendwie vorhanden ist. Das Wechselhafte, Unvorhergesehene und plötzlich Umschlagende im äußeren Leben, dem Schicksal, soll so über die Biegung zur Kreisform in die Ewigkeitskonzeption der großen Liebe überführt werden.

Die Kindheit faßt Malte zusammen als die Spannung des noch nicht durch Konvention abgeschotteten, aus dem Innern kommenden Lebens, die ihren Grund in der Unverständlichkeit, Vieldeutigkeit, in der Unsichtbarkeit seines Wesentlichen, im "eigentlich Unbegrenzte(n)", im "Unverhältnismäßige(n)" und "Nie-recht-Absehbare(n)" (56.1/891) hat. In einer doppelten Bewegung, in der das Ausgreifen nach außen dem Hervorquellen des inneren Lebens entspricht, wird das quellende unendliche und unfaßbare Innere, dessen Unendlichkeit in der der äußeren Wirklichkeit angezeigt ist, nun eindeutig und explizit aufs Religiös-Mystische ausgerichtet:

"Gott weiß, wo es herkam." (56.1/891)

Wenn Malte die Spannung dieses von innen kommenden Lebens zunächst auf die Erwachsenenwelt ausrichtet, indem er als Kind angenommen habe, sie würde bis zu einem Äußersten anwachsen und dann mit einem Schlag abbrechen, da an der Erwachsenenwelt "leicht zu beobachten (war), daß die Erwachsenen sehr wenig davon beunruhigt wurden; sie gingen herum und urteilten und handelten, und wenn sie je in Schwierigkeiten waren, so lag das an äußeren Verhältnissen" (56.1/891), so wird darin nicht nur die Kritik an der Erwachsenenwelt der Konvention angesprochen, sondern gegen deren Beruhigtheit an der Abgeschlossenheit in der von außen kommenden Erklärung der Dinge steht als Kern von Maltes Leben die unabsehbare und nach der Erkenntnis, daß die Kindheit nie aufhören werde, unabgeschlossene, offene Spannung ins Unendliche gegenüber. Diese Grundfigur der Spannung gegen ein Ziel, hier der Kindheit gegen die Erwachsenenwelt, der dann das Ziel genommen wird, so daß die offene Spannung ins Unendliche bleibt, kennzeichnet ebenfalls die Konzeption der Liebe; auch hieß ja schon in Aufzeichnung 28 der Ratschlag der Mutter, daß Malte das Wünschen nie aufgeben und damit über die Erfüllung und die Kürze des Lebens hinausreichen solle (vgl. 28.3/788).

Da Malte durch die "lebensgroße(n) Erfahrungen" auf der Adelsakademie in Sorö, im Übergang von der Kindheit zum Erwachsensein, die "unendliche Realität [s]eines Kindseins" einsieht, geht er das Lesen, das er bisher der in allen Verhältnissen geklärten und ausgeglichenen Welt der Erwachsenen zuschrieb, als etwas womöglich Versäumtes an, das ihn beinahe völlig ausfüllt. Aufschlußreich ist Maltes Vergleich des Umgangs mit Büchern zu dem mit anderen Personen, denn die Bücher werden so als der Ort anderer, fremder Subjektivität lesbar. Daß dieses Verhältnis nicht dem einer ausgeglichenen Erwachsenenwelt, sondern einem eher leidenschaftlichen Liebesverhältnis darin gleicht, "daß sich einem [...] das Haar verbog und verwirrte, als ob man darauf gelegen hätte, daß man glühende Ohren bekam und Hände kalt wie Metall, daß eine lange Kerze neben einem herunterbrannte und in den Leuchter hinein" (56.3/892), weist das Lesen als Vorbereitung der Liebe, aber auch als Weiterführung des Unverhältnismäßigen der Kindheit, das in den Büchern auf andere Welten, die Geschichte, andere Subjektivität ausgreift, die Welt in ihrer geistigen Verarbeitung vorstellt, und dabei ihrerseits wieder Maltes eigenes Inneres hervorquellen läßt.

Der Unabsehbarkeit der Wirklichkeit in der Welt der Kindheit entspricht die Unabsehbarkeit ihrer geistigen Verarbeitung in den Büchern, in denen sie sich nun darstellt:

> "Was ich später so oft empfunden habe, das ahnte ich damals irgendwie voraus: daß man nicht das Recht hatte, ein Buch aufzuschlagen, wenn man sich nicht verpflichtete, alle zu lesen. Mit jeder Zeile brach man die Welt an. Vor den Büchern war sie heil und vielleicht wieder ganz dahinter. [...] Da standen sie, selbst in diesem bescheidenen Bücherzimmer, in so aussichtsloser Überzahl und hielten zusammen." (56.4/893)

Die Behauptung, daß die Welt vor den Büchern heil gewesen sei, unterstreicht nur, wie ausschließlich Malte jetzt in dieser Phase lebt, die die Charakteristika der Kindheit in sich aufgenommen hat, nur daß die Projektion der 'heilen Welt' statt in die Erwachsenenwelt jetzt vor und nach die Erfassung der Welt im Geist gelegt wird. Nachdem Malte sich zuvor in existentieller Anspannung aus der gelebten Wirklichkeit der Kindheit in die anscheinend heile Welt der Erwachsenen sehnte, lebt er nun die Anspannung seines Erkenntnisdranges auf das Unabsehbare des Wissens von der Wirklichkeit hin. Der fragmenthaften Weise, in der sich die Wirklichkeit gibt, entspricht das

Zufällige, Ungeordnete und Unpassende der Lektüre. Wie aber die Unendlichkeit der Wirklichkeit der Unendlichkeit des Innern entspricht, so auch das Unabsehbare der geistigen Welt.

Wenn Malte die Lektüre des grünen Buchs dieser Entwicklungsphase zuschreibt, so darf, wie ja auch die Anordnung direkt vor den Aufzeichnungen der Liebesthematik anzeigt, die Problematik der Identität und der Einbildung als Vorbereitung auf die Liebe einerseits verstanden werden, andererseits ist die Thematik der Liebe in der von Tod, 'Nichts', und 'Alles' schon enthalten.

So plötzlich Malte aus dem 'gelebten Leben' der Kindheit durch die über sie hinausführenden Erfahrungen in die Welt der Bücher sich wendet, so plötzlich kehrt er, das Unvorhergesehene, Plötzliche als Grundelement seiner unaufhörlichen Kindheit bestätigend, vom vorgestellten zum gelebten Leben zurück, denn die Bücher seien, so hatte er ja schon in Aufzeichnung 54 erklärt, "doch schließlich nicht das Leben" (54.1/881). Indem Malte das Gefühl, das ihn von den Büchern nach draußen zieht, "wo der Sommer war, wo Abelone rief" (56.5./894), durch das Sehnsuchtsgefühl zu den Sternen als versäumten Welten und Wirklichkeiten, das ihn in späterer Zeit zuweilen nachts angegangen sei (vgl. auch Aufz. 44 und 68), beschreibt, weitet er nicht nur den im Gefühl des Versäumten immer als offene Spannung gegen ein Ganzes sich artikulierenden Erlebnis- und Erkenntnisdrang von der Bücherwelt ins Kosmische aus, sondern nimmt in diesem auf Natur, Sommer und Liebe, Abelone, gerichtetem Gefühl den Höhepunkt der Liebe in der eisigen, kosmischen Herrlichkeit des Seins motivisch vorweg.

Nahm er in der eingebildeten Wirklichkeit der Bücher, im "Leseschlaf", die Liebe noch nicht wahr, so sucht Malte nun - und darin liegt zugleich das bis zur höchsten Liebe hin übergreifende Thema - die Bücher in den Kontext des Lebens und der Liebe einzuführen:

> *"Ungeschickt wie ich war, die vielen, oft unscheinbaren Gelegenheiten eines natürlichen Glücks auszunutzen, ließ ich mir nicht ungern von dem anwachsenden Zerwürfnis künftige Versöhnungen versprechen, die desto reizender wurden, je weiter man sie hinausschob." (56.5/894)*

So ist Maltes Gebrauch der Bücher im Kontext der Liebe zunächst dadurch gekennzeichnet, daß der Gehalt der Bücher der Liebe völlig fremd bleibt und sie obendrein noch rein instrumental für ein recht oberflächliches Streitspiel dienen.

Eine endgültige Wendung erfolgt durch Maltes Erlebnis des Augenblicks der Vollkommenheit im Garten:

> "Es muß diese eine von jenen Tagesfrühen gewesen sein, wie es solche im Juli giebt, neue, ausgeruhte Stunden, in denen überall etwas frohes Unüberlegtes geschieht. Aus Millionen kleinen ununterdrückbaren Bewegungen setzt sich ein Mosaik überzeugtesten Daseins zusammen; die Dinge schwingen ineinander hinüber und hinaus in die Luft, und ihre Kühle macht den Schatten klar und die Sonne zu einem leichten, geistigen Schein. Da giebt es im Garten keine Hauptsache; alles ist überall, und man müßte in allem sein, um nichts zu versäumen." (56.7/ 895)

Das Bild der Vollkommenheit ist in der Natur situiert, die alle Subjektivität des Betrachters diffus in sich aufgenommen hat. So sind in der Tagfrühe die Stunden *neu* und *ausgeruht*, das Geschehen *froh* und *unüberlegt*, Maltes Absicht und Erwartung nicht nur entzogen, sondern aller Absichtlichkeit überhaupt, aller zweckhaften Bestimmtheit und Begrenztheit und sich darin ergebendem Sinn. Dementsprechend geht der Blick weder von einem Gesichtspunkt aus noch ist er auf konkrete einzelne Dinge gerichtet. Diese zerfallen vielmehr, wie beim Pointilismus in der Malerei, in Millionen kleiner Bewegungen, die in ihrer 'Ununterdrückbarkeit' keiner Ursache bedürfen und die Allpräsenz des Lebens bezeugen, so daß sich ein "Mosaik überzeugtesten Daseins" ergibt.

Dieses wirkt nicht nur einfach überzeugend auf den Betrachter, sondern nimmt wiederum, indem der Betrachter sich ganz auf das Bild verwendet und in es eingeht, dessen Subjektivität ekstatisch in sich auf: die vollkommene Sicherheit der Anschauung wird zur Qualität des Angeschauten, in dem die schauend selbstvergessene Subjektivität, nur durch den Konjunktiv noch an ihre Distanz erinnernd, sich ihre Aufhebung ersehnt:

> "Da giebt es im Garten keine Hauptsache; alles ist überall, und man mußte in allem sein, um nichts zu versäumen." (56.7/895)

Ist das betrachtende Subjekt und mit ihm die Perspektivität aufgehoben, so gibt es weder ein Zentrum noch die Heraushebung der Einzelheit der Dinge; diese verlieren vielmehr ihre Bestimmtheit und Begrenztheit und "schwingen ineinander über und hinaus in die Luft".

Es ereignet sich in gewisser Weise eine Auflösung, ein Tod der begrenzten und bestimmten Dinge, ein Zerfall in die Formlosigkeit, die aber als Transfiguration des Todes die Totalität allen Sinns in sich trägt.

Die Dinge entgrenzen und entmaterialisieren sich in dieser exzentrischen Bewegung, werden transparent, Luft, und in der Ausgeglichenheit von klaren Schatten und 'leichtem, geistigen Schein' der Sonne ist alle Materialität in die Strahlen des Geistes übergegangen, wie die Wirklichkeit in die Einbildung, ist transzendent geworden. Hat diese Subjektivität ihren Ort nunmehr im Licht amorpher Strahlen, die die Schatten, das Dunkle klar machen, möchte aus dem dunklen Abgrund des Amorphen ein Lichtabgrund geworden sein, in dem Göttliches sich zeigt.

Wenn nun "in Abelones kleiner Handlung [...] das Ganze nochmal (war)" (56.8/895), so darf damit die Bewegung der Liebe als einbegriffen in die Vollkommenheit der mystischen Naturerscheinung der Vollkommenheit betrachtet werden. Malte "wünschte unter diesen Umständen nichts als zuzusehen" (56.8/895), in der Seligkeit der reinen Anschauung zu verbleiben, verwendet dazu aber wiederum das Buch falsch, indem er es als reinen Vorwand nutzt, die sehnend schauende Teilhabe an der Vollkommenheit der Natur und in ihr der Liebe zu verlängern.

Wenn danach auch der dritte Versuch Maltes scheitert, das Buch in den Zusammenhang der Liebe einzubringen, indem er 'schlecht liest', wie Abelone, die ihn zum lauten Lesen aufgefordert hat, urteilt, so ist nunmehr die Intention der Zusammengehörigkeit von Schrift und Liebe nur allzu deutlich, geleistet wird sie aber nicht von Malte, der die Liebe wie auch alle vorausliegenden Wandlungen als etwas, sei es auch, wie in diesem Falle, begnadet, von außen Kommendes erfährt, sondern durch die Figur der Liebe, Abelone.

Die in Abelones Lesen der Briefe Bettines, statt, wie Malte 'schlecht las', der Antworten Goethes[16], sich vollziehende Steigerung der Liebe gründet sich ihrerseits freilich nicht vorrangig auf den Wortlaut im einzelnen, sondern wird von Malte, gleich den 'Dingen' im Garten, als Ganzes empfunden, das in der Erscheinung und der Stimme Abelonens, die zunahm und endlich fast jener glich, die ich vom Gesang her kannte" (56.10/896), sichtbaren Ausdruck findet.

"Sie saß da in ihrem lichten Kleid, als ob sie überall innen ganz dunkel würde, wie ihre Augen wurden." (56.9/896)

Was von der 'realistischen Leseweise' als Zornaufwallung interpretiert werden soll, ist der metaphysischen das sichtbare Anzeichen des Blutes und des dunklen inneren 'Grundes', der sich um sie her in lichtes

Strahlen wandelt. Dem entspricht es, wenn Malte seine Aufmerksamkeit nicht so sehr auf den verbalen Sinn richtet, als vielmehr die durchscheinende Verheißung auf Einsicht dieser Liebe, die in Abelones Stimme die gestaltlos sinnliche Form tendenziell reiner Musik annimmt und Malte die Dimension dieser Liebe ahnen läßt als "irgendwo ganz im Großen, weit über mir, wo ich nicht hinreichte" (56.10/896).

Damit wird nach der Erwachsenenwelt, der Bücherwelt und dem Leben, das ihn in die sommerliche Natur und zur Liebe Abelones ruft und das ihn zu der die Liebe einbegreifenden visionären Erfahrung der Vollkommenheit führt, Maltes sehnendes Streben auf die das 'Ich' als Subjekts weit übersteigende Dimension eines "Großen" gerichtet, das in der folgenden Aufzeichnung 57 sich als kosmisch allumfassende Dimension, das 'Sein' im eminenten Sinne erweist, sich aber als solches in einer Dimension jenseits der Schwelle des Todes in einer orpheischen Sphäre befindet.

Die Aufzeichnungen 57 und 58

Wie schon durch die Erscheinung Abelones, in deren innerer Dunkelheit die das 'Ich' des Subjekts übersteigende Dimension des "Großen" angezeigt ist, soll die uneingeschränkt positive Erfahrung der Vollkommenheit in der Natur und Liebe, ähnlich dem Bezug der Natur und der Vollkommenheitserfahrung in den Aufzeichnungen 11 und 12 auf die umfassende Bejahung der Liebe in Aufzeichnung 22, in eine höchste Affirmation der Liebe, die nun auch die Negativität der Welt umkehrend in sich aufgenommen hat, übergeführt und von hierher begründet werden.

Wie die Figur der Liebe 'Abelone' sich ganz im Einklang mit der Vollkommenheit der sommerlichen Natur befindet, so Bettine mit dem Begriff der Natur schlechthin, dem Ganzen, dem Sein, - eine Allidentifikation, die freilich das 'Nichts' des Todes voraussetzt:

> *"Sie hat von Anfang an sich im Ganzen so ausgebreitet, als wär sie nach ihrem Tod. Überall hat sie sich ganz weit ins Sein hineingelegt, zugehörig dazu, und was ihr geschah, das war ewig in der Natur [...]" (57.1/897)*

Malte sieht in dieser Liebe die kosmische Dimension von Weltschaffen und verbrennen, die " so recht im Einklang mit Gott" (57.2/897) an die philosophische Metapher vom heraklitischen Weltenkind erinnert. Das

'Elementare'(57.3/ 898), "das Leben selbst" (58.1/898f) bedeutet diese Liebe, die, so erinnert die Aufzeichnung 58, jenseits der Zeitlichkeit und Wandelbarkeit des Schicksals existiert. Der Aufschwung in diese elementare Dimension des Seins vollzieht sich für Malte in der 'unermeßlichen Hingabe dieser Liebe' (58.2/899), die, da der Geliebte ihr nicht zu entsprechen vermag, zum 'namenlosen Leid' werdend, sich vom 'Objekt' der Liebe befreit, zur 'objektlosen Liebe' in "eisige(r) Herrlichkeit" (39.5/833) wird:

> *"Solche Liebe bedarf keiner Erwiderung, sie hat Lockruf und Antwort in sich; sie erhört sich selbst." (57.3/898)*

Von Bettine zu Heloïse, von der Portugiesin Marianna Alcaforado bis zu "der Sappho fernste(r) Gestalt" (58.2/899) zeichnet Malte in den Raum der Geschichte die Konstellation der Namen dieser Liebe ein, denen in den Aufzeichnungen 39 und 70 noch weitere hinzufügt werden.

In diese Konzeption der Liebe sind wesentliche Elemente aus Maltes Paris-Erfahrungen miteingegangen. Zentral ist die Figur der Umkehrung des unermeßlichen Elends in die umfassende Bejahung des Seins, die Allidentifikation der Liebe. Während die Pariser Konzeption sich zur 'orpheischen Ästhetik' weiterentwickelt, die ganz im Zusammenhang der Negativität verbleibt und die bewußte Hinwendung auf diese Wirklichkeit in ihrer Negativität impliziert, bleibt bei der an Bettina entwickelten Konzeption der Liebe der Zweifel, ob sie nicht rein positive metaphysische Spekulation nur bleibt, einfache Affirmation des Absoluten, in die alles Elend gewendet werden soll, ob Bettina, die, ebenso wie in der 'orpheischen Ästhetik', zwar "nach ihrem Tod" im 'Leben' ist, indem sie sich aus dem Ganzen "erkannte (...) und (sich) (...) beinahe schmerzhaft heraus(löste); (...) sich mühsam zurück(erriet) wie aus alten Überlieferungen (...), (...) sich (beschwor) wie einen Geist und (...) sich aus(hielt)" (57.1/897), nicht doch einfach, da sie sich "von Anfang an" im Ganzen ausbreitet, eine Vermenschlichung des Göttlich-Elementaren darstellt, wo sie sich vom 'ewigen Leben' in die Schicksalswelt des Menschen begibt.

Soll dieser Gefahr begegnet werden, gilt es den engen Zusammenhang mit der Dynamik der Negativität hervorzuheben, die in der "eisigen Herrlichkeit" (39.5/833) der 'großen Liebe' als Reproduktion der irdischen Isolation der Gesellschaft in kosmischem Maßstab ebenso hervortritt wie darin, daß solche Positivität für Malte, der sich selbst als dem Schicksal ausgesetzt betrachtet, unerreichbar ist und also in Schrift und Literatur ein Spannungsfeld zwischen solch unerreichbarer Positivität individueller Erfüllung, die zudem selbst noch Züge der Negativität trägt, und seiner Negativität des Schicksals aufschlägt.

Ein zweiter Gesichtspunkt besteht in der Bewegungsform der Liebe. In den Paris-Erfahrungen ist sie von der Negativität eines gesellschaftlichen und individuellen Zerfallsprozesses gekennzeichnet, dessen Konturen in der Flucht und Abwendungsbewegung aufscheinen, so daß nach dem Tod des Subjekts in der Umkehrung zur hinwendenden Bewegung der Allidentifikation der Liebe diese Konturen der Wirklichkeit in der 'orpheischen Ästhetik' von der nun diffusen Subjektivität einfühlend ertastet werden, so daß ein komplexes Gleichgewicht zwischen der Negativität der Wirklichkeit und der Positivität des Unfaßbaren einerseits und der Positivität der Bestimmtheit der Wirklichkeit und der Negativität der positiven Kraft in ihrer Unbestimmtheit entsteht als das Spannungsfeld, auf dem der soziale und historische Konflikt von Individuum und Gesellschaft sich artikuliert.

Maltes an den 'großen Liebenden' dargestellte Konzeption will in der Einheit von Elend und Liebe, Herzeleid und Herrlichkeit Ähnliches, trägt teils darüber hinaus, es gelingt ihr aber nicht, das Gleichgewicht dieses Spannungsfeldes zu rekonstruieren, es sei denn, die 'großen Liebenden' würden als auf die Paris-Erfahrungen Maltes letztlich fußend miteinbezogen.

Wie die Sicht des Gefühls umfassender Vernichtung und der Sinnlosigkeit, der dunkle Blick der Melancholie auf die Welt - von dem Malte sich allerdings noch dadurch minimal unterscheidet, daß er in allem Schrecken und Verzweifeln nie ein totales "Nichts" artikuliert, sondern das Dunkle immer noch für ein "Etwas" nimmt, den Verfall trotz aller Aussichtslosigkeit von Anfang an als unfaßbare Veränderung begreift, in der die Umkehrung in die Affirmation der Liebe begriffslos vorgeahnt ist[17] - die Wahrnehmung der Welt grundlegend und allumfassend verändert, indem sie sich in alle Wirklichkeit einfühlt und gleichzeitig umgekehrt sie sich sinnlich in dieses Gefühl 'einbildet', so auch das ihm entgegengesetzte, hinwendend verklärende Gefühl der Liebe. Indem die strebende Bewegung ohne Objekt, reines Gefühl, reine Ekstase wird, soll sie offen sein für das Ganze. Die verklärend umbildende Wahrnehmung der Liebe trägt hier, indem sie nicht als umfassend besitzergreifendes Verlangen, orgiastische Vereinnahmung, sondern als einfühlend unermeßliche Hingabe sich manifestiert, dieselben Züge des Selbstverlustes und des Charakters des "Eindrucks" in die Subjektivität wie in Paris, tendiert aber dazu, sich in sich selbst und ein abstraktes 'Sein' abzuschließen, das in Gefahr läuft, sich völlig von der konkreten Wirklichkeit abzuwenden.

Diese Tendenz wird durch den Verbleib Maltes in der Sphäre des Schicksals und das Manifestwerden dieser Liebe im Raum der Literatur gegengewichtet:

"[...] diese wunderliche Bettine hat mit allen ihren Briefen Raum gegeben, geräumigste Gestalt." (57.1/897)

Sinnlich physiologischer Träger dieses Raums der Liebe und des Seins aber sind die Briefe, das Buch, durch das Bettine in Maltes Innerlichkeit und Einbildung wirklich wird. Die in die absolute Objektivität des Seins umgeschlagene weltschaffende Subjektivität der Liebe Bettinens ist Malte durch das Lesen vermittelt. So wird ihm, dem zuvor 'die Bücher schließlich nicht das Leben waren', nun durch das Leben, die Liebe Abelones, in schicksalhafter Wendung in seine Sphäre der Einbildung durch das Buch die umfassende Sphäre des Lebens und des Seins 'eingebildet'. Die Überzeitlichkeit der so durchs Buch vermittelten Seinsdimension, 'als ob Bettine eben noch gewesen wäre' (vgl. 58.2/897), ihre 'Anwesenheit' läßt Malte auf dieser Ebene auch das dialogisch-kommunikative 'Du' der Sprache wiederfinden.

Wenn Abelone für Malte war "wie eine Vorbereitung auf sie", Bettine, und ihm in ihr "aufgegangen (ist) wie in ihrem eigenen, unwillkürlichen Wesen" (57.1/897), so soll Abelone transparent werden auf das ihrem Willen entzogene, tiefe "unwillkürliche Wesen" hin, das er in Bettine, in dem von Abelone und von ihm gelesenen Buch verwirklicht findet. Dieser Blick, der die physiologisch faßbare Aura der Person auf einen numinosen Kern hin verdichtet, indem er versetzt parallel die Physiologie des Fleisches in des Buches vorgestellte vergeistigt, den numinosen Kern der Subjektivität aber als kosmische Allidentität empfindet und begrifflich als 'Sein' in vertrautem Umgang mit Gott sich erklärt, erhält die Richtung seiner Fluchtlinie aus der Abwesenheit von Sinn, der Negativität der Wirklichkeit, die Kraft seiner Überzeugung aber aus der umgekehrten Bewegung: indem das gegenstandslos abstrakte Gefühl, das seinen Sinn in sich als bei Gott oder im Sein trägt, aus der sinnlichen Vielfalt des vorgestellten Bildes, und das vorgestellte Bild aus lebendig-sinnlicher Erfahrung sich nährt, wird es erst wahrhaft. So soll die Vollkommenheitserfahrung des Lebens, der Liebe und der Natur in eine umfassendere Dimension eingehen: die Intensität des erlebten, glücklichen Augenblicks soll sinnlich die Umlehrung der Dauer des Elends in die Extensität der Ewigkeit des Seienden verbürgen. Deutlich wird, wie ausschließlich diese ganze sinn- und weltgründende Bewegung auf dem extremen Pol der Subjektivität den Ort ihrer Verwirklichung findet.

Ist der Weg zur großen, seinsgründenden Liebe hin wie für Malte der Blick zu der unerreichbaren Wirklichkeit der Sterne über das Buch vermittelt, so auch die umgekehrte Bewegung vom Buch her. Im letzten Absatz der 57. Aufzeichnung entwirft Malte in der Kritik an Goethe, der der Liebe nicht habe entsprechen können, die Aufgabe des Dichters als Vermenschlichung solcher Liebe, die selbst als übermenschliches 'Element' und 'Natur' erscheint. So ist nach der Fluchtlinie auf das Unfaßbare hin in 'orpheischer Ästhetik' der Rückweg vom Unfaßbaren her zur Wirklichkeit der Menschenwelt durch die Literatur bezeichnet. Solche Größe, die im Innern als sternenweit entfernt sehnend erahnt wird, erfordert eine demütig hingebende Haltung, die das 'Ich' des schreibenden Subjekts zum reinen Instrument hin vernichtet. Noch einmal der Zusammenhang mit den Paris-Erfahrungen verdeutlichend, wird die im Angesicht des Todes und des Großen entworfenen Haltung apokalyptischen Schreibens, wo Maltes Hand Worte schreibt, die er nicht meint (vgl. 18.7/756), hier wieder aufgenommen im Bild des Evangelisten Johannes:

> *"Aber demütigen hätte er [der Dichter, Goethe; B.A.K.] sich müssen vor ihr [der ihm in Bettine gegenübertretenden kosmischen Liebe; B.A.K.] in seinem ganzen Staat und schreiben was sie diktiert, mit beiden Händen, wie Johannes auf Patmos, knieend. Es gab keine Wahl dieser Stimme gegenüber, die 'das Amt der Engel verrichtete'; die gekommen war, ihn einzuhüllen und zu entziehen ins Ewige hinein. Da war der Wagen seiner feurigen Himmelfahrt. Da war seinem Tod der dunkle Mythos bereitet, den er leer ließ." (57.3/898)*

Weist die im Innersten offenbarte Stimme als Mittlerin gleich einem Engel zum Himmel, so vollzieht sich aber der dunkle Mythos des Todes, die feurige Himmelfahrt des Dichters im Schreiben dieses Evangeliums der Liebe selbst: In der Schrift ist das 'Ich' des Subjekts bereits vernichtet, das Buch der sein physiologisches 'Ich' überdauernder Körper der tieferen, auf den 'Grund' bezogenen Subjektivität.

Von der Armut zu Gott

Die Aufzeichnungen 59 und 60

Erscheinen die Aufzeichnungen 59 und 60 den drei vorangehenden zunächst schroff entgegengesetzt, steht doch der höchsten Höhe der Liebe die Tiefe des Elends, ihrer Lichtheit die Finsternis der Blindheit, derinnen vergegenwärtigten Vergangenheit oder kosmisch seienden Präsenz durch Erinnerung, Buch und Einbildung die gelebte Wirklichkeit der Pariser Gegenwart gegenüber, so zeigt sich genauerer Lektüre nicht nur eine gewisse Affinität zwischen Elend und Liebe, sondern Malte gelangt durch das Bild des Elends, das vom Sozialen über das Physiologische zur mystisch-ästhetischen Konzeption sich entwickelt, zum Beweis der Existenz Gottes als jener tiefsten Dimension, die auch die großen Liebenden anrühren. Durch die idealisierte Elendsfigur des blinden Zeitungsverkäufers als der Armut Eigentlichkeit wird dann die Unterscheidung uneigentlicher Armutsgestalten in den "verblichenen, alternden Mädchen" der 60. Aufzeichnung möglich.

Das unerwartete und auf den ersten Blick von den umgebenden Aufzeichnungen sich schroff absetzende In-Erscheinung-Treten der Pariser Gegenwart mag zunächst als Indiz für das Fortwähren der Großstadtdimension als alles prägender Matrix gelten, als die Grundlagenschicht sozialer Erfahrung, die für die anderen Schichten oder Dimensionen, die Kindheitserinnerungen, die Irrwege der Einbildung des modernen Heiligen, die Rückentwürfe der Geschichte, die Entwicklung des Erzählens von bestimmender Bedeutung sind. Doch soll dann gerade, wie schon in den Paris-Aufzeichnungen, der sozialen Perspektive der Armut und des Elends, über die individualisierende Sichtbarmachung in der Körperlichkeit die Problematik verinnerlichend, die mystisch-ästhetische unterlegt werden.

Eine Reihe charakteristischer Strukturelemente werden aus der Darstellung der Fortgeworfenen und Maltes Verhältnis zu ihnen im ersten Drittel der Aufzeichnungen sowohl aus den Maltes Niedergang mit den Fortgeworfenen korrelierenden Aufzeichnungen als auch der sie in der Figur des vogelfütternden Alten idealisierenden Aufzeichnung 26, die freilich besser nach diesen beiden hier vorliegenden Aufzeichnungen verstanden werden kann, wiederaufgenommen. Zunächst ist die widersprüchliche Haltung Maltes zu nennen, die einerseits als eine Flucht- und Distanzierungsbewegung, andererseits aber durch das Gefühl grundlegender Zugehörigkeit gekennzeichnet ist. Kam Malte in den Aufzeichnungen 16-21 durch seine Fluchtbewegungen der Situation der Fortgeworfenen nur umso näher und verstrickte sich umso tiefer in den Prozeß des Niedergangs, so ist in den Aufzeichnungen 59 und den folgenden eine schwankende Haltung zu verzeichnen, bei der Distanzierungs- und Zuwendungsbewegung teils nahezu identisch werden.

Im Überblick stellt sich Maltes Haltung zunächst so dar, daß er vor dem äußeren Anblick der Elendsfigur des Zeitungsverkäufers in die innere

Sphäre der Einbildung flüchtet, vor der er dann in einem weiteren Schritt wiederum zum Anblick in der Wirklichkeit zu fliehen sucht, der ihn aber völlig überwältigt und ihn in dieser Figur einen Beweis für die Existenz Gottes erkennen läßt. Wünscht er daraufhin, dieser Figur ähnlich zu werden, seine Kleidung so wie jene zu tragen, so hebt er in Aufzeichnung 60, wie schon in Aufzeichnung 16, gerade die Kleidung als distanzierendes Moment hervor und muß feststellen, daß er, obwohl er doch gerade in der voraufgehenden Aufzeichnung den Wunsch nach Ähnlichkeit ausgesprochen hat, nicht den Mut zu solchem Sein besitzt. In Aufzeichnung 61 denunziert er wiederum seine ihn von den Fortgeworfenen unterscheidende Kleidung als Verstellung und weiß sich nun doch "zum Äußersten bestimmt" (61.1/905).

In Aufzeichnung 59 aber läßt sich dann im einzelnen beobachten, wie jede fortstrebende Bewegung bereits ihre Umkehrung enthält, jede Abwendung zugleich immer auch schon eine Zuwendung darstellt. In dieser umkehrenden Bewegung vollzieht sie eine Steigerung, die in den Gottesbeweis mündet. Wagt Malte zunächst nicht, eine Zeitung vom blinden Zeitungsverkäufer zu kaufen, da dieser womöglich nicht immer Zeitungen bei sich habe, so wendet sich Malte damit dieser Figur zu, da er sie nicht nur, wie er hervorhebt, im Gegensatz zur Menge der Leute überhaupt wahrnimmt, sondern ihre tiefere Identität erkennt. Diese Zuwendung löst - das ist die Anfangskonstellation - eine Abwendungsbewegung aus: nicht nur kauft Malte keine Zeitung, sondern sieht auch ungern zum Zeitungsverkäufer hin, ja seine äußere Haltung erfährt im zweiten Absatz im Vergleich zu den Leuten geradezu eine Umkehrung. Nun ist er derjenige, der den Blinden nicht bemerken will, während die Leute neben Malte sich nach ihm umdrehen.

Die äußere Abwendung Maltes erweist sich im dritten Absatz als innere Zuwendung, denn er ist ja damit beschäftigt, sich den blinden Zeitungsverkäufer einzubilden. Als dann das innere Bild der Elendsfigur für Malte bedrängend wird, will er sich zu deren äußerem Bild in der Wirklichkeit flüchten. Aber auch diese Abwendung ist zugleich eine Zuwendung - schon indem sie sich nicht einem anderen, sondern immer demselben Gegenstand zuwendet - , und führt ihn über alle Maßen in das Bild des Elends hinein.

Dieses antithetische Moment der Abwendung als Zuwendung, des Umschlags der Flucht in die Negativität umso tieferer Verstrickung, steigert sich am Extrempunkt der Negativität in den Umschlag in Positivität: das Bild maßlosen Elends wird für Malte zum Beweis für die Existenz Gottes.

Diese Bewegung steht dem Umschlag in Aufzeichnung 22 nicht fern. Auch die dort sich vollziehende plötzliche Erleuchtung, die Erkenntnis der Liebe, stellte sich als Umschlag tiefsten Elends, als die Umkehrung der Vernichtung des 'Ich' dar, so daß umgekehrt die umfassende Anerkennung und Bejahung des Seins in der Liebe das tiefste Elend mitumfaßt, ja voraussetzt und in sich hineinnimmt. Die strukturelle Gleichheit der Umkehrungsbewegung des tiefsten Elends in den Aufzeichnungen 22 und 59 klammert die umfassende Bejahung allen Seins, die Liebe und den Bereich des Göttlichen engstens zusammen. Diese Bereiche bilden einen im Verlauf der Aufzeichnungen sich immer enger zusammenziehenden Assoziationskomplex.

Das Verhältnis von Vorstellung und Wirklichkeit in dieser Aufzeichnung scheint auf den ersten Blick zu dem in den Aufzeichnungen 50-53 entwickelten in Gegensatz zu stehen, erweist sich aber bei näherer Betrachtung als durchaus ähnlich. In den früheren Aufzeichnungen läßt die Einbildung die Wirklichkeit hinter sich zurück und gelangt auf dem extremen Pol der Subjektivität zur Metapher, während Malte hier in Aufzeichnung 59 zunächst von der Wirklichkeit zur Einbildung und dann von dort wieder zur Wirklichkeit flüchtet, so daß in den genannten vorangehenden Aufzeichnungen der Einbildung ein absoluter Vorrang zuzukommen scheint, hier aber der Wirklichkeit. Die 'letzte' Wirklichkeit aber, in der sich Malte der Gottesbeweis offenbart, ist das Produkt eines komplexen Prozesses. Malte nimmt zunächst die äußere Wirklichkeit wahr, um sie dann, sich von ihr abwendend, innen neu zu entwerfen. Dieser innere Entwurf muß dann erneut zugunsten des äußeren Bildes aufgegeben werden, doch diese letzte äußere Wirklichkeit ist erst als Produkt der ihr vorausliegenden Stufen verstehbar, erst deren Vernichtung schafft sie. Die Wirklichkeit der Offenbarung ist daher keine 'einfache' Wirklichkeit, sondern eine tiefere mit allegorischen Qualitäten, die den Weg durchs Innere genommen hat. Die Vorstellungen der Pietà und ihre moderne Weiterentwicklung liegen dem erkennenden Blick auf die Wirklichkeit voraus, sie formen die Wahrnehmung, so daß Malte in der Wirklichkeit Gott erkennen kann. So entsprechen sich innere Wirklichkeit der Einbildung und äußere. Der in früheren Aufzeichnungen festgestellte Umschlag der extremen Subjektivität in die Autonomie der absoluten Metapher stellt sich nun genauer dar: die Autonomie der allegorischen Wirklichkeit entsteht im Rahmen der extremen Subjektivität als deren Vernichtung, trägt aber als deren Umkehrung noch ihre Merkmale an sich. Der Anlaß, Geräusch oder Zeitungsverkäufer, kommt aus der Wirklichkeit, über die sich die Einbildung aber fort- und hinaushebt, so daß sie nichts mehr gilt:

> "Denn ich mußte ihn machen wie man einen Toten macht, für den keine Beweise mehr da sind, keine Bestandteile; der ganz und gar innen zu leisten ist." (59.3/900)

Dem Zunichtewerden der 'objektiven', 'äußeren' Realität vor der 'subjektiven', 'inneren' Einbildung folgt dann die Umkehrung. Die allegorische Wirklichkeit ihrerseits ist also auf dem Zunichtewerden der Subjektivität der Einbildung gebaut, welche ihrerseits das Zunichtewerden der 'äußeren', 'objektiven' Realität voraussetzt. Anders gesagt: der Weg über den extremen Pol der Subjektivität, auf die 'objektive Welt' und das Subjekt vernichtet werden, potenziert die 'Wirklichkeit' um eine allegorische Dimension. Das Subjekt bildet sich nicht mehr eine Wirklichkeit ein, sondern löst sich auf, indem es sich völlig in die 'Wirklichkeit' einbildet. Das Subjekt nimmt die Wirklichkeit völlig in sich ein, bildet sie sich ein, um dann im Gegenzug sich selbst völlig in die 'Wirklichkeit' einzubilden. Der Subjektivismus eines solchen Verfahrens, der am Ende als völlige Objektivität der Dingmetaphern, die - durch das Subjekt als reines Instrument hindurch: "ich werde geschrieben werden" - sozusagen sich selbst nur darstellen, liegt auf der Hand. Es handelt sich bei dieser allegorischen Welt, in der die Dinge sich nach Maßgabe der sie von innen ertastenden, in sie eingegangenen Subjektivität unendlich bedeutungsvoll erweitern, um den lebensnotwendigen Wahn des Subjekts, das, sich selbst in die Dinge auflösend, die Gegenstände in die Tiefendimension projiziert, um durch deren von innen, mit dem Gefühl ertastete Form[18], den notwendig außer sich liegenden Sinn, Gott, zu finden.

Maltes Prozeß der negierenden Umkehrung auf dem Weg von einfacher Wirklichkeit über subjektive Einbildung zur autonomen allegorischen Wirklichkeit zeigt im übrigen dasselbe eigentümliche Verhältnis von Identität und Nichtidentität, das schon den Tod des Großvaters kennzeichnete. Nicht nur handelt es sich ja in allen drei Dimensionen um den Zeitungsverkäufer, der aber in einer jeden etwas völlig anderes, mit dem andern gar nicht Vergleichbares ist; es handelt sich um einen Prozeß der Identifizierung, der die Identität entdeckt im Prozeß des Schwindens, der ständigen Auflösung und Negation, der am Ende umschlägt in die absolute Affirmation. Diese Dynamik betrifft sowohl die Erkenntnisform des Umschlagens der Dimensionen im Erkenntnisprozeß wie auch den Gehalt selbst, der im Prozeß des Schwindens, der Auflösung und deren Umkehrung besteht.

Daß es sich beim blinden Zeitungsverkäufer um eine das Schwinden und Vergehen inkarnierende Figur handelt, zeigt bereits der erste Absatz. Nicht nur ist ihm, dem in den Zeitungen das Weltgeschehen durch die Hand geht, durch seine Blindheit aller Weltbezug geschwunden, ist die Welt für ihn tot, auch verliert er seine Identität im Blick Maltes tendenziell dadurch, daß er womöglich gar keine Zeitungen bei sich hat, daß er ein Zeitungsverkäufer ohne Zeitungen ist; darüberhinaus aber tendiert er auch physiologisch zur Auflösung, indem er "sich so flach (macht), daß täglich viele vorübergehen, die ihn nie gesehen haben" (59.1/899). Seine Stimme geht als Geräusch unter und seine Bewegung ist "wie ein Zeiger, wie eines Zeigers Schatten, wie die Zeit" : Zeiger ohne Ziffernblatt, ohne alle Beziehung zur Außenwelt, materiell nicht einmal wie ein Zeiger, sondern wie dessen Schatten, reine Zeit, der reine Fluß des Vergehens[19]. Eben als reiner Fluß des Vergehens aber ist er, so darf, die andere Wortbedeutung hervorhebend, vom Ende der Aufzeichnung her vorweggenommen werden, der 'Zeiger', der auf Gott zeigt.

Das äußere in der inneren Vorstellung produzierte Bild, in dem das Aussehen des Blinden als moderne 'Pietà' verstanden werden soll, das Bild des Leidensmannes also schon eine Gottesbeziehung andeutet, erweist sich als völlig unzureichend, aber gültig bleibt von Maltes innerer Erkenntnis doch, daß alle Beziehung zwischen Innenwelt und Außenwelt sich aufgelöst hat und geschwunden ist, da die äußere Kleidung in keinerlei Beziehung mehr zum Selbst steht. Im letzten Erkenntnisschritt wird der Prozeß des Vergehens dann noch deutlicher. Völlige Hingabe an etwas bedeutet, hierin der grenzenlosen Hingabe der 'großen Liebenden' gleich, Selbstaufgabe auf etwas hin: auf das Elend hin. So kennzeichnet dann Entsetzen die Innenseite der Lider und der einem Ablauf verglichene Mund ruft nicht nur noch einmal des Ekelgefühl im Anblick der Mauer in der 18. Aufzeichnung auf, sondern mag auch anzeigen, daß die Welt hier in etwas Dunkles, Amorphes, ein Nichts abläuft. Auch im Innern ist der Blinde, dem ja schon durch Blindheit die Außenwelt geschwunden ist, die er nach Maltes Annahme möglicherweise einmal gehabt hat, durch Vergehen gekennzeichnet, denn auch die Erinnerungen sind fort und was er noch von der Außenwelt erfühlt, ist amorph: "das amorphe Gefühl des Steinrands hinter ihm" (59.5/902). Das amorphe Gefühl des Steins, des Grab-Randes wie des Park-Randes, dieses 'reine Gefühl' aber ist ein 'Nichts', - oder ein 'Alles'. Hier liegt die eine, innere Dynamik mystischer Provenienz für des Umschlag des Elends in den Verweis auf das Höchste, die umfassende Affirmation alles Seienden, Gott, begründet.

Der innere Weg, die Dynamik einer absteigenden Linie der Negativität, die an ihrem Extrempunkt in die absolute Positivität umschlägt, eine an sich autonome, mystische Konzeption kreuzt und verquickt sich am Ende mit einer vor allem in Natur und Licht sich darstellenden Aufwärtsbewegung. Waren die ersten Erwähnungen ländlicher Natur eher rückwärts gewandt (Aufz. 2 und 10), so bildeten die Aufzeichnungen 11-13 sowie der Anfang der Aufzeichnung 21 aber Teil der Pariser Gegenwart und besaßen eine gewisse zukunftsweisende Funktion, wurden sie doch im Bild der Erleuchtung durch die Liebe im Bild der

Schutzheiligen über der Stadt zitiert. Die positive Bedeutung des Park- und des Gartenmotivs erhellt dann weiterhin nicht nur aus der sich im Park befindlichen Idealgestalt des Vogelfütterers in Aufzeichnung 25, sondern auch aus der Verbindung, die es mit dem Liebemotiv eingeht, insofern sich Abelone und Malte in Aufzeichnung 37 im Park treffen und dann im blumigen und von kleinen Tieren bewohnten Hintergrund der Insel schon ein Verweis auf den Paradiesgarten und mithin das ewige Leben im Bereich des Göttlichen anklingt, der dann in Aufzeichnung 56, wo der Garten ins Bild der Vollkommenheit schauen läßt, bestätigt wird. Der blinde Zeitungsverkäufer nun befindet sich am Rand des Parks, als wäre er, der Zeit, Vergehen und also Schwinden auf den Tod hin symbolisiert, durch Gitter und Mauer, deren amorphes Steingefühl den Grabstein meint, ausgeschlossen von diesem Garten wie die ersten Menschen in Elend und Zeitlichkeit dieser Welt vom Paradies. Das aufsteigende Motiv des Parks wird dann fast zwei Seiten weiter durch das lichte Element der Frühlingsatmosphäre gesteigert. So werden nun die beiden entgegengesetzten Motive, frühlingshafte Natur und Licht auf der einen und die Stadt auf der andern Seite, zusammengebracht in einem, wie das Bild des weißschimmernden, überraschend leichten Metalls anzeigt, alchemistischen Prozeß, der das dunkle Schreckbild der Metropole in ein Bild langen, befriedigten Daliegens und heiterer Höhe wandelt, in der die alle untere Bewegung zur Stille gekommen ist und die auf Antikes, das dann motivisch auf das Theater in Orange und die Vollkommenheit der Antike in Aufzeichnung 64 wiederaufgenommen wird, nicht nur verweist, sondern im Ausblick auf die Jahreszeit auf einen Anfang im Rahmen der Ewigkeit des kreisförmigen Laufs der Zeit. Diese alchemistische Mischung der beiden Motivlinien stellt bereits ein Vorausdeutung auf den Schluß der Aufzeichnung dar, in dem das Bild tiefsten Elends in den Beweis der Existenz Gottes umschlägt. Der Umschlag in die Erkenntnis der Existenz Gottes ist nur behauptet, aber nicht sichtbar oder ausgeführt, jedoch in der Zusammenführung der beiden Motivlinien in der Elendsfigur bedeutungsvoll angelegt: sie ist im letzten Bild zu einem 'unvorstellbaren' Elend gesteigert, ihre äußere Kleidung holt aber in ihren Farben eben das Bild der festlichen Heiterkeit des Frühlings ein. Malte habe sich eben die Farben, wie er ausdrücklich bemerkt, tief eingeprägt, auch wenn er ihnen momentan kein besonderes, ausgesprochenes Gewicht beimißt: sie sind in seinem Unterbewußtsein wirksam, nicht in der Bewußtheit der Worte, sie zeigen, ohne sich darüber auszusprechen, wie es schon von den Farben in Ingeborgs Schreibtisch hieß (vgl.28.4/789). Da aber doch alles tief bedeutungsvoll sein soll an dieser Figur, darf vielleicht das Gelb als Farbe der Sonne und des - alchemistischen - Goldes, violett als Farbe der Feier der Passion, des großen Leidens aus tiefer Leidenschaft, der Liebe, und Grün schließlich als die Farbe der Hoffnung und des wachsenden Lebens verstanden werden. Hier aber verliert, wie so oft und wohl auch gewollt in diesem symbol-

und bilderreichen Buch, die Interpretation durchs festlegende Wort ihre Sicherheit, weil sie sich bis an einen fluiden Grenzbereich vorgewagt hat, der sich tendenziell der Auslegung gerade widersetzt und eben auf die Spannung der Offenheit gegen ein nicht genau in Worten Faßbares, teils im Amorphen oder in der Meeresbewegung noch Verborgenen, Vermischten und eben nicht genau Erkennbaren weist.

Nicht allein die Annäherung an die Natur bedeutet der Vergleich dieser Elendsfigur mit einem Vogel, "daß sie [die Farben; B.A.K.] an ihm waren wie das Weicheste auf eines Vogels Unterseite" (59.5/902), evoziert auch das Gefühl zarter Verletzbarkeit und vor allem aber die symbolische Dimension dieser 'Tiere des Himmels', die, darin, wie auch Aufzeichnung 25 schon andeutete, den Engeln ähnlich, von der Erde - Perspektive der Unterseite - hinauffliegen in den Himmel. Diese Assoziation geht dann zwanglos in die Aufwärtsbewegung des Assoziationsrahmens der Offenbarung der Existenz Gottes über, bei dem in den Worten : "Dieses ist dein Geschmack, hier hast du Wohlgefallen" (59.6/903), die neutestamentliche Himmelfahrt und die Verklärung Jesu als Beweis der Existenz Gottes für die zweifelnd gewordenen Jünger paraphrasiert wird[20].

Dabei wird die Elendsfigur nicht von ihrer personellen Identität her mit Christus als Gottessohn verglichen, sondern von der Konstellation der sie bestimmenden Elemente; daß die Identifikation des Ärmsten mit Christus vom Bibelwort, "was ihr dem Ärmsten angetan habt, das habt ihr mir angetan", her gerechtfertigt werden könnte, sei hier nur am Rande erwähnt. Das äußere Bild des Leidensmannes in der Moderne, das Malte mit dem Pietà-Bild der Einbildung leisten will, erweist sich als unzureichend. Kennzeichnend ist dann die "uneingeschränkte", durch keine "Vorsicht", also Voraussicht auf folgende Auferstehung, Erlösung, Himmelfahrt, Verklärung und Seligkeit gemilderte oder gar bestimmte "Hingegebenheit" seines Elends, die Inkarnation des mit der Ausschließung aus dem Paradies zu Leiden, Vergehen und Tod verdammten Menschseins, das daher verbietet, daß das innere Selbst dieses Leidensmannes und seine äußere, auf paradiesische Herrlichkeit verweisende Kleidung eine offenliegende Beziehung hätten. In dieser im 'Sichtbaren' und im Begriff nicht aufgelösten Spannung der entgegengesetzten Extreme, die im Grunde das unaufgelöste Zusammenführen höchster ekstatischer Vollendung in der Natur und Liebe, wie Malte sie bei Abelone im Garten erfährt, und unermeßlichem Leid, das, denkt man etwa an Sappho, bis in den Tod führt, deutlicher herausstellt, soll aus dem Innersten, zwischen den extremen Polen gerade ausgespart[21], die Idee Gottes hervorspringen. Wie der in Aufzeichnung 18 von Malte zitierte Hiob sein tiefes Elend erst dann überwindet, als er es in all seiner Unverständlichkeit als gottgegeben akzeptiert, so vermag hier zwischen dem Motiv des Elends, des

Schmerzes, des Schwindens, des Vergehens und dem des äußern Kleides keine sichtbare Beziehung hergestellt werden. Das Unverständliche dieses allumfassenden Paradoxes aber verklärt die Gestalt zum Gottesbeweis und läßt Malte die - schon von Hiob gezogene - Konsequenz ziehen, daß solches Paradoxon nicht einem Urteil unterworfen, sondern in der Spannung seiner Unverständlichkeit ausgehalten werden soll. Diese Folgerung impliziert, daß die Umkehrung des Elends das Elend nicht aufhebt, sondern als solches bestehen läßt; das entscheidende Moment liegt in der Bewegung der Spannung, die ausgehalten werden will[22].

Aufzeichnung 60

Mißt Malte sich in dieser Aufzeichnung an den Fortgeworfenen, indem er sich fragt, ob er so sein könne wie sie oder ob er eine von ihnen lieben solle, so erklärt er sich in der Suche nach Antwort nicht nur seine Differenz, sondern gelangt zugleich auch zu einer Unterscheidung unter den Fortgeworfenen zwischen jenen, denen das Elend zur Liebe sich wandelt, die mit dem Licht ihrer Liebe auf Gott zugehen und jenen, denen ihre Armut zu nichts dient, gleich einer kalten Lampe nach dem Gleichnis der Bibel von den auf Christus als ihren Bräutigam wartenden Jungfrauen.

Ausgehend von der Physiologie, wie sie sich ernährten, was ihnen Dauer verleihe und sie des Winters Kälte überstehen lasse, nähert sich Malte dem Geheimnis der Fortgeworfenen. Diese körperliche Wirklichkeit wird auf eine metaphysische Dimension hin transparent, wo Malte sie sich, in Schulkinder als geringste Form der Aussichtslosigkeit sich einfühlend, die körperliche Sinnlichkeit in ein Lebensgefühl übersetzt, das zum Aushalten der Aussichtslosigkeit eines Beistandes bedarf.

Nachdem Malte am Ende der vorangehenden Aufzeichnung Gott gerade darum gebeten hatte, ihn den Fortgeworfenen in der Kleidung, im Verhältnis von Innen und Außen also anzunähern, ist diese Aufzeichnung wiederum durchgehend von Distanzierung bestimmt. Doch hat sich die Argumentation Maltes umgekehrt. Zwar macht er wie in den früheren Aufzeichnungen 16-21 den Unterschied zu den Fortgeworfenen an Kleidung und Wohnung fest, will nun aber die Unterscheidung nicht mehr als willentlichen

Verweigerungsakt seinerseits verstanden wissen und zeigt keine Angst mehr vor einem Absinken zu ihnen, sondern erblickt vielmehr in ihrer Größe ein Maß, zu dem ihm Anlage, Mut, Wissen und Stärke fehle. Der Mut fehle ihm dazu, so zu leben wie sie und das 'eingehen', die Dekadenz zu zeigen, wie die Frau mit dem verkrüppelten Arm; Stärke und Maß fehle ihm, an ihre, den Ewigen ähnliche Größe heranzureichen, und sein Unwissen erlaube ihm nicht ihr Geheimnis, ja nicht einmal das Geringste jener Kraft zu begreifen, die in aller Aussichtslosigkeit Beistand leiste; seine Stärke schließlich sei nicht groß genug, die verblichenen Mädchen zu lieben, weil sie zu schwer an ihm wären.

Die Charakterisierung der Fortgeworfenen führt einerseits die positive Zeichnung des vorangehenden Kapitels fort, indem sie mit Geheimnis ausgezeichnet und den Ewigen angenähert werden; andererseits aber wird eine Differenzierung zwischen den Fortgeworfenen eingeführt.

Zunächst jedoch ist die Differenzierung unter den Fortgeworfenen nicht auf den ersten Blick wahrnehmbar. In seiner physiologischen Hermeneutik macht Malte ihr Geheimnis und die Affinität zu den Ewigen an ihrer Körperlichkeit fest. Er wisse nicht, wie sie sich ernährten und wie sie den Winter überständen. Ausgezeichnet sind die also durch Dauer ihres Daseins, was auch in der folgenden Aufzeichnung bestätigt wird, daß "wir (...) nie etwas Längeres gesehen (haben) als das Elend" (61.1/906). Zu den Ewigen werden die Liebenden in der unermeßlichen Hingabe an die Liebe gezählt wie auch die Fortgeworfenen in ihrer völligen Hingabe an das Elend. Hingabe an Elend und Leid, denn auch der großen Liebenden Hingabe ist ja, da sie nicht erwidert wird, unermeßliches Leid, Selbstaufgabe ins Leid also generiert Dauer und Ewigkeit, den Bereich des Göttlichen, so daß Malte sie am Ende im Unterschied zu den Fortgeworfenen mit der kalten Lampe implizit als Liebende auffassen kann, da in ihrem maßlosen Elend eine umfassende Bejahung des Seins zum Ausdruck kommt.

Wie Malte bei der Blindheit des Zeitungsverkäufers auf der Ebene körperlicher Wirklichkeit ansetzt, so auch hier bei der allgemeinen Charakterisierung der Fortgeworfenen. Die Dimension der körperlichen Wirklichkeit, in der zunächst das Geheimnis der Fortgeworfenen, die Frage Maltes, was ihnen Dauer verleihe, wovon sie sich ernährten und was sie die Kälte des Winters aushalten lasse, zunächst artikuliert wird, verdichtet sich in Maltes physiologischer Hermeneutik zunächst zum sinnlich beschreibbaren Lebensgefühl der Schulkinder und steigert sich dann in die metaphysische Dimension, wo dieses Lebensgefühl der Aussichtslosigkeit als die embryonale Form eines

Kraftfeldes erscheint, in dem ein von Malte unvorstellbarer "Beistand" geleistet wird.

Dieser für Schulkinder in der Figur etwa eines Schutzengels oder Namensheiligen vorstellbare Beistand verweist nicht nur auf Maltes eigene Beistandsversuche beim Veitstänzer (Aufz. 21) und beim Medizinstudenten (Aufz. 50), sondern entwirft die Vorstellung unsichtbarer Kraftfelder und Beziehungen, die schließlich in den Gedanken der unfaßbaren positiven Kraft münden, die Malte nur in der Negativität der Angst, der vor den Fortgeworfenen und, gesteigert, vor dem Tod nur wahrnehmbar ist.

Besitzt Malte daher eine besondere Sensibilität für die Bewegung des Zerfalls und des Niedergangs und nimmt von daher wahr, daß "diese Stadt (...) voll (ist) von solchen, die langsam zu ihnen [den Fortgeworfenen; B.A.K.] hinabgleiten" (60.4/904), so weiß er doch eben deshalb auch Unterscheidungen zu treffen zwischen denen, die, um vorgreifend eine Formulierung der folgenden Aufzeichnung zu paraphrasieren, 'bis auf den Grund hinabsinken', und jenen, die, wie "diese verblichenen alternden Mädchen, die sich fortwährend ohne Widerstand hinüberlassen" (60.4/904), "nie sehr hoch von einer Hoffnung gefallen" und daher "nicht zerbrochen" sind (60.5/905). Ist damit das Zentrum des Elends im Zerbrechen des 'Ich', des Subjekts mit seiner Willensstärke, dessen hohe Hoffnung zerbrochen werden muß, bezeichnet, damit die Rückhaltlosigkeit der Hingabe an das Elend in der Umkehrung dann die Züge der Liebe und damit die aufsteigende Bewegung des Göttlichen anzunehmen vermag, so fehlt diesen widerstandslos hinabgleitenden Mädchen, die ihr Innerstes nicht haben anrühren lassen, eben die rückhaltlose Öffnung auf den 'Grund'hin, die hohe Hoffnung, ihr Zerbrechen, das Elend und damit die Liebe.

Nicht nur wird in dieser Konzeption, mystischer Sprache gemäß, schon eine ganz eigene, eine in sich selbst gegründete Sprach- und Bedeutungswelt hervorgebracht, sondern auch die Armut mit der Liebe verquickt, indem das Arm-Werden dieser Mädchen mit einem ans Erotische anklingendem Vokabular beschrieben wird: als müßte man sich - wie ja auch Malte vor der Armut geflohen ist - der Armut widersetzen, so wie die Mädchen sich der schnellen, sich einfach hinlassenden Liebe, als bis, wie bei der Liebe, so wie sie etwa in den Bildern Maltes von der Dame à la Licorne aufschien und im II. Sonett an Orpheus anklingt, aus höchster Hingabe dann die Bejahung der Vereinigung statthat, wie sie in der paradoxen Figur der Jungfrau mit dem Phallussymbol Ausdruck findet, so auch bei der Armut auf ihrem höchsten Punkt eine vollkommene Hingabe an das Elend sich vollzieht und daher in dieser

Vereinigung mit dem Elend der Umschlag in das entgegengesetzte Extrem, den Reichtum, statthat, das Nichts ins Alles sich kehrt. Ein Versuch, die Armut in der Dynamik der Liebe zu denken, die mit dem Widerstand die Hingabe bzw. die Höhe der Umkehrung wachsen läßt. Für die Illustration der 'rechten Armut' wird daher dann auch - motivisch zudem die Verbindung zur Heiligen mit ihrer Liebeslampe in Aufzeichnung 22 andeutend - mit dem aus der Bibel entliehenen Beispiel von den auf ihren göttlichen Bräutigam wartenden Jungfrauen mit der Lampe (Matthäus 25.2) ein Beispiel der Liebe gewählt. Die sich in die Armut hinüberlassenden Mädchen sind demnach geliebte mit einer kalten Lampe: die verblichenen Mädchen vermögen die durch die Armut gegebenen Möglichkeiten nicht zu nutzen, vermögen des Licht der Liebe nicht zu entzünden, weil nur dem, der sich der Armut und dem Elends ganz hingegeben hat, die Finsternis sich wandelt in Licht.

Die christlich-mystische Geprägtheit dieser Denkweise wird in diesem Zusammenhang durch die nun dritte Nennung Christi noch deutlicher. Nach dem Vergleich des Blinden mit Pietà-Vorstellungen und der Parallelisierung des Blinden zur Gestalt des verklärten Christus der Himmelfahrt, wird der Modell- und Vorbildcharakter der Christusfigur nun bezüglich des Geheimnisses der Umkehrung des tiefsten Elends in höchste Seligkeit des Auferstehens zitiert. Leitendes Prinzip einer in diesem Sinne christlichen Liebe ist dabei die völlige Selbsthingabe bis zum Tod.

Solcher Offenbarung, wie die des auferstandenen und verklärten Christus oder vor allem der zum Beweis für die Existenz Gottes sich kehrenden Figur des Blinden bleibt das 'Zeigen' der Armut und des Elends, wie, prototypisch für die alternden, verblichenen Mädchen, die Frau mit ihrem verkrüppelten Arm es täglich unternimmt, oberflächlich und vordergründig. Die Offenbarung vollzieht sich, wie Malte zeigt, im Verborgenen, im Gegensatz zum "Zur-Schau-Stellen". Dieser Gegensatz von der Arbeit im Verborgenen und 'Zeigen' geht in die Frage nach der der heutigen Zeit angemessenen Erfahrungs- und Darstellungform dieser Erfahrungen über, in die Problematik des Theaters und des Erzählens.

Maltes Neuleistung der Vergangenheit:

Elend, Liebe und Theater im Gemälde Karls VI.

Die Aufzeichnungen 61 und 62

Die Themen des Elends und der Liebe führt Malte weiter aus, indem er sie als grundlegende Elemente in die Figur König Karls VI. von Frankreich, der Zentralfigur dieser beiden Aufzeichnungen, 'einbildet'. Der Rückentwurf dieser Thematik, die aufs engste mit der Problematik des Verhältnisses von Wirklichkeit und Vorstellung im Theater, also der Funktion von Kunst in diesem Kontext verbunden wird, in die Geschichte wird von Malte beinahe dialektisch begriffen, wenn er, im König die eigene Schicksalsmöglichkeit verfolgend, die Vergangenheit die Gegenwart beleuchten läßt, und umgekehrt intendiert, durch seine Erfahrungen die Vergangenheit zu verstehen.

Die Struktur der beiden Aufzeichnungen ist relativ komplex und soll daher zunächst in einem raschen Überblick erläutert werden. Eingeleitet werden beide Aufzeichnungen durch Maltes Gegenwart, die ihm über die Problematik des Elends der Fortgeworfenen, seinen eigenen dementsprechenden psychophysischen Zustand sowie in der zweiten der beiden Aufzeichnungen auch durch das Kindheitserlebnis mit einem 'bösen Mann' einen Bezug zur Figur Karls und seiner Zeit vermitteln. Maltes Erzählperspektive gleitet fortwährend von äußerer, szenisch distanzierten und auktorial präsentierender und kommentierender Darstellung über die Einfühlung in eine allgemeine zeitgenössische Denk- und Betrachtungsweise bis ins Innere des Königs.

Die Darstellung des Königs kann übergreifend in zwei große Teile untergliedert werden, einen ersten, in dem der Elendsleib Karls in den Anblick des Trostes transfiguriert wird, und einen zweiten, komplexen, der vom Kartenspiel als Darstellung der profanen Welt zum Passionsspiel führt.

So entspricht die am Leib Karls VI. zu beobachtende Transfiguration des Elends in Seligkeit der Funktion umkehrender Verklärung der Kunst, die das geistliche Spiel gegenüber dem weltlichen Elend jener finsteren Zeit besitzt.

Im ersten Teil geht die Darstellung nach dem Bild des ekelhaft wunden Elendsleibs des wahnsinnigen Königs über auf seinen tröstenden Anblick, um den herum szenisch organisiert der Blick von der dem Wahnsinn entsprechenden finsteren Zeit zur Rückerinnerung des Königs an seinen Sieg über die Genter sich wendet, der, in den Termini auf das Passionsspiel am Ende vorausweisend, als "Triumph des Todes" dem "Mysterium der Liebe", eben dem tröstenden Anblick des Königs entgegengesetzt ist. Dieser Anblick wird unter Bezug auf Christine Pisan als der einer inneren Haltung verstanden, die, wie ja schon in den vorangegangenen Aufzeichnungen die rückhaltlose Hingabe an das Elend als die Voraussetzung der Umkehrung galt, im endgültigen Verlust der Hoffnung auf Glück den Beginn des wahren Trostes erblickt. Das Kartenspiel als Interpretation von Gottes Weltenspiel zeigt den Gang der profanen Welt und geht ins Passionsspiel als gleichsam dessen Transfiguration über. Nachdem jedoch die Darstellung des Passionsspiels nach dreimaligen Vorverweis im 10.Absatz schließlich eingeleitet wird, erfolgt eine schroffe, zunächst völlig befremdende Unterbrechung, indem anstelle des Passionsspiels die antithetische Darstellung des Papstes Johann XXII. und des Sohnes des Grafen von Ligny erfolgt. In der dann folgenden Aufzeichnung 62 muß erst die Perspektive von Maltes Kindheitserlebnis mit dem 'bösen Mann' auf die Darstellung der durch es verständlich gewordenen schweren damaligen Zeit übergehen, bevor sie hier über die Einfühlung in den 'Zeitgeist' fast unmerklich in die des Königs zurückführend übergleitet, der sich von dieser Zeit, der Unverständlichkeit und Sinnlosigkeit der profanen Welt, nun fortbegibt zum Passionsspiel, das ihn seinerseits bis nahe an die Einsicht in die profane Passion dieser Welt bringt, bevor ihn der Wahnsinn, bogenförmig zum Anfang der 61. Aufzeichnung zurückschließend, wieder einnimmt.

Der Gegenwartsbezug zu Anfang der 61. Aufzeichnung ist doppelt: nicht nur läßt die Königsfigur Malte, den motivischen Anschluß an die beiden vorangehenden Aufzeichnungen herstellend, die Wahrheit seiner Situation erkennen, daß ihm sein Verstellen in besseren Kleidern nichts helfe, wenn er zum Äußersten bestimmt sei, da der König in seinem Königtum bis auf den Grund seines Elends gesunken sei, das vergangene Elend des Königs also Deutungskraft für das gegenwärtige Elend Maltes besitzt, sondern umgekehrt ist die Figur Karls VI. selbst auch wiederum durch diese Gegenwartsituation bestimmt, insofern Malte, der zuzeiten an andere Könige geglaubt habe, nun an ihn glaube, weil es Nacht und Winter sei und er friere, das gegenwärtige Elend Maltes also den Glauben an das vergangene bedingt. Indem Malte in dieser Assoziation das Bild Karls an seinen eigenen psychosomatischen Zustand bindet und zudem auch noch bei der Geschichte Karls des Kühnen, der nie so wirklich war wie in der Einbildung der Leute nach seinem Tod, wie in der Nacht, als mit dem Frost die Idee fror, daß er sei, eine Anleihe macht (vgl. 55.6ff/886ff), hebt Malte selbst einleitend und programmatisch den subjektivistischen Charakter dieser Wirklichkeitseinbildung Karls VI. hervor.

Daß Armut nicht vorrangig, wie schon die Differenzierung der vorangehenden Aufzeichnung zeigt, als eine soziale Frage zu verstehen sei, wird noch einmal bildlich durch die Figur des Königs unterstrichen, der "mitten im Königtum unter die Letzten (glitt)" und "hinabsank bis auf den Grund" (61.1/905). Der äußere Glanz des Königtums erweist sich als nichtig gegenüber der Armut, dem Elend des Königs in der Finsternis seines Wahnsinns. Waren frühere Ereignisse und Erlebnisse Maltes unausgesprochen als Wahnsinn gekennzeichnet, so wird dem König nun dieses Attribut explizit zuteil. Im Wahnsinn des Königs besteht sein Elend, aus ihm aber entsteigt auch sein Glanz – ein völlig anderer freilich als die äußere Pracht des Königtums, wenngleich ein in äußerer Ansicht anschaubarer "großer Glanz aus Innen", um eine terminologische Anleihe bei Rilkes "Stundenbuch" zu machen[23]. Malte geht damit dem Erlebnis der Umkehrung der Elendsfigur des blinden Zeitungsverkäufers in den Gottesbeweis durch diese Projektion in die geschichtliche Vergangenheit weiter nach.

Im Sinne des Programms der 14. Aufzeichnung, daß die Geschichte im Blick auf den einsamen und sterbenden Einzelnen, um den die Massen herumstehen, aus der Perspektive der Subjektivität neu zu schreiben sei, bildet der König als "der Einzige" (61.2/906) das Zentrum der Gestaltungsperspektive Maltes in Sicht auf das Zeitalter, dessen todes- und verzweiflungsreiche Finsternis im Wahnsinn des Königs ihr Abbild und seine trasfigurierende Umkehrung zum seligen Anblick seinen Trost findet. Zentrum bildet die Figur des Königs schließlich auch für die Gestaltungsperspektive Maltes, die ihn in Außen- wie in Innensicht und von hier aus aufs Zeitalter ausgreifend formt.

Im ersten Bild, in dem Malte wiederum in seiner physiologischen Hermeneutik von der körperlichen Beschaffenheit des Königs ausgeht, dem Blick auf den wunden Elendsleib des wahnsinnigen Königs, ist die Umkehrung des Elends bereits auf doppelte Weise angelegt. Befindet sich der König in der Finsternis, den "Schluchten seiner Seele" (61.3/907), so können im Bild des körperlichen Elends selbst die Anzeichen der Umkehrung dort erblickt werden, wo ihm der aus der Wunde, in die ein Amulett eingesunken ist, quellende Eiter als der Perlensaum eines Reliquiärs erscheint. Die Umkehrung ist dabei in die Paradoxe der beschreibenden Worte selbst gelegt:

> "Dann leuchtete einer vor, und da entdeckten sie die jäsige Wunde auf seiner Brust, in die das eiserne Amulett eingesunken war, weil er es jede Nacht an sich preßte mit aller Kraft seiner Inbrunst; nun stand es tief in ihm, _fürchterlich kostbar_, in einem _Perlensaum von Eiter_ wie ein wundertuender Rest in der Mulde eines Reliquiärs." (63.1/906; Hervorhebung B.A.K.)

Das Amulett in der Wunde bezeichnet bereits ein Paradoxon, da das, was vor Verletzung und Leid schützen soll, Wunde und Leid bereitet. Das Ekelhafte des Eiters wird in das Kostbare eines Perlensaums umgedeutet, so daß die Paradoxie in der Wortzusammenstellung von "fürchterlich" und "kostbar" kulminiert und der kranke Körper, das bei lebendigem Leibe verwesende Fleisch, das "Aas", zum Träger höchster Werte wird.[24]

Mit dem Widerwärtigen werden nicht nur andere Elendsdarstellungen aus dem Aufzeichnungen 18 und 19 etwa oder der Aufzeichnung 59 wieder aufgerufen, das faulende Fleisch, aus dem die Würmer fallen, stellt insbesondere den Motivbezug zum Baudelaire-Gedicht "Une charogne" und damit zur 22. Aufzeichnung und den dort dargestellten Umschlag dieses Elends in Liebe her. Angedeutet wird dieser Bezug im Verweis auf die "parva regina", die dieses "Aas" noch zu umarmen und zu mildern wußte, so wie in Aufzeichnung 22 Malte sich die Liebe in der Umarmung des Aussätzigen vorstellt. Da der König aber nicht als Geliebter, sondern als "Träger des Mysteriums der Liebe" dargestellt werden soll, bleibt es bei einem vagen Bezug, bei dem es auf den Zusammenhang von Ekel beim Leben im Sterben und den Umschlag dieses Elends in Liebe und umfassende Bejahung ankommt.

Dem finstern Wahnsinn des Königs entspricht die Finsternis der durch Mord, Rache und Verzweiflung gekennzeichneten Zeit, die auch den Sinn von Gerechtigkeit auflöst, so daß der König ratlos auf Eingriff und Handeln verzichtet. Ratlosigkeit aber wird als Handlungsverzicht zur verklärenden Tugend beim König, der die Züge der 'patientia' annimmt. Stellt der mit einem schwärenbedeckten Körper gezeichnete Hiob die im König wiedererkennbare Symbolfigur dieser Tugend dar[25], so erweist sich der König zugleich als Fortschritt gegenüber dem in Aufzeichnung 18 sich in den anklagenden Hiob einfühlenden Malte (vgl.18.9/757).

Handeln und Eingreifen bedeutet nur eine Verlängerung der Finsternis, aber keine Veränderung in einer Welt, in der sich die Handlungen gegenseitig aufheben:

> "Alle versuchten das Teil und das Gegenteil. Alle hoben sich auf, Handlung war keine." (62.5/919)

So lautet die Erkenntnis des Königs später, als er sich von dieser profanen Welt fort zur sakralen Handlung des Passionsspiels wendet. Sein eigenes früheres Handeln wird in der siegreichen Schlacht gegen die Genter in Erinnerung gebracht und im Bild der wie ein riesiges Gehirn ineinander gewundenen erstickten Genter Bürger - ein Bild, das in Ekel und Atemlosigkeit auch hier die Pariserfahrungen Maltes als Erstickung in der Großstadt anklingen läßt - als eben der Finsternis des Zeitalters zugehörig erkennbar.

Vergrößert das Handeln mit seinem Anspruch, durch Vernunft und Einsicht gelenkt, Gerechtigkeit stiften zu können, nur Wirrnis und Finsternis, so stellt die Haltung Hiobs in ihrer völligen Passivität zugleich den Gehalt der Erscheinung des Königs als Verzicht auf alle rationale Begründbarkeit und somit die Voraussetzung für die Transformation in reine Erscheinung dar, der gegenüber sich alles Tun in reinem Anschauen befriedigt und erschöpft und als Tröstung erfahren wird.

Wenn diese Entwicklung als Fortschritt vom "Triumph des Todes" zum "Mysterium der Liebe" gewertet wird, ist darin eine Vorausdeutung auf das Passionsspiel in dem Sinne zu sehen, daß dieses weltliche Geschehen in ein Passionsspiel, eine profane Passion transfiguriert wird, die ihrerseits wiederum durch die Transfiguration des Elendsleib in die tröstende Anschauung erklärt wird. Zugleich wird diese Bewegung auf die der Großstadt-Erfahrung übertragen und Maltes Niedergang in Paris und seine Umkehrung in die allesbejahende Liebe sowie der Anblick des Elends im blinden Zeitungsverkäufer und seine Verklärung zum Gottesbeweis werden als profane Passion lesbar.

Überwindung des Elends durch Umkehr in eine alles bejahende Liebe und Überwindung durch Umkehr in verzückte Anschauung werden assoziiert, indem "das Mysterium der Liebe" im "Geheimnis der Sichtbarkeit" des Königs besteht, in der Befriedigung des Blicks im 'reinen Schauen' dessen, was sich allem Begreifen entzieht und, gleich der Hiobsfigur, als von Gott gegeben anerkannt und bejaht wird. Dieses 'reine Anschauen' wird im Abschnitt über den Sohn des Grafen von Ligny später zur himmlischen Seligkeit im 'reinen Anschauen' Gottes gesteigert.

Beide Elemente aber lassen sich, sollen sie auch im 'Mysterium der Liebe' amalgamiert sein, deutlich unterscheiden in der Innensicht auf die Königsfigur.

Das Wunderbare, das alle Gier des Blickes und der Erkenntnis im reinen Anschauen stillt und so als "einer jener Augenblicke, die die Ewigkeit sind, in Verkürzung gesehen" (61.6/909), einen Vorgriff auf die ewige Seligkeit im Anschauen Gottes bedeutet, wird durch die Innensicht des Königs in seiner Hermetik nicht aufgebrochen, sondern reproduziert: die Menschenmenge ist in den Anblick des Königs versunken, während der König diese Situation in seinem Innern durch den erinnernden Blick auf den in Senlis aus dem Wald tretenden Hirsch mit goldenem Halsband nachbildet. Das reine Anschauen dieses Bildes bedeutet, "von unerschöpflich vermehrter Tröstung gespeist" werden. Beim Vergehen des Anblicks, der bei der die Spannung sprengenden Freude vergeht, wird, nach dem impliziten Verweis durch den Gebrauch der Termini "Triumph des Todes" und "Mysterium der Liebe", der erste explizite Verweis aufs Passionsspiel gegeben; der Menge wird mitgeteilt, "daß der König rue Sant-Denis kommen würde zu der Passionsbrüderschaft, die Mysterien sehen" (61.6/909). Das Mysterienspiel darf daher als eine größere Fortsetzung dieses seligmachenden Schauens gelten.

Ist die stillende Anschauung, das "Geheimnis der Sichtbarkeit", das als Kern dieses in konzentrischen Kreisen von Gestalt zu Gestalt nach innen sich wendenden 'Sehen' in dem im Zeichen des Mercurius dem Einhorn verwandten "cervus fugitivus" auf die Symbolwelt der Alchemie verweist[26], das eine Element des "Mysteriums der Liebe", so ist das andere in der im Buch der Christine de Pisan ausgedrückten Haltung zu erkennen. "Des Königs gestillte Figur" hätte - und hier befindet sie sich am Gegenpol des finstern Wahns - einem Maler Anhalt für das Dasein im Paradiese geben können. Als Zeichen der völligen Durchlässigkeit von innen und außen im Fenster stehend, entspricht dieser äußeren Haltung der Seligkeit eine innere, die, den Lehren der Christine de Pisan folgend und in den Termini der Alchemie Ewigkeit durch Anerkennung der Dauer des Elends versprechend, in einem unendlich großen Leid die wahre Tröstung jenseits von allem Glück sucht, "wenn das Glück vergangen genug und für immer vorüber war" (61.7/910). Diese letztlich melancholische Haltung ist jener der auch das ärgste Elend annehmenden, umfassenden Bejahung der Liebe insofern affin, als in beiden die Vorstellung von Seligkeit als absoluter, ohne Elend zu denkender Zustand aufgegeben, Elend und Finsternis als grundlegend fürs Sein begriffen und nur durch sie hindurch Seligkeit als Trost konzipierbar ist. Der umfassenden Bejahung des Seins entspricht beim König dann das innere Umgreifen der Welt mit dem Herzen[27], so daß in kosmischer Dimension das eigentliche Leben gerade erst beginnt; dabei ist der äußere Blick starr, anscheinend unbegreifend auf einen Gegenstand, hier als Zeichen der Übergangs zu anderen Landen, anderen Dimensionen hin, auf eine Brücke gerichtet:

"Und während sein Blick scheinbar die Brücke drüben umfaßte, liebte er es, durch dieses von der starken Cumäa zu großen Wegen ergriffene Herz die Welt zu sehen, die damalige: die gewagten Meere, fremdtürmige Städte, zugehalten vom Andruck der Weiten; der gesammelte Gebirge ekstatische Einsamkeit und die in fürchtigem Zweifel erforschten Himmel, die sich erst schlossen wie eines Saugkindes Hirnschale." (61.7/910)

Zu diesem gerade erst geborenen Universum, das vom Herzen erforscht und erfaßt wird, geht der Weg hinauf über die ekstatische Einsamkeit, wie ja auch die das gesamte Sein umfassende Bejahung durch die Liebe nur um den Preis des Alleinseins ist (vgl Aufz. 22). Die Störung der Einsamkeit durch andere skandiert das Ende dieser Erscheinungsszene, wie auch das Ende des Passionsspiels, das Rücksinken in den Wahn, das - ein in den 'Aufzeichnungen' immer wiederkehrendes Motiv - durch 'die Leute' verursacht wird.

Ist so in der das grundlose, seinen Grund in Gott findende Elend rückhaltlos anerkennenden Haltung der Grund für den wahren Trost gelegt, so ist die Vermittlung dieses Trostes dem Anblick des ertragenen Elend, des Königs Bild wie dem der Passion, aufgetragen; zugleich kann sich der Interpret dann aber der Vermutung nicht entschlagen, Maltes eigenem, im Schreiben seiner Aufzeichnungen entworfenen Bildnis möchte die gleiche Funktion zukommen.

Eingeleitet wird der zweite Teil der Darstellung Karls VI., in dem die Welt zum Spiel, das Spiel aber zur Welt wird, wie der erste Teil durch des Königs Wahnsinn , aus dem sich von innen her langsam ein tieferer Sinn abzeichnet. In zwei Abschnitten findet das Kartenspielen des Königs Darstellung. Beide Abschnitte enden mit einem Verweis, der erste auf den Papst in Avignon, der zweite auf das Mysterienspiel, so daß dem Kartenspiel die Funktion einer Einleitung zu beiden Teilen und der Herstellung eines Zusammenhanges zwischen ihnen zukommt: am Papst als höchstem Geistlichen wird der weltliche Gang der Dinge veranschaulicht und am weltlichen König der geistliche Sinn.

Die Bilder des Kartenspiels werden für den König zu den Bildern des Weltenspiels, in dem Gott nach seinem unfaßbaren und unergründlichen Ratschluß die Figuren zusammenbringt, ausspielt, umlegt, sie gewinnen oder verlieren läßt. Diese Konzeption einer Welt, die in den auf einzelnen, untereinander beweglichen Blättern aufgezeichneten Figuren lesbar wird, möchte auch die Form der Aufzeichnungen Maltes selbst darstellen, so daß die dadurch vorgenommene Auflösung der konventionellen Zusammenhänge in Zeit und Raum, das Aufbrechen des chrono-logischen Lebenszusammenhanges zugleich seine Rücküberantwortung in die Hände Gottes bedeuten möchte, seine - die damit letztlich freilich negiert würde - Interpretation die der Unergründlichkeit von Gottes Ratschluß. Keineswegs im Spielzimmer, sondern bezeichnenderweise in der Bibliothek legt der König daher sein Kartenspiel als Abbild der Welt. An den Büchern kränkt ihn aber, "daß man im Blättern niemals mehrere Bilder vor sich behielt und daß sie in den Folianten festsaßen, so daß man sie nicht untereinander bewegen konnte" (61.8/910), wie man es mit den Kartenbildern oder eben den Aufzeichnungen Maltes tun kann. Das schlichte Nacheinander der Bücher wird der Vielfalt und den Möglichkeiten der Beziehungen nicht gerecht, während die Karten "einzeln beweglich und voller Figur" (61.8/911) sind, der Beziehungsreichtum zentripetal je auf die einzelnen Figuren hin voll in seinen Möglichkeiten ausgespielt werden kann. Die freie Beweglichkeit der Figuren untereinander entspricht auch dem Geschichtsbild Maltes, sowohl indem alle anderen Figuren auf die je zentrale bezogen werden, als auch darin, daß die Geschichte in ihrer Chronologie als ein im Grunde äußerliches Konstrukt aufgefaßt wird, dem die virtuelle Gleichzeitigkeit, das fortwährende Vorhandensein aller Zeiten entgegensteht.

Ist nun aber die Welt, ihr blinder, sinnlos zufälliger Verlauf ein Kartenspiel Gottes, so findet der König darin, daß er selbst eine Karte sei, seine Identität:

> "Genau wie er nun zwei Könige nebeneinander aufschlug, so hatte Gott
> neulich ihn und den Kaiser Wenzel zusammengetan; [...]." (61.8/911) –
> "Solche Stunden befestigten ihn in der Ansicht, daß er der König sei, König
> Karl der Sechste. Das will nicht sagen, daß er sich übertrieb; weit von ihm
> war die Meinung, mehr zu sein als so ein Blatt, aber die Gewißheit
> bestärkte sich in ihm, daß auch er eine bestimmte Karte sei, vielleicht
> eine schlechte, eine zornig ausgespielte, die immer verlor: aber immer die
> gleiche, aber nie eine andere." (61.9/911)

Gelangt der König so im Spiel, indem er die Wechselfälle seines Lebens auf das Unfaßbare, auf Gott bezieht, zu einer Identität, so wird diese Konzeption im Passionsspiel, in das das Kartenspiel mündet, weitergeführt. Wird nämlich das Kartenspiel, die Darstellung der Figuren auf einem Blatt, die der König, es allein für sich lesend, individuell in sich trägt, ihm zu klein, wie er körperlich an der Hautspannung spürt, so möchte er in den größeren, sozialen Körper des Mysterienspiels übergehen und, wie er hier eine Karte ist, dort ein Schauspieler sein, der, der das Kreuz trägt, und seine Identität somit in der Nachfolge des Leidens Christi, im Bezug seines Elends auf Gott finden.

Der Übergang vom Weltenspiel zum Passionsspiel, der schon durch die Interpretation des Lebens des Königs als vom "Triumph des Todes" zum "Mysterium der Liebe", im Verweis am Ende der Erscheinung des Königs wie im Ausgang des Kartenspiels angezeigt ist, wird durch den Umfang des Spiels noch einmal unterstrichen:

> "Es war das Verhängnisvolle dieser dargestellten Gedichte, daß sie
> sich immerfort ergänzten und erweiterten und zu Zehntausenden von Versen
> anwuchsen, so daß die Zeit in ihnen schließlich die wirkliche war; etwa so,
> als machte man einen Globus im Maßstab der Erde." (61.10/912)

Folgt dem aber nicht die Darstellung des Passionsspiels, auf das hin die Spannung sich wie etwas lang Erwartetes, gerade Angefangenes und schon wieder Unterbrochenes bis zum Ende hin erstreckt, sondern zunächst die des Papstes Johannes XXII. und des Sohnes des Grafen von Ligny, so soll erst die umgekehrte Bewegung vorgeführt werden: wird das Mysterienspiel zum Weltenspiel, so wird die Welt umgekehrt zum Passionsspiel, denn die Bühne verringere nur die Wirkung, da "dieses Jahrhundert (...) in der Tat Himmel und Hölle irdisch gemacht hatte: es lebte aus der Kraft beider, um sich zu überstehen" (61.10 /912).

Von hier wird verständlich, warum nun zuerst, Geschichte in der Geschichte, zwei zusammengelegte Karten des Kartenspiels, in dem ja zudem explizit auf Avignon verwiesen wird, gleich, die Geschichte Johannes XXII. und des Sohnes des Grafen von Ligny erzählt werden.

Die beiden Figuren sind einander antithetisch entgegengesetzt, indem der Stellvertreter Gottes Ausdruck der finstern profanen Zeit, in der es seiner Auffassung nach "vor dem Jüngsten Gericht keine ganze Seligkeit gäbe, nirgends, auch unter den Seligen nicht" (61.14), während der zweite eben das Bild früher Seligkeit darstellt. So findet sich der Konflikt der Figur Karls VI. zwischen Elend und Seligkeit des Anschauens in zwei Figuren getrennt wieder, um, gleichwie Elend und Gottesbeweis in der äußeren Gestalt des Zeitungsverkäufers in spannungsvollem Bezug geschieden zu bleiben, in der aussparenden Spannung dem mystisch-alchemistischen Sehen einsehbar zu werden.

Dem Alter des Papstes steht das Jünglingsalter und der frühe Tod des Sohns des Grafen von Ligny gegenüber, der Diesseitsgerichtetheit und Körperlichkeit des Papstes sowohl wie seiner Kirche die Jenseitsgerichtetheit und das reine Schauen des Jünglings, dem zähen trockenen, dauerhaften, von Geistigkeit gekennzeichnetem Körper die - wenngleich seelische - Sinnlichkeit der Auflösung des Körpers zu reinem Leben. Der entscheidende Gegensatz liegt jedoch in des Papstes Leugnung der Seligkeit vor dem jüngsten Gericht, welche der Erfahrung der irdischen Wirrsal und Finsternis geschuldet ist, und dem Leuchten der Seligkeit im Angesicht Gottes beim Jüngling. Beide Figuren halten einander in einem ironischen Gleichgewicht, zumal eine jede der beiden Darstellungen auch noch Elemente ironischer Selbstnegation in sich trägt.

Die als tatkräftiges Handeln in dieser Welt erzählte Geschichte Papst Johanns XXII. beschreibt eine Parabel, die, nachdem er auf dem Höhepunkt seiner Macht die Wahrheit dieser Wirklichkeit in einen Glaubenssatz, daß es keine ganze Seligkeit vor dem Jüngsten Gericht geben werde, wieder niederfällt bis zum Verlust des Papsttums selbst, das sich also in der Anerkennung der eigenen Wirklichkeit des diesseitigen Handelns als der einzigen selbst negiert.

Spiegelt das Bild des verschlossenen und schweren Papstpalastes, der als Eingangsbild zugleich die motivische Verbindung zum Kartenspiel des Königs herstellt, der auf dieses Bild hin böse Träume fürchtet, die massive, finstere und verzweifelte Zeit, so nimmt in ihm als seinem Ende die Erzählung des Papsttums Johanns XXII. zugleich bogenförmig ihren Anfang. Der Palast als "äußerster Notleib für die wohnlose Seele aller", deren Wohnung zuvor der Leib des Papstes gewesen war, führt zugleich, ganz im Sinne Maltes, daß die Geschichte der Massen die des Einzelnen sei, um den sie herumstünden, auf die Figur des Papstes, der, so wie die Kirche sich als lebendiger Leib Christi versteht, in seiner Körperlichkeit dem Körper der Kirche parallelisiert wird und ihn in sich einnimmt. Diese, im übrigen auch die Figur des Königs wie Malte selbst ja kennzeichnende Leseweise des Verhältnisses von Einzelnem und Gesellschaft, ist vor allem im als Handeln beschriebenen Aufstieg des Papstes strukturell deutlich herausgestellt. Motivisch den Aufstieg strukturierend, wird dieses Handeln, das am Ende auf seiner Höhe gegen den Kaiser und nach dem fernsten Osten sich gewendet habe, zunächst als Abwehr von Gift im Essen und Abwehr von Aberglauben als geistigem Gift, das in Wachsbildnissen gegen seinen Leib gerichtet worden sei, beschrieben, dann als Abwehr von gegen "den Körper seines Reichs", die Christenheit, gerichteten Angriffen, der Brunnenvergiftung durch Leprosen und der geistigen Vergiftung durch den dadurch erzeugten Abfall vom wahren Glauben. Die Finsternis der Zeit nun zeigt sich nicht nur an den Vergiftungsversuchen, sondern auch darin, daß der Papst selbst ja in seinem Handeln in diese Finsternis verstrickt ist, da er selbst an die abergläubische Macht der Wachsbildnisse glaubt, ebenso wie er beim Abfall vom Glauben in Aberglauben "sich und seiner Umgebung das Angelus [-läuten; B.A.K.] verschrieben hatte gegen die Dämonen der Dämmerung" (61.11/913). Das "Unfaßliche", das der Papst in der Erklärung unternimmt, es gebe keine ganze Seligkeit vor dem Jüngsten Tag, ist damit nichts weiter als die Konstatation der evidenten Wirklichkeit seiner Gegenwart.

Damit aber, daß er die völlig unbegründete Hoffnung auf sofortige Seligkeit aufgibt, beginnt der Niedergang des Papstes, der nicht nur "von ganz Europa" abgelehnt wird, sondern in Selbsteinkehr "das Geheimnis der Handelnden, die Schaden nehmen an ihrer Seele" (61.13/914), erforschend, seine These widerruft, selbst sein Handeln und sein Papsttum in ständigen Widerrufen von innen her zersetzt und schließlich entamtet in seiner bürgerlichen Identität als "Jakob von Cahors" die spätere Sentenz des Königs über das profane Leben als Handeln durch sein Tun vorwegnimmt:

> *"Alle versuchten das Teil und das Gegenteil. Alle hoben sich auf, Handlung war keine." (62.5/919)*

Wenn Malte oder vielleicht auch Karl VI. dann meint, "Gott selbst hätte seine Irrung erweisen wollen, da er sobald hernach jenen Sohn des Grafen von Ligny aufkommen ließ, der seine Mündigkeit auf Erden nur abzuwarten schien, um des Himmels seelische Sinnlichkeiten mannbar anzutreten" (61.14/914), wird nicht nur die Antithetik der Figuren herausgestellt, sondern auch an die Rolle Gottes als des Welt-Kartenspielers erinnert.

Die Darstellung des Sohnes des Grafen von Ligny, der Gegenfigur als einer der Seligen, deren "Gesichter schon im Scheine Gottes lagen, an Engel zurückgelehnt und gestillt durch die unausschöpfliche Aussicht auf Ihn" (61.14/915), ist wesentlich kürzer als die Johanns XXII., zumal die Hälfte aus zweifelnden Fragen besteht. Über allen äußeren Kontrast hinaus, der den Gegensatz des 'dichten irdischen Wirrsals' zur Seligkeit der Anschauung Gottes hervorhebt, schreibt Malte dem Bild des seligen Jünglings selbst einen inneren Widerspruch zu, wo bei aller Vollendung "etwas Verzweifeltes [...] in dieser frühreifen Heiligkeit" (61.14/915) vermutet wird. Zwischen dem Handeln der profanen Welt, das sich selbst aufhebt, und der Seligkeit der Anschauung Gottes entsteht auf diese Weise ein Feld ungelöster Spannung, die auf das Innere des Königs sowohl wie darüberhinaus auf Malte selbst verweist.

Wie die 61. Aufzeichnung mit einer unaufgelösten Spannung zwischen dem Religiösen und Profanen endet, so auch die folgende. Scheint am Ende der 61. die Einsicht eher der These des Papstes, daß es keine ganze Seligkeit gebe, zuzuneigen, während der Behauptung der Seligkeit angesichts der irdischen Wirrsal viel "rechthaberische Verbissenheit" zugehört, so gelangt die folgende Aufzeichnung bis an die Grenze, wo die Anschauung in die Passion Einsicht in die "profane Passion" zu geben vermöchte.

Deutlicher noch als zuvor kehrt Malte zu Beginn der 62. Aufzeichnung den Zusammenhang, ja die innere Gleichheit seiner eigenen dunklen Erfahrungen mit der Finsternis jener Zeit heraus, indem er durch das, was er in der Kindheit erlebte, das begreift, was das Wesen dieser "schwere(n), massive(n), verzweifelte(n) Zeit" (62.3/917) ausmacht, und von hier aus zur einfühlenden Einsicht ins Innere des Königs gelangt.

Das Kindheitserlebnis der Begegnung mit dem 'bösen Mann' trägt seinerseits freilich wiederum wesentliche Strukturmerkmale von Maltes Paris-Erlebnissen. Dem kleinen Malte gelingt es, so Maltes Erinnerung in kalter Nacht, gegen Abend das Haus zu verlassen, doch stößt er auf der Straße gegen einen Mann, der ihn, statt zu trösten, so böse anschaut, daß Malte unter Verlust aller Orientierung durch eine ihm nun völlig fremd gewordene Stadt flieht. Der Endzustand Maltes, seine kopflose Flucht, sein Orientierungsverlust, der ihn die Stadt nicht wiedererkennen, sie ihm fremd, furchtbar und feindlich erscheinen läßt, gleicht seinem Zustand beim dreimaligen Zusammenbruch in Paris. Aber auch der Weg dorthin zeigt gewisse Parallelen auf. Kommt Malte gegen Abend aus dem Haus, so schafft schon dieses Entfliehen aus der abgegrenzten und beschützten Welt der Konvention in die Zeit der Dämmerung und der aufkommenden Finsternis, die alles Festgeformte und Sichere zu verschlucken droht, ein Vorgefühl der Unsicherheit und Angst. Der Zusammenstoß mit dem 'bösen Mann hinter der Ecke' verläuft, wie alle wesentlichen Erfahrungen Maltes gegen seine Erwartungen. Dem Amorphen der Nacht entspricht der Geruch und die unbestimmte Härte des Anzugs, will man nicht noch weitergehen und hinter dieser Erscheinung den Anfang eines Malte bedrohenden Sexualverhaltens, eines dunklen Instinktes sich erheben sehen. Die Erwartungshaltung Maltes entspricht zunächst der an anderer Stelle in den Kindheitserlebnissen beschriebenen. Als er nicht, wie erwartet, nach dem Zusammenstoß hochgehoben und getröstet wird, stellt er sich, wie schon an der Erzählung der Geburtstage offenbar (vgl. Aufz. 32 u. 44), eingeübt in Verhaltens- und Wertnormen der Gesellschaft darauf ein, dem Mann entgegenkommen und beim Trösten helfen zu müssen. Eben indem aber die Regel der Konvention nicht erfüllt wird, den Zeilen des in unerwarteter Höhe sich befindenden Gesichts, dem Geruch und der eigentümlichen Härte des Anzugs eine feindliche Bedeutung geben, wird ein darüberhinausführender Bereich beschritten, in dem Malte die erhobene Faust des Manns neben dem Kopf als einen zweiten Kopf wahrnimmt. Zwar unterscheidet sich diese Faust als zweiter Kopf vom Bild des 'Großen' in Paris als zweiter Kopf vor allem dadurch, daß dieses 'Große', auf das ebenfalls durch die einleitend von Malte wiederholt hervorgehobene Größe des Mannes hingewiesen sein möchte, nicht aus Malte selbst herauswächst und ihn vernichtet, indem er ihn in etwas ihn weit übersteigendes auflöst, doch auch hier hat dieser zweite Kopf die Bedeutung einer seine Existenz gefährdenden, großen instinktiven feindlichen Macht.

Kindheitserlebnis wie Paris-Erlebnis werden am *Bild* der Vergangenheit, in die sie 'eingebildet' werden, nun begriffen:

> *"Damals erlebte ich, was ich jetzt begreife: jene schwere, massive, verzweifelte Zeit." (62.3/916)*

Wie in die erste, aus der Perspektive des Königs gesehene, gehen auch in in diese Darstellung der finstern Zeit historisch aufschlüsselbare Begebenheiten ein, die typisierend die Wirrsal beleuchten sollen. Gewalt, Totschlag, Mord wie unerlösbare innere Verzweiflung stellen das äußere Abbild einer allumgreifen instinktiven Sensibilität dar, die dem Leben und Handeln, alle Rationalität Lügen strafend, den Sinn raubt. Die Einfühlung Maltes gleitet dabei von der Darstellung dieses Zeitgeistes in kräftigen Bildern über in ein inneres Denken, das am Ende zu dem des Königs wird, der, auf diese Weise die Welt in sich hineinnehmend und dann im Blick auf die eigenen Hände über dem Waschbecken das Bild des Handelns in dieser Welt in den Wahnsinnskräften seines Körpers zusammenziehend, seine Konsequenzen zieht und sich von ihr ab und dem geistlichen Passionsspiel zuwendet:

> *"Und dann, vor dem späten Nachtessen diese Nachdenklichkeit über die Hände in dem silbernen Waschbecken. Die eigenen Hände. Ob ein Zusammenhang in das Ihre zu bringen war? eine Folge, eine Fortsetzung im Greifen und Lassen? Nein. Alle versuchten das Teil und das Gegenteil. Alle hoben sich auf, Handlung war keine./Es gab keine Handlung, außer bei den Missionsbrüdern" (62.5-6/919)*

Richtet sich mit des Königs Blick auf seine Hände der Maltes zugleich auf das das ganze Buch durchziehende Motiv, von den Mägden, die in der 8.Aufzeichnung nicht wissen, wo sich ihre Hände befinden, über Maltes Hand, die Worte schreibt, die er nicht meint, und die Hand, die ihm zum zweiten Kopf wird wie bei Karl dem Kühnen und beim 'bösen Mann', bis zum Hand-Erlebnis der Kindheit, wo er seine eigene Hand von einer fremden, unsichtbaren und unfaßbaren Kraft bewegt erblickt[28], so wird die Hand hier zum körperlichen Zeichen, an dem das Subjekt an sich die Nichtigkeit seines Willens und seiner Subjekthaftigkeit in der Welt einsieht und im Übergang zur geistlichen Passion als der eigentlichen 'Hand-lung' die unverstandenen Kräfte dieser Welt in die Hand Gottes legt.

Die Anschauung des Leidens Christi erfaßt den König bis ins Innerste und führt den Blick bis zum Glanz des Himmmels, der sich in der Erscheinung des Himmelsboten, des Erzengels Michael, ankündigt. Ist in dem Schauspiel zunächst die reine Anschauung des Leidens als Weg zur Seligkeit vermittelt, der den König "ganz nahe daran [bringt; B.A.K.], das Gegenstück zu dieser Handlung hier einzusehen: die große bange, profane Passion, in der er spielte" (62.6/920), so wird neben der Anschauung des Leidens als "Mysterium der Liebe", das zur Seligkeit gen Himmel führt, ein Interpretationsmodell für die profane Welt geliefert, das in dem "Freibrief" der Brüder, "in ihrer Bedeutung unter den Zeitlichen herumzugehen", vorgeformt ist: das Verständnis dieser Welt als einer profanen Passion, in der er selbst eine Funktion als Schauspieler besäße, gleich einer von Gott ausgespielten Karte.

Nicht durch die in der Negativität der Abwendung von der profanen Wirklichkeit gegründete Einsicht, sondern im körperlichen Verhalten der Schauspieler wird dementsprechend der Sinn der 'Hand-lung" im Passionsspiel sinnlich umgesetzt:

> "Trug er [der König; B.A.K.] nicht, ganz wie sie [die Schauspieler; B.A.K.], die Zeichen und Kleider eines Sinnes an sich? Wenn er ihnen zusah, so konnte er glauben, dies mußte sich erlernen lassen: zu kommen und zu gehen, auszusagen und sich abzubiegen, so daß kein Zweifel war. Ungeheuere Hoffnungen überzogen sein Herz."(62.6/919)

Der in Worten ausgesparte, unausgesprochene Sinn der Unterwerfung allen Handelns unter den unergründlichen Willen Gottes weiß alles Handeln als Schauspielertum, als Darstellung der vom Leiden Christi vorgezeichneten Rolle, so daß dem König "die Idee (kam), daß er daß Kreuz tragen sollte" (62.7/920).

Das Verständnis der Welt als einer profanen Passion schlägt die Rolle des Schauspielers vor, als Nachfolge des Leidens Christi und als Identität im Bezug des Leidens auf den unergründlichen Ratschluß Gottes. In der Anschauung des Leidens als "Mysterium der Liebe" hingegen eröffnet sich ein Programm der Transparenzen, das die Welt zur Anschauung Gottes hin transfiguriert.

Das Theater in Antike und Gegenwart

Die Aufzeichnungen 63-65

Die Reflexion seiner Elends- und Liebesthematik an den Figuren Abelones und Bettines sowie des blinden Zeitungsverkäufers zunächst und der Karls VI. alsdann hat Malte nicht allein zur Dimension kosmischen Seins, der Sphäre der Religiosität und Gottes, den er nun direkt anspricht, geführt, sondern zugleich damit die Seins- und Erscheinungsweise dieser Dimension thematisiert, so daß er in der 63. Aufzeichnung zur Unterscheidung von Seienden und Schauspielern gelangt. Dürfen als Maß der Seienden die großen

Liebenden betrachtet werden, so ist, wie das Passionsspiel bei Karl VI. zeigt, das wahre Schauspielertum, das Tragen einer Rolle, einer Maske, einer Oberfläche im Bezug auf das Elend im Innersten, das Unfaßbare, letztlich in Gott gegründet. Es handelt sich folglich bei der Unterscheidung zwischen Seienden und Schauspielern nicht um einen Gegensatz, sondern um eine zweier unterschiedlicher Seinsweisen. In den drei darauffolgenden Aufzeichnungen konkretisiert Malte zunächst seine Kritik am Theater der Gegenwart, das die innere, von Gott als Zuschauer erblickte, Wirklichkeit der Gegenwart, daß wir weder Seiende noch Schauspieler seien, sondern "ein Gespött und eine Hälfte" (63.1/921), dadurch, daß er zunächst am antiken Theater zu Orange das Ideal entwirft, um darauf dann die Mißverhältnisse des Gegenwartstheaters am Kontrast einer idealen Schauspielerin mit ihrem Publikum zu evidenzieren; die Darstellung der letztlich fehlgeschlagenen Arbeit Ibsens, die in der 26. Aufzeichnung niedergeschrieben ist, gehört auch in diesen Zusammenhang. Die Thematik der Liebenden schließt danach dann die Aufzeichnungen ab.

Der Wechsel von der innersten, Gott als Zuschauer habenden Bühne zur äußeren Szene des antiken Theaters erscheint zunächst recht schroff, wird aber sofort verständlich, wenn man sich den religiösen Kontext des antiken griechischen Theaters, der Tragödien, ins Gedächtnis ruft, der in der Behauptung, "wir haben kein Theater, so wenig wir einen Gott haben: dazu gehört Gemeinsamkeit" (64.5/922) , die in der Ekstase gegründete soziale Gemeinsamkeit, die im Bühnengeschehen das sichtbare Antlitz des alle beseelenden Gottes erblickt, aufscheinen läßt[29].

Malte entwickelt seine Konzeption des antiken Theaters wiederum als subjektives Erlebnis der Wahrnehmung, die, wie die historische Sicht auf Johannes XXII. den Papstpalast zu Avignon, wiederum einen architektonischen Körper zum visuellen Zentrum hat, das Amphitheater zu Orange.

Die vierteilige Darstellung beginnt im ersten Absatz, gleich wie die antike Tragödie, mit der Abwendung von der 'bürgerlichen Gegenwart' und Identität und der Zuwendung zu einer kosmisch göttlichen Dimension.

Wenn das Bewußtsein Maltes, der im Eintreten durch die Glastür des Wärters und im Vorfinden anderer Fremder gleich ihm als Tourist der Gegenwart gekennzeichnet ist, zunächst "nur" durch "das Bewußtsein des rustiken Bruchs" ausgemacht wird, so soll in dieser Wortneuschöpfung, die den Ausdruck 'brüchige' oder 'teils abgebrochene Rustikafassade'[30] umstellt, im beigestellten Adjektiv der architektonische Eindruck angedeutet, im zentralen Substantiv aber das Bewußtsein vom Herausgebrochenen, vom Fragmenthaften herausgestellt werden. Dieses noch relativ unbestimmte Gegenwartsbewußtsein wird vom Eindruck der Körperlichkeit der Säulen auf einen organischen Zusammenhang, durch die Althaeabäume auf südliche Atmosphäre nicht nur, sondern auch auf Ineinandergefaßtsein mit der Natur ausgerichtet, bevor der Blick auf die "offene Muschel des Zuschauerhangs" diese beiden Bestimmungen in sich einnimmt und in der Muschel die Neugeburt der in sie eingefaßten Zuschauer ahnend, sie auf den Kosmos zu öffnet, sie in kosmische Zeitlichkeit einschreibt. Wenn Malte in diesem Kontext das Gefühl für die eigene Subjekthafigkeit schwindet, "das Individuum, mit allen seinen Grenzen und Massen [...]", untergeht[31], so entspricht das der Vorbereitung auf den ekstatischen Zustand der Tragödienerfahrung ebenso wie die Abwendung von der bürgerlichen Identität[32], indem Malte sich von den anderen Fremden abwendet.

Dieses Verhalten soll Malte freilich nicht durch sein Wissen über die griechische Tragödie, sondern durch den Körper des Bauwerks selbst diktiert sein, denn sein Bewußtsein ist "völlig unvorbereitet" für die Offenbarung des Dramas, das ihm wiederum aus der Architektur, der Szenenwand entgegentritt. Im Blick auf deren konkrete Gestalt, ihre dreifache Gliederung, wird die kosmisch-göttliche, übermenschliche Dimension wiederaufgerufen, so daß hinter der 'dröhnenden, fast vernichtenden Größe' im Übermaß das Dionysische, in dessen plötzlicher Mäßigung aber das Apollinische anklingt. Die glückliche Bestürzung, die Malte ergreift, bringt nicht nur die von Nietzsche schon unterstrichene erschreckende Befremdung des modernen Menschen vor der antiken Tragödie zum Ausdruck, sondern in der Mischung von Schrecken und Glück zugleich das Widersprüchliche der dionysischen Ekstase. Wenn Malte dann die Architektur zu einer gigantischen Göttermaske sich formt, "hinter der die Welt zum Gesicht zusammenschoß" (64.3/922), so soll sie ihre körperliche Essenz in der Welt haben: die Welt ist in dieser Maske zur körperlich-organischen Einheit einer übermenschlichen Einzelperson verdichtet, welche im gesammelten Dunkel des Mundes ins Innerste verweist. Im "wartende(n), leere(n), saugende(n) Dasein" des "großen, eingebogenen Sitzkreis(es)" zieht die ekstatische Vernichtung identifikatorisch das Geschehen der Szene, "Götter und Schicksal" in sich ein, das hinter der körperlichen Maske, die ja die körperliche Verdichtung zunächst der Zuschauer selbst ist, als ihren andern, eigentlichen Pol der Identität dann aber die Himmel weiß, das atmosphärisch Amorphe, licht Sich-Kosmisch-Anspannende, Göttliche, das umkehrend und einend dem im Mund des Gottes sich auftuenden dunklen innern Abgrund entspricht. In der Szene dieses Theaters wird so die 'unio mystica socialis[33]' vollzogen.

Von der Szenenwand als Trennung zwischen einer diesseitigen Bildlichkeit, der Handlung auf der Bühne, und einem jenseitig amorph Unfaßbaren, 'Gasförmigen', ausgehend, faßt Malte die Kraft der Spannung, die der Bezug dieser beiden Dimensionen aufeinander erfordert, damit aus dem Amorphen Handlung werde, ins Bild vom 'Gasförmigen', das durch die Wand hindurch zu schweren Öltropfen gepreßt werden soll. Wenn die Wand als die "einer gemeinsamen Not, hinter der das Unbegreifliche Zeit hat, sich zu sammeln und anzuspannen" (64.5/922) gesehen wird, so ist einerseits der Charakter dieser 'unio mystica' als einer sozialen Veranstaltung ganz im Sinne Nietzsches unterstrichen, andererseits aber wird das Atmosphärisch-Gasförmige, das Amorphe als das innere Elend, als harte Melancholie, als der Schrecken erkennbar, der in seiner Negativität auf eine unfaßbare positive Kraft verweist, die nur in dieser Negativität erfahrbar ist, letztlich Gott, verweist. Hinter der Wand ist daher das Innerste des dunklen Mundes und das Göttliche der Himmel zugleich.

Der Vergleich zur Ikonenwand in den russischen Kirchen meint ähnliches, wie im Bezug auf die diesbezüglichen Ausführungen Rilkes behauptet werden darf[34]. Indem diese Bilderwand den Raum des Sakralen und Göttlichen von dem diesseitig Profanen trennt, wird das Profane, dem die Bilder als Ausdruck des Göttlichen zugewandt sind, seinerseits wiederum für das Göttliche bestimmend, als der Blick der Betrachter durch die Form der Bilder hindurch in den goldenen Grund der Ewigkeit des Göttlichen durch ihre fromme Anschauung ihr eigenstes Innerstes projizieren, so daß das Göttliche zugleich alle diese Projektionen der Einzelnen aus ihrem Innersten ist, Vielfalt, das Innerste der Einzelnen aber im Göttlichen gründet, Einheit schafft: eine 'unio mystica' in der Anschauung des Bildes.

Es ist nur allzu verständlich und bräuchte eines Bezugs auf Nietzsche nicht, wie sehr eine solche Theaterkonzeption dem Theater der Gegenwart, allem naturalistischen insbesondere, welches "dieselbe ungare Wirklichkeit, die auf den Straßen liegt und in den Häusern" (64.4/922)[35], auf die Bühne bringt, und allem "affatiguiertem Abbonnementspublikum", wie Nietzsche es nennt, entgegengesetzt ist.

Die Wandmetapher wird so zum Modell der gestalteten Oberfläche, der eingebildeten Wirklichkeit als der tieferen Wahrheit sowohl wie des Dings, des Architekturkörpers, des Gesichts, der Maske, wird zum oder zur "Gestaltvorwand", der oder die gleichzeitig zeigt und verbirgt. Das Fehlen eines oder einer solchen 'Gestaltvorwandes' stellt den zentralen Punkt der Kritik

Maltes am Gegenwartstheater dar, die er am Beispiel einer tragischen Schauspielerin vorträgt, in der die gelehrte Kritik Eleonora Duse erkannt hat[36].

"Gestaltvorwand" meint die Gestalt als Vorwand sowohl, der vorgezeigt wird, um das Eigentliche zu verbergen, 'praetextus', wie auch 'Wand', die vor dem Eigentlichen steht. In beiden entspricht er/sie der Funktion der Szenenwand. Da deren religiös-sozialer Kontext fehlt, steht die tragische Schauspielerin mit ihrem Leid, dem innersten, rückhaltlosen Elend, das in Umkehrung "der Inständigkeit, mit der unsichtbare Selige selig sind" (65.2/923) entspricht, unverborgen, entblößt vor einem Publikum, das an ihr nur seine "eilige Neugier" (65.1/923) befriedigt. Im Schauspielertum als "Gestaltvorwand" vor dem Eigentlichen, dem Wirklichen des 'rückhaltlosen Elends', das aber im Vergleich zu den Seligen, wie in "jenem glücklichen Auflaut", der ein solches Inneres Seliges anzeigt, daß höchstens ein Gottesbote, "ein Engel hätte dich suchen dürfen", die Umkehrung zur Seligkeit der Liebenden in sich angelegt trägt und das also dem 'Sein' der Liebenden affin ist, besteht die Grundfigur von Interpretation dieser Schauspielerin. Wird ihr Spiel einerseits als Suche nach einem/r Vorwand, hinter der sie sich, die tiefe Wirklichkeit ihres Elends, verbergen könnte, interpretiert, so andererseits in Reaktion auf das Mißlingen der Vorwände als 'Wirkliche' und 'Selber-Sein', das in der einem geschmeidigen Raubtier verglichenen Kraft alle Schwäche und Oberflächlichkeit des Gegenwartstheaters evident werden läßt. "Das Äußerste", das in diesem ihrem Akt verlangt wird, die Änderung des Lebens, wird dann aber durch Beifall abgewendet. Das Motiv des Beifalls als Verhinderung der produktiven Einsamkeit durch Korruption verbindet dann diese Aufzeichnung sowohl zur Einsamkeit des Heiligen in Aufzeichnung 53 wie auch der des Künstlers in Aufzeichnung 26, welche im Anschluß hieran zu lesen wäre.

KAPITEL III.2

Apotheose der intransitiven Liebe und Entwurf der Heimkehr

Die Aufzeichnungen 66-70

Soll die Liebe, deren Konzeption in diesen letzten Aufzeichnungen vor der zusammenfassenden Projektion der Gesamtentwicklung Maltes in der Neuerzählung der Legende vom Verlorenen Sohn am Ende des 'Romans' weiterentwickelt und modifiziert wird, in gewisser Weise den abschließenden Höhepunkt und das Resultat der Aufzeichnungen darstellen, so scheint es, als wäre in diesem Kontext in der Figur des weitgereisten Sonderlings, der Sappho übersetzt, die Möglichkeit der Rückkehr Maltes in seine Heimat erwogen. Ob er auf der Ebene der 'realistischen Wirklichkeitsperspektive' zurückkehrt oder nicht, bleibt ungewiß; das Ende der Aufzeichnungen läßt auch den Schluß auf Maltes Tod zu. Es möchte aber auch die Konzeption der intransitiven Liebe als die Rückkehr zu einer Heimat intendiert sein.

Aufzeichnung 66

Einleitend zur Liebesthematik sucht Malte den Unterschied zwischen Liebenden und Geliebten, den er in der Rollenverteilung zwischen Mann und Frau schon in den Aufzeichnungen 39 und 40 angesprochen hatte, vor allem aber in den Aufzeichnungen 58 und 60 herausgestrichen und mit der Dimension des Seins und des Schicksals verbunden hatte, weiter zu entwickeln und entsprechend der Alchemie der Empfindungen und Gefühle die unterschiedliche Bewegungsform ins Bild zu fassen.

Wenn es zu Beginn der Aufzeichnung heißt, die Geliebten lebten in Gefahr, um die Liebenden aber sei Sicherheit, so widerspricht das keineswegs der in der 39. Aufzeichnung vertretenen These, daß die Gefahr sicherer geworden sei als die Sicherheit. Gerade die Gefahr nämlich, die Negativität, das Elend, dem die Liebenden durch ihre Liebe sich anheimgegeben haben, bildet den Kern des Geheimnisses, indem sie in ihnen eine Sicherheit verleihende Ganzheit gebildet hat. Da die Intensität des Leidens dieser Liebe ihnen die ganze Welt verwandelt, sie in allem das Leid um den Einen lesen und daher "die ganze

Natur (...) in sie ein(stimmt)" (66.1/924), wird dieser Eine, in den sie selbstlos ihr ganzes Gefühl projizieren, in seiner Negativität zum "Ewigen", in ihm umfassen sie aber die ganze Natur: aus dieser Allumfassenheit des Leids wird kraft der ihr inhärenten Allidentifikation als 'Bejahung des ganzen Seins ohne Auswahl und Ablehnung' (vgl. Aufz. 22) die umkehrende Ganzheit geboren. Wenn der Ganzheit, die als das in der Ganzheit reine Gefühl nicht aufgegliedert werden kann, nicht gesagt, und also nicht verraten werden kann, der Gesang der Nachtigall entspricht, darf darin nicht nur eine Anspielung auf diesen Vogel als Symbol tiefer Melancholie erkannt werden, sondern zugleich ein Verweis auf die Musik, die das Gefühl ausdrückt, ohne es auszusprechen, bei Beethoven die niederfallende Bewegung in eine aufsteigende wendet, die Vollendung der Welt schafft und in Abelones Stimme, auf die Aufzeichnung 69 dann Bezug nimmt, Dunkelheit wie Klarheit zu einer androgynen Vollkommenheit verbindet, deren aufsteigende Bewegung engelhaft zum Himmel, zur Seligkeit, auf Gott zu führt. Dem Versuch Maltes, durch die Antike ferne, archetypische Urzeit wie historisches Vollendungsideal seinem Denken einzubilden, entspricht der Mythenbezug bei der Beschreibung der Bewegungsform dieser Liebe in Byblis, bei der nicht das Inzestverbot hervorgehoben wird, sondern die Bewegung liebenden Strebens nach Kaunos bis zum Tod in ungestilltem Liebesschmerz, der sie als Quelle verwandelt, in ewig schenkend gebender, das Fehlen in unerschöpflichen Besitz wandelnder Bewegung nach dem Tode weitereilen läßt als die ewige ekstatische Bewegung des 'Aus-sich-Hinausliebens ohne Erwiderung', wie es von Sappho später heißt (68.7/930). Die Bewegung, die "dem Verlorenen nach(stürzt), aber schon mit den ersten Schritten überhol(t)" (66.1/924), wandelt und wendet sich als gebend in ekstatisch zielloser Aufwärtsbewegung gegen Gott. Für solche, "innen zur Quelle" werdende Bewegung führt Malte eine Reihe historischer Gestalten an (Vgl. 66.2/925), die teils auch anderwärts genannt zur Gipfelkette des fernen überzeitlichen Hintergrunds dieser Liebeskonzeption werden, wie die Portugiesin Marianna Alcaforado (auch 39.5/833; 58.1/899) und Gaspara Stampa (auch 39.5/833), Heloïse (auch 58.1/899) und Sappho (auch 58.1/899; 68.2-8/927f), Louise Labbé (auch 67.3/927), während die Hinzufügung immer neuer Namen bei den jeweiligen Gelegenheiten ein unerschöpfliches historisches Beispielreservoir anzeigen soll.

Wenn dem aus dem Mythos gegriffenen Bild für die Bewegung der großen Liebenden für die der Geliebten ein unbedeutendes Detail einer Kindheitserinnerung entgegengesetzt wird, klingt gegenüber der sozial- und natureingebundenen Größe des Mythos zugleich das innen und privat Gewordene der Gefühlswelt der Gegenwart mit. Der Blick auf das geöffnete Schmucketui, die Hülle, die statt des Schmuckstücks nur noch dessen Spur trägt, statt der

Kostbarkeit nur dessen Abdruck in seiner kostbaren, samtenen Kleidung, soll, indem diesem doch recht unbedeutenden Gegenstand aufgetragen wird, das ihm gegenüber völlig überlastend groß erscheinende Gefühl einer Leere und einer Wehmut zu tragen, die sich nur einen Augenblick aushalten läßt, im Abstand des Schmucketuis zum Schmuckstück den alles Beschreibbare übersteigenden Abstand beschreiben, in dem das kostbare Gefühl der Liebe des Liebenden gegenüber dem des Geliebten sich befindet: wenn dieser im Vergleich zum Schmuck so geringe Gegenstand bereits ein so hohes, unerträgliches Gefühl trägt, wie muß erst dann das Gefühl sein, das der Schmuck meint? Dieses Unfaßbare eben bleibt wiederum ausgespart.

Aufzeichnung 67

Darf die einleitende Aufforderung in der zweiten Person Plural: "Blättert zurück in euren Tagebüchern" (67.1/925), vom Kontext und der Kleidung her als an die "Mädchen (s)einer Heimat", die Malte zu Beginn der folgenden Aufzeichnung anspricht (68.1/927) gerichtet interpretiert werden, so nähert sich Malte damit dem Bild des "glücklichen Dichters" aus der 16. Aufzeichnung an, der "von den Mädchen so viel (weiß)" und der "in einem Fache seines Mahagonischreibtisches die gelösten Blätter ihrer Tagebücher" (16.3/745f) besitzt. Als solcher gestaltet er hier dieser Mädchen widersprüchliches Vorgefühl, das auf die große Liebe, auf die er von hier ausgehend im zweiten und dritten Absatz zu sprechen kommt, hinführt, um dann von daher in der folgenden Aufzeichnung eine mögliche eigene Funktion in der Figur des fremden Sonderlings zu entwerfen.

Das zwiespältige Vorgefühl der Liebe faßt Malte in die Empfindung des Frühlings, "da das ausbrechende Jahr euch wie ein Vorwurf betraf" (67.1/925). Dem Neuanfang des Jahres der Natur entspricht im Innern die "Lust zum Frohsein" und im Äußern das Hinaustreten "in das geräumige Freie", dem dann aber "eine Befremdung in der Luft" und ein leichtes Schwindelgefühl entgegensteht. Dieses feine, sinnlich-körperlich zwiespältige Gefühl trägt den Gedanken des Neuanfangs in eine freie Weite, in "offenes Vorgefühl", das darauf wartet, daß die Seele in diese aufsteigende Bewegung einstimmt, gegen das im schwindligen Unsicherwerden sich bemerkbar machende schwere Vergangene, "Winter [...] und voriges Jahr" aus, das im körperlichen Schweregefühl eine der Seele entgegengesetzte, abfallende Bewegung vollzieht. Der Seele aufsteigende und des Körpers niedergehende Bewegung als der Zyklus der Natur, in dem freilich schon die darüberhinausgehende, überwindende Bewegung der Seele angelegt ist, münden in die Linearität der Allee, die sich am Ende im Rondell zur Kreisform vollendet als das Vorgefühl eines strebenden Lebens, das am Ende zur Kreisform sich abschließt, "entschlossen mit alledem einig zu sein" (67.1/935f). Diese zyklenhafte Vollkommenheit der Natur, so lehrt der folgende Absatz, soll für die, die sich Gott vorgenommen haben, hinausgerückt werden. Der die kreisförmige Abgeschlossenheit des Rondells durchbrechende Klang des Vogels, der "allein (war) und (...) euch (verleugnete)" (67.1/926) und motivisch die Nachtigall aus der vorangehenden Aufzeichnung wiederaufruft, die das heile Geheimnis im Ganzen ausschreit (vgl. 66.1/924), weist in ekstatisch unabgeschlossener Bewegung über den Tod hinaus ins Unendliche, jene elementare, orpheische Seinsdimension der Liebe wie nach dem Tode, aus der man sich, wie Bettine (vgl. Aufz. 57./897), nur mühsam in dieses Leben zurückerrät:

"Ach, hättet ihr müssen gestorben sein?" (67.1/926)

Die zyklisch kreisförmig erfüllten Gestilltheiten der Natur sollen aus den auch von Malte selbst durchlebten typischen Elendssituationen, der Nacht zunächst, dem Kranksein alsdann und schließlich aus der Liebe heraus auf Gott zu ekstatisch durchbrochen und überwunden werden. So hat dementsprechend, wie Malte dann im dritten Absatz ausführt, "Clémence de Bourges (...) sterben müssen in ihrem Aufgang" (67.3/926). In der Widersprüchlichkeit der Bewegungen von Aufsteigen und Fallen wird die Zyklenhaftigkeit durchbrochen der Zyklus an seinem Anfang schon durch das Sterben überwunden. Geben die Clémence de Bourges von Louise Labbé zugeeigneten Verse aber die Bewegung der Liebe wieder, so ändert sich die unter dem Gesichtspunkt der Natur abfallende Bewegung des Sterbens, da in der diese "Leidenslänge der Liebe " als "nächtliche(m) Steigen der Sehnsucht" der Schmerz einen "größeren Weltraum" (67.3/927) öffnet, der die Verse noch weit übersteigt. Im Klang der Stimme ist, wie bei Abelone, dieser "Jünglingin" androgyne Schönheit und Vollkommenheit, die der ekstatisch gegen Gott hin ausgestellte Liebesschmerz leistet, beschieden.

Aufzeichnung 68

Wenn Malte nicht an die 'verblichenen Pariser Mädchen' (vgl. etwa Aufz. 60), sondern an die "Mädchen in (s)einer Heimat" sich wendet, von denen er, wie die vorangehende Aufzeichnung zeigte, so viel weiß wie der glückliche Dichter der 16. Aufzeichnung, der ein Haus in den Bergen hat, so möchte, zumal Malte in seinen Wünschen für diese Mädchen mit dem von Jan de Tournes 1556 gedruckten Buch, das der Kommentar oder auch jedes größere Lexikon als das der Louise Labbé ausweist[37], direkt an den vorangehenden Absatz anschließt, geschlußfolgert werden, daß der sonderliche, einsame "ältere Mann", dem er als Nachbar dieser Mädchen in seinen Wünschen die Weiterbildung des Vorgefühls aus der vorangehenden Aufzeichnung über die Verse der Louise Labbé bis zur Figur der Sappho aufträgt, er, Malte, selbst sein könnte, der sich in dieser Figur eine für ihn mögliche Zukunft entwirft. Unabhängig davon, wen Rilke bei der Gestaltung dieser Figur im Auge gehabt haben könnte[38], spricht für diese immanente Interpretation nicht nur, daß es ja nun Malte selbst ist, der so viel von den Mädchen weiß, von der Liebe und ihren Figuren bis hin zu Sappho, daß der Sonderling, "der in seiner Jungend gereist ist", gleich Maltes hier vorliegenden Aufzeichnungen ein Reisetagebuch besitzt, das ähnlich den Tagebüchern der Mädchen des glücklichen Dichters aus "gelöste(n) Blättern" (16.3/746)) bestehen könnte, sie würde vielmehr auch mit der in der Abschlußaufzeichnung der umgeschriebenen Legende vom Verlorenen Sohn selbst ausdrücklich entworfenen Rückkehr konvergieren.

Möglich geworden sein könnte der Gedanke an eine Rückkehr durch seine Reflexion über Elend und Liebe, die ihn von der sozialen Thematik fort zum Beweis der Existenz Gottes führten, ihn von den Pariser Mädchen Abstand nehmen ließen und in die historische Vergangenheit wie zur Kritik des Gegenwartstheaters führten. Die Frage der Darstellung der Problematik der innersten Alchemie läßt zudem eine andere Darstellungsform als die des Theaters anraten, die bei Ibsen einen Mißerfolg zeitigte. Die Alternative der Geduld, die er in diesem Zusammenhang vorschlägt, "daß dieses fast raumlose, von den Jahrhunderten zusammengepreßte Leben gefunden und allmählich versichtbart werde für einzelne, die sich nach und nach zusammenfinden zur Einsicht" (26.5/784), möchte darin angedeutet sein, daß nicht Dichtungs-, sondern demütiger noch 'Übersetzungsarbeit' an der Sappho[39] den Anfang solcher Versichtbarung bilden könnte, wie in Aufzeichnung 71 das Umschreiben, die 'Neuübersetzung' der Legende vom Verlorenen Sohn, während in der ersten Person Plural, das 'Wir', das sich nach der historischen Reflexion in den Aufzeichnungen 63, 64, 65 und 67 einstellt, den Anfang eines gemeinsamen Bewußtseins Gleichgesinnter zum Ausdruck bringen möchte. Die Möglichkeit einer zarten, sich nicht berührenden, sich nicht, wie die verblichenen Pariser Mädchen an den andern hängenden Gemeinsamkeit und Liebe in der Transparenz, die im tiefen Verstehen des andern angelegt ist, wird dann in dieser wie auch in der folgenden Aufzeichnung entwickelt.

Die Einfühlung in die "Mädchen (s)einer Heimat" fortsetzend, entwirft Malte für die schönste, das heißt wie bei Clémence de Bourges (67.3/926), die schmerzfähigste unter ihnen, das Bild, daß sie im Garten sitze und das Buch der Louise Labbé lese. Durch diese Assoziation zum Lesenlernen Maltes im Garten mit Abelone wird das gemischte oder zwiespältige Gefühl aus der vorangehenden Aufzeichnung gesteigert, indem unter die Hälfte des 'ungestillten Sehnens' und großen Schmerzes der Verse die andere Hälfte der Atmosphäre des Obstgartens mit dem Duft einer Pflanze, des "Phlox, in dessen übersüßtem Duft ein Bodensatz schierer Süßigkeit steht" (68.1/927), gelegt und so als Vorankündigung der Vollkommenheit und der großen Liebe sinnlich erfahrbar wird. Als weitere Steigerung dieses Erlebnisses stellt Malte sich dann eine Freundschaft unter den Mädchen vor, die, auf Eingebung durch den fremden Sonderling hin, sich einander mit den Namen der Geliebten der Sappho rufend, den Kreis um Sappho, einen 'Thiasos', der dionysischer Provenienz ist, bilden.

Das Verhältnis des Mannes zu den Mädchen ist aber nicht das eines Erziehers und Pädagogen, der von außen Werte, Normen und Verhaltensregeln an sie herantrüge, sondern ein gegenseitiges, unausgesprochenes Geben und Nehmen, das zutage fördert, was schon tief in einem da ist. Es braucht eines Vorwandes, "daß er euch manchmal zu sich einlüde, um seiner berühmten Pfirsiche willen oder wegen der Ridingerstiche zur Equitation oben im weißen Gang" (68.2/927), damit die Mädchen ihrerseits ihm seine Geheimnisse entlocken, etwa die Lektüre "alte(r) Reisetagebücher" oder Verse der Sappho, der er sich einmal aus Neigung als Übersetzer gewidmet habe und auf die hin ihn das Interesse der Mädchen wieder zurückführe (vgl. 68.3/928). Ihr Zitat im "griechischen Wortlaut", "um dieser Jugend den schönen, echten Bruch der massiven Schmucksprache zu zeigen, die in so starken Flammen gebogen ward" (68.3/928), ruft im Anklang des Wortlauts die Bedeutung des durch den "rustiken Bruch", massiver Szenenwand und den Haarschmuck des Kranzgesimses charakterisierten antiken Theaters zu Orange wieder auf.

Hat Malte durch sein Wissen zunächst und die Projektion des älteren Sonderlings alsdann sich in die kreis- oder spiralförmige Entwicklung der Mädchen vom Vorgefühl im Frühling über die Lektüre der Louise Labbé bis zur Vermittlung der Sappho eingefühlt, so geht von hier aus nun seine Perspektive auf das Innere dieses Mannes über, der von den Mädchen angeregt, sich der Antike neu zuwendet, um auf dem Höhepunkt seine Liebe zu der Erwählten unter den Mädchen damit zu krönen, daß er einsam 'für sie' diese höchste Liebe der Sappho versteht.

Im fast idyllischen Bild langer nächtlicher Lektüre oder Übersetzungsarbeit dieses Sonderlings läßt Malte die Konzeption der Antike aus einer physiologischen Sicherheit des Unbewußten herauswachsen, da der Sinn der wiedergelesenen Zeilen sich "in seinem Blut (verteilt)" (68.4/928). Auf diesem

Eingehen in sein umfassendes Sein beruht die augenblickshafte Erleuchtung, in der er die Bedeutung der Antike als frühe Einheit der Welt erkennt, die in ihrer zeitlosen Idealität aber nicht als etwas Starres und Vergangenes konzipiert ist, sondern als etwas Dynamisches, da sie "etwas wie ein neues, gleichzeitiges Aufnehmen aller menschlichen Arbeit war" (68.4/68.4/928), also bereits alle Möglichkeit menschlicher Arbeit[40], des menschlichen Seins enthält. Auch Malte betrachtet die Antike als etwas Ganzes, eine Einheit, wie alle klassische Theorie, aber keineswegs als etwas Vergangenes. Das zuvor schon ins antike Theater gefaßte Ideal der Einheit als Vereinigung der "himmlischen Hälfte" des Lebens mit der des irdischen Daseins zu der in das auch auf die alchemistische Zielvorstellung anspielende Bild "einer heilen, goldenen Kugel" (68.4/929) gefaßten Vollkommenheit soll als "restlose Verwirklichung" im Augenblick seiner Verwirklichung selbst schon zum Ideal geworden sein, das gegenwärtig und zugleich unfaßbar weit entfernt ist gleich einem Himmelsgestirn. Im Charakter des Massiven monumentale Wirklichkeit gleich der Szenenwand im Theater beanspruchend, fungiert die archaisch wie kosmisch-futurisch "goldene Rundung" dieses goldenen Zeitalters als Spiegel einer sich zurückhaltenden, nicht in sie eindringenden oder erreichenden Traurigkeit des Ungetanen.

Wenn Malte diese futurische Spannung der Sehnsucht zu den Sternen, die er, Vergangenheit zur Zukunft wendend, auf das Ideal der Antike projiziert, dann wandelt in das Bild des Apfels, den der Einsame greift, um in dessen vollendeter Form, die als Frucht, die gewachsen und zugrundegeht, künftiges Leben im Kern enthält, den Raum des Ungetanen entstehen und aus dieser Spannung von vollendetem Kern und Spannung des Ungetanen, aus der kreisförmigen Abgeschlossenheit "die kleine, ins Unendliche hinaus gespannte Gestalt" der Sappho als der Dichterin schlechthin entspringen zu lassen, versucht er in der metaphorischen Bildfolge, wie schon in Aufzeichnung 66 vorgezeichnet, die in Kreisform vollendete Natur auf die ewige Bewegung der Liebe hin zu öffnen und das sehnsüchtig verlangende Streben zu etwas hin in das sehnsüchtig verlangende Streben aus etwas heraus zu wandeln gleich der Liebe der Byblis vom nachstrebenden Liebesverlangen zum Quell (vgl.66.1/924f). Sind in die Kugelform der Vollendung und Vollkommenheit göttliche Vollkommenheit und Allgegenwart wie auch das platonische Bild des ursprünglichen Menschen[41], das Symbol der durch ihr göttliches Licht Sehen verleihende Sonne wie das Gold der Alchemie und schließlich die Seele eingegangen, so sucht Malte diese räumliche Kreisform der Vollendung mit der strebenden Linearität des sehnenden Verlangens, Umgrenztheit mit Unendlichkeit, Zeitlichkeit mit Ewigkeit, Werden und Sein bildlich miteinander zu vermitteln. Der linear, gleich dem Leben, gedachte Prozeß des strebenden Verlangens der

Verzweiflung und Seligkeit, der ekstatisch ins Unendliche sich richtet, ist im Quell der kreisförmigen Vollkommenheit des Seins schon vorhanden.

"[...] so drängten sich, gelebt zu werden, aus den Vorräten des Seins an die Taten ihres Herzens die Seligkeiten und Verzweiflungen heran, mit denen die Zeiten auskommen müssen." (68.6/929)

In den so ins Bild gefaßten fundamentalphilosophischen Kontext schreibt Malte die durch Sappho gegebene "neue Maßeinheit von Liebe und Herzleid" (68.7/930) ein, die Konzeption einer Liebe derer, "die der Gott einzeln anreizt, aus sich heraus zu lieben ohne Erwiderung" (68.7 /930).

Gegen alles historische Mißverständnis in die androgyn-vollkommene Figur der Sappho[42] das Ideal der intransitive Liebe 'einbildend', wendet Malte dann selbst dieses Ideal auf den Einsamen, der, im sehnsüchtigen Blick auf der Sterne kosmisches All den Schmerzweltenraum der Louise Labbé und das Bild der Antike aufrufend, seine Liebe zur Erwählten unter den Mädchen dadurch vollzieht, daß er in der vorübergehenden Zeitlichkeit der nächtlichen Stunde die Überzeitlichkeit dieser Liebe für sie versteht:

"[...] für sie versteht er in einer nächtlichen Stunde, die vorübergeht, den Anspruch der Liebe. Er verspricht sich, ihr nichts davon zu sagen. Es scheint ihm das Äußerste, allein zu sein und wach und um ihretwillen zu denken, wie sehr im Recht jene Liebende war [...]" (68.8/930)

Der als an Sappho gewonnen dargestellten intransitiven Liebe, "aus sich heraus zu lieben ohne Erwiderung" (68.7/930), kommt im zeitgeschichtlichen Kontext der Jahrhundertwende sicherlich eine emanzipatorische Funktion zu[43], Verweigerung der traditionellen Rolle in Ehe und Familie, der Verselbständigung in der Loslösung vom Mann und der Inanspruchnahme auch einer historischen Rolle, die sie als dem Manne weit voraus und überlegen beschreibt[44]. Die grundlegende Konzeption der Liebe ist aber nicht eine der Frau, sondern die Bewegung des Gefühls: der Einsamkeit zunächst, die durch Liebesvereinigung allenfalls erhöht wird, so daß Umarmungen nicht Stillung, sondern Sehnsucht produzieren. An der Höhe dieses Schmerzes vollzieht sich der Übergang des Herzens zur Natur, so daß die Liebe alle Herrlichkeit auch eines göttlichen Geliebten noch übersteht und ekstatisch ins Unendliche sich streckt.

Diese Konzeption, die ja durchaus dann auch für männliche Wesen, wie den Verlorenen Sohn gilt, soll auf existentieller und ästhetischer Ebene die Negativität der Gesellschaft einholen, indem sie sie, die Einsamkeit kosmisch wiederholend, sich zur (verborgenen) Kraft umdeutet.

Aufzeichnung 69

Die hinter dem Vorwand der Einladung verborgene, dem Anderen seine Reichtümer zu entlocken wissende und im tiefen Verstehen für die Andere sich andeutende Möglichkeit einer Gemeinsamkeit und eines zarten, sich nicht berührenden Liebesverhältnisses erfährt in der Aufzeichnung 69 im Verhältnis einsehender Transparenzen eine weitere Ausformung. Malte stellt dar, wie er Abelone in einem venezianischen Salon einmal noch gefühlt und 'eingesehen' habe.

Dieses 'Einsehen' nun meint durchaus kein Wiedersehen, es ist vielmehr eine 'Einsicht' in das tiefere Wesen Abelones, das ihm im 'Gestaltvorwand' einer jungen dänischen Sängerin entgegentritt. Diese Transparenz der Gestalt, die Malte schon in Aufzeichnung 15 als junger Knabe experimentiert hat, als ihm die Figur der Mathilde Brahe zum Gestaltvorwand für die Einsicht in das wahre Bild der Mutter wird[45], korrespondiert ein tiefes Bewußtsein nichtverbaler Übereinstimmung, den Blick des Andern in die Tiefe zur Wesensschau zu führen. Einbildung und Wirklichkeitsbezug befinden sich in einem perfekten Gleichgewicht.

Daß diese Abelone in Venedig von der vordergründigen Wirklichkeitsoberfläche der personellen Identität nicht mit der Abelone der Kinder- und Jugendzeit Maltes in den Aufzeichnungen 28, 37 und 56 identifiziert werden darf[46], ist zunächst daran erkennbar, daß Malte an der "Flechtung ihres Haars" und am "Halsausschnitt ihres Kleides" erkennt, daß es sich um eine Dänin handelt, die er dänisch ansprechen will, was doch bei Abelone selbstverständlich gewesen wäre; Malte würde zudem bei einer Verwandten und Geliebten nicht von "de(m) junge(n) Mädchen" reden (69.7/934), zumal Abelone angesichts des Umstandes, auch Maltes Tante, Schwester der Mutter zu sein, ein gewisses Alter zugeschrieben werden darf[47].

Ist dieses junge Mädchen als Dänin eines aus Maltes Heimat, so darf die Begegnung mit ihr und ihr Singen des Liebesliedes als weitere Steigerung jener Entwicklung gelten, die mit dem zwiespältigen Vorgefühl im Frühling in der 67. Aufzeichnung begann und in der Hinwendung auf Gott zu in der 70. Aufzeichnung ihren absoluten Höhepunkt findet.

In der Struktur der Aufzeichnung entsprechen sich das Venedig-Bild im ersten Teil und die Begegnungsszene Maltes mit dem 'Abelone' genannten dänischen Mädchen, die im Vortrag des Liebesliedes gipfelt. Venedig, das Malte diese Form der Liebe erfahren läßt, ist daher das entgegen aller chronologischen Entwicklung ans Ende der mit den Paris-Erlebnissen beginnenden Aufzeichnungen gesetzte überwindende Gegenbild zu Paris.

Die Aufzeichnung in den szenischen Rahmen eines Empfangs in einem venezianischen Salon fassend, beschreibt Malte zunächst seine Einsicht in das Wesen Venedigs gleich dem in das von Paris als gegen die Konvention, gegen die Meinung der Leute gerichtet, hier der Salonbesucher, die fremd sind in dieser Stadt und ihr fremd bleiben. Befriedigung der Genußsucht ist es, was in der Leute Meinung Paris zum Inbegriff des 'Lebens' werden läßt, Genußsucht auch, was sie nach Venedig führt und es als eine exotische, weiche, opiatisch-dekadente Stadt empfinden läßt. In ihrem gewöhnlichen Dasein zu Hause beschränkt, "verwechseln sie beständig das Außerordentliche mit dem Verbotenen" (69.2/931), so daß sie das Wunderbare als eine Ausschweifung erführen. So bildet das Mißverständnis der 'freien Ehe' oder 'freien Liebe' etwa, die hier auch gemeint sein könnte, mit dem Mißverständnis der Musik, von dem sich diese Leute "anreizen lasse wie von körperlichen Indiskretionen" (69.2/932) und dem Mißverständnis Venedigs, indem sie sich etwa der Ohnmacht der Gondeln überlassen, das Syndrom der Beschränktheit der Konvention, die ganz an der Oberfläche, einer falschen Oberfläche, bleibt und die existentielle Tiefe dieser Dimensionen nicht im geringsten ahnt. Die tiefere Wirklichkeit Venedigs und die "fast tödlichen Geständnisse der Musik" (69.2/932) wie der Liebe thematisiert Malte in dieser Aufzeichnung also gerade gegen die Konvention.

Wie zu Beginn der Aufzeichnungen in Paris ist es Herbst. Malte aber wartet nun gar auf den Winter, da die Leute, die fremd sind, zu dieser Jahreszeit Venedig verlassen, während Malte gerade dann dieser Stadt tiefere Wirklichkeit erfährt, die ihn, obgleich doch auch Fremder, mit ihr im Innersten verbunden weiß[48]. Verkörpert Paris den Verlust des Willens und des Subjekts ins Nichts hinein, so bedeutet Venedig für Malte "ein Beispiel des Willens, wie es nirgends anfordernder und strenger sich finden ließ" (69.4/933), da es das "im Nichts gewollte, erzwungene und endlich so durch und durch (V)orhandene" (69.3/932) darstellt. Dem Hinabgleiten und Fallen ins Nichts steht so das Aufsteigen aus dem Nichts gegenüber, Venedig als die Umkehrung von Paris: jene Bewegung, die sich in Paris selbst auch bei Malte im Wandel des Elends, der Armut in die umfassende Bejahung allen Seins in der Liebe vollzogen hat, hat Venedig als "der suggestive Staat" geleistet, "der das Salz und Glas seiner Armut austauschte gegen die Schätze der Völker. Das schöne Gegengewicht der

Welt, das bis in seine Zierate hinein voll latenter Energien steht, die sich immer feiner vernervten" (69.3/932f). Venedig stellt als Gegengewicht der Welt, des Elends für Malte also den Ort dar, der wie kein anderer der großen Liebe kongenial entspricht. Wie nun Malte in Paris feststellen mußte, daß er es kannte, weil es bereits in seinem Innern war, so überkommt ihn auch in Venedig "das Bewußtsein, das ich es kannte (69.4/933), wie er dann ja auch aus seinem Innersten her das Mädchen kennt, das von der höchsten Liebe singt.

Auch in den weiteren Termini der Beschreibung offenbart sich ein Kennen. "Der abgehärtete, auf das Nötigste beschränkte Körper" der Stadt ruft die Assoziation der Askese und des Heiligen wach, während die Arbeit im Arsenal dieser Stadt ebenso nachtwach ist, wie Maltes Arbeit am Schreibtisch, von wo sein Geist sich fortwährend erweitert und seine Stärke im neuen Durchdringen der fernen Geschichte beweist gleich Venedigs "penetrante(m), sich fortwährend erweiternde(m) Geist, der stärker war als der Duft aromatischer Länder" (69.3/932). Vor allem aber tauscht und wandelt dieser Staat seine Armut in die Schätze der Welt gleichwie Malte eingesehen hat, daß das Elend in die Schätze der Seligkeiten gewendet werden kann und die wahren Armen einen Schatz hüten, wie es im Stundenbuch heißt[49].

Wie Malte Venedig kennt, so kennt er das junge dänische Mädchen, sieht er doch nicht nur dessen Reaktion auf die Aufforderung der Leute vorzusingen, voraus, sondern weiß sie vom gleichen Unmut gegen die Konvention erfüllt und erfährt dann, daß sie in ihrem Singen vom gleichen Antrieb des 'Sagens des Wesens' beseelt ist, den er zuvor selbst verspürt, nur wird es nicht "ausgesprochen, verteidigt, bewiesen" (69.4/933), wie Malte es sich vorstellt, sondern im Kunstwerk verlautbart.

Wenn Malte dieses dänische Mädchen vor einem strahlenden Fenster findet, so hat sich auch hier eine Änderung vollzogen. Es ist die Gegenszene zu dem in höchster Todesangst aus dem Fenster geworfenen Blick, der ihn in Aufzeichnung 47 wünschen läßt, "das Fenster wäre verrammelt gewesen, zu, wie die Wand" (47.4/861). Vorbereitet durch den paradiesischen Anblick Königs Karl VII. im Fenster (61.7/909f) und des Blickes, den der sonderliche ältere Mann in der vorangehenden 68.Aufzeichnung aus dem Fenster hinaus zu den Sternen hoch wirft (vgl. 68.8/930), hat sich das dunkel Amorphe zum licht Amorphen gewandelt, zum reinen Strahlen und puren Licht, das das Mädchen umgibt. Ähnlich dem Bild Abelonens, die in ihrem lichten Kleid so dunkel wie ihre Augen wird, schließt Malte von den dunklen Augen des lichtumstrahlten Mädchens auf "die klare Dunkelheit ihrer Stimme" (69.6/934), jener Stimme, die bei Abelone etwas Männliches, Engelhaftes und Strahlendes, eine androgyne Vollkommenheit besitzt, die die Ureinheit von Dunkel und Licht darstellt, und die Malte dann in diesem Mädchen, als sie sie erhebt, Abelone 'einsehen' läßt.

In der fast ausschließlich nichtverbalen Kommunikation zwischen Malte und dem Mädchen, in der sich eine tiefe Übereinstimmung manifestiert, bei der freilich dem Mädchen die gleiche Rolle wie Abelone zufällt, Malte von Einsicht zu Einsicht zu führen, besitzt die Ablehnung der Gesellschaft und Konvention einen entscheidenden Stellenwert.

In der von Malte mit Sicherheit erwarteten Ablehnung des Wunsches der Gesellschaft, daß sie vorsingen möge, beweist sich zunächst die tiefe Übereinstimmung mit Malte, in ihrer Entscheidung, dann doch zu singen, ist Maltes Enttäuschung begründet, wie dann auch die noch tiefere Übereinstimmung, da sie sich entschieden hat zu singen, als es eigentlich schon zu spät dazu ist, und sich darin auch zeigt, was sie sagt, daß sie nämlich nicht auf die Aufforderung hin singt, sondern aus eigenem, inneren Bedürfnis; dieses ist wiederum auch von jener "böse(n) Unduldsamkeit" (69.9/935) gekennzeichnet, die Malte selbst in seiner antikonventionellen Stimmung bezüglich des Venedigbildes zu Anfang ihres Kennenlernens gerade erlebte; so werden durch diese antikonventionelle Stimmung zugleich Venedigbild und Liebesliedvortrag indirekt parallelisiert.

Wenn in dem, äußerlich einzig an der kaum spürbaren zeitlichen Versetztheit faßbaren, fast unmerklichen Unterschied zwischen Nachgeben, das erfolgt, "als es eigentlich durchaus nicht mehr nötig war, und eigenem Bedürfnis die entscheidende Differenz zwischen anpassender und antikonventioneller Haltung liegt, so wird hier einerseits die Anpassung des Verlorenen Sohns, der nach Hause zurückkehrt, vorweggenommen, wie auch die Rückkehr des 'Sonderlings' in die Heimat, wo er sich hinter Vorwänden wie Pfirsichen und Ridingerstichen verbirgt, gerechtfertigt; denn die Differenz zwischen 'Vorwand', hier dem Eingehen auf die Aufforderung, und dem inneren Bedürfnis, das sich dahinter verbirgt, ist nur für Gleichgesinnte, wie Malte etwa, faßbar. Diesen Unterschied empfindet Malte, in der Stille, die das Liebeslied einfaßt und für ihn von der Konvention trennt: eine Stille, die den Leuten Schweigen auferlegt, so daß die 'Stimme Abelonens' sich aus der Stille erhebt, wie Venedig aus dem Nichts. Wenn es in dem die beiden Teile des Liedes trennenden, die Pause darstellenden Textabsatz heißt, Gott wisse, wer diese Stille gemacht habe, so ist das durchaus wörtlich zu nehmen: wie das Ungetane um die Vollkommenheit der Kugel, so steht diese mystische Stille um die Stimme und bezeichnet den in die Unendlichkeit weisenden Raum, den die Arbeit der Liebe zu leisten hat: die dunkle Stille der Augen, der Abgrund nach innen in einen "größeren Weltraum" (67.3/927) auf Gott zu.

Das vom Abelone genannten Mädchen gesungene Lied der Liebe ist ein äußerst komplexes Gebilde in der Form. Inhaltlich geht es um die Verwandlung der Liebe.

Die Rhythmen sind frei wie das Gefühl, während sich die Reime, Worte und Zeilen engstens verflechten und verknüpfen, ohne aber daß sich eine durchgehende Ordnung zeigte. Das Gedicht stellt auf diese Weise ein äußerstes Verschlungensein, ein Zeichen der Liebe, dar und besitzt so durchaus eine formale Struktur, die sich aber nicht als Ordnung den Gehalt und die musikalische Struktur untertan macht: Engstes Verschlungensein bei völliger Freiheit des Gefühls.

Das Gedicht wird durch kommentierende und beschreibende externe Textelemente unterbrochen, die als Pausenstille gelten können: die mystische Stille, das Nichts, aus der der Gesang sich erhebt und 'vorhanden' ist.

Die Unterteilung ist ebenso unregelmäßig wie die durch den Zwischenraumtext ausgedrückten Pausen. Auf die ersten 9 Zeilen des 18-zeiligen Gedichts, auf die erste Hälfte also, welche aber - auch hier ein aller festen Ordnung widersprechendes Spiel zum Ausdruck bringend - als solche durch den größeren Umfang der Zeilen im letzten Teil, insofern sie den ersten an Wort- und Silbenanzahl wie auch an Hebungen übertrifft, wiederum in Frage gestellt wird, folgen nach einer explizit kurzen Pause 3 Zeilen, während nach einer längeren Pause dann der letzte Teil mit 6 Zeilen abschließt.

Verschiedene Reimformen sind miteinander gemischt. Durchgehend wird der Endreim benutzt, es finden sich aber, zunächst im Bezug auf altdeutsche Reimformen den Ursprung des Sinns in der Tiefe der Zeit sowohl wie den Bezug zum Minnesang und seiner Liebeskonzeption[50] anzeigend, Stabreim, Inreim und grammatischer Reim.

Das Gedicht stellt ein Geflecht von durchbrochenen, geöffneten Symmetrien dar, insofern die von einer Reimform gestaltete Geschlossenheit durch eine andere durchbrochen wird. Es entsteht aus einem lyrischen Ich, das mit dem Du Gemeinsamkeit findet durch Distanz, wie auf dem Bild 'Der Kuß' von Behrends die aufeinander zum Kusse zustrebenden Münder nie zueinander gelangen, die sie aufeinanderzutreibende Energie ewig aus der Distanz zwischen ihnen entfließt. Hier, im Aufhalten und Weiterstreben der Spannung, besitzt Maltes Liebeskonzeption eines ihrer grundlegenden Charakteristika.

In den ersten 6 Zeilen wird die Korrespondenz der Haltungen des Ich und des Du zueinander als Wachseln in der Nacht um des anderen willen beschrieben. Die Gemeinsamkeit kommt in der Stabreimverflechtung durch das 'd' (6 mal) und das 'w' (8 mal) zum Ausdruck; zudem entsprechen sich als Anfangs-, Stab- und Zäsurreim die Zeilen 1 und 5:

Z.1   "<u>Du</u>, der ich <u>nicht</u> <u>sag</u>e, [...]"
Z.5   "<u>Du</u>, <u>d</u>ie <u>m</u>ir <u>nicht</u> <u>sag</u>t, [...]".

Gegliedert wird der erste Teil zunächst durch zwei je von Kurzzeilen gefolgten Langzeilen, die die Gemeinsamkeit von Du und Ich in der Identität der Haltung nicht nur, sondern in der Identität der Formulierung des ersten Satzteils gar, bei dem nur die Person 'vertauscht' ist, zum Ausdruck bringt.

Z.1   "<u>Du</u>, der ichs <u>nicht</u> <u>sag</u>e, daß ich bei <u>Nacht</u>
Z.2   <u>weinend</u> <u>liege</u>,
           [...].
Z.5   <u>Du</u>, die <u>m</u>ir <u>nicht</u> <u>sag</u>t, wenn sie <u>wacht</u>,
Z.6   <u>m</u>eine<u>tw</u>illen".

Die Gemeinsamkeit wird weiterhin durch Anfangs-, Zäsur- und Endreim unterstrichen, wobei durch das Wort 'sagen' sinnreich vertauscht zwischen weiblichem Du und männlichem Ich eine weibliche und eine männliche Reimendung verbunden werden ebenso wie im Anfangsreim der Zeilen 2 und 6 die auf die unterschiedlichen Geschlechter verweisenden Buchstaben 'w' und 'm', die sich ja im übrigen auch spiegelbildlich entsprechen. Darüberhinaus wird ja das wohl einem männlichen Ich zuzuordnende Gedicht von einem Mädchen vorgetragen, so daß in der Tendenz durch das Vertauschungsspiel das Motiv der androgynen Einheit und Vollkommenheit wiederaufgenommen wird. Weitergeführt wird das Spiel von 'm' und 'w', ist ein solches erst einmal angenommen, auch in den Stabreimen der Zeilen 3 und 4, wo die drei 'w' der Weiblichkeit in 'Wesen'-

'wie'-'Wiege' die Männlichkeit der drei m von "mich müde macht" 'buchstäblich' umfassen. Das ludische Vertauschen und Verkehren, das auf den Sinn der letzten 6 Zeilen anspielt, ließe sich schließlich gar noch zwischen dem Diphthong 'ei' und dem langlautenden 'ie' wiederfinden, aus dessen Symmetrie nur das letzte 'i' ausbricht:

Z.2   ei ie
Z.4   ie ei ie
Z.6   ei i

Formal wird die Gemeinsamkeit von 'Du und 'Ich' schließlich auch noch durch die Verschlungenheit der mit 'd' (6 mal), 'm' (3 mal) und 'w' (9 mal) beginnenden Stabreime zum Ausdruck gebracht.

Die Spannung des Leidens und Wachseins um des Anderen willen soll jedoch das Ziel, Ruhe und Befriedung im Wesen des Andern zu finden, nicht erreichen, sondern ungestillt ertragen werden, damit ihre Pracht sich erhalte. Die formale Struktur nun läßt einerseits Gemeinsamkeit als enge Reimverklammerung bestehen, öffnet sie aber zugleich, so daß sie nicht abgeschlossen, sondern frei erscheint, indem die beiden Anfangsreime mit 'Du' in den Zeilen 1 und 5 und 'weinend'-'meinetwillen' in den Zeilen 2 und 6 vom Anfangsreim 'wie' in den Zeilen 4, 7 und auch 12 durchbrochen werden und eine weiterführende Bewegung entsteht. Dieselbe hinausdrängende Wirkung besitzt es, wenn der Endreim vom 'Nacht' - 'macht' - 'wacht' in den Zeilen 1, 3 und 5 auf 'Pracht' in die 7. Zeile überspringt und das negierte "stillen" in Zeile 8 sich auf den Wortteil "willen" in Zeile 6 reimt. Der Nachhall der reimenden Worte ergibt dann den Sinn, daß die 'Wacht' in der 'Nacht' 'Pracht' 'macht', wenn der 'Willen' verzichtet aufs 'Stillen' der Zueinander drängenden Spannung.

Spannung eben wird durch das nicht durch den Reim gestillte Ende der letzten Zeile des ersten, durch eine kurze Pause abgetrennten Teils und durch das Fragezeichen hervorgerufen, eine 'Waise', wie sie von der Metrik des Meistersangs genannt wird; da sie sich dann aber mit der Waise der zweiten Strophe reimt, "ertrügen" auf "lügen", wäre richtiger von 'Körnern' zu sprechen.

In den drei Zeilen der zweiten Strophe, wenn man von Strophen denn sprechen darf, sind die ersten beiden Zeilen am Ende gereimt, sonst aber keineswegs so vielfach ineinander verschlungen, wie die ersten sechs Zeilen, so als ob eine jede der beiden Zeilen trotz Endreimverbindung auf sich bestünde, die erste sich durch die vierfache Vokalfolge von langlautendem 'i', die zweite durch die Häufung des 'e'-Lauts (6 mal) aus aller Verschlingung untergründig löse. Angeklagt wird in diesen Zeilen das Bekennen der Liebe, denn mit dem Sagen beginne das Lügen, ebenso wie im dritten Teil dem Umarmen der Verlust angelastet wird. Wird die gesagte Liebe zur Lüge, so ist die dauernde Liebe unsagbar und unfaßbar.

Einsamkeit bedingt diese Liebe:˛ "Du machst mich allein." Das geliebte Du aber besitzt eine eigenartige Identität, die an die Einheit von Identität und Nichtidentität erinnert, wie sie zuerst bei der Beschreibung des Todes von Großvater Brigge begegnete. Das sprachliche Paradoxon von dort findet sich hier zeitlich aufgelöst: "Eine Weile bist du's, dann wieder ist es das Rauschen,/oder es ist ein Duft ohne Rest." Die bestimmte Form des Du, seine Identität im traditionellen Sinne, verliert sich ins Allgemeinste und Formloseste der sinnlich wahrnehmbaren Natur, Rauschen und Duft, als Bedingung von Wiedergeburt und Dauer, die sich mit dem Umschlingen der Arme nicht finden läßt:

"Ach, in den Armen hab ich sie alle verloren,
du nur, du wirst immer wieder geboren:
weil ich dich niemals anhielt, halt ich dich fest."

Hier wird gerade der Verlust, das Vergehen ins Rauschen umgekehrt in 'Besitz' durch Wiedergeburt. So hat Malte ja in dieser Dänin auch Abelone wiedergefunden. In diesen letzten sechs Zeilen scheint der mit 'd' gewobene Stabreim wiederzukehren. Doch wie das "Du" im Rauschen untergeht, so das 'd' der ersten beiden Zeilen sinnreich in den unbetonten Silben des Rhythmus. Das Reimschema dieser Zeilen lautet aa b cc b, wobei die beiden zusammenstehenden Reime weiblich sind, der umgreifende b-Reim, der sich sozusagen bei den in sich gestillten weiblichen a- und c-Reimen von Reim zu Reim hinüberschwingt, aber männlich, und spiegelt so andeutend den schon in den vorangehenden Aufzeichnungen aufgetretenen Widerspruch zwischen kreisförmiger Vollendung und linearem Streben, oder zwischen eher weiblicher in sich gestillter androgyner Vollendung in der Liebe und die in Transparenzen eher männlich schicksalverhaftet immer weiterstrebende Bewegung[51]. Entwirft die Bewegung dieser Liebe im Paradoxon von Verlust und Besitz das Ziel, im notwendigen Vergehen des konkreten geliebten 'Du' das dann immer neu wiedergeborene 'Du' auf den unfaßbaren amorphen 'Grund' der Liebe zu beziehen, so soll diese Liebe tendenziell jener existentiellen Liebe, die Malte in Paris entwickelt hat, angeglichen, soll das Sterben zum Leben werden. Wie Abelone Dunkelheit und Klarheit vereinigende, androgyn vollkommene, 'reine' Stimme geworden ist und sich aus dieser 'reinen Musik' heraus Malte sich wieder in die konkrete, sichtbare Form der dänischen Sängerin 'einbildt', so verliert das 'Du' des Liedes sich ins Rauschen, den Urton des Windes und des Kosmos, aus dem heraus es dann immer wieder geboren wird, ins völlig Amorphe, das als Absolutes in unbestimmter Allidentität am Ende mit Gott in Beziehung zu setzen wäre. Diese Ausrichtung der Liebe auf Gott erfolgt dann in der folgenden Aufzeichnung.

Aufzeichnung 70

Als die höchste Entwicklungsstufe der sich aus dem zwiespältigen Vorgefühl im Frühling entwickelnden Liebe erscheint hier ihre Ausrichtung auf Gott. Der scheinbare Widerspruch des ersten Satzes, dessen Frage implizit aussagt, daß Abelone ihr Gefühl nicht auf Gott ausgerichtet habe, zu unserer Interpretation des Liedvortrags in der vorangehenden Aufzeichnung, wo wir zwar nicht den Text des Liedes, wohl aber die in ihrer dunklen Klarheit engelgleiche Stimme Abelonens (vgl. 37.2/824 u. 69.6/934) und die sie umgebende Stille wie auch das Rauschen, in das das 'Du' eingeht(69.12-16/936f), als auf Gott verweisend interpretiert habe, erklärt sich durch den besonderen Charakter der 70. Aufzeichnung. Dem Hypothetischen auch der Überlegungen Maltes in dieser Aufzeichnung, ihrem Wirklichkeit als spielerischen Entwurf, als Möglichkeit konzipierenden Charakter entspricht es, wenn Malte zu Beginn der Aufzeichnung die Gottbeziehung der Liebe Abelones in Frage stellt, sie am Ende aber gleichwohl für möglich hält. Zwischen Frage und Möglichkeit wird so ein Raum geschaffen, der nicht eigentlich zur Beschreibung Abelones dient, die hier eher nur als Vorwand fungiert, sondern in dem sich Anhaltspunkte für den Bezug der Liebe auf Gott, der sich in "äußerste(m) Abstand" (71.12/943) befindet, ergeben. Der 'intransitiven Liebe', der Liebe, die keinen Gegenstand, kein Gegenüber der Liebe mehr kennt, nicht ein Zustreben auf etwas, sondern ein Quell ist, bedeutet "Gott nur eine Richtung der Liebe [...], kein Liebesgegenstand" (70.1/937). Als "überlegen(r) Geliebte(r)", vom dem "keine Gegenliebe", d.h. kein normierender oder bestimmender Einfluß, kein festlegender Eingriff durch Liebe zu erwarten sei, wie Malte sie beispielsweise an seinen Kindergeburtstagen beschrieben hat (vgl. Aufz. 32 u. 44), gibt er, "der die Lust ruhig hinausschiebt", die Möglichkeit, uns "unser ganzes Herz leisten zu lassen" (70.1/937) in einem ewigen Strömen, Fließen und Fluten, dem kein Bestimmtes mehr anhaftet und daher der Unbestimmtheit der Allidentität entspricht. In den Transparenzen der Dinge und Personen, dem 'Durchscheinen' dieser Liebe, die sich, in den Worten der Legende vom Verlorenen Sohn, danach sehnt, "selbst so durchleuchtet zu sein" (71.8/941), aber eben nicht berührt, verändert, bestimmt, setzt diese Liebe an als bis sie, darin zunehmend amorph werdend gleich dem Prozeß des

Sterbens, in ihrem Leuchten zu "parallelen Herzstrahlen" (70.2/937) wird, die sich in der Unendlichkeit treffen, d.h. auf Gott hin zielen. Die Konzeption der Liebe mündet so am Ende in eine Lichtmystik, die auch aus der Aufzeichnung 60 das Gleichnis der Jungfrauen mit. den Öllampen, die auf Gott als ihren Bräutigam warten, wieder anklingen läßt:

> *"Geliebtsein heißt aufbrennen. Lieben ist: Leuchten mit unerschöpflichem Öle. Geliebtwerden ist vergehen, Lieben ist Dauern." (70.3/937)*

Wenn Malte dieser Gottesvorstellung Christus entgegenstellt, der im "Vorhimmel" die große Liebe einiger großer Liebender wie der Mechthild von Magdeburg, der Therese von Avila oder der Rosa von Lima aufgehalten habe als Liebender, an dem sie zu Geliebten geworden seien, so widerspricht das dem positiven Christusbild etwa in den Aufzeichnungen 59 und 62 nicht, da Christus als "Leidensmann" Geltung beanspruchen darf[52]; es soll aber seine diesseitige Menschwerdung, sein Dasein als "Gestalteter" und also seine 'Faßbarkeit' hervorgehoben und von der Unendlichkeit und Unfaßbarkeit Gottes unterschieden werden.

Wenn der Prozeß der Liebe als "Leuchten mit dem unerschöpflichen Öle" (70.3/937), in dem noch einmal kontrapunktisch auf die 'oberflächlichen' Armen mit der kalten Lampe angespielt wird (vgl. 60.6/905), durch alle Transparenzen hindurch auf einen zunehmenden Verlust von Gestalt und Form hinausläuft und eben darin dem Tod ähnelt, so wird verständlich, warum Malte am Ende der Aufzeichnung erneut auf die den 'Roman' einleitende Angst vor der Veränderung zu sprechen kommt, vor "jene(m) gespenstische(n) Anderswerden, das man nicht merkt, weil man beständig alle Beweise dafür, wie das Fremdeste, aus den Händen läßt" (70.4/938).

Sind damit die Aufzeichnungen an ein Ende gelangt, das in den Begriff der Liebe das Sterben, Maltes Sterben in Paris miteinfaßt und also auf ein tödliches Ende der Aufzeichnungen hindeutet, so ist in der Figur des Sonderlings unter den Mädchen der Heimat Maltes und vor allem der Umschreibung der Legende vom Verlorenen Sohn, die in gewisser Weise Maltes Entwicklung noch einmal abschließend zusammenfassen soll, auch die Möglichkeit der Überwindung dieser Krise angelegt.

Die neuerzählte Legende vom Verlorenen Sohn

A u f z e i c h n u n g   71

Maltes Neuerzählung der Legende vom Verlorenen Sohn, die, wie Käte Hamburger schon bemerkt hat, nicht wie im biblischen Gleichnis die Liebe des Vaters bei der Rückkehr in den Mittelpunkt stellt, sondern des Verlorenen Sohnes Kindheit, Auszug und Aufenthalt in der Fremde[53], sucht unter dem Gesichtspunkt der Entwicklung der 'intransitiven Liebe' gleichzeitig den Aufzeichnungen einen gewissen Abschluß zu geben, sowohl indem einige wichtige Motive, Themen und Problematiken wiederaufgenommen und in einen nun chronologisch nachvollziehbaren Entwicklungszusammenhang gestellt werden, als auch indem am Ende eine Rückkehr in die Heimat, wie sie sich bereits in der Figur des älteren sonderlichen Mannes in der 68. Aufzeichnung abzeichnete, eine vordergründige Eingliederung in die Gesellschaft der Konvention möglich werden soll, hinter der der innere Weg zu Gott umso ungehinderter vollzogen werden kann. Der Auszug des Verlorenen Sohnes stellt sich daher als ein Auszug aus der konventionellen Liebe dar, während die Rückkehr nur vordergründig in die Familie, d.h. in die Gesellschaft zurückführt, da sie keine Rückkehr in diese konventionelle Liebe darstellt, sondern hinter deren Maske die verborgene Liebe zu Gott betreibt, die nun als jene, in der der Mensch sich selbst finde, sich der sozialen substituiert hat.

Die Entwicklung des Verlorenen Sohnes vollzieht sich in vier großen Entwicklungsetappen. Nach einer Kindheit, die durch die feine "Suggestion" (71.4/940) konventionsoktroyierender, fremdbestimmender, das Ich festlegender Liebe und ihr entgegengesetztes Naturerleben gekennzeichnet ist, flieht der Verlorene Sohn vor dieser Liebe in die Fremde. In deren Einsamkeit entwickelt er die 'durchscheinende Liebe', die ihn aber in einer Zeit der Armut in das allertiefste Elend stürzt. Aus der Krankheit dieses Elends vermag er nur langsam in Hirtenjahren zu genesen und erneut das Gefühl der Liebe zu errichten als nicht nur durchscheinende, sondern ziellose Arbeit auf Gott zu. Diese Entdeckung wirft ihn wiederum zurück an einen Anfang, denn im Namen dieser Liebe muß gleich dem Dichten Welt und Seele neu geleistet werden. Im Zusammenhang der Neuleistung der Kindheit kehrt er nach Hause zurück, wo er, unter dem schützenden Mißverständnis der Liebe der anderen wiedereingegliedert, die Arbeit seiner Liebe auf Gott zu unternimmt.

Nachdem das Kind aus reiner Gewohnheit, da es "es nicht anders (wußte)" (71.1/938), in der Liebe aufgewachsen ist, gestaltet Malte die Knabenzeit als den entscheidenden Schritt der Distanzierung vom Geliebtwerden durch das Erlebnis der Natur, das im Grunde eines der Grundelemente der intransitiven Liebe ausmacht. Bedeutet Geliebtwerden den Verlust des Eigenen durch die Blicke, in denen "Beobachtung war und Teilnahme, Erwartung und Besorgtheit" (71.2/938), durch die "Suggestion" der Liebe in Hoffnung, Argwohn, Tadel, Beifall (vgl. 71.4/940), die aus dem noch Unbestimmten das bestimmte "gemeinsame Wesen" (71.4/940) der Konvention macht, so gilt gegen diese im Austausch der Gefühle gebaute Welt, wo durch ein jedes Tun bei der häuslich-familiären Umgebung auf den 'Tuenden' zurückkehrende Gefühle erregt werden, die indifferente Natur als "innige Indifferenz seines Herzens" (71.2/938), die der Einbildung erlaubt, 'nichts' und daher 'alles' zu sein. Es geht natürlich nicht um Knabenpsychologie, wenngleich die Beschreibung wohl einige typische Gefühlslagen Heranwachsender oder auch vielleicht eher der rücksehnenden Erinnerung Erwachsener einfühlsam treffen möchte, sondern vielmehr um die gegen das Festlegende der Konvention gerichtete Identifikation, ein ursprüngliches Einssein mit der Natur. In ihm soll die späte, nach dem Selbst- und Subjektverlust in der modernen Großstadterfahrung gewonnene Einsicht der umfassenden Bejahung allen Seins in der Liebe legitimierend als ursprünglicher, naiver Zustand antizipiert sein. Die im Veitstänzer beobachtete und auch von Malte selbst erfahrene, dem Bewußtsein, entzogene selbst- und subjektverlorene Motorik des Körpers, etwa im Tanzen und bewußtlosen Laufen der 18., 19. und 21. Aufzeichnung etwa, gilt hier, ins Positive umgekehrt, als Befreiung von der Konvention, die, wie der dreimalige Zusammenbruch in Paris einen Reinigungsprozeß der Alchemie zum Weiß des Blattes bedeutet, hier zur völligen Reinheit des Gefühls führt, "als ein leichter Moment, in dem der Morgen zum Bewußtsein kommt" (71.2/939). Dieses 'Nichts' in der Einheit mit der Natur, das im Gegensatz zu den Erfahrungen in Paris nicht als das Bewußtsein eines Abends und eines Endes, sondern das eines Morgens und eines Anfangs auftritt, wird als "das Geheimnis seines noch nie gewesenen Lebens" (71.3/939) zu jenem, was die mystische Umkehrung und Erleuchtung in Paris wie die in des Alters Todesnähe geleistete Erinnerung an die Kindheit, ihre Neuleistung, wiedergewinnen will: die amorphe Fülle des Lebens, die unbestimmt noch alle Möglichkeiten enthält.

Wie Maltes Laufen mit ausgebreiteten Armen, "als könnte er in dieser Breite mehrere Richtungen auf einmal bewältigen" (71.3/939), die amorphe Unbestimmtheit des vor ihm liegenden Lebens zunächst in die virtuelle zeitlose Gleichzeitigkeit aller persönlichen Geschichte hin konkretisiert und damit in 'naiver Form' die virtuelle Gleichzeitigkeit des Lebens in der Fragmentierung der Aufzeichnungen ohne Datum und Ort vorwegnehmen soll, so ist dann darin, daß "die Himmel" über sein konkretes Handeln – "er schälte sich eine Flöte, er schleuderte einen Stein nach einem kleinen Raubtier, er neigte sich vor und zwang einen Käfer umzukehren" – "gingen wie über Natur" (71.3/939), für das in die Aufzeichnungen fragmentierte Leben auf höherer Stufenleiter das Projekt der Rückführung in die Natur vorgezeichnet. Ist das "Geheimnis seines noch nie gewesenes Lebens" völlig eins mit der Natur und in ihr, da seine unendlichen Möglichkeiten der Zufälligkeit ihrer Ereignisse entsprechen, so weitet sich der Charakter des Naturhaften über die Spontaneität, also die aus dem naturhaft Unbewußten und Zufälligen des Innern aufsteigenden Einfälle und Handlungen aus zu den Einbildungen:

> "[...] man war ein Bucanier auf der Insel Tortuga, und es lag keine Verpflichtung darin, es zu sein; [...] es war möglich, das ganze Heer zu sein oder ein Anführer zu Pferd oder ein Schiff auf dem Meer: je nachdem man sich fühlte." (71.3/939)

Sind aber somit auch diese Einbildungen, in denen er sich in alles, in Einzelpersonen wie in eine Mehrzahl, in Dinge wie in Natur einfühlen kann, ein Teil der Natur, da sie dem unbewußten Zufall und der Laune des Gefühls spontan entsteigen, so zeichnet sich in Maltes späterer Rückführung aller Wirklichkeit in die Einbildung, ihrer 'Neuleistung' in der Einbildung zugleich das Programm einer Rückführung in die Natur ab: Wirklichkeit und Geschichte soll dem rationalen Willenseingriff des klassischen Subjekt-Menschen der Konvention entzogen und den aus dem Unbewußten steigenden Kräften der Natur neu überantwortet werden.

Ist in den Einbildungen auf der einen Seite, wenngleich ohne das Siegel des Todes, der Imperativ der Wirklichkeitsverpflichtung, der umfassenden Bejahung ohne "Auswahl und Ablehnung", also auch alles Unangenehmen und Schrecklichen, vorgebildet, "denn man ersparte sich nichts, was zur Sache gehörte", so erwächst daraus auf der anderen aber keineswegs ein Identitätszwang oder eine Diesseitsgebundenheit, denn "zwischendurch war immer noch Zeit, nichts als ein Vogel zu sein, ungewiß welcher" (71.3/939); ja in der fortwährenden Möglichkeit, zu einem leichten 'Fast-Nichts' zu werden, das gegen den Himmel steigt, möchte der durchs Bewußtseins vom Tode unbeschwerte Aufstieg der Seele in den Himmel ahnend vorgefühlt werden. Sind mithin in diesem Begriff der Natur wesentliche Elemente der existentiellen Ästhetik Maltes vorweggenommen, so fehlt ihm aber gerade der Nexus des Todes als der extreme Negativität der Gesellschaft, der die prinzipielle Grundlinie der Aufzeichnungen bildet. Gleichwohl kommt der gegen die entfremdende Konvention der Gesellschaft gerichtete Stoßrichtung dieses Naturbegriffs wie dann auch in der auf ihn aufbauenden Konzeption einer antikonventionellen Liebe deutlich zum Ausdruck.

Dementsprechend erfolgt der Fortgang des Verlorenen Sohnes anläßlich des schon in den Aufzeichnungen 32 und 43 herausgehobenen Inbegriffs der Selbstentfremdung durch konventionsoktroyierende Liebe, nämlich anläßlich der Geburtstagsfeier, während in der Entwicklung in der Fremde dann unter der Präponderanz der Liebeskonzeption die grundlegenden Strukturelemente der Paris-Aufzeichnungen, das gesellschaftliche Elend der Isolation, der Identität, des sozialen Abstiegs und des Fortgeworfenseins, die schließlich existentiell werden und in der Todesangst kulminieren, zu Akzidenzien herabzusinken drohen, die einzig zusätzlicher Illustration dieser Liebe dienen. Hier gelingt es der neugeschriebenen Legende als Neuleistung der eigenen, in den 'Aufzeichnungen' niedergelegten Geschichte nicht, deren Spannweite einzuholen.

Deutlich aber wird in der Entwicklung des Verlorenen Sohnes jedoch durchaus die Konzeption der Liebe in ihrem gleichwohl antikonventionellen Charakter. Flieht er vor der Liebe als der "entsetzliche(n) Lage [...], geliebt zu sein" (71.7/941), so entwickelt er angesichts der Unmöglichkeit, auf das Gefühl der Liebe zu verzichten, eine Liebe, die den anderen nicht berührt, sondern durchscheint, eine in der Einsamkeit gelebte Liebe, die dem anderen völlige Freiheit läßt:

> *"Denn er hat geliebt und wieder geliebt in seiner Einsamkeit; jedesmal mit Verschwendung seiner ganzen Natur und unter unsäglicher Angst um die Freiheit des andern. Langsam hat er gelernt, den geliebten Gegenstand mit den Strahlen seines Gefühls zu durchscheinen, statt ihn darin zu verzehren. Und er war verwöhnt von dem Entzücken, durch die immer transparentere Gestalt der Geliebten die Weiten zu erkennen, die sie seinem unendlichen Besitzenwollen auftat." (71.7/941)*

Die Liebe richtet sich zwar somit noch auf einen Gegenstand, aber dieser wird ihm in der Einfühlung, im 'Durchscheinen mit den Strahlen seines Gefühls', transparent auf anderes hin, verliert mithin, gerade indem seine Form von ihnen erfüllt wird, seine bestimmte und begrenzte Bedeutung und führt auf jenes Ineinanderhinüberschwingen der Dinge zu, das schon in Aufzeichnung 56 die Vollkommenheitsvision der Liebe im Garten der Natur aufwies. So wird das einverleibende Besitzenwollen zum selbstlosen Durchstrahlen, das "durch die immer transparentere Gestalt der Geliebten" (71.7/941) immer weiter ausgreift.

Gegenüber den völlig freien, launenhaften Einfällen der Einbildung in der Natur, arbeitet die Einbildung in der Liebe sich nun einfühlend an der Gestalt der Geliebten ab, die ihren Wegen freilich nur als Ausgangspunkt dient. Völlig unterschlagen oder nur noch in der "unsägliche(n) Angst um die Freiheit des andern" oder der "Verschwendung seiner ganzen Natur" schwach reflektiert ist bei dieser, von "Besitzenwollen" gekennzeichneten einfühlend-durchscheinenden Einbildung der Liebe freilich jene Passivität und Hingabe, der Selbstverlust der einfühlenden Einbildung, die die Wirklichkeitsbilder der einfühlenden Einbildung in den vorausliegenden Aufzeichnungen kennzeichnete: diese Liebe, die in der umfassenden Bejahung alles Seins auch noch die Schrecken mittragen sollte, war selbst noch von den Schrecken gekennzeichnet. Die 'durchscheinende' Liebe des Verlorenen Sohns scheint im "Besitzenwollen", wenngleich das so Besessene nicht verändert oder beeinflußt wird, diese Schrecken vergessen zu haben.

Möchte man in der folgenden Entwicklungsetappe auf den ersten Blick des Verlorenen Sohns "Sehnsucht, selbst so durchleuchtet zu sein" (71.8/941), seine Sehnsucht nach Gegenliebe angesichts der als reiner Quelle konzipierten Liebe für eine Inkonsequenz halten, zumal Malte ja auch gerade in Aufzeichnung 70 noch zum Vorteil Gottes behauptet hatte, von ihm sei keine Gegenliebe zu fürchten (vgl.70.1/937), ihn etwas weiter unten aber gerade als das Ideal der Gegenliebe auffaßt (vgl.71.12/943f), so zeigt sich darin eben das tiefsitzende Bedürfnis nach Gemeinsamkeit, wie es ja auch in der Konzeption des antiken Theaters in Aufzeichnung 64 - wenngleich dort aber als unerreichbares Ideal vergangen - aufscheint, dessen Erfüllung aber gerade aufgrund des starken, entscheidenden antikonventionellen Aspekts in eine unfaßbare Zukunft, den in "äußerste(m) Abstand" befindlichen Gott projiziert wird. Der andere Entwurf der Liebe, der anklingt, aber bezeichnenderweise vom Verlorenen Sohn nicht realisiert werden kann, ist im Verhältnis des Sonderlings zu den Mädchen in Maltes Heimat und vor allem in der Begegnung Maltes mit der Dänin, in der er Abelone 'einsieht', und deren Liebeslied gegeben. Diese Konzeption entwirft im uneingestandenen Bewußtsein der Gegenseitigkeit eine reziproke Anspannung der Gefühle hinter 'Vorwänden' und vermeidet allen direkten, insbesondere verbalen Kontakt. An der mittelalterlichen Minne orientiert, soll die offen gehaltene gegenseitige Zuneigung zum Spannungsfeld werden, das die ganze Welt erfaßt.

Wenn der Verlorene Sohn eine solchen Ansprüchen genügende Geliebte nicht findet, sondern nur Geliebte, die auf seine Liebe eingehen, soll er erneut von einer, gleich der ersten, häuslichen, konventionellen Liebe umgeben sein, in deren "Umarmungen [...] sich alles verlor" (71.9/942). Gegenüber dem dadurch entstandenen "größten Entsetzen" gilt das soziale Elend, von dem ausgehend Malte das Spannungsfeld der Paris-Erlebnisse zeichnete, als minder. In wie eindringlicher Sprache auch die Härten dieser Zeit der Armut des Verlorenen Sohnes beschrieben werden - "da sein Kopf das Lieblingsding des Elends war und ganz abgegriffen", also dem Wahnsinn nahe, "da sich überall an seinem Leib Geschwüre aufschlugen wie Notaugen gegen die Schwärze der Heimsuchung", da er also krank wird, diese Krankheit, sein kranker Körper ihm aber in physiologischer Hermeneutik zum Auge, zum Erkenntnismittel wird gegen das Elend, "da ihm graute vor dem Unrat, auf dem man ihn verlassen hatte, weil er seinesgleichen war", er also zu den Fortgeworfenen hinabgestoßen wird -, all dieses Leid ist minder noch als "sein größtes Entsetzen, [in der Liebe; B.A.K.] erwidert worden zu sein" (71.9/942). Damit ist die Reichweite des Spannungsfeldes der Subjektivität in den Paris-Aufzeichnungen und auch den ihnen folgenden, das sich vom historischen Epochenwandel, dem Verfall der Feudalgesellschaft und ihrer Werte, dem sozialen Abstieg und der Entstehung der modernen Großstadt mit ihrer Massengesellschaft und der Isolation des Einzelnen über Krankheit und Tod bis zur umkehrenden Erleuchtung der Liebe, einer den Anspruch des Individuums auf existentiellen Sinn ausdrückenden und zugleich die Negativität der Gesellschaft spiegelnden Metaphysik erstreckte, aufgegeben und fungiert als Akzidenz, die Größe des durch Gegenliebe erzeugten Elends zu bezeugen.

Ähnlich wie eingangs das Naturerlebnis der häuslich-konventionellen Liebe entgegengesetzt ist, heilen nun die 'Hirtenjahre' den Verlorenen Sohn vom Elend der 'umarmenden Liebe', indem sie ihn in eine Zeit und in einen Raum einfassen, die sich mit üblichen Kriterien nicht fassen lassen. Das Einbegreifen in Raum und Rhythmus einer großen, fast kosmischen Natur ist in dem Kontrast angezeigt, der die Länge der Tage der Kürze des Lebens und seine Gestalt dem "ganzen Überraum seiner riesigen Nächte" (71.10/942) gegenüberstellt. Im Gefühl daher, nun positiv gegen die negativen Vorzeichen der Großstadt gewendet, "allgemein und anonym" (71.11/942), baut er seine Grundgefühle vom Elementaren her neu auf, nimmt Welt wieder wahr wie aus der Perspektive der großen Natur, indem er als Genesender allenfalls "es liebte, zu sein" (71.11/942), und eingebunden in den Naturrhythmus der Schafe die Welt durchwandert. Vom Welten- und Naturraum, deren Perspektive im bukolischen Hirtendasein mit konkret vorstellbaren Lebensmöglichkeiten vermittelt sein soll, öffnet er sich dann den historischen Kulturräumen, von der Akropolis über die Hirten in der Baux, das Triumphtor in Orange bis zu den Gräbern der Allyscamps, nimmt also, wie die Erwähnung von Orange anzeigt, das Bild der Antike, das Malte in Aufzeichnung 64 entwickelte und wie es mit der Akropolis auch aufgerufen ist, in sich auf wie auch das des bewegten Mittelalters, das in der Landschaft der Baux aufscheint: eine Vergangenheit, die, wie die offenen Gräber der Allyschamps bedeuten, nicht einfach vergangen ist und in Gräber verschlossen, sondern offensteht wie diese Gräber, wenngleich mit der gleichen Gewichtigkeit im Weltgeschehen gegenwärtig ist wie in der Natur der Flug einer Libelle, als flüchtiges Moment der großen umfassenden Natur.

Die Perspektive der großen Natur auf die Geschichte bildet die Dimension des Gefühls, in der der Verlorene Sohn erneut die Arbeit der Liebe beginnt als "die stille, ziellose Arbeit", "die lange Liebe zu Gott" (71.12/943), da Gott allein der Sehnsucht, selbst von strahlender Liebe durchleuchtet zu werden, zu entsprechen vermöchte. Hat der Verlorene Sohn mit dieser Ausrichtung der Liebe den 'Stein der Weisen gefunden', so wird er doch durch "Gottes äußersten Abstand" (71.12/943) gezwungen, erneut von vorn anzufangen:

"Er hatte den Stein der Weisen gefunden, und nun zwang man ihn, das rasch gemachte Gold seines Glücks unaufhörlich zu verwandeln in das klumpige Blei der Geduld." (71.12/944)

Fragt man sich, was man unter der ziellosen Arbeit der Liebe auf Gott zu verstehen habe, so deutet der Vergleich mit dem Dichten, das Geduld im Ertragen der Seele, beim Bewältigen des Binnenlebens verlange und Teil dessen die Neuleistung der Kindheit sei, an, daß es sich um die positive Formulierung dessen, handelt, was die Negativität der Paris-Aufzeichnungen nur negativ, als das Unfaßbare, bezeichnen konnte und was in der 'orpheischen Ästhetik' auf das Aushalten und Wollen der konkreten Negativität dieser Wirklichkeit selbst verwies. Die Intention, nichts überspringen zu wollen in der Neuleistung des Lebens als das dichtende Binnenleben der Seele, führt den Verlorenen Sohn in der Suche nach der Kindheit zurück nach Hause, wo er zunächst durch die häuslich-konventionelle Liebe, die er nicht mehr gewohnt ist, niedergeschlagen wird. Diese Konvention erweist sich dann aber, daß sie des Verlorenen Sohns Haltung in ihrer "verzweifelten Eindeutigkeit" (71.15/946)[54] nicht erkennt, als ein Mißverständnis, das ungewollt Vorwandfunktion erhält, so daß er hinter ihm unerkannt und ungestört seine Arbeit auf Gott zu fortführt.

Der Unterschied des letzten Teils der neugeschriebenen Legende vom Verlorenen Sohn zu den vorangehenden Aufzeichnungen schlägt jedoch auch hier zum Vorteil der letzteren aus. Die Arbeit der Liebe auf Gott zu in der Sicht der Seele als dichtender Neuleistung aus der Perspektive der großen Natur auf Welt, Geschichte und das persönliche Leben läßt jene Wendungen und Umkehrungen kaum noch erkennen, die die Subjektivität auf ihrem extremen Pol vom Elend der Großstadt bis zur hohen Metaphysik der Engel anspannte: vom

Verfall der feudalen Gesellschaft, dem Verlust von Haus, Hof und Erbe und dem Verschlagensein in die Großstadt, vom Prozeß sozialen Abstiegs zu den Fortgeworfenen der Gesellschaft und der sozialen Isolation, denen eine Veränderung der Wahrnehmung, ein Krankwerden des Kopfes und des Leibes entspricht, eine physiologische Hermeneutik dieser Verhältnisse durch den Grenzgang der Sinne am Wahnsinn und die Krankheit des Leibes, bis zu einer Umkehrung dieser Negativität in eine ästhetisch-existenzielle Metaphysik, die aber deutlich die Zeichen ihrer Herkunft an sich trägt.

ANMERKUNGEN

Anmerkungen zur Einleitung

[1] Die den auf ein Fluidum abzielenden Intentionen des 'Malte-Romans' sicherlich in gewisser Weise widersprechende Durchnumerierung der Aufzeichnungen, wie sie etwa auch Armand Nivelle (*Sens et structure des "Cahiers de Malte Laurids Brigge"*, in: Revue d'Esthétique 7, 1959, S.5-32), Anthony Stephens (*Rilkes Malte Laurid· Brigge. Strukturanalyse des erzählerischen Bewußtseins*, Bern und Frankfurt a.M. 1974) oder August Stahl (*Rilke Kommentar. Zu den Aufzeichnungen des Malte Laurids Brigge, zur erzählerischen Prosa, zu den essayistischen Schriften und zum dramatischen Werk*, unter Mitarbeit von Rainer Marx, München 1979) vorgenommen haben, erlaubt der wissenschaftlichen Absicht systematischer Untersuchung wie auch dem Leser einer anderen Textausgabe als der hier zugrundegelegten eine bessere Orientierung. Deshalb folgt dem Inhaltsverzeichnis vorn auf S.7 eine Numerierungstabelle der Aufzeichnungen mit den jeweiligen Satzanfängen. In unserem Text folgt den Zitaten aus den "Aufzeichnungen des Malte Laurids Brigge" in Klammern zunächst die Aufzeichnungs- und Absatznummer (z.B. 22.4 = 22. Aufzeichnung, 4. Absatz) und dann, durch einen Querstrich abgetrennt, die Seitenzahl in der maßgeblichen Ausgabe: Rainer Maria Rilke, *Sämtliche Werke*, herausgegeben vom Rilke Archiv in Zusammenarbeit mit Ruth Sieber-Rilke und besorgt von Ernst Zinn, Bd. I-VI, Frankfurt 1955-1966. "Die Aufzeichnungen des Malte Laurids Brigge" finden sich in Band VI, S. 707-946. Für die Lektüre auf italienisch verweisen wir auf die mit vielen erklärenden Anmerkungen versehene, ausgezeichnete Übersetzung von Furio Jesi (R.M.R, *I quaderni di Malte Laurids Brigge*, Milano (Garzanti) 1974), dem die Rilke-Rezeption in Italien u.a. auch eine wichtige Einführung in das Leben und das Gesamtwerk Rilkes verdankt: Furio Jesi, *Rainer Maria Rilke*, Firenze (La Nuova Italia) 1979; zum 'Malte' dort S. 67-81. - Im Zusammenhang der Rilke-Rezeption in Italien sei aber vor allem auch auf die Publikationen von Alberto Destro verwiesen, der in seinem Band *Invito alla Lettura di Rilke*, Milano (Mursia) 1979, eine umfassende Präsentation des Dichters und seines Werkes bietet, in das auch sein grundlegender Beitrag zum 'Malte' von 1973 eingegangen ist (A.D., *Rainer Maria Rilke e 'I quaderni di Malte Laurids Brigge'*, in: *Il romanzo tedesco del Novecento*, hrsg. von G. Baioni, G. Bevilacqua, C. Cases, C. Magris, Torino (Einaudi) 1973, S. 81-89. Destro unterstreicht, daß das erzählende Ich im traditionellen Sinne völlig aufgelöst und zum Ort experimenteller Weltkonstitution im Erzählen wird, demgegenüber daher die überkommenen Instrumente der Analyse nicht standhalten, sondern das eine strukturelle Untersuchung der Formen verlangt. - Luisa Bonesio hat in einem interessanten Beitrag versucht, einige zentrale Merkmale der spezifischen Metaphorisierung der Weltsicht und Arbeit des Künstlers im 'Malte', den Bezug auf bildende Künste, Raumfiguren in symbolischer Funktion und die Romanstruktur im Verhältnis 'Rahmen'-'Bild' im Begriff des 'Raums' zusammenzufassen: L.B., *Visione e metamorfosi dello spazio romanzesco nel "Malte" di Rilke*, in: *Materiali Filosofici* 9, 1983, S.155-184.

[2] Rainer Maria Rilke, Brief an Lou Andreas-Salomé vom 28. Dez. 1911, in: R.M.R., *Gesammelte Briefe in sechs Bänden*, hrsg. von Ruth Sieber-Rilke und Carl Sieber, Leipzig 1939, Bd.3, Briefe aus den Jahren 1907-1944, S.158.

[3] Vgl. Rilkes Selbstinterpretation: "Es ist nur so, als fände man in einem Schubfach ungeordnete Papiere und fände vorderhand nicht mehr und müßte sich begnügen." In: R.M.R., Brief an die Gräfin Manon zu Solms-Laibach vom 11. April 1910, in: R.M.R., *Gesammelte Briefe in sechs Bänden*, hrsg. von Ruth Sieber-Rilke und Carl Sieber, Leipzig 1939, Bd.3, Briefe aus den Jahren 1907-1944, S.99.

4   "Es ist nicht möglich, von den wenigen hier herausgehobenen Seiten Prosa
Rilkes zu sprechen, ohne das Ganze seines Werkes, in dem sie sich finden,
ja, ohne das Gesamt seiner Schöpfung im Auge zu behalten. Derart ist hier
alles bis in die sorgsame Gliederung der Sätze, in den Wortgebrauch und die
innere Sprachbewegung hinein ein Ganzes und durchaus Eigenes; derart deuten
sie zugleich über sich hinaus und auf Kernstellen von Rilkes Dichtertum und
Existenz. [...] Die Interpretation dieser Seiten wird dadurch erschwert, daß
sie beständig weite Kreise zu ziehen, sich einem Allgemeinen zuzuwenden
verführt ist, damit das Bedeutsame des Besonderten hinreichend erschlossen
werde." In: Fritz Martini, *Rainer Maria Rilke. Die Aufzeichnungen des Malte
Laurids Brigge*, in: F.M., *Das Wagnis der Sprache. Interpretation deutscher
Prosa von Nietzsche bis Benn*, Stuttgart 1954, S. 133-175, obiges Zitat S.
137. - Hält Martini sich noch an einen konkreten Text als Ausgangs- und
Orientierungsbasis, so 'ziehen sich die Kreise' von Otto Friedrich Bollnow
durch   das Gesamtwerk und die Existenz des Dichters, wodurch zwar ein
umfassender Zusammenhang angezeigt, das Bedeutungspotential des konkreten
Textes   jedoch   vernachlässigt wird.   Dem   entspricht, daß Bollnow als
Existenzphilosoph   dazu   neigt,   die   philosophische Tradition in die
literarischen Textfragmente hineinzulesen. Vgl. Otto Friedrich Bollnow,
Rilke, Stuttgart 1951. Einen Überblick über die 'Malte-Forschungen' vom Ende
der sechziger bis zur Mitte der siebziger Jahre gibt Anthony Stephens,
Warten auf die "andere Auslegung". Zu einigen Problemen der 'Malte'-Deutung,
in: Text und Kontext 5, 1977, H.2, S.56-88.

5   Vgl. Armand Nivelle, *Sens et structure des Cahiers de Malte Laurids
Brigge*, in: La Revue d'esthétique 7, 1959, S.5-33.

6   Vgl. Helmut Naumann, *Malte-Studien. Ansätze zu einen neuen Verständnis
Rilkes*, Rheinfelden 1983.

7   Judith Ryan, *'Hypothetisches Erzählen': Zur Funktion von Phantasie und
Einbildung in Rilkes »Malte Laurids Brigge«*, in: *Jahrbuch der Deutschen
Schillergesellschaft* 15, 1971, S.341-374; auch in: *Materialien zu Rainer
Maria Rilke, «Die Aufzeichnungen des Malte Laurids Brigge»*, hrsg. von
Hartmut Engelhardt, Frankfurt 1974, S.244-280; und in: *Rainer Maria Rilke*,
hrsg. v. Rüdiger Görner, Darmstadt 1987, S.245-284. - Judith Ryan arbeitet
in ihrem grundlegenden Beitrag die bewußte Subjektivität der Perspektive des
erzählerischen 'Ich' heraus. Die von ihr erkannte Entwicklung Maltes vom
'Sehenlernen' über das 'Erinnern' bis zum 'Erzählen' läßt sich sicherlich in
den Roman einschreiben, doch geht es Malte dabei weder um ein Ideal von
Objektivität, das von Ryan auf einem im Grunde am realistischen Erzählen
orientierten Hintergrund unterstellt wird, noch ist der Versuch des
Erzählens auf das letzte Drittel des 'Romans' zu begrenzen. Vielmehr müßte
der von Ryan vormehmlich verfolgte Themen- und Motivpfad des Erzählens
unterschieden werden von der Erzählstruktur der Aufzeichnungen, in denen
'reales' Erleben als schon immer in der Arbeit der Erinnerung und Einbildung
durch   den   Abgrund   des   Vergessens   transfiguriert   und   zur   Form   des
Aufzeichnungsfragments zerschlagen erscheint und daher durchaus different
von einem Erzählen, wie es in der Figur des Marquis von Belmare dargestellt
ist (Aufz. 44), der ja seine Geschichten eben im Blut und nicht schon auf
dem Papier und im Buch hat, wie Malte. Das 'Gelingen' eines solchen
Erzählens wäre dann allenfalls an der Aktualität und Intensität der durch
das Konstellationsspiel der Fragmente hervorgerufenen Weiterarbeit dieser
Subjektivität im Leser zu erfragen.

8   Fülleborn wie Seifert neigen dazu, den Gegensatz von Vergangenheit und
Gegenwart im Malte überzubewerten, auch der antithetischen Grundstruktur
einen 'objektiven' Charakter zuzuschreiben und so den grundlegenden
Spannungsbogen der Subjektivität zu unterschlagen.

Ulrich Fülleborn, *Form und Sinn der Aufzeichnungen des Malte Laurids Brigge. Rilkes Prosabuch und der moderne Roman*, in: *Unterscheidung und Bewahrung. Festschrift für Hermann Kunisch zum 60 Geburtstag*, Berlin 1961, S. 147-169; auch in: *Materialien zu Rainer Maria Rilke, «Die Aufzeichnungen des Malte Laurids Brigge»*, hrsg. v.Hartmut Engelhardt, Frankfurt 1974, S.175-198; und U.Fülleborn, *«Veränderung». Zu Rilkes 'Malte' und Kafkas 'Schloß'*, in: Etudes Germanique 30, 1975, S.438-454.- Fülleborn hat den 'Malte-Roman' zu Recht im Rahmen der großen Erneuerungen des Romans um die Jahrhundertwende zwischen Joyce, Kafka, Proust, Musil, Broch situiert und die Besonderheit darin ausgemacht, daß diese Neugestaltung sich nicht so aus der bewußten Destruktion der traditionellen Romanform herschreibt, als vielmehr daraus, daß Rilke als Lyriker vornehmlich dieses Prosawerk schaffe. Demgemäß erkennt er im Netz der Leitmotive und Leitthemen, den Kreis- und Gruppenbildungen gleich Gedichtzyklen die tragende Struktur, der er dann freilich allzu rigid einen antithetischen Charakter sowie eine Entwicklungstendenz zuschreibt. Die von Fülleborn nur skizzierte Perspektive auf den 'Malte-Roman' als eine Sammlung von Prosagedichten hält dann aber den später von ihm als Prosagedichttheoretiker entwickelten Kriterien kaum stand und ist wohl daher nicht weiterverfolgt worden. Es wäre aber zu fragen, ob gegenüber den sehr stark formalistischen Kriterien Fülleborns nicht doch ein 'substanzieller', ein historisch-gesellschaftlicher Begriff des Lyrischen im Rahmen etwa der modernen Subjektivitätstheorie gefunden werden könnte, der dann das, was in den Aufzeichnungen als lyrischer Genius 'gefühlt' wird, theoretisch zu begründen wüßte. Ein solcher Begriff des lyrischen 'Ich' fürs Prosagedicht ist meines Wissens noch Forschungsdesiderat.

Walter Seifert, *Das epische Werk Rainer Maria Rilkes*, Bonn 1969. Auch Seiferts Studie zum Prosawerk Rilkes stellt wie die Fülleborns einen obligatorischen Bezugspunkt aller 'Malte'-Studien dar. Er stellt heraus, daß das Ich auf einen Nullpunkt reduziert und zugleich genötigt ist, aus sich selbst eine Totalität zu entwerfen, arbeitet dann aber für diese Totalität wie für die ihr umgekehrt entsprechende, das Subjekt vernichtende Realität mit einem Objektivitäts- und Absolutheitsbegriff, der ihm nicht nur untergründig zum zu erreichenden Entwicklungsziel Maltes wird, sondern auch gerade den Spannungsbogen der Subjektivität, der zwischen diesen beiden Dimensionen entworfen wird und aus dem die lyrische Kraft sich nährt, vollkommen unterschlägt. In diesem Sinne wird auch die Vergangenheit in ihrer Rolle als Gegenbildlichkeit überfordert. Totalität liegt allenfalls in der Dimension des Unfaßbaren oder des dem allzufernen Gottes zu, während den Bildern der Totalität, etwa des Amphitheaters zu Orange, immer der Charakter des Augenblicksentwurfes dieser Ganzheit, damit das Unzureichende und auf ein absolutes, den Grund in seiner Unfaßbarkeit, Verweisende anhaftet, die Emanationskraft der Subjektivität. Seifert betont daher auch zu stark einen Entwicklungscharakter der Aufzeichnungen auf eine Totalität hin, dergegenüber das Spiel der Konstellationen der Aufzeichnungen hervorzuheben ist.

9   Der historische Wechsel zu einer anderen, subjektivistischen Konzeption der Ganzheit, die nicht mehr auf einem überschauenden, allesumfassenden und verabsolutierenden Begriff beruht, ist etwa im Unterschied von Großmutter Brigge und Maltes Mutter angedeutet: Großmutter Brigge ist die eigentliche Herrin im Hause, die das ganze Hauswesen überblickt und alle wichtigen Entscheidungen fällt. Dieser überschauende, einteilende und beherrschende Blick ist der Mutter nicht mehr möglich: "Maman, glaube ich, wünschte es gar nicht anders. Sie war so wenig gemacht, ein großes Haus zu übersehen, ihr fehlte völlig die Einteilung der Dinge in nebensächliche und wichtige. Alles wovon man ihr sprach, schien ihr immer das Ganze zu sein, und sie vergaß darüber das andere, das doch auch noch da war." (36.1/819)

¹⁰   Daher hat Rilke auch gemeint, es könnten immer noch neue Aufzeichnungen hinzukommen. Vgl. Rilkes Brief an die Gräfin Manon zu Solms-Laibach vom 11. April 1910, in: R.M.R., *Gesammelte Briefe in sechs Bänden*, hrsg. von Ruth Sieber-Rilke und Carl Sieber, Leipzig 1939, Bd.3, Briefe aus den Jahren 1907-1944, S.99.

Die experimentelle Struktur der 'Aufzeichungen' impliziert natürlich ein völlig anderes Zeitverhältnis, dessen auf eine virtuelle Gleichzeitigkeit aller Lebensmomente hinauslaufende Intention von Beda Allemann in den Begriff des "Weltzeitinnenraums" gefaßt worden ist (Beda Allemann, *Zeit und Figur beim späten Rilke*, Pfullingen 1961, S. 24). Jutta Goheen hat diesen Bruch mit dem linearen Kontinuum des traditionellen Romans bis in den Gebrauch der Tempusformen hinein nachgewiesen. Es ergebe sich eine Struktur, in der das lineare Kontinuum eine "Komponente der Tiefe" erhalte, "wodurch sich neben dem unaufhaltsamen Fortlauf beständige Dauer erschließt" (J. Goheen, *Tempusform und Zeitbegriff in R.M.Rilkes 'Die Aufzeichnungen des Malte Laurids Brigge'*, in: Wirkendes Wort, 19, 1969, S. 254-267; zitiert nach dem Wiederabdruck in: *Zeitgestaltung in der Erzählkunst*, hrsg. von Alexander Ritter, Darmstadt , S. 278-299, hier S. 284). Unserer Ansicht nach ist jedoch nicht nur der Intention der Aufzeichnungen nach gar von einer völligen Auflösung des zeitlichen Kontinuums in eine Überzeitlichkeit zu sprechen, sondern auch der Charakter dieser Dauer genauer zu bestimmen als etwas, das alle statische Ewigkeitsvorstellungen überwunden hat. Alle existentialistischen Absolutheitsansprüche werden ebenso relativiert, wird als die entscheidende Dynamik dieser intentionalen Überzeitlichkeit die moderne Subjektivität erkannt.

Anthony Stephens, der in seiner wichtigen Studie (*Rilkes Malte Laurid Brigge. Strukturanalyse des erzählerischen Bewußtseins*, Bern und Frankfurt a.M. 1974) dem 'Malte-Roman' einerseits romantische Verhaftungen vorhält, daß "die Handlungslinie des Werkes den Verlauf eines nicht ganz gelungenen Versuchs darstellt, sich zur einem 'neuen Leben voll neuer Bedeutungen' durchzukämpfen'", andererseits seine Aktualität vor allem in der "Erforschung einer fiktiven Persönlichkeit als Metaphernsystem sieht" (S.16), hebt bereits hervor, daß ein mosaikartiges Bild der Persönlichkeit und ihrer Welt aufgebaut werden soll, "wobei die herkömmliche Funktion einer Romanhandlung von einem nie zu Ruhe kommenden Spiel der Möglichkeiten ersetzt wird" (S.13). Wie Fülleborn (*Form und Sinn der Aufzeichnungen des Malte Laurids Brigge. Rilkes Prosabuch und der moderne Roman*, in: *Unterscheidung und Bewahrung. Festschrift für Hermann Kunisch zum 60 Geburtstag*, Berlin 1961, S. 147-169; auch in: *Materialien zu Rainer Maria Rilke, «Die Aufzeichnungen des Malte Laurids Brigge»*, hrsg. v.Hartmut Engelhardt, Frankfurt 1974, S.175-198.) hebt auch Stephens hervor, daß der mit der Tradition brechende Stil in diesem Roman sich nicht aus dem Innern der Erzähltradition ergibt, sondern daß die Originalität des 'Malte' gerade in Rilkes Lyrikerprovenienz begründet liege.

¹¹   Wenn Ernst Fedor Hoffmann (E.F.H., *Zum dichterischen Verfahren in Rilkes 'Aufzeichnungen des Malte Laurids Brigge'*, in: Sprache im technischen Zeitalter, Stuttgart 1966, H. 17/18, S.27-38; auch in: *Materialien zu Rainer Maria Rilke, «Die Aufzeichnungen des Malte Laurids Brigge»*, hrsg. von Hartmut Engelhardt, Frankfurt 1974, S.214-244) am Beispiel einzelner Episoden festgestellt hat, daß im 'Malte' bewußt Glieder aus der Kausalkette der Realität herausgenommen seien, etwa den Zusammenhang des Wetterumschlags, wie er in einem Brief an Clara Rilke ausgeführt wird, aus dem ersten Satz der 12. Aufzeichnung, wo dem 'kleinen Mond' die Ursache für das impressionistische Bild der im glänzenden Tageslicht liegenden Stadt zugeschrieben wird, so ist durchaus seiner These Recht zu geben, daß die 'fehlenden' Glieder nicht rekonstruiert werden sollen. Die Wirklichkeitsoberfläche soll so unserer Ansicht nach in ihrer Brüchigkeit hervortreten, soll zu Fragmenten zerbrochen werden, die in ihrer

Unbegreiflichkeit zunächst perzipiert werden müssen. Daher ist Stahl entschieden zu widersprechen, wo er die Kenntnis des Stoffes gleich der Mythenkenntnis unter der Zuschauerschaft der antiken Tragödie zum Verständnis für unabdingbar hält (vgl. August Stahl, *Rilke Kommentar. Zu den Aufzeichnungen des Malte Laurids Brigge, zur erzählerischen Prosa, zu den essayistischen Schriften und zum dramatischen Werk*, München 1979, S. 156). Exemplarisch wäre Stahls Verweis auf den Brief an Clara Rilke zu nennen (Stahl, *Rilke Kommentar. Zu den Aufzeichnungen des Malte Laurids Brigge*, a.a.O., , S.167f), wo die Kenntnis des 'realistischen' Zusammenhangs eher von der metaphorisch-symbolischen Funktion im Rahmen des Motivnetzes entfernt, oder etwa der Faktennachtrag zur Geschichte Karls des Kühnen in der 55. Aufzeichnung, die laut Stahl (*Rilke Kommentar. Zu den Aufzeichnungen des Malte Laurids Brigge ...*, a.a.O., S.215ff) unverständlich bleibe, weil der nicht mit der historischen Stoffkenntnis vertraute Leser Freund und Feind verwechsle. Die Faktenkenntnis dient in diesem Fall eben dazu, noch deutlicher herauszustellen, daß dieser Zusammenhang im Malte eben unwichtig ist. Unsere Kritik soll der großartigen Leistung Stahls keineswegs Abbruch tun. Für biographische, werk- oder werkgeschichtliche Zusammenhänge etwa, wichtige und legitime Forschungsperspektiven, ist dieser Kommentar ein unabdingbares Hilfsmittel. Der Erfassung der inneren Logik des 'Malte' hingegen dienen solche Zusammenhänge zur Anregung, die aber im immanenten Zusammenhang eingelöst werden muß, oder zur vertiefenden Konfrontation, welche ihrerseits die Erkenntnis der je immanenten Logik des zu Vergleichenden voraussetzt. Gegen Hoffmann hingegen wäre einzuwenden, daß gerade durch die 'fehlenden Glieder' die Möglichkeit neuer, symbolisch-metaphorischer Zusammenhänge geschaffen werden soll. Am Beispiel vom 'kleinen Mond' oder an Hoffmanns anderem Paradebeispiel vom Medizinstudenten (Aufz. 50-53) läßt sich eben diese Intention nachweisen (vgl. dazu unten unseren Kommentar zu diesen Aufzeichnungen).

12   Auf den Zusammenhang mit der Kunstkonzeption des jungen Nietzsche der 'Geburt der Tragödie', die Rilke eingehend studiert hat, wie seine "Marginalien zu Nietzsche" beweisen (R.M.R, *Marginalien zu Friedrich Nietzsche*, in: R.M.R., *Sämtliche Werke*, a.a.O., Bd.VI, S.1163-1175) werden wir im Kommentar zu den Aufzeichnungen 14 und 64 vor allem zu sprechen kommen.

13   Das Bild der Alchemie wird im 'Malte-Roman' wiederholt verwandt (etwa in den Aufz. 26, 44, 52, 61, 71) und darf im ursprünglichen Sinn als "Läuterungslehre" (*Wörterbuch der Symbolik*, hrsg. von Manfred Lurker, Stuttgart 1988, S.13) verstanden werden, die die Dimension der Kosmologie und die der handgreiflichen Realität der Metalle in eine Einheit faßt. Der auf die Wirklichkeit des Menschen angewandte Läuterungs- und Veredlungsprozeß arbeitet, gleich der wahren Alchemie, mit geistig-metaphorischen Handlungen, um das Blei des Leidens im auch physiologischen Vergehen in das Gold der Ewigkeit als der unausgesetzten Arbeit der in der Kunst verselbständigten Subjektivität zu wandeln. Vgl. dazu auch unseren kurzen, der Interpretation der Aufzeichnung 44 folgenden Exkurs über: Die Aufzeichnungen in der Perspektive eines alchemistischen 'opus'. Eben der Transfigurationscharakter klingt im glücklichen Titel des kurzen Essays von Ferruccio Masini über Rilke an: F.M., *Alchimie del «possesso»*, in: F.M., *Gli Schiavi di Efesto. L'Avventura degli Scrittori Tedeschi del Novecento*, Roma 1981, S. 162-165.

14   Anna Lucia Giavotto-Künkler sieht im 'Malte' eine kopernikanische Wende Rilkes, weil es sich um den Rückzug des künstlerischen Schaffens von aller Weltinterpretation handle, die sich objektivierender Methoden und äußerer Blickwinkel bediene. Vgl. A.L.G.-K., *Considerazioni preliminari dal Malte Laurids Brigge*, in: A.L.G.-K., *"Non essere sonno di nessuno sotto tante palpebre". Rilke o la responsabilità del compito conoscitivo*, Genova 1979, S.9-22.

15   Die Nähe der Gemeinschaftskonzeption Maltes zu der Nietzsches wird in der
Aufzeichnung 64 über das antike Theater besonders deutlich. Vgl. dazu unten
unseren Kommentar zu den Aufzeichnungen 39 und 64. - Die veränderte
Gesellschaft erfordert natürlich andere, ihr entsprechende literarische
Ausdrucksformen. Das Bild der Großstadt bei Rilke ist von Michael Pleister
untersucht worden: M.P., *Das Bild der Großstadt in den Dichtungen Robert
Walsers, Rainer Maria Rilkes, Stefan Georges und Hugo von Hofmannsthals*,
Hamburg 1982, S. 100-156. Pleister ist jedoch durchaus nicht zuzustimmen,
wenn er Rilke die Ablehnung der 'zivilisatorischen Errungenschaften der
Großstadt' und den Wunsch zur Rückkehr zu einer traditionellen Agrarkultur
zuschreibt. Die Kritik an der Moderne schließt zumindest im 'Malte-Roman'
durchaus ein, daß die Entwicklung zur Großstadt für irreversibel gehalten
wird, bejaht und eine ihr entsprechende literarische Ausdrucksform gefunden
werden muß. Susanne Lendanff hingegen erfaßt die spezifische Form des 'Malte
Laurids Brigge' im Kontext von Döblins 'Berlin Alexanderplatz' und Musils
'Mann ohne Eigenschaften' als Großstadtroman. S.L., *Bildungsroman versus
Großstadtroman*, in Sprache im technischen Zeitalter 77/80, 1981, S.85-114.

16   Dieter Schiller, (*Rainer Maria Rilke: "Die Aufzeichnungen des Malte
Laurids Brigge". Der Einsame und seine Welt*, in: *Rilke-Studien. Zu Werk und
Wirkungsgeschichte*, Berlin und Weimar 1976) hat darauf hingewiesen, daß die
Dichtung bei Rilke religiöse Funktion erhält, aber unserer Meinung nach
falsch als "Sehnsucht nach einer 'heilen Welt'" interpretiert (S.143),
insofern Malte keineswegs vor der Negativität der Gesellschaft wie des
individuellen Leidens flüchtet, sondern das Hindurchgehen durch sie als
Voraussetzung der Seligkeit begreift, derart, daß ein fortdauerndes
Spannungsfeld konstituiert wird. Am 'Malte' selbst ist die Privatisierung
und die spezifische neue Funktion der Religiosität ablesbar, die sich als
Entwurf aus der Negativität konstituiert und unlösbar an sie gebunden
bleibt. Vgl. insbesondere die Aufzeichnungen 34, 40, 47, 59, 65, 71. Die
Negativität der Gesellschaft und das individuelle Leiden spiegeln sich dann
ja auch noch im Schmerz und der "eisigen Herrlichkeit"der 'großen
Liebenden'.

17   Horst Wittmann bezieht den 'Malte' auf die Orpheus-Sonette Rilkes und
stellt dann Maltes Sehen in den ersten Aufzeichnungen in Gegensatz zur
Erfassung der Welt durch die Liebe (Aufz.22); das Sehen sei noch subjektiv,
während die Liebe darüber hinaus sei. Horst Wittmann, *Rilkes 'Malte': Auf
der Suche nach der Wahrheit jenseits der Subjektivität*, in: *Monatshefte 77*,
1985, S.11-25. Das entspricht nun durchaus der immanenten Logik bis zu einem
gewissen Grade, trägt aber in der philosophisch-systematischen Sicht gerade
nicht dem Spannungsbogen der Subjektivität im 'Malte' Rechnung. Statt vom
Verlust der Subjektivität wäre von dem des Subjekts zu sprechen, während
sich die Subjektivität ohne Subjekt, sozusagen nach dem Tod des Subjekts,
ganz auf die Erforschung der Welt verwendet. Diese Erforschung bleibt aber
an den extremen Pol der Subjektivität gebunden. Vgl. dazu unsere
Ausführungen unten in der Einleitung sowie unsere Interpretation der
Aufzeichnungen 1-5, 18, 22 und 45-48. Die Subjektivität Maltes ist auch
deutlich in den Beiträgen Judith Ryans herausgestellt worden: J.R.,
Hypothetisches Erzählen, a.a.O.; J.R., *Horti Conclusi: Metaphern des
Mittelalters bei Rilke*, in: *Das Weiterleben des Mittelalters in der
deutschen Literatur*, hrsg. von James F. Poag und Gerhild Scholz-Williams,
Königstein/Ts. 1983, S.157-187; J.R., *Rainer Maria Rilke: Die Aufzeichnungen
des Malte Laurids Brigge (1910)*, in: *Deutsche Romane des 20. Jahrhunderts.
Neue Interpretationen*, hrsg. von Paul Michael Lützeler, Königstein/Ts. 1983,
S.63-77.

18   Zur dieser Forschungsperspektive allgemein vgl. Gert Mattenklott, *Der
übersinnliche Leib. Beiträge zu einer Metaphysik des Körpers*, Hamburg 1982;
Die Wiederkehr des Körpers, hrsg. von Dietmar Kamper und Christoph Wulf,
Frankfurt a.M. 1982; *Das Schwinden der Sinne*, herg. von Dietmar Kamper und

Christoph Wulf, Frankfurt a.M.1984; aber auch die Ergebnisse der 'Kritischen Psychologie', v.a. Klaus Holzkamp, *Sinnliche Erkenntnis. Historischer Ursprung und gesellschaftliche Funktion der Wahrnehmung*, Frankfurt a.M. 1973; Klaus Holzkamp, *Grundlegung der Psychologie*, Frankfurt a.M./ New York 1983; *Hamburger Ringvorlesung Kritische Psychologie. Wissenschaftkritik, Kategorien, Anwendungsgebiete*, hrsg. von Norbert Kruse u. Manfred Ramme, Hamburg 1988; Karl Heinz Braun, *Genese der Subjektivität*, Köln 1982; *Das Subjekt des Diskurses*, hrsg. von Manfred Geier und Harold Woetzel, Berlin 1983 (Argument Sonderband AS 98); Volker Schurig, *Die Entstehung des Bewußtseins*, Frankfurt/New York 1976.

[19] Das Verhältnis dieser nun in den Buchleib eingegangenen Subjektivität zu den Lesern möchte dabei sozusagen als eine Umkehrung des Bildes von 'Allen in Einem' erscheinen, das pyramidenförmig im Einzelnen eine Art Kollektivgedächtnis aller menschlichen Vergangenheit erkennt, in dem alle vergangene Geschichte aufgehoben ist (vgl. 14.4/727). Nicht nur zieht sich die Gemeinde der Leser bei der Lektüre einfühlend in die im Buch verobjektivierte Subjektivität zusammen, ebenso geht in ihren Köpfen als Lesern die Arbeit dieser Subjektivität, die endlose Arbeit der Kombination der Fragmente, weiter. Auf diese Weise möchte dann doch noch irgendwie in der Lesergemeinde der in der Mystik verlorengegangene soziale 'Grund', aus dem die neuen Bedeutungen steigen, hinterrücks wiedergewonnen sein. - Von einem völlig anderen Gesichtspunkt aus, daß Malte durch "den Abschluß des Romans, die Geschichte des verlorenen Sohnes, [...] gewissermaßen verdrängt wird" gelangt auch Käte Hamburger zur Schlußfogerung, "daß es in den «Aufzeichungen des Malte Laurids Brigge» auf Malte selber nicht hinaus will, sondern - sollte der Titel das nicht schon indizieren - auf die Aufzeichnungen". Vgl. K.H., *Rilke. Eine Einführung*, Stuttgart 1976, S.84f.

[20] William Small, *Rilke Kommentar zu den «Aufzeichnungen des Malte Laurids Brigge»*, Chapel Hill 1983.

[21] August Stahl, *Rilke Kommentar. Zu den «Aufzeichnungen des Malte Laurids Brigge», zur erzählerischen Prosa, zu den essayistischen Schriften und zum dramatischen Werk*, München 1979.

[22] Vgl. dazu Gert Mattenklott, *"Die Zeit der andern Auslegung"* der 'Aufzeichnungen des Malte Laurids Brigge', In: *Methodische Praxis der Literaturwissenschaft*, hrs. von D.Kimpel u. B.Pinkerneil, Kronberg/Ts. 1975, S.117-157.

Anmerkungen zu Kapitel I

[1]   Wenn Stahl in seinem Kommentar diese Aufzeichnung auf einen Brief Rilkes an Lou Andreas-Salome vom 18. Juli 1903 bezieht und von hierher auf eine Bildlichkeit hinweist, "die einerseits aus dem Buch Hiob des A[lten] T[estaments] und andererseits aus Baudelaires 'Petit Poèmes en Prose' entlehnt ist" (August Stahl, *Rilke Kommentar. Zu den Aufzeichnungen des Malte Laurids Brigge, zur erzählerischen Prosa, zu den essayistischen Schriften und zum dramatischen Werk*, unter Mitarbeit von Rainer Marx, München 1979, S. 160f), so wird die Beziehung der Aufzeichnung 2 zu Aufzeichnung 18 als die im aufreibenden Lärm der Großstadt vorweggenommene Erfahrung der völligen Subjektvernichtung lesbar. Die beiden Aufzeichnungen könnten unter diesem Gesichtspunkt auch direkt nebeneinander oder ineinander verschränkt stehen.

[2]   Auf die in der gleichen Zeit etwa liegende Entdeckung des Unterbewußtseins durch Siegmund Freud sei hier nur en passant verwiesen.

[3]   Die religiöse Dimension der Einsamkeit ist unterstrichen worden von Walter Rehm, *Der Dichter und die neue Einsamkeit*, in: *Zeitschrift für Deutschunterricht* 45, 1931, S.545-565; jetzt in: W.R., *Der Dichter und die neue Einsamkeit. Aufsätze zur Literatur um 1900*, Göttingen 1969, S.7-33.

[4]   Der subjektive, produktive Charakter dieses Sehens ist vor allem von Judith Ryan (J. R., *'Hypothetisches Erzählen': Zur Funktion von Phantasie und Einbildung in Rilkes »Malte Laurids Brigge«*, in: *Jahrbuch der Deutschen Schillergesellschaft* 15, 1971, S.341-374; auch in: *Materialien zu Rainer Maria Rilke, «Die Aufzeichnungen des Malte Laurids Brigge»*, hrsg. von Hartmut Engelhardt, Frankfurt 1974, S.244-280; und in: *Rainer Maria Rilke*, hrsg. v. Rüdiger Görner, Darmstadt 1987, S.245-284.) herausgearbeitet worden. Stahl (August Stahl, *Rilke Kommentar. Zu den Aufzeichnungen des Malte Laurids Brigge*, a.a.O.), Hamburger (K.H., *Rilke. Eine Einführung*, Stuttgart 1976.), Seifert (W. S., *Das epische Werk Rainer Maria Rilkes*, Bonn 1969), Wittmann (H. W., *Rilkes 'Malte': Auf der Suche nach der Wahrheit jenseits der Subjektivität*, in: *Monatshefte* 77, 1985, S.11-25) und die Mehrzahl der 'Malte'-Studien zeigt sich indessen von seiner Objektivität überzeugt: "Mit sehen (schauen oder anschauen) bezeichnet er [Rilke; B.A.K.] eine Haltung, die durch Verzicht auf das subjektive Element sich ganz dem Objektiven des Außen zuwendet. «So ohne Neugier war zuletzt dein Schaun/ und so besitzlos, von so wahrer Armut,/ daß es dich selbst nicht mehr begehrte: heilig.» " Stahl ((A. S., *Rilke Kommentar. Zu den Aufzeichnungen des Malte Laurids Brigge*, a.a.O., S. 161) stützt sich hier auf ein Zitat aus *Requiem für eine Freundin*, in: R.M.Rilke, *Sämtliche Werke*, a.a.O.,Bd.I, S. 649. Der Widerspruch der beiden Auffassungen, der im Gegenstand selbst begründet ist, findet seine Erklärung in dem, was wir 'orpheische Ästhetik' nennen; deren Perspektive deutet von den Aufzeichnungen 45-48 aus dieses Wahrnehmen neu. Vgl. dazu unsere Einleitung sowie die Ausführungen unten zu den Aufzeichnungen 18-22 und 45-48.

[5]   Es wäre interessant, die Beziehungen des 'Malte' zum Surrealismus genauer zu untersuchen. In diesem Zusammenhang könnte außer den Bildbeziehungen auch die 'écriture automatique' mit dem verglichen werden, was Malte in der 14. Aufzeichnung zum Schreiben von Gedichten äußert, da hier der Dichter ganz zum schreibenden Instrument seines Unterbewußtseins wird, ein 'apokalyptisches Schreiben', wie Malte es in Aufzeichnung 18 fürchtet, bei dem das, was die Hand schreibt, vom Meinen des Dichters völlig getrennt ist.

[6]   Zum Wiedererleben und Sehen beim Erzählen vgl. die Aufzeichnung 27 und 28, wo das 'aussparende Erzählen' theoretisiert wird; hier könnte man vom 'aussparenden Sehen' sprechen, da Malte auf die Umgebung des 'Gesehenen', die Hände schaut, wie später überhaupt Maltes Sehen zum 'Sehen des Unsichtbaren wird'. Zum Erzählen als ein Noch-einmal-Erleben, vgl. Aufzeichnung 29.

[7]   Man vergleiche dazu etwa auch die Rodin-Aufsätze Rilkes. R.M.R., *Auguste Rodin*, in: R.M.R., *Sämtliche Werke*, a.a.O., Bd.V, S. 123ff.

[8]   Vgl. Aufz.8, vor allem aber 29 und 55.

[9]   "Rodin wußte, daß es zunächst auf eine unfehlbare Kenntnis des menschlichen Körpers ankam. Langsam, forschend war er bis zu seiner Oberfläche vorgeschritten, und nun streckte sich von Außen eine Hand entgegen, welche diese Oberfläche von der anderen Seite ebenso genau bestimmte und begrenzte, wie sie es von Innen war." R.M.R., *Auguste Rodin*, in: R.M.R., *Sämtliche Werke*, a.a.O., Bd.V, S.149. Die Bedeutung des Rodin-Aufsatzes für die Ästhetik auch des 'Malte' ist in der Forschungsliteratur zu Recht immer wieder hervorgehoben worden; vgl. etwa Stahl (August Stahl, *Rilke Kommentar. Zu den Aufzeichnungen des Malte Laurids Brigge*, a.a.O.), Seifert (W. S., *Das epische Werk Rainer Maria Rilkes*, a.a.O.), Koch (M.K., *Mnenotechnik des Schönen. Studien zur poetischen Erinnerung in Romantik und Symbolismus*, Tübingen 1988, S. 202-253: *Kapitel V. "Ein Leben, das sich versammelte, da es verging"* - Zum Raum der Erinnerung in Rilkes Pariser Zeit; zum Verhältnis Rilke-Rodin unter dem Gesichtspunkt des künstlerischen Schaffensprozesses vgl. auch: Martina Krießbach, *Rilke und Rodin. Wege einer Erfahrung des Plastischen*, Frankfurt a.M., Bern, New York, Nancy, 1984; und Martina Krießbach-Thomasberger, *Rilke und Rodin. Zur inneren Anordnung des künstlerischen Prozesses*, in: Blätter der Rilke-Gesellschaft, 14, 1987, S.53-72.) Gemäß der Intention unserer Arbeit wird dieser Essay Rilkes aber nur marginal und illustrativ von uns herangezogen, zumal wir auch die Notwendigkeit einer hier nicht leistbaren Neuerarbeitung dieser Thematik im Rahmen der 'physiologischen Hermeneutik' verspüren.

[10]   Vgl. dazu Rilkes Aufsatz über Auguste Rodin, R.M.R., *Auguste Rodin*, in: R.M.R., *Sämtliche Werke*, a.a.O., Bd.V, S.144.

[11]   Vgl. August Stahl, *Rilke Kommentar. Zu den Aufzeichnungen des Malte Laurids Brigge*, a.a.O., S.163f.

[12]   Zu der Problematik des Hypothetischen im 'Malte' vgl. vor allem die Beiträge Judith Ryans: J. R., *'Hypothetisches Erzählen': Zur Funktion von Phantasie und Einbildung in Rilkes »Malte Laurids Brigge«*, a.a.O.; und J.R., *Rainer Maria Rilke: Die Aufzeichnungen des Malte Laurids Briggge (1910)*, In: *Deutsche Romane des 20.Jahrhunderts. Neue Interpretationen*, hrsg. von Paul Michael Lützeler, Königstein/Ts 1983, S.63-77.

[13]   Soweit man von 'Flucht aus der Gesellschaft' in die Innerlichkeit sprechen kann, kann damit keinesfalls eine Flucht vor Leiderfahrung gemeint sein. Im Gegenteil: das Leid soll ganz, bis zum Tiefpunkt durchschritten werden, während das Verbleiben in der Gesellschaft betäubende Illusion und den Betrug um sich selbst bedeutet. Die Bezeichnung 'Flucht' ist daher unzureichend.

[14]   Vgl. Rainer Maria Rilke, Die Aufzeichnungen des Malte Laurids Brigge, Bibliothek Suhrkamp Bd. 343, 1. Auflage 1973, S.18.

[15]   So heißt es hier beispielsweise: "Es gab da Zofen, die vor Neugierde nicht wußten, wo sich ihre Hände gerade aufhielten [...]" (8.3/716), oder

anderwärts: "Es passierte, daß aus Büchern, die irgend eine hastige Hand ungeschickt geöffnet hatte [...] " (8.5/716). Zum Handmotiv als Verselbständigung von Körperteilen und also Zerfall des Subjekts vgl. Aufz.29.

[16] Diese Spezifik verkennt ein substanzialistischer Identitätsbegriff, wie er etwa von Walter H. Sokel vertreten wird, der daher den Tod des Großvaters Brigge als Anerkennung des Todes dem Verhalten des Großvaters Brahe in Aufzeichnung 15 entgegenstellt, wo der Tod noch nicht akzeptiert sei. Die zugrundeliegende Dynamik der Identität als Einheit der Identität und Nichtidentität im auf den innern Grund, den Tod als zugleich die Allidentität, der "Weltinnenraum", wie er zutreffend nach dem Rilkeschen Wort von Sokel benannt wird, ist in beiden Großvaterfiguren gleich, ist doch auch der Großvater Brahe durch Schärfe der Gesichtszüge und gleichzeitig auftretender Namenlosigkeit gekennzeichnet. Vgl. unsere Interpretation der beiden Aufzeichnungen sowie Walter H. Sokel, *Zwischen Existenz und Weltinnenraum. Zum Prozeß der Ent-Ichung im Malte Laurids Brigge*, in: *Probleme des Erzählens. Festschrift für Käte Hamburger zum 75. Geburtstag*, hrsg. von Fritz Martini, Stuttgart 1971, S.212-233; auch in: *Rilke heute. Beziehungen und Wirkungen*, hrsg. von Ingeborg H.Solbrig und Joachim W. Storck, Frankfurt a.M. 1979, S.105-129.

[17] Die Aufzeichnungen 8 und 9 könnten sich an die Aufzeichnung 36 anschließen, in der abschließend der Tod des Großvaters Brigge erwähnt wird, während die Aufzeichnung 15 sich in die 34. einfügte.

[18] Auch Look hält diese Aufzeichungen für einen Lichtblick und meint, in ihr habe das Programm der harten Sachlichkeit Verwirklichung gefunden. Wilhelm Look, *Rainer Maria Rilke. Die Aufzeichnungen des Malte Laurids Brigge*, München 1971, S.29. Look ist durchaus Recht zu geben, wenngleich diese 'Sachlichkeit', wie sie vor allem in der 13. Aufzeichnung hervortritt, aus der Perspektive der Umkehrung in Aufzeichnung 22 gesehen werden muß.

[19] Es ist, auch unter Beachtung der später erst einsehbaren gegenseitigen Abhängigkeit von Melancholie und Liebe, Dunkel und Licht etc., die hier vorgezeichnet ist, irreführend, das in diesen drei Aufzeichnungen gezeigte Stadtbild als "impressionistische Oberflächsicht" der Stadt und "äußerlichen Schein" zu bezeichnen (W. Seifert, *Das epische Werk Rainer Maria Rilkes*, a.a.O., S.213), unter der sich die Wahrheit des Dunkels nur fände. Diese Seite der Stadt ist ihre andere Seite in der Anspannung der Metamorphose der Liebe.

[20] Diese Interpretation tut der anderen, die sich auf Rilkes Brief vom 12. Oktober 1907 an Clara Rilke bezieht und den "kleinen Mond" als den eine Wetteränderung hervorrufenden Neumond interpretiert (vgl. (August Stahl, *Rilke Kommentar. Zu den Aufzeichnungen des Malte Laurids Brigge*, a.a.O., S.168), keinen Abbruch. Hier läßt sich zeigen, wie eine biographisch festmachbare Erfahrung Rilkes in einen völlig anderen, motivisch-symbolischen Zusammenhang umgesetzt wird.

[21] Vgl. dazu die Aufzeichnungen 56 und 57, aber auch schon Aufzeichnung 22 und 23, wie überhaupt Maltes Liebesbegriff ins Kosmische tendiert.

[22] Damit stimmt überein, daß Rilke im Brief an Hermann Pongs vom 17.8.1924 schreibt, ihm seien die Bücher an den Rand des Lebens gelegt worden. Vgl. *Materialien zu Rainer Maria Rilke, 'Die Aufzeichnungen des Malte Laurids Brigge'*, hrsg. v. Hartmut Engelhardt, Frankfurt a.M. 1974, S. 14.

[23] Vgl. Rainer Maria Rilke, *Auguste Rodin*, in: Ders., *Sämtliche Werke*, hrsg. vom Rilke-Archiv, besorgt durch Hans Zinn, Bd.5, S.144.

24   Ähnlich behauptete Nietzsche von den Griechen, sie seien oberflächlich aus Tiefe. Vgl. Friedrich Nietzsche, *Die fröhliche Wissenschaft*, in:F.N., *Sämtliche Werke. Kritische Studienausgabe*, hrsg. von Giorgio Colli und Mazzino Montinari, München-Berlin-New York 1980, Bd.3, S.352; auch F. N., *Nietzsche contra Wagner*, in: F.N., *Sämtliche Werke. Kritische Studienausgabe*, a.a.O., Bd.6, S.439. Diese Sentenz Nietzsches findet ihre Begründung in seinen Arbeiten zur antiken Tragödie, insbesondere in: F.N., *Die Geburt der Tragödie aus dem Geiste der Musik* (in: F. N., *Sämtliche Werke. Kritische Studienausgabe*, hrsg. von Giorgio Colli und Mazzino Montinari, München-Berlin-New York 1980, Bd.1.). Dieses Werk Nietzsches hat Rilke einem intensiven Studium unterworfen, wie seine *"Marginalien zu Friedrich Nietzsche"* (in: R.M.R., *Sämtliche Werke*, Bd.VI, S.1163-1175) beweisen. Wir werden auch im folgenden gelegentlich auf eine gewisse Nähe des Gedankenguts zu Nietzsche hinweisen (vgl. unten unsere Interpretation zu dieser Aufzeichnung und im Zusammenhang des antiken Theaters zu Aufzeichnung 64). Zur Beziehung Nietzsche-Rilke vgl. auch: Irena Frowen, *Nietzsches Bedeutung für Rilkes frühe Kunstauffassung*, in: Blätter der Rilke-Gesellschaft 14, 1987, S.21-34. Frowen bezieht sich zwar nur en passant auf die 'Aufzeichnungen des MLB', arbeitet aber an einer Reihe anderer Quellen die Wichtigkeit insbesondere der 'Geburt der Tragödie' von Nietzsche für die Ästhetik des jungen Rilke heraus.

25   Vgl. dazu unsere Nietzsche-Interpretation in: B.A.K., *Apollinisch-Dionysisch. Moderne Melancholie und Unio Mystica*, Frankfurt 1987, insbesondere S. 274ff.

26   Z.B. in den Aufzeichnungen 20, 12, 27-44.

27   Friedrich Nietzsche, *Die Geburt der Tragödie aus dem Geiste der Musik*, in: F. N., *Sämtliche Werke. Kritische Studienausgabe*, hrsg. von Giorgio Colli und Mazzino Montinari, München-Berlin-New York 1980, Bd.1, S.45.

28   Vgl. dazu unsere Interpretation in : B.A.K., *Dionysisch-Apollinisch*, a.a.O., S.31-63.

29   Vgl. dazu unten etwa die Interpretation der Aufzeichnungen 67 -69 wie überhaupt Maltes Verhältnis zu seiner Mutter, seinem Vater und zu Abelone sowie die Überzeugung vom Ende der Gemeinsamkeit in Aufzeichnung 39 und 64.

30   Natürlich eignet diese Ambivalenz der Apokalypse selbst, die das Ende dieser Welt als zugleich den Anfang des Gottesreiches beschreibt.

31   Die Formulierung paraphrasiert Maltes Ausdruck bezüglich Ibsen in Aufzeichnung 26, S.785, gilt aber auch für ihn selbst. Zu dem Problemkreis und Motiv von Maske und Vorwand vgl. dann insbesondere die Aufzeichnungen 64 und 65.

32   Die Vorstellung von einer Art Kollektivgedächtnis wird später von Rilke selbst in das Bild von einer Bewußtseinspyramide gefaßt, deren Spitze nur unser Bewußtsein in den Konventionen von Zeit und Raum darstelle; sie verbreitert sich nach unten und dort erfaßt sie das Sein jenseits von Bewußtsein und Zeit. "Mir stellt es sich immer mehr so dar, als ob unser gebräuchliches Bewußtsein die Spitze einer Pyramide bewohne, deren Basis in uns (und gewissermaßen unter uns) so völlig in die Breite geht, daß wir, je weiter wir in sie niederlassen uns befähigt sehen, desto allgemeiner einbezogen erscheinen in die von Zeit und Raum unabhängigen Gegebenheiten des irdischen, des, im weitesten Begriffe, weltischen Daseins." R.M.R, *Gesammelte Briefe in sechs Bänden*, hrsg. von Ruth Sieber-Rilke und Carl Sieber, Leipzig 1936-1940, Bd.V, S.291f (11.8.1924).

[33] Vgl. R.M.R., *Alle in Einer*, in: R.M.R., *Sämtliche Werke*, a.a.O., Bd.IV, S.77, interpretiert von W.Seifert, *Das epische Werk Rainer Maria Rilkes*, a.a.O., S.82f.

[34] Diese alchemistischen Versuche des Major sind sehr wohl von anderen Stellen im 'Malte', in denen alchemistisches Vokabular verwendet wird, zu unterscheiden, da es sich beim Major um eine landläufig chemisch-alchemistische Unternehmung zu handeln scheint, während in Aufz.52 sowie den dann indirekt auch auf Malte selbst beziehbaren Stellen (Aufz. 26, 44, 61, 71) von Alchemie in ihrem wahrsten Sinne zugleich als einer im Kern geistigen Unternehmung zu sprechen ist (vgl. J. Chevalier u. A. Gheerbrant, *Dizionario dei Simboli*, Milano 1986, Bd.1, S.35ff; s. auch Manfred Lurker (Hrsg.), *Wörterbuch der Symbolik*, Stuttgart 1988, S.13ff.

[35] In diesem Sinne hat Rilke selbst die Wahl einer nordischen Heimat für den Protagonisten der Aufzeichnungen an die "okkulten Begebnisse" gebunden und damit begründet, daß "nur in der Atmosphäre der skandinavischen Länder das Gespenst unter die möglichen Ereignisse eingereiht erscheint und zugegeben (was meiner Einstellung gemäßt ist)". Brief an H.Pongs vom 21.10.1924. Marino Freschi hat auf Rilkes Jugend- und Kindheitserlebnisse in der magischen Atmospäre seiner Heimatstadt Prag hingewiesen, die wohl auch okkultistische Momente miteingeschlossen haben. Vgl. Marino Freschi, *L'invisibile Praga di Rilke*, in: Rainer Maria Rilke, *Due storie praghesi*, trad.it e note di Giuseppina Scarpati, Roma 1983, S.121-143.

[36] Vgl. oben unsere Interpretation der Aufzeichnungen 8 und 9.

[37] Vgl. etwa Aufz. 18, 19, 21, 32.

[38] Hier ist nicht nur auf Rilkes Reinlichkeitsmanie zu verweisen, die Erich Simenauer als Verdrängungskomplex beschreibt (vgl. Erich Simenauer, *Rainer Maria Rilke. Legende und Mythos*, Bern Frankfurt a.M. 1953, S.589ff.), sondern auch auf die des bedrängten - deutschen - Kleinbürgers überhaupt, der in der äußeren Reinheit sozialpsychologisch die Ehrenrettung seines sozialen Abstiegs sieht.

[39] Vgl. August Stahl, *Rilke Kommentar. Zu den Aufzeichnungen des Malte Laurids Brigge*, a.a.O., S. 176: "Francis Jammes (1868-1938). Er ist der Dichter, der nicht in Paris *wohnt*, sondern in den Pyrenäen (*Gebirge*)." Hier auch detailliertere Bezüge auf dessen Gedichtband "*De l'Angélus de l'Aube à l'Angélus du Soir*".

[40] Die Ausdeutung des Wortsinns ist noch weitertreibbar, versteht man unter ein 'Gesicht' haben die Fähigkeit, Erscheinungen zu sehen, Visionen zu haben, d.h., wie Malte selbst in diesem Fragment, die Fähigkeit, die Realität durch Phantasie sichtbar zu vertiefen. Dann wäre die 'Frau ohne Gesicht ' das Bild der amorphen Natur, die vor sich das 'Gesicht' als einbildende Wahrnehmung wie eine Maske trägt. Das Gesicht in der Hand hingegen meint über die 'Mani-pulierbarkeit' hinaus, daß auch die übrigen Körperteile, wie an der Arbeit der Erinnerung etwa auch deutlich wurde, zu Instrumenten des Sehens werden.

[41] Wie man auch die Figur des Blinden interpretiert, ob als Tod gegenüber der Außenwelt und reines Innenleben oder als äußeres Leben, das innen im Dunkel den Tod trägt, immer ist an ihr die Verschlungenheit von Tod und Leben ablesbar.

[42] Vgl. die Bibel, Neues Testament, Matthäus 24, Markus 13, Lukas 21.

[43] Dieses Motiv nimmt Malte später in Aufzeichnung 57 wieder auf, wo er im Zusammenhang seiner Goethe-Kritik die Aufgabe des Dichters zeichnet, der das Evangelium der Liebe vernimmt. Vgl. 57.3/898.

[44] Das Problem der allgemeinen konventionellen Zeit wird dann extensiv in Aufzeichnung 49, in der Geschichte von Nikolaj Kusmitsch behandelt werden.

[45] Zugleich wird mit dem Bild der Verbände natürlich auch das Motiv der Oberfläche als 'Vor-wand', die zeigt und verbirgt, angesprochen. In diesem Fall handelt es sich um eine, Maltes späterer Leere als 'leeres weißes Blatt' (Aufz. 21) entsprechende, weiße leere Oberfläche, die nur noch die, wie bei der 'Frau ohne Gesicht', die amorphe Natur bedeutende Wunde verbirgt oder zeigt.

[46] Wenn Malte in Parks seine Hoffnungs- und Glücksmomente erlebt, ist auch das nicht zufällig oder einfach Rilkes Erfahrung geschuldet: der Held bricht nicht aus der Stadt auf, um die unberührte Natur auf dem Lande oder im Gebirge, wie sie etwa in Maltes Kindheit aufscheint oder im Bild des 'glücklichen Dichters' in Aufzeichnung 16.3, S.745f, beschrieben ist, zu suchen. Wie der Park eine künstliche Landschaft ist, so ist der Seelenzustand der Hoffnung und Liebe ein erarbeiteter, durch ein Hindurchgehen erreichter, kein Ergebnis von Rückkehr oder Flucht.

[47] Vgl. F. Nietzsche, *Die Geburt der Tragödie aus dem Geiste der Musik*, in: F. N., *Sämtliche Werke. Kritische Studienausgabe*, hrsg. von Giorgio Colli und Mazzino Montinari, München-Berlin-New York 1980, Bd.1.

[48] Anders als bei Nietzsche ist die umfassende Bejahung auch der schrecklichsten Seiten der Welt aber nicht ein Akt des Willens, der sich die Wirklichkeit zum Kreis der ewigen Wiederkehr zwingen will, sondern eher im religiösen Sinn wie eine Gnade aufgefaßt.

[49] Vgl. Aufz. 70; Mechthild von Magdeburg, *Das fließende Licht der Gottheit*. Der mystische Charakter von Maltes Erleuchtung berechtigt zur Assoziation mit der Mystikerin.

[50] Zur mythenbildenden Qualität von Licht und Finsternis ließen sich natürlich noch sehr viele Beispiele anführen: für die Moderne sei nur die auf Rilke großen Einfluß ausübende, hier schon häufiger zitierte Tragödienschrift Nietzsches genannt, in der der Glanz des Olymp in den Schrecken der dunklen titanischen Kräfte der Tiefe gründet. Vgl. F. Nietzsche, *Die Geburt der Tragödie aus dem Geiste der Musik*, in: F. N., *Sämtliche Werke. Kritische Studienausgabe*, hrsg. von Giorgio Colli und Mazzino Montinari, München-Berlin-New York 1980, Bd.1. S.34ff.

[51] Charles Baudelaire, *Les fleur du mal*, in: Charles Baudelaire, *OEvres Complètes*, texte établi, presenté et annoté par Claude Pichois (Bibliothèque de la Pléiade), Paris 1975, S. 1-334, *XXIX.'Une Charogne'* S. 31f.

[52] Gustave Flaubert, *La Légende de Saint Julien l'Hospitalier*, in: G.F., *OEvres*, texte établi et annoté par A. Thibaudet et R.Dumesnil, Bibliothèque de la Pléiade Bd.37, Paris 1936, S.579-604. Deutsche Ausgabe: Gustave Flaubert, *Die Legende von Sankt Julien dem Gastfreien*, in: G.F., *Drei Geschichten*, Übersetzung von E.W.Fischer, Zürich 1979, S.53-87.

[53] Vgl. zum Bilde vom Heiligen unsere Interpretation der Aufzeichnungen 50-53.

[54] So etwa könnte, das Ideal der gegenstandslosen Liebe, wie sie dann in den Aufzeichnungen 37-14, 56-57 und 66-71 vor allem angedeutet wird,

paraphrasierend (vgl. Aufz. 70), die Richtung der Entwicklung der Liebe charakterisiert werden, denkt man beispielsweise an Maltes Verhältnis zu Abelone in Aufzeichnung 38 als kongeniales Verstehen, an den Einsamen in Aufzeichnung 68 und sein Verhältnis zur Erwählten unter den Mädchen oder Maltes Verhältnis zur dänischen Sängerin in Aufzeichnung 69.

[55]   Von hierher würde die Unterstellung von Stephens ((*Rilkes Malte Laurid Brigge. Strukturanalyse des erzählerischen Bewußtseins*, Bern und Frankfurt a.M. 1974, S.93) verständlich, daß dieser Briefentwurf an Abelone gerichtet sei; Stahl (*Rilke Kommentar. Zu den Aufzeichnungen des Malte Laurids Brigge*, a.a.O., S.180f) nimmt eine biographische Deutung vor; der Name aber ist nicht genannt, der Adressat unsichtbar. Es möchte sich auch um eine Übergangsform handeln, die in der Allgemeinheit des Adressaten einen Übergang zum Schreiben dieses Buches bildet.

[56]   Der folgende, stark synthetisierende Exkurs stützt sich zunächst vor allem auf die Untersuchung von Alois M. Haas, *Mors mystica. Thanatologie der Mystik, insbesondere der Deutschen Mystik*, in: Freiburger Zeitschrift für Philosophie und Theologie, 23, 1976, S. 304-392. Darüberhinaus wurden herangzogen: Ferruccio Masini, *Meister Eckehart e la mistica dell'immagine*, in: Problemi Religiosi e Filosofia, Padova 1975, S.1-36; E.V. Bracken, *Meister Eckhart. Legende und Wirklichkeit*, Meisenheim am Glan 1972; H. Fischer, *Die Gottesgeburt in der Seele und der Durchbruch zur Gottheit. Die mystische Anthropologie Meister Eckeharts und ihre Konfrontation mit der Mystik des Zen-Buddhismus*, Gütersloh 1965; W.M.Fues, *Mystik als Erkenntnis? Kritische Studien zur Meister-Eckhart-Forschung*, Bonn 1981; *Wörterbuch der Mystik*, hrsg. v. P.Dinzelbacher, Stuttgart 1989.

[57]   Der Behauptung, daß es zwischen Mystik und Alchemie nicht "mehr als eine streckenweise Parallelität" gebe (*Wörterbuch der Mystik*, hrsg. v. P.Dinzelbacher, Stuttgart 1989, S.10.), könnte polemisch entgegengehalten werden, es handle sich bei der Alchemie um eine ins Physische und Sichtbare projizierte Mystik.

[58]   Vgl. Haas, *Mors Mystica*, a.a.O., S. 328.

[59]   "Legisse memini me de quadam muliere devota quae sermonem super transformatione mentis in Deum per dilectionem die Pentecostes audiens concutiebatur primo gemitibus inenarrabilibus, suspiriis atque singultibus; quae dum culparetur et polsibus clanculis prohiberetur a circumstantibus ne clamoribus suis turbaret audientes nec hypocrisim ostentaret: tace, fatua, quiesce misera, *ipsa compresso spiritu velut mustum sine spiraculo quod lagunculas novas dirumpit, non valens amplius plenitudinem fervidi spiritus intra se capere, diruptis venis et nervis exspiravit. Beata, per meam fidem; sic enim pie credere fas mihi st; beata martyr amoris effecta quae jam canere poterat nedum illud amore langueo; philocapta sum, amo per amorem, vulnerata caritate ego sum, sed et amore mortua, mortua mihi, et amato viva." Zitiert nach Haas, *Mors mystica*, a.a.O., S. 328. Hervorhebung B.A.K.

[60]   Vgl. dazu Aufz.70.2/937. Daß Malte ihr wie der Rose von Lima und Mechthild von Magdeburg vorhält, am Ende doch an Christus zum Geliebten geworden zu sein, statt ihre Liebe auf Gott zu richten, hat für unseren Argumentationszusammenhang hier keine Relevanz.

[61]   Vgl. R.M.R., Sämtliche Werke, Bd.I, S.356.

[62]   Fülleborn hat auf die Verwandtschaft der Sprache Rilkes zu der Meister Eckharts darin begründet, daß der Sprache aufgetragen wird, Unsagbares sprachlich zu bezeugen. Vgl. Ulrich Fülleborn, *Rilkes Weg ins 20. Jahrhundert*, in: *Zu Rainer Maria Rilke*, hrsg. von Egon Schwarz, Stuttgart 1983, S. 57.

[63] Vgl. dazu unsere Interpretation der Aufzeichnungen 47, 48, 50-53, 59.

Anmerkungen zum Kapitel II

1   Vgl. Seifert, *Das epische Werk Rainer Maria Rilkes*, Bonn 1969, S.238ff.

2   Vgl.R.M.R., *Auguste Rodin*, in: R.M.R., *Sämtliche Werke*, a.a.O., Bd. V, S.198f.

3   Zur Kerze als Symbol der Subjektschöpfung vgl. Jean Chevalier u. Alain Gheerbrant, *Dizionario dei Simboli*, Milano 1986, Bd.1, S.183. Vorgezeichnet findet sich in dieser Symbolik ebenfalls das in die umfassende Sphäre der unbewußten Kräfte eindringende Licht des Bewußtseins, so daß sich, wie später in Aufzeichnung 29 beim Hand-Erlebnis deutlich wird, zwei Sphären ergeben: die helle, beleuchtete über dem Tisch und die dunkle unter dem Tisch.

4   Dieses Lichtmotiv, das in der Lampe der Heiligen (Aufz.22) und dem Bild der Vollkommenheit und seinem Umkreis in den Aufzeichnungen 12 und 11 vorgezeichnet ist, kehrt sowohl in den Kindheitserinnerungen etwa im hellen Grund des Schreibtisches der Ingeborg in Aufzeichnung 28 und im Wunderbaren der Schneelandschaft der Spitzen in Aufzeichnung 41 wieder, als auch insbesondere im 'Lichtgrund' der Liebe, wie der etwa in Aufzeichnung 69 und 70 gezeichnet wird.

5   Zur Namenlosigkeit vgl. sowohl die Aufzeichnungen 15 und 8, in denen der über die konventionelle Zeit Hinausragende oder Sterbende namen- und formlos wird, als auch insbesondere die in Aufzeichnung 14 entwickelte Dynamik der Dichtung, die das Namenloswerden der persönlichen Erfahrungen voraussetzt.

6   Der Zusammenhang von Einsamkeit als der inneren Wüste und Kunstschaffen, das in ihr sein Voraussetzung hat, wird sowohl in Aufzeichnung 26, die die Figur Ibsens gestaltet, wiederaufgenommen als auch in den Aufzeichnungen 50-53, in denen der moderne Heilige in Anlehnung an den antiken, namentlich den in der hier in Aufzeichnung 24 genannten Thebais lebenden heiligen Antonius, gezeichnet wird.

7   Gegenüber Jacob Steiner, der über den Vorwurf eines dilettantischen Verhältnisses Rilkes zur Musik behauptet, Rilke habe nicht die Musik, sondern allenfalls die Dichtung in ihr besungen (Jacob Steiner, *Anschauungsformen Rilkes*, in: Blätter der Rilke-Gesellschaft 7/8, 1981/82, S. 92.), ist mit Nachdruck auf den Aufsatz von Rüdiger Görner hinzuweisen, der Rilkes Musikbegriff u.a. auf den Nietzsches aus der 'Geburt der Tragödie' bezieht (vgl. S. 51ff); auf diese Beethoven-Aufzeichnung aus den 'Aufzeichnungen' wird allerdings kein Bezug genommen. Rüdiger Görner, "... und Musik überstieg uns ...". *Zu Rilkes Deutung der Musik*, in: Blätter der Rilke-Gesellschaft 10, 1983, S. 50-68.

8   Daß die Wüste im Innern sei wird deutlich in der Aufzeichnung 26.5/783.

9   Stahl erblickt in der Formulierung "hingestellt und weggenommen" zu Recht eine "Isolierungstechnik", die "den Verzicht auf Ergründung der Ursachen des Elends veraus(setzt) und (...) die Symbolisierung des Elends im Sinne eines Zeitlos-Allgemeinen (ermöglicht)". August Stahl, *Rilke Kommentar. Zu den Aufzeichnungen des Malte Laurids Brigge, zur erzählerischen Prosa, zu den essayistischen Schriften und zum dramatischen Werk*, München 1979, S.184. Dieser 'zeitlos-allgemeinen' Dimension gehört der Vogelfütterer bereits an, so daß er in seiner irdischen Sichtbarkeit als einer erscheint, der sich tendenziell, gleich etwa Bettine in Aufzeichnung 57, zurückerraten muß aus

dem ewigen Sein jenseits des Todes. Diese Zugehörigkeit zu einer anderen Dimension wird dann in dem Eindruck eines Glassturzes über ihm 'sichtbar'.

10 Vgl. dazu unten unseren der Interpretation der Aufzeichnung 44 folgenden Exkurs: Die Aufzeichnungen in der Perspektive eines alchemistischen 'opus'.

11 Der Bedeutungshorizont des Schlafens läßt sich freilich im Umkreis der Aufzeichnungen nicht ganz eindeutig bestimmen. Eine andere Interpretation des 'Schlafens' ergäbe sich ebenfalls aus Aufz. 23, wo die Frage nach dem Schlafen als eine nach innerer Beruhigtkeit und Überwindung des Schreckens zu verstehen wäre: "die Menschen möchten vieles davon [vom Schrecklichen; B.A.K.] vergessen dürfen; ihr Schlaf feilt sanft über solche Furchen im Gehirn, aber Träume drängen ihn ab und ziehen die Zeichnung nach." (23.1/776) Finden sich hier Schlaf und Traum in Gegensatz gesetzt, so bedeutet der Schlaf der jungen Abelone eine steigende Traumbewegung (vgl. 44.2/844). Ein vierter Bedeutungshorizont des 'Schlafens' zeichnet sich schließlich im Umkreis der Figuren der Liebe ab, die ihre Arbeit der Liebe tun, während die anderen schlafen, wie z.B. die Heilige im Pantheon: "Die Heilige wacht über der schlafenden Stadt" (22.1/774), oder Bettine: "Oder ist nicht die Welt überhaupt von dir? denn wie oft hast du sie in Brand gesteckt mit deiner Liebe und hast sie lodern sehen und aufbrennen und hast sie heimlich durch eine andere ersetzt, wenn alle schliefen." (57.2/897) 'Nicht schlafen' könnte in diesem Fall die Elendsgestalten in Zusammenhang mit den großen Liebenden bringen, deren Sein ja ebenfalls einer anderen, himmlisch-kosmischen Dimension angehört.

12 Das Bild vom Glassturz läßt gleich den Gedanken an die Uhr aufkommen; vgl. etwa G.Wahrig, *Deutsches Wörterbuch*, Gütersloh 1980/82, Sp.1573: "*Glassturz* ⟨m⟩ Deckel, Gehäuse aus Glas (für Uhren, Kunstgegenstände)". Das Motiv von der Uhr als eigenständiger, von aller Umwelt losgelöster Bewegung findet sich nicht nur in Aufzeichnung 14, wo von den vielen Einzelnen die Rede ist, deren "Leben abläuft, mit nichts verknüpft, wie eine Uhr in einem leeren Zimmer" (14.4.5/727), sondern vor allem auch im Zusammenhang mit der Parallelfigur des blinden Zeitungsverkäufers in Aufzeichnung 59, der in seiner Bewegung einem Zeiger verglichen wird.

13 Vgl. Rainer Maria Rilke, *Auguste Rodin. Zweiter Teil. Ein Vortrag (1907)*, in: R.M.R., *Sämtliche Werke*, a.a.O., Bd.V, S.208f. Zum Bezug dieser Vogelfütterergestalt auf Rilkes in den Rodin-Schriften vor allem entworfenen Ding-Konzeption vgl. unsere Ausführungen auf den folgenden Seiten.

14 Vgl.Rainer Maria Rilke, *Auguste Rodin. Erster Teil (1902)*, und *Auguste Rodin. Zweiter Teil. Ein Vortrag (1907)*, sowie *Aus dem Nachlaß*, in: R.M.R., *Sämtliche Werke*, a.a.O., Bd.V, S.135-201 und S.203-246 sowie S.247-280.

15 Walter Seifert, *Das epische Werk Rainer Maria Rilkes*, a.a.O., S. 194. Vgl. auch ebda. S. 177-194 sowie S. 243f.

16 "Es gab kleine Figuren da, Tiere besonders, die sich bewegten, streckten oder zusammenzogen, und wenn ein Vogel saß, so wußte man doch, daß es ein Vogel war, ein Himmel wuchs aus ihm heraus und blieb um ihn stehen, eine Weite war zusammengefaltet auf jede seiner Federn gelegt und man konnte sie aufspannen und ganz groß machen." In: Rainer Maria Rilke, *Auguste Rodin. Erster Teil (1902)*, in: R.M.R., *Sämtliche Werke*, a.a.O., Bd.V, S.143f. Zum Motiv des Vogels vgl. auch Karl-Heinz Fingerhut, *Das Kreatürliche im Werke Rainer Maria Rilkes. Untersuchungen zur Figur des Tieres*, Bonn 1970.

17 Vgl. Rainer Maria Rilke, *Auguste Rodin. Erster Teil (1902)*, in: R.M.R., *Sämtliche Werke*, a.a.O., Bd.V, S.198.

18 "[...] eine Gebärde, die wie eine Fontäne aus dem Steine stieg und wieder in denselben zurückfiel, ihn mit vielen Wellen erfüllend. Nicht die Bewegung

war es, die dem Sinne der Skulptur (und das heißt einfach dem Wesen des Dinges) wiederstrebte; es war nur die Bewegung, die nicht zu Ende geht, die nicht von anderen im Gleichgewicht gehalten wird, die hinausweist über die Grenzen des Dinges. [...] Wie groß auch die Bewegung eines Bildwerkes sein mag, sie muß, und sei es aus unendlichen Weiten, sei es aus der Tiefe des Himmels, sie muß zu ihm zurückkehren, der große Kreis muß sich schließen, der Kreis der Einsamkeit, in der ein Kunst-Ding seine Tage verbringt." In: Rainer Maria Rilke, *Auguste Rodin. Erster Teil (1902)*, in: R.M.R., *Sämtliche Werke*, a.a.O., Bd.V, S.158.

19 Ähnlich die Geste des Verlorenen Sohns von Rodin: "So ist jener schmale Jüngling, der kniet und seine Arme empor wirft und zurück in einer Geste der Anrufung ohne Grenzen. Rodin hat diese Figur *Der verlorene Sohn* genannt, aber sie hat, man weiß nicht woher, auf einaml den Namen: *Prière*. Und sie wächst auch über diesen hinaus. Das ist nicht ein Sohn, der vor dem Vater kniet. Diese Gebärde macht einen Gott notwendig, und in dem, der sie tut, sind alle, die ihn brauchen. Diesem Stein gehören alle Weiten; er ist allein auf der Welt." In: Rainer Maria Rilke, *Auguste Rodin. Erster Teil (1902)*, in: R.M.R., *Sämtliche Werke*, a.a.O., Bd.V, S.194f.

20 Auf diese Weise ein himmlisches Wesen anlockend und einholend, wird das Kunstwerk zugleich zum autonomen Bollwerk gegen die andrängende Gesellschaft und ihre Konvention; diesen Eindruck empfängt Rilke auch von den Skulpturen Rodins: "RODIN: Das macht seine Plastik so isoliert, so sehr zum Kunstwerk, welches wie eine Festung ist: sich selbst beschützend, wehrhaft, unzugänglich, nur solchen, die Flügel fühlen, durch ein Wunder erreichbar: daß sie sich befreit hat von der Abhängigkeit von Umgebung und Hintergrund [...]." In: Rainer Maria Rilke, *Auguste Rodin. Aus dem Nachlaß*, in: R.M.R., *Sämtliche Werke*, a.a.O., Bd.V, S.249.

21 Vgl. Rainer Maria Rilke, *Auguste Rodin. Zweiter Teil. Ein Vortrag (1907)*, in: R.M.R., *Sämtliche Werke*, a.a.O., Bd.V, S.208f, sowie R.M.R., *Puppen*, in: R.M.R., *Sämtliche Werke*, a.a.O., Bd.VI, S. 1063.

22 Sterben als Rückzug nach innen findet sich auch deutlich im Tod der Mutter (Aufz. 33.4/811) und in dem der Großmutter Brigge (Aufz. 366-7/823) ins Bild gefaßt.

23 Vgl. Rilkes Rezeption der Geste des Verlorenen Sohnes von Rodin, oben Anm. 19.

24 Auch Stahl stellt diese Aufzeichnung in den Zusammenhang der Aufzeichnungen 64 und 65. Er weist auch darauf hin, daß diese drei Aufzeichnungen zusammen abgedruckt wurden in: Die Schaubühne. Wochenschrift für die gesamten Interessen des Theaters. Berlin, VI. Jg., Nr.22/23, 2.Juni 1910. Vgl. August Stahl, *Rilke Kommentar. Zu den Aufzeichnungen des Malte Laurids Brigge*, a.a.O., S.184f.

25 ad 1.: die Fiebererfahrungen liegen vor dem ersten 'eigenen Erlebnis', dem Hand-Erlebnis (vgl. 30.1/797).

ad 2.: das Identitätsspiel folgt dem Fieber und liegt so weit zurück, daß Malte es als Erinnerung einer Erinnerung an die früheste Kindheit erzählt (vgl. 31/798f; zugleich aber gilt das Handerlebnis zunächst als das erste eigene (vgl. 29.5/796f u. 31.1/797) und Malte beschreibt sich ausdrücklich als noch sehr klein (vgl. 29.2/793).

ad 3.: Die Ingeborg-Erzählung durch die Mutter liegt nach dem Handerlebnis, da Malte sich ja durch diese Erzählung angereizt fühlt, von diesem Erlebnis zu erzählen (vgl. 29.1/792); durch die Erwähnung von Ingeborgs Sekretär in Aufz. 41 (vgl.41.1/834) wird eine direkte Verbindung zu Aufz. 28 (vgl. 28.4-6/788f) hergestellt, während es in Aufz. 27 wie in Aufz. 42 von der Mutter heißt, das sie eigentlich schon nirgends mehr hingegangen sei (vgl. 27.2/786 u. 42.2/836).

ad 4.: Die Spiegel-Episode zeigt ein wesentlich kindlicheres Verhalten Maltes als etwa die Galerie-Episode, wie sich aus der Beschreibung der Geburtstage, wie sie in Aufzeichnung 43 wiederkehrt, und seinem Verhalten den Dienern gegenüber schließen läßt; Malte flüchtet zwar nicht zur Mutter, so daß diese Episode auch nach dem Tod der Mutter liegen könnte, andererseits kommt in ihr das schon anläßlich der Hand-Episode erwähnte Kindermädchen vor, für das Malte als ein 12 bis 13 jähriger Junge, der er zur Zeit der Gespenstererscheinung und der Galerie-Episode ist, zu alt erscheint; es gibt aber keine eindeutigen Hinweise zur Datierung.

ad 5.,6. u. 7.: diese Abfolge wurde in Aufzeichnung 36 angegeben: Großmutter Brigge stirbt im Frühling des auf den Tod der Mutter folgenden Jahres und gleich darauf der Kammerherr (vgl.36.5-8/822f).

ad 8.: Die Abelone Aufzeichnung setzt vor der Christine- und Galerie-Episode ein, die jahrelang nach dem Tod der Mutter statthaben, wie es in Aufz. 15 heißt (vgl. 15.1/729, während Malte Abelone ein Jahr nach dem Tod der Mutter bemerkt (vgl. 37.1/824); Maltes Verhältnis zu Abelone entwickelt sich dann aber eigentlich erst später voll, als er zur Adelsakademie geht und also schon etwa 15-17 Jahre alt sein dürfte (vgl.37.5/825f).

ad 9. u. 10.: Die Christine-Episode, die ausdrücklich in die gleiche Zeit des Aufenthaltes auf Urnekloster fällt wie die Galerie-Episode, findet mehrere Jahre nach dem Tod der Mutter statt, da sich Vater und Großvater mütterlicherseits, wie es in Aufzeichnung 15 heißt, "jahrelang, seit dem Tod meiner Mutter nicht gesehen haben" (15.1/729), und auch Malte zu Beginn der Aufzeichnung 34 eine Distanz von mehreren Jahren zum Tod der Mutter veranschlagt (vgl.34.1/812).

ad 11. : Der Tod Eriks dürfte zeitlich kurz nach Maltes Aufenthalt auf Urnekloster fallen, da er in Aufzeichnung 15 behauptet, diesen Ort nach dem Aufenthalt, bei dem sich die Gespenstererscheinung zuträgt, nie wieder besucht zu haben (vgl.15.1/729); wenn nun Mathilde Brahe den Namen des Malers, der Erik malt, unablässig erwähnt hat (vgl.35.1/818), so muß das während dieses Aufenthaltes gewesen sein; Erik stirbt dann, bevor das Bild vollendet wird. Widersprüchlich bleibt freilich, daß Malte am Ende der Aufzeichnung 35 Eriks Bild in der Galerie auf Urnekloster beschreibt (vgl.35.3/818), während er in Aufz. 15 behauptet, das Haus nach der Christine-Episode nie mehr gesehen zu haben.

ad 12.: als Rahmenerzählung setzt diese Aufzeichnung in der Jugendzeit Maltes zur Zeit der Abelone-Episode der Aufzeichnung 37, aber noch ein Jahr vor deren Höhepunkt in der Vorbereitungsphase der Liebe ein, "als Abelone mir von Mamans Jugend sprach" (vgl. 44.1/844 u. 37.3/825).

ad 13.: Die Abelone-Episode setzt zwar ein Jahr nach dem Tod der Mutter und also vor der Christine- und Galerie-Episode ein (vgl. oben, ad 8.) entwickelt sich aber hauptsächlich zur Zeit des Besuchs der Adelsakademie in Sorö, als Malte schon größer sein dürfte als die "12 oder höchstens 13 Jahre", die er für die Zeit der Christine-Episode in Aufzeichnung 15 (vgl. 15.1/729) angibt, in der er hernach zudem von seiner Tante Mathilde getröstet werden muß (vgl.15.13/738f).

ad 14. Die Aufzeichnung über das Lesenlernen, die gleichwohl einen langen Raum der Kindheit umfaßt, fällt zeitlich aber in ihrem Hauptteil in den in Aufz. 37 erzählten Sommer mit Abelone nach dem Jahr auf der Adelsakademie.

ad 15. Zum Zeitpunkt des Todes seines Vaters ist Malte bereits über das Jugendalter hinaus, da er schon im Ausland wohnt und Ulsgaard nicht mehr im

Besitz der Familie ist. Hier und in den Aufzeichnungen 47., 49, 50 und 69 reichen Maltes Erinnerungen an die Pariser Gegenwart heran.

[26]   Vgl. 27.2/786; 28.4/788: Hand wie elfenbeinernes Kruzifix; 28.8/791.

[27]   Der Terminus 'Gesicht' ist in doppelter Bedeutung gebraucht: das 'Antlitz' ist hinter den Händen verborgen, das Sehen geht nach innen, wie bei der Armenfigur der 'Frau ohne Gesicht' in Aufzeichnung 5; darüber hinaus scheint das nach innen gehende Gesicht, der 'Blick', der das Unsichtbare 'sieht', nach außen durch: die 'Oberfläche' der erzählenden Mutter wird transparent auf das Unsichtbare hin.

[28]   Rilkes Verdeutlichung seiner Ästhetik an den russischen Ikonen verbindet beide Momente: die Oberfläche der Wandbilder bieten die sichtbare Wirklichkeitsgestalt, durch die hindurch die Betrachter ihre eigenen Vorstellungen und Einbildungen der Madonna projizieren, so daß sich hinter der Ikonenwand die ungestaltete unsichtbare Vielfalt der Einbildungen findet, deren sichtbarer Ausdruck die gemalten Ikonen, Verweise auf dies Unsichtbare, ihr Umriß nur, sind. Vgl. R.M.R, *Russische Kunst*, in: R.M.R, *Sämtliche Werke*, a.a.O., Bd. V, S.493ff.

[29]   Vgl. dazu unten unsere Interpretation der Aufzeichnungen 39 und 64.

[30]   Vgl. Seifert, *Das epische Werk Rainer Maria Rilkes*, a.a.O., S.251.

[31]   Namenlosigkeit kennzeichnet das Verhältnis der Teilhabe zum Unfaßbaren: man denke etwa an den Großvater Brahe in Aufzeichnung 15, aber dann auch an die Namenlosigkeit der Erinnerungen in Aufzeichnung 14, die in den Abgrund des Vergessens gelangen, um namenlos aus ihnen wieder aufzutauchen und Vers zu werden.

[32]   Vgl. dazu unten die Interpretation der Spiegelthematik der Aufzeichnungen 32 und 34 sowie den Aufsatz von Lorna Martens, *Mirrors and Mirroring: "Fort/da" Devices in Texts by Rilke, Hofmannsthal, and Kafka*, in: Deutsche Vierteljahresschrift für Literaturwissenschaft und Geistesgeschichte 58, 1984, S.139-155.

[33]   Vgl. R.M.R., *Sonette an Orpheus, Zweiter Teil, I*, in: R.M.R., *Sämtliche Werke*, a.a.O., Bd.1, S.751.

[34]   In diesem Erraten ist ein Hinweis auf hier in der Kindheit noch und in den Aufzeichnungen 68 und 69 vielleicht als wieder möglich konzipierte Formen der Gemeinsamkeit zu sehen. Vgl. zur Thematik der Gemeinsamkeit auch die Aufzeichnungen 39 und 64.

[35]   In Aufzeichnung 28.3 hatte die Mutter Malte geraten, daß er sich immer etwas wünschen solle.

[36]   Es dürfte sich eher um den androgynen Ganzheitscharakter als einfach um Bisexualität handeln, kommen doch später auch der Liebeskonzeption androgyne, auf autonome Ganzheit zielende Züge zu; vgl. etwa die Stimme Abelones in Aufz.38, der Zuhörer Beethovens in Aufz. 24, die "Jünglingin" Clémence de Bourges in Aufz. 67. Gegenüber der Bisexualität in denunziativer Absicht schlicht auf Rilkes Bisexualität zurückführenden Studie Simenauers (vgl. Siemenauer, *Rainer Maria Rilke*, a.a.O., S. 632ff.) arbeitet Stephens die Bedeutung hermaphroditische Motive bei Rilke heraus: Anthony Stephens, *Zur Funktion sexueller Metaphorik in der Dichtung Rilkes*, in: *Zu Rainer Maria Rilke*, hrsg. v. Egon Schwarz, Stuttgart 1983, S.69-88.

[37]   Zur narzißtischen Konzeption des Geburtstages vgl. auch Byong-Ock Kim, *Die Kindheit-Ästhetik des frühen Rilke*, in: Blätter der Rilke-Gesellschaft 7/8, 1980/81, S. 21-25.

38   Es erscheint uns daher nicht überzeugend, das sich dann im Giebelzimmer
vollziehende Spiel mit den Identitäten als Einübung in die gesellschaftliche
Konvention zu interpretieren; mit dem Eintreten in das Alleinsein im
Giebelzimmer und dem Spielbeginn ist die Grenze zur Konvention bereits
überschritten, wie ja auch das Spiel der Vertauschung der
Geschlechteridentität in der vorangehenden Aufzeichnung beweist. Eine
Einübung in gesellschaftliche Konvention hätte Malte eher an den Uniformen
seines Vaters ausprobieren können.

39   Diesen Ausdruck gebraucht Rilke im Zusammenhang des Spiegels, in dem in
Aufzeichnung 38 die Jungfrau dem Einhorn sein Bild zeigt. Vgl. unten unsere
Interpretation der Aufzeichnung 38.

40   Unter diesem Gesichtspunkt ist man dann freilich auch versucht, den
Verlauf der Paris-Erlebnisse neu zu interpretieren: zur Vollkommenheit der
12. Aufzeichnung bilden die 11. und 13. die seitliche Rundung des Höhepunkts
einer aus der Negativität der Paris-Erlebnisse sich erhebenden Hyperbel,
deren tragende Kräfte Malte erst in Aufzeichnung 22 erleuchtet einsieht, da
ihm in der liebenden Bejahung des Seienden, auch noch des Entsetzlichsten
und Widerwärtigsten, zugleich die Erkenntnis aufgeht, daß das Entsetzliche
und das Wunderbare der Liebe nicht geschieden sind, sondern als den extremen
Pol der Subjektivität eine einzige, alles umfassende Dimension bilden.

41   Vgl. zum Motiv des weißen Blatts oder der weißen Fläche auch die
Aufzeichnungen 21, 23, 31, 41 und 42 sowie insbesondere unsere
Interpretation dieses Motivs im Rahmen der alchemistischer Elemente dem der
Aufzeichnung 44 folgenden Exkurs über: Die Aufzeichnungen in der Perspektive
des alchemistischen 'opus'.

42   Die Aufzeichnungen sind ein solcher Spiegel, in dessen fragmentierende und
neu zusammensetzende, eigengesetzliche Wirklichkeit Maltes Leben durch sein
Schreiben eingeht.

43   Vgl. zu dieser Spiegelfunktion aber auch Lorna Martens, *Mirror an
Mirroring*, a.a.O.

44   Vgl. Seifert, *Das epische Werk Rainer Maria Rilkes*, a.a.O., S.253f.

45   Vgl. Friedrich Nietzsche, *Die Geburt der Tragödie*, in: F.N., *Sämtliche
Werke. Kritische Studienausgabe*, hrsg. v. G.Colli u. M.Montinari, Berlin/New
York u. München 1980, Bd.1, S.25ff.

46   Vgl. Aufz. 32.4/805 und 5.2/711.

47   Das Motiv der ihren Deckel verlierenden Dose wird dann später in den
Aufzeichnungen 50-53 wieder aufgenommen. Der Zerfall der Ganzheit hat auch
dort katastrophale Folgen, die freilich durchgestanden werden müssen, um
durch die Erfahrung dieser Negativität in der Leistung der Kunst die
unfaßbare Positivität, Gott vielleicht, zu erahnen.

48   Veronika Merz ist darin zuzustimmen, daß die grundlegende Problematik des
Werkes durchaus einen religiösen Charakter annimmt (V.M., *Die Gottesidee in
Rilkes "Aufzeichnungen des Malte Laurids Brigge*, in: Jahrbuch der Deutschen
Schillergesellschaft 26, 1982, S. 269-295). Es ist jedoch, will man diese
Religösität im Vergleich zum Christentum erkunden, u.a. zu fragen: ob sich
gewisse Elemente dieser Religösität, wie die Negativität der orpheischen
Ästhetik und die starke Diesseitsbezogenheit, die auch die schrecklichsten
Seiten noch bejahen will, und die unerreichbare Ferne Gottes, also die
Ablehnung absoluter Aufgehobenheit in Gott, seine Umfunktionierung vom Ziel
zu einem Weg, nicht auf eine Religösität ohne Gott zubewegen (ohne sie zu
erreichen), wie sie Nietzsche etwa entworfen hat; ob damit nicht die

Metaphysik in den Raum der Literatur und in gewisser Weise des Privaten eingeschrieben wird.

49 Der Satz: "Als indessen bald darauf mein Interesse umschlug und infolge gewisser Begebenheiten ganz auf Christine Brahe überging [...]" (34.3/813), stellt eindeutig einen Bezug zu der bereits in Aufzeichnung 15 erinnerten Gespensterepisode her.

50 Vgl. Siegmund Freuds Beobachtung des Kinderspiels in: Siegmund Freud, Jenseits des Lustprinzips, in: S.F., *Gesammelte Werke*, hrsg. von Anna Freud, E.Bibring, W.Hoffer, E.Krist, O.Isakower, Londoner Ausgabe, 1976, Bd.XIII, S.11f.

51 Vgl. oben S. 140.

52 Es fällt schwer, den hier in Aufzeichnung 37 dargestellten Prozeß der Herausbildung der ersten Liebe Maltes zu datieren. Daß sich die erste große Liebe im Alter von zehn oder elf Jahren etwa herausbildet, wie Stahl und Kim mit der biographischen Parallelisierung von Rilkes Besuch der Militärschule in St. Pölten und Maltes Besuch der Adelsakademie zu Sorö suggerieren, darf als unwahrscheinlich angenommen werden (vgl.Stahl, *Rilke Kommentar. Zu den Aufzeichnungen des Malte Laurids Brigge*, a.a.O., S.195; Byong-Ock Kim, *Rilkes Militärschulerlebnis und das Problem des Verlorenen Sohnes*, Bonn 1973, S. 185ff). Zur Zeit der Christine- und Galerieepisode (Aufz. 15 und 34) ist Malte freilich etwa 12-13 Jahre alt und zu diesem Zeitpunkt ist die Mutter bereits jahrelang tot (vgl.15.1/729). In keiner der beiden Entwicklungssträngen, jener der 'anderen Wirklichkeit' oder jener der 'Liebe', wird auf den anderen Bezug genommen, mit Ausnahme der Angabe, daß Malte Abelone ein Jahr nach dem Tode der Mutter zuerst bemerkt habe. Wenn die Themen des Schreckens und der Liebe schon in Aufzeichnung 22 und 23 ihre enge Zusammengehörigkeit beweisen, ist es auffällig, daß Malte etwa zwischen Christine-/Galerie- und Abelone-Episode keinerlei Verbindung herstellt. Das würde auf eine klare zeitliche Trennung deuten. Das Jahr nach dem Tod der Mutter ist freilich auch das Jahr des Todes von Großvater Brigge. Zieht man hinzu, daß Malte die Lektüre der Klassiker im Liebessommer mit Abelone in Aufzeichnung 56 für verfrüht hält angesichts seines Alters, so dürfte er 15-16 Jahre noch nicht überschritten haben. Mit etwa 13-15 Jahren dürfte daher diese Episode zeitlich etwa angesetzt werden. – Es ist klar, daß hier die Erlebniswelten des Schreckens und der Liebe deutlich getrennt werden sollen. Malte beschreibt in wenigen Absätzen vielmehr einen Prozeß, der sich, versucht man den chronologischen Hintergrund zu rekonstruieren, über eine Reihe von Jahren erstreckt haben dürfte. Es ist, als schäle sich die Liebe aus einer Reihe von Schichten heraus: erst aus der Konvention und dem Unsympathischen in Abelone, dann die Sphäre des unfertigen Innern, in der der Liebe Bett bereitet wird, dann die Transparenz auf die Mutter hin, dann das Leiden der Erfahrungen auf Sorö, die Malte für die Liebe vorbereiten, als bis der Wechsel, das Eintreten der großen Liebe in ihrer Unvergänglichkeit durch den Wechsel der Erzählung von Abelone in der dritten Person und durch den Zeitsprung von der Vergangenheit in die Gegenwart des Dialogs mit Abelone angezeigt wird.

53 So wird in Aufzeichnung 39 den Männern, die ihren Anteil an der Liebe nicht geleistet haben, "Zerstreutheit" vorgeworfen (vgl. 39.5/832).

54 Vgl. dazu oben Anm. 36.

55 In der Kritik der fachlich-spezialistischen Sicht dieser Teppiche, wie sie in der folgenden Aufzeichnung anklingt, mag die gelehrte Interpretation der Wandtäppiche geradezu abgelehnt und als inadäquat gewertet sein: "Die jungen Leute halten sich kaum auf, es sei denn, daß das irgenwie in ihr Fach gehört, diese Dinge einmal gesehen zu haben, auf die oder jene bestimmte Eigenschaft hin." (39.1/830) Der gelehrten Sicht fehlt das einigende,

produktive Prinzip, das Malte für sie in der Interpretation als Bilder der Liebe gefunden hat.

[56] Das meint durchaus die Interpretation der Teppiche auf die Liebeskonzeption im Malte, wie auch Dédéyan sie vornimmt, greift wesentlich weiter als der unmittelbare Bezug auf die Abelone-Figur vor allem. Vgl. Charles Dédéyan, *Rilke et la France*. Tome IV, Paris 1963, S.319-336.

[57] Von hierher ist es dann nur noch ein Schritt, um die Insel als 'hortus conclusus' der Kunst zu verstehen, wie J. Ryan, *Horti Conclusi: Metaphern des Mittelalters bei Rilke*, in: *Das Weiterleben des Mittelalters in der deutschen Literatur*, hrsg. von James F. Poag und Gerhild Scholz-Williams, Königstein/Ts. 1983, S.163.

[58] Nach von Dédéyan zitierten Henri Martin sind die Züge der dargestellten Dame auf allen Bildern verschieden. Vgl. Dédéyan, *Rilke et la France*, Tome IV, a.a.O., S. 323. Dieser Hinweis auch bei Stahl, *Rilke Kommentar. Zu den Aufzeichnungen des Malte Laurids Brigge*, a.a.O., S.196.

[59] Beide Tiere stellen im Rahmen der Alchemie bei der "chymischen Hochzeit" Symbole des Mercurius dar. Vgl. Carl Gustav Jung, *Psychologie und Alchemie*, in: C.G.J., *Gesammelte Werke Bd. 12*, Olten und Freiburg i.Br. 1972, S.527; zum Einhornmotiv als Paradigma der Alchemie vgl. ebda. S. 495-537. Vgl. auch unseren Exkurs unten im Anschluß an die Interpretation der Aufzeichnung 44 über: Die Aufzeichnungen in der Perspektive eines alchemistischen 'opus'.

[60] Vgl. Lurker 1988, S. 475; Jean Chevalier u. Alain Gheerbrant, *Dizionario dei Simboli*, Milano 1986, Bd.2, S.44f.

[61] Zur alchemistischen Bedeutung des Mondes als Symbol des 'albedo'-Zustandes, der zum 'rubedo' gesteigert wird, vgl. unseren Exkurs unten im Anschluß an die Interpretation der Aufzeichnung 44 über: Die Aufzeichnungen in der Perspektive eines alchemistischen 'opus'.

[62] Vgl. Stahl, *Rilke Kommentar. Zu den Aufzeichnungen des Malte Laurids Brigge*, a.a.O., S.196, u. Dédéyan, *Rilke et la France*, Tome IV, a.a.O., S. 324.

[63] Zum berühmten 'Falkenlied' des Kürenbergers und zum Falkenmotiv in der Dichtung des Mittelalters vgl. u.a. Hermann Schneider, *Heldendichtung - Geistlichendichtung - Ritterdichtung*, Heidelberg 1943, S.430ff; Herbert Walz, *Die deutsche Literatur im Mittelalter*, München 1976, S.311; Karl Bertau, *Deutsche Literatur im europäischen Mittelalter*, Bd.1, München 1972, S.366f; Peter Wapnewski, *Deutsche Literatur des Mittelalters*, Göttingen 1980, S.81; W.Frey, W. Raitz u.a., *Einführung in die deutsche Literatur des 12.-16. Jahrhunderts. Bd.1: Adel und Hof*, Opladen 1979, S.88ff.

[64] Vgl. *Wörterbuch der Symbolik*, hrsg. v. Manfred Lurker, Stuttgart 1988, S.501, Stichwort 'Narr'.

[65] "In Blatt und Frucht der Nelke erkannte man die Nägel der Kreuzigung Christi, so daß sie von daher zum Symbol der Passion wurde. Häufig sind Darstellungen der Nelke (meist Karthäusernelke) auf Madonnenbildern." In: Gerd Heinz Mohr, *Lexikon der Symbole. Bilder und Zeichen der christlichen Kunst*, Düsseldorf/Köln 1981, S.221. Daß die Nägel der Nelke die blutigen Nägel des Kreuzes Christi bedeuteten, wird vom Handwörterbuch des deutschen Aberglaubens hingegen der Kunstsage zugeschrieben. Außerdem aber sollen böhmischer - und Rilke also möglicherweise bekannter - Sage nach wilde Nelken den Tränen Marias entsprossen sein, vgl. *Handwörterbuch des deutschen Aberglaubens*, hrsg. von Hanns Bächtold Stäubli, Berlin u. Leipzig 1934/35, Bd. VI, S.1002f.

66 Vgl. Ryan, *Horti conclusi*, a.a.O., S. 163.

67 Hierher gehört der oben schon anläßlich der Spiegelsymbolik auf den Seiten 161, 163 171, 176, Rilke geliehene Ausdruck, der das in den Sonetten an Orpheus (R.M.R., *Sämtliche Werke* Bd.I, S. 772) wiederaufgenommene Bild so kommentiert: "Das Einhorn hat alte, im Mittelalter immerfort gefeierte Bedeutuytngen der Jungfräulichkeit: daher ist behauptet, es, das Nicht-Seiende für den Profanen, sei, sobald es erschiene, in dem 'Silber-Spiegel', den ihm die Jungrau vorhält (siehe: Tapisserien des XV.Jahrhunders) und 'in ihr', als in einem zweiten ebenso reinen, ebenso heimlichen Spiegel." Zitiert nach August Stahl, *Rilke Kommentar. Zu den Aufzeichnungen des Malte Laurids Brigge*, a.a.O., S.196.

68 Vgl. den Zusammenhang dann mit dem nächsten Bild und Anm.69.

69 Ein ähnlich paradoxer Zusammenhang, der dann auch die Hervorhebung des für seine Vermehrungstätigkeit sprichwörtlich bekannten Kaninchens auf dem vorangehenden Bild verständlicher werden läßt und unsere Interpretation stützt, findet sich in der folgenden Aufzeichnung 39, wo es von den großen Liebenden heißt: "Gebärende, die nie gebären wollten, und wenn sie endlich starben nach der achten Geburt, so hatten sie die Gesten und das Leichte von Mädchen, die sich auf die Liebe freuen." (39.5/833) Im Zusammenhang ihrer Untersuchung der Spiegelsymbolik hat Lorna Martens für das 'Spiegelgedicht' Orpheus II,3 ein ähnliches Paradoxon ausgemacht und als illogische Spannung interpretiert, wo eine sexuelle Vereinigung, die immer schon in der Vergangenheit stattgefunden hat, als zukünftiges Ereignis genommen wird, das die Schönheit zerstört: "*wird* bleiben [...] bis *eindrang*" (R.M.R., *Die Sonette an Orpheus, Zweiter Teil, III*, in: R.M.R., *Sämtliche Werke*, a.a.O., Bd.1, S.752). Lorna Martens, *Mirror and mirroring*, a.a.O., S. 144f.

70 Carl Gustav Jung, *Psychologie und Alchemie*, a.a.O., S.499. Zugleich kehrt natürlich auch die Konzeption androgyner Vollkommenheit in diesem Bild wieder; vgl. dazu oben die Androgynität der Stimme Abelones in Aufzeichnung 37 sowie unsere Anmerkung 36 zur Androgynität in Aufzeichnung 31.

71 Vgl. Judith Ryan, *Horti conclusi*, a.a.O.

72 Der Unterschied betrifft allenfalls die Zeitlichkeit. Den Dingen ist eine andere, meist längere, aber keineswegs unbedingt ewige Zeitlichkeit beschieden, da auch sie zerstört werden können. Vgl. beispielsweise das Schicksal der Dinge im Sterbezimmer der Mutter des Kammerherrn Brigge in Aufzeichnung 8.3-6/715ff.

73 Vgl. Stahl *Rilke Kommentar. Zu den Aufzeichnungen des Malte Laurids Brigge*, a.a.O., S.197.

74 Den Terminus "subtile Wirklichkeit" übernehmen wir von Carl Gustav Jung. Er soll im Rahmen der wesentlich als Projektionserlebnis des Artifex interpretierten Alchemie jene 'Wirklichkeit' darstellen, in der Materielles und Geistiges, Physisches, Metaphysisches und Psychisches eine untrennbare Einheit bilden, die nur noch symbolisch darstellbar ist, bzw. der die 'alltägliche', 'sichtbare' 'Wirklichkeit' zum Symbol der "jenes Zwischenreich subtiler Wirklichkeit" wird. Vgl. Carl Gustav Jung, *Psychologie und Alchemie*, a.a.O., S. 328.

75 Die in diesem Satz benutzten Worte 'Einbildung' und 'Erzählen' sind, typisch für die Aufzeichnungen, hier in ihrem landläufigen Gebrauch benutzt, von dem ihr anderwärts eigener, eminenter Sinn, der sich hinter dem landläufigen auf diese Weise verbirgt, scharf zu unterscheiden ist.

[76] Zum Lichtmotiv und zur Lichtmystik vgl. u.a.auch die Aufzeichnungen 11, 12, 22, 56, 69, 70.

[77] Vg. E. Benz, *Swedenborg und Lavater. Über die religiösen Grundlagen der Physiognomik*, in: Zeitschrift für Kirchengeschichte (Gotha/Stuttgart) 1938, S. 153-216.

[78] Vgl. *Wörterbuch der Symbolik*, hrsg. v. Manfred Lurker, Stuttgart 1988, S. 472ff.

[79] In der Alchemie besitzt der Diamant die Bedeutung des Ecksteins, der – übereinstimmend mit unserer Interpretation - nach Angelus Silesius gelassen werden muß, um über ihn hinaus zum Goldstein zu kommen. Vgl. Jean Chevalier u. Alain Gheerbrant, *Dizionario dei Simboli*, Milano 1986, Bd.1, S.379, u. Bd.2, S. 216.

[80] S. die vorangehende Anmerkung.

[81] Vgl. dazu unsere Interpretation der Aufzeichnungen 39 und 64.

[82] Vgl.: "Der Graf, bebend, stand und machte eine Bewegung, als stellte er etwas in den Raum hinein, was blieb./In diesem Moment gewahrte er Abelone./'Siehst du ihn?' herrschte er sie an. Und plötzlich ergriff er den einen silbernen Armleuchter und leuchtete ihr blendend ins Gesicht./Abelone erinnerte sich, daß sie ihn gesehen habe." (44.16/850)

[83] Vgl. Carl Gustav Jung, *Psychologie und Alchemie*, a.a.O.; sowie Carl Gustav Jung, *Studien über alchemistische Vorstellungen*, in: C.G.Jung, *Gesammelte Werke*, 13. Band, hrsg. von L.Jung-Merker u. E. Rüf, Olten und Freiburg 1978. - Brauchbare Hinweise zur Symbolik der Alchemie geben auch: *Julius Evola, La tradizione ermetica, Bari 1931*; Jean Chevalier und Alain Gheerbrant, *Dizionario dei Simboli*, Milano 1986 (Original französisch unter dem Titel: *Dictionnaire des Symboles*, Paris 1969); *Wörterbuch der Symbolik*, hrsg. v. Manfred Lurker, Stuttgart, 1988.

[84] Jung, *Psychologie und Alchemie*, a.a.O., S.328.

[85] Vgl. Jung, *Psychologie und Alchemie*, a.a.O., S. 352ff.

[86] Vgl. Jung, *Psychologie und Alchemie*, a.a.O., S.279.

[87] Vgl. Jung, *Psychologie und Alchemie*, a.a.O., S. 282ff.

[88] Jung, *Psychologie und Alchemie*, a.a.O., S. 282.

[89] Jung, *Psychologie und Alchemie*, a.a.O., S. 328.

[90] Vgl. Jung, *Psychologie und Alchemie*, a.a.O., S.512.

[91] Vgl. Jung, *Psychologie und Alchemie*, a.a.O., S.313f.

[92] Jung, *Psychologie und Alchemie*, a.a.O., S. 388.

[93] Vgl. Jung, *Psychologie und Alchemie*, a.a.O., S. 389.

[94] Vgl. Jung, *Psychologie und Alchemie*, a.a.O., S. 384.

[95] Jung, *Psychologie und Alchemie*, a.a.O., S. 323.

[96] Jung, *Psychologie und Alchemie*, a.a.O., S. 320.

97   Jung, *Psychologie und Alchemie*, a.a.O., S. 323f.

98   Jung, *Psychologie und Alchemie*, a.a.O., S. 323f.

99   B.Haage verneint "mehr als eine streckenweise Parallelität" zwischen Mystik und Alchemie mit dem Hinweis, daß es der Alchemie um Naturbeherrschung mittels göttlicher Erleuchtung gehe, "während der Mystiker in dieser Welt ohne die Welt das Einswerden mit Gott ersehnt oder auch wirklich erlebt". In: B. Haage, Stichwort *Alchemie*, in: Peter Dinzelbacher (Hrsg.), *Wörterbuch der Mystik*, Stuttgart 1989, S.10. Haage wäre einerseits mit Jung entgegenzuhalten, daß die Naturbeherrschung seitens der Alchemie nie 'real' erreicht worden ist, es also um anderes, im Grunde um das Projektionserlebnis des eigenen Unbewußten ging; darüberhinaus bleibt die Frage offen, inwieweit das 'opus' der Alchemie nicht nur in der Entsprechung von Physischem und Psychischem die Person des Alchemisten miteinbezieht, sondern auch am Ende zu einer Einheit führt, in deren Vollendungs- und Ewigkeitsdimension alle Gegensätze versöhnt und also auch die Subjektivität des Alchemisten aufgehoben wäre. Der Mystik gegenüber wäre andererseits zu unterstreichen, daß im Zugehen auf Gott zwar Ichheit und Welt verlassen wird, damit aber die Welt in ihrer Negativität, im Prozeß ihres Verlustes eben Ausdruck der Annäherung an Gott werden kann. Gerade weil die 'unio' mit Gott schon in dieser Welt erreicht werden soll, ist "diese Welt" zumindest in ihrer Negativität, aber auch etwa im Sprachmaterial, das zum Ausdruck der Annäherung der 'unio' oder zuweilen gar zum Ort ihres Erlebens wird, gegenwärtig.

100 Jung, *Psychologie und Alchemie*, a.a.O., S.323.

101 Jung, *Psychologie und Alchemie*, a.a.O., S.324.

102 Jung, *Psychologie und Alchemie*, a.a.O., S.327.

103 Jung, *Psychologie und Alchemie*, a.a.O., S.328.

104 Vgl. Jung, *Psychologie und Alchemie*, a.a.O., S.42.

105 Vgl. Jung, *Psychologie und Alchemie*, a.a.O., S.279.

106 Jung, *Psychologie und Alchemie*, a.a.O., S.285.

107 Zur Androgynie vgl. auch Aufz. 31, 37, 38, 57, 67, 68, 69.

108 Zum Einhornmotiv vgl. Jung, *Psychologie und Alchemie*, a.a.O., S. 495ff; zu dem auch von Malte beschriebenen Wandteppich vgl. S. 527f.

109 Das Prinzip der Widerständigkeit, das ja auch Malte bei seinem Untergang in Paris kennzeichnet, wird vor allem in den Aufzeichnungen 53 und 60 hervorgehoben.

110 Vgl. Jung, *Psychologie und Alchemie*, a.a.O., S. 497f.

111 Vgl. dazu unsere Interpretation der Aufzeichnungen 50-53.

112 Vgl. dazu unsere obige Interpretation der Aufzeichnung 44.

113 Vgl. dazu Aufzeichnung 64.

114 Vgl. 45.6/853; 45.7/853; 45.12/855.

115 Zur Abschrift als Aneignung bei Malte vgl. Aufz. 18.7, S.756.

[116] Vgl. beispielsweise *Herders Konversationlexikon*, Freiburg i.Br. 1905.

Anmerkungen zum Kapitel III

[1] Theodore Ziolkowski spricht von einer "ästhetische(n) Widerlegung der Zeitlichkeit", die Malte tröste. Vgl. T.Z., *Rainer Maria Rilke: Die Aufzeichnungen des Malte Laurids Brigge*, in: T.Z., *Strukturen des modernen Romans. Deutsche Beispiele und europäische Zusammenhänge*, München 1972, S. 13-40, hier S.15. Ziolkowskis Interpretation, daß Malte "in der Zeitlosigkeit der Kunst eine Zuflucht vor seiner eigenen zeitlichen Existenz (sucht)" (S.15) ist auch unter der Perspektive der 'Aufzeichnungen' als ein alchemistisches 'opus' zuzustimmen, muß aber der paradoxen Bewegung eines zugleich bewußt gewollten Zugehens auf die Negativität von Zeitlichkeit Vergehen in der orpheischen Ästhetik, des 'Wollens der Veränderung' in den Pariser-Aufzeichnungen, Rechnung tragen.

[2] Die Sprüche der Wüstenväter warnen davor, aus eigenem Willen in den Himmel steigen zu wollen: "Wenn ein Mönch aus eigenem Willen zum Himmel steigt, greife ihn beim Fuß und ziehe ihn hinunter." (Anonyma, 1-400, hier: 111; zitiert nach: *Wörterbuch der Mystik*, hrsg. v. P. Dinzelbacher, Stuttgart 1989, S. 524). Himmel und Seligkeit, Zu-Gott-Kommen ist also immer in der Gnade Gottes begründet. Diese Auffassung reflektiert sich auch bei Malte, der alle Arbeit auf Gott zu als Arbeit der Negativität konzipiert, die dann eine nicht zu wollende, 'gnadenhafte' Umkehrung erfährt.

[3] Daß der Heilige sogar Gott verlieren kann, findet in der mystischen Konzeption der inneren Armut selbst eine Parallele. Wie der innerlich Arme dermaßen seines eigenen Willens entledigt werden soll, daß er nicht einmal mehr Gottes Willen besitzen möchte, denn auch das hieße noch, etwas zu besitzen, einen Willen, damit der Mensch in den Zustand vor seiner Erschaffung, d.h. zu Gott zurückkehre, und wie Eckhart Gott bittet, daß er sich ihm seiner, Gottes entledige, um völlig arm, ledig zu sein, (Vgl. *Wörterbuch der Mystik*, hrsg. von P.Dinzelbacher, Stuttgart 1989, Stichwort Armut, S.31) so bietet auch bei den Versuchungen des Heiligen Gott selbst keinen Anhalts- und Rettungspunkt, denn er selbst ist unter die Versucher gegangen, damit der Heilige sich selbst verliere.

[4] Zum hypothetischen Charakter vgl. Judith Ryan, *'Hypothetisches Erzählen': Zur Funktion von Phantasie und Einbildung in Rilkes »Malte Laurids Brigge«*, in: *Jahrbuch der Deutschen Schillergesellschaft* 15, 1971, S.341-374; auch in: *Materialien zu Rainer Maria Rilke, «Die Aufzeichnungen des Malte Laurids Brigge»*, hrsg. von Hartmut Engelhardt, Frankfurt 1974, S.244-280; und in: *Rainer Maria Rilke*, hrsg. v. Rüdiger Görner, Darmstadt 1987, S.245-284.

[5] Zu dieser einholenden Bewegung vgl. unsere Interpretation des Vogelfütteres in Aufzeichnung 25 im Zusammenhang des Ding-Begriffs.

[6] Vgl. R.M.R., *Auguste Rodin. Zweiter Teil*. 1907, in: R.M.R., *Sämtliche Werke*, a.a.O., Bd.V, S. 208f; und R.M.R., *Puppen*, in: R.M.R., *Sämtliche Werke* Bd. VI, S.1063ff. Zur Differenzierung zwischen der kindlichen Einfühlung, die das Andere als das Eigene vereinnahmt, und der Anerkennung des Andersseins im 'Ding' vgl. auch Anthony Stephens, *Rilkes Essay 'Puppen' und das Problem des geteilten Ich*, in: *Rilke in neuer Sicht*, hrsg. von Käte Hamburger, Stuttgart, Berlin, Köln, Mainz 1971, S.159-172.

[7] Der Einsamkeit hat Renate Möhrmann eine verdienstvolle motivhistorische Studie gewidmet, die u.a. auch die 'Aufzeichnungen' miteinbezieht. In ihrem Ansatz, daß Einsamkeit ohne epochale Gebundenheit unverständlich bleiben

müsse (S.13), geht sie zu Recht von der Herausbildung des modernen Subjekts aus, daß sich bei Petrarca von der vollkommenen Eingliederung des Menschen in den mittelalterlichen 'ordo' absetzt; wenn sie dann aber Maltes Einsamkeit als nicht mehr psychologisch oder sozial, sondern existentiell begründet wissen will (vgl. S.117), bleibt es bei einer geschichtlichen Phänomenologie und kommt nicht zu einer historischen Begründung des existenziellen Denkens selbst. Renate Möhrmann, *Der vereinsamte Mensch: Studien zum Wandel des Einsamkeitsmotivs im Roman von Raabe bis Musil*, Bonn 1976. Vgl. zum Thema auch Walter Rehm, *Der Dichter und die neue Einsamkeit*, in: *Zeitschrift für Deutschkunde* 45, 1931, S.545-565; Wiederabdruck im Sammelband: W.R., *Der Dichter und die neue Einsamkeit. Aufsätze zur Literatur um 1900*, hrsg. v. Reinhardt Habel, Göttingen 1969, S.7-33. Das Einsamkeitsproblem wird hier freilich hauptsächlich unter der religiös-existentiellen Perspektive des von Nietzsche verkündeten Todes Gottes betrachtet.

8   Stahl weist Marina Mniczek als polnische Fürstin aus, die zur Frau Grischa Otrepjews geworden sei. Nach dessen Ermordung habe sie den zweiten Pseudodemetrius geheiratet. Vgl. August Stahl, *Rilke Kommentar. Zu den Aufzeichnungen des Malte Laurids Brigge*,. a.a.O., S. 214.

9   "*Schuiskij*: Fürst Wassili Schuiskoi gehörte zu denen, die an der Echtheit des neuen Zaren zweifelten." August Stahl, *Rilke Kommentar. Zu den Aufzeichnungen des Malte Laurids Brigge*, a.a.O., S. 214f.

10   "Wie die andern geschichtlichen Kapitel, ja wie der Roman überhaupt, so setzt auch diese Aufzeichnung die Kenntnis des Stoffes voraus. Zwar ist die thematische Ausrichtung vorgegeben (*Das Ende des Grischa Otrepjow und Karl des Kühnen Untergang - S. 882*), aber der Verzicht auf die Darstellung des Zusammenhangs und Hintergrunds läßt die Bedeutung der Details offen, wenn nicht gar ins Schiefe und Widersinnige geraten. Woher z.B. wird klar, daß der *junge lothringische Fürst* zu den Feinden Karls gehört, daß er die von Karls Getreuen gehaltene Stadt belagert und eingenommen hat, Fakten also, die seine 'Unruhe und Sorge' (S.886) und auch die 'Merkwürdigkeit' des raschen Sieges in ein ganz bestimmtes Licht stellen? Im Zusammenhang mit dem Hintergrund erweisen sich beide Momente als Zeichen des Mißtrauens und der Unsicherheit gegenüber Karl dem Kühnen und nicht etwa der Sorge um ihn." Dieser Auffassung Stahls (August Stahl, *Rilke Kommentar. Zu den Aufzeichnungen des Malte Laurids Brigge*, a.a.O., S. 215.) anläßlich der folgenden 55. Aufzeichnung, die aber ebenso für die hier vorliegende gilt, wäre freilich entgegenzuhalten, daß die 'Bedeutungen der Details' auch als bewußt offengehalten interpretierbar wären, ja daß diesen Details eben im Zusammenhang des Textes eine eigene, von der historischen auch zu unterscheidende Bedeutung zuwächst. Die sicherlich wertvollen Details, die der Kommentar beisteuert, dienen einem genaueren und tieferen Verständnis des Textes; in dem von Stahl hier angeführt Beispiel zeigen sie jedoch, wie unwichtig es bei der Heraushebung der Zentralität der Person Karls des Kühnen ist, ob es sich um Freund oder Feind, Sorge oder Mißtrauen handelt. Seitens des Erzählers soll der Eindruck erweckt werden, er schöpfe aus einem unendlichen historischen Reservoir, das den Lesern ebenso zur Verfügung stehe. Dieses 'Zur-Verfügung-Stehen' bezieht sich dann aber nicht auf alle konkreten Fakten, sondern auf die die gesamte Welt umfassende Tiefenstruktur des Bewußtseins, daß eben alle konkreten Fakten auch mitenthält. Wie bei Maltes eigener Geschichte soll die absolute Faktizität der Geschichte nun gerade aufgebrochen und neuer Interpretation offengestellt werden. Diese geht nicht gegen die historischen Fakten an, löst sie aber aus ihrem Kontext, so daß sowohl die 'historische Wahrheit' als auch eine völlig neue Bedeutung möglich wird. Wohlgemerkt, die Klärung der historischen Fakten soll damit nicht für überflüssig erklärt werden, durch sie wird eine klarere Markierung der Erzählintention möglich; nur stellt ihre Kenntnis nicht eine 'conditio sine qua non' für das Verständnis des Textes dar.

[11]   Diesen Ausdruck entleihen wir Ferruccio Masini, der ihn im Zusammenhang seiner Analyse des von der mystischen Tradition geprägten Denkens von Friedrich Nietzsche stellt. Vgl. Ferruccio Masini, *Lo scriba del Caos. Interpretazione di Nietzsche*, Bologna 1983², S.119.

[12]   Diese Interpretation kommt auch in der Textabwandlung der Ausgabe in der Bibliothek-Suhrkamp zum Ausdruck, wo es heißt: "[...] und in ihm herumstachen, *als ob* sie auf das Harte einer Person stoßen würden" (R.M.R., *Die Aufzeichnungen des Malte Laurids Brigge*, Frankfurt 1973, Bibliothek Suhrkamp Bd. 343, S. 175; Hervorhebung B.A.K.; die Diktion in der maßgebenden, von Ernst Zinn besorgten Ausgabe der *Sämtlichen Werke* meint, daß die Leute im Herumstechen im Körper nach dem Harten der Person suchen; sie suchen das Harte der Person, finden es aber, wie die körperlich-bildliche Vorstellung der Szene suggeriert, nicht, denn das Eigene der Person ist, wie die Diktion der Suhrkamp-Bibliothek interpretiert, ja gerade das Weiche und Wechselhafte, das Unsichere, die Nicht-Identität, die alle Möglichkeiten enthält.

[13]   Die Ästhetik der direkten Übersetzung der Arbeit des Unbewußten in die Hände hat Rilke vor allem in seinem Rodin-Aufsatz entwickelt. Vgl. R.M.R., *Auguste Rodin. Erster Teil* (1902), in: R.M.R., *Sämtliche Werke*, a.a.O., Bd.V, z.B. S. 141, 147,

[14]   Vgl. August Stahl, *Rilke Kommentar. Zu den Aufzeichnungen des Malte Laurids Brigge*, a.a.O., S. 215f.

[15]   Vgl. R.M.R., *Auguste Rodin. Erster Teil* (1902), in: R.M.R., *Sämtliche Werke*, a.a.O., Bd.V, S. z.B. 150f, 152f, 164f.

[16]   Malte bezieht sich hier auf Bettina von Arnims im Jahre 1835, drei Jahre nach Goethes Tod, veröffentlichtes Buch *Goethes Briefwechsel mit einem Kinde*.

[17]   So heißt es etwa in Aufzeichnung 18.7/756: "Oh, es fehlt nur ein kleines, und ich könnte das alles begreifen und gutheißen. Nur ein Schritt, und mein tiefes Elend würde Seligkeit sein."

[18]   Das Entsetzen des Blinden geht *von innen* an die Augenlider. Vgl. dazu auch das Schaffen der Form bei Rodin, wo die Form sozusagen von innen her geformt wird. Vgl. R.M.R., *Auguste Rodin. Erster Teil* (1902), in: R.M.R., *Sämtliche Werke*, a.a.O., Bd.V, S. 149.

[19]   Diesem Bild entspricht in Aufzeichnung 14 das Bild vom Leben des Einzelnen, das "mit nichts verknüpft (abläuft), wie eine Uhr in einem leeren Zimmer" (14.4.5/727).

[20]   Vgl. Matthäus, 17. Auch in der bildlich-symbolischen Tradition beinhaltet die Himmelfahrt eine Hinwendung zum Objektiven, Überirdisch-Erhabenen, zum Ewigen in allem Endlichen, zum Dauernden in allem Vergänglichen, zum Seiendem in allem Werdenden und Wandel. vgl. *Wörterbuch der Symbolik*, hrsg. v. M.Lurker, Stuttgart 1988, S. 301.

[21]   Zur Technik der Aussparung vgl. Aufz. 27 u. 29.

[22]   Diese Auffassung geht im Grunde viel weiter als die des Stundenbuchs, die in den Armen als "Wächter bei Schätzen, die sie selbst nicht sehen" und in der Sentenz, "Armut ist ein großer Glanz aus Innen", ein ähnliches Paradoxon zu entwerfen scheinen, am Ende aber stärker zu einer Bewegung der Aufhebung: "Armut ist ein großer Glanz aus Innen", tendieren, statt im Aushalten auf dem Weiterbestehe des Elends zu insistieren. Vgl. R.M.R., *Das*

Stundenbuch. Drittes Buch. Das Buch von der Armut und vom Tode, in: R.M.R., *Sämtliche Werke,* a.a.O., S.341-366

23   Vgl. R.M.R., *Das Stundenbuch. Drittes Buch. Das Buch von der Armut und vom Tode,* in: R.M.R., *Sämtliche Werke,* a.a.O., S.356.

24   Vgl. dazu Walter Seifert, *Das epische Werk Rainer Maria Rilkes,* Bonn 1969, S. 291.

25   Vgl. *Wörterbuch der Symbolik,* hrsg. v. M.Lurker, Stuttgart 1988, Stichwort Patientia, S.542.

26   Vgl. Carl Gustav Jung, *Psychologie und Alchemie,* in: C.G.J., *Gesammelte Werke Bd. 12,* Olten und Freiburg i.Br. 1972, S.498.

27   Dabei klingt in der Bewegung des sehnsüchtigen Hinstrebens in die Fremde, über Meere bis in kosmische Dimension, neben 'Anschauung' (vgl. Aufz. 56 u. 57)) und 'Umgreifen des Ekelhaften' die dritte Komponente dieses Liebesbegriffes an.

28   Vgl. die Aufz. 8.3/716; 18.7/756; 19.5/765; 55.1/885; 29.3/795f.

29   Rilke hat übrigens, wie wir oben anläßlich der Aufzeichnungen 14 und 39 bereits ausgeführt haben, die Tragödienschrift Nietzsches ausführlich studiert und war sich also sehr wohl des ins Soziale ausgreifenden mystisch-religiösen Kontextes bewußt. Vgl. R.M.R., *Marginalien zu Friedrich Nietzsche,* in: R.M.R., *Sämtliche Werke,* Bd.VI, S.1163-1175.

30   Vgl. August Stahl, *Rilke Kommentar. Zu den Aufzeichnungen des Malte Laurids Brigge,* a.a.O., S.238.

31   Friedrich Nietzsche, *Die Geburt der Tragödie,* in: F.N., *Sämtliche Werke. Kritische Studienausgabe,* hrsg. von G.Colli und M.Montinari, Berlin, New York, München, 1980, Bd.1, S. 41.

32   "Der Grieche flüchtete sich aus der ihm so gewohnten zerstreuenden Öffentlichkeit, aus dem Leben in Markt Straße Gerichtshalle, in die ruhig stimmende, zur Sammlung einladende Feierlichkeit der Thaterhandlung [...]." In: Friedrich Nietzsche, *Das griechische Musikdrama,* in: F.N., *Sämtliche Werke. Kritische Studienausgabe,* hrsg. von G.Colli und M.Montinari, Berlin, New York, München, 1980, Bd.1, S.520.

33   Vgl. dazu B.A.K., *Apollinisch-Dionysisch. Moderne Melancholie und Unio Mystica,* Frankfurt 1987, S.103ff.

34   Vgl. R.M.R., *Russische Kunst,* in: R.M.R., *Sämtliche Werke,* a.a.O., Bd.V, S.496.

35   Vgl. F. Nietzsche, *Die Geburt der Tragödie,* in: F.N., *Sämtliche Werke. Kritische Studienausgabe,* hrsg. von G.Colli und M.Montinari, Berlin, New York, München, 1980, Bd.1, S.75ff.

36   August Stahl, *Rilke Kommentar. Zu den Aufzeichnungen des Malte Laurids Brigge,* a.a.O., S.238f.

37   Vgl. August Stahl, *Rilke Kommentar. Zu den Aufzeichnungen des Malte Laurids Brigge,* a.a.O., S.241; und Herders Konversationslexikon, Freiburg i.Br. 1905, Bd.V, S.394; hier wird freilich als Publikationsjahr Lyon 1555 angegeben.

[38] Stahl verweist hier auf auf verschiedene große Künstler, "die im Leben Rilkes und seinem künstlerischen Werdegang eine Rolle spielten, an Rodin z.B., aber auch an Cézanne, [...]. Seifert (S.306) glaubt an Cézanne, Wodtke an Klopstock oder Kierkegaard [...], Himmel an Karl.v.Heydt." August Stahl, *Rilke Kommentar. Zu den Aufzeichnungen des Malte Laurids Brigge*, a.a.O., S.241.

[39] Im übrigen ähnelt die Tätigkeit des Dichters für Malte durchaus der des Übersetzers, insofern seine Hand als Instrument den von der großen, elementaren Liebe schon gegebenen Text ins Menschliche übersetzt.

[40] Der Begriff der Arbeit hat wie der des Handelns, der Armut und des Elends, des Sehens usw. natürlich seine eigene, im Innern des Textes errichtete Bedeutung: Arbeit an der Liebe und auf Gott zu. Die schriftstellerisch-poetische Arbeit ist dazu nur ein Instrument.

[41] Dem platonischen Gedankengut möchte an anderem Ort eine insbesondere auf 'Symposion' und den Phaidos' ausgerichtete Sonderuntersuchung zukommen, für die hier Raum fehlt.

[42] Zur Androgynie der Figur Sapphos vgl. auch Anthony Stephens, Zur Funktion sexueller Metaphorik in der Dichtung Rilkes, in: Zu Rainer Maria Rilke, hrsg. von Egon Schwarz, Stuttgart 1983, S. 80ff.

[43] Vgl. August Stahl, *Rilke Kommentar. Zu den Aufzeichnungen des Malte Laurids Brigge*, a.a.O., S. 239.

[44] Zum Frauenbild bei Rilke bedürfte es einer besonderen Untersuchung. Im 'Malte' wären neben der fundamentalen Rolle der Frau in der Liebe (Aufz. 37, 38, 39, 40, 56, 57, 58, 66, 67, 68, 69, 70) auch die Rolle der Mutter zu betrachten; davon unterschieden ist die Rolle der Frauen unter den Fortgeworfenen (Aufz. 25 und 60), ganz zu schweigen davon, daß diese Rollenbestimmungen natürlich auch eine des Mannes wie des Menschen überhaupt implizieren.

[45] Im Grunde aber stellt darüberhinaus die gesamte gegenständliche Wirklichkeit Gestaltvorwände dar, durch die hindurch tiefere Wirklichkeiten transparent werden.

[46] In der Sekundärliteratur wird, den spezifischen Charakter des Malteschen Einsehens überschlagend, häufig eine falsche Identifikation vorgenommen, so als ob es sich bei der Abelone der Aufzeichnung 69 um ein und dieselbe Person wie in den früheren Aufzeichnungen handle.

[47] Vgl. dazu Aufzeichnungen 28.8/790 und 37/824f sowie unsere zeitliche Rekonstruktion in Kapitel II, Anm. 25 u. 52.

[48] Malte ist so weit ins Bild der Stadt eingelassen, daß im Bild die Einheimischen scheints fast gar nicht in Betracht gezogen werden. Nur als exotische Figuren aus der Perspektive der Fremden in den Salons oder als 'träge Einheimische', denen plötzlich jung sich fühlende Ehefrauen zuflirten, in den Blick gefaßt, geben sie, wie die Menschen in die Dingverhältnisse, in das architektonische Bild der Stadt ein.

[49] Vgl. R.M.R., *Das Stundenbuch. Drittes Buch. Das Buch von der Armut und vom Tode*, in: R.M.R., *Sämtliche Werke*, a.a.O., S.359.

[50] Der Bezug der Konzeption der intransitiven Liebe zur mittelalterlichen Minne und zum Minnesang bedürfte einer eigenen Untersuchung. Angezeigt ist

dieser Zusammenhang sowohl in den Wandteppichen der 38. Aufzeichnung wie auch im expliziten Bezug auf die Troubadours in Aufzeichnung 71.8/941.

[51] So hieß es in Aufzeichnung 37 beispielsweise, daß Abelone den Einen liebe, Malte aber alle Frauen; Unterschiede zwischen Mann und Frau auch in den Aufzeichnungen 39, 40, 56, 57, 58.

[52] Vgl. August Stahl, *Rilke Kommentar. Zu den Aufzeichnungen des Malte Laurids Brigge*, a.a.O., S.246 : "Als die Inkarnation des Göttlichen ist Christus eine Gefahr für die intransitive Liebe, weil er sich als Ziel und Objekt vorstellt. Als Leidensmann ließ Rilke Christus gelten (*Der Ölbaum-Garten*, in: R.M.R, Sämtliche Werke, a.a.O, Bd. 1, S. 492ff), nicht aber als Vermittler zwischen Welt und Gott."

[53] Vgl. Käte Hamburger, *Die Geschichte des Verlorenen Sohnes bei Rilke*, in: *Fides et communicatio. Festschrift für Martin Doerne*, Göttingen 1970; wir nehmen Bezug auf den Wiederabdruck in: K.H., *Kleine Schriften zur Literatur und Geistesgeschichte*, Stuttgart 1986, S.265-282. Zu dieser Aufzeichnung vgl. auch Hans Heinrich Borchert, *Das Problem des 'verlorenen Sohnes' bei Rilke*, in: *Worte und Werke. H. Markwardt zum 60. Geburtstag*, hrsg. v. G. Erdmann und A. Eichstaedt, Berlin 1961, S. 24-33; Werner Brettschneider, *Die Parabel vom verlorenen Sohn. Das biblische Gleichnis in der Entwicklung der europäischen Literatur*, Berlin 1978; Helmut Naumann, *Malte-Studien. Ansätze zu einem neuen Verständnis Rilkes*, Rheinfelden 1983, S.3-53.

[54] Vgl. in Rilkes Rodin-Schrift: "Er konnte mit einer lebendigen Fläche, wie mit einem Spiegel, die Fernen fangen und bewegen, und er konnte eine Gebärde, die ihm groß schien, formen und den Raum zwingen, daran teilzunehmen. / So ist jener schmale Jüngling, der kniet und seine Arme empor wirft und zurück in einer Geste der Anrufung ohne Grenzen. Rodin hat diese Figur *Der verlorenen Sohn* genannt, aber sie hat, man weiß nicht woher, auf einmal den Namen: *Prière*. Und sie wächst auch über diesen hinaus. Das ist nicht ein Sohn, der vor dem Vater kniet. Diese Gebärde macht einen Gott notwendig, und in dem, der sie tut, sind alle, die ihn brauchen. Diesem Stein gehören alle Weiten; er ist allein auf der Welt." R.M.R:, *Auguste Rodin. Erster Teil (1902)*, in: R.M.R., *Sämtliche Werke*, a.a.O., Bd. IV, S. 194f.

Literaturverzeichnis

Maßgebliche Textausgabe, auf die sich auch die im Text nach den eingangs erklärten Siglen nachgewiesenen Zitate beziehen:

Rainer Maria Rilke,   *Sämtliche Werke*, herausgegeben vom Rilke Archiv
in Zusammenarbeit mit Ruth Sieber-Rilke und be-
sorgt von Ernst Zinn, Bd. I-VI, Frankfurt 1955-
1966. *"Die Aufzeichnungen des Malte Laurids
Brigge"* finden sich in Band VI, S. 707-946.

*

Rainer Maria Rilke,   *Die Aufzeichnungen des Malte Laurids Brigge*,
Bibliothek Suhrkamp Bd. 343, 1. Auflage 1973.

Rainer Maria Rilke,   *I quaderni di Malte Laurids Brigge*, traduzione di
Furio Jesi, Milano (Garzanti) 1974).

Rainer Maria Rilke,   *Gesammelte Briefe in sechs Bänden*, hrsg. von Ruth
Sieber-Rilke und Carl Sieber, Leipzig 1939.

*

Karl Klutz,   *Rilke Bibliographie* für die Jahre 1975-1985 in den
Blättern der Rilke-Gesellschaft: 1975: 5, 1978;
1976: 6, 1979; 1977/78: 7/8, 1980/81; 1979: 9,
1982; 1980/81: 10, 1983; 1982: 11/12, 1984/85;
1983: 13, 1986; 1984: 14, 1987; 1985: 15, 1989.

*

Beda Allemann,   *Zeit und Figur beim späten Rilke*, Pfullingen 1961.

Charles Baudelaire,   *Les fleur du mal*, in: Charles Baudelaire, *OEvres
Complètes*, texte établi presenté et annoté par
Claude Pichois (Bibliothèque de la Pléiade), Paris
1975, S. 1-334.

Sybille Becker-Grüll,   *Vokabeln der Not. Kunst als Selbst-Rettung bei
Rainer Maria Rilke*, Bonn 1978.

E. Benz,   *Swedenborg und Lavater. Über die religiösen Grundlagen der Physiognomik*, in: Zeitschrift für Kirchengeschichte (Gotha/Stuttgart) 1938, S. 153-216.

Karl Bertau,   *Deutsche Literatur im europäischen Mittelalter*,
Bd.1, München 1972.

Friedrich Bollnow,   *Rilke*, Stuttgart 1951.

Luisa Bonesio,   *Visione e metamorfosi dello spazio romanzesco nel
"Malte" di Rilke*, in: Materiali Filosofici 9,
1983, S.155-184

Hans Heinrich Borchert,   *Das Problem des 'verlorenen Sohnes' bei Rilke*, in:
Worte und Werke. H. Markwardt zum 60. Geburtstag,
hrsg. v. G. Erdmann und A. Eichstaedt, Berlin
1961, S. 24-33.

Brigitte L.Bradley,   *Zu Rilkes 'Malte Laurids Brigge'*, Bern und München
1980.

E.V. Bracken,   *Meister Eckhart. Legende und Wirklichkeit*, Meisen-
                                 heim am Glan 1972;

Karl Heinz Braun,   *Genese der Subjektivität*, Köln 1982.

Werner Brettschneider,   *Die Parabel vom verlorenen Sohn: das biblische
                                 Gleichnis in der Entwicklung der europäischen
                                 Literatur*, Berlin 1978.

Russell E. Brown,   *Index zu Rainer Maria Rilke, 'Die Aufzeichnungen
                                 des Malte Laurids Brigge'*, Frankfurt a.M. 1971.

Jean Chevalier und Alain Gheerbrant, *Dizionario dei Simboli*, Milano 1986, 2 Bde.
                                 (Original unter dem Titel: *Dictionnaire des
                                 Symboles*, Paris 1969).

Griseldis W.Crowhurst,   *Malte Laurids Brigge, Nicolaj Kusmitsch und die
                                 Trägheit der Materie*, in: Acta Germanica 8, 1973,
                                 S.101-116.

Claude David,   *Rilkes "Nihilismus"*, in: C.D., *Die Ordnung des
                                 Kunstwerks*, Göttingen 1983, S. 184-199. (Zuerst
                                 in: Blätter der Rilke-Gesellschaft 1983).

Charles Dédéyan,   *Rilke et la France. Tome IV*, Paris 1963.

Hansgerd Delbrück,   *"Gelbe Bälle, den Früchten ähnlich nachgemacht" -
                                 Zur Sinnlichkeit der Kunst bei Mörike und Rilke*,
                                 in: *Sinnlichkeit in Bild und Klang. Festschrift
                                 für Paul Hoffmann zum 70. Geb.* Hrsg. von Hansgerd
                                 Delbrück, Stuttgart 1987.

Alberto Destro,   *Rainer Maria Rilke e 'I quaderni di Malte Laurids
                                 Brigge'*, in: *Il romanzo tedesco del Novecento*,
                                 hrsg. von G. Baioni, G. Bevilacqua, C. Cases, C.
                                 Magris, Torino 1973, S. 81-89.

Alberto Destro,   *Invito alla Lettura di Rilke*, Milano 1979.

Peter Dettmering,   *"Engel" und "Puppe" in der Dichtung Rilkes*, in:
                                 P.D., *Psychoanalyse als Instrument der Literatur-
                                 wissenschaft*, Frankfurt a.M. 1981, S.17-35.

Peter Dinzelbacher (Hrsg.),   *Wörterbuch der Mystik*, Stuttgart 1989.

Margret Eifler,   *Die subjektivistische Romanform seit ihren Anfän-
                                 gen in der Frühromantik: ihre Existenzialität und
                                 Anti-Narrativik am Beispiel von Rilke, Benn und
                                 Handke*, Tübingen 1985.

Hartmut Engelhardt (Hrsg.),   *Materialien zu Rainer Maria Rilke, 'Die Aufzeich-
                                 nungen des Malte Laurids Brigge'*, Frankfurt a.M.
                                 1974.

Julius Evola,   *La tradizione ermetica*, Bari 1931.

Eva Fauconneau Dufresne,   *Wirklichkeitserfahrung und Bewußtseinsentwicklung
                                 in Rilkes 'Malte Laurids Brigge' und Sartres 'La
                                 Nausée'*, in: Arcadia 17, 1982, S. 258-273.

Henk W. Feltkamp,   *Riß bei Rilke*, in: *Wissen aus Erfahrungen. Werkbe-
                                 griff und Interpretation heute. Festschrift für
                                 Hermann Meyer zum 65. Geburtstag*, in Verb. mit
                                 R.Mandelkow und A.H.Touber hrsg. von Alexander von
                                 Bormann, Tübingen 1976, S. 637-643.

Karl-Heinz Fingerhut,   *Das Kreatürliche im Werke Rainer Maria Rilkes.
                                 Untersuchungen zur Figur des Tieres*, Bonn 1970.

H. Fischer,   *Die Gottesgeburt in der Seele und der Durchbruch zur Gottheit. Die mystische Anthropologie Meister Eckeharts und ihre Konfrontation mit der Mystik des Zen-Buddhismus*, Gütersloh 1965.

Gustave Flaubert,   *La Légende de Saint Julien l'Hospitalier*, in: G.F., *OEvres*, texte établi et annoté par A. Thibaudet et R.Dumesnil, Bibliothèque de la Pléiade Bd.37, Paris 1936, S.579-604. Deutsche Ausgabe: Gustave Flaubert, *Die Legende von Sankt Julien dem Gastfreien*, in: G.F., *Drei Geschichten*, Übersetzung von E.W.Fischer, Zürich 1979, S.53-87.

Mary Scholz Frances,   *Rilke, Rodin and the fragmented man*, in: Symposion 30, 1976, S. 61 - 74.

Marino Freschi,   *L'invisibile Praga di Rilke*, in: Rainer Maria Rilke, *Due storie praghesi*, trad.it e note di Giuseppina Scarpati, Roma 1983, S.121-143.

Siegmund Freud,   *Gesammelte Werke*, hrsg. von Anna Freud, E.Bibring, W.Hoffer, E.Krist, O.Isakower, Londoner Ausgabe, 1976, Bd.XIII,

W.Frey, W.Raitz, u.a.   *Einführung in die deutsche Literatur des 12.-16.Jahrhunderts*. Bd.1: Adel und Hof, Opladen 1979.

Irina Frowen,   *Nietzsches Bedeutung für Rilkes frühe Kunstauffassung*, in: Blätter der Rilke-Gesellschaft 14, 1987, S.21-34.

W.M.Fues,   *Mystik als Erkenntnis? Kritische Studien zur Meister-Eckehart-Forschung*, Bonn 1981.

Ulrich Fülleborn,   *"Veränderung". Zu Rilkes 'Malte' und Kafkas 'Schloß'*, in: Etudes germanique 30, 1975, S.438-454.

Fülleborn, Ulrich   *'Werther' -, 'Hyperion' -, 'Malte Laurids Brigge'. Prosalyrik und Roman*, in: *Studien zur deutschen Literatur. Festschrift für Adolf Beck zum 70.Geburtstag*, hersg. von Ulrich Fülleborn und Johannes Krogoll, Heidelberg 1979, S. 86-102.

Ulrich Fülleborn,   *Rilkes Weg ins 20. Jahrhundert*, in: *Zu Rainer Maria Rilke*, hrsg. von Egon Schwarz, Stuttgart 1983, S.55-68.

Ulrich Fülleborn,   *Form und Sinn der Aufzeichnungen des Malte Laurids Brigge. Rilkes Prosabuch und der moderne Roman*, in: *Unterscheidung und Bewahrung. Festschrift für Hermann Kunisch zum 60 Geburtstag*, Berlin 1961, S. 147-169; auch in: *Materialien zu Rainer Maria Rilke, «Die Aufzeichnungen des Malte Laurids Brigge»*, hrsg. v.Hartmut Engelhardt, Frankfurt 1974, S.175-198.

Manfred Geier und Harold Woetzel (Hrsg.), *Das Subjekt des Diskurses*, Berlin 1983 (Argument Sonderband AS 98)

Anna Lucia Giavotto-Künkler, *Considerazioni preliminari dal Malte Laurids Brigge*, in: A.L.G.-K., *"Non essere sonno di nessuno sotto tante palpebre". Rilke o la responsabilità del compito conoscitivo*, Genova 1979, S.9-22.

Jutta Goheen,   *Tempusform und Zeitbegriff in Rainer Maria Rilkes 'Die Aufzeichnungen des Malte Laurids Brigge'*, in:

Zeitgestaltung in der Erzählkunst. Hrsg. von Alexander Ritter, Darmstadt, S.278-299; zuerst in: Wirkendes Wort 19, 1969, S.254-267.

Rüdiger Görner,   "... und Musik überstieg uns ...". Zu Rilkes Deutung der Musik, in: Blätter der Rilke-Gesellschaft 10, 1983, S.50-68.

Dirk Göttsche,   Die Produktivität der Sprachkrise in der modernen Prosa, Frankfurt a.M. 1987.

Ted Gundel,   Rilke's Prose-Poetry as "Sachliches Sagen", in: Modern Austrian Literature 15, 1982, H.3/4, S. 91-111.

Herbert Günther,   Deutsche Dichter erleben Paris. Uhland, Heine, Hebbel, Wedekind, Dauthendey, Holz, Rilke, Zweig, Pfullingen 1979.

Alois M. Haas,   Mors mystica. Thanatologie der Mystik, insbesondere der Deutschen Mystik, in: Freiburger Zeitschrift für Philosophie und Theologie, 23, 1976, S. 304-392.

Käte Hamburger,   Die Geschichte des Verlorenen Sohnes bei Rilke, in: dies., Kleine Schriften zur Literatur und Geistesgeschichte, Stuttgart 1986, S.265-300; zuerst in: Fides et communicatio. Festschrift zum 70. Geburtstag von Martin Doerne, Göttingen 1970.

Käte Hamburger,   Die phänomenologische Struktur in der Dichtung Rilkes, in: Rilke in neuer Sicht, hrsg. v. Käte Hamburger, Stuttgart-Berlin-Köln-Mainz 1971, S. 83-158.

Käte Hamburger,   Rilke. Eine Einführung, Stuttgart 1976.

Eckhard Heftrich,   Die Philosophie und Rilke, Freiburg/München 1962.

E. W. Herd,   An interpretation of 'Die Aufzeichnungen des Malte Laurids Brigge', based on an analysis of the structure, in: Seminar 9, 1973, S. 208-228.

Herders Konversationslexikon, Freiburg i.Br. 1905.

Ernst Fedor Hoffmann,   Zum dichterischen Verfahren in Rilkes 'Aufzeichnungen des Malte Laurids Brigge', in: Sprache im technischen Zeitalter, Stuttgart 1966, H. 17/18, S.27-38; auch in: Materialien zu Rainer Maria Rilke, «Die Aufzeichnungen des Malte Laurids Brigge», hrsg. von Hartmut Engelhardt, Frankfurt 1974, S.214-244.

Klaus Holzkamp,   Grundlegung der Psychologie, Frankfurt a.M./ New York 1983.

Klaus Holzkamp,   Sinnliche Erkenntnis. Historischer Ursprung und gesellschaftliche Funktion der Wahrnehmung, Frankfurt a.M. 1973.

D. Iehl,   L'abstraction concrete. Notes sur l'évolution de l'image chez Rilke, in: Etudes germanique 30, 1975, S.402-424.

Richard Jayne,   Rilke und das Problem der Innerlichkeit, in: Zu Rainer Maria Rilke, hrsg. von Egon Schwarz, Stuttgart 1983, S.41-54.

Walter Jens,   *Der Mensch und die Dinge. Die Revolution der deut-
                        schen Prosa. Hofmannsthal - Rilke - Musil - Kafka
                        - Heym*, in: W.J., *Statt einer Literaturgeschichte*,
                        Pfullingen 1957/62 (7. Auflage 1978),S.113-137.

Furio Jesi,   *Rainer Maria Rilke*, Firenze 1979.

Carl Gustav Jung,   *Psychologie und Alchemie*, hrsg. von Dieter
                        Baumann, Lilly Jung-Merker u. Elisabeth Rüf
                        (*Gesammelte Werke* Bd. 12), Olten und Freiburg
                        i.Br. 1972.

Carl Gustav Jung,   *Studien über alchemistische Vorstellungen*, hrsg.
                        von L. Jung-Merker u. E. Rüf (*Gesammelte Werke*
                        Bd. 13.), Olten und Freiburg 1978.

Dietmar Kamper und Christoph Wulf (Hrsg.), *Das Schwinden der Sinne*, Frankfurt
                        a.M.1984.

Dietmar Kamper und Christoph Wulf (Hrsg.), *Die Wiederkehr des Körpers*, Frankfurt
                        a.M. 1982.

Byong-Ock Kim,   *Die Kindheit-Ästhetik des frühen Rilke*, in: Blät-
                        ter der Rilke- Gesellschaft 7/8, 1980/81, S.21-25.

Byong-Ock Kim,   *Rilkes Militärschulerlebnis und das Problem des
                        Verlorenen Sohnes*, Bonn 1973.

Rainer Kirsch,   *Nachwort zu Rilke, Die Aufzeichnungen des Malte
                        Laurids Brigge*, in: ders., *Ordnung im Spiegel.
                        Essays, Notizen, Gespräche*, Leipzig 1985, S.201-
                        210.

H.R. Klieneberger,   *Romaticism and modernism in Rilke's 'Die Aufzeich-
                        nungen des Malte Laurids Brigge'*, in: Modern Lan-
                        guage Review 74, 1979, S.361-367.

Manfred Koch,   *Mnemotechnik des Schönen. Studien zur poetischen
                        Erinnerung in Romantik und Symbolismus*. Tübingen
                        1988.

Martina Krießbach,   *Rilke und Rodin. Wege einer Erfahrung des Plasti-
                        schen*, Frankfurt a.M., Bern, New York, Nancy,
                        1984.

Martina Krießbach-Thomasberger, *Rilke und Rodin. Zur inneren Anordnung des
                        künstlerischen Prozesses*, in: Blätter der Rilke-
                        Gesellschaft, 14, 1987, S.53-72.

Johannes Krogoll,   *Der Spiegel in der neueren deutschen Literatur und
                        Poetik. Beobachtungen und Bemerkungen zur Semantik
                        des Irrationalen*, in: *Studien zur deutschen Lite-
                        ratur. Festschrift für Adolf Beck zum 70. Geb.*,
                        hrsg.v. Ulrich Fülleborn und Johannes Krogoll,
                        Heidelberg 1979, S. 41-85.

Bernhard Arnold Kruse, *Apollinisch-Dionysisch. Moderne Melancholie und
                        Unio Mystica*, Frankfurt 1987.

Norbert Kruse u. Manfred Ramme (Hrsg.), *Hamburger Ringvorlesung Kritische
                        Psychologie. Wissenschaftkritik, Kategorien,
                        Anwendungsgebiete*, Hamburg 1988.

Hermann Kunisch,   *Rainer Maria Rilke. Dasein und Dichtung*, zweite,
                        neu gefaßte und stark erweiterte Auflage, Berlin
                        1975.

Marcel Kunz,   *Überlegungen zur Gestalt des Narziß bei Rainer Maria Rilke*, in: Blätter der Rilke-Gesellschaft 1, 1972, S.26-40.

Martina Lauster,   *Die Objektivität des Innenraums. Studien zur Lyrik Georges, Hofmannsthals und Rilkes*, Stuttgart 1982.

Susanne Ledanff,   *Bildungsroman versus Großstadtroman*, in: Sprache im technischenZeitalter, H.77/80, 1981, S. 85-114.

Wilhelm Look,   *Rainer Maria Rilke. Die Aufzeichnungen des Malte Laurids Brigge*, München 1971.

Claire Lucques,   *La Poétique de "Malte Laurids Brigge"*, in: Blätter der Rilke- Gesellschaft 9, 1982, S.22-32.

Manfred Lurker (Hrsg.),   *Wörterbuch der Symbolik*, Stuttgart 1988, S.13ff.

Claudio Magris,   *Hinter den Worten. Beim Wiederlesen Rilkes*, in: Berliner Hefte 17, 1980, S.51-56.

Wolfgang M.L. Maier,   *Beobachtungen zu spezifischen Erzählmotiven in Rainer Maria Rilkes 'Aufzeichnungen des Malte Laurids Brigge'*, in: Archiv für das Studium der neueren Sprachen 216, 1979, S.23-32.

Lorna Martens,   *Autobiographical narrative an the use of metaphor: Rilkes techniques in 'Die Aufzeichnungen des Malte Laurids Brigge*, in: Studies in 20th century literature 9, 1984/85, S.229-249.

Lorna Martens,   *Mirror and mirroring. "Fort/da" devices in texts by Rilke, Hofmannsthal, and Kafka*, in: Deutsche Vierteljahresschrift für Literaturwissenschaft und Geistesgeschichte 58, 1984, S.139-155.

Fritz Martini,   *Rainer Maria Rilke. Die Aufzeichnungen des Malte Laurids Brigge*, in: F.M., *Das Wagnis der Sprache. Interpretation deutscher Prosa von Nietzsche bis Benn*, Stuttgart 1954, S. 133-175.

Ferruccio Masini,   *Alchimie del «possesso»* , in: F.M., *Gli Schiavi di Efesto. L'Avventura degli Scrittori Tedeschi del Novecento*, Roma 1981, S. 162-165.

Ferruccio Masini,   *Lo scriba del Caos. Interpretazione di Nietzsche*, Bologna 19832, S.119.

Ferruccio Masini,   *Meister Eckehart e la mistica dell'immagine*, in: Problemi Religiosi e Filosofia, Padova 1975, S.1-36.

Gert Mattenklott,   *"Die Zeit der andern Auslegung" der 'Aufzeichnungen des Malte Laurids Brigge'*, in: Methodische Praxis der Literaturwissenschaft, hrsg. von D.Kimpel u. B.Pinkerneil, Kronberg/Ts. 1975, S.117-157.

Gert Mattenklott,   *Der übersinnliche Leib. Beiträge zu einer Metaphysik des Körpers*, Hamburg 1982

Veronika Merz,   *Die Gottesidee in Rilkes "Aufzeichnungen des Malte Laurids Brigge*, in: Jahrbuch der Deutschen Schillergesellschaft 26, 1982, S. 269-295.

Hermann Meyer,   *Rilkes Sachlichkeit*, in: *Deutsche Weltliteratur. Von Goethe bis Ingeborg Bachmann. Festgabe für Alan Pfeiffer*, hrsg. von Klaus W. Jonas, Tübingen 1972, S.203-215.

Gerd Heinz Mohr,	*Lexikon der Symbole. Bilder und Zeichen der christlichen Kunst*, Düsseldorf/Köln 1981.
Renate Möhrmann,	*Der vereinsamte Mensch. Studien zum Wandel des Einsamkeitsmotivsim Roman von Raabe bis Musil*, Bonn 1974.
Klaus Mühl,	*"Verwandlung" im Werk Rilkes. Studien zur inneren Genese der Duineser Elegien*, Nürnberg 1981.
Harro Müller-Michaelis,	*Daß man erzählte, daß muß nach meiner Zeit gewesen sein - zu Funktionen des Erzählens in Rilkes "Die Aufzeichnungen des Malte Laurids Brigge"*, in: Literatur für Leser, H.1, 1985, S. 16-26.
Helmut Naumann,	*Malte-Studien. Ansätze zu einem neuen Verständnis Rilkes*, Rheinfelden 1983.
Friedrich Nietzsche,	*Das griechische Musikdrama*, in: F.N., *Sämtliche Werke. Kritische Studienausgabe*, hrsg. von G.Colli und M.Montinari, Berlin, New York, München, 1980, Bd.1, S.513-532.
Friedrich Nietzsche,	*Die fröhliche Wissenschaft*, in: F.N., *Sämtliche Werke. Kritische Studienausgabe*, hrsg. von Giorgio Colli und Mazzino Montinari, München-Berlin-New York 1980, Bd.3, S. 343-651.
Friedrich Nietzsche,	*Nietzsche contra Wagner*, in: F.N., *Sämtliche Werke. Kritische Studienausgabe*, a.a.O., Bd.6, S.413-445.
Friedrich Nietzsche,	*Die Geburt der Tragödie aus dem Geiste der Musik*, in: F. N., *Sämtliche Werke. Kritische Studienausgabe*, hrsg. von Giorgio Colli und Mazzino Montinari, München-Berlin-New York 1980, Bd.1, S.9-156.
Armand Nivelle,	*Sens et structure des "Cahiers de Malte Laurids Brigge"*, in: Revue d'Esthétique 7, 1959, S.5-32.
Yongrok Oh,	*Distanz und Identifikation. Eine Studie über Robert Walsers Roman "Der Gehülfe", Rainer Maria Rilkes "Die Aufzeichnungen des Malte Laurids Brigge" und Franz Kafkas "Das Schloß"*, Frankfurt a.M., Bern, New York 1987.
Otto H. Olzien,	*Sprache und Ontologie bei R.M. Rilke*, in: Blätter der Rilke- Gesellschaft 9, 1982, S.33-46.
Idris Parry,	*Malte's hand*, in: German life and letters, N.S. 11, 1957/58, S.1-12.
Michael Pleister,	*Das Bild der Großstadt in den Dichtungen Robert Walsers, Rainer Maria Rilkes, Stefan Georges und Hugo von Hofmannsthals*, Hamburg 1982,
Patricia Pollock Brodsky,	*Objects, poverty, and the poet in Rilke and Cvetaeva*, in: Comparitive literature studies 20, 1983, S.388-401.
Walter Rehm,	*Der Dichter und die neue Einsamkeit. Aufsätze zur deutschen Literatur um 1900*, hrsg.v. Reinhart Habel, Göttingen 1969.
Walter Rehm,	*Orpheus, Der Dichter und die Toten*, Darmstadt 1972 (reprograph. Nachdruck der 1.Ausgabe Düsseldorf 1950).

Walter Rehm, *Wirklichkeitsdemut und Dingmystik*, in: Logos 19, 1930, S.346- 417; auch in: W.R., *Der Dichter und die neue Einsamkeit. Aufsätze zur Literatur um 1900*, hrsg. von Reinhart Habel, Göttingen 1969, S.78-152.

Joachim Rosteuscher, *Rilkes Sapphogedichte*, in: Acta Germanica 6, 1971, S.95-105.

Inca Rumold, *Die Verwandlung des Ekels: Zur Funktion der Kunst in Rilkes 'Malte Laurids Brigge' und Sartres 'La Nausée'*, Diss. Standford 1975.

Peter Ruppert, *The aesthetic solution in 'Nausea' and 'Malte Laurids Brigge'*, in: Comparitive Literature 29, 1977, S.17-34.

Judith Ryan, *'Hypothetisches Erzählen': Zur Funktion von Phantasie und Einbildung in Rilkes »Malte Laurids Brigge«*, in: Jahrbuch der Deutschen Schillergesellschaft 15, 1971, S.341-374; auch in: *Materialien zu Rainer Maria Rilke, «Die Aufzeichnungen des Malte Laurids Brigge»*, hrsg. von Hartmut Engelhardt, Frankfurt 1974, S.244-280; und in: *Rainer Maria Rilke*, hrsg. v. Rüdiger Görner, Darmstadt 1987, S.245-284.

Judith Ryan, *Horti Conclusi: Metaphern des Mittelalters bei Rilke*, in: *Das Weiterleben des Mittelalters in der deutschen Literatur*, hrsg. von James F. Poag und Gerhild Scholz-Williams, Königstein/Ts. 1983, S.157-187.

Judith Ryan, *Rainer Maria Rilke: Die Aufzeichnungen des Malte Laurids Brigge (1910)*, in: *Deutsche Romane des 20. Jahrhunderts. Neue Interpretationen*, hrsg. von Paul Michael Lützeler, Königstein/Ts. 1983, S.63-77.

Dieter Saalmann, *Affinitäten und Diskrepanzen zwischen Rainer Maria Rilke und Nicolas Born: 'Die Aufzeichnungen des Malte Laurids Brigge' und 'Die erdabgewandte Seite der Geschichte'. Prolegomena zu Rilkes Nachwirkung*, in: Orbis Litterarum 40, 1985, S. 125-144.

Dieter Saalmann, *Rainer Maria Rilkes "Die Aufzeichnungen des Malte Laurids Brigge". Ein Würfelwurf nach dem Absoluten. Poetologische Aspekte*, Bonn 1975.

Dieter Saalmann, *Subjektivität und gesellschaftliches Engagement. Rainer Maria Rilkes 'Die Aufzeichnungen des Malte Laurids Brigge' und Peter Handkes 'Die Stunde der wahren Empfindung'*, in: Deutsche Vierteljahresschrift für Literaturwissenschaft und Geistesgeschichte 57, 1983, S.499-519.

Dieter Schiller, *Rainer Maria Rilke: "Die Aufzeichnungen des Malte Laurids Brigge". Der Einsame und seine Welt*, in: *Rilke-Studien. Zu Werk und Wirkungsgeschichte*, Berlin und Weimar 1976.

Hildegard Schlienger-Stähli, *Rainer Maria Rilke - Andrè Gide. "Der verlorene Sohn". Vergleichende Betrachtungen*. Zürich 1979 (zugleich Diss.Zürich).

Maria Schmidt-Ihms, *Die Zeitbank des Nikolaj Kusmitsch. Eine Analyse*, in: Acta Germanica 5, 1970, S.161-175.

Hermann Schneider, *Heldendichtung - Geistlichendichtung - Ritterdichtung. Erster Band der Geschichte der deutschen Literatur*, hrsg. im Auftrage der deutschen Akademie von Julius Petersen und Hermann Schneider, Heidelberg 1943.

Volker Schurig, *Die.Entstehung des Bewußtseins*, Frankfurt/New York 1976.

Egon Schwarz, *Das verschluckte Schluchtzen. Poesie und Politik bei Rainer Maria Rilke*, in: *Zu Rainer Maria Rilke*, hrsg. von Egon Schwarz, Stuttgart 1983, S. 23-40.

Egon Schwarz (Hrsg.), *Zu Rainer Maria Rilke*, Stuttgart 1983.

Walter Seifert, *Das epische Werk Rainer Maria Rilkes*, Bonn 1969.

Erich Simenauer, *Rainer Maria Rilke. Legende und Mythos*, Bern Frankfurt a.M. 1953.

M. Sievers, *Die biblischen Motive in der Dichtung Rainer Maria Rilkes* (Nachdruck der Ausgabe Berlin 1938) Nendeln/Lichtenstein 1967).

William Small, *Rilke Kommentar zu den «Aufzeichnungen des Malte Laurids Brigge»*, Chapel Hill 1983.

Walter H. Sokel, *Zwischen Existenz und Weltinnenraum. Zum Prozeß der Ent-Ichung im Malte Laurids Brigge*, in: *Probleme des Erzählens. Festschrift für Käte Hamburger zum 75. Geburtstag*, hrsg. von Fritz Martini, Stuttgart 1971, S.212-233; auch in: *Rilke heute. Beziehungen und Wirkungen*, hrsg. von Ingeborg H.Solbrig und Joachim W. Storck, Frankfurt a.M. 1979, S.105-129.

August Stahl, *Rilke Kommentar. Zu den Aufzeichnungen des Malte Laurids Brigge, zur erzählerischen Prosa, zu den essayistischen Schriften und zum dramatischen Werk*, unter Mitarbeit von Rainer Marx, München 1979.

August Stahl, *"Vokabeln der Not" und "Früchte der Tröstung". Studien zur Bildlichkeit im Werke Rainer Maria Rilkes*, Heidelberg 1967.

August Stahl, *Das Sein im angelischen Raum. Zum Gebrauch des Konjunktivs in der Lyrik Rilkes*, in: *Rilke in neuer Sicht*, hrsg. v. Käte Hamburger, Stuttgart-Berlin-Köln-Mainz 1971, S. 197-224.

Hanns Bächtold Stäubli (Hrsg.), *Handwörterbuch des deutschen Aberglaubens*, Berlin u. Leipzig 1934/35.

Jacob Steiner, *Anschauungsformen Rilkes*, in: Blätter der Rilke-Gesellschaft 7/8, 1981/82, S.92-101.

Anthony Stephens, *Rilkes Malte Laurid Brigge. Strukturanalyse des erzählerischen Bewußtseins*, Bern und Frankfurt a.M. 1974.

Anthony Stephens, *Rilkes Essay 'Puppen' und das Problem des geteilten Ich*, in: *Rilke in neuer Sicht*, hrsg. von Käte Hamburger, Stuttgart, Berlin, Köln, Mainz 1971, S.159-172.

Anthony Stephens, *Warten auf die "andere Auslegung". Zu einigen Problemen der 'Malte'-Deutung*, in: Text und Kontext 5, 1977, H.2, S.56-88.

Stephens, Anthony   *Essay und Aufzeichnung bei Rainer Maria Rilke*, in: Jahrbuch für internationale Germanistik 7, 1975, H.1, S.88-103.

Anthony Stephens,   *Zur Funktion sexueller Metaphorik in der Dichtung Rilkes*, in: *Zu Rainer Maria Rilke*, hrsg. von Egon Schwarz, Stuttgart 1983, S.69-88

G.Wahrig,   *Deutsches Wörterbuch*, Gütersloh 1980/82

Herbert Walz,   *Die deutsche Literatur im Mittelalter. Geschichte und Dokumentation*, München 1976.

Peter Wapnewski,   *Deutsche Literatur des Mittelalters*, Göttingen 1980.

Horst Wittmann,   *Rilkes 'Malte': Auf der Suche nach der Wahrheit jenseits der Subjektivität*, in: Monatshefte 77, 1985, S.11-25.

Theodore Ziolkowski,   *Rainer Maria Rilke: Die Aufzeichnungen des Malte Laurids Brigge*, in: T.Z., *Strukturen des modernen Romans. Deutsche Beispiele und europäische Zusammenhänge*, München 1972, S.13-40; zuerst in: T.Z., *Dimensions of the modern novel: German texts and european contexts*, Princeton 1969.